Borngässer / Karge / Klein (Hrsg./eds.)

Grabkunst und Sepulkralkultur
in Spanien und Portugal

Arte funerario y cultura sepulcral
en España y Portugal

ARS IBERICA ET AMERICANA

Band / Vol. 11

Kunsthistorische Studien der Carl Justi-Vereinigung

Estudios de Historia del Arte de la Asociación
Carl Justi

Herausgegeben / Editado
in deren Auftrag von / por encargo de

Barbara Borngässer, Henrik Karge, Bruno Klein,
Helga von Kügelgen, Gisela Noehles-Doerk, Martin Warnke

Barbara Borngässer /
Henrik Karge /
Bruno Klein (Hrsg./eds.)

Grabkunst und Sepulkralkultur in Spanien und Portugal

Arte funerario y cultura sepulcral en España y Portugal

VERVUERT · IBEROAMERICANA · 2006

Bibliographic information published by Die Deutsche Bibliothek
Die Deutsche Bibliothek lists this publication in the Deutsche
Nationalbibliografie; detailed bibliographic data is available on the Internet at
http://dnb.ddb.de

Gedruckt mit Unterstützung des Programms für kulturelle Zusammenarbeit ProSpanien /
Publicación financiada con ayuda del Programa de Cooperación Cultural ProSpanien

ESPAÑA

Published with the support of the Calouste Gulbenkian Foundation. Lisbon.

CALOUSTE GULBENKIAN FOUNDATION

© Vervuert Verlag, Frankfurt am Main 2006
Wielandstr. 40, D-60318 Frankfurt am Main
Tel.: +49 69 597 46 17
Fax: +49 69 597 87 43
info@iberoamericanalibros.com
www.ibero-americana.net

© Iberoamericana, Madrid 2006
Amor de Dios, 1, E-28014 Madrid
Tel.: +34 91 429 35 22
Fax: +34 91 429 53 97
info@iberoamericanalibros.com
www.ibero-americana.net

ISBN 3-86527-239-8 (Vervuert)
ISBN 84-8489-231-X (Iberoamericana)

Umschlaggestaltung / Diseño de cubierta: Michael Ackermann
Umschlagbild / Ilustración de cubierta:
Grabmal / tumba D. Martín Vázquez de Arce, Sigüenza
© Achim Bednorz
Layout: Barbara Borngässer / Rainer Ostermann
Gedruckt auf säure- und chlorfreiem, alterungsbeständigem Papier
gemäß ISO-Norm 9706 / Este libro está impreso íntegramente en
papel ecológico sin cloro según ISO 9706
Gedruckt in Deutschland / Impreso en Alemania

INHALTSVERZEICHNIS / ÍNDICE

II. Hagiographie und Grabkunst

III. Fama et memoria – das Memorialbild als Medium der Repräsentation

IV. Dynastische Grablegen vom frühen Mittelalter bis zur Frühen Neuzeit

V. Panteones im frühneuzeitlichen Spanien

Tafel I: León, S. Isidoro, Panteón de los Reyes, Innenansicht

Tafel II: Grabmal des Pedro de Osma
in der Kathedrale von El Burgo de Osma

Tafel III: Grabmal des Bischofs Martín II. Rodríguez
in der Kathedrale von León

Tafel IV: Grabmal des Arcipreste Garci González, Detail,
Aguilar de Campoo, Colegiata de S. Miguel

Tafel V: Santes Creus, Grabmäler von Pere II. dem Großen († 1285, vorn)
und Jaume II. († 1327) mit seiner Ehefrau Blanca von Anjou (hinten)

Tafel VI: Las Huelgas, Sta. María la Real,
Doppelgrab Alfonsos VIII. und der Leonor de Inglaterra

Tafel VII: Poblet, Königliche Grablege, Bogen auf der Nordseite,
von der Vierung aus gesehen

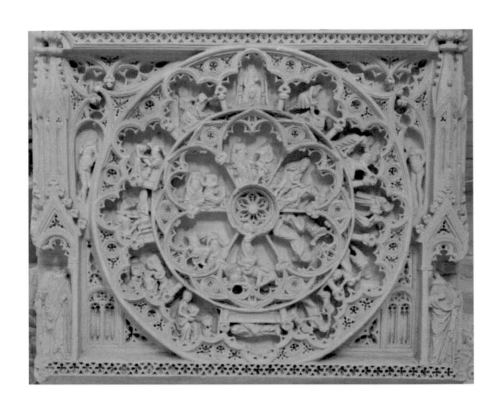

Tafel VIII: Sta. Maria de Alcobaça, Grabmal Pedros I. von Portugal,
Detail mit dem Rad des Lebens

Tafel IX: Sta. Maria de Alcobaça, Grabmal der D.ª Inês de Castro

Tafel X: Grabmal des Canciller Francisco de Villaespesa und der Isabel de Ujué
Tudela, Kathedrale Sta. María (ehem. Kollegiatskirche), Detail

Tafel XI: Imaginärer Reigen um einen Verstorbenen als Illustration zum Tanzlied *Ad mortem festinamus*, lateinische Handschrift, um 1420

Tafel XII: Grabmal Karls des Noblen von Navarra und seiner Frau Eleonora
in der Kathedrale von Pamplona

Tafel XIII: Tordesillas, Real Monasterio de Sta. Clara, Grabkapelle der Herren von Saldaña. Blick vom Hauptschiff in die Kapelle

Tafel XIV: Batalha, Klosterkirche und Capela do Fundador, Ansicht von Südwesten

Tafel XV: Grabmal des D. Martín Vázquez de Arce
in der Kathedrale von Sigüenza

Tafel XVI: Grabmal Juans II. und der Isabella von Portugal
in der Cartuja de Sta. María de Miraflores bei Burgos, Detail

Tafel XVII: Grabmal Juans II. und der Isabella von Portugal
in der Cartuja de Sta. María de Miraflores bei Burgos

Tafel XVIII: Granada, Blick in die Capilla Real

Tafel XIX: Lissabon, Sta. Maria de Belém (Mosteiro dos Jerónimos),
Capela-mor

Tafel XX: Kenotaph von Karl V. in der Kirche des Klosters S. Lorenzo de El Escorial

Tafel XXI: Panteón Real im Kloster von S. Lorenzo de El Escorial

Tafel XXII: Madrid, Friedhof S. Isidro, Patio de S. Isidro

Tafel XXIII: Valle de los Caídos, Vorderfront der Gruftkirche und Monumentalkreuz

Tafel XXIV: Lissabon, Forte do Bom Sucesso,
Monumento aos Combatentes do Ultramar

GRABKUNST ALS AUSDRUCK DER GESELLSCHAFTLICHEN DIMENSION DES TODES. MONUMENTE UND ENTWICKLUNGEN AUF DER IBERISCHEN HALBINSEL

EINE EINFÜHRUNG

Henrik Karge / Bruno Klein

Mit dem vorliegenden Tagungsband, der eine Vielzahl von Beiträgen spanischer, portugiesischer und deutschsprachiger Autoren vereinigt, wird erstmals der Versuch unternommen, eine Epochen übergreifende Publikation zu Grabkunst und Sepulkralkultur auf der Iberischen Halbinsel zu realisieren. Die meisten der hier versammelten Studien beziehen sich auf das hohe und späte Mittelalter sowie die frühe Neuzeit – diejenigen Epochen, die in den iberischen Reichen eine so außergewöhnliche Fülle von Einzelgrabmälern von Adligen und Geistlichen, von kollektiven herrscherlichen Grablegen und monumentalen Grabkapellen hervorgebracht haben, wie sie in kaum einem anderen europäischen Land zu finden sind. Einzelne Falluntersuchungen, die auf Friedhofsanlagen des 19. Jahrhunderts und auf das politisch instrumentalisierte Totengedenken in den Diktaturen des 20. Jahrhunderts eingehen, reichen bis an die Gegenwart heran.

Selbstverständlich können die Beiträge dieses Bandes bereits auf eine Fülle von Untersuchungen zu einzelnen Grabdenkmälern, deren Auftraggeber und die beteiligten Künstler sowie zum Begräbniswesen in bestimmten Regionen und Zeiträumen zurückgreifen.[1] Diese Studien blieben jedoch häufig zu vereinzelt, um auf internationaler

---

[1] Mehrere wichtige Untersuchungen zum Umgang mit dem Tod im mittelalterlichen Spanien finden sich in folgenden zwei Bänden: Manuel NÚÑEZ RODRÍGUEZ / Ermelindo PORTELA SILVA (Hrsg.), *La idea y el sentimiento de la muerte en la historia y en el arte de la Edad Media. Ciclo de Conferencias celebrado del 1 al 5 de diciembre de 1986*, Santiago de Compostela 1988; J. AURELL / J. PAVÓN (Hrsg.), *Ante la*

Ebene wahrgenommen zu werden, ja es darf die Behauptung aufgestellt werden, dass der
so reiche Bestand an Grabmonumenten verschiedenster Epochen, der sich auf der
Iberischen Halbinsel bis heute erhalten hat, jenseits der Pyrenäen großenteils unbekannt
geblieben ist. Sowohl die Publikationen zur europäischen Grabkunst als auch die
zahlreichen Forschungen zum Sepulkralwesen und zur Memorialkultur verzichten – von
wenigen Ausnahmen abgesehen[2] – weitgehend auf die Einbeziehung des spanischen und
portugiesischen Materials. Dieses Material erstmals in einem größeren Umfang
zusammenzustellen und Wege zu seinem historischen und kunsthistorischen Verständnis
zu ebnen ist das Ziel des vorliegenden Bandes, nicht dagegen eine systematische

---

muerte. Actitudes, espacios y formas en la España medieval, Pamplona 2002. – Exemplarisch seien einige
Studien genannt, die sich zumeist auf einzelne Städte oder Regionen beziehen: B. Ch. ROSENMAN, *The
Royal Tombs at the Monastery of Santes Creus*, Minnesota 1983; María Jesús GÓMEZ BÁRCENA,
Escultura gótica funeraria en Burgos, Burgos 1988; Ángela FRANCO MATA, «Relaciones hispano-
italianas de la escultura funeraria del siglo XIV», in: NÚÑEZ / PORTELA (wie oben), S. 99–125; Joaquín
YARZA LUACES, «La Capilla Funeraria Hispana en torno a 1400», in: NÚÑEZ / PORTELA (wie oben),
S. 67–91; Teresa PÉREZ HIGUERA, «El sepulcro del arzobispo don Sancho de Rojas, en su capilla de la
Catedral de Toledo», in: *Homenaje al profesor Hernández Perera*, Madrid 1992, S. 577–83; Rocío
SÁNCHEZ AMEIJEIRAS, *Investigaciones iconográficas sobre la escultura funeraria del siglo XIII en
Castilla y León*, 2 Bde., Microfiche-Ed. Univ. Santiago de Compostela, Santiago 1993; Lucía LAHOZ, «El
sepulcro del arcediano don Fernán Ruiz de Gaona y la iconografía de exequias en el Gótico de Alava», in:
Revista de Cultura e Investigación Vasca Sancho el Sabio, n. 3, 1993, S. 209–41; Margarita RUIZ
MALDONADO, «Escultura funeraria del siglo XIII: los sepulcros de los López de Haro», in: *Boletín del
Museo e Instituto Camón Aznar* 1996, S. 91–169; Francesca ESPAÑOL BERTRAN, «Une nouvelle
approche aux tombeaux royaux de Santes Creus», in: *Memory and Oblivion* (XXIX International Congress
of the History of Art, Amsterdam 1996), Amsterdam 1999, S. 467–74; DIES., *Sicut ut decet.* Sepulcro y
espacio funerario en la Cataluña bajomedieval», in: AURELL / PAVÓN (wie oben), S. 95–156; José A.
PUENTE MÍGUEZ, «El sepulcro del conde don Raimundo de Borgoña en la catedral de Santiago», in:
María Dolores BARRAL RIVADULLA (Hrsg.), *Estudios sobre patrimonio artístico. Homenaje a la
Profa. Dra. María del Socorro Ortega Romero*, Santiago de Compostela 2002, S. 83–95; Gerardo BOTO
VARELA, «Sobre reyes y tumbas en la catedral de León. Discursos visuales de poder político y honra
sacra», in: Joaquín YARZA LUACES et al. (Hrsg.), *Congreso Internacional «La catedral de León en la
Edad Media». Actas* (León, 7.–11.4.2003), León 2004, S. 305–65. Zur Grabkunst der Frühen Neuzeit:
María José REDONDO CANTERA, «El sepulcro de Sixto IV y su influencia en la escultura renacentista
española», in: *Boletín del Seminario de Arte y Arqueología* (Valladolid) 52, 1986, S. 271–82; DIES., *El
sepulcro en España en el siglo XVI: tipología e iconografía*, Madrid 1987 (von derselben Autorin
zahlreiche weitere Studien zu diesem Themenkomplex); Vicente LLEÓ CAÑAL, «El sepulcro del
caballero», in: Fernando MARÍAS / Felipe PEREDA (Hrsg.), *Carlos V: las armas y las letras*, Madrid
2000, S. 261–72. Weitere Einzelstudien werden in den Beiträgen des vorliegenden Bandes fallweise zitiert.

[2]   Als Ausnahmen sind die zwei folgenden wichtigen Sammelbände hervorzuheben: Elizabeth VALDEZ
DEL ÁLAMO / Carol STAMATIS PENDERGAST (Hrsg.), *Memory and the Medieval Tomb*, Cambridge
2000, darin: Elizabeth VALDEZ DEL ÁLAMO, «Lament for a lost Queen: the sarcophagus of Doña
Blanca in Nájera», S. 43–79; Rocío SÁNCHEZ AMEIJEIRAS, «*Monumenta et memoriae*: the thirteenth-
century episcopal pantheon of León Cathedral», S. 269–99; Stephen LAMIA / Elizabeth VALDEZ DEL
ÁLAMO (Hrsg.), *Decorations for the Holy Dead: Visual Embellishments on Tombs and Shrines of Saints*,
Turnhout 2002, darin: Rocío SÁNCHEZ AMEIJEIRAS, «Imagery and Interactivity: Ritual Transaction at
the Saint's Tomb», S. 21–38; Daniel RICO CAMPS, «A shrine in its setting: San Vicente de Ávila»,
S. 57–76; Francesca ESPAÑOL BERTRAN, «The Sepulcre of Saint Juliana in the Collegiate Church of
Santillana del Mar», S. 191–218.

Gesamtdarstellung von Grabkunst und Sepulkralwesen auf der Iberischen Halbinsel, für die die Wissensbasis gegenwärtig noch als zu gering erscheint.

Zunächst muss betont werden, dass viele der in diesem Band erforschten Phänomene der künstlerischen Gestaltung des Totengedenkens sich in ähnlicher Weise auch in anderen europäischen Ländern finden; in erster Linie gilt dies für das Mittelalter, das in der gesamten katholischen Christenheit Grundzüge einer gemeinsamen Sepulkralkultur aufwies, die sich fundamental vom modernen Umgang mit den Toten unterschied. Dennoch bedeutet es keine nationale Verengung der Perspektive, wenn die Studien dieses Bandes sich auf die Pyrenäenhalbinsel konzentrieren,[3] bildete diese doch bereits während des Mittelalters einen kulturellen Großraum, der eine klarere geographische Begrenztheit aufwies als die meisten anderen europäischen Kulturzonen. Trotz der sprachlichen Differenzen waren die kulturellen Unterschiede zwischen den christlichen Reichen der Halbinsel – als die bedeutendsten sind Aragón (Katalonien), Kastilien (-León) und Portugal anzusehen – vergleichsweise gering; die gemeinsame Frontstellung zum Islam prägte die Geschichte dieser Reiche in einem im übrigen Europa undenkbaren Maße. Ganz bewusst wird Portugal in dieser Beziehung keine Sonderposition zugewiesen; einzig Navarra war aufgrund seiner engen dynastischen Bindung an Frankreich stark auf Innereuropa ausgerichtet, was auch in der herrscherlichen Grablege zum Ausdruck kam. Zu den Besonderheiten des Begräbniswesens in Kastilien ist etwa die Sorglosigkeit des Umgangs mit dem Körper des verstorbenen Königs zu zählen, dem die in den europäischen Kernländern üblichen Zeremonien der Salbung, Organbestattung etc. erspart blieben[4] – hierin spricht sich eine gewisse nüchtern-«realistische» Grundhaltung im Begräbniswesen aus, die sich bis zum auffälligen Desinteresse Kaiser Karls V. hinsichtlich seiner eigenen Grablege verfolgen lässt (siehe Beitrag Redondo Cantera). Mit dem Aufstieg der Königreiche Spanien und Portugal zu weltumspannenden Kolonialmächten um die Wende vom 15. zum 16. Jahrhundert verstärkte sich noch die kulturelle Eigenständigkeit der Iberischen Halbinsel gegenüber den anderen Teilen des katholischen wie des protestantischen Europa – auch hier sind spezifische bildnerische und architektonische Lösungen des Totengedenkens aufzuspüren und zu analysieren.

Ein vorrangiges Ziel dieser Publikation besteht darin, die vielen Grabmonumente der Iberischen Halbinsel, deren hohe künstlerische Qualität meist ebenso wenig bekannt

---

[3] Vgl. die Begründung eines regionalen Blickwinkels in dem Aufsatz: Ermelindo PORTELA SILVA / María Carmen PALLARÉS MÉNDEZ, «Muerte y Sociedad en la Galicia Medieval (ss. XII–XIV)», in: NÚÑEZ / PORTELA, *Idea y sentimiento...* (wie Anm. 1), S. 21–29.

[4] Vielfältig belegt in dem Aufsatz von Denis MENJOT, «Un chrétien qui meurt toujours. Les funérailles royales en Castille à la fin du Moyen Age», in: NÚÑEZ / PORTELA, *Idea y sentimiento...* (wie Anm. 1), S. 127–38.

geworden ist wie ihre komplexe bildnerische Programmatik, nicht allein in Bildern und Beschreibungen vorzustellen, sondern auch auf aktuellem Forschungsstand zu analysieren. Auch wenn es auf den ersten Blick paradox erscheinen mag: Kaum eine andere künstlerische Aufgabe war in den Epochen des Mittelalters und der frühen Neuzeit mit dem Leben der Menschen so eng verbunden wie die Gestaltung des Totengedächtnisses. In einem für den modernen Menschen kaum vorstellbaren Maße waren die Toten als Personen im rechtlichen Sinn im täglichen Leben präsent und standen im aktiven Austausch mit den Lebenden.[5] So reicht die Bedeutung des Totenbildnisses auf einem Grabmal über die bloße Erinnerung an den Verstorbenen weit hinaus: Entscheidend ist, dass der Betrachter durch Porträtbild, Inschrift und eventuell auch eine bildliche Darstellung rühmenswerter Handlungen dazu angeregt wird, den Toten in sein Fürbittgebet einzuschließen. Nach allgemeiner Anschauung sind die Toten auf die Fürbitten der Lebenden angewiesen, um das Fegefeuer zu überstehen, und *vice versa* werden die Fürbitten den Lebenden selbst als gute Taten angerechnet.[6] Zugleich wird die Totenmemoria so auch zu einer zentralen gesellschaftlichen Handlung, bietet die Stiftung eines Grabmals zugunsten eines verstorbenen Familienmitglieds für die Nachkommen doch die beste Gewähr, ihrerseits nach dem Tode in gleicher Weise kommemoriert zu werden und mittels eines Grabmals in der so wichtigen Gebetsgemeinschaft mit den Lebenden zu verbleiben.[7] Die christliche Motivation der Jenseitsfürsorge wird zudem überlagert durch die profane Tradition der *fama*, die, aus antik-römischen wie germanischen Wurzeln gespeist, für die gesamte Adelswelt des Mittelalters von größter Bedeutung war und in der Gestaltung von Grabmälern einen

---

[5]   Dazu weiterführend: Otto Gerhard OEXLE, «Die Gegenwart der Toten», in: Herman BRAET / Werner VERBEKE (Hrsg.), *Death in the Middle Ages*, Löwen 1983, S. 19–77; Arnold ANGENENDT, «Das Grab als Haus des Toten. Religionsgeschichtlich – christlich – mittelalterlich», in: Wilhelm MAIER / Wolfgang SCHMID / Michael Viktor SCHWARZ (Hrsg.), *Grabmäler. Tendenzen der Forschung an Beispielen aus Mittelalter und früher Neuzeit*, Berlin 2000, S. 11–29.

[6]   Die Genese der späterhin kanonisch gewordenen Vorstellung vom Fegefeuer lässt sich bis ins 12. Jahrhundert zurückverfolgen; vgl. dazu das klassische Werk von Jacques LE GOFF, *La Naissance du Purgatoire*, Paris 1981. Die hier getroffenen Feststellungen sind inzwischen kritisch weiterentwickelt worden, so in: Michelle FOURNIÉ, *Le ciel peut-il attendre? Le culte du Purgatoire dans le Midi de la France (1320 environs – 1520 environs)*, Paris 1997; Susanne WEGMANN, *Auf dem Weg zum Himmel. Das Fegefeuer in der deutschen Kunst des Mittelalters*, Köln / Weimar / Wien 2003.

[7]   An dieser Stelle wäre auf die inzwischen zu unüberschaubarem Umfang angewachsene Literatur zur *memoria* zu verweisen. Hervorgehoben sei an dieser Stelle nur eine aktuelle Studie, die jenseits der christlichen Motivation das *Do-ut-des*-Prinzip der mittelalterlichen *memoria* betont: Caroline HORCH, *Der Memorialgedanke und das Spektrum seiner Funktionen in der Bildenden Kunst des Mittelalters*, Königstein im Taunus 2001. Ansonsten sei von den Standardwerken nur erwähnt: Karl SCHMID / Joachim WOLLASCH (Hrsg.) *Memoria: der geschichtliche Zeugniswert des liturgischen Gedenkens im Mittelalters*, München 1984 (= *Münstersche Mittelalter-Schriften* 48) sowie Otto Gerhard OEXLE (Hrsg.): *Memoria als Kultur*, Göttingen 1995.

wesentlichen Ausdruck fand.[8] Schließlich ist es nahe liegend, dass Grabmonumente auch auf lange Sicht der Kommunikation der Lebenden untereinander dienten, indem sie kirchliche Stiftungen dokumentierten und in besonderen Fällen auch politische Botschaften transportieren konnten.

Auf der anderen Seite darf nicht übersehen werden, dass der subjektiven Vergegenwärtigung privater *memoria*[9] durch den standeskonformen Druck von Konventionen, der sich in Bildtraditionen und Inschriftenformeln manifestierte, wiederum enge Grenzen gesetzt waren.[10] Gerade in dieser Hinsicht bieten die iberischen Länder mehrere Beispiele für überraschend unkonventionelle Bildlösungen, die den Diskussionen um die Totenmemoria im mittelalterlichen Europa interessante neue Aspekte hinzuzufügen vermögen. So führt eine Reliefszene am Grabmal des Bischofs Martín Rodríguez in der Kathedrale von León (um 1260/70) in höchst lebendiger Weise die Verteilung von Almosen an Arme und Bedürftige (*pitança*) als vorbildliche Handlung des Verstorbenen im Sinne der *Caritas* vor Augen;[11] *Caritas* ist auch die Leitidee des eigenwilligen Bildprogramms am Grabmal des heiligen Bischofs Pedro de Osma in der Kathedrale von Burgo de Osma (siehe Beitrag Wirth Calvo). Im ersten Fall ist die appellative Wirkung auf den Betrachter, dem zu Lebzeiten so freigiebigen Verstorbenen nach dessen Tod durch Fürbitten beizustehen, besonders groß. Völlig singulär erscheint die Darstellung der Lebensalter im Sinn eines Glücksrades, das den tragischen Lebensverlauf des Königs Peter des Grausamen († 1367) auf seinem Grabmal in der Abteikirche von Alcobaça reflektiert – einem Grabmal, das auch qualitativ zu den herausragenden des europäischen Mittelalters zählt (Beitrag Afonso). Schließlich beeindruckt die berühmt gewordene Liegefigur des Doncel Martín Vázquez de Arce in der Kathedrale von Sigüenza (um 1491) wohl weniger durch die ungewöhnliche aufgestützte Haltung als vielmehr durch die Darstellung vollkommener Kontemplation bei der Lektüre eines Buches (Beitrag Hegener). Wenn man mit aller

---

[8] Vgl. Achatz Freiherr v. MÜLLER, *Gloria Bona Fama Bonorum. Studien zur sittlichen Bedeutung des Ruhmes in der frühchristlichen und mittelalterlichen Welt*, Husum 1977 (= Historische Studien 428).

[9] In einem insgesamt sehr nützlichen Forschungsresümee hat Michael V. SCHWARZ unserer Ansicht nach den Begriff der «spontanen *memoria*» etwas zu stark betont: «Image und Memoria: statt einer Zusammenfassung», in: Michael Viktor SCHWARZ (Hrsg.), *Grabmäler der Luxemburger. Image und Memoria eines Kaiserhauses*, Luxemburg 1997, S. 175–82.

[10] In diesem Sinne überzeugend mit Beispielen aus dem Hanseraum, deren Analyse weitgehend generalisiert werden kann: Klaus KRÜGER, «Selbstdarstellung im Grabmal. Zur Repräsentation städtischer und kirchlicher Führungsgruppen im Hanseraum», in: Wolfgang SCHMID (Hrsg.), *Regionale Aspekte der Grabmalforschung*, Trier 2000, S. 77–94.

[11] Vgl. zu diesem Monument: SÁNCHEZ AMEIJEIRAS (wie Anm. 2), S. 275 f.; Ángela FRANCO MATA, *Escultura gótica en León y provincia (1230–1530)*, León 1998, S. 388–91; DIES., «Escultura medieval. Un pueblo de piedra para la Jerusalén celeste», in: Carlos ESTEPA DÍEZ / Gerardo BOTO VARELA / Henrik KARGE et al., *La Catedral de León. Mil años de historia*, León 2002, S. 89–149, hier S. 136–40.

Vorsicht ein Spezifikum der Grabkunst in den iberischen Ländern formulieren möchte, das sich in anderen europäischen Regionen nicht im gleichen Maße findet, so scheint es die Tendenz zu sein, wesentliche Elemente des gelebten Lebens im Angesicht des Todes möglichst anschaulich zu vergegenwärtigen – verbunden sicher mit dem Bestreben, das vergleichsweise realistisch geschilderte Leben des Verstorbenen gegen das Vergessen der Nachgeborenen zu schützen.

Die Beiträge dieses Tagungsbandes sind weder streng chronologisch angeordnet noch nach einzelnen Ländern gegliedert. Stattdessen orientiert sich die Gliederung an einer Reihe von Leitfragen, die bewusst auf verschiedenen inhaltlichen Ebenen angesiedelt sind, um der Komplexität des Phänomens gerecht zu werden.

Im Sinne einer ersten Bestandsübersicht zeigen die einleitenden Aufsätze von Kristina Krüger, Ángela Franco Mata und Michael Grandmontagne die typologische Spannweite von Grablegen und Grabmälern im mittelalterlichen Spanien auf und erläutern die betreffenden Phänomene im europäischen Kontext. Bereits der von Krüger verwendete Begriff der *panteones* weist auf die besondere Bedeutung der Grablegen im iberischen Sprach- und Kulturraum hin, da diesem Terminus kein deutsches Wort adäquat gegenübersteht und er auch in anderen Sprachen, die ihn wohl kennen, umgangssprachlich keineswegs geläufig ist. Die Autorin belegt, dass die hoch-mittelalterlichen *panteones* wegen ihrer Eigenschaft als Orte der *memoria* Fixpunkte für die gesamte architektonische Konzeption von Kirchen sein konnten. Exemplarisch wird hier die umfassende künstlerische Bedeutung der sepulkralen Liturgie deutlich, was der Beitrag von Franco Mata am Beispiel der überaus reichen und ausdifferenzierten gotischen Grabkunst in Kastilien und León illustriert. Grandmontagne – wie beiläufig auch Franco Mata – behandelt schließlich den viel zu selten beachteten Aspekt der Materialität und der Materialikonographie von Grabmälern, wobei er aufzeigen kann, wie spanische Monumente des 15. Jahrhundert hierbei, sei es durch Imitation, sei es durch Abweichung, bewusst auf internationale Modelle Bezug zu nehmen vermochten.

In den Aufsätzen von Tobias Kunz, Johanna Wirth Calvo und Felipe Pereda geht es gleichfalls um grundsätzliche Fragestellungen, nämlich um die Memorialmonumenten naturgemäß inhärente Tendenz zur Glorifizierung des Bestatteten, die im Extremfall in seine Sakralisierung münden konnte. Die beiden erstgenannten Autoren zeigen dabei exemplarisch an romanischen und gotischen Beispielen, welche Rolle hierbei die Bilder, vor allem aber die für die Monumente gewählte Bildsprache spielte. Pereda veranschaulicht, wie die Bild- und Erzählstrukturen einer der komplexesten gotischen «Formgelegenheiten», des Statuenportals, in der zweiten Hälfte des 15. Jahrhunderts an der Kathedrale von Toledo völlig neu konzipiert wurden, um das Grab des erzbischöflichen Auftraggebers in ein heiliges Schauspiel aus Stein zu integrieren.

Die weltliche Schwester der inszenierten Sakralisierung ist die profane Reprä-sentation, von der die Studien von Luís Afonso, Carla Varela Fernandes, Marisa Melero Moneo, Nicole Hegener und Pedro Flor handeln. Afonso zeigt auf, welch komplexes

Ideengut die Auftraggeber bei ihren eigenen Grabmälern zur Anschauung zu bringen vermochten. Steht bei ihm das Monument des portugiesischen Königs Pedro I. in der Abteikirche von Alcobaça im Mittelpunkt, so betrachtet Varela Fernandes das gegenüberstehende Monument der Inês de Castro als das herausragende Beispiel einer Serie von portugiesischen Frauengräbern des 14. Jahrhunderts, an denen sich deutlich zeigt, welche Darstellungskonventionen vorherrschten und wie diese zum Zwecke der Repräsentation variiert werden konnten. Ebenfalls einem Phänomen der Serie geht Hegener nach, die die Gruppe von Grabmälern der Jacobusritter zusammenhängend untersucht und aufzeigt, wie diese Individualmonumente zum Zweck exklusiver Familienrepräsentation funktionalisiert wurden. Dieser Aspekt steht auch bei der Studie von Melero Moneo über das Grabmal des Kanzlers Villaespesa und seiner Ehefrau in der Kathedrale von Tudela im Vordergrund, an dem Motive der individuellen Frömmigkeit des Verstorbenen im Zusammenhang mit seinen politischen Positionen in Szene gesetzt wurden. Dass dies mittels einer bewussten und exklusiven Stilwahl geschehen konnte, zeigt Pedro Flor am Beispiel des Noronha-Grabmals im portugiesischen Óbidos, wo sich der Geltungsanspruch der Familie in einem ungewöhnlich aufwändigen, stilistisch ausdrücklich international orientierten Grabmal manifestiert.

Einen der obersten Ränge in Bezug auf die profane Repräsentation nehmen die königlich-dynastischen Grablegen ein, von denen es auf der Iberischen Halbinsel mehr als im übrigen Europa gibt. Es ist ein Charakteristikum dieser wie aller dynastischer Grabanlagen, prospektiv angelegt zu sein: Ein königlicher Auftraggeber stellt für sich und seine Nachkommen eine Geltungsbehauptung auf, kann aber deren Wirkung *post mortem* nicht mehr kontrollieren, weshalb es bei Planung, Realisierung und Konservierung solcher Monumente immer wieder zu Brüchen kommt. Einen rätselhaften, kaum erklärlichen Fall hat Rocío Sánchez Ameijeiras aufgeführt: Das heute im Chor der kastilischen Zisterzienserinnenabteikirche Las Huelgas befindliche Doppelgrab von Alfons VIII. und seiner Ehefrau Leonor (beide † 1214) ist bereits das zweite Monument für dieses Königspaar und stammt aus dem 14. Jahrhundert, während die originalen, rund einhundert Jahre älteren Sarkophage in einer Vorhalle aufgestellt und zur Zweitbestattung freigegeben wurden. Völlig deutlich sind hingegen die Intentionen des aragonesisch-katalanischen Königs Pere IV «el Ceremoniós», der in der zweiten Hälfte des 14. Jahrhundert im katalanischen Zisterzienserkloster Poblet ein monumentales dynastisches *panteón* errichten ließ. Aufgrund der vorzüglichen Quellenlage ist hier ein fast einzigartiger Einblick in die Genese einer Grabanlage und ihrer ästhetischen Konzeption möglich, so dass hier einmal ausnahmsweise die Entwicklungen der politischen und künstlerischen Ansprüche eines Auftraggebers nicht vom Monument ausgehend rekonstruiert werden müssen, sondern sich zusätzlich durch schriftliche Dokumente erhellen lassen. Ein vergleichbares Wachstum einer königlichen Grablege vermag Ralf Gottschlich mit seiner Bauanalyse der monumentalen Dominikanerkirche im portugiesischen Batalha nachzuweisen: Der Bau wurde noch vor seiner Vollendung ab dem frühen 15. Jahrhundert durch An- und Umbauten erst als königliche Grablege nutzbar gemacht, wobei jedoch die älteste als dynastischer Memorialort intendierte Grabkapelle trotz ihrer monumentalen Ausmaße bereits dem Sohn des Stifters nicht mehr genügte: Er nahm ein noch anspruchsvolleres Projekt in Angriff, das jedoch nicht vollendet werden konnte und deshalb heute unter dem Namen «Capelas Imperfeitas» ein geradezu beispielhaftes Monument für die prekäre Realisierbarkeit dynastischer Grablegen darstellt. Die Grenzen des Mittelalters überschreitet schließlich Maria João Baptista Neto in ihrem Aufsatz, welcher die *longue durée* der portugiesischen Königsgräber verfolgt und an ihnen exemplarisch das Schicksal solcher – wenn nicht für die Ewigkeit, so doch zumindest für die Nachwelt gedachter – Monumente aufzeigt, nachdem sie im Zuge des historischen Wandels aus ihrem Kontext herausgelöst wurden.

Mit der Vereinigung der spanischen Reiche unter den Katholischen Königen begann auf der Iberischen Halbinsel ein neues Kapitel dynastischer Grablegen. Den seit dieser Zeit entstandenen Monumenten ist in Europa nur wenig Vergleichbares zur Seite zu stellen, obwohl Gisela Noehles wie María José Redondo Cantera aufzeigen können, dass sowohl die Katholischen Könige selbst als auch ihr Enkel Karl I. (V.) ihre Grabmalskonzeptionen immer wieder modifizierten. Geschah dies unter Ferdinand und Isabella, weil sie ihr Reich vergrößern konnten und diesem Faktum durch die Veränderung ihrer Grabmalsplanung Rechnung tragen wollten, so scheint ihr Enkel, Kaiser Karl V., Grabmalsplanungen für sich und seine Familie fast verdrängt zu haben, so als hätte er sich der Gefahr des Scheiterns derartiger Projekte schon im Vorfeld nicht stellen wollen. Erst seinem Sohn Philipp II. gelang es mit dem Bau des Escorial, die Dynastie aus dieser für ihre Repräsentation durchaus krisenhaften Situation wieder zu befreien. Michael Scholz-Hänsel vermag freilich aufzuzeigen, dass auch die dortige, noch immer benutzte Königsgrablege weder intentional noch formal den Absichten ihres ersten Auftraggebers entspricht, sondern erst unter Philipp III. durch Juan Bautista Crescenzi ihre heutige Gestalt erhielt. Mit ihrer düster-strengen Gestalt wurde sie das Modell für Grablegen von spanischen Adligen und Prälaten, wie Alfonso Rodríguez G. de Ceballos beweist. Sein Aufsatz entreißt einen Teil dieser bemerkenswerten Anlagen geradezu der Vergessenheit, was daran liegen dürfte, dass die barocke Sepulkralkultur auf der Iberischen Halbinsel nicht zu den vorrangigen Forschungsbereichen der historischen Wissenschaften zu gehören scheint – jedenfalls was die Bildende Kunst betrifft, denn die betreffende Literatur wird viel intensiver erforscht.

Ein bemerkenswertes Beispiel liefert hierfür Dietrich Briesemeister, der dem Motiv der imaginierten Sepulkralmonumente in spätmittelalterlicher Liebesdichtung nachgeht. Methodisch geradezu konträr hierzu nimmt sich der Aufsatz von Uli Wunderlich aus, da sie einem realen Phänomen nachgeht, das im Einzelnen nur schlecht dokumentiert ist: dem Tanz um den Toten im Sarg. Beide Autoren belegen jedoch, dass die realen Sepul-kralmonumente oft nur die einzig erhaltenen und bekannten Elemente einer viel komplexeren Sepulkralkultur sind, die auch Spielerisches enthalten konnte – ein Wesenszug, der uns in diesem Zusammenhang heute völlig fremd geworden ist.

Wunderlich zeigt in ihrer Studie, die einen Zeitraum von fast 2000 Jahren behandelt, dass Rituale des Totenkultes zwar sozial gebunden waren (und sind), dass diese Bindung aber keineswegs unwandelbar war. So gelingt es ihr, die Geschichte des Tanzens um den Verstorbenen vom adligen Milieu bis hin zu den Arbeitern des 19. und 20. Jahrhundert zu verfolgen. Ihr Aufsatz verklammert damit in mehrfacher Hinsicht die Studien zur mittelalterlichen und frühneuzeitlichen Grabkunst, welche fast exklusiv Ausdruck adligen und klerikalen Selbstverständnisses war, mit den nachfolgenden Aufsätzen zum «bürgerlichen» 19. und 20. Jahrhundert.

Die Aneignung der ehemaligen Adelstradition dynastischer Sepulturen durch die Bürger lässt sich geradezu exemplarisch am Friedhof von San Isidro in Madrid aufzeigen, den Ingrid Reuter und Norbert Fischer studiert haben. Die dortigen Mausoleen sind in ihrer Monumentalität und aufgrund ihrer Gestaltung in historischen, zumeist spanischen «Nationalstilen» Dokumente für die Aneignung von Kultur, Religion und Nation durch das Bürgertum. Sie belegen zugleich den fortwährenden Glauben an die Ordnung stiftende Kraft der Sepulkralkultur.

Unter der Franco-Diktatur konnte es deshalb im «Valle de los Caídos» noch einmal zu einem monumentalen Grabmonument kommen, mit dem versucht wurde, durch zahlreiche historisierende Rückgriffe und formale Anleihen bei der NS-Architektur ein franquistisches Nationalmonument zu schaffen, wie Peter K. Klein in seinem Aufsatz zeigt. Das «Valle de los Caídos» ist zwar das größte Sepulkralmonument Spaniens – wobei man den Escorial mit gutem Gewissen beiseite lassen kann, da sein Bauprogramm viel zu komplex ist, um auf diese eine Funktion reduziert werden zu können – aber es ist auch das leerste, im ganz wörtlichen Sinne auch «hohlste», da es im Kern aus einer gigantischen Tunnel- und Gruftkirchenanlage besteht. Nicht die personalisierte, sondern eine vage evozierte Ereignismemoria steht im Mittelpunkt. Allein dem Gründer der Falange, Primo de Rivera, und ihrem Exekutor Franco sind individuelle Grabstätten vorbehalten, zu denen die übrigen Toten lediglich in Beziehung gesetzt werden. Dieses Konzept steht der traditionellen *memoria* konträr gegenüber, da sie ja stets individuell ist. Nur die Hierarchisierung der Toten scheint übernommen.

Dass eine solche autoritäre *memoria* nicht funktionieren kann bzw. nur eine höchst begrenzte Haltbarkeitsdauer hat, zeigt Peter Klein selbst auf, indem er auf die aktuellen Bestrebungen zur Öffnung von Massengräbern des spanischen Bürgerkrieges, zur Individuierung der Opfer und zur Errichtung von Denkmälern für diese hinweist. Welch variantenreiche Lösungen hierfür möglich sind, zeigt Francisco José da Cruz de Jesus anhand der Denkmäler für jene Portugiesen, die im vom 1961 bis 1974 andauernden Kolonialkrieg gefallenen sind. Die ersten dieser Monumente wurden sogar noch vor der Nelkenrevolution von 1974 errichtet. Cruz de Jesus untersucht empirisch die individuelle Wirkung der Monumente in Abhängigkeit davon, ob sie figürlich oder abstrakt gestaltet wurden. Die Relevanz der Form- und Stilfrage stellt sich damit in der Sepulkralkunst auch noch am Beginn des 21. Jahrhunderts, und es wird sich zeigen, wie die künftigen Denkmäler für die Opfer des Franquismus in Spanien aussehen. In welche Richtung es gehen könnte, zeigt sich möglicherweise in Barcelona am Monument der für die 1714 bei der Belagerung der Stadt Gefallenen: Die ursprüngliche, mit minimalistischen Mitteln operierende avantgardistische Lösung wurde inzwischen durch die Installation eines übergroßen «Ewigen Lichts» wieder konservativem Geschmack angepasst. Damit ist zuletzt (Sommer 2005) auch die Frage nach Gestalt und Habitus eines Monuments für die Terroropfer vom 11. März 2004 noch völlig offen.

Die hier versammelten Aufsätze sind aus Referaten erwachsen, die bei der gleichnamigen Tagung der Carl Justi-Vereinigung im Frühjahr 2003 in Dresden gehalten wurden. Auch Dresden ist Teil einer Kulturlandschaft, in der es zahlreiche hochrangige Zeugnisse der Sepulkralkultur aus der Zeit vom hohen Mittelalter bis in die Moderne gibt. Der Blick auf die Iberische Halbinsel hat manchmal geholfen, die hiesigen Monumente besser zu verstehen, aber dies hat auch umgekehrt gegolten. So ähnelt die protestantische Fürstengrablege im Freiberger Dom nicht nur formal dem katholischen Monument im Escorial, sie ist auch fast gleichzeitig entstanden, und es gibt sogar indirekte Werk-stattbezüge. Sachsen war kein Zentrum eines Weltreiches, beanspruchte aber doch im 16. Jahrhundert das Zentrum eines geistigen, protestantischen Reiches zu sein. Dass man sich, um dies zu verdeutlichen, ähnlicher, wenngleich bescheidenerer Mittel bediente wie in Spanien, ist kein Zufall, sondern dokumentiert eindrucksvoll, dass die europäische Sepulkralkunst einst ein ausgereiftes und differenziertes Medium war, um eine Position im internationalen Konzert der Dynastien, Staaten und Konfessionen zu markieren. Eine kulturhistorische, kontextorientierte Kunstgeschichte vermag solche Bezüge zu erhellen, und sie schärft durch den Blick auf das Fremde die Erkenntnis des Vertrauten.

Das Kolloquium konnte nur mit Unterstützung von Personen und Institutionen stattfinden, die damit auch zur Publikation des Tagungsbandes beigetragen haben. Neben der Carl Justi-Vereinigung e.V. sowie dem Institut für Kunst- und Musik-wissenschaft der Technischen Universität Dresden sind die Freunde und Förderer der Technischen Universität Dresden zu nennen. Von spanischer Seite hat das Ministerio de Cultura, dank des Programms für kulturelle Zusammenarbeit «ProSpanien», zum Gelingen beigetragen, von portugiesischer Seite das Instituto Camões und die Calouste Gulbenkian-Stiftung. Für Übersetzungen, Korrekturen und Bildbearbeitung danken wir herzlich Olga Isabel Acosta Luna, Doris Seidel, David Sánchez, Stefan Bürger und Frank Pawella. Innerhalb des Verlags Vervuert hat sich Anne Wigger engagiert um die Realisierung des Buches gekümmert. Diese vielfältige Hilfe hat das internationale Kolloquium wie die vorliegende Publikation ermöglicht, von der die Herausgeber erhoffen, dass sie weit über die Erforschung von Grabkunst und Sepulkralkultur der Iberischen Halbinsel hinaus anregend wirken möge.

EL ARTE FUNERARIO COMO EXPRESIÓN DE LA DIMENSIÓN SOCIAL DE LA MUERTE. MONUMENTOS Y DESARROLLOS EN LA PENÍNSULA IBÉRICA

UNA INTRODUCCIÓN

Henrik Karge / Bruno Klein*

En las presentes memorias se emprende, por primera vez, la realización de una extensa publicación sobre arte funerario y cultura sepulcral en la Península Ibérica, para la cual se han agrupado contribuciones de autores españoles, portugueses y de habla alemana. La mayoría de los estudios aquí reunidos se refieren a la alta o a la baja Edad Media o a la Edad Moderna temprana, épocas en las que se produjo en los reinos ibéricos una profusión excepcional de sepulcros particulares dedicados a nobles y a clérigos, de panteones colectivos dinásticos y de capillas fúnebres monumentales, los cuales se constituyen en un conjunto de obras que difícilmente se puede encontrar en otro país europeo. Otras investigaciones de esta compilación llegan hasta la época actual y se ocupan particularmente de la disposición de cementerios en el siglo XIX y de la instrumentalización política de la conmemoración fúnebre en las dictaduras del siglo XX.

Las contribuciones de este volumen pueden evocar naturalmente un conjunto de investigaciones ya existentes, que se han ocupado de estudiar diversos monumentos sepulcrales, sus clientes y los artistas que allí intervinieron, así como también las maneras de enterramiento en determinados periodos y regiones.[1] Sin embargo, estos

---

* Traducción del alemán : Olga Isabel Acosta Luna, Bogotá / Dresde.

[1] Numerosas investigaciones importantes que han abordado el tema de la muerte en la España medieval se encuentran en los siguientes dos volúmenes : Manuel NÚÑEZ RODRÍGUEZ / Ermelindo PORTELA SILVA (eds.), *La idea y el sentimiento de la muerte en la historia y en el arte de la Edad Media. Ciclo de Conferencias celebrado del 1 al 5 de diciembre de 1986*, Santiago de Compostela 1988 y J. AURELL / J. PAVÓN (eds.), *Ante la muerte. Actitudes, espacios y formas en la España medieval*, Pamplona 2002. – Vale la pena mencionar algunos estudios, que se refieren en su mayoría a ciudades o a regiones en particular : B. Ch. ROSENMAN, *The Royal Tombs at the Monastery of Santes Creus*, Minnesota 1983;

estudios han permanecido a menudo demasiado aislados para ser tenidos en cuenta en un plano internacional; tanto así que se puede afirmar que la amplia existencia de monumentos funerarios de distintas épocas, que aún se conservan en la Península y más allá de los Pirineos, permanece en gran parte desconocida. Tanto las publicaciones sobre el arte sepulcral europeo como también las abundantes investigaciones sobre maneras de enterramiento y cultura de la memoria, han renunciado en su mayoría –descontando unas pocas excepciones–[2] a incluir el material español y portugués.

Compilar por primera vez a gran escala este material y abrir caminos hacia su comprensión dentro de la historia y de la historia del arte, es el propósito del presente volumen. No se pretende, sin embargo, realizar aquí una completa presentación sistemática del arte fúnebre y de las maneras de enterramiento en la Península Ibérica, para lo cual

María Jesús GÓMEZ BÁRCENA, *Escultura gótica funeraria en Burgos*, Burgos 1988; Ángela FRANCO MATA, «Relaciones hispano-italianas de la escultura funeraria del siglo XIV», en: NÚÑEZ / PORTELA op. cit., pp. 99–125; Joaquín YARZA LUACES, «La Capilla Funeraria Hispana en torno a 1400», en: NÚÑEZ / PORTELA ibídem., pp. 67–91; Teresa PÉREZ HIGUERA, «El sepulcro del arzobispo don Sancho de Rojas, en su capilla de la Catedral de Toledo», en: *Homenaje al profesor Hernández Perera*, Madrid 1992, pp. 577–83; Rocío SÁNCHEZ AMEIJEIRAS, *Investigaciones iconográficas sobre la escultura funeraria del siglo XIII en Castilla y León*, 2 tomos, microfiche-ed. Univ. Santiago de Compostela 1993; Lucía LAHOZ, «El sepulcro del arcediano don Fernán Ruiz de Gaona y la iconografía de exequias en el Gótico de Álava», en: *Revista de Cultura e Investigación Vasca Sancho el Sabio*, n. 3, 1993, pp. 209–41; Margarita RUIZ MALDONADO, «Escultura funeraria del siglo XIII: los sepulcros de los López de Haro», in: *Boletín del Museo e Instituto Camón Aznar* 1996, pp. 91–169; Francesca ESPAÑOL BERTRAN, «Une nouvelle approche aux tombeaux royaux de Santes Creus», en: *Memory and Oblivion* (XXIX International Congress of the History of Art, Amsterdam 1996), Amsterdam 1999, pp. 467–74; ídem, «*Sicut ut decet*. Sepulcro y espacio funerario en la Cataluña bajomedieval», en: AURELL / PAVÓN (como arriba), pp. 95–156; José A. PUENTE MÍGUEZ, «El sepulcro del conde don Raimundo de Borgoña en la catedral de Santiago», en: María Dolores BARRAL RIVADULLA (ed.), *Estudios sobre patrimonio artístico. Homenaje a la Profa. Dra. María del Socorro Ortega Romero*, Santiago de Compostela 2002, pp. 83–95; Gerardo BOTO VARELA, «Sobre reyes y tumbas en la catedral de León. Discursos visuales de poder político y honra sacra», en: Joaquín YARZA LUACES, M.ª Victoria HERRÁEZ ORTEGA, Gerardo BOTO VARELA (eds.), *Congreso Internacional «La catedral de León en la Edad Media». Actas* (León, 7–11 de Abril de 2003), León 2004, pp. 305–65. Sobre arte fúnebre en la Edad Moderna : María José REDONDO CANTERA, «El sepulcro de Sixto IV y su influencia en la escultura renacentista española», en: *Boletín del Seminario de Arte y Arqueología* (Valladolid) 52, 1986, pp. 271–82; ídem, *El sepulcro en España en el siglo XVI : tipología e iconografía*, Madrid 1987 (de la misma autora existen otros numerosos estudios sobre este complejo temático); Vicente LLEÓ CAÑAL, «El sepulcro del caballero», en: Fernando MARÍAS / Felipe PEREDA (eds.), *Carlos V : las armas y las letras*, Madrid 2000, pp. 261–72. Otros estudios específicos serán citados en cada caso en las contribuciones del presente volumen.

[2]   Vale la pena resaltar las dos siguientes compilaciones de estudios relevantes : Elizabeth VALDEZ DEL ÁLAMO / Carol STAMATIS PENDERGAST (eds.), *Memory and the Medieval Tomb*, Cambridge 2000, véase aquí : Elizabeth VALDEZ DEL ÁLAMO, «Lament for a lost Queen: the sarcophagus of Doña Blanca in Nájera», pp. 43–79; Rocío SÁNCHEZ AMEIJEIRAS, «*Monumenta et memoriae*: the thirteenth-century episcopal pantheon of León Cathedral», pp. 269–99. Stephen LAMIA / Elizabeth VALDEZ DEL ÁLAMO (eds.), *Decorations for the Holy Dead: Visual Embellishments on Tombs and Shrines of Saints*, Turnhout 2002, véase aquí : Rocío SÁNCHEZ AMEIJEIRAS, «Imagery and Interactivity: Ritual Transaction at the Saint's Tomb», pp. 21–38; Daniel RICO CAMPS, «A shrine in its setting: San Vicente de Ávila», pp. 57–76; Francesca ESPAÑOL BERTRAN, «The Sepulcre of Saint Juliana in the Collegiate Church of Santillana del Mar», pp. 191–218.

las bases del conocimiento actual son aún demasiado limitadas. En primer lugar se debe subrayar que muchos de los fenómenos de la creación artística en la conmemoración de los muertos, explorados en esta compilación, se pueden encontrar de igual manera en otros países europeos. Esto es válido principalmente para la Edad Media, debido a que en sus rasgos principales contó con una cultura sepulcral común a toda la Cristiandad católica y que se diferencia fundamentalmente de las relaciones modernas con la muerte. Aunque los estudios de este volumen están concentrados en la Península Ibérica, esto no significa que ellos se restrinjan a desarrollar una perspectiva de carácter nacional.[3]

Los reinos ibéricos constituyeron durante la Edad Media una amplia área cultural que contó con una delimitación geográfica más clara que la mayoría de las otras zonas culturales de Europa. A pesar de las diferencias idiomáticas, las desemejanzas culturales entre las monarquías cristianas de la Península Ibérica fueron, en comparación, escasas –como las más significativas se pueden considerar a Aragón (con Cataluña), Castilla (con León) y Portugal–; así mismo la postura defensiva común frente al Islam acuñó la historia de estos reinos de una manera tal que era impensable en el resto de Europa. Con relación a esta coyuntura, a Portugal, no le fue asignada una posición particular; únicamente Navarra estuvo orientada fuertemente a la Europa central, debido a su estrecho vínculo dinástico con Francia, situación que se hace visible también en los panteones reales.

Vale la pena destacar entre las singularidades pertenecientes a las maneras de enterramiento de la región de Castilla, por ejemplo, la despreocupación con que se trataba el cadáver del rey. Con el cuerpo del monarca no se llevaban a cabo las ceremonias tradicionales de los países centrales europeos, como lo eran la unción, el enterramiento de los órganos del finado, etc.[4] –en este punto se pronuncia una cierta posición prosáica y «realista» con relación a la manera de enterrar a los difuntos–. Esta posición se deja observar hasta en el desinterés del emperador Carlos V en lo concerniente a su propio panteón (véase el texto de María José Redondo Cantera). Con el ascenso de las coronas de España y Portugal a los poderes coloniales, acontecimiento que transformó el mundo alrededor del cambio de siglo XV al XVI, se fortaleció aún más la autonomía cultural de la Península Ibérica de cara a otras regiones de la Europa católica y protestante – también aquí se pueden detectar y analizar soluciones escultóricas y arquitectónicas específicas para la conmemoración de los difuntos–.

---

[3]   Véase la argumentación en favor de una perspectiva regional para abordar esta problemática : Ermelindo PORTELA SILVA / María Carmen PALLARÉS MÉNDEZ, «Muerte y Sociedad en la Galicia Medieval (ss. XII–XIV)», en: NÚÑEZ / PORTELA, *Idea y sentimiento...* op. cit., (nota 1), pp. 21–29.

[4]   A este respecto han sido documentados múltiples casos en el artículo de Denis MENJOT, «Un chrétien qui meurt toujours. Les funérailles royales en Castille à la fin du Moyen Âge», en: NÚÑEZ / PORTELA, *Idea y sentimiento...* op. cit. (nota 1), pp. 127–38.

Los numerosos monumentos fúnebres producidos en la Península Ibérica poseen en su mayoría una gran calidad artística, sin embargo, el resto de Europa apenas tiene conocimiento de ellos. Es así como uno de los objetivos principales de la presente publicación consiste en presentar tanto estas obras como también su compleja programática plástica –no sólo en ilustraciones y descripciones sino también analizarlas bajo el marco actual de la investigación– y de esta manera introducirlas en las discusiones internacionales alrededor del papel del arte fúnebre dentro de la cultura sepulcral y de la memoria.

Aunque a primera vista parezca paradójico, difícilmente otra creación artística de la Edad Media y de la Edad Moderna temprana estuvo tan estrechamente vinculada a la vida del hombre, como lo fue la materialización de la conmemoración de los difuntos. De una manera apenas imaginable para la mujer y el hombre contemporáneos, los muertos estaban presentes como personas, en el sentido forense, en la vida cotidiana y mantenían un activo intercambio con los vivos.[5] De esta forma, el significado del retrato del finado ubicado sobre un sepulcro iba más allá de su mera rememoración : lo decisivo era que el observador fuera estimulado a incluir al difunto en sus oraciones mediante el retrato, la inscripción y, eventualmente también, una representación visual de buenas acciones. Según opinión general, los muertos son asignados a los intercesores de los vivos para superar el purgatorio y viceversa los intermediarios valoran este acto como una buena acción de los vivos.[6]

La memoria de los muertos se convierte a su vez en un hecho central de la sociedad. La fundación de un sepulcro en beneficio de un familiar difunto ofrece a los descendientes la mejor garantía de ser conmemorados de la misma forma después de morir; igualmente mediante la existencia de un sepulcro aseguran su presencia entre los vivos a través de la significativa unión en la oración.[7] Por otra parte, a la motivación cristiana

---

[5] Véase Otto GERHARD OEXLE, «Die Gegenwart der Toten», en: Herman BRAET / Werner VERBEKE (eds.), *Death in the Middle Ages*, Löwen 1983, pp. 19–77; Arnold ANGENENDT, «Das Grab als Haus des Toten. Religionsgeschichtlich – christlich – mittelalterlich», en: Wilhelm MAIER / Wolfgang SCHMID / Michael Viktor SCHWARZ (eds.), *Grabmäler. Tendenzen der Forschung an Beispielen aus Mittelalter und früher Neuzeit*, Berlín 2000, pp. 11–29.

[6] La génesis de la después idea canónica del purgatorio se remonta al siglo XII; para esto consultar la obra clásica de Jacques LE GOFF, *La Naissance du Purgatoire*, Paris 1981. Entre tanto las comprobaciones aquí presentes han sido desarrolladas críticamente en los siguientes estudios : Michelle FOURNIÉ, *Le ciel peut-il attendre? Le culte du Purgatoire dans le Midi de la France (1320 environs – 1520 environs)*, París 1997; Susanne WEGMANN, *Auf dem Weg zum Himmel. Das Fegefeuer in der deutschen Kunst des Mittelalters*, Colonia / Weimar / Viena 2003.

[7] Aquí se puede evocar la extensa literatura sobre la *memoria* que en los últimos años se ha incrementado sobremanera. Se destaca en este punto un estudio reciente que resalta el principio del *Do-ut-des* más allá de la motivación cristiana de la *memoria* medieval : Caroline HORCH, *Der Memorialgedanke und das Spektrum seiner Funktionen in der Bildenden Kunst des Mittelalters*, Königstein im Taunus 2001. Por lo demás vale la pena mencionar de la literatura básica a Karl SCHMID / Joachim WOLLASCH (eds.) *Memoria: der geschichtliche Zeugniswert des liturgischen Gedenkens im Mittelalters*, Munich 1984 (= *Münstersche Mittelalter-Schriften* 48), así como a Otto Gerhard OEXLE (ed.): *Memoria als Kultur*, Gotinga 1995.

de la intercesión en el más allá se superpone la tradición profana de la fama, alimentada de la raíz romana antigua y germánica, que gozó de gran importancia para el mundo de la nobleza de la Edad Media y encontró en la creación de sepulcros una expresión relevante.[8] Finalmente, es de suponer que a largo plazo los monumentos sepulcrales sirvieron también para la comunicación recíproca entre los vivos, en tanto que ellos documentaban fundaciones eclesiásticas y en casos especiales podían transportar también mensajes políticos.

Por otro lado, no debe pasar desapercibido que a la representación subjetiva de la memoria[9] privada le estaban establecidos estrechos límites a través de la presión de las convenciones sociales, que se manifestaban en tradiciones visuales y en patrones epigráficos.[10] Justamente, a este respecto los países ibéricos ofrecen diversos ejemplos de soluciones visuales sorprendentemente no convencionales, que consiguen aportar nuevos aspectos interesantes a las discusiones sobre la memoria a los difuntos en la Europa medieval. Resalta a la vista una escena de relieve en el sepulcro del obispo Martín Rodríguez, en la Catedral de León (alrededor de 1260/70), que muestra con vigor la repartición de limosnas a los pobres y menesterosos (pitança), como un acto ejemplar del difunto, a la manera de la *Caritas*.[11] *Caritas* es también la idea principal del programa visual original presente en el sepulcro del santo arzobispo Pedro de Osma, en la Catedral de Burgos de Osma (véase artículo de Johanna Wirth Calvo). En el primer caso es especialmente significativo el gran efecto de convocatoria logrado sobre el observador dadivoso para socorrer al difunto a través de sus ruegos, tan largamente como le sea posible durante su vida. Del todo singular se muestra la representación de las edades del hombre, a la manera de una rueda de la fortuna, sobre el sepulcro del rey Pedro el Cruel († 1367) en la iglesia de la Abadía de Alcobaça y que refleja la vida trágica de este monarca –sepulcro que también cualitativamente figura entre los más sobresalientes de la Edad Media europea (véase el artículo de Luis Afonso)–. Finalmente, impresiona la afamada figura yacente del Doncel Martín Vázquez de Arce en la

---

[8]   Véase Achatz Freiherr v. MÜLLER, *Gloria Bona Fama Bonorum. Studien zur sittlichen Bedeutung des Ruhmes in der frühchristlichen und mittelalterlichen Welt*, Husum 1977 (= Historische Studien 428).

[9]   En un compendio de investigaciones de mucha utilidad se ha remarcado demasiado, según nuestra opinión, el término de la «memoria espontánea»: «Image und Memoria: statt einer Zusammenfassung», en: Michael Viktor SCHWARZ (ed.), *Grabmäler der Luxemburger. Image und Memoria eines Kaiserhauses*, Luxemburgo 1997, pp. 175–82.

[10] En este sentido se halla una argumentación convincente basada en ejemplos del territorio hanseático, cuyos análisis pueden ser en gran parte generalizados, en: Klaus KRÜGER, «Selbstdarstellung im Grabmal. Zur Repräsentation städtischer und kirchlicher Führungsgruppen im Hanseraum», en: Wolfgang SCHMID (ed.), *Regionale Aspekte der Grabmalforschung*, Tréveris 2000, pp. 77–94.

[11] Con relación a este monumento véase : SÁNCHEZ AMEIJEIRAS, op. cit. (nota 2), pp. 275s.; Ángela FRANCO MATA, *Escultura gótica en León y provincia (1230–1530)*, León 1998, pp. 388–91; ídem, «Escultura medieval. Un pueblo de piedra para la Jerusalén celeste», en: Carlos ESTEPA DÍEZ / Gerardo BOTO VARELA / Henrik KARGE y otros, *La Catedral de León. Mil años de historia*, León 2002, pp. 89–149, aquí pp. 136–40.

Catedral de Sigüenza (alrededor de 1491), no tanto debido a su insólita postura, sino mucho más porque en ella se logra mostrar al doncel leyendo un libro en estado de absoluta concentración (artículo Nicole Hegener). Si se deseara formular con toda cautela una especificidad del arte fúnebre de los países ibéricos, que además estuviera ausente de la misma manera en otras regiones europeas, parecería ser ésta la tendencia a rememorar en presencia de la muerte, a ser posible de forma evidente, elementos esenciales de la vida ya vivida –unida seguramente con el empeño de proteger la vida del finado del olvido de los descendientes–.

Los artículos de estas memorias no están organizados a través de una cronología estricta ni tampoco catalogados según el país, porque, como al comienzo se explicó, aún no se ha planteado una historia continua del arte fúnebre en la Península Ibérica. En su lugar, y para corresponder así a la complejidad del fenómeno, este volumen se estructura a partir de una serie de preguntas relevantes formuladas en diversos planos del contenido.

A manera de una primera panorámica de la temática, los artículos introductorios de Kristina Krüger, Ángela Franco Mata y Michael Grandmontagne evidencian la diversidad tipológica de los panteones y sepulcros en la España medieval y explican los fenómenos respectivos en el contexto europeo. Precisamente, el término de los panteones – utilizado por K. Krüger– advierte el significado particular de este tipo de sepulcro en el contexto lingüístico y cultural de la Península Ibérica. Esto se debe a que el término no encuentra en ninguna palabra de la lengua alemana su correspondiente adecuado, ni tampoco en idiomas distintos al español y portugués, en los cuales, a pesar de ser conocido, no hace parte del lenguaje coloquial. La autora documenta que los panteones medievales, debido a su característica como lugares de la memoria, podían ser puntos fijos para la concepción arquitectónica total de las iglesias. De otro lado, el texto de Á. Franco Mata evidencia de manera ejemplar el amplio significado artístico de la liturgia sepulcral; la autora se vale para ello del excepcionalmente rico y variado arte gótico fúnebre de Castilla y León. Finalmente M. Grandmontagne –como de paso también Á. Franco Mata– trata un aspecto que ha sido considerado en raras ocasiones : la materialidad y la iconografía material de los sepulcros. En este texto el autor logra mostrar cómo, en el caso de algunos monumentos españoles del siglo XV, bien por imitación o discrepancia, éstos se remitieron conscientemente a modelos internacionales.

En los artículos de Tobias Kunz, Johanna Wirth Calvo y Felipe Pereda se plantean igualmente problemas fundamentales sobre monumentos conmemorativos, de acuerdo con la tendencia inherente a la glorificación del enterrado, que en caso extremo pudo desembocar en su secularización. Los dos primeros autores se valen de obras ejemplares del arte románico y del gótico, para mostrar el rol que desempeñaron en este caso las imágenes y ante todo el lenguaje visual escogido para estos monumentos. F. Pereda ilustra, por su parte, cómo fue concebida en su totalidad una nueva estructura visual y narrativa de una de las más complejas creaciones artísticas : la imaginería de portada gótica. Ilustra, para ello, la manera en que, en la segunda mitad del siglo XV, en la

Catedral de Toledo, se integró la sepultura del mandante arzobispal en un espectáculo de piedra sagrado.

La hermana secular de la puesta en escena de la sacralización es la representación profana, de la cual tratan los estudios de Luís Afonso, Carla Varela Fernandes, Marisa Melero Moneo, Nicole Hegener y Pedro Flor. L. Afonso muestra complejas idealizaciones que lograban conseguir los clientes para la concepción de sus propios sepulcros : su centro de interés es el sepulcro del rey portugués Pedro I en la Iglesia de la Abadía de Alcobaça. Para C. Varela Fernández, en cambio, el monumento ubicado justo al frente, el sepulcro de Inês de Castro, es el ejemplo sobresaliente de una serie de enterramientos femeninos del siglo XIV en Portugal. En estos sepulcros se muestra claramente cuáles fueron las convenciones de representación que predominaron y cómo éstas pudieron ser variadas de acuerdo a su finalidad. N. Hegener se aproxima a un fenómeno similar : ella analiza el grupo de sepulcros de los caballeros de Santiago y logra evidenciar cómo estos monumentos individuales fueron puestos exclusivamente en funcionamiento para una representación de familia. Este aspecto goza también de prioridad en el estudio de M. Melero Moneo sobre el sepulcro del Canciller Villaespesa y de su esposa en la Catedral de Tudela, el cual señala cómo en estos monumentos fueron plasmados motivos de devoción privada del difunto enlazados con sus posiciones políticas. Que esto también podía ocurrir por medio de la elección a conciencia de un estilo exclusivo, lo corrobora P. Flor en el ejemplo del sepulcro de los Noroña, en Óbidos, en Portugal. Este estudio muestra cómo la exigencia pretenciosa de la familia se manifiesta en un sepulcro insólitamente lujoso, cuyo estilo se basó en expresiones internacionales.

Uno de los más altos rangos en relación con las representaciones profanas es alcanzado por los panteones monárquico-dinásticos, de los cuales hay más en la Península Ibérica que en el resto de Europa. Su construcción, de forma prospectiva, caracteriza tanto estos sepulcros como todos los panteones dinásticos : un mandante monárquico erigía para sí mismo y sus descendientes una obra vigente cuyo resultado, sin embargo, no puede controlar *post mortem*; es por eso que en la planificación, realización y conservación de tales monumentos la concepción original se suele desdibujar recurrentemente. Un caso enigmático, de difícil explicación, ha sido presentado por Rocío Sánchez Ameijeiras : el doble sepulcro de Alfonso VIII y de su esposa Leonor (ambos † 1214) ubicado hoy en el coro de la iglesia de la abadía cisterciense Las Huelgas. Este sepulcro del siglo XIV es el segundo monumento fúnebre erigido para esta pareja de monarcas, mientras que los sarcófagos originales, creados alrededor de cien años atrás, fueron colocados en un pórtico y desocupados tras la construcción del segundo enterramiento.

Por otro lado son completamente claras las intenciones del rey Pedro IV, «el Ceremoniós», quien en la segunda mitad del siglo XIV hizo erigir un monumental panteón dinástico en el convento cisterciense de Poblet en Cataluña (Bruno Klein). Debido a un conjunto de excelentes fuentes documentales ha sido posible echar un vistazo, casi único, en la génesis de un panteón y de su concepción estética. Tanto así que en este caso, y de manera excepcional, los desarrollos de las exigencias políticas y artísticas de un cliente no tuvieron que ser reconstruidos a partir del monumento, sino que pudieron ser conocidos a través de documentos escritos. El desarrollo similar de un panteón real pudo ser comprobado por Ralf Gottschlich, mediante su análisis arquitectónico de la iglesia monumental dominicana de Batalha en Portugal. En este caso la construcción fue utilizada primero y aún antes de su culminación, a partir de los comienzos del siglo XV, como panteón monárquico debido a ampliaciones y reformas que le fueron realizadas. A pesar de que la capilla sepulcral más antigua había sido ideada originalmente como lugar de conmemoración dinástico y poseía dimensiones monumentales, esto no fue suficiente para el hijo del fundador, quien emprendió un proyecto aún más exigente. Proyecto que, aunque no pudo ser terminado –y por ende hoy es conocido con el nombre de «Capelas Imperfeitas»–, representa un monumento realmente ejemplar ante la precaria posibilidad de realizar un panteón dinástico. Las fronteras de la Edad Media son rebasadas finalmente en el artículo de Maria Joäo Baptista Neto, en el cual se observa la *longue durée* de los enterramientos de la monarquía portuguesa y se muestra ejemplarmente la suerte de estos monumentos después de haber sido extraídos de su contexto original como consecuencia del cambio histórico.

Con la unión de la Corona española bajo los Reyes Católicos se abrió un nuevo capítulo para los panteones dinásticos en la Península Ibérica. Sólo pocas obras en Europa se pueden comparar con los monumentos que surgieron desde entonces, sin embargo tanto Gisela Noehles como María José Redondo Cantera muestran que tanto los mismos Reyes Católicos como su nieto Carlos V (I) modificaron de manera recurrente sus concepciones sepulcrales. Un ejemplo de ello lo representan la pareja real, Fernando e Isabel, quienes ante la posibilidad de ampliar su reino, consideraron este hecho para la transformación de su proyecto sepulcral. Así mismo parece ser que su nieto, el emperador Carlos V, casi desplazó los planes sepulcrales para él y su familia, como si quisiera salvaguardarse del peligro de fracasar en ellos justo en el preludio. Fue sólo con la llegada de su hijo, Felipe II, cuando se logró, a través de la construcción de El Escorial, liberar nuevamente a la dinastía de su crítica situación con relación a su representación fúnebre. Michael Scholz-Hänsel consigue mostrar, sin embargo, que tampoco los panteones monárquicos allí utilizados correspondieron siempre a los propósitos intencionales ni a los formales de su primer mandante. No fue sino hasta Felipe III con quien, gracias a Juan Bautista Crescenzi, el sepulcro obtuvo su forma actual. Con su forma sombría y austera, El Escorial, se convirtió en el modelo a seguir para la erección de panteones de nobles y prelados españoles, como lo comprueba Alfonso Rodríguez G. de Ceballos, cuyo artículo logra arrebatarle al olvido una parte de estas notables construcciones.

La cultura sepulcral del barroco en la Península Ibérica no parece pertenecer a las áreas de investigación prioritarias de las ciencias de la historia –principalmente, en lo que atañe a las artes plásticas, ya que para el caso de la literatura este periodo ha sido investigado con mayor intensidad–. Un notable ejemplo de esto lo aporta Dietrich Briesemeister, quien dedica su artículo a los monumentos sepulcrales imaginados en la poesía cancioneril española bajomedieval. Metódicamente el texto de Uli Wunderlich alcanza a este respecto realmente el efecto contrario, debido a que ella se ocupa de un fenómeno real que sin embargo en solitario está poco documentado : la danza alrededor de los muertos en el ataúd. No obstante, ambos autores documentan que los monumentos sepulcrales reales son con frecuencia, los únicos elementos que se conservan y se conocen de una cultura sepulcral de mayor complejidad; poseedora incluso de rasgos característicos como jugueteos, que hoy, en el mismo contexto, nos son completamente extraños.

U. Wunderlich muestra en su estudio –al abarcar un periodo de casi 2000 años– que a pesar de que los rituales del culto a los muertos estaban (y están) vinculados socialmente, éste no era un enlace inalterable. Ella consigue seguir la historia de la danza alrededor de los difuntos desde los ambientes nobiliarios hasta los de los trabajadores del siglo XIX y XX. Su artículo logra abarcar la multiplicidad de la temática y conecta los estudios del arte funerario de las Edades Media y Moderna, donde representaba casi exclusivamente una expresión natural de los nobles y clérigos, con los siguientes artículos sobre los siglos XIX y XX que tienen como protagonista a la burguesía.

La apropiación por parte de los ciudadanos de la antigua tradición nobiliaria de los sepulcros dinásticos se deja observar de manera ejemplar en el cementerio de San Isidro en Madrid, estudiado por Ingrid Reuter y Norbert Fischer. Gracias a su monumentalidad y debido a su estructuración en «estilos nacionales» históricos, en su mayoría españoles, los mausoleos del cementerio madrileño son documentos de la apropiación de la cultura, la religión y la nación por parte de la burguesía. Ellos son, además, testimonio de la relevancia que aún posee la cultura sepulcral para el orden de la vida.

Una prueba de esto es que, bajo la dictadura de Franco, se llegó nuevamente a la construcción de un enorme sepulcro a través del «Valle de los Caídos». Como lo muestra Peter K. Klein en su artículo, con su construcción se intentó crear un monumento nacional franquista a través de numerosos recursos historizantes y préstamos formales de la arquitectura del Nacionalsocialismo. El «Valle de los Caídos», a pesar de ser el monumento funerario más grande de España[12] es también el más vacío, y en sentido literal «el más hueco», porque consiste en un interior de una construcción conformada por un túnel y una iglesia subterránea gigantescos. Lo más importante en este caso no es la memoria personalizada sino una vaga evocación de su acontecimiento. Aquí, solamente, se conservan enterramientos individuales del fundador de la Falange, Primo de

---

[12]   El afirmar que el Valle de los Caídos es el monumento funerario más grande de España permite dejar de lado y sin remordimientos a El Escorial, debido a que su programa arquitectónico posee una mayor complejidad cómo para ser reducido simplemente al cumplimiento de una función sepulcral.

Rivera, y de su ejecutor Franco, a los cuales se han anexado los otros difuntos. Este concepto contradice la memoria tradicional, que es de carácter individual. Es así cómo este monumento franquista sólo parece haber adoptado la jerarquización de los muertos.

Que una memoria autoritaria semejante no pueda funcionar, es decir, que tenga sólo un tiempo limitado de duración, lo muestra también P. K. Klein, al indicar los empeños actuales que se llevan a cabo, tanto alrededor de la exhumación de los cadáveres de la guerra civil española enterrados en fosas comunes, como de la identificación de las víctimas y de la erección de monumentos en su honor. Que para esto se han acudido a soluciones ricas en variantes, lo muestra Francisco José da Cruz de Jesus mediante los monumentos erigidos en honor de aquellos portugueses que de manera continua murieron en la guerra colonial de 1961 a 1971. Las primeras de estas obras fueron incluso erigidas aún antes de la Revolución de los Claveles de 1974. F. J. Cruz de Jesus inspecciona empíricamente el efecto individual de los monumentos tanto en obras figurativas como abstractas.

La relevancia del cuestionamiento por la forma y el estilo se presenta también a comienzos del siglo XXI en el arte sepulcral; ya veremos qué aspecto tendrán los futuros monumentos dedicados a las víctimas del franquismo en España. En qué dirección se continuará, lo muestra posiblemente un monumento en Barcelona que conmemora a los caídos en combate en 1714 durante el sitio de la ciudad. Aquí se alcanza una solución vanguardista que originalmente operó con medios minimalistas pero que entretanto fue adaptada de nuevo al gusto conservador, a través de la instalación de una inmensa «Luz perpetua». Por último también permanece aún sin responder la cuestión sobre la forma y el habitus que podrá tener un monumento para las víctimas del atentado terrorista del 11 de marzo del año 2004.

El presente volumen, como ya se aludió al comienzo, no pretende ser un compendio del arte sepulcral en la Península Ibérica. Sin embargo, estas memorias pueden documentar que en esta región cultural existe un conjunto amplísimo de monumentos fúnebres específicos, a través de los cuales el tema de la cultura sepulcral puede ser tratado tanto histórica como sistemáticamente de forma extraordinariamente compleja.

Los artículos aquí reunidos han surgido de ponencias pronunciadas durante la conferencia «Arte fúnebre y cultura sepulcral en España y Portugal», celebrada por la Asociación Carl Justi a comienzos del año 2003 en Dresde. Dresde es a su vez parte de un paisaje cultural donde se encuentran numerosos testimonios de alto rango de la cultura sepulcral que abarcan desde la baja Edad Media hasta la época contemporánea. La mirada a la Península Ibérica ha ayudado a entender mejor los monumentos de esta región, relación que así mismo se ha dado en sentido inverso. Es así como el panteón dinástico protestante de la Catedral de Freiberg se asemeja al monumento católico de El Escorial, no sólo formalmente sino también porque éste surgió casi al mismo tiempo y se sabe que existieron incluso relaciones indirectas entre los talleres. Aunque Sajonia no fue el centro de una monarquía mundial, esta región se configuraba en el siglo XVI como el centro de un territorio espiritual y protestante. No es una coincidencia el hecho de que Sajonia se sirviera de medios similares, como también más sencillos, a los utilizados en España. Por el contrario, este hecho documenta de manera impresionante que el arte sacro se configuró como un medio muy maduro y diferenciado para marcar una posición en el concierto internacional de las dinastías, estados y confesiones. Una historia del arte histórico cultural orientada al contexto está capacitada para iluminar tales relaciones y agudizar el reconocimiento, a menudo ignorado, de lo familiar mediante la mirada a lo desconocido.

La realización del coloquio y la publicación de estas memorias no habrían sido posibles sin el patrocinio de varias personas e instituciones. Junto a la Carl Justi-Vereinigung e.V. deben ser mencionados el Institut für Kunst- und Musikwissenschaft der Technischen Universität Dresden y la asociación Freunde und Förderer der Technischen Universität Dresden. España ha brindado un apoyo valioso a través del Ministerio de Cultura, gracias al programa para la colaboración cultural «ProSpanien». Así mismo, Portugal colaboró por medio del Instituto Camões y la Fundação Calouste Gulbenkian. Agradecemos en especial a Olga Isabel Acosta Luna, Doris Seidel, David Sánchez, Stefan Bürger y Frank Pawella por las traducciones, correcciones y el trabajo de imágenes. En la editorial Vervuert, fue Anne Wigger la encargada de llevar a feliz término la publicación de este libro. La diversa ayuda recibida ha hecho posible tanto la realización del coloquio como la de la presente publicación, con la cual esperan los editores repercutir sugestivamente en la investigación sobre arte y cultura sepulcral en la Península Ibérica y más allá de sus fronteras.

I

MONUMENTA

ORT, TYPUS UND MATERIAL MITTELALTERLICHER

GRABMALE

FÜRSTENGRABLEGEN IN NORDSPANIEN: DIE *PANTEONES* FRÜH- UND HOCHMITTELALTERLICHER KIRCHEN[*]

Kristina Krüger

Voraussetzung für die Anlage eines Grabes ist die Wahl eines Bestattungsortes. Zu einer Untersuchung über «Sepulkralkultur» gehört deshalb auch die Frage nach dem Ort des Grabes. Die Wahl des Bestattungsortes ist jedoch in keiner Kultur und zu keiner Zeit frei gewesen, sondern immer, außer von Glaubensfragen, von gesellschaftlichen Traditionen und religiösen wie weltlichen Gesetzen bestimmt gewesen. Da religiöse Vorstellungen und Gesetzesvorschriften über Jahrhunderte nicht unverändert bleiben – und auch über das Mittelalter hinweg nicht unveränderlich geblieben sind –, sondern dem allgemeinen Wandel der gesellschaftlichen Verhältnisse unterliegen, macht es Sinn, vor der Beschäftigung mit «Grabkunst» nach der Wahl des Grabplatzes selbst und nach den Faktoren zu fragen, die diese Wahl bestimmt oder eingeschränkt haben.

In der folgenden Untersuchung soll dieser Frage anhand einer Reihe von Begräbnisstätten herausgehobener weltlicher Persönlichkeiten in den christlichen Königreichen und Grafschaften Nordspaniens nachgegangen werden. Dabei ergibt sich das grundsätzliche Problem, dass die früh- und hochmittelalterlichen Fürstengrablegen in Nordspanien in ihrer Mehrzahl nicht erhalten sind, da die Kirchen, zu denen sie gehörten, im Laufe der Jahrhunderte meist Neubauten weichen mussten. Einer umfassenden und detaillierten Rekonstruktion der Grabanlagen und ihrer künstlerischen Ausgestaltung sind deshalb trotz der in manchen Fällen vorhandenen neuzeitlichen Beschreibungen und gelegentlich durchgeführter Ausgrabungen enge Grenzen gesetzt. Doch soll es im Folgenden weniger um verlorene Ausstattung oder nicht im Einzelnen rekonstruierbare Dispositionen gehen als um die Frage nach der Lokalisierung dieser Grablegen in Bezug zum Kirchenraum sowie nach ihrer architektonischen Form und deren Einordnung.

---

[*] Der Artikel stellt die überarbeitete und erweiterte Fassung des am 17. März 2003 auf dem Dresdener Kolloquium «Grabkunst und Sepulkralkultur in Spanien und Portugal» gehaltenen Vortrags dar.

Spanische Fürstengrablegen seit der asturischen Monarchie

Sta. María in Oviedo

Das älteste uns bekannte *panteón* beherbergte die Kirche Sta. María in Oviedo (Abb. 1), die von König Alfonso II. von Asturien (791–842) zu Anfang des 9. Jahrhunderts direkt nördlich der Kathedrale S. Salvador errichtet wurde.[1] Die zu Beginn des 18. Jahrhunderts abgerissene und durch einen Neubau ersetzte Kirche ist uns durch Beschreibungen des 16. bis 18. Jahrhunderts bekannt und wurde 1926 teilweise ergraben. Es handelte sich um eine dreischiffige Anlage mit Querhaus und rechteckigen Haupt- und Nebenchören. Im ersten westlichen Langhausjoch befand sich ein abgeschlossener, nur von Osten zugänglicher Raum, der eine größere Anzahl von Königsgräbern der asturischen Monarchie – u.a. diejenigen des Bauherrn Alfonso II. und seiner Nachfolger Ramiro I. und Ordoño I. – beherbergte.[2] Die Wände des Raumes trugen eine gefasste Stuckdekoration, von der Reste bei der Grabung von 1926 gefunden wurden.[3] Dem Grabungsbefund zufolge wurde dieser Raum erst nachträglich durch zwischen den Pfeilern des letzten Mittelschiffjochs eingezogene Wände vom übrigen Langhaus abgetrennt. Chronikalische Nachrichten lassen jedoch keinen Zweifel daran, dass der Einbau des *panteón* noch unter Alfonso II. selbst vorgenommen wurde.[4]

In den neuzeitlichen Beschreibungen wird das *panteón* als altarloser Raum charakterisiert: «*En lo postrero de esta iglesia, enfrente del Altar mayor, mandó el Rey hazer una capilla, ó por mejor dezir una cueva, pues no tiene Altar ninguno, para su entierro, y los demás Reyes que le sucediesen*».[5] Über dem mit einer Holzdecke abgeschlossenen *panteón* befand sich ein weiterer Raum, der als *tribuna o choro* charakteri-

[1]   Zu Sta. María in Oviedo s. César GARCÍA DE CASTRO VALDÉS, *Arqueología cristiana de la Alta Edad Media en Asturias*, Oviedo 1995, S. 395–405 (mit älterer Literatur); Lorenzo ARIAS, *Prerrománico asturiano. El arte de la monarquía asturiana*, Gijón 1993, S. 108–10; Achim ARBEITER u. Sabine NOACK-HALEY, *Hispania Antiqua: Christliche Denkmäler des frühen Mittelalters vom 8. bis 11. Jahrhundert*, Mainz 1999, S. 11, 15, 299, sowie Isidro G. BANGO TORVISO, «El espacio para enterramientos privilegiados en la arquitectura medieval española», in: *Anuario del Departamento de Historia y Teoría del Arte* (Universidad Autónoma de Madrid) 4, 1992, S. 93–132, hier S. 100, und José Luis SENRA, «Les massifs occidentaux des églises dans les royaumes du nord-ouest de la Péninsule Ibérique», in: *Avant-nefs et espaces d'accueil dans l'église entre le IVe et le XIIe siècle*, Hg. Christian SAPIN, Paris 2002, S. 336–50, hier S. 337.

[2]   Zu den tatsächlich nachweisbar dort bestatteten Herrschern s. GARCÍA DE CASTRO VALDÉS (wie Anm. 1), S. 398–404.

[3]   ARIAS (wie Anm. 1), S. 108.

[4]   GARCÍA DE CASTRO VALDÉS (wie Anm. 1), S. 398; s. a. idem, «Las estructuras occidentales en la arquitectura altomedieval Asturiana», in: G. DE BOE, F. VERHAEGHE (Hrsg.), *Religion and Belief in Medieval Europe*, Zellik 1997, S. 159–70, hier S. 162 u. 169.

[5]   Luis Alfonso de CARVALLO, *Antigüedades y cosas memorables del Principado de Asturias*, Madrid 1695, S. 179–80 (zitiert nach ARIAS, wie Anm. 1, S. 110); vgl. auch die Beschreibungen von AMBROSIO DE MORALES, *Viaje a los reinos de León, y Galicia y principado de Asturias* (1572/73), hg. von Henrique FLÓREZ, Madrid 1765, S. 87–89, und Manuel MEDRANO, *Patrocinio de Nuestra Señora en España. Noticias de su imagen del Rey Casto y Vido del Ilmo*, Oviedo 1719, S. 83.

siert wird. Ob dieses Obergeschoss aus der Bauzeit stammte und damit zur Anlage des *panteón* gehörte, lässt sich anhand des schriftlichen Zeugnisses jedoch nicht ermitteln.[6] Auch die Grabung hat über diesen Punkt keinen Aufschluss gebracht.[7]

Die Kirche war den Textzeugnissen und dem Befund nach nie durch ein Westportal, sondern vermutlich immer durch Portale im Norden und Süden zugänglich. Spätestens seit dem 16. Jahrhundert bis zur Zeit ihres Abrisses war sie durch eine direkte Verbindung mit der gotischen Kathedrale dieser als eine Art Kapelle angeschlossen.[8]

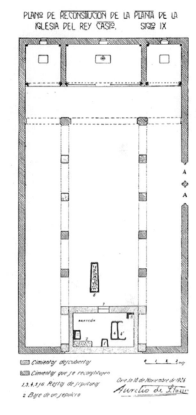

Abb. 1: Sta. María de Oviedo, Grundriss-
rekonstruktion (nach García de Castro Valdés)

---

[6] Die Empore wird allein von Manuel Medrano (wie Anm. 5) erwähnt: «... *Enfrente del altar mayor, y en lo ultimo de la iglesia, se levantaba un Arco que servía como de tribuna, o choro, y su centro media el Panteón Real*».

[7] Einen Hinweis auf die Existenz eines Obergeschosses hätte zum Beispiel die Aufdeckung einer ursprünglichen Treppenanlage geben können.

[8] MORALES (wie Anm. 5), S. 87.

S. Isidoro in León

Die Klosterkirche S. Juan Bautista in León wurde nach der Zerstörung Leóns durch Almansur von König Alfonso V. (999–1028) errichtet.[9] Dessen Schwiegersohn Fernando I. ließ die aus «Lehm und Ziegel» erbaute Kirche in Stein erneuern und bestimmte sie zur Aufnahme der von ihm aus Sevilla überführten Reliquien des hl. Isidor, dem sie am 21. Dezember 1063 geweiht wurde.[10] Die unter dem heutigen, hochromanischen Langhaus aufgedeckten Fundamente der dreischiffigen Anlage, die im Osten vermutlich in drei gerade geschlossenen Apsiden endete (Abb. 2), zeigen eine enge Anlehnung an asturische Bauten des 9. Jahrhunderts, wie etwa an die Kirche S. Salvador in Valdediós.[11]

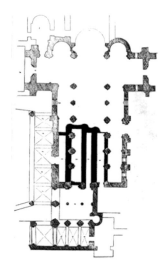

Abb. 2: S. Isidoro de León, Grundriss der Kirche mit den Fundamenten des 1063 geweihten Vorgängerbaus (nach Williams)

Vor der Westfassade dieser «neoasturischen» Kirche[12] errichtete Fernandos Tochter Urraca († 1101) das so genannte *panteón de los reyes* als Grablege der Könige von

---

[9]   C. ESTEPA DÍEZ, Art. «San Isidoro de León», in: *Lexikon des Mittelalters*, Bd. 7, 1995, Sp. 1171; ARBEITER / NOACK-HALEY (wie Anm. 1), S. 38–39. Die häufig mit dem Doppelpatrozinium «San Pelayo und San Juan Bautista» belegte Kirche war nach Estepa Díez dem Nonnenkloster S. Pelayo benachbart, in das 967 Reliquien des Cordobeser Märtyrers Pelayo überführt worden waren. Ob die beiden Institutionen, das Nonnenkloster und der Mönchskonvent von S. Juan Bautista, eines der in Spanien um 1000 häufigen Doppelklöster darstellten, scheint jedoch nicht geklärt zu sein.

[10]   Zu S. Isidoro in León s. John WILLIAMS, «San Isidoro in León: Evidence for a New History», in: *Art Bulletin*, 55, 1973, S. 170–84; sowie BANGO TORVISO (wie Anm. 1), S. 104–05; José Luis SENRA, «Aproximación a los espacios litúrgico-funerarios en Castilla y León: pórticos y galileas», in: *Gesta* 36/2, 1997, S. 122–44, hier S. 126–27; SENRA 2002 (wie Anm. 1), S. 338–40.

[11]   WILLIAMS (wie Anm. 10), S. 173 u. fig. 4.

[12]   So SENRA 2002 (wie Anm. 1), S. 338; zu den politischen Hintergründen der Wahl des Bautyps s. WILLIAMS (wie Anm. 10), S. 178–79.

León-Kastilien, das im Gegensatz zur Kirche ihres Vaters nicht mehr auf die hispanische Tradition zurückgreift, sondern die den zeitgenössischen Bauten jenseits der Pyrenäen eigene «moderne» romanische Formensprache verwendet.[13]

Bei dem *panteón* handelt es sich um einen im Kern annähernd quadratischen, zweigeschossigen Bau, dessen Erdgeschoss durch zwei Stützen in drei kreuzgratgewölbte
Schiffe zu zwei Jochen unterteilt wird, während das Obergeschoss ein durchgehender
tonnengewölbter Saal ist (Abbn. 3 und 4). Westlich ist dem Hauptraum in beiden Ge-
schossen ein weiteres breites Joch vorgeschaltet, das im Obergeschoss durch einen
Gurtbogen auf Wandvorlagen, im Erdgeschoss durch starke Pfeiler mit Vorlagen zu
allen Seiten formal von diesem geschieden ist. Zur nördlich anschließenden (Kreuzgangs?)-Galerie[14] ist das *panteón* in Arkaden geöffnet, wobei auch hier die Raumgrenze
durch einen starken Pfeiler markiert wird. Außer durch diese Galerie ist das *panteón* nur
durch ein Portal von der Kirche aus zu erreichen; Zugänge von Westen, wo sich die
Stadtmauer befindet, oder von Süden haben nie existiert.[15] Das Obergeschoss ist durch
eine Wendeltreppe aus der Bauzeit an der Südwestecke des Kernbaus erschlossen.[16]

Im Unterschied zu Oviedo nahm das Leoneser *panteón* die gesamte Breite der Kirche
Fernandos I. ein, deren dreischiffige Anlage sich in der Binnengliederung des Erdge-
schosses widerspiegelt. Über dem ursprünglichen Portal zur Kirche in der Ostwand des
Mittelschiffs befand sich im Obergeschoss eine breite, von Säulchen getragene Rundbo-
genarkade. Nachdem die Kirche Fernandos I. in der ersten Hälfte des 12. Jahrhunderts
durch den erhaltenen hochromanischen Neubau ersetzt worden war, wurden beide Öff-
nungen, die nun desaxial nach Norden verschoben in der Westwand des breiteren Langhauses saßen, vermauert und ein neues Portal in der Ostwand des *panteón*-Südschiffs
angelegt (Abb. 3).[17] Der berühmte Zyklus von Wandmalereien auf den Wänden und
Gewölben des *panteón* wurde, wie J. Williams überzeugend dargelegt hat,[18] vor den
durch den Kirchenneubau nötigen Veränderungen ausgeführt (Abb. 4 und Taf. I); er
gehört also ebenso zur ursprünglichen Konzeption der Grablege wie die hochwertige,
z.T. figurative Kapitellskulptur.

---

[13]   ARBEITER / NOACK-HALEY (wie Anm. 1), S. 20. Lange Zeit anhand der Weihe von 1063 datiert, galt
       das *panteón* als ältester romanischer Bau Spaniens mit Ausnahme Kataloniens, vgl. dazu WILLIAMS (wie
       Anm. 10), S. 171–76.

[14]   Die auf der Nordseite von *panteón* und fernandinischen Langhaus verlaufende Galerie aus fünf gewölbten
       Jochen wurde gleichzeitig mit dem *panteón* errichtet, vgl. WILLIAMS (wie Anm. 10), S. 176. Seit dem 16.
       Jahrhundert ist sie in den Renaissance-Kreuzgang integriert; ob sie von Anfang an als südliche Kreuz-
       gangsgalerie diente, ist unbekannt.

[15]   WILLIAMS (wie Anm. 10), fig. 2a. Auch das Hauptportal der Kirche befand sich stets auf der Südseite.

[16]   Vgl. die Bauaufnahme der Südwand des *panteón* bei WILLIAMS (Anm. 10), Abb. 3, die zeigt, dass die
       Treppentür perfekt in den Mauerverband einbindet.

[17]   WILLIAMS (wie Anm. 10), S. 182; SENRA 2002 (wie Anm. 1), S. 339.

[18]   WILLIAMS (wie Anm. 10), S. 180–83.

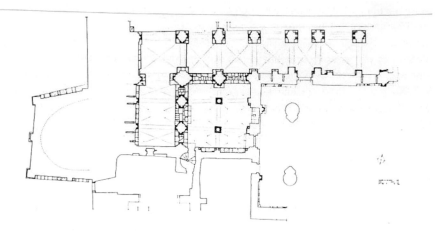

Abb. 3: S. Isidoro de León, Panteón de los Reyes,
Grundrisse von Erd- und Obergeschoss (nach Williams)

Abb. 4: S. Isidoro de León, Panteón de los Reyes, Innenansicht

Eine chronikalische Nachricht, die von einer durch Alfonso V., den Erbauer der Kirche im frühen 11. Jahrhundert, angelegten Grablege in León spricht,[19] sowie die Liste der im *panteón de los reyes* bestatteten Könige, zu denen neben Alfonso V. selbst auch mehrere seiner Vorgänger gehören,[20] könnten darauf hindeuten, dass der Bau Urracas eine ältere Grablege an gleicher Stelle ersetzte. Im Gegensatz zur Meinung von I. Bango Torviso gibt es dafür jedoch keine bauarchäologischen Anhaltspunkte.[21] Aufschluss über Existenz und Aussehen eines möglichen Vorgängerbaus des *panteón de los reyes* könnte nur eine Ausgrabung bringen.

S. Facundo y S. Primitivo in Sahagún

Das wichtigste Kloster des Königreichs León-Kastilien, S. Facundo y S. Primitivo in Sahagún, das dem königlichen Hof unter Alfonso VI. regelmäßig als Winterquartier diente, wurde im 19. Jahrhundert abgerissen. 1109 war König Alfonso VI. auf seinen ausdrücklichen Wunsch von Toledo, wo er gestorben war, nach Sahagún überführt und *à los pies de la Yglesia*[22], also «am Fußende der Kirche», begraben worden. Tatsächlich hatte die 1099 geweihte romanische Abteikirche einen westlichen Vorbau, in dem außer dem König die meisten seiner Frauen und Kinder und eine Reihe seiner Gefolgsleute ihre letzte Ruhestätte fanden.[23] Ausgrabungen im Jahre 1932 haben gezeigt, dass es sich um eine seitlich geschlossene, zweijochige Anlage mit Westportal in gestuftem Gewände handelte, die durch Wandvorlagen und zwei mittlere Rundstützen ähnlich wie das *panteón des los reyes* in León in drei Schiffe unterteilt war (Abb. 5).[24] Dieser neuzeitlich als *capilla de S. Mancio* bekannte Westbau nahm fast die gesamte Fassadenbreite der Abteikirche von 1099 ein. Seitdem diese ab der zweiten Hälfte des 12. Jahrhunderts

---

[19] Der explizite Bezug auf eine von Alfonso V. in der Kirche «San Pelayo und San Juan Bautista» eingerichtete Grablege stammt allerdings erst aus der Chronik des Lucas de Tuy aus dem 13. Jahrhundert, vgl. LUCAS DE TUY, *Crónica de España*, hg. von Julio PUYOL, Madrid 1926, S. 335. Die ältere *Historia Silense*, hg. von Justo PÉREZ DE URBEL u. A. GONZÁLEZ, Madrid 1959, S. 197–98, spricht dagegen nur allgemein von einem «königlichen Friedhof in León»: «... *quoniam in Legionensi regum cimiterio pater suus* [= Sanciae reginae] *dive memorie Adefonsus princeps et eius frater Veremudus serenissimus rex in Christo quiescebant, ut quoque et ipsa et eiusdem vir cum eis post mortem quiescerent ...*».

[20] MORALES (wie Anm. 5), S. 43–45. Auf der von Morales wiedergegebenen Liste finden sich auch höchst zweifelhafte Zuschreibungen und explizite Hinweise auf Umbettungen. Tatsächlich ist nicht auszuschließen, dass auch die Gräber von Alfonso V. selbst, seinem Sohn Bermudo III., seiner Tochter Sancha und ihrem Ehemann Fernando I. erst nachträglich von einem anderweitigen Bestattungsort in das wohl nicht vor 1080 begonnene *panteón* von S. Isidoro überführt wurden.

[21] BANGO TORVISO (wie Anm. 1), S. 104–05.

[22] ANTONIO DE YEPES, *Crónica general de la Orden de S. Benito*, 7 Bde., Irache / Valladolid 1609–21, Bd. 3, fol. 192, col. 1.

[23] Zum Westbau von Sahagún vgl. José Luis SENRA, «La portada occidental recientemente descubierta en el monasterio S. Zoilo de Carrión de los Condes», in: *Anuario Español de Arte* 265, 1994, S. 57–72, hier S. 68, sowie SENRA 1997 (wie Anm. 10), S. 128–30 und SENRA 2002 (wie Anm. 1), S. 340–41.

[24] Grundrisse und Grabungsphotos bei SENRA 1997 (wie Anm. 10), S. 128–29.

durch einen größeren, spätromanischen Kirchenbau ersetzt worden war, lag der Westbau jedoch, aus der Kirchenachse nach Norden verschoben, vor der Fassade der neuen
Kirche.[25] Der zumindest im Erdgeschoss gewölbte Westbau hatte ein als Sakralraum
dienendes Obergeschoss, das im 18. Jahrhundert im Gegensatz zu dem im Langhaus
befindlichen Mönchschor, dem *coro baxo*, als *coro alto* bezeichnet wurde. Diesen *coro
alto* hielt Romualdo Escalona in seiner *Historia del Real Monasterio de Sahagún* von
1782 für deutlich jünger als die *capilla de S. Mancio* im Erdgeschoss, da eine Mauer des
Obergeschosses statisch unglücklich auf dem Erdgeschossgewölbe ansetzte.[26] Allerdings geht aus Escalonas Worten nicht hervor, ob es sich bei diesem *coro alto* tatsächlich um eine nachträgliche Aufstockung oder aber um ein neuzeitlich umgebautes älteres Westbauobergeschoss handelte.

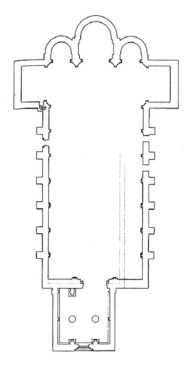

Abb. 5: Sahagún, Grundriss von Panteón
und spätromanischer Kirche; das Langhaus der
1099 geweihten Kirche gestrichelt
eingezeichnet

[25]   Zur Baugeschichte von Sahagún s. SENRA 1997 (wie Anm. 10), S. 128 sowie fig. 8.

[26]   Romualdo ESCALONA, *Historia del Real Monasterio de Sahagún*, Madrid 1782, S. 232: «*La Capilla de
S. Mancio es toda de piedra, y muy hermosa, y proporcionada, con tres naves quasi iguales, que entre
todas tienen como cincuenta pies de largo, y treinta de ancho. Se ven en sus paredes varias columnas de
piedra pequeñas, y delgadas, y llenas de molduras, que indican mucha antigüedad. El coro alto, que está
sobre ella, es muy posterior, y quando lo hicieron, por una notable inadvertencia hicieron una de sus
paredes sobre la bóveda de la Capilla.*»

S. Zoilo in Carrión de los Condes

Im Gegensatz zu den bisher vorgestellten Beispielen stellte die Kirche S. Zoilo in Carrión de los Condes in León-Kastilien keine Königs-, sondern eine Adelsgrablege dar. Das Kloster wurde von dem Grafen Gómez Diaz gegründet, einer wichtigen Persönlichkeit am Hofe König Fernandos I., welcher nach seinem Tod 1057 dort auch sein Grab fand. 1076/77 durch die Witwe D.ª Teresa an Cluny übertragen, erhielt die Klosterkirche wenig später einen Neubau, der nach José Luis Senra zwischen 1080 und 1109 ausgeführt wurde.[27] Aufgrund einer barocken Erneuerung von Kloster und Kirche kurz vor 1645 sind vom romanischen Bau heute nur Teile der Außenwände und die Westwand mit dem erst vor kurzem wieder freigelegten romanischen Westportal erhalten (Abb. 6).[28] Davor befand sich ein westlicher Vorbau, bei dem es sich nach den neuesten Untersuchungen um eine Vorhalle in der Breite des Mittelschiffs der Kirche gehandelt haben soll (Abb. 7). Da in der von einem rechteckigen und einem runden Treppenturm gesäumten Fassade über dem Westportal ein gewölbter Gang verläuft, ist davon auszugehen, dass die Vorhalle ein Obergeschoss besaß.[29]

Abb. 7: S. Zoilo de Carrión de los Condes, Zeichnung der Westfassade mit Spuren des ehemaligen Westbaus und Türöffnung zum Obergeschoss

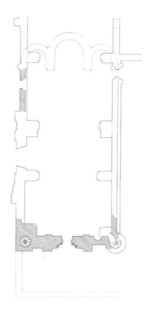

Abb. 6: S. Zoilo de Carrión de los Condes, Grundriss

---

27 SENRA 1994 (wie Anm. 23), S. 68–70.
28 SENRA 1997 (wie Anm. 10), S. 130–32 und SENRA 1994 (wie Anm. 23).
29 SENRA 2002 (wie Anm. 1), S. 344–45.

In diesem Westbau waren die Mitglieder der Familie des Klostergründers begraben, deren Gräber von dem Chronisten Ambrosio de Morales im 16. Jahrhundert beschrieben wurden: «*Estan las sepulturas de los infantes y de todos los otros señores de Carrion sus descendientes, como deziamos, en una pieça fuera de la iglesia, que ni es capilla, ni tiene altar, ni retablo, y la llaman Galilea ...*».[30] Allein das Grab der Ehefrau des Grafen, die die Errichtung des romanischen Kirchenneubaus, eines Hospizes und einer Brücke finanziert hatte, wurde nachträglich aufgrund ihrer *gran santidad* von der «*Galilea, donde estava enterrada con el Conde don Gomez su marido*» in die Klosterkirche, und zwar «*junto al altar mayor*»[31], überführt.

S. Salvador de Oña

S. Salvador de Oña wurde 1011 von dem Grafen Sancho García von Kastilien als Doppelkloster gegründet.[32] Nach seinem Tod 1017 wurde Sancho in Oña bestattet. Angehörige seines Hofes folgten seinem Beispiel. Sanchos Schwiegersohn, König Sancho III. el Mayor von Navarra, löste die weibliche Gemeinschaft 1032 auf und sorgte für eine umfassende Reform in Oña, die die Einführung der cluniazensischen *Consuetudines* beinhaltete,[33] ohne dass Oña je zum cluniazensischen Klosterverband gehört hätte.[34] Auch Sancho el Mayor ließ sich in Oña begraben. Das Kloster, in dem auch König Sancho II. von León-Kastilien nach der Schlacht von Zamora 1072 seine letzte Ruhestätte fand, war eines der bedeutendsten von Kastilien und stand bis weit ins 13. Jahrhundert in der Gunst der Könige. So wurden die Söhne von Alfonso VII. und Sancho IV. ebenfalls in Oña beigesetzt.

Die ursprüngliche Königs- und Adelsgrablege, die durch Umbettungen im 13. Jahrhundert aufgelöst wurde, ist nicht erhalten. Nach dem Chronisten Antonio de Yepes aus

---

[30] YEPES (wie Anm. 22), Bd. 6, fol. 79, col. 1, nach AMBROSIO DE MORALES, *Los cinco libros postreros de la Coronica general de España*, Córdoba 1586, lib. 17, cap. 7, fol. 276 v°; s. a. SENRA 1994 (wie Anm. 23), S. 59 und SENRA 1997 (wie Anm. 10), S. 131. Wenig später resümiert Yepes in eigenen Worten: «*A los pies de la Iglesia de S. Zoil que dize Morales, que no era capilla, y que antiguamente tenia nombre de Galilea, agora ya se llama la capilla de los Condes, y está dedicada a san Juan, que fue el principio de aquel Monasterio, y se veen en ella decentemente puestos los entierros de Conde, y sus hijos, con inscripciones, y versos antiquissimos.*» (Bd. 6, fol. 79, col. 4)

[31] YEPES (wie Anm. 22), Bd. 6, fol. 79, col. 2, nach MORALES, lib. 17, cap. 7, fol. 277 r°.

[32] Zu Oña s. Santiago OLMEDO BERNAL, *Una abadía castellana en el siglo XI. S. Salvador de Oña (1011–1109)*, Madrid 1987; Odilo ENGELS, Art. «Oña», in: *Lexikon des Mittelalters*, Bd. 6, 1993, Sp. 1408; Nemesio ARZÁLLUZ, *El monasterio de Oña*, Burgos 1950.

[33] Die Lebensgewohnheiten Clunys wurden mithilfe von Mönchen eingeführt, die aus dem aragonesischen Kloster S. Juan de la Peña kamen, wo man die *Consuetudines* Clunys seit 1028 befolgte, vgl. ENGELS (wie Anm. 32).

[34] Bei einer auf das Jahr 1033 datierten Urkunde, in der von der angeblichen rechtlichen Unterstellung Oñas unter Cluny die Rede ist, handelt es sich um eine Fälschung des 12. Jahrhunderts, vgl. Javier FACI LACASTA, «Sancho el Mayor de Navarra y el monasterio de S. Salvador de Oña», in: *Hispania 136*, 1977, S. 299–317.

dem frühen 17. Jahrhundert handelte es sich um eine *capilla de canteria*, also um einen Steinbau, der sich *a los pies de la iglesia* befand, d.h. vermutlich der Kirche westlich vorgelagert war.[35] Während Yepes davon berichtet, dass Spuren dieses Anbaus an der Wand der Kirche (der Fassadenwand?) noch zu sehen seien, wusste der Klosterchronist Iñigo de Barreda im 18. Jahrhundert nur noch, dass sich die Gräber ehemals in oder an der Stelle eines Hofes befunden hatten, der rechts vor dem romanischen Kirchenportal lag.[36] José Luis Senra hat betont, dass die kleine romanische Portalvorhalle aufgrund ihrer Enge (3 × 3 m) nicht mit dem ehemaligen *panteón* identisch sein kann, und vermutet die Grablege daher vor dem südlichen Fassadenteil.[37] Über das Aussehen dieses Baus ist jedoch mangels Ausgrabungen nichts bekannt.

S. Juan de la Peña

Das 928 erstmals erwähnte Kloster S. Juan de la Peña wurde unter König Sancho I. Ramírez von Aragón (1064–94) Ende des 11. Jahrhunderts zur Königs- und gleichzeitig auch zur Adelsgrablege bestimmt.[38] Die romanische Klosteranlage (Abb. 8) wurde im letzten Viertel des 11. Jahrhunderts über einer Unterkirche errichtet, die schon aus der 2. Hälfte des 9. Jahrhunderts stammen soll. Die Weihe der Oberkirche fand 1094 statt, der nur teilweise erhaltene und durch seine Kapitellskulptur berühmte Kreuzgang gehört dagegen bereits dem 12. Jahrhundert an.[39] Aufgrund seiner außergewöhnlichen topographischen Lage unter einer überhängenden Felswand und dem nach Westen abfallenden Terrain wurde das *panteón* hier der Kirche nicht vorgelagert, sondern in einem nördlich an sie anschließenden Hof angelegt. In der Ostwand dieses Hofes befinden sich zwei Reihen von in der Art römischer Kolumbarien übereinander angeordneten Gräbern mit runden, ornamental verzierten und/oder mit Inschriften versehenen Frontplatten

---

[35]   YEPES (wie Anm. 22), Bd. 5, fol. 323 (zitiert nach ARZÁLLUZ, wie Anm. 32, S. 150).

[36]   Enrique HERRERA Y ORIA, *El benedictino Fray Iñigo de Barreda y su descripción del real monasterio de S. Salvador de Oña de un manuscrito inédito del siglo XVIII*, Madrid 1917, S. 52–53. Barreda spricht davon, dass die Gräber lange den Unbilden des Wetters ausgesetzt gewesen seien. Doch ist diese Bemerkung vermutlich auf die Situation des offenen Hofes vor der Kirche zurückzuführen, die der Autor zu seiner Zeit vor Augen hatte, denn in einer Urkunde Alfonsos VII. von 1137 heißt es, die Gräber befänden sich *in obscuro loco*, s. Juan del ALAMO (Hg.), *Colección diplomática de S. Salvador de Oña (822–1284)*, Madrid 1950, Bd. 1, nº 177, S. 211–13.

[37]   José Luis SENRA GABRIEL Y GALÁN, «*Ben per está aos reis d'amaren Santa Maria*: La capilla de Nuestra Señora en el monasterio de S. Salvador de Oña. Una iniciativa de Sancho IV el Bravo (1285) en el marco de un panteón funerario», in: María Dolores BARRAL RIVADULLA (Hg.), *Estudios sobre patrimonio artístico*, Santiago de Compostela 2002, S. 141–63, hier S. 146.

[38]   Zu S. Juan de la Peña s. Ursula VONES-LIEBENSTEIN, Art. «San Juan de la Peña», in: *Lexikon des Mittelalters*, Bd. 7, 1995, Sp. 1171–72; Peter SEGL, *Königtum und Klosterreform in Spanien. Untersuchungen über die Cluniazenserklöster in Kastilien-León vom Beginn des 11. bis zur Mitte des 12. Jahrhunderts*, Kallmünz 1974, S. 33–37.

[39]   Zur Baugeschichte von S. Juan de la Peña s. Ángel CANELLAS LÓPEZ, Ángel SAN VICENTE, *Aragon roman*, St-Léger-Vauban 1971, S. 69–79.

unter halbrunden Bögen.[40] Die Gräber dieses sog. *panteón de nobles* datieren aus dem Zeitraum zwischen 1082 und 1325. Oberhalb dieser Gräberreihen, direkt unter den Felsen, befindet sich die Königsgrablege, die unmittelbar an die Nordseite der Kirche anschließt.

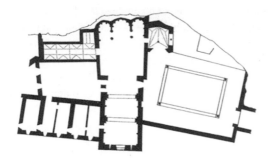

Abb. 8: S. Juan de la Peña,
Grundriss von Oberkirche und
angrenzenden Konventsgebäuden

Sta. Maria de Ripoll

Zu den in Katalonien bezeugten frühmittelalterlichen Fürstengrablegen gehören die Gräber der Grafen von Cerdanya-Besalú in der Abtei Sta. Maria in Ripoll. Das Kloster wurde 879 von dem Grafen Wifred el Pelós von Cerdanya und Besalú gegründet.[41] Der unter Abt Oliba, einem Nachfahren des Gründers und Angehörigen der Grafenfamilie, ausgeführte und 1032 geweihte frühromanische Neubau der Abteikirche hatte mit wenigen späteren Veränderungen bis zur Auflösung des Klosters und dem Verfall der Kirche im 19. Jahrhundert Bestand.[42] Der 1886 bis 1893 erfolgte Wiederaufbau stellte das bauliche Erscheinungsbild der frühromanischen Kirche wieder her,[43] beseitigte jedoch alle Hinweise auf Innenausstattung oder spätere Einbauten.

Seit der Klostergründung bis ins 12. Jahrhundert diente die Abtei den Grafen von Cerdanya-Besalú und ihren Nachfahren, den Grafen von Barcelona, als Grablege. In der eingeschossigen Vorhalle aus dem späten 13. Jahrhundert, die dem berühmten Skulpturenportal des 12. Jahrhunderts vorgelagert ist, waren noch Anfang des 19. Jahrhunderts

[40]   SAN VICENTE (wie Anm. 39), S. 76; s. a. BANGO TORVISO (wie Anm. 1), S. 110.

[41]   Zur Geschichte des Klosters s. Antoni PLADEVALL I FONT, «Santa Maria de Ripoll», in: *Catalunya Romànica*, X, Barcelona 1987, S. 215–16; Eduard JUNYENT, *La basílica del monasterio de Santa María de Ripoll*, Ripoll 1969.

[42]   Zur Baugeschichte s. JUNYENT (wie Anm. 41) sowie *Catalunya Romànica*, Bd. X.

[43]   Das Vorgehen des Architekten Elías Rogent bestand darin, verlorene Partien im Sinne eines romantischen «Nachschaffens» zu ergänzen und erhaltene im Sinne einer angestrebten «Stileinheit» zu purifizieren.

eine Reihe von Grabmälern zu sehen,[44] doch haben sich die Grafengräber den Nachrichten und den im 19. Jahrhundert angetroffenen Resten zufolge nicht in der westlichen Vorhalle, sondern immer im Ostflügel des Kreuzgangs befunden. Die Anordnung der älteren Gräber, von Wifred el Pelós bis zu Bernard Tallafer († 1020), zu Seiten der Türen von Dormitorium und Kapitelsaal soll auf Abt Oliba zurückgehen.[45] Die Mitglieder der Grafenfamilie waren in einfachen, offenbar originalen Steinsarkophagen beigesetzt, von denen die meisten Ende des 19. Jahrhunderts ins Kircheninnere überführt wurden.[46] Der Sarkophag Graf Berenguers III. von Barcelona († 1131), dessen Vorderseite szenische Reliefs zeigt, wurde noch im Mittelalter von seinem ursprünglichen Ort neben dem Kreuzgangsportal zur Kirche ins südliche Querhaus überführt,[47] ebenso wie der auch im Kreuzgang bestattete Berenguer IV. von Barcelona († 1162), der ein Grab im Langhaus neben dem Kreuzgangsportal erhielt.[48]

St. Vicenç de Cardona

Das Kanonikerstift St. Vicenç in Cardona wurde 1019 von den Vizegrafen von Cardona auf ihrer Burg gegründet, die in der Folge errichtete Kirche 1040 geweiht.[49] 1080 wurde das Stift durch die Übernahme der *Consuetudines* von St-Ruf in Avignon reformiert.[50] In den zwischen 1307 und 1311 aufgezeichneten *Consuetudines* von Cardona ist mehrmals von den Gräbern der Vizegrafen die Rede, die sich an einem Ort befanden, der als *galilaea* bezeichnet wurde und zu den Stellen in der Kirche gehörte, wo die ganze Nacht über eine Lampe brannte.[51] Wie in Oña und S. Juan de la Peña fanden in Cardona neben

[44]   Jaime VILLANUEVA, *Viaje literario a las iglesias de España*, hg. von Joaquín Lorenzo VILLANUEVA, Madrid 1803–52, Bd. 8, S. 20–21: «*Éntrase á la iglesia por un pórtico despejado y cerrado con verjas de hierro, en el cual hay cinco sepulcros á la raiz de la pared con vestigios de inscripciones ....*»

[45]   JUNYENT (wie Anm. 41), S. 52–54. Veränderungen anlässlich der Erneuerung des Kreuzgangs Ende des 14. Jahrhunderts sind jedoch nicht auszuschließen. Während der Nordflügel des Kreuzgangs aus dem späten 12. Jahrhundert stammt, wurden Ost-, Süd- und Westflügel im ausgehenden 14. Jahrhundert, wohl unter Beibehaltung der ursprünglichen Ausdehnung und Anordnung der Arkaden des Vorgängerbaus (11. / 12. Jahrhundert?) erneuert; die Ausführung eines zweiten Kreuzganggeschosses dauerte bis ins 16. Jahrhundert, s. JUNYENT, S. 27–34.

[46]   JUNYENT (wie Anm. 41), S. 36.

[47]   Dort befindet er sich heute wieder, in einem aus unterschiedlichen mittelalterlichen Versatzstücken modern zusammengestellten Grabmal, vgl. JUNYENT (wie Anm. 41), S. 53–55.

[48]   S. JUNYENT (wie Anm. 41), S. 55–56.

[49]   Zu Datierung und Architektur der Kirche s. zuletzt Marcel DURLIAT, «La Catalogne et le premier art roman», in: *Bulletin Monumental* 147, 1989, S. 209–38, hier S. 222–25.

[50]   Montserrat CASALS I NADAL, *La Canònica de Sant Vicenç de Cardona a l'Edat Mitjana*, Cardona 1992, S. 71–73, sowie Ursula VONES-LIEBENSTEIN, Art. «Cardona», in: *Lexikon des Mittelalters*, Bd. 2, 1983.

[51]   J. SERRA VILARÓ (Hg.), «Pretiosa sive Caputbrevium monasterii castri Cardonensis», in *Estudis Universitaris Catalans* (Barcelona), 8, 1914, S. 3–66, bes. S. 30 (*Item uni lampadi que ardet de nocte tantum in galiera.*) u. 37; vgl. die Untersuchung der *Consuetudines* von Cardona bei CASALS I NADAL (wie Anm. 50), S. 348–68, insbes. S. 359 u. 363.

der Stifterfamilie auch andere Angehörige der lokalen Aristokratie eine letzte Ruhestätte. In einer Urkunde von 1314 verfügt ein Adliger seine Bestattung *in Galiera (Galilea) monasterii canonicorum Cardone.*[52]

Bei der *galilaea* von Cardona handelt es sich um das durch Arkaden nach außen geöffnete Erdgeschoss der Westfassade der Kirche, das einen quer gelagerten, kreuzgratgewölbten Raum von einem Joch Tiefe bildet (Abb. 9). Darüber befindet sich im Kircheninneren eine zum Langhaus geöffnete Westempore, die durch gewendelte Treppenaufgänge im Norden und Süden erschlossen wird. Die 1794 profanierte und über anderthalb Jahrhunderte lang als Kaserne benutzte Kirche wurde ab 1962 durchgreifend restauriert.

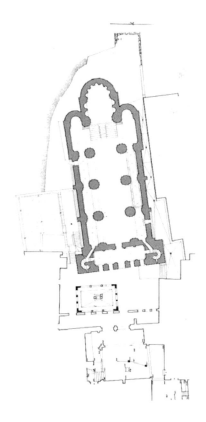

Abb. 9: St. Vicenç de Cardona,
Grundriss von Kirche und Konvent

---

[52] «Pretiosa sive Caputbrevium» (wie Anm. 51), S. 37 sowie VILLANUEVA (wie Anm. 44), Bd. 8, S. 184–85.

Durch diese Umstände sind die Gräber der Stifterfamilie – bis auf ein im Vorhallenboden aufgedecktes, in den gewachsenen Fels gehauenes Grab[53] und zwei spätmittelalterliche, heute im Querhaus aufgestellte Grabmäler – ebenso verloren wie die ursprüngliche Ausgestaltung der Empore. Wir wissen daher nicht, ob sich an dieser Stelle ursprünglich ein Altar befand.[54] Leider geben die *Consuetudines* von 1307/1311 keine Auskunft über eine mögliche liturgische Funktion des Emporengeschosses,[55] doch zeugen die beidseitigen, bequem begehbaren Treppenaufgänge von der Bedeutung dieses Bauteils.

Sta. Creu i Sta. Eulàlia in Barcelona

Wie in Cardona erhob sich westlich vor dem Portal der Kathedrale Sta. Creu i Sta. Eulàlia von Barcelona eine Vorhalle in der Breite der Kirche; es handelte sich um eine dreischiffige, vermutlich zweijochige Anlage, die gewölbt war und ein Obergeschoss besaß (Abb. 10).[56] Dieser erste Westbau war bei der Weihe der Kathedrale im Jahre 1058 noch nicht vollendet, ist jedoch im Jahre 1063 als im Bau befindlich erwähnt.[57] Ein gutes Jahrhundert später, ab 1173, wurde er durch einen zweiten, spätromanischen Westbau ersetzt, in dessen Obergeschoss sich mehrere Altäre befanden, die auf private Stiftungen zurückgingen.[58] Wie bereits vor ihm die frühromanische Kirche, deren Anlage derjenigen von St. Viçenç in Cardona eng verwandt war, musste der spätromanische Westbau seinerseits 1422 dem gotischen Kathedralneubau weichen.[59] Über sein Aussehen sind wir daher nur durch die im westlichsten Langhausjoch der gotischen Kathedrale aufgefundenen Fundamente unterrichtet, sowie durch die Urkunden zu den Altarstiftungen.

Spätestens seit der Erneuerung von 1173 diente die Vorhalle, die in den zeitgenössischen Dokumenten als *galilea* bezeichnet wird, als Begräbnisstätte des Kathedralklerus.[60] Auch die Gräber zweier Mitglieder der Barceloniner Grafenfamilie, bei denen

---

[53] A. DAURA u. D. PARDO, «Tomba de la galilea», in: *Catalunya Romànica*, Bd. XI, S. 151.

[54] Allein die Wandmalereien des im Spätmittelalter als *porxos pintats* bekannten Vorhallengeschosses wurden abgenommen und sind heute im Museu Nacional d'Art Català in Barcelona zu sehen, vgl. *Sant Vicenç de Cardona*, hg. von der Direcció General del Patrimoni Cultural, Departament de Cultura de la Generalitat de Catalunya, Barcelona 1988.

[55] Nach «Pretiosa sive Caputbrevium», S. 32, warf man im Spätmittelalter am Festtag des Titelheiligen Vincentius von der Empore aus Süßigkeiten auf die Gläubigen herunter, vgl. Francesca ESPAÑOL BERTRAN, «Massifs occidentaux dans l'architecture romane catalane», in: *Cahiers de Saint-Michel de Cuxa*, 27, 1996, S. 57–77, hier S. 57, Anm. 2, doch sagt dies natürlich nichts über die eigentliche Funktion der Empore und die Gründe für ihre Errichtung aus.

[56] Martí VERGÈS I TRIAS und María TERESA VINYOLES I VIDAL, «Santa Creu i Santa Eulàlia de Barcelona», in: *Catalunya Romànica*, XX (Barcelonès, Baix Llobregat, Maresme), Barcelona 1992, S. 154–65, bes. S. 164.

[57] VERGÈS I TRIAS / VINYOLES I VIDAL (wie Anm. 56), S. 164.

[58] Siehe dazu auch ESPAÑOL (wie Anm. 55), S. 59–60 und 68.

[59] VERGÈS I TRIAS / VINYOLES I VIDAL (wie Anm. 56), S. 162.

[60] ESPAÑOL (wie Anm. 55), S. 60.

es sich nach F. Español um Graf Ramón Borell († 1017) und dessen Schwiegertochter Sancha de Castilla († 1026/27) handelt, wurden in den Westbau überführt.[61] Diese hatten ihre erste Grabstätte jedoch nicht in der älteren *galilea* – die zur Zeit ihres Todes noch nicht existierte –, sondern im Kreuzgang der Kathedrale.[62]

Die Einrichtung des gräflichen *panteón* im spätromanischen Westbau der Kathedrale von Barcelona dokumentiert somit, dass die Tradition der Fürstengrablege im Westen vor dem Kirchenportal Ende des 12. Jahrhunderts noch ungebrochen war, während der Westbau selbst zur gleichen Zeit bereits eine teilweise Umnutzung durch die Errichtung von Altären privater Stifter in seinem Obergeschoss erfuhr.

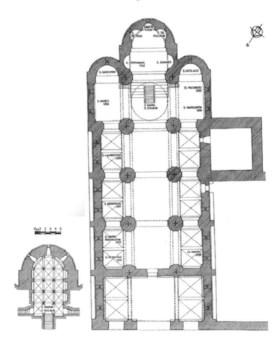

Abb. 10: Barcelona, Grundriss der Kathedrale
mit dem Westbau des 12. Jahrhunderts

---

[61] Francesca ESPAÑOL BERTRAN, «El panteó comtal de la catedral de Barcelona en època romànica», in: *Miscel.lània en homenatge a Joan Ainaud de Lasarte*, Bd. I, Barcelona 1998, S. 107–16.

[62] ESPAÑOL (wie Anm. 55), S. 60: «*... Raimundus, inclitus comes Borelli, comes principales bonitate plenus cuius vita effulgit et nec eius sepulcro et ossibus Barchinona ornatur civitas superfactam sedem suos testamentos numeravit et ad augendas ampliandiasque res canoniales nos modicam partem sui auri dimisit, Ermassendis itaque coniux eius ... sepulto corpore prefati viri sui infra canonicalem claustram Sanctae Crucis, sedis.*» Das Dokument ediert bei Enrique FLÓREZ, *España Sagrada*, XXIX, Madrid 1859, S. 460–63.

DIE TYPOLOGIE DER GRABLEGEN

Gemeinsamkeiten und Unterschiede, Tradition und Innovation

Allen hier vorgestellten Grablegen ist ein Merkmal gemein: Das *panteón* befand sich außerhalb der Kirche oder war zumindest ein altarloser Raum, ein Fakt, der noch von den neuzeitlichen Chronisten Morales und Carvallo betont wird. Es handelt sich also bei diesen frühmittelalterlichen Grablegen nicht, wie im späteren Mittelalter, um Grabkapellen, sondern im Gegenteil um ungeweihte (An-)Räume am Rande oder außerhalb des eigentlichen Sakralraums.

Die Lage dieser Räume in Bezug zur Kirche ist dagegen durchaus unterschiedlich. Zwar befinden sich die meisten *panteones* am äußersten Westende des Kirchenraumes oder westlich vor der Kirche, doch ist auch eine Position seitlich der Kirche möglich, wenn die Gegebenheiten des Terrains es erfordern, wie das Beispiel von S. Juan de la Peña zeigt. Eine weitere Möglichkeit ist die Anlage der Gräber im Kreuzgang, von der man offenbar besonders in Katalonien Gebrauch machte (Ripoll, Barcelona).

Nicht alle der am Westende der Kirche gelegenen *panteones* waren auch von Westen her zugänglich. Dies gilt insbesondere für Sta. María in Oviedo und S. Isidoro in León, wo das *panteón* nur vom Kirchen- bzw. Konventsinneren aus erreichbar war bzw. ist. Doch auch die Portalvorhalle von Cardona und die vermutete Vorhalle von Carrión gingen nicht auf öffentliche Kirchenvorplätze, sondern befanden sich innerhalb des Konventsbereichs: In Cardona liegt vor der Kirchenfassade der Kreuzgang, in Carrión ein Teil des Westflügels der Klosteranlage, was ihre Lage eher derjenigen des *panteón* von S. Isidoro in León vergleichbar macht. Nichtsdestoweniger handelte es sich bei diesen Bauten keineswegs um nach außen abgeschlossene Räume, da sie durch weite Arkadenöffnungen mit dem Konventsbereich kommunizieren. Baukörper mit geschlossenen Außenwänden stellten dagegen die Westbauten von Sahagún und Barcelona dar, doch waren sie gleichzeitig durch Portale zum Vorplatz der Kirche geöffnet und damit Durchgangsräume auf dem Weg zum Kircheninneren. Darüber hinaus wies die Mehrzahl der *panteones* ein Obergeschoss auf, auch wenn dieses in Oviedo und Sahagún erst neuzeitlich belegt ist. Dies gilt nicht für die Grablegen in den Kreuzgängen sowie für diejenigen von Oña, wo über die architektonische Form nichts bekannt ist, und für S. Juan de la Peña, wo sich über dem *panteón* nur der überhängende Fels befindet.

Die hier konstatierte relative Diversität der Lage und Form von Fürstengrablegen und die Tatsache, dass Kreuzgänge offenbar besonders zu Beginn des 11. Jahrhunderts eine Alternative zu Grablegen im Westen der Kirche darstellten, stehen in einem gewissen Gegensatz zu den von I. Bango Torviso vertretenen Thesen.[63] Diesem zufolge sind *panteones*, zurückgehend auf eine alte hispanische Tradition, bevorzugt im Westen der

---

[63]   BANGO TORVISO (wie Anm. 1), S. 98–105 sowie 108–10; s. a. SENRA 2002 (wie Anm. 1), S. 337–40, der sich dieser Meinung im Wesentlichen anschließt, aber die Vorbildfrage vorsichtiger zu beurteilen scheint.

Kirche angelegt worden. Dabei habe es sich um sowohl vom Kirchenraum abgetrennte als auch nach außen geschlossene, nur von der Kirche aus zugängliche Räume gehandelt. Das *panteón* von Sta. María de Oviedo habe die asturische Ausformung dieser hispanischen Tradition verkörpert und sei damit Vorbild des späteren Leoneser Westbaus gewesen. Genau dieser Position ist C. García de Castro Valdés unlängst unter Hinweis auf die archäologischen Befunde entgegen getreten.[64] Er bestreitet, dass die Westbauten asturischer Kirchen zu Bestattungszwecken konzipiert wurden, da man weder in dem immer wieder angeführten Westbau von Santianes de Pravia noch anderswo im Westteil der Kirche Gräber aus asturischer Zeit entdeckt habe. Die neben Oviedo einzige dokumentierte Bestattung beruhe auf der nachträglichen Umnutzung eines westlichen Seitenraums der Kirche von Gobiendes, und auch das *panteón* von Sta. María de Oviedo selbst sei aus einem Umbau hervorgegangen. Zudem sei aufgrund des völligen Fehlens von Kenntnissen über westgotische Grablegen sei nicht zu beurteilen, in welchem Verhältnis das *panteón* von Oviedo zur älteren hispanischen Tradition stehe. Angesichts dieses gewichtigen und methodisch berechtigten Einspruchs stellt sich die Frage, worauf die von Bango Torviso postulierte, angeblich typisch hispanische Tradition von Grablegen in abgeschlossenen Räumen im Westen der Kirche beruht: Tatsächlich verkörpert außer Sta. María de Oviedo kein anderer Bau diese «Tradition». Auch lässt der Umstand, dass das *panteón* von Oviedo einen nicht der Ursprungsplanung angehörenden Einbau darstellt, es nicht zu, von diesem Bau auf die Existenz eines vergleichbaren älteren Typus von Grablege zurückzuschließen.

Eine Tradition von Grablegen in Kirchen vorgelagerten Westbauten scheint sich dagegen, geht man von den erhaltenen bzw. dokumentierten *panteones* aus, erst im späteren 11. Jahrhundert etabliert zu haben. Dabei handelt es sich um in der Regel mehrjochige und zweigeschossige Bauten, die im Gegensatz zur 1063 geweihten Kirche von S. Isidoro in León keine Anklänge mehr an asturische Kirchen des 9. Jahrhunderts zeigen, sondern romanische Bauformen verwenden. Im Unterschied zur frühmittelalterlichen Königsgrablege von Oviedo, die einen einfachen, rechteckigen Raum in Mittelschiffsbreite darstellte, haben die Westbauten von León, Sahagún und Barcelona, aber auch die Vorhalle von Cardona die gleiche (oder annähernd gleiche) Breite wie die Kirchenfassade und zeigen in der Mehrzahl eine Binnengliederung des im Grundriss rechteckigen Baukörpers in drei Schiffe zu zwei Jochen Länge. Diese komplexe, mehrschiffige und teilweise auch mehrjochige Binnenstruktur der Grablegen des 11. Jahrhunderts macht es schwer, in dem *panteón* von Sta. María de Oviedo das Vorbild dieser Westbauten zu sehen.

Die komplexe und gewölbte Binnenstruktur der Grablegen des 11. Jahrhunderts könnte aber auch durch die Bezugnahme auf ein nicht aus der innerspanischen Bautradi-

---

[64]   César GARCÍA DE CASTRO VALDÉS, «Las estructuras occidentales en la arquitectura altomedieval asturiana», in: Guy DE BOE u. Frans VERHAEGHE (wie Anm. 4), hier S. 165 sowie GARCÍA DE CASTRO VALDÉS (wie Anm. 1), S. 404–05.

tion stammendes Vorbild zustande gekommen sein. Die Zweigeschossigkeit der *pante-ones* mit altarlosem Erdgeschoss und einem Obergeschoss, dessen mögliche Funktion als Kapelle José Luis Senra mehrmals betont hat,[65] lässt an die Vorkirchen cluniazensischer Klöster denken, die genau diese Merkmale aufweisen. Tatsächlich verbinden die doppelgeschossigen cluniazensischen Westbauten ein ungeweihtes Erdgeschoss mit einer Kapelle im Obergeschoss, die sich nicht wie eine Westempore zum Langhaus der Kirche öffnet, sondern diesem gegenüber weitgehend abgeschlossen ist. Die Obergeschossapsis kann dabei die Form eines aus der westlichen Langhauswand hervorkragenden «Schwalbennestes» annehmen, wie dies für Cluny III durch Schriftquellen bezeugt und in den Prioratskirchen von Romainmôtier und Payerne noch zu sehen ist. Am Altar der Obergeschosskapelle wurden die Totenmessen für die verstorbenen Mitglieder der Gemeinschaft und herausragende Wohltäter des Klosters gelesen sowie für die verstorbenen Cluniazensermönche anderer Klöster, von deren Tod man durch ein ausgeklügeltes Botensystem Kunde erhielt. Im ursprünglich nicht für Bestattungen vorgesehenen Erdgeschoss wurden ab Ende des 11. Jahrhunderts vereinzelt besondere Würdenträger beigesetzt, bei denen es sich meist um Kleriker, seltener um Laien handelte.[66]

Der Vergleich mit den cluniazensischen Vorkirchen drängt sich umso mehr auf, als cluniazensischer Einfluss besonders im Königreich León-Kastilien in der zweiten Hälfte des 11. Jahrhunderts durch die Kontakte der Herrscher zu den Äbten von Cluny sicher belegt ist.[67] In Sahagún, das damals das vielleicht bedeutendste Kloster in León-Kastilien war und zu den Hauptaufenthaltsorten König Alfonsos VI. und seines Hofes zählte, wurden um 1080 die cluniazensischen *Consuetudines* eingeführt. Im Falle von S. Isidoro in León lässt sich cluniazensischer Einfluss nicht durch Quellen nachweisen; er ist aber angesichts der inschriftlich bezeugten Bauherrin des *panteón*, D.ª Urraca, aus der Cluny eng verbundenen kastilischen Königsfamilie auch nicht auszuschließen.[68] Im Falle des cluniazensischen Priorates S. Zoilo in Carrión de los Condes versteht sich die

---

[65] SENRA 1997 (wie Anm. 10) und SENRA 2002 (wie Anm. 1).

[66] S. dazu Kristina KRÜGER, *Die romanischen Westbauten in Burgund und Cluny. Untersuchungen zur Funktion einer Bauform*, Berlin 2003.

[67] Vgl. dazu im einzelnen SEGL (wie Anm. 38) sowie die Aufsätze von Charles Julian BISHKO, «Liturgical Intercession at Cluny for the King-Emperors of Spain», in: *Studia Monastica* 3, 1961, S. 53–76 (mit einem Zusatz von 1984 wieder abgedruckt in: IDEM, *Spanish and Portuguese Monastic History 600–1300*, London 1984) und IDEM, «Fernando I and the Origins of the Leonese-Castilian Alliance with Cluny», in: *Cuadernos de Historia de España* 1968, S. 31–135 und 1969, S. 50–116 (wieder abgedruckt in: IDEM, *Studies in Medieval Spanish Frontier History*, London 1980).

[68] Die Wandmalereien des Panteón de los Reyes zeigen im Gewölbe vor dem ehemaligen Kirchenportal eine Darstellung der *Maiestas Domini*. Dabei handelt es sich um eine für cluniazensische Vorkirchen an eben dieser Stelle typische Ikonographie, die sich von Burgund aus, wo sich die ältesten derartigen Darstellungen finden, schnell verbreitete und ein gängiges Motiv romanischer Portaltympana wurde. Die Darstellung der *Maiestas* geht auf einen spezifisch cluniazensischen Prozessionsbrauch zurück, der das Abhalten einer feierlichen Station in der Vorkirche beinhaltete und dessen theologischer Gehalt durch die Malerei oder Skulptur anschaulich gemacht werden sollte, vgl. dazu Krüger (wie Anm. 66), bes. S. 270–72 u. 293–300.

Auseinandersetzung mit einer für den Klosterverband typischen Bauform wie der cluni-azensischen Vorkirche von selbst. Hinzu kommt, dass auch die beiden anderen cluni-azensischen Priorate in León-Kastilien, S. Isidoro de Dueñas und S. Martín de Frómista, ursprünglich doppelgeschossige Westbauten aufwiesen, von denen José Luis Senra annimmt, dass es sich wie in Carrión, aber in Unterschied zu León und Sahagún, um vermutlich zweijochige Vorhallen von der Breite des Mittelschiffs der Kirche gehandelt habe.[69] Angesichts der jüngst von H. Wessel publizierten Grundrisse von Frómista vor dem Abriss des Westbaus und der Radikalrestaurierung von 1896–1904 (Abb. 11), die eine zweijochige, dreischiffige Anlage von Langhausbreite zeigen,[70] scheinen jedoch Zweifel an der von Senra vorgeschlagenen Rekonstruktion berechtigt. Statt dessen ist zu fragen, ob nicht alle dieser zwischen 1080 und 1120 in León-Kastilien errichteten West-bauten demselben, von den *panteones* von León und Sahagún verkörperten Typus des zwei Joche langen, dreischiffigen Baus in der Breite der Kirchenfassade angehörten.

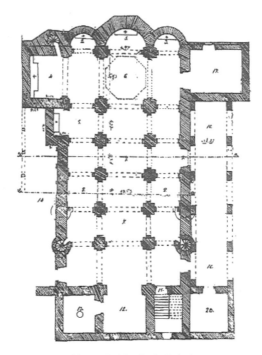

Abb. 11: S. Martín de Frómista,
Grundriss vor der Restaurierung der Kirche

---

[69] SENRA 2002 (wie Anm. 1), S. 343–45.

[70] Heidrun WESSEL, «Neuere Erkenntnisse über die Kirche San Martín in Frómista und ihre Restaurierun-gen im 19. Jahrhundert», in: *Mitteilungen der Carl Justi-Vereinigung* 2002, S. 37–67, bes. Abb. A u. 5–6.

Aufschlussreich ist in diesem Zusammenhang auch das Auftauchen des Namens *galilaea* für die Westbauten von Sahagún und Carrión, denn diese Bezeichnung ist für die Vorkirchen der beiden Abteikirchen von Cluny (Cluny II und Cluny III) durch zeitgenössische Texte belegt; das Vorkommen dieses Namens an anderen Orten lässt sich bis zur Mitte des 12. Jahrhunderts stets auf cluniazensischen Einfluss – genauer gesagt auf den Einfluss der cluniazensischen *Consuetudines* – zurückführen.[71]

Die Einführung der cluniazensischen *Consuetudines* ist auch, und zwar bereits in der ersten Hälfte des 11. Jahrhunderts, für S. Salvador de Oña und S. Juan de la Peña belegt,[72] doch lassen die Topographie von Peña und der Mangel an Information über das *panteón* von Oña die Frage nach Rückwirkungen auf die Wahl des Grablegetyps hier nicht zu.

Keine direkte Verbindung mit Cluny ist demgegenüber in Katalonien nachweisbar. Weder ist für Ripoll die Einführung der cluniazensischen Lebensgewohnheiten bezeugt,[73] noch ist direkter cluniazensischer Einfluss im Falle der Stiftskirche von Cardona und der Kathedrale von Barcelona vorstellbar; auch gibt es keine Hinweise auf persönliche Kontakte der katalanischen Grafen mit Cluny. Ebenfalls ungeklärt sind bisher die Gründe für die weite Verbreitung der Bezeichnung *galilaea* in Katalonien, wo es nur wenige und verhältnismäßig unbedeutende cluniazensische Priorate gab. Allerdings zeugen die Nachrichten von der Weihe mehrerer privat gestifteter Altäre im Obergeschoss des um 1170/80 neu errichteten Barceloniner Westbaus ohnehin von einer mit den cluniazensischen Bräuchen nicht übereinstimmenden Praxis, die die der Gemeinschaft obliegende Totenfürbitte bereits zugunsten individueller Stiftungen hinter sich lässt. Der Westbau der Kathedrale von Barcelona aus der zweiten Hälfte des 12. Jahrhunderts, wiewohl *galilaea* genannt, hat deshalb mit cluniazensischen Vorkirchen nichts zu tun.

Das hier skizzierte Panorama cluniazensischen Einflusses in Spanien lässt es gleichwohl denkbar erscheinen, dass manche der zweigeschossigen *panteones* des 11. Jahrhunderts nicht einer schwer bestimmbaren «hispanischen» Tradition zuzurechnen sind, sondern aus den Anregungen resultierten, die von der neuen, spezifisch cluniazensischen Westbauform ausgingen. Insbesondere die doppelgeschossigen Westbauten in León-Kastilien lassen sich in nahe liegender Weise aus der Verbindung des herrscherlichen Bedürfnisses nach einer Grablege mit der im Gefolge der cluniazensischen *Con-*

---

[71] S. dazu KRÜGER (wie Anm. 66), Teil 2, passim, bes. S. 244–59 u. 300–02. Die einzige Ausnahme von dieser Regel stellt das Auftauchen der Bezeichnung *galilaea* in Katalonien dar (siehe unten). BANGO TORVISO (wie Anm. 1), S. 108–10, verwendet die Bezeichnung «galilea» indifferent für Westbauten verschiedener Form und Datierung, die seiner Vorstellung einer älteren hispanischen Tradition nicht entsprechen, und zwar unabhängig davon, ob die Benennung für den betreffenden Bau überhaupt belegt ist.

[72] SEGL (wie Anm. 38), S. 32–46.

[73] SEGL (wie Anm. 38), S. 25–29, geht von einer Übernahme cluniazensischer Bräuche in Ripoll, vermittelt über das südfranzösische Kloster Lézat, schon im 10. Jahrhundert aus. Die Konzeption der Vorkirche von Cluny II geht jedoch erst auf Abt Odilo (994–1048) zurück. Zur Einführung der Bezeichnung *galilaea* in Ripoll wird demnächst ein Beitrag von Francesca Español Bertran erscheinen.

suetudines aus Burgund importierten Bauform der *galilaea* erklären. Dabei kam die Funktion der Vorkirche – bei der ursprünglich keineswegs die Anlage von Gräbern im Erdgeschoss, sondern die Errichtung einer Obergeschosskapelle zum Abhalten von Totenmessen für die verstorbenen Mitglieder der Gemeinschaft im Vordergrund stand – dem Anliegen der königlichen oder gräflichen Stifter, in möglichst umfassender Weise an der Totenfürbitte der Mönche zu partizipieren, in idealer Weise entgegen.

Nicht erörtert wurde bisher die Frage, warum sich die Grablegen in Spanien im frühen und teilweise noch im hohen Mittelalter generell außerhalb des Kirchenraums befanden, es sich also durchweg um Bestattungen in ungeweihten, altarlosen Räumen handelte, was besonders im Fall der Königsgräber überrascht. Darum soll es im Folgenden gehen.

DAS BESTATTUNGSVERBOT IN DER KIRCHE

Der kirchenrechtliche Hintergrund

Das Begräbnisverbot im Kircheninneren, 442 auf einem Konzil in Vaison-la-Romaine zum ersten Mal ausgesprochen, 563 auf dem Konzil von Braga bekräftigt und in der Folge auf Synoden und in Kanonsammlungen immerfort wiederholt, ging im 12. Jahrhundert in das kanonische Recht ein.[74] Ungeachtet einer Einschränkung, die schon 813 das Konzil von Mainz gemacht hatte,[75] blieb das strikte Bestattungsverbot im Kirchenraum zumindest bis weit in die zweite Hälfte des 12. Jahrhunderts geltendes Recht,[76] auch wenn die häufigen Wiederholungen von immer neuen Übertretungen zeugen. Erst seit dem 13. Jahrhundert wird das Begräbnisverbot im kanonischen Recht nicht mehr erwähnt. Die Generalkapitel der Zisterzienser sind in der Frage des Bestattungsverbots besonders rigoros. Dies hat Matthias Untermann in seinem umfassenden Werk zur Zis-

---

[74] Das *Decretum Gratiani* verbietet die Bestattung in der Kirche (Grat., caus. XIII, q. II, c. 15) analog zu den älteren Kanonsammlungen (Burchard von Worms, Yvo von Chartres), vgl. *Dictionnaire de droit canonique*, Artikel «cimetière» (R. NAZ), Bd. 3, Paris 1942, col. 730. Zur historischen Entwicklung der Bestattung in der Kirche seit der Antike s. Bernhard KÖTTING, *Der frühchristliche Reliquienkult und die Bestattung im Kirchengebäude*, (Arbeitsgemeinschaft für Forschung des Landes Nordrhein-Westfalen, Geisteswissenschaften, Heft 123) Köln / Opladen 1965 und Christian SAPIN, «Dans l'église ou hors l'église, quel choix pour l'inhumé?», in: *Archéologie du cimetière chrétien*, Actes du 2e colloque A.R.C.H.E.A., Orléans, 29 septembre – 1er octobre 1994, hg. von Henri GALINIÉ und Elisabeth ZADORA-RIO, (Revue Archéologique du Centre de la France, supplément 11) Tours 1996, S. 65–78; zur Frage der Laienbestattung im Kircheninneren s. a. Christine SAUER, *Fundatio und Memoria. Stifter und Klostergründer im Bild 1100 bis 1350*, (Veröffentlichungen des Max-Planck-Instituts für Geschichte 109) Göttingen 1993, S. 110–15.

[75] *«Nullus mortuus intra ecclesiam sepeliatur, nisi episcopi, aut abbates, aut digni presbiteri, vel fideles laici.»* (Grat. caus. XIII, q. II, c. 18)

[76] Von einer Bestattung im Kircheninneren scheint zum ersten Mal in zwei Rechtsentscheiden Alexanders III. um 1180 die Rede zu sein, vgl. *Decretalium Gregorii Papae IX compilatio*, lib. III, tit. XXVIII, c. 5 u. 6.

terzienserarchitektur jüngst ausführlich dargestellt.[77] Bei Zuwiderhandlung gegen die Verbotsbestimmung ordnet das Generalkapitel Umbettungen und Bestrafungen an. Ausnahmen vom Bestattungsverbot galten seit 1152 für Könige und Königinnen, (Erz-)Bischöfe und für Zisterzienseräbte, allerdings nur mit ausdrücklicher Erlaubnis aus Cîteaux. Obwohl das allgemeine Begräbnisverbot in den Kirchen des Zisterzienserordens bis nach der Mitte des 13. Jahrhunderts von den Generalkapiteln wiederholt und auch danach nicht aufgehoben wird, werden jedoch ab dieser Zeit immer mehr Ausnahmen genehmigt. Die de-facto-Aufgabe des Bestattungsverbots vollzieht sich also sowohl im kanonischen Recht als auch bei den Zisterziensern kurz vor beziehungsweise nach der Mitte des 13. Jahrhunderts in gleicher Weise, nämlich indem man am Grundsatz des Verbots festhält, sich aber auf Ausnahmen verständigt und für diese versucht Regelungen zu treffen.

Ausgrabungsbefunde

Die Bestattung kirchlicher Würdenträger und weltlicher Herrscher im Kirchengebäude scheint zu verschiedenen Zeiten, in verschiedenen Ländern und von verschiedenen Orden durchaus unterschiedlich gehandhabt worden zu sein, mit Ausnahme des wohl auf Ambrosius zurückgehenden Anrechts des Bischofs[78] auf Begräbnis in seiner Kirche. Während man für den deutschsprachigen Raum bisher davon ausging, dass neben kirchlichen Würdenträgern und dem König auch anderen weltlichen Personen häufig ein Platz in der Kirche eingeräumt wurde,[79] stellen neue Befundanalysen Bestattungen im Kircheninneren zwischen dem 9. und dem 13. Jahrhundert grundsätzlich infrage – abgesehen von zahlenmäßig wenigen Ausnahmen, die sich häufig Bischöfen oder Äbten zuordnen lassen.[80] Ausgrabungsergebnisse der letzten zwanzig Jahre in Frankreich deuten darauf hin, dass das Bestattungsverbot zumindest während des 11. und 12. Jahrhunderts weitaus strenger eingehalten wurde als meist angenommen.[81] Allgemein hat

---

[77] Matthias UNTERMANN, *Forma Ordinis. Die mittelalterliche Baukunst der Zisterzienser*, Berlin 2001, S. 72–93. bes. S. 74–77, sowie die Übersicht bei Marcel AUBERT, *L'architecture cistercienne en France*, 2 Bde., Paris 1947, I, S. 329–32, der noch fälschlich von einer formellen Aufhebung des Bestattungsverbots im Jahre 1252/53 ausging (dazu UNTERMANN, loc. cit., S. 76).

[78] KÖTTING (wie Anm. 74), S. 29.

[79] Nikolaus KYLL, *Tod, Grab, Begräbnisplatz, Totenfeier. Zur Geschichte ihres Brauchtums im Trierer Lande und in Luxemburg unter besonderer Berücksichtigung des Visitationshandbuches des Regino von Prüm (gest. 915)*, Bonn 1972.

[80] Barbara SCHOLKMANN, «Normbildung und Normveränderung im Grabbrauch des Mittelalters – Die Bestattungen in Kirchen», in: Doris RUHE und Karl-Heinz SPIESS (Hg.), *Prozesse der Normbildung und Normveränderung im mittelalterlichen Europa*, Stuttgart 2000, S. 93–117.

[81] Vgl. dazu insbesondere die in den letzten zwei Jahrzehnten in *Archéologie médiévale* veröffentlichten Grabungsberichte aus ganz Frankreich sowie Veröffentlichungen zu einzelnen Ausgrabungen wie z.B. Christian SAPIN (Hg.), *Archéologie et architecture d'un site monastique. 10 ans de recherche à l'abbaye Saint-Germain d'Auxerre*, Auxerre / Paris 2000.

sich gezeigt, dass Gräber, die sich in der Merowingerzeit häufig nicht nur in der Kirche, sondern auch im Altarraum finden, seit dem Ende des 8. Jahrhunderts vor allem westlich vor der Kirche, besonders in Vorhallen, und außen am Chor angelegt werden; im Inneren dagegen trifft man bis in die Zeit um 1200 nur noch selten auf Bestattungen.

Die Ausgrabungen von St-Denis und der nördlich der Abteikirche gelegenen Nekropole, die von einer Reihe von Kapellen begrenzt wird, zeigen, dass die Bestattung im Kirchen-/Kapelleninneren in nachmerowingischer Zeit zugunsten von Gräbern in der unmittelbaren Umgebung der Kirchenbaus und besonders in westlichen Annexräumen aufgegeben wurde. Bei der flächendeckenden Ausgrabung der zerstörten Abteikirche von Landévennec in der Bretagne aus dem 12. Jahrhundert fand man außer einem dem romanischen Bau vorangehenden Grab in der Mittelachse des Chores, bei dem es sich offensichtlich um ein Heiligengrab handelte, nur spätmittelalterliche Gräber. Eine eng mit Bestattungen aus der zweiten Hälfte des 11. Jahrhunderts belegte Zone unter dem Langhaus entspricht dem Westbau der karolingischen Kirche, der vermutlich die Form einer Vorhalle zwischen Türmen hatte, und einem westlichen Annexraum. Mit der Errichtung des romanischen Langhauses hörten die Bestattungen an dieser Stelle auf. Die Ausgrabungen im ehemaligen Cluniazenserpriorat Ganagobie in der Provence haben keinerlei Bestattungen im Ostbereich der romanischen Kirche zutage gefördert, die nach deren Errichtung oder im Inneren des Vorgängerbaus angelegt worden wären. Die aufgefundenen Bestattungen gehörten sämtlich zum ehemaligen Friedhof der Mönche hinter der Apsis des Vorgängerbaus, welcher von der romanischen Apsis überschnitten wird, so dass ältere Gräber unter dem romanischen Bau zu liegen kamen. Auch das Grab des angeblich in der Johanneskapelle südlich der Kirche (heute südliche Nebenapsis) bestatteten Stifterbischofs Jean III. von Sisteron aus der zweiten Hälfte des 10. Jahrhunderts wurde nicht gefunden.[82]

In seinem Artikel zur Problematik privilegierter Bestattungen von 1992 hat Isidro Bango Torviso eine Reihe von Quellen und Argumenten angeführt, die in dieselbe Richtung wie die gerade angeführten französischen Beispiele weisen; er behauptet, dass das Begräbnisverbot in Spanien zwischen dem 7. und dem 12. Jahrhundert *absoluta y fielmente* befolgt worden sei.[83] Dieser Aussage widersprechen jedoch nicht nur Grabungsergebnisse in Südspanien,[84] sondern auch frühmittelalterliche Befunde in Asturien. So gibt es in Santianes de Pravia zwar keine Bestattung im Westbau, wohl aber ein Dop-

---

[82]   Unveröffentlichte Berichte von M. WYSS (St-Denis), A. BARDEL (Landévennec) und M. FIXOT (Ganagobie) zum Thema *Chapelles funéraires et traditions monastiques*, vorgetragen am 23. 9. 1997 in Cluny anlässlich der *Ateliers clunisiens 1997*.

[83]   BANGO TORVISO (wie Anm. 1), S. 94.

[84]   Astrid FLÖRCHINGER, *Romanische Gräber in Südspanien. Beigaben- und Bestattungssitte in westgotischen Kirchennekropolen*, Marburger Studien zur Vor- und Frühgeschichte, 19, Rahden (Westfalen) 1998.

pelgrab aus der Bauzeit der Kirche im Südquerarm.[85] Auch befand sich zumindest eines der Königsgräber in Sta. María de Oviedo im Langhaus östlich des Panteón Real.[86] Und schließlich deckte man im unteren Geschoss der Cámara Santa, in der so genannten Cripta de Sta. Leocadia, drei in den Boden eingetiefte Gräber auf, die eindeutig während oder nach der Errichtung der Baus angelegt wurden. Bei diesen kann es sich nicht um Heiligengräber handeln, da sie sich außerhalb des abgeschrankten Sanktuariums befinden.[87] Die Ansicht, westliche Annexräume oder Westbauten seien eigens zur Bestattung dienende Bauteile, die auf eine typisch hispanische Tradition zurückgingen, werden also weder durch Grabungsergebnisse noch, wie wir gesehen haben, durch andere Baubefunde als denjenigen von Sta. María in Oviedo gestützt. Statt dessen ist eine offenbar weitestgehende Einhaltung des Bestattungsverbots im Kirchenraum erst im 11. Jahrhundert zu konstatieren, woran wohl bis in die zweite Hälfte des 12. Jahrhunderts festgehalten wird. Insgesamt gilt jedoch in noch stärkeren Masse als in Frankreich, dass sich derartige, verallgemeinernde Aussagen bisher auf viel zu wenige systematische archäologische Untersuchungen stützen können.

Ausnahmeregelungen

Ausnahmen vom Begräbnisverbot im Kircheninneren hat es immer gegeben. So dürfen Heilige, Märtyrer, Kirchen- oder Klosterstifter, Bischöfe und Äbte – sowie Könige – in der Kirche bestattet werden,[88] wovon unter anderem die Grablegen der deutschen Kaiser im Speyrer Dom und der französischen Könige in der Abteikirche von St-Denis zeugen.

In Spanien jedoch wurden auch die Könige außerhalb des Kirchengebäudes begraben: Hier macht man in der Tat eine Ausnahme von der Ausnahme. Aufschlussreich ist in diesem Zusammenhang die Begründung des Historiographen Antonio de Yepes für das Begräbnis außerhalb der Kirche. In seiner *Crónica general de la Orden de S. Benito* erklärt er diese in Spanien auffällige Funktion sowohl mehrgeschossiger Westbauten als auch einfacher Vorhallen unter Berufung auf den Chronisten Morales aus dem 16.

---

[85] GARCÍA DE CASTRO VALDÉS (wie Anm. 1), S. 449–51. Die Tatsache, dass der südliche Querarm schon bald nach der Errichtung der Kirche durch Vermauerung der Scheidarkade zum Mittelschiff abgetrennt wurde, könnte darauf hindeuten, dass damit die Begräbnisstätte vom Rest des Kirchenraums isoliert werden sollte; allerdings wurde symmetrisch dazu auch die Scheidarkade zum Nordquerarm vermauert, in dem sich keine Bestattung befand. Bei den Gräbern könnte es sich der *Crónica de Alfonso III* zufolge um König Silo, der in Pravia beigesetzt worden sein soll, und seine Frau handeln, vgl. ibidem, S. 447 u. 451.

[86] GARCÍA DE CASTRO VALDÉS (wie Anm. 1), S. 398 u. 402–3. Das Grab wurde bei den Ausgrabungen von 1926 gefunden. Chroniken und neuzeitlichen Aufzeichnungen zufolge waren auch die Ende des 10. Jahrhunderts aus Furcht vor Almansur von León nach Oviedo verlegten Königsgräber nicht ins *panteón* überführt, sondern im Langhaus verteilt worden.

[87] GARCÍA DE CASTRO VALDÉS (wie Anm. 1), S. 367 u. 370–73.

[88] S.o. die entsprechende Bestimmung des Konzils von Mainz 813 (wie Anm. 75), die es erlaubte, nicht nur (weltliche) Kirchenstifter, sondern auch Könige unter die *fideles laici* zu rechnen.

Jahrhundert: «*El Maestro Ambrosio de Morales en el libro 17. cap. 7. va provando una dotrina, que para mi es llana, y cierta ... Porque dize, que antiguamente no se enterravan en las Iglesias sino Martyres, ò personas de conocida santidad, la demas gente, ò eligia su sepultura en los cimiterios, ò à los pies de las Iglesias.*»[89] Die Tatsache, dass selbst Könige nicht vom Verbot der Bestattung im Kirchenraum ausgenommen waren, wie Yepes selbst am Beispiel Alfonsos VI. illustriert, sondern zur *demás gente* zählten, erweist Spanien als besonders streng in der Befolgung der kanonischen Bestimmungen, die hier, zumindest eine gewisse Zeit lang, im Sinne des Konzils von Braga aus dem 6. Jahrhundert umgesetzt wurden. Dies änderte sich jedoch mit den unter Alfonso X. (1252–84) ausgearbeiteten *Siete Partidas*, die allerdings erst unter seinen Nachfolgern in Kraft traten.[90] Im ersten, vom Kirchenrecht handelnden Teil (Partida I, título XIII, ley XI) werden dort nämlich die üblichen, seit dem Mainzer Konzil von 813 geläufigen Ausnahmen vom Begräbnisverbot in der Kirche aufgeführt und Könige und Königinnen sowie Kirchenstifter ausdrücklich genannt.[91] Damit schloss sich Kastilien der von Rom gebilligten und im übrigen Europa bereits vorherrschenden neuen Auslegungspraxis bezüglich der – nach wie vor gültigen – Bestimmungen zum Bestattungsverbot im Kirchenraum an. Die Konsequenz davon war, wie anderswo auch, eine im Gefolge von Altar- und Kapellenstiftungen zunehmende Zahl von Bestattungen in der Kirche.[92]

Die Aufgabe des Begräbnisverbots in der Kirche

1. Die Bestattung in Annexkapellen

Seit der zweiten Hälfte des 12. Jahrhunderts wurden Könige zwar nicht im Inneren der Kirchen selbst, aber in Kapellen an Kathedralen oder Konventskirchen oder in Kreuzgangkapellen bestattet; manchmal fand auch später noch eine Umbettung in den Hauptkirchenraum statt. So wurde Alfonso VII. 1157 in einer Kapelle der alten Kathedrale von Toledo, d.h. der ehemaligen, zur Kirche umgeweihten Moschee, begraben, «*en buena capiella a muy onrrado logar en que yazie*» wie es in der Chronik heißt. Am selben Ort wurde nur ein Jahr später auch sein Sohn Sancho III. beigesetzt.[93]

Die Könige Fernando II. († 1188) und Alfonso IX. von León-Galicien († 1230) fanden ihr Grab in einer Kapelle im Nordquerhaus der Kathedrale von Santiago «*detras la puerta*

---

[89]   YEPES (wie Anm. 22), Bd. 6, fol. 79, col. 1.

[90]   J. LALINDE ABADÍA, Art. «Siete Partidas» in: *Lexikon des Mittelalters*, Bd. 7, 1995, Sp. 1878.

[91]   S. dazu José ORLANDIS, «La elección de sepultura en la España medieval», in: *Anuario de Historia del Derecho Español*, 20, 1950, S. 5–49, hier S. 23, sowie BANGO TORVISO (wie Anm. 1), S. 113.

[92]   Ein Beispiel für die steigende Anzahl von Bestattungen in der Kirche, das gleichzeitig die geltende Auslegungspraxis illustriert, sind die von ORLANDIS (wie Anm. 91), S. 24 angeführten Bestimmungen des Bischofs Berenguer von Mallorca zum Begräbnis in der Kathedrale von 1341, die durch VILLANUEVA (wie Anm. 44), Bd. 21, S. 309 überliefert sind.

[93]   *Crónica general*, S. 661 u. 667. Vgl. dazu BANGO TORVISO (wie Anm. 1), S. 112–13.

alta del Crucero que sale à las casas del Arzobispo».[94] Bei dieser Kapelle handelte es sich vermutlich um die heutige Capilla de Sta. Catalina im nordwestlichen Seitenschiffsjoch direkt neben dem nördlichen Querhausportal, also um einen zwar peripheren, aber, ähnlich wie das *panteón* von Sta. María in Oviedo, im Kircheninneren gelegenen Raum.[95]

König Alfonso VIII. von Kastilien wurde 1214 in der Capilla de la Asunción de las Claustrillas, einer Kapelle am südöstlich der Kirche gelegenen älteren Kreuzgang des von ihm gestifteten Zisterzienserinnenklosters von Las Huelgas bestattet.[96] Erst längere Zeit nach der Fertigstellung der Abteikirche bettete man ihn zusammen mit seiner Frau in den *coro* – also den Nonnenchor – derselben um. Diese Überführung wurde früher in die Mitte des 13. Jahrhunderts oder allerspätestens ins Jahr der Abschlussweihe, 1279, datiert,[97] doch hat Rocío Sánchez Ameijeiras diese Datierung kürzlich in Frage gestellt. Ihrer Meinung zufolge sind die zu diesem Anlass ausgeführten neuen Grabmäler wesentlich später entstanden als man bisher annahm, nämlich erst im ersten Drittel des 14. Jahrhunderts. Dies bedeutet, dass die Überführung des Grabes von Alfonso VIII. in die Klosterkirche vermutlich erst 1333 anlässlich der Krönung Alfonsos XI. in Las Huelgas stattfand.[98] Auch eine Reihe weiterer Bestattungen in Kreuzgängen, von denen erhaltene Grabmäler zeugen, deuten darauf hin, dass gerade der Kreuzgang einen Bereich darstellte, in dem die Gräber bedeutender Persönlichkeiten zwischen dem Ende des 12. Jahrhunderts und der de-facto-Freigabe der Bestattung im Kirchenraum in der zweiten Hälfte des 13. Jahrhunderts angelegt wurden.

2. Das Zeugnis der Umbettungen

Ab der zweiten Hälfte des 13. Jahrhunderts kam es vielerorts zu einer Verlegung der älteren Gräber aus den außerhalb des sakralen Bereichs gelegenen *panteones* ins Kircheninnere. In Kastilien-León hat vor allem König Sancho IV., der Sohn und Nachfolger Alfonsos X., derartige Umbettungen vornehmen lassen, um seine königlichen Vorfahren aus den nun als unangemessen erachteten westlichen Vorräumen in den Ostteil der Kirche, und zwar in größtmögliche Nähe zum Hauptaltar, zu bringen, wobei er sich auf die entsprechenden Bestimmungen der *Siete Partidas* stützen konnte.

So ließ Sancho in Sahagún nach einem Bericht des Chronisten Yepes Alfonso VI. sowie dessen früh verstorbenen Sohn aus der *galilaea* in die Klosterkirche überführen,

---

[94]   MORALES (wie Anm. 5), S. 126; s. dazu BANGO TORVISO (wie Anm. 1), S. 113.

[95]   Manuel CHAMOSO LAMAS, *La catedral de Santiago de Compostela*, Madrid 1981[2], S. 55 u. 74. 1535 wurden die königlichen Grabmäler in die auf der Südseite des Langhauses errichtete Capilla de las Reliquias (1527, von Juan de Álava) überführt.

[96]   BANGO TORVISO (wie Anm. 1), S. 113; Henrik KARGE, «Die königliche Zisterzienserinnenabtei Las Huelgas de Burgos und die Anfänge der gotischen Architektur in Spanien», in: *Gotische Architektur in Spanien*, hg. von Christian FREIGANG u. Cristina María STIGLMAYR, (Ars Iberica 4) Frankfurt a. M. 1999, S. 13–40, hier S. 27.

[97]   Vgl. dazu KARGE (wie Anm. 96), S. 27.

[98]   S. den Beitrag von Rocío SÁNCHEZ AMEIJEIRAS in diesem Band, S. 289–315

wo sie Gräber in der Vierung gegenüber dem Hauptaltar erhielten, also an absolut privilegiertem, herausgehobenen Ort.[99] Die Überführung der in Oña bestatteten Könige ins Kircheninnere hatte schon Alfonso VII. 1137 gefordert mit der Begründung, dass seine Vorfahren dort an einem ihrer unwürdigen, dunklen Ort begraben seien.[100] Zu dieser Umbettung, die im Widerspruch zu den damals geltenden kirchenrechtlichen Bestimmungen gestanden hätte, kam es aber offensichtlich nicht. Tatsächlich wurden die königlichen Gräber erst zwischen 1284 und 1295, also 150 Jahre später, auf Veranlassung König Sancho IV. ins Kircheninnere verlegt. Allerdings überführte man die Gräber nicht, wie in Sahagún, in die Vierung oder das Sanktuarium. Statt dessen erhielten sie ihren Platz in der von Sancho eigens gestifteten Capilla de la Virgen, einem großen rechteckigen Kapellenanbau auf der Nordseite des Chores.[101] Schließlich ließ Sancho IV. auch den in einer Kapelle der alten Kathedrale von Toledo beigesetzten Alfonso VII. und dessen Sohn Sancho III. 1289 in eine von ihm im neuen gotischen Chor der Kathedrale gestiftete Kapelle überführen, in der auch er selbst begraben wurde.[102]

Auch aus der Grafengrablege von Carrión de los Condes wurde die als Stifterin des Klosters S. Zoilo geltende D.ª Teresa nachträglich ins Kircheninnere überführt. Ambrosio de Morales berichtet, daß die *gran santidad* der Stifterin ausschlaggebend für diese Maßnahme gewesen sei. Nur aus diesem Grund habe man sie aus der *galilaea*, wo sie zusammen mit ihrem Mann bestattet war, in ein Grab nahe des Hauptaltars umgebettet. Tatsächlich betreffen alle drei Umbettungen entweder, wie in Oña, Klosterstifter oder -erneuerer oder, wie in Sahagún und Carrión, Personen, die an Neubauten der jeweiligen Klosterkirchen zu ihrer Zeit maßgeblich beteiligt waren – so Alfonso VI. und D.ª Teresa. Auch unabhängig von ihrem gesellschaftlichen Rang mussten ihre herausgehobenen Grabplätze in Hauptaltarnähe deshalb aufgrund ihrer einem Stifter ähnlichen Verdienste nach dem Verständnis des späteren 13. Jahrhunderts vollkommen angemessen erscheinen.

Die im Zuge dieser Umbettungen des 13. Jahrhunderts angefertigten neuen Grabmonumente sind in vielen Fällen Umbauten, Kirchenabrissen oder einer weiteren Umbettung zum Opfer gefallen. So wurden die Königsgräber in Oña nach dem Neubau der *capilla mayor*, also des Sanktuariums der Klosterkirche, im 15. Jahrhundert dorthin verlegt und in neuen, reich geschnitzten Holzschreinen an der Nord- und Südwand des quadratischen Raumes zu beiden Seiten des Altarretabels beigesetzt. Die Gräber der ursprünglich auch im westlichen *panteón* beigesetzten kastilischen Grafen und Adligen aus

---

[99]   YEPES (wie Anm. 22), Bd. 3, fol. 192, col. 2.

[100]   S. o. wie Anm. 36.

[101]   Zu den Hintergründen für diese Kapellenstiftung s. SENRA (wie Anm. 37).

[102]   Zum Patrozinium der Kapelle – und damit zu ihrer Lokalisierung – gibt es unterschiedliche Angaben, vgl. BANGO TORVISO (wie Anm. 1), S. 124 und Ángela FRANCO MATA, «La catedral de Toledo: entre la tradición local y la modernidad foránea», in: *Gotische Architektur in Spanien* (wie Anm. 96), S. 83–104, hier S. 93.

dem Umkreis der Stifter wurden dagegen in den Anfang des 16. Jahrhunderts neu erbauten Kreuzgang überführt.[103]

Die Tradition der spanischen Grablegen außerhalb des Kirchenraums, die sich seit dem 11. Jahrhundert in den meisten Fällen westlich vor der Kirche oder im Kreuzgang befanden, bricht hier ab. Die späteren Umbettungen führten zu einer Bereinigung der Befundlage, die nicht nur die heutige Forschung häufig vor beträchtliche Probleme stellt, wenn es um die Frage des ursprünglichen Bestattungsortes geht, sondern das Begräbnisverbot innerhalb der Kirche allgemein bald völlig in Vergessenheit geraten ließ.

Man kann sich fragen, ob diesem schnellen und grundsätzlichen Umbruch nicht auch Projekte zum Opfer fielen, die, noch unter Maßgabe des Begräbnisverbots konzipiert, nach ihrer Fertigstellung jedoch gewissermaßen gegenstandslos waren. Hier wäre an die Anlage des oberen Kreuzgangs der Kathedrale von Burgos mit seinen in der Art von Grabnischen eingetieften Blendarkaden zu denken. Kathedralkreuzgänge dienten in der Regel der Bestattung von Bischöfen und Kapitelmitgliedern, doch wurde der erste Grabplatz im oberen Kreuzgang von Burgos erst über 50 Jahre nach der Vollendung des Baus gegen 1270 urkundlich vergeben; die folgenden Grabmäler entstanden sogar erst gut 120 Jahre danach.[104] Wie die Beispiele von Barcelona und Ripoll belegen, war der Kreuzgang aber zumindest seit dem frühen 11. Jahrhundert auch einer der bevorzugten Orte für die Einrichtung von Fürstengrablegen. Dass er dies, wie im Fall von Oña, auch noch im 16. Jahrhundert blieb, mag an der Beengtheit der Verhältnisse in der dortigen romanischen Klosterkirche gelegen haben, die verhältnismäßig wenig Raum für die Umbettung von Gräbern ins Kircheninnere ließ. In der neu errichteten Kathedrale von Burgos dagegen, wo Chorumgang, Kapellen und Querhaus reichlich Platz für Gräber boten, könnte die nur spärliche und erst verspätet einsetzende Belegung des Kreuzgangs mit Grabmälern ihren Grund durchaus in der neuen kirchenrechtlichen Situation haben, die nun die Möglichkeit des Begräbnisses im Kirchenraum selbst eröffnete.

---

[103] Vgl. dazu SENRA (wie Anm. 37) sowie María del Pilar SILVA MAROTO, «El monasterio de Oña en tiempo de los Reyes Católicos», in: *Archivo Español de Arte*, 47, 1974, S. 109–28.

[104] Zu dieser Problematik s. Regine ABEGG, *Königs- und Bischofsmonumente. Die Skulpturen des 13. Jahrhunderts im Kreuzgang der Kathedrale von Burgos*, Zürich 1999, bes. S. 89–96. Der alte romanische Kreuzgang auf der Langhaussüdseite bestand bis weit ins 14. Jahrhundert neben dem neuen gotischen Kreuzgang südöstlich des Chores weiter. Abegg sah sich außer Stande, die Funktion dieser ausgedehnten, zweigeschossigen Anlage, die zunächst nicht von weiteren Gebäuden umgeben war und erst nachträglich durch den Anbau des Kapitelsaals ab 1325 in das kanonikale Leben einbezogen wurde, in letzter Konsequenz schlüssig zu erklären, vgl. S. 150–51.

ENGLISH SUMMARY

BURIALS OF KINGS AND NOBLEMEN IN NORTHERN SPAIN: THE *PANTEONES* OF EARLY AND HIGH MEDIEVAL CHURCHES

The article deals with the *panteones* of ruling families in the Christian territories of Northern Spain between the 8th and the 12th centuries. Since most of these *panteones* have undergone extensive alterations in later times or disappeared altogether – due to reconstruction or destruction of the church they belonged to or to relocation of the tombs –, a detailed reconstruction of their original appearance and their sculptural and mural decoration is impossible. This contribution therefore focusses on two major issues, namely the location of the *panteones* with respect to the church and the main features of their internal structure. Various documents from more or less contemporary chronicles and annals as well as early modern descriptions and excavation reports provide valuable information on these questions and partially compensate for losses of original substance.

The first part of the paper gives a short presentation of each *panteón* dealt with before discussing their location and architectural form. The most striking result is that all *panteones* were situated outside or on the periphery of a church, i.e. beyond the sacred area characterised by the presence of altars. The range of possible locations seems to be broader than has sometimes been suggested, and includes not only the western end of the church, but also lateral annex rooms or the cloister, a preferred burial place in Catalonia at the beginning of the 11th century. Contrary to what has been put forward by previous studies on the subject, the existence of a specifically Hispanic tradition of burial in western annexes of the church, the prototype of which the *panteón* of Sta. María de Oviedo would have been, seems questionable. Indeed, the single nave-one bay-*panteón* at Oviedo is the only one of its type since all later *panteones* at the west end of a church have a different, more complex internal structure; moreover, Oviedo's relation to earlier Hispanic architecture must remain unclear as long as we know nothing about Visigothic *panteones*. Instead, the complex, two-story structure of late 11th-century *panteones* may have been inspired by other models like the contemporary Cluniac narthexes, which show similar characteristics and may have become known via the personal and institutional relations Spanish rulers had with Cluny.

The second part of the article explores the surprising fact that in Spain not even kings were allowed to be buried in a church, and puts it into a perspective with the corresponding ecclesiastical legislation. Until the middle of the 13th century, burial within the church was prohibited at synods and by canon law, and, in fact, recent archaeological finds seem to confirm that this prohibition was observed more strictly than has often been supposed. Nevertheless, exceptions were generally granted to bishops and abbots as well as church founders and kings. In Spain, however, these last two groups were denied burial within the church at least during the 11th and 12th centuries. In Castile, this situation changed only towards the end of the 13th century with the introduction of a new legislation, the *Siete Partidas*, which had been formulated under Alfonso X. As a consequence, Alfonso's son and successor, Sancho IV., initiated a major campaign in order to relocate the royal tombs from their original burial places outside the church proper to new sites near the main altar. Thus, the new legislation led to the dissolution of most of the early medieval *panteones* and, finally, to the disappearance of the structures that had housed them.

ICONOGRAFÍA DE SEPULCROS GÓTICOS EN CASTILLA Y LEÓN

Ángela Franco Mata

El arte funerario en Castilla y León, unidas desde el reinado de Fernando III el Santo, es variado y creativo. La realeza, nobleza y clero constituyen los protagonistas del arte sepulcral, eligiendo como lugar de reposo definitivo iglesias y monasterios. A conceptos aportados desde el arte foráneo se suman creaciones de talleres surgidos en algunas de las provincias, que gozaron de especial éxito. El siglo XIII está en la órbita de Francia, sobre todo en las provincias que conforman actualmente la comunidad de Castilla y León, es decir, la antigua Castilla la Vieja, y sus áreas de influencia, con tentáculos hacia las regiones limítrofes e incluso hasta Andalucía. La clara dependencia estilística de la portada del Sarmental de la catedral burgalesa del *Beau Dieu* de Amiens, junto a otros elementos, se evidencia en varios sepulcros palentinos, hasta el punto que se ha propuesto la actividad de un escultor extranjero llegado a través del Camino de Peregrinación, o un escultor hispánico formado en los talleres de Burgos. El «panteón episcopal» leonés representa un punto de referencia en la segunda mitad del siglo XIII, por su extraordinaria creatividad y sentido de asimilación de elementos procedentes de Reims, Bourges y catedrales del sur de Francia.

Los programas iconográficos desarrollados en los frentes de los sepulcros –esculpidos tres de ellos si es adosado, cuatro si es exento, uno si se trata de un lucillo, con el fondo decorado con relieves o pintura– están organizados en función del propio finado, por más que se atengan frecuentemente a esquemas preestablecidos, adoptados de monumentos de especial relevancia como el del infante D. Felipe, levantisco hermano de Alfonso X, enterrado en la iglesia del convento templario de Villalcázar de Sirga, y su esposa Inés Téllez Girón y Guevara (fig. 1).[1] En el siglo XIII conviven ideas religiosas

---

[1] No comparto la identificación de la dama sepultada en el monumento adyacente al del infante con la hija bastarda de aquél, Beatriz Fernández, que propone Rocío SÁNCHEZ AMEIJEIRAS («Muy de coraçon

derivadas del mundo románico –la *Maiestas Domini* y el Tetramorfos y el *Agnus Dei*– y temática evangélica, con la exaltación de la estirpe social por medio de la representación de cortejos fúnebres de gran aparato. Por su parte, el siglo XIV introduce ciertos elementos destinados a personalizar la identidad del propio personaje, lo que evidencia una intención de la individualización en el grupo social al que pertenece. Resulta sintomático el hecho de que los programas representados en los frentes de los sarcófagos van de acuerdo con la clase social a la que el finado pertenece.

Fig. 1: Sepulcros del infante don Felipe y su esposa doña Inés Téllez Girón y Guevara, Villalcázar de Sirga, ca. 1274

El siglo XIII es especialmente rico en la catedral de León en el campo de la escultura funeraria referida al alto clero, poniéndose de manifiesto las relaciones artísticas con otros países, fundamentalmente Francia, para dejar paso luego al «caput Castellae», Burgos, cuya riqueza, sobre todo en el siglo XV, se debe en gran parte a la intensa actividad económica con los países del norte de Europa, fundamentalmente Flandes.

rogava a Sta. María : culpas irredentas y reivindicación política en Villasirga», en: *Patrimonio artístico de Galicia y otros estudios. Homenaje a Serafín Moralejo*, Santiago de Compostela, Xunta de Galicia, 2003, vol. III, pp. 237–48). Sobre estos sepulcros existe numerosísima bibliografía, parte de la cual será indicada a lo largo de este estudio.

Aunque constituya un tópico, el yacente es el protagonista en el monumento funerario, y a él está supeditado el resto de los elementos, desde el sarcófago que contiene sus restos, los animales sobre los que monta, hasta la composición arquitectónica y los programas iconográficos, más o menos variados, cuya finalidad salvífica constituye el fundamento teológico, directamente vinculado a la liturgia. Todavía actualmente se sigue celebrando una misa solemne de Requiem anualmente el primer día después del Domingo *in Albis*, por el eterno descanso del monarca Ordoño II en la catedral de León, donde se dispone un túmulo con corona y cetro reales encima rodeado de ocho hacheros con cirios. Su monumento sepulcral gótico en la parte posterior de la capilla mayor del templo, está dotado de un profundo sentido político, aunque de carácter testimonial, por cuanto León y Castilla se unen durante el reinado de Fernando III el Santo. Obrado a fines del siglo XIII, fue ampliado en el XV. Interesa destacar algunos aspectos.[2] Se trata de la doble estatua, la yacente, reaprovechada indudablemente de otra de carácter monumental, como se echa de ver en los ojos, que en origen estaban abiertos y actualmente cerrados, y otra de pie, que en mi opinión fue trasladada de su lugar cuando se efectuaron las ampliaciones. Deriva dicha modalidad iconográfica de Francia, donde aparece la doble imagen de Clotario I y Sigeberto en la cripta de St-Médard de Soissons y en los sepulcros de Juan y Blanca de Francia, realizados en placas metálicas limosinas. Son sin embargo, raros los ejemplos en el vecino país.[3] La imagen yacente del rey leonés deriva de cánones franceses. Su esbeltez y el continente intemporal evocan la elegancia de los soberanos de Francia sepultados en St-Denis. De rostro joven e imberbe, se toca con corona y va peinado a la francesa con melena rematada hacia fuera, viste túnica y capa y sujeta el globo.[4] Si en origen priman los conceptos de orden religioso –Transfiguración y Crucifixión–, en las adiciones posteriores se enfatiza la figura del monarca con un ideario político vinculado a la reconquista y su carácter esperanzador en el marco escatológico.[5]

La figura yacente en el siglo XIII presenta una imagen idealizada convencional y el muerto reposa con gesto sereno y tranquilo a la espera de la resurrección, a veces en actitud sonriente. El difunto es representado joven y feliz, como si estuviera vivo, pues el Cristianismo no cree más que en la vida. Despierta a la otra vida y por ello tiene los

---

[2]   Ángela FRANCO MATA, *Escultura gótica en León y provincia (1230–1530)*, León 1998, pp. 394–401.

[3]   Alain ERLANDE-BRANDENBURG, *Le Roi est mort. Étude sur les funerailles, les sepultures et les tombeaux des rois de France jusqu'à la fin du XIIIe siècle*, Ginebra / París 1975, p. 119.

[4]   Para los sepulcros reales hispánicos vid. Ricardo del ARCO, *Sepulcros de la Casa Real de Castilla*, Madrid 1954; *El Panteón Real de las Huelgas de Burgos. Los enterramientos de los Reyes de León y de Castilla*, Valladolid, Junta de Castilla y León, 1988, además de la bibliografía citada a lo largo de este trabajo.

[5]   Ángela FRANCO MATA, *Escultura gótica en León y provincia...*, op. cit. (n. 2), pp. 394–401; Gerardo BOTO VARELA, «El poder regio en la catedral de León : imagen y memoria», en: *La catedral de León en la Edad Media*. Congreso Internacional, León, 7–11 Abril, 2003 (en prensa).

ojos abiertos a la luz perpetua, ya que la Iglesia le desea el descanso y la luz. Esta modalidad convive con la de la figuración del difunto con los ojos cerrados, más frecuente a partir del siglo XIV, pero ambas conforman la plástica funeraria del siglo XIII. En el siglo XIV se impone la tendencia hacia el realismo, proclive a reflejar ciertos rasgos de individualidad en el rostro. Esta convención está motivada en cierta manera por la utilización de mascarillas. Contribuyó también el que los interesados deseasen una estatua yacente «muy semejante a su figura», realizada a veces en vida. Ello justifica en mayor medida la tendencia hacia el retrato, pero no significa una representación fiel del mismo; más bien podría hablarse de un realismo idealizado, como se ha propuesto.[6] En el siglo XIII, el yacente reposa sobre un cojín, que se amplía a dos en el siglo siguiente y eventualmente a tres, lo cual es privativo de personajes de categoría social elevada, relacionada sobre todo con el clero. Sirva de ejemplo el sepulcro del obispo don Rodrigo Díaz († 1339) en la catedral Vieja de Salamanca.[7]

La imagen del yacente en el mundo gótico castellano presenta una serie de elementos que la relacionan con lo europeo y otros de clara raigambre local. En numerosos sepulcros castellanos se insiste en el carácter narrativo de la celebración de las exequias, apenas desarrollado o ausente en otros países. En el siglo XIII varias novedades son introducidas por las altas jerarquías eclesiásticas, a cuyo cargo se hallaban las construcciones de las catedrales. El pastor de la diócesis elegía evidentemente como lugar de reposo definitivo el más destacado de la iglesia, el coro. Así lo determina el gran constructor de la catedral de León, D. Martín Fernández, en su testamento.[8] Dicho emplazamiento se justificaba por ser donde los canónigos oraban comunitariamente. De hecho, ya antes había tomado la misma determinación el obispo D. Mauricio, en la catedral de Burgos. Esta razón movió asimismo a fundadores y benefactores de monasterios en tal sentido. Los monumentos exentos constituyen un sistema de prestigiar a los prelados, como el citado burgalés, que ordenó realizar su efigie funeraria en la refinada obra de Limoges, sistema adoptado frecuentemente en Francia, e Inglaterra.[9] Los deanes, arcedianos y otras autoridades inferiores eran generalmente sepultados en los claustros y capillas. Por su parte, los nobles se hacían acreedores de su última morada en las iglesias de los monasterios, gracias a que frecuentemente eran fundaciones suyas.

---

[6]   Cfr. Mª Jesús GÓMEZ BÁRCENA, «El sepulcro gótico en la ciudad de Burgos en la crisis del siglo XIV», en: *La ciudad de Burgos. Actas del Congreso de Historia de Burgos. MC Aniversario de la fundación de la ciudad de Burgos 884–1984*, Burgos 1985, pp. 863–81, sobre todo pp. 868–70.

[7]   Manuel GÓMEZ MORENO, *Catálogo Monumental de España. Provincia de Salamanca,* Madrid 1967, p. 120, fig. 58; José Mª de AZCÁRATE, *Arte gótico en España*, Madrid 1990, fig. en p. 312.

[8]   Ángela FRANCO MATA, *Escultura gótica en León y provincia...*, op. cit. (n. 2), p. 393.

[9]   Marie Madeleine GAUTHIER, «Naissance du defunt à la vie eternelle : les tombeaux d'émaux de Limoges aux XIIe et XIIIe siècles», en: *La figuration des morts dans la chretienté médiévale jusqu'à la fin du premier quart du XIVe siècle*, Fontevraud 1988, pp. 97–116.

El lucillo o *enfeu* de D. Rodrigo constituye un alegato contra la herejía albigense, que hacía estragos por toda Europa y había penetrado en León a través del Camino de Santiago. Procedente de la catedral románica, fue realizado en dos etapas diferentes, a la primera de las cuales corresponden el yacente, los relieves del fondo, excavado en el muro y rematado exteriormente por un arco de medio punto, y el frente de la yacija, así como el toro de S. Lucas y el león de S. Marcos. Se incluye la novedosa escena de la celebración de las exequias, de gran predicamento en la escultura funeraria posterior en Castilla.[10] El oficiante, como correspondía a la dignidad del finado, es un obispo junto al que se sitúan los acólitos portadores del libro, naveta, incensario, cirios y la cruz. Contrasta con este conjunto el de fieles llorosos y plañideras que se mesan los cabellos, actitud proveniente de viejas costumbres paganas, denostada por la legislación de Alfonso X el Sabio. En el registro superior del fondo se dispone la Crucifixión con el Crucificado de cuatro clavos, número con el que se contrapone al de tres, aceptado por la secta, como advierte Lucas de Tuy. El alma del finado es conducida al paraíso por dos ángeles de acuerdo con la clásica fórmula de la *elevatio animae*. Dejando aparte otros elementos que vinculan el monumento con la erradicación de la herejía, conviene destacar la escena de la *pitança de los aniversarios*, una constante en la documentación medieval hispana, representada por medio de varios servidores del prelado que reparten alimentos entre los necesitados.[11]

El programa iconográfico del sepulcro de D. Rodrigo es adoptado en el del obispo D. Martín II Rodríguez el Zamorano (1239–42, fig. 2 y lám. III),[12] aunque con variantes que marcan diferencias conceptuales, algunas de las cuales serán plasmadas en otros monumentos sepulcrales de la región castellana. De la escultura monumental de la catedral hereda algunos elementos, como Cristo bendiciendo, sobre la arquivolta exterior de la portada del Juicio Final, que se traslada al arco de enmarque del lucillo. Aunque responde a la misma conformación estructural que el monumento de D. Rodrigo, el sepulcro de D. Martín Rodríguez constituye un conjunto artístico de extraordinaria calidad y equilibrio, en el que se aprecia la consumación de una línea evolutiva por parte de un gran artista. El conjunto con la evocación paradisíaca como un jardín por medio de vegetación está expresado con mano hábil y eficaz.

---

[10] Mª Jesús GÓMEZ BÁRCENA, «La liturgia de los funerales y su repercusión en la escultura gótica funeraria en Castilla», en: *La Idea y el Sentimiento de la Muerte en la Historia y en el Arte de la Edad Media*, Santiago de Compostela, Universidad, 1988, pp. 31–50.

[11] Rocío SÁNCHEZ AMEIJEIRAS, *Investigaciones iconográficas sobre la escultura funeraria del siglo XIII en Castilla y León*, tesis doctoral microfilmada, Santiago de Compostela 1994, pp. 40–53; Ángela FRANCO MATA, *Escultura gótica en León y provincia..*, op. cit. (n. 2), pp. 384–88.

[12] Joaquín YARZA LUACES, «Despesas fazen los ommes de muchas guisas en soterrar los muertos», en: *Fragmentos*, 2, 1985, pp. 4–19, recogido en: *Formas artísticas de lo imaginario*, Barcelona 1987, pp. 260–92.

Fig. 2: Sepulcro del obispo D. Martín II Rodríguez († 1242),
León, catedral, h. 1260–65

La vinculación de la iconografía y algunos conceptos abstractos con la idea del purgatorio han sido recientemente puestos de manifiesto.[13] Uno de los primeros testimonios de la importancia concedida a la celebración de la misa por los difuntos considerada como la forma más eficaz de impetrar la misericordia divina para abreviar así la permanencia de los seres queridos en el purgatorio es un documento del cardenal Pelayo Albanense en Perugia (1230), por el cual funda una capellanía en la catedral de León para la celebración *perhenniter* de una *missa pro defunctis*, por su alma y la de sus padres, y todos los fieles, para lo cual dona 300 áureos alfonsinos como renta para los encargados de la capilla.

El obispo Martín Rodríguez contribuyó eficazmente a la normativa de la legislación capitular del siglo XIII y tras él su sucesor D. Martín III Fernández (1254–89). La iconografía del sepulcro del primero brinda una lectura asociada con conceptos religiosos cuyo sentido era negado por la herejía albigense. El Calvario y el grupo de la Virgen entronizada con el Niño reafirman en parte el valor de la pasión real de Cristo y el valor de la intercesión de la Virgen como madre de Dios. Las exequias, misas, procesiones y cortejos fúnebres escandalizaban a los herejes. Como contrapartida, se imprimen en el arte funerario y adquieren especial relevancia las escenas de cortejos fúnebres, ceremonias de absolución y otras formas de recuerdo. En contra de la fatalidad de la predestinación, la preocupación caritativa se expresa por medio de los testamentos, con las correspondientes mandas.[14] Como en el monumento de don Rodrigo, se dedica el frente del sarcófago a plasmar la donación de pan a los pobres, lo que será adoptado en el sepulcro abulense de D. Hernando.[15] La negación de la idea del purgatorio y de la resurrección corporal traía consigo la carencia de valor de las indulgencias, sufragios e intercesión de los santos para la salvación de los difuntos. El arte cristiano, sobre todo en Francia y España, se levanta contra estas ideas por medio de la *elevatio animae* elevada al cielo por ángeles y el tema de los dolientes, *pleurants* o *plañideras,* de amplia difusión en el arte gótico. En el frente

---

[13]   Lucia MORGANTI, «La celebrazione degli 'anniversari' e l'affermazione del concetto di purgatorio nel XIII : il monumento di Martín II Rodríguez nella cattedrale di León e Lucas de Tuy», en: *Arte medievale*, II Serie, Anno X, n. 2, 1996, pp. 99–122; César GARCÍA ÁLVAREZ, El Laberinto del alma. Una interpretación de las enjutas de las capillas absidales de la catedral de León, prólogo de Ángela FRANCO MATA, León 2003.

[14]   Adeline RUCQUOI, «De la resignación al miedo : La Muerte en Castilla en el siglo XV», en: *La Idea y el Sentimiento de la Muerte en la Historia y en el Arte de la Edad Media*, Santiago de Compostela, Universidad, 1988, pp. 51–66.

[15]   Ángela FRANCO MATA, «Escultura funeraria en León en el siglo XIII y su área de influencia», *Arte d'Occidente. Temi e metodi. Studi in onore di Angiola Maria Romanini*, Roma, Edizioni Sintesi Informazione, 1999, I, pp. 527–35.

de la yacija del obispo D. Hernando se emplaza la escena de la distribución de panes y viandas entre los pobres, como sufragio del difunto.[16]

La incidencia de los religiosos, monjes y frailes, en la iconografía funeraria es lógica por su especial protagonismo a la hora de la muerte como dispensadores de los últimos auxilios. El hábito de las órdenes mendicantes se hizo frecuente durante los siglos bajomedievales tanto en España como en el resto de Europa.[17] En España adopta diferentes modalidades que estimo interesante poner de relieve. En los sepulcros de personajes pertenecientes al clero son acompañantes de los oficiantes de las exequias, como en los monumentos del clero secular. Papel más activo y destacado desempeñan en los funerales de miembros de la nobleza, fundadores de monasterios o poseedores de espacios o capillas funerarias adquiridas por ellos para su reposo definitivo. Con la progresiva imposición de franciscanos y dominicos recae sobre éstos la preponderancia iconográfica, que adopta variadas formas.

No es fácil determinar quién impuso la moda, si tenemos en cuenta la cronología de determinados monumentos funerarios. De admitirse como de comienzos del siglo XIV el sepulcro de dama perteneciente a la familia Villalobos Girón Cisneros, sepultada en el monasterio de Bujedo (Burgos), actualmente en el Museo Arqueológico Nacional de Madrid, se situaría entre los primeros ejemplares de una dama ataviada con hábito franciscano.[18] La reina Beatriz de Portugal fue inhumada en el convento de *Sancti Spiritus* de Toro y en su monumento figura con doble imagen, como reina y como dominica –en *lit de parade*– acompañada de los santos más prestigiosos de la orden.[19] La nobleza también se acoge a estas prebendas espirituales.

Si el clero imprime su condición en sus monumentos funerarios, la nobleza asocia sus creencias religiosas al orgullo de estirpe y a la exaltación de su vida como miembros del estamento social al que pertenecen. Esto se evidencia incluso en miembros de la nobleza que profesaron en la vida religiosa, como es el caso del sepulcro de D.ª Mencía en el monasterio de S. Andrés de Arroyo. Las escenas evangélicas de la Anunciación, Natividad y Epifanía, presididas por la Crucifixión, aunque ocupan un lugar de privilegio en la

---

[16]   Manuel GÓMEZ MORENO, *Catálogo Monumental de la provincia de Ávila*, edición revisada y preparada por Áurea de la MORENA y Teresa PÉREZ HIGUERA, Madrid / Ávila, Ministerio de Educación y Ciencia / Fundación Gran Duque de Alba, 1983, I, p. 96, lám. 63; RUIZ AYÚCAR, *Sepulcros artísticos de Ávila*, 2ª ed. corregida y aumentada, Ávila, Diputación Provincial / Fundación Gran Duque de Alba, 1985, pp. 75, 96; José Mª MARTÍNEZ FRÍAS, «Ávila», en: Salvador ANDRÉS ORDAX (coord.), *La España Gótica, Castilla y León vol. 1*, Madrid, Encuentro, 1989, p. 462.

[17]   D. ALEXANDRE-BIDON, *La mort au Moyen Age XIIIe–XVIe siècle*, París, 1998, pp. 111–14.

[18]   Ángela FRANCO MATA, *Museo Arqueológico Nacional. Catálogo de la escultura gótica*, (1980), 2ª ed., Madrid, Ministerio de Cultura, 1993, p. 105.

[19]   Margarita RUIZ MALDONADO, «El sepulcro de doña Beatriz de Portugal en Sancti Spiritus (Toro)», en: *Goya*, 237, 1993, pp. 142–48.

cabecera de la cubierta de la yacija, quedan eclipsadas por la heráldica : las calderas de la poderosa familia Lara, a la que la religiosa pertenecía, figuran por doquier incluso en la propia cubierta enmarcando el báculo abacial.[20] Esta exaltación de la estirpe se enfatiza en uno de los sepulcros del monasterio de Palazuelos, donde la decoración se reduce exclusivamente a los escudos familiares.[21] En la escultura gótica castellana la heráldica es adoptada desde el siglo XIII.

Las provincias de Palencia, Valladolid, este de la provincia de León y Burgos –comarca de Tierra de Campos–, constituyen un referente sumamente ilustrativo para el análisis de la evolución iconográfica del siglo XIII y parte del XIV.[22] El grupo de los «primeros talleres de Carrión», relacionado con Pedro Pintor y Roi Martínez de Burueva, cuya actividad se sitúa entre 1230 y 1260, es anterior al sepulcro del infante don Felipe, en Villalcázar de Sirga, datable hacia 1274.[23] Los primeros sepulcros esculpidos de Carrión de los Condes ostentan el yacente sobre el sarcófago, cuya tipología presenta peculiaridades de interés. Aparece enmarcado por sendas columnillas rematadas en un arco trilobulado, modalidad que sigue siendo adoptada en sepulcros posteriores. Esta evocación arquitectónica ha sido puesta en relación con la ciudad de Dios o Jerusalén celeste, extremo que hay que revisar. Más bien creo que debe de tratarse de una alusión al templo donde duerme su último sueño, velado por la fiel figura de su perro. Por otra parte, el énfasis conferido a la heráldica, parece que se contrapone con la idea de la felicidad celeste; más bien ha de interpretarse como el orgullo de estirpe.

Es muy frecuente la escena del Pantocrátor con el Tetramorfos en torno y los apóstoles a uno y otro lado, eventualmente asociado a la Crucifixión. Se trata de una representación iconográfica de larga historia, que pervive en el mundo gótico. En mi opinión, la justificación de su presencia en la escultura funeraria está vinculada a la liturgia, herencia de libros manuscritos. La Pasión de Cristo en la cruz es el signo visible de la redención, en tanto la Majestad de Cristo constituye la referencia a la Teofanía intemporal.

---

[20] Etelvina FERNÁNDEZ, «Los sepulcros de la sala capitular del monasterio de S. Andrés del Arroyo (Palencia)», en: *Colegio Universitario de León, Filosofía y Letras,* 1, León, 1979, pp. 83–97.

[21] Julia ARA GIL, *Escultura gótica en Valladolid y su provincia,* Valladolid, Inst. Simancas, 1979, p. 43.

[22] José Luis HERNANDO GARRIDO, «Algunas notas sobre los sepulcros de Aguilar de Campoo : un grupo escultórico palentino de 1300», en: *Boletín del Museo e Instituto 'Camón Aznar',* 37, 1989, pp. 87–119; Julia ARA GIL, «Un grupo de sepulcros palentinos del siglo XIII : los primeros talleres de Carrión de los Condes, Pedro Pintor y Roi Martínez de Burueva», en: *II Curso de Cultura Medieval, Alfonso VIII y su época,* Aguilar de Campoo 1–6 Octubre 1990, Aguilar, 1992, pp. 21–52.

[23] Julia ARA GIL, «Un grupo de sepulcros palentinos del siglo XIII...», op. cit. (n. 22), pp. 21–52.

Ilustra el canon de la misa en relación directa con la eucaristía. Frecuentemente las cubiertas eran decoradas con estos temas, o bien con placas esmaltadas.[24]

El sarcófago de Cisneros, como otros del taller, está decorado con el citado tema y el apostolado. En el testero figura un Calvario sintético : Cristo entre la Virgen y S. Juan, referencia a la redención del finado por medio de la pasión de Cristo. Estos dos temas se repiten en una caja sepulcral conservada en el Museo de Palencia, procedente tal vez de la abadía de Benevívere y en otro en origen de Sta. María de Vega.[25] Temas vinculados al ciclo de Navidad se disponen en el frente de los pies del sepulcro de Cisneros el cual está ocupado con la Visitación, que conforma el inicio de la redención, sustituida eventualmente por la Anunciación, que contiene el mismo sentido. Es un tema frecuente en la escultura funeraria castellana. En monumentos exentos el frente antes indicado puede formar *pendant* con la escena de la Epifanía, S. Miguel alanceando al dragón,[26] el cual junto a Rafael y Gabriel figuran como intercesores de los moribundos en la liturgia desde la Alta Edad Media.[27]

Se introducen nuevos elementos iconográficos : personajes del Antiguo Testamento como *tipos* del Nuevo, en lenguaje simbólico de S. Agustín. Moisés, Aarón, David, la Sinagoga y la Iglesia, junto a episodios evangélicos. A veces, pervive el carácter monumental, como en la escena del Juicio Final del sarcófago del Museo Arqueológico Nacional (nº. inv. 50233), procedente de la provincia de Palencia. La escena de la Huida a Egipto, derivada iconográficamente de las portadas, tal vez podría entenderse desde el marco devocional en relación con los dolores de la Virgen.

La adscripción del sepulcro del Museo Arqueológico Nacional al taller palentino es delatada por el estilo. La iconografía es bastante compleja.[28] Desconocemos la identidad del personaje,[29] aunque está claro que se trata de un varón, como se evidencia por la escena de la cabecera, donde aparece barbado. El programa iconográfico que aglutina

---

[24] En Sacramentarios y Misales era frecuente que en el Canon de la Misa figuraran dos páginas ilustradas, una con la *Maiestas Domini* y otra con la Crucifixión, cfr. V. LEROQUAIS, *Les Sacramentaires et les Missels Manuscrits des Bibliothèques publiques de France*, París 1824, pp. 33–34.

[25] Julia ARA GIL, «Un grupo de sepulcros palentinos...», op. cit. (n. 22), pp. 33–36.

[26] Julia ARA GIL, *Escultura gótica en Valladolid...*, op. cit. (n. 21), p. 32

[27] Serafín MORALEJO ÁLVAREZ, «The Tomb of Alfonso Ansúrez († 1093). Its Place and the Role of Sahagún in the Beginnings of Spanish Romanesque Sculpture», en: *Santiago, Saint Denis and Saint Peter. The Reception of the Roman Liturgy in Leon–Castile in 1080,* Nueva York, 1985, pp. 63–100.

[28] Ángela FRANCO MATA, *Museo Arqueológico Nacional...*, op. cit. (n. 18), pp. 91–94; Julia ARA GIL, «Un grupo de sepulcros palentinos...», op. cit. (n. 22), pp. 32–33; Rocío SÁNCHEZ AMEIJEIRAS, «Notas sobre un arca sepulcral gótica conservada en el Museo Arqueológico Nacional», en: *Boletín del Museo Arqueológico Nacional*, XII, Madrid, 1994, pp. 103–12. No comparto su hipótesis sobre su posible procedencia de tierras burgalesas, pues sus argumentos parecen muy endebles.

[29] Para el que propuse D. Diego Martínez Sarmiento, fundador de la abadía de Benevívere, y SÁNCHEZ AMEIJEIRAS, García Fernández de Villámayor, op. cit. (n. 28).

los cuatro frentes del sepulcro exento, está sujeto a unas consideraciones muy precisas por parte del encargante o ideólogo. El orden a seguir comienza en la cabecera, donde el alma del difunto sale de la tumba para ser juzgado, frente del Juicio, que entiendo no es el Juicio Final, sino el particular del difunto. A continuación, por medio del sacrificio de la misa –figurado en el otro frente mayor–, son purgados los pecados del difunto, siendo su alma elevada al cielo –frente de los pies–. Los personajes de la cabecera son, además del finado que se levanta del lecho mortuorio, un clérigo con libro en la mano y dos figuras femeninas con toca y saya talar, con las manos juntas en actitud de oración.

Si la escena del sacrificio de la misa responde a cánones propios de la misma, y se representa el *Memento pro defunctis*, el juicio presenta ciertas notas peculiares que lo alejan de los Juicios Finales góticos. Preside el juicio Cristo Juez mostrando las heridas, esquema compositivo derivado directamente del Juicio de la catedral de León. A uno y otro lado se emplazan la Virgen y S. Juan de rodillas, como en León. Los ángeles con los instrumentos de la pasión se tornan diáconos, como se observa en las vestiduras. Tal vez la explicación de dicha asimilación haya que buscarla en antiguos rituales, como uno galo del siglo VII, en el que ya bebieron el *Sacramentario Gelasiano* y el *Missale Francorum*. El diácono, *sanctis altaris minister*, desempeña un servicio que lo asimila a los ángeles [*angelorum ministeriis*], haciendo de él el sucesor de los siete diáconos de la comunidad apostólica. Esta doble referencia lleva aparejada una indiscutible exigencia de santidad.[30] La boca de Leviatán se apresta a tragar las almas de los pecadores, empujadas por diablos agresivos, mientras dos avaros sujetan una bolsa de monedas. Al otro lado, dos damas salvadas tocadas con la corona del triunfo, se dirigen al paraíso, donde gozan varios bienaventurados, como «frutos», entre ramas.[31] Dos de los sepulcros aquilarenses pertenecientes a clérigos, el del abad Aparicio y el del arcipreste Garcí González (fig. 3 y lám. IV), sin duda de la misma mano, presentan algunas peculiaridades interesantes. La del primero es de tipo iconográfico y la del el segundo identificativa de su misión sacerdotal, y que podemos interpretarlo actualmente como un *unicum* : era portador del preceptivo cáliz.[32] El sepulcro del abad, de fines del siglo XIII y tal vez del mismo autor, es el más teológico de la serie de monumentos palentinos.[33] Procedente del monasterio de Sta. María la Real de Aguilar de Campoo, la yacente del abad descansa sobre el sarcófago, que en origen se emplazaba bajo un lucillo; no de otra forma se

[30]   A. G. MARTIMORT, *La Iglesia en oración. Introducción a la liturgia,* nueva edición actualizada y aumentada, Barcelona, Herder, 1992, pp. 733–34.

[31]   Teresa PÉREZ HIGUERA, «El Jardín del Paraíso : paralelismos iconológicos en el arte musulmán y cristiano medieval», en: *Archivo Español de Arte,* 241, 1988, pp. 37–52.

[32]   Ángel RIVERA DE LAS HERAS, «El esplendor de la liturgia», catálogo exposición *La platería en la época de los Austrias Mayores en Castilla y León,* Valladolid, 1999, pp. 19–55, sobre todo p. 33.

[33]   Ángela FRANCO MATA, *Museo Arqueológico Nacional...,* op. cit. (n. 18), pp. 100–02.

entiende la exclusividad decorativa en el frente anterior. En éste se figura el Credo apostólico. La Trinidad fundamenta la teología del dogma católico, y como tal se refleja en la larga serie de Credos redactados en los primeros siglos[34] si bien la formulación del Credo apostólico[35] y del nicenoconstantinopolitano[36] han predominado sobre las demás. Los doce artículos de que se compone se han atribuido tradicionalmente a cada uno de los apóstoles.

Fig. 3: Sepulcro del arcipreste Garcí González, Aguilar de Campoo,
colegiata de S. Miguel, h. 1290–95

La iconografía ha interpretado de variadas formas la imagen trinitaria.[37] En el relieve del sarcófago aquilarense figura la modalidad denominada «trono de Gracia», fórmula surgida a mediados del siglo XIII. El Padre entronizado, coronado, sostiene a Cristo crucificado. De su boca sale la Paloma del Espíritu Santo que va en dirección a la del

---

34   J. N. D. KELLY, *Primitivos Credos Cristianos*, Salamanca, Secretariado Trinitario, 1980.

35   J. N. D. KELLY, ibid. pp. 433–509.

36   J. N. D. KELLY, ibid. pp. 247–313, 353–93.

37   Germán de PAMPLONA, *Iconografía de la Santísima Trinidad en el arte medieval español*, Madrid, C.S.I.C., 1970, pp. 99–100.

Hijo, frecuente en el arte hispánico de los siglos XIV y XV. Se trata de una dirección no muy acorde con el II Concilio de Lyon (1274), ni con la fórmula precisa del XI Concilio de Toledo : «*Nec de Patre procedit in Filium, sed simul ab utrisque procedere monstratur*». La Trinidad está inscrita en un círculo alusión al cielo. Los apóstoles, cobijados por parejas bajo arcos, son portadores de finas y largas filacterias, pero no creo que llevaran en origen el correspondiente texto. Son reconocibles los Príncipes de la Iglesia, S. Pedro y S. Pablo, en los lugares destacados de la jerarquía; portan el primero las llaves y el segundo su atributo martirial, la espada en alto. Entre los arcos resaltan torrecillas, de cuyos vanos asoman cabecitas tonsuradas, evocación de la presencia de la comunidad religiosa. Los seres fantásticos que pueblan los bordes del frente aluden indudablemente al pecado, que es vencido por la fe del finado.

El sepulcro del arcipreste, en origen en el presbiterio de la colegiata de S. Miguel, ha sido trasladado al centro de la capilla de los Pobres o del arcipreste del Fresno. Es exento con figura yacente encima. Sus cuatro frentes están recorridos por las escenas de las exequias, incluido el cortejo y transporte del féretro, con la Crucifixión a la cabecera y un Juicio Final en el frente opuesto. Devoto de la Virgen, figura ésta con Niño sobre el libro que sostiene entre las manos.[38]

La nobleza, en su afán de su valoración social, incluye escenas relativas a su vida de solaz. Es frecuente la referencia al deporte favorito de los caballeros en vida, la caza, cuando no se hallaban ocupados en la guerra, como se observa en la efigie del yacente de la iglesia de S. Pedro de Cisneros –anteriormente en Villafilar–, el halcón, además de un puñal. El halcón parece una representación típicamente hispánica de la escultura funeraria.[39] A dicha iconografía responde el caballero joven, posiblemente perteneciente a la familia de Tello Pérez de Meneses (hacia 1240–60), fundador del monasterio de Trianos (León). Aunque era una filial del monasterio de Benevívere, la proximidad al monasterio cluniacense de Sahagún tal vez justifique la inclusión de un tema de tradición leonesa, como es el *Agnus Dei,* adoptado en un sepulcro del monasterio de Palazuelos.

Junto a la exaltación de la estirpe, el espectáculo de las honras fúnebres constituye una ilustración plástica de la costumbre castellana de dar el último adiós a un noble, donde a diferencia de Francia e Italia el arte sustituye, por así decirlo, a la crónica literaria. Como sucede con los programas iconográficos de carácter narrativo, sobre una base nuclear, se añaden sucesivos episodios, que la enriquecen paulatinamente. La celebración de las exequias y llanto por el difunto, que tienen lugar en uno de los frentes

[38]   José Luis HERNANDO GARRIDO, «Algunas notas sobre los sepulcros de Aguilar de Campoo...», op. cit. (n. 22), pp. 94–95.
[39]   Julia ARA GIL, *Escultura gótica en Valladolid y su provincia*, op. cit. (n. 21), p. 14.

mayores, tal vez haya que entenderla en el sepulcro de Trianos como una de las más tempranas del taller. Se figura el momento en que el féretro ha sido depositado en el sarcófago en el interior de la iglesia y se celebra el oficio fúnebre presidido por dignidades eclesiásticas. Los dos personajes, dama y caballero, sentados, deben de ser los padres del finado, presidiendo la celebración de las exequias y los dos situados a cada lado en pie son presumiblemente los hermanos del difunto. Su viuda sería la dama sentada con las manos cruzadas sobre el pecho en el frente de los pies. Estamos ante un acto religioso, en el que la familia ocupa un lugar destacado en la celebración de las honras fúnebres. Pero su actitud es meramente pasiva.

El ceremonial de gran aparato constituye un espectáculo urbano en el que participa toda la población. En Castilla, la iconografía es la fuente informativa más completa y expresiva de este tipo de manifestaciones nobiliarias. Ella proporciona datos plásticos a través de los cuales se puede reconstruir el desarrollo de las ceremonias de traslado del féretro desde la casa mortuoria hasta la iglesia, que coincide con el ritual litúrgico de los *Ordines romani*. El desarrollo de la liturgia de los funerales comienza en la casa mortuoria. Fallecido el personaje, se inicia el ceremonial con una serie de actos practicados en la misma casa y finaliza en la iglesia donde se celebraba el funeral y se enterraba el cadáver. Era vestido bien con sus ropas más nobles o con un hábito religioso, extremo ordenado en vida por el finado en el testamento. A continuación los familiares y deudos se reúnen en torno al cuerpo expuesto en el *lit de parade*, mientras el clero eleva sus plegarias rituales por el eterno descanso de su alma. Las ceremonias en la casa finalizaban con la incensación y el *asperges* con agua bendita sobre el cadáver. Continúa el ceremonial en la calle, con el cortejo fúnebre, muchas veces de gran ostentación. Abre el cortejo religioso la cruz, detrás de la cual desfilan los plañideros y gritadores, los pobres oficiales, vestidos, alimentados y pagados en número variable en proporción al rango y generosidad del difunto, los clérigos parroquiales, canónigos y prelados, representaciones de las distintas órdenes religiosas, y de forma especial los mendicantes, y representantes de las cofradías. El cortejo civil es encabezado por los servidores con las armas del finado, con el pendón posadero con las armas familiares, reversado, en señal de duelo. Siguen los sonadores de los instrumentos de viento, de los que las crónicas se hacen eco para diferentes manifestaciones lúdicas. Su ubicación no es constante; por el contrario, en otros monumentos castellanos del siglo XIV son desplazados a los pies de la cubierta, eventualmente acompañados de lebreles. Oficiales, servidores y escuderos exhibían las piezas de honor del difunto y los escudos *a la funerala*, montados sobre corceles ricamente enjaezados de luto. El caballo con la cola cortada porta el escudo del caballero reversado, que a veces, por deseo explícito de aquél, debía de acompañarlo desde la casa; un dolor ritualizado en el animal, que sería adoptado, como los lebreles, a los que golpeaban para que aullasen.[40]

La iglesia era el punto final de reunión para despedir al difunto. Allí tenía lugar el funeral y sepelio. El clero entona una serie de oraciones y antífonas del oficio de difuntos, como el *Subvenite sancti Dei ocurrite angeli Domini suscipientes animam eius...* También se celebra la misa, finalizada la cual, se procede a la absolución del difunto. Luego se bendecía el cadáver, y antes del sepelio, se rezaban las últimas oraciones. La antífona de esperanza *Ego sum resurrectio et vita* pone de relieve el carácter pascual y de fe en la resurrección, que preside las exequias del cristiano.

Mientras se celebraba la ceremonia del sepelio de caballeros, los servidores procedían a batir los escudos produciendo un ruido estrepitoso, hasta conseguir romperlos. La documentación alude al quebrar los paveses y escudos de la casa y la iconografía lo refleja en el arte –sepulcro del Museo Provincial de León–. Los paveses del caballero, por el contrario, eran colgados en las iglesias donde eran sepultados, y eventualmente en su capilla funeraria. El relieve de Esteban Domingo, caballero abulense que luchó en la conquista de Jaén en las tropas de Fernando III el Santo, ha de entenderse como la representación de la entrega del caballo y las armas del finado, con varios caballeros lamentándose sobre el escudo y otro llevando las riendas de la montura con la gualdrapa retirada hacia atrás.[41] A ello debían de sumarse las mascaradas, evocadas por medio de máscaras, como en un sepulcro de Matallana.[42]

El taller palentino se hace eco de la escenografía desarrollada en las exequias de nobles y caballeros, así en uno de los sepulcros conservados en el Museo de Palencia, procedente de Sta. María de Vega, del que se ha propuesto su pertenencia a Gómez Ruiz Manzanedo († 1275). También se representó en el desaparecido de D. Rodrigo González Girón, que murió en un torneo, según informa el relieve de los pies, y recibió sepultura en el monasterio cisterciense de Benavides. Se ha enfatizado el tipo de muerte en el uso de las armas, es decir, la profesión del caballero. El sepulcro del monasterio de Benavides estaba firmado por Roi Martinez de Burueva y de Bame. El hecho de coincidir la descripción con la representación del sepulcro de Vega, sugiere que perteneciera al mismo taller, lo cual constituye un dato de extraordinario interés. No cabe duda de que el autor se sentía orgulloso de su obra.

---

[40] Rocío SÁNCHEZ AMEIJEIRAS, «Un espectáculo urbano en la Castilla medieval : las honras fúnebres del caballero», *El rostro y el discurso de la fiesta*, ed. M. NÚÑEZ RODRÍGUEZ, Santiago de Compostela, Universidad, 1994, pp. 149–57, sobre todo. p. 147.

[41] Rocío SÁNCHEZ AMEIJEIRAS, ibid. pp. 149–55.

[42] Rocío SÁNCHEZ AMEIJEIRAS, ibid. pp. 156–57. Descrito en Julia ARA GIL, *Escultura gótica en Valladolid y su provincia*, op. cit. (n. 21), p. 51.

El *lit de parade* es el lecho mortuorio con un paño encima sobre el que se dispone al difunto una vez limpio y aseado. Desde el punto de vista iconográfico constituye una modalidad figurativa que se corresponde con las ceremonias litúrgicas celebradas durante las exequias. La figuración plástica del paño sobre el que se colocaba al finado se registra en distintas regiones del país. Sin embargo, su existencia se rastrea ya en el arte románico. Es espacialmente significativo el monumento sepulcral de hacia 1190 perteneciente a la dama sepultada en la iglesia de la Magdalena de Zamora[43] [Urraca, reina de León?]. Obra novedosa, que se ha puesto en relación con el arte compostelano contemporáneo, recuerda esquemas compositivos que tendrán larga vida en la escultura gótica italiana. En España, sin embargo, no dejó secuelas para dicha iconografía y muy escasamente para el yacente sobre *lit de parade*. Del siglo XIII es el sepulcro del arzobispo D. Rodrigo Jiménez de Rada († 1247) en el monasterio de Sta. María de Huerta (Soria), compuesto de sencilla lauda con la figura de medio yacente –a caballo entre la lauda y la escultura yacente–, bajo el que asoma una cubierta de tela rematada en flecos. Se registra sobre todo a partir del siglo XIV, y corresponde a Galicia la región de mayor dispersión.

El *lit de parade* está frecuentemente asociado al programa iconográfico de las exequias. De entre todos destaca el monumento del infante don Felipe y su esposa en Villalcázar de Sirga. La escena tiene lugar en uno de los frentes mayores, aunque en otros casos es trasladada al frente de la cabecera, en sepulcros tanto palentinos –Inés Rodríguez de Villalobos–[44] como vallisoletanos –Palazuelos y Matallana–. La peculiaridad de los monumentos castellanos es que el difunto expuesto sobre el *lit de parade* está rodeado de familiares y allegados en conmovedor llanto, con las manos sobre el rostro, a diferencia de algunos sepulcros de clérigos, como el deán Fernando.

Desconozco la existencia del *lit de parade* en León, pero se rastrea algún ejemplar en la provincia de Burgos, como una yacente de madera de un caballero sepultado en Vileña, actualmente en Villarcayo.[45] Tal vez de Burgos se difunda a otras regiones del norte de España, como Asturias, Álava y Galicia, aquí ya en fecha relativamente temprana. En

---

[43] Margarita RUIZ MALDONADO, «Dos obras maestras del Románico de transición : «La portada del Obispo y el sepulcro de la Magdalena», en: *Studia Zamorensia (Anejos). Arte medieval en Zamora,* Zamora / Salamanca, 1988, pp. 33–59, sobre todo pp. 39–47, figs. 12–30; Gregorio T. TEJEDOR MICÓ, «Escultura funeraria. El sepulcro del doctor Grado en la catedral de Zamora», en: *Boletín del Museo e Instituto 'Camón Aznar',* 53, Zaragoza, 1993, pp. 29–70.

[44] Ángela FRANCO MATA, *Museo Arqueológico Nacional...,* op. cit. (n. 18), pp. 102–3, n. 77.

[45] Los sepulcros de Vileña fueron dados a conocer por Matías MARTÍNEZ BURGOS y José Luis de MONTEVERDE, «Los sepulcros de madera policromada del Monasterio de Vileña», en: *Homenaje a Mélida. Anuario del Cuerpo Facultativo de Archiveros, Bibliotecarios y Arqueólogos,* Madrid, 1935, p. 183; «Museo de Vileña (Burgos)», en: *Memorias de los Museos Arqueológicos Provinciales 1943, Extractos,* Madrid, 1944, vol. IV, pp. 202–03.

la catedral de Salamanca se localizan algunos, como los caballeros García Ruiz y Diego de Anaya. En este último, descrito por M. Gómez Moreno,[46] ha reparado Bialostocki : «*... tumbado sobre un colchón y unas almohadas, muy minuciosamente representadas, pero está vestido con su armadura; se podría pensar que la escena representada es la de un caballero yaciendo en su capilla ardiente*»,[47] es decir, sobre su *lit de parade*.

Fig. 4: Detalle del sepulcro de D. Día Sánchez de Rojas († 1349), Villarcayo, procedente del monasterio de Vileña

---

[46] Manuel GÓMEZ MORENO, *Catálogo Monumental de España. Provincia de Salamanca*, op. cit. (n. 7), pp. 121, 123–24, figs. 59, 65.

[47] Jan BIALOSTOCKI, *El arte del siglo XV. De Parler a Durero*, versión española del original italiano, Madrid 1998, p. 412.

El siglo XIV aporta novedades iconográficas vinculadas con la transformación experimentada por la nobleza.[48] Dos miembros de la conocida familia de los Rojas, Día Sánchez de Rojas († 1349) (fig. 4) y Sancho Sánchez de Rojas (Nájera, † 3 de abril de 1367), hacen resaltar sobre sus sepulcros importantes hechos de armas protagonizados por ellos y narrados como una «crónica iconográfica». El primero es mencionado en las Crónicas de los Reyes castellanos. Es probable que muriera a consecuencia de la peste en el sitio de Gibraltar, lo que justificaría la inclusión de la lucha naval, plasmada en el costado mayor del sarcófago, que se completaría con otro hecho de armas, una batalla campal, en la cabecera. Los relieves perdidos seguramente aludían a las exequias, como en el sepulcro de don Sancho. En este se enfatizan acontecimientos fundamentales de su biografía caballeresca, detallando dos episodios especialmente importantes, con la presencia del rey, seguramente Alfonso XI. Tal es el caso de la escena en que es investido caballero por el monarca,[49] en el monasterio de Vileña (Burgos), actualmente en Villarcayo.[50]

La Caballería gozó de numerosos privilegios y prebendas en Castilla, sobre todo por su entronque con la nobleza. La investidura de armas de los caballeros era privativa de monarcas o personas muy allegadas a ellos. Después de la vela de las armas la noche anterior y el aseo personal, vestían la camisa, el brial y el manto, calzaban las espuelas, y ceñían la «espada en cinta» y el escudo.[51] Menciono estos extremos, pues será dicho atuendo el que luzca el caballero en su lecho mortuorio. Los caballeros van vestidos con traje de milicia y sostienen la espada con ambas manos o una de ellas cruzada sobre el pecho. El citado instrumento bélico está sujeto a un simbolismo relacionado con las virtudes que deben acompañar al caballero, prudencia [cordura], fortaleza, templanza [mesura] y justicia : la prudencia está simbolizada en el mango; la fortaleza en la manzana, en el arriaz la templanza y la justicia en el hierro.[52] Estas virtudes se incardinan a devociones, entre las que ocupa un lugar de preferencia la Virgen –espada con la

---

[48] Salvador de MOXÓ, «De la Nobleza Vieja a la Nobleza Nueva. La transformación nobiliaria castellana en la Baja Edad Media», en: *Cuadernos de Historia*, n°. 3, 1969, p. 170.

[49] Nelly R. PORRO GIRARDI, *La investidura de armas en Castilla del Rey Sabio a los Reyes Católicos*, Valladolid, Junta de Castilla y León, 1998, pp. 149–68; José Manuel NIETO SORIA, *Ceremonias de la realeza. Propaganda y legitimación en la Castilla Trastámara*, Madrid, Nerea, 1993, pp. 73–76.

[50] Manuel NÚÑEZ RODRÍGUEZ, «El discurso de la muerte : muerte épica, muerte caballeresca», en: *Archivo Español de Arte*, 269, Madrid, 1995, pp. 17–30; Margarita RUIZ MALDONADO, «Escultura funeraria en Burgos : los sepulcros de los Rojas, Celada y su círculo», en: *Boletín del Museo e Instituto 'Camón Aznar'*, 56, 1994, pp. 45–126.

[51] Nelly R. PORRO GIRARDI, *La investidura de armas en Castilla...*, op. cit. (n. 49), pp. 143–79.

[52] Nelly R. PORRO GIRARDI, *La investidura de armas en Castilla...*, op. cit. (n. 49), pp. 85–91.

invocación *Ave Maria* (Museo Arqueológico Nacional)[53]–, virtudes a las que se añaden eventualmente conceptos de carácter taumatúrgico.

El yacente aparece a veces acompañado por ángeles, sobre cuya presencia se han vertido diversas explicaciones, no siempre convincentes. Se hallan situados a la cabecera del yacente, y eventualmente a los pies y hacia el medio. Lo más frecuente son ángeles de pequeño tamaño, importación de Francia,[54] como los yacentes en actitud de oración. Uno de los primeros ejemplos serían los acompañantes de la yacente de la abadesa Beata (†1262), en el monasterio de Cañas (La Rioja), en torno a 1275[55] y unos años más tarde el sepulcro de doña Urraca López de Haro, inhumada en el monasterio de Vileña – actualmente en Villarcayo (fig. 5).[56] Resulta sorprendente la ausencia de ángeles acompañando al yacente en ámbito leonés en el siglo XIII, tan vinculado con Francia, y donde se prodiga a lo largo del siglo XIII en sepulcros de diversos estamentos sociales.

Fig. 5: Detalle del sepulcro de D.ª Urraca López de Haro,
Villarcayo, procedente del monasterio de Vileña, h. 1250–60

---

[53] Nº. Inv. 52353. Ángela FRANCO MATA «Antigüedades medievales del siglo VIII al XV», en: *Guía General del Museo Arqueológico Nacional*, 2ª ed., Madrid, 1996, p. 234.

[54] Ángela FRANCO MATA, *Escultura gótica en León y provincia*, op. cit. (n. 2), p. 405.

[55] Margarita RUIZ MALDONADO, «Escultura funeraria del siglo XIII : los sepulcros de los López de Haro», *Boletín del Museo e Instituto 'Camón Aznar'*, LXVI, 1996, pp. 91–169, sobre todo pp. 120–24.

[56] Margarita RUIZ MALDONADO, ibid. pp. 127–33.

También la reina Beatriz de Portugal, esposa de Juan I, en el convento de Sancti Spiritus, en Toro,[57] está custodiada por ángeles, cuya función está vinculada a la liturgia. Así se pone de manifiesto en las propias oraciones, como el canto *In paradisum* donde se explicita : «*Al paraíso te lleven los ángeles, / a tu llegada te reciban los mártires / y te introduzcan en la ciudad santa de Jerusalén*».[58] La presencia de los ángeles Miguel, Gabriel y Rafael ya se rastrea en la liturgia de difuntos en la Alta Edad Media europea. En nuestro país dicha evidencia se plasma en monumentos funerarios, como es el caso de la cubierta del sepulcro de Alfonso Ansúrez, primera obra románica datada, en 1093, año del óbito del joven noble.[59]

Los yacentes se acompañan frecuentemente de animales, generalmente perros, de diversas razas, símbolo de la fidelidad o referencia a la caza. Junto a las damas y eclesiásticos se disponen perritos falderos como animales de compañía. Aparecen en número variado, uno, dos, y hasta tres, como es el caso del sepulcro del abad Aparicio, actualmente en el Museo Arqueológico Nacional.[60] El lebrel ha sido venerado a la manera de un mártir por haber salvado a un niño de la mordedura de una serpiente;[61] su nombre le asocia a su aptitud para la caza de liebres. Esta razón coloca a los caballeros junto al galgo. No faltan otros animales, cuyo simbolismo se relaciona con el mal y el pecado. La variedad animalística del sepulcro románico de la Magdalena, con leones, sirenas y dragones se reduce en los sepulcros góticos a animales de una sola especie. El yacente de prelado en la catedral de Astorga, de fecha temprana, hacia 1225–50, pisa un basilisco, emblema de la muerte.[62] Se trata de un animal fabuloso, que según los Bestiarios medievales tenía el poder de matar con su sola mirada. En la catedral de León varios yacentes de clérigos se acompañan de leones –arcediano y maestro Facundo († 1250), canónigo Pedro Yáñez († 1258), etc.[63] La referencia bíblica de dichos animales y otros malignos es clara (Salmo 91 (90)). La disposición de los animales antedichos a los pies de los yacentes significa su triunfo sobre la muerte y el pecado, es decir, de la muerte del cuerpo y del alma.[64]

[57]   Margarita RUIZ MALDONADO, «El sepulcro de doña Beatriz de Portugal...», op. cit. (n. 19), pp. 142–48.

[58]   SICARD, «La muerte del cristiano», en: A. G. MARTIMORT, *La Iglesia en oración*, op. cit. (n. 30), p. 809.

[59]   Serafín MORALEJO ÁLVAREZ, «The Tomb of Alfonso Ansúrez († 1093) ...», op. cit. (n.27), pp. 63–100.

[60]   Ángela FRANCO MATA, *Museo Arqueológico Nacional...*, op. cit. (n. 18), pp. 100–02, n. 77.

[61]   D. ALEXANDRE–BIDON, *La mort au Moyen Age...*, op. cit. (n. 17), p. 270.

[62]   Ángela FRANCO MATA, *Escultura gótica en León*, op. cit. (n. 2), p. 421, láms. 299–302. Para este animal fantástico vid. Ignacio MALAXECHEVERRÍA, *Fauna fantástica de la Península Ibérica*, San Sebastián 1991, pp. 99–105.

[63]   Ángela FRANCO MATA, *Escultura gótica en León*, op. cit. (n.2), láms. 266–68.

[64]   Pavel CHIHAIA, *Immortalité et décomposition dans l'art du Moyen Âge*, Madrid, Fondation Culturel Roumaine, 1988, p. 139.

Un abundante grupo de caballeros castellanos está sepultado con las piernas cruzadas, modalidad de origen inglés, sobre la que se han barajado diversas hipótesis, no analizadas suficientemente para nuestro país. Se trata del que E. Panofsky denomina «movimiento de activación». Inglaterra es pródiga en este tipo iconográfico, que en el Somerset hace acto de presencia a mediados del siglo XIII y se le ha otorgado un carácter relacionado con la *self-assurance* de la nobleza media, que imponía progresivamente su presencia a los Comunes y a los condados.[65] En este sentido debe interpretarse como producto de una *class-conscious,* de una clase social cada día más consciente de sus distinciones y categoría.[66] Los caballeros yacentes con las piernas cruzadas se representan sólo hasta mediados del siglo XIV.[67] Los brazos suelen adoptar tres posturas : en posición de descanso; sujetando la espada con la mano izquierda y la derecha sobre el pecho, alusión a la reverencia del caballero por los ideales de la fe cristiana y en consecuencia la fe en el más allá; las manos en oración, actitud derivada de Francia.[68] En las citadas variantes el *cross-legget* se mantiene sin especial sentido plástico, unas veces la pierna derecha sobre la izquierda y en menor cantidad a la inversa. Este grupo se diferencia del denominado *lively martial attitude*, exclusivo de Inglaterra, que afecta un carácter muy escultórico.[69]

Dicha variedad dispositiva contrasta con la escasa de los ejemplares de caballeros castellanos. A diferencia de Inglaterra, no existen referencias de una posible existencia de yacentes de damas con las piernas cruzadas, ni de personajes civiles : la totalidad de yacentes pertenece a caballeros, la gran mayoría de los cuales se halla diseminada por la actual Castilla, en las provincias de Burgos, Palencia y Valladolid. Se conserva

---

[65]   Ya de hacia 1230 es el yacente de Juan sin Tierra, sin armadura, portador de la espada en la mano actitud que devendrá una norma en la escultura funeraria en Europa a lo largo del gótico. André MUSSAT, «Le chevalier et son double : Naissance d'une image funéraire (XIIIe siècle)», en: *La figuration des morts dans la chretienté médiévale jusqu'à la fin du premier quart du XIVe siècle*, Fontevraud 1988, pp. 138–54, sobre todo p. 151.

[66]   H. A. TUMMERS, *Early Secular Effigies in England. The Thirteenth Century*, Leiden 1980, pp. 124–26.

[67]   H. A. TUMMERS, ibid. p. 114.

[68]   H. A. TUMMERS, ibid. pp. 112–13. La *efigie* de William de Kerdiston, de hacia 1361, afecta una disposición muy particular; tendido sobre un lecho de guijarros, cruza sus brazos sobre el pecho. Tal vez se ha querido significar que murió en el campo de batalla, vid. catálogo exposición *Age of Chivalry. Art in Plantagenet England 1200–1400*, Londres, 1987, pp. 248–49, n. 135. Figuró en dicha exposición la placa de latón de Sir Williams de Setvans (ca. 1322) y una reproducción de la de Sir Robert de Bures (ca. 1331), ambos con las manos juntas en actitud de oración, idem. pp. 293–95, n. 234–35.

[69]   H. A. TUMMERS, ibid. pp. 114–17. La *efigie* de Robert Curthose, duque de Normandía, ca. 1250, perteneciente a esta modalidad, figuró en la exposición *Age of Chivalry*, vid. catálogo, op. cit. (n. 68), p. 197, n. 2. Se le relaciona con el vigor del caballero de Cristo presto a colocarse a su servicio para el triunfo final.

también algún ejemplar en Galicia, como el poeta P. Gómez Chariño, que quizá ya rebasa el año 1300.[70]

El grupo de los «*primeros talleres de Carrión*» y el copioso conjunto diseminado por Castilla relacionado con Antón Pérez de Carrión, así como el sepulcro del infante D. Felipe conforman una gran parte de la serie. La disposición con las piernas cruzadas y la espada en alto del infante constituye un auténtico acto de insolencia hacia la figura del rey Alfonso X, su hermano, que lleva implícita la abrogación de impartir justicia. Su deseo de exaltación del linaje se acentúa con los escudos enmarcando la representación de las exequias en los cuatro frentes de la urna.[71] Existen otros ejemplares en la provincia de Palencia –Aguilar de Campoo[72]–, en la de Burgos[73] y Valladolid, algunos trasladados a Barcelona. Otros ejemplares se contabilizan fuera de su contexto, por haberse perdido la referencia de su ubicación original.[74] La disposición de las piernas cruzadas está vinculada a unas señas de identidad como en los caballeros ingleses. A diferencia de los modelos británicos, los yacentes castellanos sostienen generalmente un halcón, símbolo de uno de los deportes de la nobleza, la cetrería, junto al de la montería. De hecho, desde el punto de vista social, dicho deporte era considerado como un privilegio, como lo avalan diversos tratados.[75]

[70]   Serafín MORALEJO ÁLVAREZ, *Escultura gótica en Galicia,* (tesis doctoral, resumen), Santiago de Compostela 1975, p. 28.

[71]   Joaquín YARZA LUACES, «Despesas fazen los ommes de muchas guisas...», op. cit.; *Fragmentos,* op. cit., pp. 4–19, recogido en: *Formas artísticas de lo imaginario,* op. cit. (n. 12), pp. 280–81.

[72]   José Luis. HERNANDO GARRIDO, «Algunas notas sobre los sepulcros de Aguilar de Campoo...», op. cit. (n. 22), pp. 90–91.

[73]   Ángel VEGUÉ Y GOLDONI, «Las estatuas tumulares de Palacios de Benaver (Contribución al estudio de la escultura funeraria medieval en Castilla)», en: *Boletín de la Sociedad Española de Excursiones,* t. 25–26, 1917–18; Margarita RUIZ MALDONADO, «Escultura funeraria en Burgos...», op. cit. (n. 50), pp. 82–83, fig. en p. 116.

[74]   Ejemplar del Museo Marès de Barcelona, estudiado por Francesca ESPAÑOL, «Coberta de sarcòfag», en: Francesca ESPAÑOL y Joaquín YARZA LUACES (eds.) *Fons del Museu Frederic Marès. Catàleg d'escultura i pintura medievals, vol. 1,* Barcelona 1991, p. 252, n. 204

[75]   *Libro de la Montería del Rey de Castilla Alfonso XI.* Estudio preliminar de Matilde LÓPEZ SERRANO, Madrid 1969. Para Francia véase los tratados de *Le livre du roi Modus et la royne Ratio,* de autor anónimo, y *Le miroir de Phoebus des déduits de la chasse des bêtes sauvages et des oiseaux de proye,* de GASTON PHOEBUS, Señor de Béarn, en *Histoire de France* (ed. Larousse), p. 276, citado por Pavel CHIHAIA, *Immortalité et décomposition dans l'art du Moyen Âge,* op. cit. (n. 64), p. 17.

ENGLISH SUMMARY

THE ICONOGRAPHY OF GOTHIC TOMBS IN LEÓN AND CASTILE

This article analyses the iconographic programs of gothic tombs in León and Castile belonging to members of the nobility and the Church. Whilst the iconographic emphasis in ecclesiastic tomb sculpture is on religious imagery and the illustration of funeral liturgy, the tombs of members of the nobility offer more variations within the funerary iconography. These variations tend to emphasise the secular status of the deceased, and they lead the way to an increasing individualization of the decorative programs of lay tombs. The important role played by the Mendicant Orders at the time of death and subsequent exequies is also studied and emphasised.

The main feature of the funerary monument is the effigy, covering the sarcophagus. The effigy may appear as a free standing statue placed on the lid of the sarcophagus, or it may be part of the whole, framed within an arch supported by colonnettes, the latter type being very popular in Castile. All the elements of the funerary monument are subordinated to the effigy, from the box itself containing the mortal remains to the animals that support the sarcophagus, and the architecture and iconographic program. The iconography, which may present variations, is rooted in the theological idea of salvation of the soul, to which is also related the liturgy of the funeral.

The effigy in the XIII century is strongly idealized. The image of the deceased is conventional, showing no indication of an approximate age. The deceased is always young and in a state of happiness, and represented as if he or she were alive, since the Christian faith is based on the idea of eternal life. A more realistic effigy with closed eyes may also be found, and this will be more widely preferred as the XIV century progresses. The increasing taste for a realistic representation results in the naturalistic depiction of certain individual facial features. The use of funerary masks, and the explicit desire of the deceased to have an effigy «very similar to my figure», can also account for this stylistic development. During the XIII and XIV centuries there is a wide variety within the funerary monuments regarding their type and the materials employed. A clear differentiation must be made between those tombs which are free-standing and those which are set against a wall. Wall-tombs are far more frequent due to spatial concerns: they occupy less surface in the church, facilitating the movement of the celebrating priests during the liturgy. Free-standing tombs (often placed in prominent positions such as the presbytery) are found particularly from the XIV century, when the erection of funerary chapels becomes an extended practice. We often find a combination of wall tombs and free-standing tombs in funerary chapels, since they were the burial place of a family during various generations and the space was limited to the size of the chapel.

The theme of the *lit de parade* is also studied by the author here, in a pioneering contribution to this field. Despite of being a widely studied subject in Europe, it has been overlooked in Spain. From the iconographic point of view, the *lit de parade* is a figurative mode which shows the liturgical ceremonies celebrated during the funeral and exequies. The representation of the cloth where the body of the deceased was placed is seen in tombs in various regions of Spain. Although far less often found here than in France or Italy, we see it already in the Romanesque tomb of the unidentified lady (queen Urraca of Leon?) in the church of the Magdalena in Zamora (c. 1210). The early Gothic tomb of archbishop D. Rodrigo Jiménez de Rada in the monastery of Sta. María de Huerta (Soria) is another example, and there are many others.

Figures of angels and a variety of scenes form part of the decoration of these monuments. Very frequently we find a combination of religious and secular iconography in the same tomb. The heraldry, and the representation of the funeral procession including lay personages, emphasise the social status of the deceased. The religious themes most frequently represented are the Trinity, the Twelve Apostles, the Last Judgement, and the soul of the deceased being taken up to Heaven by two angels. The liturgical scenes most often found are the Mass and the celebration of the exequies. The Virtues appear too: Charity is seen in the XIII century, and the rest of the Cardinal and Theological Virtues in the XIV century.

An iconographical type particular to some tombs of Castillian knights is that which shows the effigy with its legs crossed. This is an English feature that was adopted here and acquired importance as a mark of social status. The tomb of Infante Don Felipe, in the monastery of the Order of the Temple in Villalcazar de Sirga (Palencia) is the head of a series of tombs found dispersed throughout Palencia, Valladolid and the east of Leon. These tombs, where the effigy is often larger than life size, are predominantly carved in stone, but some wooden examples have also survived. The social importance of the Mendicant Orders such as the Franciscans and the Dominicans was reflected in the funeral arrangements and the monuments themselves throughout this period. An increasing number of the population wished to have the last rites given by members of the Mendicant Orders, whose convents were chosen as burial places, and this resulted in the decline of the Monastic Orders as repositories of tombs and subsequent donations or legacies. We see a steady increase in the importance of donations with the hope of acquiring salvation.

«FASSUNGSLOSE FIGUREN». MATERIALKONZEPTE ZWEIER SPANISCHER GRABLEGEN IM SPIEGEL VON CLAUS SLUTERS WERKEN FÜR DIE KARTAUSE VON CHAMPMOL

Michael Grandmontagne

Dieser Beitrag soll auf einige materialästhetische Aspekte in der Skulptur des Internationalen Stils aufmerksam machen. Zentraler Gegenstand ist dabei ein bislang kaum beachtetes Phänomen, das gerade bei höfischen Werken um 1400 häufiger auftritt: die Materialsichtigkeit von Skulpturen aus so genannten minderen Werkstoffen. Ziel des Beitrages ist es, diesem Phänomen, d. h. dem bewussten Verzicht auf eine deckende farbige Fassung, eine inhaltliche Dimension zu geben und mithin die Sichtbarkeit auch eines «minderen» Werkstoffs als Ergebnis einer bewussten künstlerischen Entscheidung zu werten.[1]

Im Hinblick auf das Kolloquium wurden zwei spanische Werke ausgewählt, die sich in vielfältiger Weise an den Skulpturen orientieren, die Claus Sluter für die Kartause von Champmol geschaffen hat. Seine dortigen Arbeiten, das Grabmal Philipps des Kühnen, insbesondere aber die Skulpturen vom Portal, stellen hinsichtlich einer überlegten künstlerischen Strategie des Materialeinsatzes für die beiden iberischen Beispiele die Referenzstücke dar. Dabei soll hier nicht näher auf die bekannte Tatsache eingegangen werden, dass die burgundische Bildhauerschule Schrittmacherin für die Entwicklung der Skulptur in weiten Teilen Europas im 15. Jahrhundert war.[2] Vielmehr vermö-

---

[1] Der Beitrag ist Teil eines größeren Unternehmens, in dem das behandelte Phänomen an einer Zahl weiterer Beispiele genauer beschrieben und erläutert wird. Im Zentrum steht hier wie dort das Skulpturenensemble vom Portal der Kartause von Champmol. Das Dresdener Kolloquium ermöglichte es, einen ersten Zwischenbericht zu liefern. Hierfür, und für die Gelegenheit, die Beobachtungen und die damit verbundenen Überlegungen einem sachverständigen und konstruktiven Publikum vorstellen zu können, sei den Herausgebern noch einmal herzlich gedankt.

[2] Grundlegende Literatur hierzu ist nach wie vor: Theodor MÜLLER, *Sculpture in the Netherlands, Germany, France, and Spain 1400 to 1500*, Harmondsworth 1966, S. 47–65. – Reiches Bildmaterial liefert Georg TROESCHER, *Die burgundische Plastik des ausgehenden Mittelalters und ihre Wirkungen auf die europäische Kunst*, 2. Bde., Frankfurt am Main 1940.

gen die iberischen Denkmäler die südwesteuropäische Peripherie eines gesamteuropäischen Phänomens vor Augen zu führen. Sie sind mit den französischen Beispielen gemeinsam erste Mosaiksteine in einem noch zu erstellenden Gesamtbild.

FORSCHUNGSSTAND

Es besteht Konsens in der Forschung, dass Skulpturen, die aus kostbaren Materialien gefertigt sind, etwa aus Marmor, Alabaster, Elfenbein und Bernstein, aber auch aus dem schwer zu bearbeitenden Hartholz des Buchsbaumes, lediglich partiell gefasst wurden, damit der Werkstoff selbst zur Geltung kommen konnte. Dagegen ist die Vorstellung von einer intendierten Materialsichtigkeit bei Skulpturen, die aus «minderen» Werkstoffen gestaltet wurden, in der Forschung zur mittelalterlichen Skulptur keineswegs geläufig.[3] Bei Skulpturen oder Plastiken, die beispielsweise aus weichem Tannen- oder Fichtenholz, Ton, Terrakotta oder Kalkstein geschaffen wurden, gilt vielmehr die Annahme, dass diese immer eine mehr oder weniger deckende polychrome Fassung trugen.[4] Diese Sicht der Dinge entspricht jedoch nicht der damaligen Realität. Zwar kann hier nicht die Fülle an vorzeigbaren Beispielen ausgebreitet werden, an denen dieser Befund zu verifizieren ist, doch steht hier immerhin mit dem Portal der Kartause von Champmol das wohl prominenteste Werk aus Kalkstein zur Diskussion, das über materialsichtige Figuren verfügt.[5] Ein Werk, das, so meine These, nicht zuletzt wegen seines besonderen Materialkonzeptes auch auf das nun vorzustellende Ensemble vorbildlich gewirkt hat.

---

[3] Tatsächlich ist es weniger ein auf naturwissenschaftlichen Ergebnissen basierendes Wissen, das diesen Konsens unter den Kunsthistorikern bildet, sondern vielmehr die Tatsache, dass die immer zahlreicheren Restauratorenberichte, die gegen dieses Bild sprechen, nach wie vor ignoriert oder aber nicht für die Deutung der Werke herangezogen werden. Der vorliegende Beitrag versucht den Phänomenbestand, wie ihn die gesäuberten und restaurierten Werke zeigen, in das ihm zukommende Recht zu setzen.

[4] Da die Materialsichtigkeit von Kalksteinfiguren in der Forschung bislang noch keine Rolle spielte, sei hier nur auf die in Deutschland nach wie vor virulente Diskussion zur so genannten Monochromie holzsichtiger Skulpturen des fortgeschrittenen 15. Jahrhunderts hingewiesen. Diskutiert werden vor allem pekuniäre oder bildreformatorische Hintergründe, die dieses Erscheinungsbild erst ermöglicht hätten. Dass es aber bereits im 14. Jahrhundert, wenngleich im Kleinformat, massenweise materialsichtige Hartholzskulpturen gab, und dass bereits um 1400, wie seit knapp dreißig Jahren naturwissenschaftlich belegt, großformatige materialsichtige Skulpturen, u.a. aus weichem Tannenholz geschaffen worden sind, findet keine Berücksichtigung. Möglicherweise ist dies so, weil sich diese Stücke einerseits gegen das festgefügte Bild der spätmittelalterlichen Kunstentwicklung sperren, andererseits einer theoretisierenden Kunstgeschichte zum Opfer fallen, die gegen altbekannte materialistische Positionen Aspekte zu Felde zieht. Zur Diskussion vgl. zuletzt: Georg HABENICHT, «Anmerkungen zum ungefaßten Zustand des sogenannten Bamberger Altars», in: *Zeitschrift für Kunstgeschichte* 60 (1997), S. 482–513; vor allem aber die differenzierten Überlegungen von: Jürgen MICHLER, «Die holzsichtigen Skulpturen auf der Stuttgarter Ausstellung ´Meisterwerke massenhaft´», in: *Kunstchronik* 47 (1994), S. 412–18.

[5] Neben den im Folgenden vorzustellenden Skulpturen aus Tordesillas wären, um nur die bedeutendsten aufzulisten, folgende ungefasste Kalksteinskulpturen zu nennen: die Stehende Muttergottes aus Arbois, St. Just, um 1375/78; der André Beauneveu zugeschriebene Apostel oder Prophet im Museum of Fine Arts in Boston, 1384/89; als Ensemble gehören zu dieser Gruppe das Westportal der Ste-Chapelle in Vincennes, 1388/90–96; die Skulpturen des Budapester Skulpturenfundes, zwischen 1397–1425; schließlich die Grablege in Pont-à-Mousson, 1. Drittel 15. Jahrhundert.

Abb. 1: Tordesillas, Real Monasterio de Sta. Clara, Grabkapelle der Herren von Saldaña, Blick vom Hauptschiff in die Kapelle, zwischen 1431 und 1435

Abb. 2: Tordesillas, Real Monasterio de Sta. Clara,
Grabkapelle der Herren von Saldaña, Blick nach Südwesten

TORDESILLAS: DIE GRABKAPELLE DER HERREN VON SALDAÑA

Im königlichen Kloster Sta. Clara in Tordesillas (Provinz Valladolid) findet sich die zwischen 1430 und 1435 erbaute Grabkapelle der Herren von Saldaña (Abbn. 1 und 2 sowie Taf. XIII).[6] Gestiftet wurde der Bau von Fernán López de Saldaña, Schatzmeister von König Juan II. von Kastilien. Wie eine Inschrift an der Kapellenaußenwand überliefert, leitete anfangs der Dombaumeister der Kathedrale von León, Guillén de Rohan, den Bau. Nach dessen Tod im Jahre 1431 übernahm der ebenfalls aus León abberufene Joosken de Utrecht[7] die Aufgabe. Diesem werden auch einige der Skulpturen im Innern zugeschrieben.

Die skulpturale Ausstattung besteht aus vier *Gisants* in Arkosolgräbern und einer neunköpfigen Gruppe von stehenden Figuren über den Gräbern.[8] Drei der *Gisants* sind der Familie de Saldaña zugehörig. Die dem Altar nächstgelegene Nische birgt die Figur des Fernán López de Saldaña (Abb. 3). Der Stifter ist in der Tracht eines Kanzlers des 15. Jahrhunderts wiedergegeben. Der weibliche *Gisant* unmittelbar rechts neben ihm stellt, wie der Schriftfries am umlaufenden Gesims mitteilt, dessen erste Frau, Dª Elvira de Acevedo († 1433), dar. Die nächstfolgende Figur zeigt allem Anschein nach den Sohn des Stifters und dessen zweiter Frau, Isabella Vélez de Guevara, Pedro Vélez de Guevara, welcher Truchsess Heinrichs IV. von Kastilien war.[9] Bei der letzten, vierten, Figur handelt es sich möglicherweise um D^a Elvira de Portocarrero, die erste Frau des Konnetabel Don Alvaro de Luna.[10] Die Figur des Stifters ist die einzige, die aus Kalk-

---

[6] Carmen GARCÍA-FRÍAS CHECA, *Guide du monastère royal de Santa Clara de Tordesillas*, Madrid 1992; Juan Carlos RUIZ SOUZA, «La iglesia de Santa Clara de Tordesillas: nuevas consideraciones para su estudio», in: *Reales Sitios*, Bd. 36, Nr. 140 (1999) 2–13. Nicht eingesehen werden konnte: Angel GONZÁLEZ HERNÁNDEZ, «Un enterramiento en la Capilla de Saldaña, en el Monasterio de Santa Clara de Tordesillas (Valladolid)», in: *Boletín del Seminario de Estudios de Arte y Arqueología de la Universidad de Valladolid*, 58 (1992), S. 301–12.

[7] Vgl. *Allgemeines Lexikon der bildenden Künstler von der Antike bis zur Gegenwart*, hg. v. U. THIEME, U. BECKER, (weitergeführt v. H. VOLLMER), 37 Bde., Leipzig 1907–50, s.v.»Joosken, van Utrecht«, Bd. 19, S. 148.

[8] Auf einer älteren Abbildung weisen die Nischen neben den *Gisants* noch sitzende Apostelfiguren(?) auf, die sich (1995) nicht mehr dort befanden. Diese Figuren finden meines Wissens keine weitere Erwähnung in der Literatur. Vgl. Agustín DURÁN SANPERE und Juan AINAUD DE LASARTE, *Ars Hispaniae, Historia universal del arte hispánico*, Bd. 8: *Escultura gótica*, Madrid 1956, fig. 116.

[9] Er ist in eine kurze Tunika gekleidet und mit Tonsur und verkrüppelten Beinen wiedergegeben, die ihn nach Auskunft des Testaments von 1476 charakterisierten. Nach Angaben von Carmen GARCÍA-FRÍAS CHECA (Brief vom 27. 4.1998) nahm Pedro Vélez den Mädchenamen seiner Mutter an, um nicht mit dem Verrat in Verbindung gebracht zu werden, den sein Vater an König Juan II. von Kastilien († 21. 7. 1454) begangen hatte. Dass er sich gleichwohl in der vom verräterischen Vater gestifteten Grabkapelle der Familie bestatten ließ, mutet unter diesen Umständen merkwürdig an. – Frau Checa möchte ich an dieser Stelle für die freundliche und umfängliche Auskunft ebenso danken, wie Bettina Marten für die Hilfe bei der Übersetzung einiger Passagen des oben genannten Briefes.

[10] Wiederum nach Auskunft von Frau Checa hat sich der Konnetabel in einem Brief für das Begräbnis seiner Frau in dieser Kapelle eingesetzt und begleitend zwei dauerhafte Kaplanstellen gestiftet.

stein geschlagen wurde. Alle anderen z.T. jüngeren *Gisants* sind dagegen bemerkens-
werterweise aus Alabaster angefertigt.

Abb. 3: Tordesillas, Real Monasterio de Sta. Clara, Grab des Fernán López de Saldaña,
Joosken de Utrecht (?), um 1435

Begleitet werden die *Gisants* von Engeln an der Nischenrückwand. Die Grabnischen
selbst werden von paarig angeordneten Engeln im Halbrelief überfangen, die Wappen
und Schilde der Verstorbenen (?) tragen. Jenseits des bereits angesprochen Gesimses
findet sich ein siebenköpfiges Apostelkolleg, das von einem Franziskaner(?) sowie einer
weiblichen Heiligenfigur (?) begleitet wird. Es sind diese Figuren, die immer als erste
genannt werden, um auf den Zusammenhang, der zwischen den Werken in Tordesillas
und dem burgundischen Kunstkreis besteht, hinzuweisen.[11] Sie sind aus dem gleichen
Kalkstein skulptiert, aus dem auch die Figur des Stifters gefertigt wurde. Alle gehören

---

[11]   Vgl. z. B. Domien ROGGEN, «Prae Sluteriaanse, Sluteriaanse, Post-Sluteriaanse Nederlandse sculptuur»,
       in: *Gentsche Bijdragen tot de Kunstgeschiedenis*, 16, 1956, S. 111–91, hier S. 152.

sie stilistisch der Zeit um 1430 an und sind damit, wie der *Gisant* des Stifters, Teil der ersten Ausstattungskampagne.[12]

In der jüngsten Restaurierungskampagne von 1988 bis 1990 wurde nun festgestellt, dass keine der Kalksteinfiguren Reste einer farbigen Fassung trägt.[13] Da sich selbst bei Plastiken, die Opfer einer «Totalreinigung» geworden sind, noch minimale Fassungsreste feststellen lassen, wird man annehmen dürfen, dass der Skulpturenzyklus der Apostel und Heiligen ebenso wie die Engelreliefs und die Skulptur des Stifters niemals polychromiert waren. Dass dieser Umstand bei einem Besuch überhaupt ins Auge fällt, ist der vorsichtigen Reinigung anläßlich der Restaurierung zu verdanken. Denn erst nachdem die Figuren vom Schmutz befreit waren, kam die sorgfältige Oberflächenbearbeitung der Skulpturen wieder zur Geltung,[14] die vor allem an den Figuren des Apostelkollegs zu beobachten ist, ebenso wie der reine Licht- und Farbwert des hellen, fast weißen Werkstoffes. Und es ist genau dieser Eindruck des Lichthaften, der sich einstellt, tritt man heute in die Kapelle.[15] Schon vom dunkleren Mittelschiff aus fällt der helle Annexbau ins Auge. Tritt man in das Licht der Kapelle, wird rasch deutlich, wie sehr auch die ungefassten Kalksteinfiguren und die *Gisants* aus Alabaster an diesem Eindruck teilhaben; lichte Helligkeit umgibt sie und geht von ihnen aus. Nicht nur das Gitter trennt die Grabkapelle vom Mittelschiff, sondern auch die ihr eigene Lumineszenz. Es entsteht ein eigener abgegrenzter Bezirk, ein Ort mit der beschriebenen Ausdrucksqualität. Ob dies tatsächlich gewollt war und ob mit dem bewussten Verzicht auf eine Fassung auch eine bestimmte materialikonographische Strategie verfolgt wurde, diesen Fragen gilt es im Zusammenhang mit den Skulpturen des Portals von Champmol näher nachzugehen. Umgekehrt aber liefert das Ensemble in Tordesillas gerade in seinem gereinigten Zustand wichtige Hinweise zum ehemaligen Erscheinungsbild des französischen Portals.

Zur originalen Ausstattung gehört auch das Altarretabel aus dem 1. Viertel des 15. Jahrhunderts.[16] Es steht den zwei bis 1398 von Jacques de Baerze für die Kartause von

---

[12] Allem Anschein nach haben verschiedene Hände am gut erhaltenen Apostelkolleg gearbeitet. Soweit ich sehe, ist die Zuschreibung an eine Werkstatt unter der Leitung Jooskens reine, wenngleich naheliegende Konjektur. Allerdings war für mich der Beitrag von Manuel GÓMEZ MORENO, «¿Joosquen de Utrecht, arquitecto y escultor?», in: *Boletín de la Sociedad Castellana de Exursionistas*, 1911–12, in dem dieses Problem möglicherweise erörtert wird, nicht erreichbar. Nach der greifbaren jüngeren Literatur ergibt sich das skizzierte Bild.

[13] Brief vom 27. 4. 1998. Die Herkunft des Steines ist noch nicht geklärt.

[14] Sehr schön erkennbar auf der Abbildung des Stifter-*Gisants*, die sich bei: Agustín DURÁN SANPERE und Juan AINAUD DE LASARTE, *Ars Hispaniae. Historia universal del arte hispánico*, Bd. 8: *Escultura gótica*, Madrid 1956, fig. 117, findet.

[15] Wobei einschränkend gesagt werden muss, dass über die zeitgenössische Verglasung keine überlieferten Quellen Auskunft geben.

[16] Abgebildet in: Carmen GARCÍA-FRÍAS CHECA, *Guide du monastère royal de Santa Clara de Tordesillas*, Madrid 1992, S. 65.

Champmol geschaffenen Retabeln und dem um 1400/1405 datierten Retabel aus Ha-
kendover (Brabant) in seiner architektonischen Struktur derart nahe, dass an eine Produktion des Werkes in den burgundischen Niederlanden gedacht wurde.[17] Verweisen
also die Skulpturen auf eine nordeuropäische Formierung des Bildhauers, so weist das
gesamte Ausstattungsprogramm auf einen an burgundischer Kunst geschulten «Geschmack» des Stifters und damit auf seinen Willen, in Burgund entwickelte ästhetische
Vorstellungen in Tordesillas umzusetzen.

PAMPLONA: DAS GRABMAL KARLS DES NOBLEN VON NAVARRA UND SEINER FRAU ELEONORA

Auch das zweite Werk steht in engem Bezug zu Europas prägender Kunstlandschaft um
1400. Es ist das von Jehan Lome und Werkstatt[18] zwischen 1413 und 1419 geschaffene
Grabmal Karls des Noblen, König von Navarra († 8. 9. 1425), und seiner Frau Eleonora
in der Kathedrale von Pamplona (Abb. 4).[19] 1413 waren die Arbeiten an dem aus Bronze, Marmor und Alabaster bestehenden Grabmal bereits im Gange, 1419 fanden sie mit
der auch heute noch sichtbaren Teilpolychromierung und der den Glanz des verwendeten Alabasters akzentuierenden Vergoldung ihr Ende.[20]

Der aus dem nordfranzösischen Haus Évreux stammende Karl der Noble, Neffe von
Philipp dem Kühnen, hielt sich zwischen 1408 und 1411 für längere Zeit in Frankreich
auf.[21] Im November 1410 besuchte er Dijon, wo er, so eine verbreitete Annahme, den
aus Tournai stammenden Jehan Lome als Bildhauer angeworben haben könnte.[22] Dieser
ist nachweislich zwischen 1411–49 (seinem Todesjahr) in Navarra tätig gewesen.

---

[17]   Zu den burgundischen Beispielen aktuell: Renate PROCHNO, *Die Kartause von Champmol. Grablege der
       burgundischen Herzöge 136–1477*, Berlin 2002, S. 128–30 und 187–91. – Zu Hakendover: John W.
       STEYAERT (Hg.), *Late Gothic Sculpture. The Burgundian Netherlands*, Kat. Ausst. Gent, Gent 1994, Nr.
       21. – Zum Werk in Tordesillas lediglich: María Jesús GÓMEZ BÁRCENA, *Retablos flamencos en Espa-
       ña*, (Cuadernos de Arte español 47), Madrid 1992, S. II.

[18]   Einige Mitarbeiter stammten aus Frankreich. Vgl. die Auflistung bei R. Steven JANKE, *Jehan Lome y la
       escultura gótica posterior en Navarra*, Pamplona 1977, S. 38.

[19]   Vgl. JANKE, ebda., Kap. 2 und 3. Ergänzend dazu: Javier MARTÍNEZ DE AGUIRRE, *Arte y monarquía
       en Navarra (1328–1425)*, Pamplona 1987, S. 320–25.

[20]   Vgl. JANKE (wie Anm. 18), S. 38 und S. 52f.

[21]   Dazu: JANKE (wie Anm. 18), S. 88, Anm. 41.

[22]   Die Vermutung gründet auf einer Aussage Georg Troeschers, wonach Lome auf seinem Weg nach Spanien
       «über Dijon gekommen sein (muss) zu einer Zeit, als dort die Arbeit an den Pleuranten des Grabmals Phi-
       lipps im Gange war, von denen er erst einen Teil gesehen haben mag. Urkundliche Nachrichten belegen
       seine Anwesenheit in der burgundischen Hauptstadt zwischen 1405 und 1410, da er am 20. August 1411 in
       Spanien bereits eine Zahlung für die abgelieferte Figur eines Täufers erhält». Dieser Aufenthalt, für die
       Troescher, wie so häufig, keine Belege liefert, bleibt reine Spekulation, wird aber bis heute kolportiert. Ge-
       org TROESCHER, *Die burgundische Plastik des ausgehenden Mittelalters und ihre Wirkungen auf die eu-
       ropäische Kunst*, Frankfurt am Main 1940, Bd. 1., S. 170. Domien ROGGEN, «Jehan Lomme en Klaas
       Sluter», in: *Gentsche Bijdragen tot de Kunstgeschiedenis*, XIII (1951) 199–207, S. 200–05. Domien
       ROGGEN, «Prae Sluteriaanse, Sluteriaanse, Post-Sluteriaanse Nederlandse sculptuur», in: *Gentsche*

Abb. 4: Pamplona, Kathedrale, Grabmal Karls des Noblen von Navarra und seiner Frau Eleonora, Jehan Lomme, zwischen 1413 und 1419

Karl der Noble dürfte bei seinem Besuch 1410 in Dijon das im Frühjahr desselben Jahres fertig gestellte Grabmal seines Onkels in der Kartause gesehen haben (Abb. 5[23]).[24] Dennoch fallen die Differenzen zwischen Dijon und Pamplona deutlich ins Auge: Abgesehen von den formal-typologischen Unterschieden bei der Gestaltung der Tumbenseitenwand,[25] überrascht das Grabmal in Pamplona durch eine weitere materialästhetische Eigenart, die, obgleich evident, doch erklärungsbedürftig ist: Denn der je nach Lichteinfall einmal warm und honigfarben erscheinende, ein anderes Mal wächsern anmutende Alabaster, der für die *Gisants* verwendet wurde, entspricht so gar nicht dem Ausdruckswert des in Frankreich für diese Grabmäler geforderten und benutzten strah-

---

Allgemeines Lexikon der bildenden Künstler von der Antike bis zur Gegenwart, hg. v. U. THIEME, U. BECKER, (weitergeführt v. H. VOLLMER), 37 Bde., Leipzig 1907–50, s.v. «Lomme, Janin», Bd. 23, S. 349, wo noch das Pyrenäendorf Tournay als möglicher Geburtsort angegeben wird.

[23] Der rechte, noch in Gänze sichtbare *Pleurant* ist eine neuzeitliche Ergänzung aus Gips.

[24] Vgl. hierzu aktuell: PROCHNO (wie Anm. 17), S. 93–97.

[25] So stehen die *Pleurants* auf eigenen Konsolen und in eigenen flachen Nischen. In Dijon schreiten die Trauernden hingegen unter Arkaden um das «Grab» des Herzogs herum. Daraus ergibt sich ein zyklisches, sich ewig fortsetzendes Moment. In Pamplona dagegen herrscht eine gewisse repräsentative Statik.

lend weißen Alabaster.[26] Hier wäre die Frage zu stellen, warum man einerseits eine trotz aller Abweichungen enge stilistische Nähe suchte, in materialästhetischer Hinsicht jedoch einen Sonderweg einschlug. Um sie zu beantworten, wird man die Sluterschen Referenzwerke mit in den Blick nehmen müssen, so zunächst das Grabmal Philipps des Kühnen im Musée des Beaux-Arts in Dijon, und dann das noch *in situ* befindliche Kartausenportal.

Abb. 5: Dijon, Musée des Beaux-Arts, Grabmal Philipp des Kühnen,
Jean de Marville, Claus Sluter und Claux de Werve, zwischen 1384 und 1410,
die Pleurants ab ca. 1404 von Claus Sluter und Claux de Werve

---

[26]   Vgl. beispielsweise, um nur die für die spanische Kunstgeschichte interessanten Werke zu nennen, die Grabmäler in St-Denis von Blanche de Navarre († 1398) und ihrer Tochter Jeanne († 1373). Abb. in: Jean ADHÉMAR, unter Mitarbeit von Gertrude DORDOR, *Les tombeaux de la Collection Gaignières*, Bd. 1.; «Dessins d'archéologie du XVIIe siècle», in: *Gazette des Beaux-Arts* LXXXIV (1974) 2–192, S. 171, Nr. 955. Sowie: JANKE (wie Anm. 18), Fig. 47. Vgl. auch die Jehan Lome zugeschriebene Alabastermadonna aus Olite, San Francisco, heute im Museo de Navarra in Pamplona aufbewahrt. Abb. in: JANKE (wie Anm. 18), Fig. 146f., und in: John W. STEYAERT, *Sculpture in Tournai c. 1400–80*, in: DERS. (Hg.), *Late Gothic Sculpture. The Burgundian Netherlands*, Gent 1994, S. 52, Fig. 5. Vgl. auch die bereits 1349 in Paris erstandene Alabastermadonna, die sogenannte «Weiße Madonna», die Martín Duardi, ein Kaufmann aus Pamplona, mit nach Spanien brachte (Pfarrkirche von Huarte, Provinz Pamplona). Abb. in: JANKE (wie Anm. 18), Fig. 148f; und in: *Les Fastes du Gothique, le siècle de Charles V*, Paris 1981, S. 113.

DIJON: DAS GRABMAL PHILIPPS DES KÜHNEN[27]

Für das 1410 vollendete Grabmal in Dijon wurde hoher logistischer und damit auch ökonomischer Aufwand betrieben. So wurde für die Tumba der berühmte schwarze Marmor aus dem belgischen Dinant herangeschafft; für die *Pleurants* und die verloren gegangenen Engelsfigürchen war Sluter mehrere Male in ganz Frankreich unterwegs, um sich zuletzt für den strahlend weißen Alabaster aus Vizille bei Grenoble zu entscheiden; für die Arkatur schließlich verwandte man den Eiweiß farbenen Alabaster aus dem im Département Yonne gelegenen Steinbruch der Stadt Tonnerre. Nachdem man schon beim Erwerb des Materials keine Kosten gescheut hatte, zögerte man nun auch nicht, bewährte Kräfte in Paris anzuheuern, die diese Materialien auf Hochglanz polieren sollten. Überliefert ist, dass über mehrere Jahre hinweg so genannte *Poliseuses* angestellt waren, die die Arkaden und die *Pleurants* des Grabmals mit Fischhaut bearbeiteten, um jenen auch heute noch wahrnehmbaren Glanzeffekt zu erzielen.[28] Überliefert ist schließlich auch, dass der Alabaster vor Fliegendreck geschützt wurde, um, wie zu vermuten ist, die Reinheit und Transparenz des Werkstoffes zu sichern.

Der Wahl des Materials und der Qualität der Oberflächen wurde also nachweislich besondere Aufmerksamkeit gewidmet. Die tonalen Werte der Farbe Weiß spielten offenbar eine ebenso große Rolle wie die transluziden Eigenschaften des Materials, die durch die Bearbeitung besonders hervorgehoben wurden. Die Summe der Bemühungen kann man im Effekt des Lichthaften sehen – ein Effekt, den man auch an den Alabastergisants in Pamplona feststellen kann. Allerdings mit einer wichtigen, bereits angesprochenen und für jedermann anschaulichen, inhaltlichen Konkretisierung und Weitung:

In der vorliegenden Aufnahme der *Gisants* wird eine besondere materialmimetische Qualität des verwendeten Werkstoffs deutlich. Denn im farbigen Licht des Kirchenschiffs ähnelt der Alabaster so sehr dem honigfarbenen Wachs, dass er ohne Schwierigkeiten an dessen materialikonographischer Deutungsvielfalt partizipieren kann. So kann hier der paradoxerweise dauerhafte Werkstoff mittels der Materialmimikry das Endliche und zugleich Transitorische eines Lebens, also dessen Vergänglichkeit, veranschaulichen. Die Aussage des Ephemeren verbindet sich in diesem nach Farbe und Luzidität ausgewählten Werkstoff mit der für den Verstorbenen bedeutsamen Vorstellung von der

---

[27] Ich möchte an dieser Stelle die noch immer virulente Zuschreibungsdebatte übergehen.– Große Teile des *Gisant*, unbekannt viele Details der Arkatur, sowie einige *Pleurants* sind Kopien des 19. Jahrhunderts. Ein relativ rezenter Bericht zum Bestand des Grabmals liegt zwar seit einigen Jahren vor, ist aber weder publiziert noch zugänglich; vgl. Renate PROCHNO (wie Anm. 17), S. 97.

[28] Renate PROCHNO (wie Anm. 17), S. 53. Alabaster lässt sich mit weißer Zinnasche, Wiener Kalk und Seife polieren. Denkbar ist auch, dass die Plastiken nach dem Poliervorgang eingewachst wurden, um die Oberflächen vor Wasser und Schmutz zu schützen. Die hierzu gebrauchte Verbindung von Terpentinöl und Wachs gibt den Oberflächen einen gleichmäßigen Glanz.

Reinheit der menschlichen Seele, da das Wachs bekanntlich Metapher der Jungfräulich-
keit und Unbeflecktheit sein kann.[29]

Mit der Idee von Reinheit und Unbeflecktheit von Körper und Seele geht auch die
Wunschvorstellung vom *Corpus integrum* einher, den die Denkmäler explizit liefern.
Legion sind die Berichte von Graböffnungen, in denen sich unversehrte Leiber von
Märtyrern und Asketen fanden. Legion sind auch die Berichte jüngst Verstorbener, die
im Rufe der Heiligkeit lebten. In Verbindung mit diesen finden sich interessante Äuße-
rungen zur Wahrnehmung von Stoffen, Materialien und deren Eigenschaften. Eine in
unserem Kontext interessante Passage schildert das Ableben des bedeutenden Zister-
zienserabtes Aelred von Rivaulx († 12. 1. 1167). Hier heißt es: «*Als aber sein Leib zum
Waschen fortgetragen und vor uns entblößt wurde, sahen wir andeutungsweise die
künftige, an [unserem] Vater offenbar werdende Herrlichkeit; denn sein Fleisch war
klarer als Glas, weißer als Schnee und hatte sozusagen die Gliedmaßen eines fünfjähri-
gen Kindes angezogen, die nicht ein Flecken von Makel trübte, sondern sie waren alle
voll von Zierde, Süße und Liebreiz. Kein Ausfall der Haare hatte ihn kahl gemacht, die
lange Krankheit ihn nicht gebeugt und das Fasten ihn nicht blaß werden lassen, auch
hatten die Tränen die Augen nicht entzündet, vielmehr zeigten sich alle Glieder seines
Körpers gänzlich erhalten. Es leuchtete der Vater wie ein glänzender Stein, so wie er auch
duftete; er erschien in der Weiße des Fleisches wie ein unschuldiges und unbeflecktes
Kind.*»[30]

Wenngleich diese Beschreibung noch besser auf die Valois-Grabmäler in St-Denis
passen würde,[31] wird doch deutlich, dass die Wahl des Werkstoffes in Pamplona aufgrund seiner anschaulichen Verweisqualitäten getroffen worden sein muss. Dort gilt es
zudem noch zu beachten, dass wiederum mit einer intensiveren Politur ein spezieller
Bereich der Leiber, nämlich die Gesichter, besonders hervorgehoben ist und einen be-

---

[29]   Vgl. Wolfgang BRÜCKNER, «Cera – Cera Virgo – Cera Virginae. Ein Beitrag zu «Wörtern und Sachen»
und zur Theorie der ‚Stoffheiligkeit'», in: *Zeitschrift für Volkskunde* 59 (1963) 233–53; sowie jüngst: Bettina UPPENKAMP, «Lemma Wachs», in: *Lexikon des künstlerischen Materials. Werkstoffe der modernen
Kunst von Abfall bis Zinn*, hrsg. von Monika WAGNER, Dietmar RÜBEL und Sebastian
HACKENSCHMIDT, München 2002, S. 231–38. – Zu weiteren mit dem Werkstoff verbundenen Konnotationen vgl.: Jan GERCHOW (Hg.), *Ebenbilder. Kopien von Körpern – Modelle des Menschen*, Kat.
Ruhrlandmuseum Essen, Ostfildern-Ruit 2002.

[30]   Maurice POWICKE (Hg.), *Vita Ailredi abbatis Rievall* 63, lat.-engl., Oxford ND 1978, S. 62. Zitiert nach:
Arnold ANGENENDT, «Der Leib ist klar wie Kristall», in: Klaus SCHREINER (Hg.); *Frömmigkeit im
Mittelalter. Politisch-soziale Kontexte, visuelle Praxis, körperliche Ausdrucksformen*, München 2002, S.
387–98, S. 394f. An dem in Relation zu den hier diskutierten Grabmälern frühen Entstehungsdatum des
Textes sollte man sich nicht stören, da die Beschreibungen, (wenngleich in unvergleichlicher Dichte und
darum ausgewählt) topischer Natur und daher auch noch im späten Mittelalter zu finden sind.

[31]   Vgl. aber auch das Grabmal der Blanche d'Evreux-Navarre (zweite Gemahlin Königs Philipps VI., † 1398)
und ihrer Tochter Jeanne († 1373), um 1380. Vgl. dazu: Gerhard SCHMIDT, *Gotische Bildwerke und ihre
Meister*, 2 Bde., Wien u.a. 1992, Bd. 1., S. 122–41, bes. S. 125 und 138. Vgl. auch: JANKE (wie Anm.
18), Fig. 47. (Das erhalten gebliebene Grabmal ist hier nach einer Zeichnung der Sammlung Gaignières
wiedergegeben).

sonderen Glanz entwickelt. Dargestellt sein dürfte die vorweggenommene Schau der Glückseligen im Himmel, die *visio beatifica*. Es ist dies, worauf unten noch weiter einzugehen sein wird, eine auf Erden nur mystisch zu gewinnende Betrachtung des göttlichen Wesens, die allerdings nicht selten Bildvorwurf war.[32]

DIJON: DAS PORTAL DER KARTAUSE VON CHAMPMOL

Claus Sluter schuf die Skulpturen für das Portal zwischen 1389 und 1393/96 (Abb. 6).[33] Das Portal der Grabeskirche Philipps des Kühnen ist neben dem Fragment des Kalvarienberges des ehemaligen Großen Kreuzganges, dem so genannten Mosesbrunnen, und einer Treppenspindel des herzoglichen Oratoriums einziger Rest der in der französischen Revolution untergegangenen Klosteranlage.

Abb. 6: Dijon, Portal der Kartause von Champmol, linkes Gewände mit Johannes dem Täufer und Herzog Philipp dem Kühnen, Claus Sluter, 1389 bis spätestens 1409. (Die Aufstellung Philipps ist nicht überliefert. 1409 wurde ein Dach über dem Portal angebracht.)

---

[32] So zum Beispiel auf dem berühmten so genannten Dedikationsdiptychon in den Très Belles Heures des Jean Duc de Berry, (Brüssel, Bibliothèque Royale ms. 11060-61, fol. 10v–11r, André Beauneveu um 1390 zugeschrieben) wo Jean ein in Relation zu den Gesichtern der Assistenzfiguren sehr viel helleres Antlitz besitzt. Vgl. auch den Gisant von Graf Haymon I., um 1335/40 in Corbeil und die Madonna mit Kind aus der Pfarrkirche von Levis-St-Nom (Yvelines), 2. Viertel 14. Jh., die beide separat gearbeitete Antlitze aus weißem Marmor besitzen.

[33] Vgl. PROCHNO (wie Anm. 17), S. 22–35 mit der gesamten weiteren Literatur.

Schon beim ersten Besuch fällt auf, dass sich mit bloßem Auge keine Spuren einer ehemaligen Fassung an den Skulpturen des Portals entdecken lassen. Die Figuren sind, wie die nähere Betrachtung zeigt, lediglich mit Augzeichnungen versehen worden. Bei zwei petrographischen[34] Untersuchungen wurde der Augbefund bestätigt (Abb. 7): Die Skulpturen weisen ebenso wie die architektonische Rücklage keinerlei Fassungsreste auf. Auch die schriftlichen Quellen erwähnen keine Bemalung des Portals, was bei der gleichzeitig überlieferten Fülle von Rechnungen in Dijon bemerkenswert ist. Aufgrund dieser Faktenlage gilt das Portal als unvollendet.

Abb. 7: Dijon, Portal der Kartause von Champmol, linkes Gewände, Herzog Philipp der Kühne,
Claus Sluter, 1389 bis spätestens 1409

Die architektonischen Elemente (Basis, Gewände, Trumeau, Sturz, Bogenfeld und Archivolten) sind aus dem dunkleren und härteren Pierre-d'Ys zusammengefügt. Der vielgliedrige und kostbare, aber verloren gegangene Trumeaubaldachin, an dem mehrere Jahre gearbeitet wurde, bestand aus Alabaster. Die Skulpturen, Konsolsteine und Gewändebaldachine sind hingegen aus dem Kalkstein des nahen Bruchs aus Asnières-les-Dijon skulptiert.

Der Kalkstein aus Asnières ist ein heller, lichter Stein, der, wie für Kalkstein typisch, bruchfrisch leicht zu bearbeiten ist: Man kann ihn gut schneiden und leicht mit dem Zahneisen überziehen. Da Kalkstein beim Trocknen nachhärtet, entwickelt er eine feste Substanz. Unter Sluters Händen konnten so Skulpturen entstehen, an denen mittels der Gestaltung durch Zahneisen, Rundeisen und Griffel genauestens die Textur, und damit

---

[34]   Vgl. Aenne LIEBREICH, *Claus Sluter*, Brüssel 1936, S. 73–76.

auch die Materialien, unterschieden werden können.[35] Zudem konnten aufgrund der hohen und differenzierten Poliermöglichkeiten des Steins[36] verschiedene Altersstufen der Epidermis herausgearbeitet werden. Resultat sind Skulpturen mit beträchtlichem immanenten Darstellungswert, die von einer Fassung, die stoffliche oder kreatürliche Angaben verdeutlichen soll, nicht profitieren könnten, da diese die geschnittenen oder herauspolierten Formen wieder verschleifen und glätten würde. So ist es auch bezeichnend, dass sich keine Hebelöcher, Flickungen oder Anstückungen an den Skulpturen feststellen lassen.

Hinzu kommt die lichte, strahlende Helle des weißen Steins. Heute ist sie am Portal nur mehr zu rekonstruieren, da die Skulpturen niemals systematisch gereinigt wurden.[37] Allerdings lässt sich die Bedeutung, die der Farb- und Helligkeitswert für den unmittelbaren Bildeindruck gespielt haben *muss*, an einem Fragment der sluterschen Georgsfigur nachvollziehen; einer Figur, die im Innern des herzoglichen Oratoriums aufgestellt war und in der Französischen Revolution zerschlagen wurde (Abb. 8).[38] Ebenso wichtig dürfte neben dem *per se* schon hellen Farbwert des Weiß der optische Effekt sein, welcher durch das sich in den kleinteiligen kristallinen Strukturen der Skulpturenoberfläche brechende Licht hervorgerufen wird. Denn dadurch, dass sich der Stein gut bearbeiten lässt, wird ein heftiges, die kristalline Struktur zertrümmerndes und zusammenpressendes Zuschlagen mit dem Spitz- oder Flacheisen überflüssig. Dies hat zur Folge, dass das Sonnenlicht in die Epidermis des plastischen Kerns eindringen kann, dort von den Kalk-

---

[35] Die Behandlung mit verschiedenen Eisen zeichnet auch noch spätere Künstler aus. Vgl. Bodo BUCZYNSKI, «Das Speyrer Verkündigungsrelief und die Hamburger Madonna. Beobachtungen zur Steinbearbeitung des Niclaus Gerhaert von Leyden», in: *Unter der Lupe, Neue Forschungen zu Skulptur und Malerei des Hoch- und Spätmittelalters. Festschrift für Hans Westhoff zum 60. Geburtstag*, hrsg. von Anna MORAHT-FROMM und Gerhard WEILANDT, Ulm und Stuttgart 2000, 119–30.

[36] Verwendet wurden zum Polieren Bimsstein, Korund und Quarzsand, auch die Steinraspel fand Anwendung.

[37] Die zuständige Denkmalpflegerin Judith KAGAN notiert lapidar: «Les sculptures n'ont jamais fait l'objet d'une restauration fondamentale comme le Puits de Moïse.» In: *Claus Sluter en Bourgogne. Mythe et représentations*. Unter der Ltg. von Catherine Gras, Kat. Musée des Beaux-Arts de Dijon, Dijon 1990, S. 59. Und Kathleen MORAND doppelt: «In fact, there is no evidence that any major restauration of the portal sculpture was ever undertaken.» DIESS., *Claus Sluter, Artist at the Court of Burgundy*, Houston / London 1991, S. 320. Erste Ansätze zu einer Befundsicherung finden sich im jüngst erschienen Bestandskatalog des Musée archéologique de Dijon. Vgl. dazu den Eintrag von Didier SECULA: «Chartreuse de Champmol, Portail de l'église, Deux fragments du dais de Sainte Cathérine», in: *Sculpture médiévale en Bourgogne, Collection lapidaire du Musée archéologique de Dijon*, unter der Ltg. von Monique JANNET-VALLAT und Fabienne JOUBERT, Dijon 2000, S. 165–66.

[38] Die Figur wurde zusammen mit anderen, später nachweislich gefassten Skulpturen am 9.12.1393 von Sluters Atelier in die obere Kapelle, der so genannten Engelskapelle, des doppelstöckigen herzoglichen Oratoriums gebracht. Sie dürfte etwa lebensgroß gewesen sein. Vgl. Renate PROCHNO (wie Anm. 17), S. 160–161. Die Fragmente wurden unter Kunstlicht aufgenommen, was den Ockerton des eigentlich weißen Kalksteins erklärt.

steinkristallen gebrochen und reflektiert wird, schließlich als Glanzlicht wieder austritt
und so eine die Schwere des Materials negierende Wirkung entfaltet.[39]

Abb. 8: Dijon, Musée des Beaux-Arts, Fragment der Georgsfigur,
Claus Sluter, 1393

Ein strahlend weißes, lichtes, in der Binnenzeichnung reich differenziertes Figuren-
semble steht, respektive stand, also vor relativ dunklem Architekturgrund, bekrönt von
einem kostbar schimmernden Marienbaldachin aus Alabaster, der ins «leere», dunkle
Tympanon aufragte.

Es lässt sich aber noch ein weiteres Indiz für die intendierte Fassungslosigkeit auflis-
ten: Pierre Quarré hat auf allen Skulpturen des Portals Sgrafitti entdeckt, die er als Sig-
naturen von zeitgenössischen Werkstattmitarbeitern identifizieren konnte.[40] In einer
vom normalen Standpunkt nicht einzusehenden Gewandmulde der Figur des Herzogs
(Aufstellung: 1393/06) findet sich die Einritzung «Maes Rot».[41] Ein Maes de Rot war

[39] Zum 'Prellen' des Steins vgl.: Carl BLÜMEL, *Griechische Bildhauer an der Arbeit*, Berlin 1940, S. 22–24.

[40] Pierre QUARRÉ, «Les noms tracés sur les statues du portail de la Chartreuse de Champmol», in: *Mémoires
de la Commission des Antiquités du Département de la Côte-d'Or*, 24 (1954/58), S. 185–90.

[41] Auch andere burgundische Skulpturen weisen Sgrafittispuren auf. Darunter die Claux de Werve zugeschriebene Figur einer stehenden Muttergottes aus dem Museum of Art in Cleveland (Inv. Nr. CMA
86.92). Die für eine Aufstellung gegen eine Wand konzipierte Figur ist nur partiell gefasst. So finden sich
auf der Rückseite Spuren, die Marc de Winter als Hinweise auf den Gebrauch des Steinblockes, auf den
Bildhauer und auf den Aufstellungsort liest. Die Statue ist ebenso wie die Portalfiguren aus dem Material
des Steinbruchs von Asnières geschlagen. Vgl. Patrick Marc de WINTER, «Art from the Duchy of Burgundy», in: *The Bulletin of the Cleveland Museum of Art*, 74 (1987), S. 406–49, 432–34; siehe auch die
Schöne Madonna aus Mährisch-Sternberg (Moravský Šternberk), jene berühmte Signatur (?) «henri-
cus» im Stein trägt. Bei der aus feinem Pläner Kalkstein skulptierten Figur ist meines Wissens noch nicht

aber im Atelier Sluters beschäftigt. Hier stellt sich die Frage, wieso ein Werkstattmitarbeiter, der sicher über die weitere Behandlung der Skulpturen instruiert war, seinen Namen in diese einritzen sollte, wohl wissend, dass er bei einer zu erwartenden Fassung nicht mehr sichtbar gewesen und somit sein Name nicht überliefert worden wäre. Es gibt also verschiedenartige Gründe, die gegen die Vorstellung eines Nonfinitos sprechen, weshalb die Steinsichtigkeit der Figuren unter materialästhetischem Aspekt zu deuten ist.

Nun sind die Kategorien Farbe und Licht in der mittelalterlichen Kunst polyvalent besetzt, so dass zu einer konziseren ikonographischen Interpretation der Kontext der Skulpturen herangezogen werden muss.

Ganz allgemein steht der Eigenwert der Farbe Weiß prinzipiell für die Reinheit der Seele der dargestellten Figur – was im Kontext einer für das Seelenheil eingerichteten Stiftung wie in Champmol und Tordesillas einleuchtend erscheint. Wie Durandus von Mende in seinem «Rationale» schreibt, können wir die «weißschimmernden Kleider», auf die eine oder andere Weise als «Schmuck unserer Seele begreifen».[42] Denn in Mt 5,8 heißt es: «Selig, die reinen Herzens sind, denn sie werden Gott schauen» und in mystischen, d.h. für Durandus zu deutenden Worten in Apokalypse 22,14: «Selig die, die ihre Gewänder waschen, auf dass sie Anteil haben am Baum des Lebens und in die Stadt eintreten durch die Tore». Was, so Durandus weiter, nur bedeuten kann, dass jene «selig sind, die ihre Gedanken reinigen, so dass sie die Erlaubnis haben, Gott zu sehen, der Weg, Wahrheit und Leben ist, und die durch die Lehre (...) in das Königreich der Himmel eintreten».[43] Was hier fokussiert auf die liturgischen Farben der Gewänder vorgestellt wurde, ist letztlich ein klassischer Topos der Farbikonographie[44]; er kann natürlich nur wirksam werden, wenn man den Kalkstein materialsichtig belässt.

Wie bereits an den Grabmälern zu sehen, sollte man hier aber nicht nur dem Material alleine Aufmerksamkeit schenken, sondern auch der Bearbeitung und der damit verbundenen Hervorhebung des «Schimmernden», Lichthaften: Erinnern wir uns der Aufgaben des Werkes und der Deutung, die die *Gisants* in Pamplona erfahren haben, so könnte

---

abschließend geklärt, von wann die aktuelle Fassung, die die Signatur ausspart, stammt. Vgl. *Die Parler und der Schöne Stil 1350-1400. Europäische Kunst unter den Luxemburgern*, hrsg. von Anton LEGNER, Kat. Schnütgen-Museum Köln, Kolloquiumsband zur Ausstellung (Bd. IV), S. 47–48.

[42] DURANDUS VON MENDE, *Rationale divinorum officiorum*, Prolog, Paragraph 6, zitiert nach: Kirstin FAUPEL-DREVS, *Vom rechten Gebrauch der Bilder im liturgischen Raum. Mittelalterliche Funktionsbestimmungen bildender Kunst im ,Rationale divinorum officiorum' des Durandus von Mende* (1230/01–96), Leiden u.a. 2000, S. 375.

[43] Ebd. S. 378.

[44] Vgl. Renate KROOS und Friedrich KOBLER, «Lemma: Farbe, liturgisch (kath.)», im: *Reallexikon zur deutschen Kunstgeschichte*, Bd. 7 (1981), Sp. 54–121. Vgl. auch Gottfried HAUPT, *Die Farbensymbolik in der sakralen Kunst des abendländischen Mittelalters*, Dresden 1941. Haupt sieht im Weiß lapidar die «geoffenbarte göttliche Herrlichkeit» (ebd. S. 76), während Gold «die gesamte göttliche Machtfülle» fasst. Vgl. dazu auch Wolfgang SCHÖNE, *Über das Licht in der Malerei*, Berlin 1983[6], S. 73.

man am burgundischen Portal und auch in Tordesillas das lichte Weiß der gesamten Figuren als Metapher der lichthaften Durchdringung gelegentlich der Anschauung Gottes verstehen, während der Gottes Licht selbst die Schau ermöglicht. «Denn», so heißt es im Psalm 35,10, «bei dir ist die Quelle des Lebens und in deinem Lichte schauen wir Licht». Tatsächlich handelt es sich beim Portal um ein Stein gewordenes Exempel einer mystischen Gottesschau. Denn das Portal kann, was hier nicht weiter ausgeführt werden soll, im Sinne eines mystischen Aufstiegsschemas gelesen werden; eines Aufstiegs, in dem gemäß damaliger Vorstellungen die Glückseligen für Momente vom göttlichen Wesen erfüllt, vom göttlichen Licht durchströmt werden.[45] Überträgt man die gängige Auffassung von Reinheit und Lichtheit des Leibes bei der Einkunft des heiligen Geistes auch auf die Skulpturen des Portals, so lässt sich mit Bernhard von Clairvaux (der eine herausragende Bedeutung für die Kartäuser in Champmol spielte) sagen: «Wer also lichter und klarer ist, der ist auch näher [an Gott]. Ganz licht und klar sein, heißt am Ziele sein.»[46] Ziel der Gläubigen damaliger Zeit war es aber, das Antlitz Gottes schauen zu dürfen, da diese Schau Gottes auch die Auferstehung des Leibes in Aussicht stellte. Ein Blick in das Gesicht Philipps des Kühnen mag dies bestätigen, ist der hier wie dort zu findende Ausdruck doch ebenso Kennzeichen einer Schau Gottes, welcher bar jeder Erkenntnis zu sein scheint. Zusammenfassend ließe sich aus der Bergpredigt (Mt 6,22f) zitieren: «Das Auge ist des Leibes Licht. Wenn dein Auge einfältig und lauter ist, so wird dein ganzer Leib licht sein.»[47]

Der Kalkstein ist das ideale Material, um diese Deutungsvarianten ins Spiel zu bringen. Er wurde in Champmol und Tordesillas so behandelt, dass das Licht unmittelbar als ein Akzidenz göttlicher Abkunft verstanden werden kann. Je nach Beleuchtungssituation sind die Skulpturen, die Abbilder lichtgesättigt. Ihre materielle Helligkeit potenziert diesen Eindruck des Lichthaften. Schließlich verbindet sich der phänomenale Eindruck mit den oben angedeuteten farbikonographischen Implikationen der Farbe Weiß. Mittels einer fast gleichlautenden materialästhetischen Strategie wurde in Champmol und Tordesillas dem Betrachter suggeriert, die Stifter (das Apostelkolleg und die Assistenzfiguren sowieso) schauten im Tode Gottes Herrlichkeit, ihre toten Leiber seien beseelt mit

---

[45]   Vgl. dazu die Untersuchung des Verfassers: *Claus Sluter und die Lesbarkeit mittelalterlicher Skulptur. Das Portal der Kartause von Champmol,* Worms 2005.

[46]   Bernhard von Clairvaux, Hohelied-Predigt 31, zitiert nach: *Die Schriften des honigfließenden Lehrers Bernhard von Clairvaux,* nach der Übertragung von M. Agnes WOLTERS S.O.Cist., hrsg. durch P. Eberhard FRIEDRICH S.O.Cist., 6 Bde., Wittlich 1934–38, Bd.5.

[47]   Vgl. auch Lk 11,34ff. Bezogen auf den Blick vor allem Philippes, vgl. die Dissertation des Verfassers (wie Anm. 45). Kurz gesagt gilt die Vorstellung, dass alleine das Auge aufgrund seiner sonnenhaften Anlage fähig ist, Licht aufzunehmen. Für Bernhard von Clairvaux ähnelt daher das lichte und lautere Auge in seiner Klarheit und Helligkeit dem himmlischen Licht. Zur Lichthaftigkeit und Gotteserkenntnis, vgl. Gudrun SCHLEUSENER-EICHHOLZ, *Das Auge im Mittelalter*, München 1985, S. 142ff, zur Erleuchtung ebd. S. 165 und zur Allegorese von Mt 6,22f, ebd. S. 175ff.

göttlichem Licht.[48] Vor dem Hintergrund von Stiftungen, die für das eigene und anderer Leute Seelenheil eingerichtet wurden, wird dies auch für den ebenso mit Sünden behafteten Betrachter eine tröstende, da hoffnungsreiche Perspektive gewesen sein – eine Perspektive, die ungefasste Kalksteinskulpturen am überzeugendsten vermitteln können.

Mit der knappen Vorstellung der Werke von Champmol soll nicht behauptet werden, dass nur sie alleine und nicht auch andere Werke beispielhaft für die spanischen Werke gewesen wären. Da aber das Werk Sluters und der burgundische Hof nicht nur im künstlerischen Bereich Schrittmacherfunktion besaßen, mag jene Skulptur von den damaligen Künstlern und Auftraggebern genauestens betrachtet worden sein, wobei man auch auf die innovative Materialästhetik geachtet haben dürfte. Mit dem Portal der Kartause liegt ein äußerst prominentes Werk vor, das deutlich macht, dass man die Bedeutung materialsichtiger Skulpturen und Skulpturenensembles neu überdenken *muss*. Das unbekanntere Ensemble in Tordesillas fordert, dieser Fragestellung nachzugehen, nicht zuletzt deshalb, weil durch den guten Erhaltungszustand die Besonderheit des Orters erkennbar wird, tritt doch der Betrachter spürbar in einen lichten Bezirk, der ihn zugleich umhegt und aufzufordern scheint, über die dargestellte Heilshoffnung zu memorieren. In dieser nur *in situ* zu machenden Erfahrung liegt die Bedeutung Tordesillas für Champmol. Aus umgekehrter Richtung erweist sich ein vergleichender Blick als ebenso fruchtbar, liefern doch die französischen Inventare und die Denkmäler selbst wichtige Hinweise auf die Materialkonzepte der vorgestellten spanischen Grablegen.

---

[48] Hier sei noch einmal auf das «Problem» der Verglasung der Kapelle in Tordesillas hingewiesen. Denn die aktuelle (originale?) Verglasung potenziert den beschriebenen Eindruck. Was den Lichtwert des Weiß angeht, ist auch der Fakt interessant, dass in zeitgenössischen Quellen des Glaserhandwerks von «panneaulz de yoyre blanc» die Rede ist, wenn eine Klarverglasung (vs. Bunt- oder Grisaille-Verglasung, die auch als solche benannt wird) gemeint ist. Vgl. Sherry Christine Maday LINDQUIST, *Patronage, Piety, and Politics in the Art and Architectural Programs at the Chartreuse de Champmol in Dijon*, (zugl. Diss. Northwestern University 1995), Ann Arbor 1997, S. 107, Anm. 253.

Ein Blick auf das Grabmal des Pedro de Navarra-Évreux, Comte de Mortain († 1412) und seiner Frau Catherine d'Alençon, das sich ehemals in der Kartäuserkirche in Paris befunden hat, zeigt in stark verkürzter Form, wie man sich den Nutzen eines Bildwerkes vorzustellen hat, das zum Ziel wie zum Darstellungsgegenstand die Heimführung der Seelen in den Schoß Gottes hat. Das Grabmal, von dem sich der *Gisant* des Pedro im Louvre bewahrt hat, ist abgebildet, in: Jean ADHÉMAR, unter Mitarbeit von Gertrude DORDOR, *Les tombeaux de la Collection Gaignières*, Bd. 1. «Dessins d'archéologie du XVIIe siècle», in: *Gazette des Beaux-Arts* 84 (1974), S. 2–192, S. 171, Nr. 1023. Abgebildet auch in: JANKE (wie Anm. 18), Fig. 49.

RESUMEN ESPAÑOL

FIGURAS NO POLICROMADAS – CONCEPTOS DE MATERIALES EN DOS SEPULCROS DEL SIGLO XV

En el Real Monasterio de Sta. Clara de Tordesillas (Valladolid) se encuentra la capilla funeraria de los Varones de Saldaña construida entre 1431 y 1435. Su decoración escultórica atribuida parcialmente a Joosken de Utrecht se considera como dependiente del arte de la Corte borgoñona de alrededor de 1400. La segunda obra a tratar también está estrechamente relacionada con Borgoña. Se trata del sepulcro de Carlos el Noble y su esposa Eleonora en la catedral de Pamplona realizado por Jehan Lome (comienzos del siglo XV).

La contribución quiere destacar el gran aprecio de los materiales usados tanto en Borgoña como en España. La decoración de la capilla funeraria de los Saldaña en Tordesillas presenta un resultado interesante: las esculturas hechas de piedra caliza clara jamás estuvieron pintadas. Esta particularidad artística, a saber el renuncio intencionado de la policromía de la piedra caliza como material poco estimado, tiene sus raíces en la región central de Borgoña, siguiendo una estrategia de iconografía material.

El sepulcro de Pamplona evidencia otra particularidad de estética material : el alabastro color melado utilizado para los yacentes no corresponde de ninguna manera a las exigencias cromáticas usuales en los sepulcros borgoñones, que se distinguían por su alabastro puramente blanco. También en este caso los aspectos de iconografía material podrían haber sido decisivos.

II

HAGIOGRAPHIE UND GRABKUNST

ANEIGNUNG HAGIOGRAPHISCHER BILDSTRATEGIEN ZUR SEPULKRALEN SELBSTDARSTELLUNG: EINBEZIEHUNG DES BETRACHTERS BEI FIGÜRLICHEN GRABMÄLERN NORDSPANIENS UM 1200

Tobias Kunz

Am Beispiel des berühmten Grabmals einer unbekannten Dame in der Kirche Sta. María Magdalena in Zamora (Abb. 1) soll in diesem Beitrag ein Phänomen frühgotischer Spulkralkunst aufgezeigt werden, das zugleich ein Spezifikum nordspanischer Bauskulptur des 12. Jahrhunderts ist: die unmittelbare, eindringliche Ansprache an den Betrachter und zugleich die Abgrenzung zu diesem durch architektonische und gestische Hierarchisierung.[1] Diese «doppelte Bildstrategie», der sich im vorliegenden Fall

---

[1] Die Frage nach der Betrachteransprache, also der Kalkulation von Betrachterstandpunkt und -erwartung bei der Planung und Ausführung mittelalterlicher Bildwerke, stellt die kunstwissenschaftliche Forschung bis heute vor erhebliche Probleme. Das weitgehende Fehlen von unmittelbaren Erfahrungsberichten (Ausnahmen stellen im 12. Jahrhundert einige Beschreibungen von Bildwirkungen aus dem byzantinischen Raum dar; siehe: Henry MAGUIRE, «The Depiction of Sorrow in the Middle Byzantine Art», in: *Dumbarton Oaks Papers*, 31, 1977, S. 123–74) lässt diesen Ansatz spekulativ erscheinen. Dennoch zeigen einzelne Fallstudien den hohen Stellenwert dieser Aspekte (Robert SUCKALE, «Die Bamberger Domskulpturen. Technik, Blockbehandlung und die Einbeziehung des Betrachters», in: *Münchner Jahrbuch der bildenden Kunst*, 38, 1987, S. 27–82; Kathleen NOLAN, «Ritual and Visual Experience in the Capital Frieze at Chartres», in: *Gazette des Beaux-Arts*, 123, 1994, S. 33–71; Laura SPITZER, «The Cult of the Virgin and Gothic Sculpture, Evaluating Opposition in the Chartres West Façade Capital Frieze», in: *Gesta* 33, 1994, S. 132–50). Spätestens um 1300 ist aber eine breitere Quellenbasis zu verzeichnen (Frank BÜTTNER, «Vergegenwärtigung und Affekte in der Bildauffassung des späten 13. Jahrhunderts», in: *Erkennen und Erinnern in Kunst und Literatur*, Kolloquium Regensburg 1996, hrsg. von Dietmar PEIL, Michael SCHILLING und Peter STROHSCHNEIDER, Tübingen 1998, S. 195–213). Bei der um 1200 immensen, auch politischen Bedeutung des Bildmediums Skulptur und dessen ständig zunehmender visuellen, öffentlichen Präsenz in den verschiedenen funktionalen Zusammenhängen ist selbstverständlich davon auszugehen, dass die Auftraggeber und Bildhauerateliers sehr wohl über eine visuelle Lenkung oder gar Manipulation des Betrachters nachdachten. Der rezeptionsästhetische Ansatz hat in der Literaturwissenschaft bereits eine lange Tradition, die Kunstgeschichte tut sich jedoch vor allem bei mittelalterlichen Themen schwer. Verschiedene Aufsätze dazu, besonders zur nachreformatorischen Kunst, hat Wolfgang KEMP, *Der Betrachter ist im Bild. Kunstwissenschaft und Rezeptionsästhetik,* Berlin 1992, zusammengestellt.

ein Mitglied des weltlichen Adels zur sepulkralen Selbstdarstellung bediente, steht, wie dargelegt werden soll, in einer annähernd hundertjährigen Tradition hagiographischer Bildpropaganda an Kirchen entlang der Pilgerstraße. Die bildnerischen Mittel, die zur Vergegenwärtigung des Martyriums, der Christusnähe oder von Wundertaten des jeweiligen Heiligen an Fassaden, Kapitellen oder Schreinen der Pilgerkirchen eingesetzt wurden, fanden um 1200 erstmals Eingang in die Grabmalskulptur – um im Laufe des 13. Jahrhunderts fester Bestandteil dieser Gattung zu werden.[2]

Abb. 1: Zamora, Sta. María Magdalena, Grabmal einer unbekannten Dame

---

[2]   Zur Entwicklung der Grabmalskulptur im 13. Jahrhundert siehe: María Jesús GÓMEZ BÁRCENA, *Escultura gótica funeraria en Burgos*, Burgos 1988; Francesca ESPAÑOL BERTRAN, «Sicut ut decet. Sepulcro y espacio funerario en la Cataluña bajomedieval», in: *Ante la muerte. Actitudes, espacios y formas en la España medieval*, hrsg. von Jaume AURELL und Julia PAVÓN, Pamplona 2002, S. 95–156; sowie den Beitrag von Ángela FRANCO MATA in diesem Band S. 65–88.

Wie sich dank der zahlreich erhaltenen romanischen Kirchen Zamoras sowie der relativ gut dokumentierten und erforschten Stadttopographie mit einigem Recht sagen lässt, stellt das Grabmal in der Magdalenenkirche eine signifikante Sonderlösung innerhalb der Stadt dar.[3] Das spätestens seit dem ausgehenden 19. Jahrhundert nicht nur von wissenschaftlicher Seite mit großer Aufmerksamkeit bedachte Werk dürfte also keineswegs nur für den modernen Betrachter eine auffallende Erscheinung sein.[4]

Ein Blick auf den Stadtplan (Abb. 2) zeigt die exponierte Lage der kurz «La Magdalena» genannten Kirche. Der älteste Siedlungskern liegt auf einem Felsvorsprung hoch über dem Duero. Er war bis zur Zeit der *repoblación* in der zweiten Hälfte des 11. Jahrhunderts noch kein klerikaler Nukleus, sondern zunächst ein wehrhafter Verteidigungsbezirk.[5] Sein Zentrum bildete die Kathedrale, die kurz nach 1120 wieder in den Rang einer Bischofskirche erhoben wurde und vermutlich seit 1139 im Bau war.[6] Daneben erhoben sich auf diesem Areal bereits weitere Sakralbauten, unter anderem die noch heute bestehenden Kirchen S. Isidoro und S. Pedro (letztere seit dem späten Mittelalter

---

[3] Zur Stadtgeschichte siehe Amando REPRESA RODRÍGUEZ, «Génesis y evolución urbana de la Zamora medieval», in: *Hispania, Revista Española de Historia* 122, 1972, S. 525–45; Maria Luisa BUENO DOMÍNGUEZ, *Zamora en los siglos XI–XIII*, Zamora 1988; *Zamora en la edad media,* Ausstellungskatalog anlässlich des *Primer Congreso de Historia de Zamora,* hrsg. von Juan Carlos ALBA LÓPEZ, Zamora 1988; HISTORIA DE ZAMORA, hrsg. von dems., Zamora 1995, Bd. 1: *De los orígenes al final del medievo.*

[4] Auf die Sonderstellung des Grabmals wurde schon frühzeitig hingewiesen, es steht sogar stellvertretend für seine Epoche in dem photographiehistorisch bedeutsamen Buch von Kurt HIELSCHER, *Das unbekannte Spanien,* Berlin 1921, S. 245; außerdem: José María QUADRADO, *España, sus monumentos y artes, su naturaleza e historia: Valladolid, Palencia y Zamora,* Barcelona 1885, S. 596–98. Die wissenschaftliche Erforschung setzt ein mit: Francisco ANTÓN CASASECA, *El templo de Santa María Magdalena de Zamora,* Zamora 1910; Manuel GÓMEZ MORENO, *Catálogo monumental de la provincia de Zamora,* Madrid 1927, S. 168; David de las HERAS HERNÁNDEZ, *Catálogo artístico-monumental y arqueológico de la diócesis de Zamora,* Zamora 1973, S. 247; Guadalupe RAMOS DE CASTRO, *El arte románico en la provincia de Zamora,* Zamora 1977, S. 123–26; A. CRUZ Y MARTÍN, *El románico zamorano,* Zamora 1981; eine erste sorgfältige Analyse des Grabmals unternahm Margarita RUIZ MALDONADO, «Dos obras maestras del románico de transición. La portada del obispo y el sepulcro de La Magdalena», in: *Studia Zamorensia,* 1, hrsg. von Manuel FERNÁNDEZ ÁLVAREZ, Salamanca 1988, S. 33–60; einen guten Überblick bietet das als Reiseführer angelegte Buch von Cayetano ENRÍQUEZ DE SALAMANCA, *Rutas del románico en la provincia de Zamora,* Villanubla 1998, S. 46-50; die jüngste, sehr ausführlich den Symbolen der gesamten romanischen Skulptur Zamoras nachgehende Studie, die auch etliche Beobachtungen zu unserem Grabmal integriert, stammt von Carlos DOMÍNGUEZ HERRERO, *El románico zamorano en su marco del noroeste. Iconografía y simbolismo,* Zamora 2002, S. 183–204.

[5] Zur Wiederbesiedlung der bereits in römischer Zeit bestehenden Stadt: Antonino GONZÁLEZ BLANCO, «La cristianización de Zamora», in: *Primer congreso de historia de Zamora,* hrsg. vom Instituto de Estudios Florian de Ocampo, Bd. 2, Zamora 1990, S. 267–99.

[6] Zur Baugeschichte der Kathedrale siehe: Guadalupe RAMOS DE CASTRO, *La Catedral de Zamora,* Zamora, 1982; RUIZ MALDONADO 1988 (wie Anm. 4), S. 33–34.

unter dem Patrozinium S. Ildefonso).[7] Ältere, teilweise vielleicht noch vor 1100 entstandene Sakralbauten haben sich außerhalb der Stadtmauern im Westen (Santiago de
los Caballeros), im Süden (S. Cipriano und S. Claudio de Olivares) und im Südosten
(Sto. Tomé) erhalten. In der zweiten Hälfte des 12. Jahrhunderts existierte also bereits
ein umfassendes Netz an Kirchen, die teilweise noch im Bau oder gerade erst vollendet
waren; auch der urbane Ausbau und die ekklesiastische Organisation waren weit fortge-
schritten, was besonders auf die Tätigkeit des aus dem Périgord stammenden Bischofs
Bernardo (1121–49) zurückzuführen ist.[8]

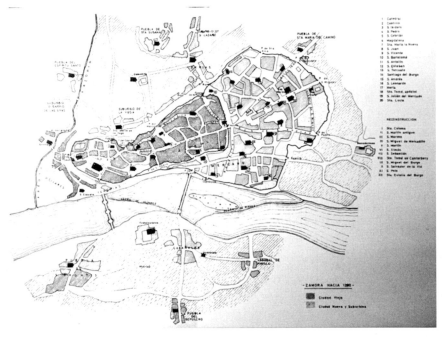

Abb. 2: Zamora um 1290.
Die Magdalenenkirche (6) liegt an der Carrera Mayor, unmittelbar vor dem Dombezirk

---

[7] ENRÍQUEZ DE SALAMANCA 1998 (wie Anm. 4), S. 45–46. Drei weitere archivalisch nachgewiesene
Kirchen in diesem Bereich (Sta. Coloma westlich der Kathedrale, S. Martín antiguo und S. Marcos im
Osten) sind nicht mehr vorhanden.

[8] Zum Bischof Bernardo, auf den auch die für das Umland eminent wichtige Gründung des Zisterzienserklosters Valparaiso zurückgeht: Fidel FITA, «Bernardo de Périgord. Arcediano de Toledo y obispo de Zamora», in: *Boletín de la Real Academia de la Historia*, 14, 1889, S. 456–61; überblickend zur frühromanischen Architektur und Bauskulptur Zamoras: DOMÍNGUEZ HERRERO 2002 (wie Anm. 4), S. 39–61; zur
Stadtentwicklung: REPRESA RODRÍGUEZ 1972 (wie Anm. 3), S. 530–38.

Die Magdalenenkirche befindet sich unmittelbar östlich jenes ältesten Kerns innerhalb des Gebietes der ersten Stadterweiterung aus dem frühen 12. Jahrhundert, und zwar direkt an der Carrera Mayor, der Hauptstraße, die von der Puerta Nueva mit der Pfarrkirche S. Juan im Osten (heute Plaza Mayor) aus zum Dombezirk im Westen verläuft. Dieser zentralen Lage entsprechend ist das an der Carrera Mayor gelegene repräsentative Südportal, welches noch heute als Haupteingang dient, reich ausgestattet (Abb. 3). Amando Represa betont zurecht die situative Bedeutung der Kirche als «[...] *iglesia concejil en ocasiones, y en el sector opuesto uno de los núcleos más interesantes. En él se concentró la vida económica del mercado diario – mercadillo para el consumo local* [...]».[9] Neben der Lage im merkantilen Brennpunkt spielte die Kirche natürlich auch bei repräsentativen Einzügen auf der beschriebenen Route von Osten zur Kathedrale eine wichtige Rolle.[10]

Abb. 3: Die Magdalenenkirche in Zamora von Südosten

[9] REPRESA RODRÍGUEZ 1972 (wie Anm. 3), S. 532.
[10] Ausführlich dazu: ebda., S. 532–33, Anm. 13.

Einer lokalen Tradition zufolge hat sich La Magdalena, die erstmals 1167 erwähnt und wahrscheinlich 1215 – noch nicht vollendet – den Johannitern übergeben wurde, zunächst im Besitz des Templerordens befunden.[11] Dies hat einige Forscher dazu verleitet, in der Dame des Grabmals einen «*caballero de la Orden del Temple*» zu sehen – ein Irrtum, der seit Gómez Morenos unmissverständlicher Beschreibung einer «*hembra con tocas y abultado seno*» im Jahre 1927 nur noch wenigen unterlaufen ist.[12] Doch selbst die Bestimmung als Templerkirche dürfte eine nicht haltbare Legende sein – nicht die erste im Zusammenhang mit einer spanischen Kirche des hohen Mittelalters, deren Bauform und Entstehungsgeschichte Rätsel aufgeben. Wie Gonzalo Martínez Díez in mehreren Studien zu dem Orden in León und Kastilien zeigen konnte, gab es zwar in der heutigen Provinz Zamora schon früh eine relative Dichte an Komtureien (immerhin sechs im Umkreis von etwa 50 Kilometern), für die Hauptstadt selbst aber bezeugt kein Dokument die Existenz eines Ordenshauses oder gar den Besitz der Magdalenenkirche.[13] Der einzige Hinweis auf einen festen Sitz in der Stadt ist die Erwähnung eines Alfonso Luiz, «*comendatori bayliue de Çamora*» im Jahre 1310, fünf Jahre vor dem Verbot des Ordens.[14] Ältere Quellen belegen lediglich geschäftliche Aktivitäten des Ordens, der in der zweiten Hälfte des 12. Jahrhunderts drei Zamoraner Kirchen besaß, doch nicht La Magdalena.[15] Die Tatsache, dass sich die Johanniter im Laufe des 13. Jahrhunderts großer Teile des Besitzes der konkurrierenden Orden, der Templer und Hospitaliter, bemächtigten, dürfte die Legendenbildung um die Templerzeit der Magdalena befördert haben.[16] Der in Verbindung mit der sagenumwobenen *Militia Templi* nicht seltene «historische Irrtum» beschränkt sich also nicht allein auf die These, dass die meisten der iberischen Zentralbauten Templerkirchen gewesen seien – was ja am Beispiel der Vera Cruz in Segovia jüngst von Stefanie Dathe widerlegt werden konn-

---

[11] Ausgiebige Diskussion dieser Thesen bei DOMÍNGUEZ HERRERO 2002 (wie Anm. 4), S. 141–46.

[12] GÓMEZ MORENO 1927 (wie Anm. 4), S. 168; für die Identifizierung der Dargestellten als Mann plädierten: QUADRADO 1885 (wie Anm. 4), S. 598; ANTÓN CASASECA 1910 (wie Anm. 4), S. 18; HIELSCHER 1921 (wie Anm. 4), S. 245; Kurt BAUCH, *Das mittelalterliche Grabbild. Figürliche Grabmäler des 11. bis 15. Jahrhunderts in Europa*, Berlin 1976, S. 316; Anm. 138; Tomás María GARNACHO, *Breves noticias sobre algunas antigüedades de Zamora y provincia*, Zamora 1979, S. 159.

[13] Gonzalo MARTÍNEZ DÍEZ, *Los templarios en la corona de Castilla*, Burgos 1993; DERS., *Los templarios en los reinos de España*, Barcelona 2001; siehe außerdem: Javier CASTÁN LANASPA, *Arquitectura templaria castellano-leonesa*, Valladolid 1983; DERS., «La arquitectura de las órdenes militares en Castilla», in: *Los monjes salvados. Los Templarios y otras órdenes militares. Actas IX Seminario sobre Historia del Monacato* (7–10 de agosto de 1995), hrsg. von José Ángel GARCÍA DE CORTÁZAR und Ramón TEJA, Aguilar de Campoo 1996, S. 135–51; sowie die umfassende Arbeit zur Templerarchitektur in Katalonien von Joan FUGUET SANS, *L'arquitectura dels Templers a Catalunya*, Barcelona 1995.

[14] MARTÍNEZ DÍEZ 1993 (wie Anm. 13), S. 104.

[15] Ebda., S. 104f.

[16] Ebda., S. 104.

te.[17] Jedenfalls sind Schlussfolgerungen hinsichtlich der Architekturformen oder gar der Gestalt des Grabmals aus der mehr als unwahrscheinlichen «Templerthese» ebenso wenig abzuleiten wie das Auftreten gewisser Orientalismen oder Exotismen.[18]

Interessant für die Frage nach den ursprünglichen Eigentumsverhältnissen an La Magdalena ist hingegen die Figur eines Bischofs am Südportal, die inmitten des symbolistischen Figuren- und Floraldekors nicht nur durch ihre realistische Kleidung hervortritt, sondern darüber hinaus mit ihren Gesichtszügen als Individuum kenntlich gemacht ist (Abb. 4). Carlos Domínguez Herrero vermutet sogar, die Figur hätte einen «*carácter de retrato*».[19] Gehen wir davon aus, dass das Portal gemäß der etablierten stilistischen Datierung um 1170/80 entstanden ist und dass es sich bei der Bischofsfigur tatsächlich um ein Porträt handelt, könnte die Darstellung lediglich die Bischöfe Esteban (Amtszeit 1150–75) oder dessen Neffen Guillermo (1175–93) meinen. Diese gehören, wie ihr Vorgänger Bernardo, dem Namen nach einer französisch stämmigen Familie an, welche in der zweiten Jahrhunderthälfte eine bedeutende Stellung innerhalb von Stadt und Diözese eingenommen haben muss, über die dennoch jedoch kaum etwas bekannt ist.[20] Bei weiteren gezielten Quellenstudien wäre nach einer Verbindung zwischen dieser Familie und der Magdalenenkirche sowie der dort bestatteten Dame zu suchen – dies dürfte weiter führen als die Templer- oder Hospitaliterthese.

[17] Stefanie DATHE, *La Vera Cruz in Segovia. Dialektische Untersuchung zu Ursprung, Baugeschichte und Funktion eines romanischen Zentralbaus in Alt-Kastilien*, Diss. Zürich 1999, Weimar 2001.

[18] Die «*elementos de clara raigambre oriental*», DOMÍNGUEZ HERRERO 2002 (wie Anm. 4), S. 142, in der Architektur und der Konstruktion des Grabmals liefern immer wieder das äußerst vage Hauptargument für den Auftrag durch einen Militärorden.

[19] Ebda., S. 151, dort auch eine ausführliche Beschreibung des Portals.

[20] Richard A. FLETCHER, *The Episcopate in the Kingdom of León in the Twelfth Century*, Oxford 1978, S. 44. Bruno Klein wies mich freundlicherweise darauf hin, dass die Archivoltenfigur ein Pallium trägt, das in der Regel den Erzbischöfen vorbehalten war. Ich habe leider nicht ermitteln können, ob Esteban oder Guillermo dieses ausnahmsweise auch Bischöfen zugestandenen Privileges teilhaftig geworden ist, und will somit eine Identifizierung offen lassen. Die Alternativen scheinen mir jedoch unwahrscheinlicher: Im 12. Jahrhundert war keineswegs geklärt, welcher Erzdiözese der Zamoraner Suffraganbischof unterstand, um die Zuständigkeit rangen Toledo, Braga (Portugal) und Compostela; eine Entscheidung fiel erst um 1200 zugunsten Compostelas. Die Darstellung eines dieser drei Bischöfe auf einem Zamoraner Kirchenportal um 1175 wäre also in jedem Fall eine brisante politische Aussage. In dieser kontroversen Zeit lässt sich jedoch keiner der drei Kontrahenten als Stifter in Zamora nachweisen. Zu überprüfen wäre allerdings, wie weit das Selbstverständnis des Zamoraner Bischofs Esteban ging, in dessen Episkopat die faktische Unabhängigkeit von den streitenden Erzdiözesen besonders ausgeprägt war. Zum Suffraganstreit siehe: ebda., S. 195–203, sowie Demetrio MANSILLA REOYO, «Disputas diocesanas entre Toledo, Braga y Compostela en los siglos XII al XIV», in: *Anthologica Annua* 3, 1955, S. 89–143. Für die Identifizierung der Portalfigur als erzbischöflichem Heiligen fehlt, angesichts des früh bezeugten Patronats von La Magdalena, ebenfalls jeder Hinweis.

Abb. 4: Detail vom Südportal der Magdalenenkirche in Zamora:
Porträt des Bischofs Esteban oder Guillermo?

Vorerst wissen wir also nicht mit Bestimmtheit, von wem die Kirche zunächst betreut
wurde – und auch die Identität der bestatteten Dame lässt sich nicht eindeutig fassen.
Mit Sicherheit dürfte es sich um eine bedeutende Stifterin des Baus handeln, der zur
Zeit der Errichtung der Grabanlage zweifellos noch im Gange war.[21] Die überzeugende
und zu Recht nie angezweifelte Datierung des Grabmals ins ausgehende 12. Jahrhundert
beruht auf den intensiven stilistischen Untersuchungen Margarita Ruíz Maldonados und
wird in der bereits erwähnten, jüngst erschienenen ikonographischen Studie von Domínguez Herrero bestätigt.[22] Es sei hier nur auf das auffällige Motiv der Rosette an der
Unterseite des Baldachins des Grabes verwiesen, das fast identisch am Bischofsportal
der Kathedrale auftaucht.[23]

---

[21]   Siehe den Vorschlag zur Identifizierung der Dame als Königin Urraca von León im Aufsatz von Rocío
       SÁNCHEZ AMEIJEIRAS in diesem Band S. 289–315.

[22]   RUIZ MALDONADO 1988 (wie Anm. 4); S. 40–47; DOMÍNGUEZ HERRERO 2002 (wie Anm. 4),
       S. 184.

[23]   Beide Autoren führen ihre Vergleiche sehr weit aus, wobei natürlich besonders der Reliefschmuck des
       Grabes eine wichtige Rolle spielt. RUIZ MALDONADO 1988 (wie Anm. 4), S. 45, folgt der von RAMOS
       DE CASTRO 1977 (wie Anm. 4), S. 136, erhobenen These, der Bildhauer sei auch für die Kapitelle des

Das Grabmal liegt unmittelbar westlich des Baldachins des nördlichen Seitenaltars und somit direkt im Blickfeld des Besuchers, der durch das Hauptportal die Kirche betritt (Abb. 5). Ohne Zweifel wurde damit bewusst mit der dank des Erhaltungszustandes noch heute nachvollziehbaren Zamoraner Tradition gebrochen, Gräber bedeutender Personen als Arkosolgrab seitlich der Eingänge zu platzieren, also den alten Bestattungsvorschriften gemäß außerhalb der Kirchen. Um 1200 waren Bestattungen im Inneren nur ausnahmsweise, und dann auch vorwiegend in separaten Raumteilen in Zisterzienserkirchen oder Kathedralen gestattet.[24] Den Eingang flankierende Grabanlagen haben sich in Zamora in hoher Zahl erhalten, markante Beispiele sind die Kirchen S. Isidoro, S. Ildefonso sowie auch La Magdalena. Dass diese Tradition noch 100 Jahre später lebendig war, illustriert die prominenteste Portalanlage Zamoras, die Portada de Obispo an der Kathedrale.[25] Hier hat sich an der Ostseite der architektonisch, bildhauerisch und auch inhaltlich äußerst anspruchsvollen zum Palast hin gelegenen Querhaussüdfassade aus der zweiten Hälfte des 12. Jahrhunderts ein unbekannter Bischof unter dem Tympanon mit der *Sedes Sapientiae* bestatten lassen. Ein im Innern der Kirche und ostentativ dem Haupteingang gegenüber errichtetes Grabmal dürfte um 1200 besonders in Zamora eine Aufsehen erregende Novität gewesen sein. Diese Aufstellung, die die Wirkung mindestens ebenso bestimmt haben wird wie der von Domínguez Herrero konstatierte «exotismo» des Dekors und der Ziborien, verschafft dem Grabmal eine durchaus mit zeitgenössischen Portalanlagen vergleichbare öffentliche Präsenz. Weiter unten soll gezeigt werden, dass sich auch die Bildsprache an derartigen Anlagen orientiert.

Nordportales der Kirche Santiago de Burgos in Zamora verantwortlich gewesen. Weitere Bezüge zu besser datierbaren Zamoraner Kirchen ließen sich anschließen.

[24] Vgl. die Grabmäler der Leoneser Könige Alfons IX. und Ferdinand II. in der Kathedrale von Santiago de Compostela, die verschiedenen Anlagen im Kloster Las Huelgas etc.

[25] Zur Portada de Obispo: RUIZ MALDONADO 1988 (wie Anm. 4), S. 33; DOMÍNGUEZ HERRERO 2002 (wie Anm. 4), S. 79–110. Die repräsentative Grabanlage seitlich eines wichtigen Kirchenportals und in unmittelbarer (auch bildlicher) Nähe zum entsprechenden Patron folgt einer im Pyrenäenraum schon im späten 11. Jahrhundert greifbaren Tradition; vgl. die Porte des Comtes an St-Sernin in Toulouse, an die im späten 11. Jahrhundert ein kleiner Anbau angefügt wurde, in dem mehrere Mitglieder des Grafenhauses Saint-Gilles von Toulouse bestattet wurden. Die Grablegefunktion erlosch nach wenigen Jahren bereits, da die Domkanoniker von St-Étienne ihr angestammtes Recht wieder geltend machen konnten; siehe: Jean CABANOT, «Le décor sculpté de la basilique St-Sernin à Toulouse, Sixième colloque de la Société française d'archéologie», in: *Bulletin monumental*, 132, 1974, S. 99–145, hier: S. 123. Zur Verbindung von Portalen und privilegierten Friedhofsplätzen: Willibald SAUERLÄNDER, «Reliquien, Altäre und Portale», in: *Kunst und Liturgie im Mittelalter, Akten des internationalen Kongresses der Bibliotheca Hertziana und des Nederlands Instituut te Rome* (28.–30. September 1997), hrsg. von Nicolas BOCK, Sible de BLAAUW u.a., München 2000, S. 121–34.

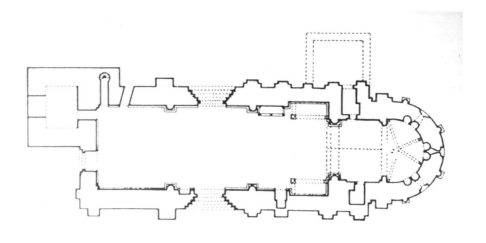

Abb. 5: Grundriss der Magdalenenkirche in Zamora.
Das Grabmal liegt westlich des nördlichen Seitenaltars.

Das Grabmal befindet sich in unmittelbarer Nachbarschaft zu einem der in Spanien
äußerst selten erhaltenen Altarbaldachine,[26] wobei es sogar selbst unter einem zwar
kleineren, doch reicher dekorierten Ziborium steht. Durch diese Kleinarchitektur wird
das Grabmal als eigener Sakralraum ausgegrenzt. Diesen Eindruck unterstützend,
schöpfte man mit den Sirenen, Drachen- und Vogelwesen der Dreipässe und Kapitelle
aus dem für Grabmäler ungewöhnlichen Motivschatz der Portal- und Kreuzgangskapi-
tellskulptur.[27] Der Betrachter wird demnach räumlich distanziert, die *elevatio animae*,
die Himmelfahrt der Seele der Verstorbenen, vollzieht sich in einem exklusiven Bereich. Durch die Darstellung wiederum wird er dazu eingeladen, an dem Ereignis zu
partizipieren. Dies sei im Folgenden kurz dargelegt.

---

[26]   Ein sehr bekanntes, ebenfalls steinernes Exemplar befindet sich in der Johanniterkirche S. Juan de Duero.
       Trotz ihrer heutigen Rarität dürften Altarbaldachine im Spanien des 12. und 13. Jahrhunderts sicherlich
       nicht so selten und gewiss kein Spezifikum der Militärorden gewesen sein, wie von der Forschung oft an-
       genommen: CASTÁN LANASPA 1996 (wie Anm. 13); DOMÍNGUEZ HERRERO 2002 (wie Anm. 4), S.
       191. Man muss angesichts der rigorosen Umgestaltung der spanischen Kirchenräume im 16. und 17. Jahr-
       hundert mit einer hohen Verlustrate rechnen. Vereinzelt erhaltene Werke (aus Toses, heute Barcelona, Mu-
       seu Nacional d'Art de Catalunya) zeigen, dass solche Baldachine auch aus Holz errichtet – und somit spä-
       ter umso leichter entfernt – werden konnten. Hölzerne Altarüberbauten waren im 13. Jahrhundert im ge-
       samten Abendland verbreitet; siehe zusammenfassend: Norbert WOLF, *Deutsche Schnitzretabel des 14.
       Jahrhunderts*, Berlin 2002, S. 286–99.

[27]   DOMÍNGUEZ HERRERO 2002 (wie Anm. 4), S. 191, erklärt diese Motivübertragung mit der Intention,
       den Eindruck eines «*Jerusalén celeste*» zu evozieren.

Die Zamoraner *elevatio animae*, ein an spanischen Grabmälern der Zeit geläufiges Thema, unterscheidet sich von vergleichbaren Darstellungen.[28] In der Regel erhält die Himmelfahrt der Seele einen offiziösen Charakter; die Perpetuierung des Augenblicks des Totenoffiziums wird durch die Darstellung von Trauernden, Mitgliedern des Hofstaates oder Priestern konkretisiert und auf einen Teilnehmerkreis beschränkt, von dem der spätere Betrachter naturgemäß ausgeschlossen ist. Andere Konzeptionen erheben das Grabmal durch die Verknüpfung des Todes des Bestatteten mit Darstellungen der Muttergottes mit Kind oder des Weltenherrschers in eine eschatologische Ebene, welche den Betrachter erst recht ausklammert. Eminent wird diese Bedeutungssteigerung, wenn ein Grabmal mit einer *Sedes Sapientiae* und somit mit einer der anspruchsvollsten heilsgeschichtlichen Konzeptionen überhaupt verbunden wird.[29] In Zamora hingegen fehlen sowohl Trauernde als auch Christus und Maria, offenbar mit dem Ziel, die anhaltende Präsenz des Augenblicks der *elevatio* zu sichern. Stattdessen übernehmen vier Engel mit eindringlichen Gesten und Handlungen die szenische Umsetzung des Vorgangs: Zwei, die Weihrauch schwenken, flankieren die auf einem Totenbett liegende Verstorbene, die beiden anderen geleiten die in ein Tuch gebettete Seele in den Himmel. Hier wird weder durch ein spezielles Zeremoniell eine historische noch durch ein kostbares Ornat eine soziale Distanz zum Betrachter aufgebaut; das Gleiche gilt im Hinblick auf die Engel mit Weihrauchfass und die, welche die Seele emportragen. Alle Beteiligten agieren in derselben hierarchischen und zeitlichen Ebene. Der Erhebungsmoment wird szenisch verdichtet, wodurch dem Betrachter der unmittelbare Zugang zum Dargestellten ermöglicht wird. Zugleich aber sorgen die architektonische Situation und die dem Bauschmuck innewohnende, von Domínguez Herrero beobachtete symbolische Trennung von «innen» und «außen» für eine klare Distanzierung zum Betrachter.[30]

Die Strategie, den Verstorbenen sehr gegenwärtig und zugleich weit erhöht erscheinen zu lassen, ist seit dem späten 11. Jahrhundert ein Spezifikum der hagiographischen Bildprogramme entlang der Pilgerstraße. Es ist notwendig, die formalen Etappen in Entwicklung und Ausbildung dieser Strategie etwas ausführlicher darzulegen, um die

---

[28] Ein aussagekräftiges Vergleichsbeispiel ist der Sarkophag der D.ª Sancha aus Sta. Cruz de la Serós (Provinz Huesca); siehe: Lucrecia HERRERO ROMERO, «Notas iconográficas sobre el Tránsito del alma en el románico español», in: *Estudios de iconografía medieval española*, hrsg. von Joaquín YARZA LUACES, Barcelona 1984, S. 13–51.

[29] Eine der bedeutendsten Anlagen dieser Art war das teilweise in der sog. Porte Romane der Kathedrale von Reims verbaute Grabmal des 1170 verstorbenen Erzbischofs Henri de France. Beispiele des 13. Jahrhunderts sind Legion, ein besonders anschauliches ist das Grabmal des 1264 verstorbenen Bischofs Pérez in der Capilla S. Martín im Nordwestturm der Alten Kathedrale zu Salamanca, das sich dieser noch zu Lebzeiten unter einer besonders verehrten Marienfigur errichten ließ; siehe: Manuel GÓMEZ MORENO, *Catálogo Monumental de España: Provincia de Salamanca*, Madrid 1967, S. 127–30.

[30] DOMÍNGUEZ HERRERO 2002 (wie Anm. 4), S. 183–87.

Position des Grabmals in Zamora zu verstehen: Ein frühes Beispiel ist die gegen 1080 zu datierende Porte des Comtes an St-Sernin in Toulouse (Abb. 6), an der bis zur Französischen Revolution in den Zwickeln über den Eingangsbögen drei heute nur noch verstümmelt erhaltene Reliefs angebracht waren, welche den Patron Saturninus sowie seine beiden Schüler Papoul und Honest in Rundbogennischen zeigten.[31] Durch die prominente, in dieser Zeit neuartige Platzierung der Reliefs am Außenbau, ein entsprechendes Bildprogramm im Inneren der Kirche, sowie mit der im 9. Jahrhundert publizierten Heiligenvita wurde in einem bis dahin kaum bekannten Umfang für das Grab des Saturninus geworben. Der erste Toulousaner Bischof und Märtyrer, eigentlich eine Gestalt des 3. Jahrhunderts, ist ungeachtet des zeitlichen Abstandes in die größtmögliche Nähe zu Christus gestellt. Angeblich beauftragt vom Apostel Petrus, der dann auch an einem Kapitell in der Kirche an entsprechend prominenter Stelle erscheint, avancierte er zum Missionar der Languedoc, äquivalent zu Jakobus Maior in Galicien. Saturninus erscheint als unmittelbarer Zeuge des Wirkens Christi und somit als Interzessor ersten Ranges.[32] Wir stehen hier am Beginn einer darstellerischen Tradition, einer Tendenz, die in den großen Bildprogrammen der Heiligenschreine um 1200 gipfelt, in denen die persönliche Vita zum «*Nachweis der Heiligkeit*» und zugleich zum «*Bestandteil der Verehrung*» wird.[33]

[31]   Die Identifizierung der beiden Begleitfiguren ist aufgrund des Fehlens einer Inschrift nicht ganz gesichert, hat sich aber in Hinblick auf eine ähnliche Darstellung auf einem wenig älteren Sarkophag in Saint Hilaire (Aude) allgemein durchgesetzt; CABANOT 1974 (wie Anm. 25), S. 122; Marcel DURLIAT, «L'apparition du grand portail roman historié dans le midi de France et le nord de l'Espagne», in: *Cahiers de St-Michel de Cuxa*, 8, 1977, S. 2–24, hier S. 11. Die bis heute nicht unumstrittene Datierung des Portals um 1080 ergibt sich aus dem ersten gesicherten Datum, der Altarweihe von 1096, sowie vor allem aus der Chronologie der Bildhauerarbeiten des Ateliers. Da von Süden nach Norden immer wieder deutliche Repliken des Kapitelle des Portals vorkommen, dürfte dieses zu den ersten Arbeiten der Werkstatt gehören (direkt nach den Kapitellen des ältesten Ateliers im Chorumgang), was eine entsprechend frühe Planung voraussetzt; vgl. Thomas W. LYMAN, «Raymond Gairard and Romanesque Building Campaigns at St-Sernin in Toulouse», in: *Journal of the Society of Architectural Historians*, 37, 1978, S. 71–91; sowie den problematischen Aufsatz desselben Autors: «The Sculptural Programme of the Porte des Comte Master at St-Sernin in Toulouse», in: *Journal of the Warburg and Courtauld Institutes*, 34, 1971, S. 12–39.

[32]   Siehe: A.-V. GILLES, «L'evolution de l'hagiographie de St-Sernin de Toulouse et son influence sur la liturgie (IXe–XIVe siècle)», in: *Cahiers de Fanjeaux*, 17, 1982, S. 359–79.

[33]   Susanne WITTEKIND, «Heiligenviten und Reliquienschmuck im 12. Jahrhundert, Eine Studie zum Deutzer Heribertschrein», in: *Wallraf-Richartz-Jahrbuch*. 59, 1998, S. 7–28, hier: S. 9; außerdem: Sabine KOMM, *Heiligengrabmäler des 11. und 12. Jahrhunderts in Frankreich, Untersuchung zu Typologie und Grabverehrung*, Ingelheim / Rhein 1990.

Abb. 6: Toulouse, St-Sernin, Porte des Comtes

In Toulouse haben wir das früheste mir bekannte Beispiel einer Verbindung von Heiligenbild am Portal und Heiligenkult am Hauptaltar der Kirche vor Augen. Bereits am Portal wird die «visuelle Aktivierung des Reliquienkultes»[34] eingeleitet, die in der kurz vor 1100 fertig gestellten Ausstattung des Grabes ihren Höhepunkt finden sollte. Wichtig ist dabei die erwähnte temporäre gräfliche Grablege in unmittelbarer Nähe des Eingangs, welche die Einbeziehung von Privatpersonen in die weit gesteckte hagiographische Gesamtkonzeption offenbart. Auch vor dem Hauptportal von St-Lazare in Autun, in dessen Bildprogramm die Bedeutung des Lazarus als Interzessor eindringlich visualisiert wurde, fanden Bestattungen statt.[35] Es ließen sich noch etliche Beispiele für die Verknüpfung von Heiligengrab, Kult und Kirchenportal im 12. Jahrhundert aufzeigen. Kennzeichen ist stets die große formale Nähe des Heiligen zu Christus, sei es durch die Behauptung eines direkten Kontaktes zwischen beiden, oder durch eindringliche Bildbezüge zwischen Stationen der Heiligenvita und dem Leben Christi. Dabei liegt den

---

[34] SAUERLÄNDER 2000 (wie Anm. 25), S. 125.

[35] Ebda., S. 124–25; hier auch der spätmittelalterliche Quellenbeleg dafür, dass die «Trias von Heiligen» am Mittelpfeiler (Lazarus zwischen Martha und Magdalena, die an den beiden Seitenaltären verehrt wurden) auch vor ihrer Erneuerung durch Viollet-le-Duc 1862 bestanden haben.

Parallelen zur Passion des Gottessohnes noch keine derart ausgefeilte Konzeption einer Imitatio Christi zugrunde, wie es bei den Texten und Bildern zur Vita des hl. Franziskus im 13. Jahrhundert der Fall ist. Den Lokalheiligen umgab noch keine Aura eines «zweiten Christus», der den Weg zur Heiligkeit in der Nachfolge der Passion Christi vorgelebt hätte. Vielmehr haben wir es einerseits mit der Nutzung von Seh- und Denkstrukturen der Gläubigen zu tun, denen die einzelnen Stationen der Christusvita ebenso geläufig waren wie die verschiedenen Einzeldarstellungen des Gekreuzigten oder des Weltenrichters.[36] Zum anderen liegt der Analogiebildung zwischen Heiligen und Christus in der frühen Zeit auch die Vorstellung zugrunde, die hohe Stellung des verehrten Märtyrers im Jenseits an der Seite Christi spiegele sich bereits in Szenen seines Lebens oder in seiner Physiognomie wieder.[37] Mit der durch die Parallelisierung zu Christus evozierten Entrücktheit des Heiligen ist aber zugleich eine gegenläufige Aussage verknüpft: Sehr persönliche, fast genrehafte Züge aus der Vita werden in schriftlicher und bildlicher Form betont; sie ermöglichen dem Gläubigen eine fast intime Beziehung zu dem Heiligen,[38] der dem Betrachter zugleich sehr nah und weit entrückt erscheint. Durch das komplexe Verhältnis des Gläubigen zur verehrten Person wird letztlich auch die Distanz zu Christus verringert – eine aus eschatologischer Sicht äußerst stringente Bildkonzeption.

An kaum einer Pilgerkirche lässt sich diese Strategie so gut nachvollziehen wie an S. Vicente in Ávila. Als die Kirche nach zwei größeren Baukampagnen in der zweiten Hälfte des 12. Jahrhunderts weitgehend fertig gestellt war, begegnete der Besucher gleich an mehreren Stellen repräsentativen, eindringlichen Bildwerken des verehrten Vinzenz und seiner Schwestern Sabina und Cristeta. Diese hatten im Jahre 307 in Ávila den Märtyrertod erlitten; ihre Gebeine wurden jedoch wohl erst seit dem 9. Jahrhundert verehrt.[39] Die ältesten Bildwerke aus der ersten Baukampagne um 1125 befinden sich

---

[36] Zu der Frage der Nutzung von Erinnerungsbildern in Bildstrukturen siehe die weiter unten in Anm. 49 genannte Literatur.

[37] Das Prinzip der Typologie ist sowohl von kunsthistorischer als auch von theologischer und literaturwissenschaftlicher Seite relativ gut erforscht. Grundlagen einer typologischen «Denkform» liegen bereits in frühchristlicher Zeit, visuelle Rückbezüge auf bekannte Bildformen und -inhalte finden sich in Bildern des ersten Jahrtausends. Die Verbindung von Typologie und Hagiographie lässt sich jedoch in größerem Ausmaß erst seit dem 12. Jahrhundert bildlich greifen. Die Übernahme ikonographischer Schemata wird zum wichtigen Bestandteil der Heiligenverehrung. Zu diesen Fragen siehe zuletzt die Marburger Dissertation von Bernd MOHNHAUPT, *Beziehungsgeflechte. Typologische Kunst des Mittelalters*, Bern 2000; zur hagiographischen Typologie ebda. S. 139–81.

[38] WITTEKIND 1998 (wie Anm. 33), S. 9. Selbst Launen und Schwächen der Heiligen wurden betont und dienten letztlich zu dessen Charakterisierung sowie als Identifikationsangebot an die Gläubigen (Beispiele ebda.).

[39] Zum Vinzenzkult: Carmen GARCÍA RODRÍGUEZ, *El culto de los Santos en la España romana y visigoda*, Madrid 1966, S. 218–84; die Tatsache, dass die Gebeine im Jahre 1062 aus der Kirche entfernt und getrennt nach Arlanza, León und Palencia gebracht wurden, wo sie sich noch heute (nicht unumstritten) be-

am Südportal: Es handelt sich um Vinzenz und Sabina, die sich, einer glaubhaften Argumentation von Margarita Vila da Vila zufolge, gemeinsam mit einer heute fehlenden Figur der Cristeta auch ursprünglich an diesem Eingang befunden haben und bei der Umgestaltung der Südseite im 14. Jahrhundert neu versetzt wurden.[40] Vorstellbar wäre eine gestaffelte Anordnung der drei Reliefs über dem Portal wie in Toulouse (Porte des Comtes) und, rekonstruiert, in Segovia (S. Miguel). Mit der Ausstattung dieses bis zur Vollendung der Kirche als Hauptportal genutzten Eingangs schuf man die «visuellen» Grundlagen für die Etablierung eines bis dahin nahezu unbedeutenden Kultes.[41]

Nach Errichtung des berühmten Westportals in der zweiten Jahrhunderthälfte wurde der Gläubige nun in weitaus monumentalerer und komplexerer Form mit der Figur des hl. Vinzenz konfrontiert. Zwar befindet sich hier am Trumeaupfeiler statt des Heiligen die thronende Figur Christi, die von den Aposteln im Gewände umgeben ist. Das Fehlen eindeutiger Attribute und die auffällige Abweichung von der zeitgenössischen Gepflogenheit, den Trumeaupfeiler für den Titelheiligen vorzusehen, während Christus üblicherweise im Tympanon dargestellt wurde, verleihen der Figur allerdings eine ikonographische Zweideutigkeit.[42] Zweifelsohne sollte bereits am Portal auf die Konkordanz zwischen Vinzenz und Christus eingestimmt werden, auf die am Heiligenschrein immer wieder angespielt wird.

Im Innern der Kirche wurden den Heiligen wohl erst in dieser Zeit, also in der zweiten Hälfte des 12. Jahrhunderts, aufwändige Kenotaphe errichtet, deren Höhepunkt der steinerne Schrein mit den Gebeinen des Vinzenz darstellte.[43] Sabina und Cristeta wurden von ihrem Bruder separiert bestattet und erhielten in der Krypta einen eigenen Schrein an der Westwand des südlichen Querhausflügels. Von diesem Wandkenotaph, dessen anhand frühneuzeitlicher Quellen rekonstruierte Gestalt mit zwei Arkaden an die

finden, dürfte durchaus ein Movens für die aufwendige Hagiographie im Bildprogramm der Kirche gewesen sein; Daniel Rico Camps hat zu dieser Frage eine Untersuchung angekündigt.

[40] Margarita VILA DA VILA, *Ávila Románica. Talleres escultóricos de filiación hispano-languedociana*, Diss. Santiago de Compostela 1990, Ávila 1999, S. 332–36; zur Architektur der Kirche siehe bes. Daniel RICO CAMPS, *El románico de San Vicente de Ávila. Estructuras, imágenes, funciones*, Murcia 2002, zur «*Primera campaña románica*», S. 25–48.

[41] Zur Bedeutung des Kultes siehe auch: Patricia Angela HUBER, *Das narrative Element in der spanischen Spätromanik, Untersuchung des erzählerischen Gehalts des Vinzenzgrabes in Ávila und seiner Stellung innerhalb der europäischen Sepulkralkunst des zwölften Jahrhunderts*, Diss. Jena 1999, S. 24–35.

[42] Tatsächlich ist die Christusfigur am Trumeaupfeiler in Ávila ein Unikum; Paul WILLIAMSON (*Gothic Sculpture 1140–1300*, New Haven u.a. 1995, S. 119) vermutete sogar, es könnte sich tatsächlich um Vinzenz im Apostelkollegium handeln. Zu der theologischen Bedeutung und dem der Portalkonzeption zugrunde liegenden Missionsgedanken ausführlich: RICO CAMPS 2002a (wie Anm. 40), S. 261–64.

[43] Siehe im Folgenden ausführlich: RICO CAMPS 2002a (wie Anm. 40), S. 291–329 sowie DERS., «A Shrine in its Setting: San Vicente de Ávila», in: *Decorations for the Holy Dead, Visual Embellishments on Tombs and Shrines of Saints*, hrsg. von Stephen LAMIA und Elizabeth VALDÉZ DEL ÁLAMO, Turnhout 2002, S. 57–76.

des Zamoraner Grabmals erinnert, haben sich lediglich die ursprünglich in den Arka-
denzwickeln befindlichen und später in die Südwand des Querhauses versetzten Reliefs
der drei Geschwister erhalten (Abb. 7).[44]

Abb. 7: Ávila, S. Vicente, Reliefs der heiligen Geschwister Vinzenz, Sabina
und Cristeta vom Kenotaph der beiden Schwestern im südlichen Querhaus

Später, vielleicht um 1600, wurden diese vor allem im Gewandbereich mit einer dicken Stuckoberfläche überzogen; Haltung, Attribute und Gesichter blieben jedoch weitgehend unberührt. Frappierend ist die Ähnlichkeit des Vinzenz mit geläufigen Christus-
darstellungen: Er hält ein aufgeschlagenes Buch in der Linken, in der Rechten statt des
Szepters einen Märtyrerzweig. Bei den Figuren der Sabina und Cristeta fällt auf, dass nur
eine der beiden Schwestern eine Kopfbedeckung trägt, was auch bei den Darstellungen am
Schrein beibehalten wird. Dieses Mittel dürfte nicht nur zur leichten Differenzierung
beider eingesetzt worden sein, sondern *«para resaltar su diferente edad o estado civil».*[45]
Bekanntlich war im Mittelalter in den meisten Teilen des Abendlandes nur unverheirate-
ten Frauen das öffentliche Auftreten ohne Kopftuch gestattet.[46] Die genaue Kenntnis der

---

[44]   Die Erkenntnisse zu diesen Reliefs haben wir erst den jüngsten Arbeiten RICO CAMPS 2002a (wie Anm.
       40), S. 316–19 und 2002b (wie Anm. 43), S. 67–69 zu verdanken; zuvor waren diese von der Forschung
       nahezu vollständig übersehen worden. Dass es sich tatsächlich um Teile des durch Quellen gesicherten
       Kenotaphs handelt, wie Rico Camps glaubhaft macht, kann jedoch nicht eindeutig nachgewiesen werden.

[45]   VILA DA VILA 1999 (wie Anm. 40), S. 331.

[46]   Bruno SCHIER, *Die mittelalterlichen Anfänge weiblicher Kopftrachten im Spiegel des mittelhochdeut-
       schen Schrifttums* (Veröffentlichungen der Kommission für Volkskunde der Deutschen Akademie der Wis-
       senschaften zu Berlin 2), Berlin 1953, S. 141–55.

Heiligengeschichte voraussetzend wird dem Betrachter ermöglicht, eine unmittelbare Beziehung zu einer der Schwestern aufzubauen – was bei der weiblichen Pilgerschaft bis zur Identifikation mit den Abgebildeten gehen konnte. Wie so oft im 12. Jahrhundert findet hier ein Element der alltäglichen Erfahrungswelt Eingang in die Heiligenikonographie.[47]

Die Strategie, dem Betrachter eine intime Nähe zu den Heiligen anzubieten, findet in den Darstellungen des Schreins ihren Höhepunkt (Abb. 8).[48] Die Figuren sind in verschiedene Ebenen unterteilt. Zwischen den offenen Arkaden des unteren Geschosses – und dem Betrachter am nächsten – sind an den Längsseiten jeweils drei «Identifikationsmodelle» vorgeführt, nämlich Mönche und Musikanten: An der Südseite erkennt man einen Mönch mit Pilgerstab, einen lesenden Novizen sowie einen Musiker. An den Ecken befinden sich, paarweise diskutierend, die Apostel – sie stehen für die Exegese als nächst höhere Ebene des Reflektierens und Imaginierens des Heilsgeschehens. Dargestellt sind hier Lesen, Musizieren und Diskutieren als mögliche Stadien des Erkennens, ein viertes – das Sehen – wird durch den Betrachter selbst verkörpert. An der Ostseite des Schreins wird die Anbetung der Könige, im Westen der Weltenrichter dargestellt; zwischen *Adventus* und Weltgericht sind nicht, wie üblich, die Passion Christi, sondern Szenen der *Passio Sancti Vicentii, Sabinae et Christetae* eingespannt. Die Darstellungen weisen frappierende kompositionelle und motivische Ähnlichkeiten mit der Christuspassion bzw. -vita auf: an der Nordseite Vinzenz vor Dacian (= Christus vor Pilatus), die Gefangennahme Vinzenz' (= Gefangennahme Christi), Vinzenz wird von seinen Schwestern aus dem Gefängnis befreit (= Magdalena vor Christus), Dacians Befehl zur erneuten Gefangennahme der Geschwister (= Befehl zum Betlehemitischen Kindermord), Einzug der drei Heiligen in Ávila (= Einzug Christi in Jerusalem).[49] Um

---

[47] Zur Frage der Kopfbedeckung bei Marienbildern der Zeit: Tobias KUNZ, «Die Madonna aus Gorsem (Provinz Limburg) und die Werkstatt des Berliner Engels von einem Heiligen Grab, Bemerkungen zur romanischen Holzplastik im Rhein-Maas-Gebiet», in: *Jahrbuch der Berliner Museen*, 42, 2000, S. 99–120.

[48] Gute und vollständige Abbildungen aller Reliefs bei: José Manuel PITA ANDRADE, *Escultura románica en Castilla: Los maestros de Oviedo y Ávila*, Madrid 1955, Tafel 24–43; inhaltlich zu den Darstellungen siehe auch: Félix A. FERRER GARCÍA, «El santo y la serpiente: leyenda y realidad en el cenotafio de los mártires Vicente, Sabina y Cristeta de Ávila», in: *Cuadernos Abulenses*, 29, 2000, S. 11–59; im Kathedralmuseum von Ávila hat sich eine zeitgleich entstandene hochformatige Tafel mit der Darstellung des Paulus erhalten, die wahrscheinlich zu dem Schreinensemble gehörte; die Frage, ob es sich um die Tür einer der beiden Arkaden unterhalb der *Maiestas Domini* oder um den Rest einer großen hölzernen Schreinverkleidung (wie Francesca Español vermutete) handelt, lässt RICO CAMPS 2002b (wie Anm. 43), S. 66–67, offen. Francesca Español möchte ich an dieser Stelle für einige wichtige Hinweise zu diesem Thema danken.

[49] Zu den Konkordanzen der Vita mit denen anderer populärerer Heiliger, wie Vinzenz von Zaragoza, und die Übertragung ganzer Passagen, die möglicherweise ebenso beabsichtigt waren, um bestimmte Erinnerungsbilder bei den Gläubigen abzurufen, siehe HUBER 1999 (wie Anm. 41), S. 27–28.; allgemein zu diesem Thema: Mary J. CARRUTHERS, *The Book of Memory, A Study of Memory in Medieval Culture*, Cambridge 1990.

den zuvor wenig bekannten Vinzenzkult zu fördern, wurde somit die Christusiko-
nographie bemüht, also die prominenteste Bildvorlage schlechthin.

Abb. 8: Ávila, S. Vicente, Schrein des heiligen Vinzenz (nördliche Längsseite)

Auch in den dramatischen Szenen der Südseite wird das Konzept der *conformitas* zunächst beibehalten. Die Entkleidung ist von einer im späten 12. Jahrhundert seltenen
erzählerischen Eindringlichkeit; hier und in den folgenden Szenen der Räderung und
Zerquetschung der Köpfe wird besonders ausführlich von dem antiken rhetorischen
Mittel der extremen Kontrastierung Gebrauch gemacht. Die rigorose Zerstörung der
makellosen nackten Körper und die widernatürlichen, schockierenden Stellungen der
Gequälten stehen in krassem Gegensatz zu der gelassenen Haltung der Folterknechte
oder deren völlig unnötiger Bekleidung mit einem Kettenhemd. Folge dieser Darstel-
lungsweise ist eine ungewöhnlich starke Vergegenwärtigung des Geschehens. Durch
den Affektbezug und die Beschränkung auf *ein* Handlungsmoment können diese Bilder
als ein sich vor dem Auge des Betrachters abspielendes Geschehen «erlebt» werden.
Dieselbe Wirkung erzielt die beredte Gebärdensprache des an der Hinrichtung nicht
beteiligten, während des Würgegriffes einer Riesenschlange auf wunderbare Weise
bekehrten und zur Anfertigung der Sarkophage schreitenden Juden der beiden letzten
Szenen. Die unmittelbare Sequenz des demütigen Vorbeugens und Arbeitens als direkte
Folge des Erkennens und der Bekehrung ist eine geschickte Überleitung zu der tatsäch-

lichen Grabanlage: Die im 4. Jahrhundert durch den Juden geborgenen Gebeine der Heiligen, welche in von ihm gefertigten Särgen lagern, können noch von dem hochmittelalterlichen Betrachter verehrt werden. Zudem findet die Steinmetzarbeit hinter Arkaden statt, die eine dem wirklichen Hausschrein auffallend ähnelnde Lokalität evozieren.[50]

Die historische Distanz von neun Jahrhunderten wird durch diesen Griff überwunden und die zeitliche Achse Christus – Vinzenz – Gegenwart, also spätes 12. Jahrhundert und Jüngstes Gericht, zusammengerückt. Es handelt sich um eine sehr ausgereifte Form der «Verwirklichung heilsgeschichtlicher Jederzeitigkeit».[51] Wie bei der Darstellung der *elevatio animae* auf einem Grabmal wird in den Reliefszenen die Perpetuierung eines Momentes unter Negierung des historischen Abstandes erzielt. Dass der Betrachter dabei natürlich auch auf Distanz gehalten wird, zeigt der gestaffelte Aufbau des Schreins von den Mönchsszenen in der untersten Zone bis zur Heiligengeschichte. Die Vergegenwärtigung der frühchristlichen Ereignisse dient hier natürlich der historischen Legitimation und der Werbung für die in der Kirche nicht mehr aufbewahrten, dennoch in den Kenotaphen verehrten Reliquien.[52]

Zurück zum Zamoraner Grab: Trotz einer eindeutigen inhaltlichen Verbundenheit mit der geläufigen Sepulkralbildtradition orientiert sich dieses Werk in seinen Darstellungsmitteln an der monumentalen Bauskulptur seiner Zeit. Und es ist ein Kennzeichen gerade der romanischen figürlichen Skulptur Nordspaniens, dass sie eine starke öffentliche Präsenz besitzt und eindringlich die Gegenwärtigkeit der Heiligen an den Fassaden, Kapitellen und Konsolen vermittelt. Am klarsten erscheinen uns heute diese Konzeptionen an den großen Pilgerkirchen des 11. und 12. Jahrhunderts. Dass dieses von mir als «doppelte Bildstrategie» bezeichnete Phänomen – den Heiligen zugleich von einer

---

[50] RICO CAMPS 2002a (wie Anm. 40), S. 308–15 weist darauf hin, dass auch in der Miniaturarchitektur der Schrein-Westseite mit dem Weltenrichter auf die Westfassade der Kirche angespielt wird. Zur hoch interessanten Legende der Bekehrung des Juden siehe: FERRER GARCÍA 2000 (wie Anm. 48).

[51] MOHNHAUPT 2000 (wie Anm. 37), S. 159. Ähnliche Schlussfolgerungen auch bei RICO CAMPS 2002b (wie Anm. 43), S. 58–59, der sich allerdings nicht auf die Betrachteransprache, sondern die strukturelle Beziehung zwischen Kirchen- und Schreinarchitektur bezieht. Die anhaltende Wirkung der inhaltlichen Verdichtung von Schrein und Kirche ist allein daran ablesbar, dass noch bis zur Mitte des 19. Jahrhunderts S. Vicente als frühchristliche Kirche galt und in dem Schrein das tatsächlich vom Juden der Legende ausgeführte Reliquienbehältnis gesehen wurde; siehe: Margarita VILA DA VILA, «Acerca de la cronología del románico abulense: crítica de las fuentes documentales y literarias», in: *Jubilatio. Homenaje de la Facultad de Geografía e Historia a los Profs. D. Manuel Lucas Álvarez y D. Ángel Rodríguez González*, Santiago 1987, Bd. 2, S. 561–70.

[52] HUBER 1999 (wie Anm. 41) weist zurecht auf die finanzielle Notlage des kastilischen Königs Alfons VIII. und die verschiedenen Maßnahmen hin, dieser zu begegnen (S. 35–43). Neben der Forcierung von Heiligenkulten erfolgte auch eine gewisse Protektion der finanzkräftigen jüdischen Bevölkerung. Problematisch ist jedoch Hubers These, «*weniger das Eigeninteresse eines Klosters oder einer Stadt*» sei für die Kultförderung des Vinzenz verantwortlich gewesen, sondern das Bemühen um Etablierung eines «*kastilischen Nationalgedankens*», zu dessen Trägern die heiligen Geschwister werden sollten (S. 25f.). Zur Bedeutung der Grenzlage Ávilas vgl. RICO CAMPS 2002a (wie Anm. 40), S. 209–244.

intimen Seite und weit entrückt zu zeigen – auch bei anderen Gattungen festzustellen ist, sollte hier nachgewiesen werden. Dass der Betrachterbezug beim Zamoraner Grab so außerordentlich wichtig war, dürfte nicht zuletzt durch seinen nahezu öffentlichen Aufstellungsort motiviert gewesen sein. Dieser steht im Gegensatz zur zeitgenössischen Gepflogenheit adliger Familien, sich in einem eigenen «Hauskloster», etwa einer Zisterze, fern des urbanen Lebens bestatten zu lassen. Insofern steht das Grabmal in der Magdalenenkirche im späten 12. Jahrhundert noch im Kontext einer die Künste stark beeinflussenden städtischen Kultur, die bereits Meyer Schapiro als Movens für den Übergang vom mozarabischen zum romanischen Stil in Silos verantwortlich gemacht hat.[53]

In Zukunft sollte gefragt werden, ob es auch bei weiteren frühen figürlichen Grabmälern zu einer «Aneignung hagiographischer Bildstrategien zur sepulkralen Selbstdarstellung» kam und welche politischen Gründe für Familien oder Institutionen jeweils vorlagen. Blickt man auf die weitere Entwicklung spanischer Grabmäler im 13. und 14. Jahrhundert, so stellt man fest, dass sich zwar die Thematik weiter spezifizierte, doch die grundsätzliche Konzeption, eine repräsentative Grablege im Innenraum einer Kirche anzulegen und durch eindringliche bildliche Darstellungen die visuelle Präsenz des Toten zu sichern, weitergeführt wurde. Sie dürfte letztlich auf Anlagen wie das Grabmal der Magdalenenkirche in Zamora zurückgehen.

---

[53]   MEYER-SCHAPIRO, «From Mozarabic to Romanesque in Silos», in: *The Art Bulletin*, 21, 1939, S. 312–74.

RESUMEN ESPAÑOL

APROPIACIÓN DE ESTRATEGIAS VISUALES HAGIOGRÁFICAS PARA LA PRESENTACIÓN SEPULCRAL PROPIA : INCLUSIÓN DEL ESPECTADOR EN SEPULCROS FIGURALES

A través del ejemplo del conocido sepulcro de una dama anónima en la iglesia de Sta. María Magdalena de Zamora quiero intentar precisar un fenómeno del arte sepulcral gótico primario, que al mismo tiempo es una característica de la escultura arquitectónica del norte de España del siglo XII: el dirigirse al espectador de forma directa e insistente, simultáneamente distanciándose de él mediante jerarquías de arquitectura y contenido. Esta «doble estrategia visual», que aquí un miembro de la nobleza secular persigue en su presentación sepulcral propia, pertenece, como mostraré, a una tradición centenaria de propaganda visual hagiográfica en las iglesias a lo largo de la ruta de peregrinación. Los medios visuales allí utilizados para representar los martirios, la proximidad de Cristo o los hechos milagrosos de los correspondientes santos en las fachadas de ingreso, capiteles o relicarios, fueron adoptados por primera vez en la escultura sepulcral en torno a 1200.

El sepulcro en Sta. María Magdalena representa en muchos aspectos una solución especial dentro de Zamora. Esto se muestra sobre todo en su ubicación: en la ciudad era común antes, como después, enterrar los sepulcros de personas eminentes fuera de las iglesias, siguiendo las antiguas ordenanzas, como hoy se puede apreciar muy bien en los numerosos arcosolios al lado de los portales mayores. Por otro lado, el sepulcro se encuentra en un lugar expuesto en Sta. María Magdalena, directamente frente a la entrada principal y delante del altar lateral septentrional. Hay que recordar que la Magdalena se encontraba ya en tiempo de su construcción en el centro mercantil de la ciudad y poseía una presencia pública correspondiente; la Carrera Mayor que va al recinto de la catedral pasa directamente al sur de la iglesia. Fundamental para la cuestión de la identidad desconocida de la dama enterrada podría ser la cabeza de un obispo en la representativa fachada meridional, quizá un retrato del obispo Esteban (1150–75) o de su sobrino Guillermo (1175–93). La dama desconocida podría pertenecer a esta familia. Una conexión con la orden del Temple, como muchas veces ha sido conjeturado, es muy improbable.

También en la manera de su presentación el sepulcro es insólito. El tema habitual en este contexto de la *elevatio animae*, a través del cual el momento del oficio de los muertos deberá ser perpetuado, se distingue claramente de otras representaciones comparables de la época en Zamora. En ellas la representación del alma tiene en general un carácter oficial, con los representados –dolientes, miembros de la corte o sacerdotes– formando un círculo del cual el espectador está habitualmente excluido. Otras concepciones elevan el sepulcro a través de la vinculación de la muerte del difunto con representaciones de la Madre de Dios con el Niño o del Señor del Universo a un nivel escatológico, que excluye al espectador más todavía. En La Magdalena por el contrario cuatro ángeles con acentuados gestos y acciones se encargan de la traducción visual del

procedimiento. Duelo, compasión y además triunfal junto con el correspondiente poten-
cial emocional se concentran en estas cuatro figuras atemporales. Aquí no se establece
ni una distancia histórica ni social hacia el espectador ni tampoco una entre los ángeles.
Todos los participantes actúan en el mismo nivel jerárquico y temporal. El momento de
transición se densifica visualmente, lo cual hace posible para el espectador un acceso
directo al relieve. Al mismo tiempo la situación arquitectónica (el ornamento del baldaquino marca su propio espacio sagrado) crea una clara distancia ante el espectador.

Esta «doble estrategia visual», que muestra al difunto como muy presente y a la misma vez muy elevado, es una característica de los programas iconográficos hagiográficos
a lo largo de la ruta de peregrinación (Tolosa, St-Sernin, Porte des Comtes) desde
finales del siglo XI. Un caso contemporáneo y muy destacado es la decoración de
S. Vicente en Ávila. En el túmulo de los santos hermanos Vicente, Sabina y Cristeta los
venerados adquieren características individuales, de esta forma posibilitando al peregrino el acceso íntimo a ellos. Al mismo tiempo las célebres escenas de relieve del
túmulo muestran una concordancia entre la *passio Christi* y el martirio de Vicente, hasta
un límite sin par en esta época, lo cual eleva extremadamente al santo. Vicente se manifiesta al espectador muy próximo y al mismo tiempo muy remoto. De esta forma los
rígidos límites escatológicos pueden ser aparentemente superados, ayudando al creyente,
mediante la intimidad sugerida con el venerado intercesor, a llegar a una proximidad
vertiginosa a Cristo.

(Traducción: David Sánchez Cano)

DAS GRABMAL DES HEILIGEN PEDRO DE OSMA IN EL BURGO DE OSMA – DIE HIERARCHIE DER *CARITATES*

Johanna Wirth Calvo

Im 13. Jahrhundert entstand in Nordspanien eine Reihe monumentaler Sarkophage mit Liegefigur. Ihre Ikonographie konzentriert sich auf die Thematik der Todes- und der Bestattungsliturgie. Besondere Bedeutung findet dabei die in der Szene der *Almosengebung* zusammengefasste Tugend der *gelebten Caritas*[1], wie sie beispielsweise auf dem Wandgrab des Bischofs Martín II Rodríguez († 1242) in der Kathedrale von León (Abb. 1) oder auf dem Grab des Bischofs Hernando in der Kathedrale von Ávila zu finden ist.[2] Die bekannten formalen Vorbilder des Motivs der *Caritas* werden auf den kastilischen Bischofsgräbern des 13. und 14. Jahrhunderts in einen neuartigen Zusammenhang gestellt. Sie liefern einen eigenständigen ikonographischen Beitrag zur kastilischen Grabplastik.[3]

---

[1] Diese Darstellung findet sich in ganz Europa auf Schreinen von Heiligen. Der ikonographische Gebrauch der *Caritas*-Darstellung auf Gräbern von nicht heilig gesprochenen Bischöfen ist eher ungewöhnlich. Die *Caritasverpflichtung* in Bischofsviten ist hingegen ein wichtiges Element im Sinne der apostolischen Nachfolge. Zur Caritas im Mittelalter und in den Heiligenviten vgl. Arnold ANGENENDT, *Geschichte der Religiosität im Mittelalter*, Darmstadt 1997, S. 585–98.

[2] Beim Grabmal in Ávila handelt es sich um eine Kopie aus dem 14. Jahrhundert nach der leonesischen Vorlage des 13. Jahrhunderts. – Einzelnen gotischen Bischofsgräbern haben sich in jüngerer Zeit unter anderen Rocío Sánchez Ameijeiras und Francesca Español gewidmet. Vgl.: Rocío SÁNCHEZ AMEIJEIRAS, *Investigaciones iconográficas sobre la escultura funeraria del siglo XIII en Castilla y León*, Phil. Diss. unpubl., Santiago de Compostela, 1993; DIES., «Monumenta et memoriae: the thirteenth century episcopal pantheon of León Cathedral», in: Elizabeth VALDÉZ DEL ÁLAMO et al., *Memory and the Medieval Tomb*, Cambridge 2000, S. 269–99, sowie zur Grabverehrung in Kastilien «Imagery and Interactivity: ritual Transaction at the Saint's Tomb», in: Stephan LAMIA und Elizabeth VALDÉZ DEL ÁLAMO, *Decorations for the Holy Dead, Visual embellishment on Tombs and Shrines of Saints*, London, 2002, S. 21–38. Zu Santo Domingo de la Calzada: Francesca ESPAÑOL BERTRAN, «Santo Domingo de la Calzada: el cuerpo santo y los escenarios de su culto», in: *Actas del Simposio en Santo Domingo de la Calzada: La cabezera de la Catedral calceatense y el Tardorománico hispano*, Sto. Domingo de la Calzada, 29.–31. Januar 1998, S. 209–81.

[3] Wie C. Hahn für die deutschen und französischen Bildzyklen von Bischofsviten darlegt, wird dort die Hierarchie des Bischofs und seine perfekte Amtsausübung betont, die Ausübung der Barmherzigkeit steht

Abb. 1: Grabmal des Bischofs Martín II Rodríguez († 1242) in der Kathedrale von León

Die Gaben der Barmherzigkeit, die sich auf das Christuswort im Schluss der Bergpredigt beziehen, sind jeweils in einer einzigen Szene zusammengefasst. Es werden
dabei aber nicht alle Gaben der *Caritates* dargestellt, sondern quasi in einem rhetorischen Bogen nur die erste bei Matthäus erwähnte Ausübung der Barmherzigkeit, die
Armenspeisung (rechts), und die letzte, der Besuch oder die Befreiung im Gefängnis
(links), abgebildet. Die Armenspeisung nimmt mehr als die Hälfte der Bildfläche ein
und gibt eine Reihe von Armen, Behinderten und Pilgern in großem Realismus und
eindrücklicher Detailfreude wieder.

*

Der Sarkophag des Heiligen Pedro de Osma in der Kathedrale von El Burgo de Osma
ist im Gegensatz zu den übrigen kastilischen Bischofsgräbern frei stehend konzipiert, da
er als Heiligengrab verstanden werden will. Die heutige Aufstellung ist nicht original,
lässt sich aber weitgehend rekonstruieren.

Das Grabmal wurde im späten 19. Jahrhundert hinter einem Barockretabel in der südlichen Apsis des Südquerhauses entdeckt. Der erste beschreibende Bericht, der 1895
von Ibañez Gil in Burgo de Osma veröffentlicht worden war, zeigt mit aller Deutlich-
keit, dass das Grabmal bei seiner Auffindung auf Löwen- und Blattmaskensockeln und
einer beinahe 10 cm dicken Platte sowie sechs kleinen Säulen mit Blattkapitellen stand.
Wie die früheste Zeichnung zeigt, war zudem der Deckel umgedreht und auf der Rückseite bestoßen worden (Abb. 2).[4]

---

nicht im Vordergrund. Vgl.: Cynthia HAHN, *Portrayed on the heart: Narraative effects in pictorial Lives
of Saints from the tenth to the thirteenth Century*, Berkeley / London 2001, S. 129–70.

[4]   Die ursprüngliche Aufstellung ist zwar nicht abschließend geklärt, denn die vorgefundenen Säulchen
könnten einerseits den Grabkasten getragen haben, andererseits könnten sie auch Reste eines heute verlore-
nen Ziborium bilden. Die Stücke stammen aber eindeutig wie die übrigen Sockel aus dem 13. Jahrhundert.

Abb. 2: Grabmal des Pedro de Osma,
Zeichnung (Rabal 1888), Biblioteca Nacional Madrid

Bei der Auffindung wurde die Polychromie der Skulptur lobend erwähnt. Verschiedene Restaurierungen im 20. Jahrhundert müssen aber dennoch stark in die Bemalung eingegriffen haben. 1997 unterzog man das Grabmal einer Reinigung und nahm chemische und mikroskopische Untersuchungen vor.

Fest steht auch, dass das Grabmal wohl sehr früh von seiner dominierenden Stellung in der Mitte der Espino Kapelle (südliche Südquerhauskapelle) an die Wand verschoben wurde und erst später durch das Barockretabel verdeckt worden ist. Vgl. Johanna WIRTH CALVO, *Das Grabmal des Heiligen Pedro von Osma*, Lizentiatsarbeit, unpubl., Univ. Zürich, 2002. Grundsätzliche Überlegungen zum Grabmal in Osma bei José María FRÍAS MARTÍNEZ, *El Gótico en Soria: Arquitectura y Escultura monumental*, Salamanca 1980, S. 133–37, sowie SÁNCHEZ AMEIJEIRAS 2002 (wie Anm. 2), S. 28–32; vgl. auch Ángela FRANCO MATA, *Escultura gótica en León*, León 1976, Reed. 1997. Der Restaurationsbericht und die fotographischen Unterlagen wurden mir vom Instituto Patrimonio Historico Español (IPHE) in Madrid und der Fundación Las Edades del Hombre in Valladolid freundlicherweise zur Verfügung gestellt. Ihnen wie auch dem Kathedralkapitel in Osma sei an dieser Stelle herzlich gedankt.

DER HEILIGE PEDRO DE OSMA

Pedro de Osma war ein französischer Reformbischof des späten 11. Jahrhunderts und gilt als Erbauer der romanischen Kathedrale von Osma. Er verstarb 1109 in Palencia, wurde nach Osma überführt und dort bestattet. Pedros Grabmal entstand erst im Rahmen des Baus der gotischen Kathedrale. Allgemein kann angenommen werden, dass es unter einem der beiden aus Burgos stammenden Bischöfe, Gil (1246–61) oder Agustín (1261–86), geschaffen wurde. Der Heilige ist auf dem Deckel seines Grabmals leicht überlebensgroß dargestellt. Die Liegefigur ist dabei wenig nach rechts geneigt. Neben Engeln an seinem Kopf und Rücken und betenden Chorherren zu seinen Füßen sind in erstaunlicher Detailfreude an seiner rechten Seite elf Behinderte und ihre Kinder dargestellt.

Auf dem Kasten werden in der Leserichtung von links nach rechts die Mirakel des Heiligen erzählt. Es sind dies auf der rechten Flanke die *Bekehrung eines Adeligen* (Abb. 3 und Taf. II) und auf der Schmalseite zu den Füßen die *Heilung eines reichen Bürgers mit einem Fisch* (Abb. 4). Auf der linken Langseite folgen die *Befreiung eines Priesters aus dem Gefängnis*, die *Heilung eines besessenen Geistlichen* und ein *Quellwunder an einer Eiche vor versammelten Gläubigen*, sowie eine *Dämonenvertreibung am Sterbebett* (Abb. 5). Ein in einem Turm sitzender Mönch mit Buch verweist auf den Text der Vita; er blickt direkt auf den Betrachter und verstärkt so dessen Identifikation mit dem Geschehen. Auf der Kopfseite (Abb. 6) folgen nun in geänderter Leserichtung von unten nach oben: Die *Translation*, die *Bestattung des Heiligen*, sowie die *Vertreibung eines simonistischen Bischofs* durch den bereits verstorbenen Pedro und zwei weitere Bischöfe.

Die Hagiographie, die sich im so genannten *Breviario romano* im Kathedralarchiv befindet, ist mit großer Wahrscheinlichkeit eine Abschrift aus der Mitte des 13. Jahrhunderts. Sie dürfte kurz vor dem Bau des Grabmals verfasst worden sein. Es erscheint möglich, dass die Vita und das Grabmal im Zusammenhang von Bestrebungen zur Kanonisierung Pedros entstanden sind.[5]

---

[5]   Juan LOPERRÁEZ CORVALÁN, *Descripción histórica de obispado de Osma*, Bd. 1–3, Madrid 1788 und Joseph LÓPEZ QUIRÓS Y LOSADA, *Vida y Milagros de San Pedro de Osma novísimo galiciano, Patróno de esta Santa Iglesia*, Valladolid, 1724, folio, Kathedralarchiv von Osma, fassen die Vita zusammen. Agapito ALPANSEQUE Y BLANCO, *Vida y Milagros de San Pedro de Osma en Romance*, Aranda de Duero 1917, verfasste eine in Vers formulierte spanische Version, die sich aber auf verschiedene Quellen stützt und sehr frei übersetzt ist. Im Rahmen meiner Lizentiatsarbeit habe ich den Vitentext übersetzt und dem Bildzyklus gegenübergestellt.

Abb. 3: Grabmal des Pedro de Osma
in der Kathedrale von El Burgo de Osma, Langseite rechts

Abb. 4: Schmalseite zu Füßen des Bischofs

Abb. 5: Langseite links

Abb. 6: Schmalseite am Kopf des Bischofs

DAS *WUNDER VOM BESIEGTEN RITTER*

Anders als in der Textfassung nimmt das *Wunder vom besiegten Ritter* in der Bilderzählung den größten Raum ein (Abb. 3 und Taf. II). An diesem Beispiel sei aufgezeigt, wie unterschiedlich die sprachliche und bildnerische Erzählung «funktionieren».

Hinter einem frei skulptierten buschigen Baum tritt ein bewaffneter Knappe hervor. Er begleitet zwei Reiter, die von links in die Bildmitte vordringen. Kurz vor der Bildmitte wächst ein überdimensionales sternförmiges Blatt aus dem Boden. So unscheinbar es scheint, stoppt es doch die Bewegungsrichtung; der Blick des Betrachters schweift über die anschließende, viel weniger geordnete zweite Hälfte der Szene: Vor dem berittenen Bischof liegt ein geharnischter Ritter mit Kettenhemd und Helm. Über ihm fliegen drei Dämonen. Schwert, Speer, Schild und Reittier sind dem im wörtlichen Sinne Erniedrigten durch die schwarzen Dämonen streitig gemacht worden. Der Ritter hat somit alle Zeichen seines sozialen Status verloren.

Rechts etwas an den Rand gedrängt schließt die nächste Szene an. Vor einem verzweigt rankenden Bäumchen am rechten Bildrand kniet ein vornehmer Ritter vor dem aufrecht stehenden Bischof. Der Ritter trägt adlige Kleidung, Mantel und Tasselriemen und ist mit einem Schwert umgürtet. Der Bischof erscheint in vollem Ornat und mit Krummstab. Die Bittstellung des Knienden ist deutlich zu erkennen. Der mächtige Bischof demonstriert seine Großmut gegenüber dem Adligen, der den Bischof seinerseits flehend um Verzeihung bittet.

Durch ihre Eckposition bekommt diese Szene ein deutliches Gewicht. Doch ist die Bilderzählung damit nicht abgeschlossen, vielmehr wird sie auf der Schmalseite am Fuß des Grabkastens ergänzt und vollendet. Hinter dem Bäumchen beugt sich eine Gruppe weiterer Adeliger vor. Sie scheinen den noch sichtbaren Fuß des Reuigen zu berühren. Auffallend ist, dass sie sich umarmen oder gegenseitig vertraulich berühren, weshalb sie als Einheit erscheinen. Die Bilderzählung bricht hier ab, nachdem die Geschlossenheit der Szene sogar über die Ecke zwischen Lang- und Schmalseite des Grabbehältnisses aufrecht erhalten worden war.

Im Text wird das Wunder folgendermaßen dargestellt:

> *Der verehrungswürdige Bischof und fromme Vater also, dessen Geist*
> *und Handeln durch Demut und Sanftheit und alle seine Werke der Barm-*
> *herzigkeit stark war, übte nichtsdestoweniger ohne Furcht mit seiner*
> *starken Rechten Gerechtigkeit aus. Er hatte nämlich einen Mann von*
> *Osma, der sehr reich war, wegen verschiedener widerrechtlicher Hand-*
> *lungen, die dieser der Kirche von Osma sehr oft zugefügt hatte, durch die*
> *Fesseln der Exkommunikation fest gebunden. Dieser, blind vor dünkel-*
> *hafter Entrüstung und erfüllt von wütendem Unglauben, richtete seinen*
> *teuflischen Sinn in keiner Weise auf die gehörige Busse, sondern auf die*
> *Durchführung eines verbrecherischen Mordes. Eines Tages nun, als der-*

selbe Bischof aus der Kirche der Seligen Maria herausging und die Stadt
des heiligen Stephanus [gemeint ist S. Esteban de Gormaz] aufsuchen
wollte, ritt jener Mann von Osma, vom Teufel angestachelt, von dessen
Geist er völlig geleitet wurde, ausgerüstet mit kriegerischen Waffen und
heransprengend auf rasendem Pferd, auf das er sich gesetzt hatte, dem
Bischof auf seinem Weg entgegen, um ihn in einem verwegenen Wagnis
mit seiner Lanze zu durchbohren. Aber die Strafe Gottes kam ihm zuvor:
Plötzlich wurde er von einem bösen Dämon gepackt und stürzte mit
Schaum vor dem Mund jählings vor dem Bischof vom Pferd auf die Erde.
Von diesem bösen Dämon wurde er lange ohne Unterbrechung gequält
und konnte sich auf keine Weise von ihm befreien, solange bis er durch
die Bitte seiner Eltern und seine eigene angemessene und vollständige
Busse, durch das Gebet und die Verdienste dieses berühmten Bischofs es
verdiente, wieder seine frühere völlige geistige Gesundheit zu erlangen.

In der Bilderzählung werden nur die Höhepunkte der Erzählung ausgewählt: Dies sind einerseits der Sturz des Ritters, d.h. seine Erniedrigung, und andererseits die Versöhnung zwischen ihm und dem Bischof dank der Buße des Fehlbaren und seiner Familie.

Der verwirrte Geist des Ritters steht im Zentrum der Erzählung – er ist der eigentliche Kernpunkt des ganzen Geschehens. Im Bild wird das auf einfache aber effektive Art umgesetzt. Der Kopf des Ritters liegt in der geometrischen Mitte dieser Seite des Grabkastens. Da der Adlige nicht auf der Höhe seiner geistigen Kräfte ist, wird sein Haupt beinahe auf den Bildrand gelegt, während sein rechter Arm auch wirklich das Randornament berührt. Der verstörte Ritter fällt also buchstäblich auch beinahe aus dem *sozialen* Rahmen.

Die linke Bildhälfte prägt eine klare Bildstruktur. Der Bischof mit seinen Begleitern ist in betonter Senkrechte dargestellt. Das Umherwirbeln der Attribute des Adelstandes – Speer, Schild, Schwert und galoppierendes Pferd – sind Zeichen einer gestörten Ordnung. Diese wird erst im letzten Moment, bevor die Bildebene wechselt, wieder hergestellt.

Während im Text die Not des Ritters mit logisch argumentativen Mitteln kurz aufgerollt wird, dramatisieren im Bild räumliche Leerstellen das Geschehen. Nichts verstellt den Blick. Der Bischof steht am Anfang wie am Schluss der Bildfläche im Blickfeld. Er repräsentiert die göttliche Ordnung. Die Zuschauer, seine Familienangehörigen, sind nur Statisten oder allenfalls Zeugen des Geschehens. Die Familie demonstriert ihre Zusammengehörigkeit, indem sich ihre Mitglieder umarmen. Auch wenn diese in scharfer Rückenposition zur anschließenden Szene stehen, verweisen sie doch in ihrer Körperhaltung auf die Angehörigen des kranken Mannes in der nächsten Bildszene, denn diese berühren sich ebenfalls.[6]

Verschiedene gestalterische Mittel schaffen es, die Aufmerksamkeit der Betrachter zu fesseln. Durch das Weglassen der in der Textfassung erwähnten Ortschaften wird der Blick ganz auf das Geschehen konzentriert. Die detaillierte Darstellung der Ausrüstung des Ritters und der Pferde muss die zeitgenössischen Menschen wiederum an ihre eigene Lebensrealität erinnert haben. Dank bildnerischer Detailfreude gelingt es, Neugierde zu wecken. Die Reisetracht des Bischofs sowie die zeitgenössische Rüstung des Ritters versetzen die Betrachter von einst in eine theatralisch dargestellte «Realität» und ermöglichen ihnen damit eine Identifikation mit dem Geschehen: Die Szene ließe sich nachspielen.

Durch das Mittel der Übertreibung, etwa durch die Erhöhung der Anzahl der Dämonen, durch die klare Trennung von oben und unten sowie durch die Strukturierung mittels dominierender Senkrechten links und Unordnung rechts «wertet» die Bilderzählung das Geschehens auf prägnante Art und Weise. Die Leserichtung von links nach rechts wird durch die Bewegung der Pferde sowie die nach vorn gerichteten Blicke der Berittenen und ihrem Söldner verstärkt.

Der Heilige und sein Widersacher sind auf derselben Bildfläche zweimal dargestellt: einmal links, im Kontrast von bewaffnet und unbewaffnet, dann rechts mit den sozialen Zeichen ihrer Macht – der Bischof in vollem Ornat und der Ritter in der modischen Kleidung des Adels seiner Zeit. Es ist möglich, dass diese zweifache Erwähnung für die Betrachter zu Missverständnissen führte.[7] Mögliche Fehlinterpretationen der Bilder ließen sich vielleicht nur durch liturgische Lesungen oder mündliche Erklärungen am Grab selbst aus dem Weg schaffen.[8] Durch die doppelte Darstellung leistet die Bilderzählung aber auch einen Beitrag gegen einen wichtigen Mangel des eigenen Mediums: Die zeitliche Dimension kann im Text viel einfacher eingebaut werden als im Bild. Indem ein Teil der Geschichte erst auf der nächsten Bildfläche gezeigt wird, schöpfen die Autoren der Bilderzählung in Osma sogar ein der Skulptur eigenes Mittel der räumlichen Darstellungen aus, welches z.B. die Bildzyklen der Glasmalerei nicht leisten können: Die Betrachter brauchen selbst Zeit und Raum bei der Lektüre der Ritterge-

---

[6] Sánchez hat, wie mir scheint richtiger Weise, darauf hingewiesen, dass in auffällig vielen Szenen der Bilderzählung in Osma eine Säule oder Personen berührt werden. Sie schließt daraus, dass aus der Bildrhetorik eine Berührung des Grabmals evoziert werden sollte. Vgl. SÁNCHEZ 2002 (wie Anm. 2), 21–38.

[7] Vgl. zu einem ähnlichen Phänomen in den Fensterzyklen der französischen Kathedralen Wolfgang KEMP, *Sermo Corporeus: Die Erzählung der mittelalterlichen Glasfenster*, München 1987, S. 32f. , sowie Cynthia HAHN, *Portrayed on the heart: Narrative effects in pictorial Lives of Saints from the tenth to the thirteenth Century*, Berkeley / London 2001, S. 329.

[8] Sabine KOMM, *Heiligengrabmäler des 11. und 12. Jahrhunderts in Frankreich: Untersuchung zu Typologie und Grabverehrung*, Phil. Diss. Worms 1990, S. 138–46, hat dies für die Heiligengrabmäler des 11. und 12. Jahrhunderts in Frankreich dargelegt.

schichte, da sie das Grabmal umschreiten müssen, wenn sie den Bildtext verstehen wollen.

Das im Bild dargestellte Mirakel vom gefallenen Ritter wird räumlich sehr viel stärker ausgebreitet als die anderen Geschichten auf dem Kasten des Grabmals. Es überzieht die Hälfte der gesamten Bildfläche der Wände des Grabbehältnisses. Diese Szene wird somit gegenüber den anderen Szenen im Bildzyklus hervorgehoben.

Der reiche Mann aus Osma, wie ihn der Text darstellt, wird im Bild in einen Ritter mit Pferd und Kettenhemd verwandelt und ist somit für die Betrachter eindeutig einer sozialen Schicht zuzuordnen: Er ist ein Adeliger. Einer der Familienangehörigen auf der Schmalseite des Grabmals trägt eine Krone. Der gefallene Ritter wird auf diese Weise in seinem sozialen Status gestärkt, denn er hat familiäre Beziehungen zum Hof. Sein Fall und seine Erlösung werden durch diese Bildergänzung – von der uns der Text nichts erzählt – emphatisch verstärkt. Die Verwandtschaft des Adeligen zum König, wie sie die Bilderzählung erfindet, könnte die Neugierde des zeitgenössischen Beobachters zusätzlich verstärkt haben.

DIE SELIGKEIT DER ARMEN

Direkt über dem Wunder der Bekehrung des Ritters erblickt man auf dem Deckel, in auffälliger Enge sitzend aneinandergereiht, eine Gruppe von Armen. Sie scheinen gleichsam unter dem Mantel des Heiligen hervorzuquellen.

Es handelt sich um elf körperlich behinderte Erwachsene und vier Kinder. Der erste Mann trägt eine ähnliche Mütze, wie die zwei männlichen Figuren auf der Kopfseite des Deckels (Abb. 7). Der Rock fällt ihm, wie fast allen anderen Figuren dieser Reihe, weit über die Beine hinunter. Seinen Kopf hat er vertrauensvoll auf den kostbaren Stoff des bischöflichen Mantels gebettet; er scheint zu schlafen. Seine Handstummel sind deutlich sichtbar.

Abb. 7: Langseite des Deckels:
Behinderter mit Handstummeln

Dieser Schlafende ist räumlich leicht von einer Dreiergruppe von Männern getrennt (Abb. 8). Der linke in dieser Gruppe liegt auf dem Boden und blickt schräg nach oben, wahrscheinlich wendet er sich der übergroßen Liegefigur des Heiligen über ihm zu. In der rechten Hand hält er ein rundes Stück Brot, seine Linke umfasst die beiden gut sichtbaren Stummelfüße. Er trägt einen Mantel mit Kapuze und hat die Ärmel nach hinten gekrempelt. Hinter ihm steht ein Buckliger mit verwachsenem Körper. Dieser wiederum hält seine beiden Nachbarn mit weit von sich gestreckten Armen an den Köpfen. Der letzte dieser Gruppe, ein Mann mit ebenfalls unbedecktem Kopf wie sein buckliger Nachbar, zeigt seinen riesigen Fuß und hält den rechten Schuh in seiner linken Hand. Auch er hat ein Stück Brot[9] in seiner Hand. Die Augen sind tief eingeschlitzt; vielleicht um Blindheit anzudeuten. In der Vita des Heiligen gibt es nur eine Wunderheilung, die auf eine der drei Figuren zutreffen könnte: Sie handelt von einem Mann, der einen durch Gicht geschwollenen Fuß besaß.

Abb. 8: Langseite des Deckels:
Mann mit Beinstummeln, Buckliger,
Mann mit geschwollenem Fuß

Die anschließende Gruppe besteht aus vier Erwachsenen und einem Kind (Abb. 9). Wieder wird sie von einem Mann mit Handstummeln angeführt, die er hilflos in seinen Schoss gelegt hat. Rechts neben ihm hält eine Frau ihren Säugling im Arm. Ihr Kopf ist mit einem einfachen Tuch umwickelt und liegt steif und verdreht auf ihrer rechten Schulter. Der Mann rechts neben ihr scheint zu der Frau zu gehören, denn er wendet sich ihr zu und hat seinen bärtigen Kopf melancholisch aufgestützt. Die Augen sind deutlich ausgelaufen oder entzündet, er muss also ebenfalls sehbehindert sein. Der letzte

---

[9]   Christian KRÖTZL, *Pilger, Mirakel und Alltag, Formen des Verhaltens im skandinavischen Mittelalter (12 –15. Jahrhundert),* Phil. Diss. Helsinki 1994, S. 349–55, zeigt auf, dass Arme oft am Grab des Heiligen Brot bekamen.

der Gruppe ist ein bärtiger Mann mit zwei Kindern im Arm. Das größere der Kleinkinder hat sein Händchen auf den Mund gelegt und saugt an einem Finger.[10]

Abb. 9: Langseite des Deckels:
Mönch mit Handstummeln, Frau
mit Halstorsion und Säugling,
blinder Mann

Der Säugling im Arm des Mannes ist wie der Säugling der Frau in dicke Bandagen gewickelt. Da hier ein Mann gleich zwei Kleinkinder im Arm hält, könnte es sich um einen Witwer mit seinen beiden Kindern handeln. Sein Mund ist leicht geöffnet und die Augen sind wiederum tief eingeschlitzt. Auch er könnte an einer Augenkrankheit leiden, denn seine Lider sind aufgeschwollen. Mit offenen Lippen scheint er zu beten oder den Heiligen um Hilfe zu bitten.

Eine weitere schmale räumliche Trennung grenzt eine dritte Gruppe von der vorgehenden ab. Es handelt sich hier um zwei Erwachsene und ein größeres Kind (Abb. 10). Die erste Figur, eine Frau, die wieder eine einfache Kopfbedeckung trägt, zeigt mit langem Finger nach rechts oben. Der Gestus ist mehrdeutig: Es entsteht der Eindruck, dass sie eher auf den Heiligen über ihr als auf ihr eigenes Kind zeigt. Dieses Kind hält in der rechten Hand ein Stück Brot, während die linke gelähmte Hand deutlich sichtbar ist. Ein weiterer in eine Kutte gekleideter Mann mit Handstummel und gelähmten Füßen, schließt sich ihnen an. Den Abschluss dieses Zuges bildet ein riesiger Hund mit Ringelschwanz (Abb. 11). An einer massiven Kette zieht er einen vierrädrigen Holzkarren. Darauf liegt rücklings eine Frau mit markantem Gesicht. Ihre spastisch verdrehten Füße und Hände zeigen die Unmöglichkeit, sich wie die anderen in die Reihe zu setzen.

---

[10]   MARTÍNEZ FRÍAS (wie Anm. 2), S. 135 hat dieses Kind mit dem Händchen im Mund als Figur mit Bart interpretiert, was deutlich zu verneinen ist. Vielleicht war die Figur vor der Reinigung des Grabmals noch weniger gut zu erkennen.

Abb. 10: Langseite des Deckels:
Blinder Mann, Frau mit gelähmtem
Kind, gelähmter Mann

Abb. 11: Langseite des Deckels:
Hund als Zugtier

Es fällt auf, dass außer der Frau mit dem Karren keiner der behinderten Menschen mit Hilfsmitteln wie Stöcken oder Rutschen ausgerüstet ist.[11] Es wird somit kein Bewegungsablauf oder ein sich auf den Heiligen Hinbewegen gezeigt. Auch der Hund mit dem Karren scheint nicht vorwärts zu laufen, denn sein gewendeter Kopf schwächt eine Vorwärtsbewegung deutlich ab.

Alle Behinderten sitzen in erwartender Haltung, teils fröhlich lächelnd.[12] Sie stellen ihre Gebrechen ohne Scham zur Schau und erlauben den Betrachtern einen ebenso unbefangenen Blick auf ihre Missbildungen. Ihre Körperlichkeit ist Bildgegenstand.[13]

---

[11]   Wie dies auf den leonesischen Bischofsgräbern, in Ávila oder in S. Millán de la Cogolla der Fall ist.

[12]   Vgl. SÁNCHEZ 2002 (wie Anm. 2), S. 29.

Die Szene der *Armenspeisung* auf der Kopfseite des Deckels des Grabmals in Osma und die Reihe der Behinderten auf der rechten Seite des Deckels sind Elemente der Bilderzählung, die sich von der Textvorlage entfernen. Beide Gruppen befinden sich in räumlicher Nähe zum aufgebahrten Bischof.

Die Speisung der *Armen und Körperbehinderten* ist ein Hauptthema auf der Frontseite von mehreren kastilisch-leonesischen Bischofsgräbern des 13. Jahrhunderts. Es handelt sich hierbei um eine regionale Besonderheit, die an dieser Stelle nicht näher untersucht werden kann.[14]

In Osma wird das Motiv der *Caritas* umgewandelt und mit dem Thema der Pilger am Heiligenschrein verbunden. Die kleinen Sitzfiguren auf dem Deckel warten somit wie die Pilger am Grab auf ihre Erlösung. Die überdeutliche und betonte Darstellung ihrer körperlichen Leiden macht dies klar.

Unzählige Passagen erzählen in der hagiographischen Textvorlage vom langen und oftmals leidvollen Warten und Ausharren am Grab des Heiligen,[15] so zum Beispiel im Wunder der Proselytin oder im Heilungswunder an einem kleinen Mädchen. Besonders beeindruckend ist ebenfalls die lange Wartezeit im Mirakel eines von einem Dämon befallenen Priester. Ganze zwölf Tage musste dieser ausharren, bis ihn der Heilige erhörte. Das mitunter lange und leidvolle Warten gehörte zum festen Teil eines Wunders. Behinderte waren auf die Lokalpilgerfahrt angewiesen, denn sie konnten die mühsamen Fernwallfahrten kaum unternehmen.[16]

---

[13]   Aufschluss über die Wahrnehmung der Körperlichkeit der Armen liefern die Aufzeichnungen von Prozessen zur Überprüfung des Wahrheitsgehaltes von Wunderheilungen im 13. Jahrhundert in Paris, vgl. Sharon FARMER, *Surviving Poverty in Medieval Paris, Gender Ideology and the Daily Lives of the Poor*, New York 2002, S. 60.

[14]   Regine ABEGG, «*Skulptur der Gotik in Spanien und Portugal*», in Rolf TOMAN (Hg.); *Die Kunst der Gotik*, Köln 1998, S. 372–85, hier S. 376.

[15]   Zur Wartezeit der Pilger und dem Aufenthalt am Grab des Heiligen in spätmittelalterlichen Mirakelberichten vgl. KRÖTZL (wie Anm. 9), S. 215–21. Zur Lage der Behinderten im Spätmittelalter hat Carlo Wolfisberg 1995 bei Prof. Sablonier eine unpublizierte Lizentiatsarbeit verfasst, die ausführlich und gut dokumentiert auf die Situation der Behinderten im Raum der Eidgenossenschaft eingeht. C. Wolfisberg hat mir seine Untersuchung zur Verfügung gestellt. Ihm sei an dieser Stelle gedankt. Carlo WOLFISBERG, *Behinderte im Spätmittelalter: Zur Situation behinderter Menschen im Raum der Eidgenossenschaft und Umgebung*, unpubl. Lizentiatsarbeit, Univ. Zürich 1995. Zur Behinderung in Mirakelberichten vgl. ebda. S. 9–11; zur Darstellung von Körperbehinderten in der Kunst vgl. Karl Friedrich SCHLEGEL, *Der Körperbehinderte in Mythologie und Kunst*, Stuttgart, New York 1983, und Christian MÜRNER, *Die Normalität der Kunst; Das Bild, das wir Normalen uns von Behinderten machen*, Köln 1989. Zur Darstellung des Abnormen aus sozialpsychologischer Sicht vgl. Ursus-Nikolaus RIEDE und Sabine BARTL, *Die Macht des Abnormen als Wurzel der Kultur: Der Beitrag des Leidens zum Menschenbild*, Stuttgart, New York 1995.

[16]   Maria WITTMER-BUTSCH, «Pilgern zu himmlischen Ärzten: historische und psychologische Aspekte früh- und hochmittelalterlicher Mirakelberichte», in: *Wallfahrt und Alltag*, Sitzungsberichte der Österreichischen Akademie der Wissenschaften, Band 592, Wien 1992, S. 237–54, hier S. 241–44. Zum Warten auf die Speisung und zur Pilgerfahrt der Armen FARMER (wie Anm. 13), S. 33–35 und S. 64.

Die Hilfesuchenden brachten Votivgaben mit; beliebt waren vor allem Kerzen und in Wachs gegossene Körperteile. Die Leidenden suchten am Grab den Berührungskontakt zu den Reliquien. Waschwasser und Staub oder Material vom Grabmal galten so viel wie die eigentlichen Reliquien und sollten als *pars pro toto* die ersehnte Gesundheit herbeiführen.

Der Kontakt der Hilfesuchenden mit dem Grabmal des Heiligen Pedro ist heute noch sichtbar. In der Szene der Grablegung auf der Kopfseite des Monuments ist eine deutliche Aushöhlung sichtbar (Abb. 12). Die Pilger haben diese Stelle des Grabmals statt der wirklichen Reliquien des Heiligen berührt und wahrscheinlich sogar Material ausgekratzt. Das Berühren des Grabes ist volkstümliche Pilgerpraxis, die heute noch beobachtet werden kann.

Abb. 12: Kopfseite mit Berührungsstelle am Sarkophag des Heiligen

Die Bedeutung der neben der Liegefigur des Heiligen sitzenden Behinderten kann erst in einer vom Text unabhängigen Bildlektüre befriedigend gedeutet werden, denn der Bildzyklus hat sich hier völlig vom Text gelöst und gibt der Erzählung einen neue Sinn.

DIE OPTIK DER BILDERZÄHLUNG: VERPFLICHTUNG ZUR BARMHERZIGKEIT

Während der Vitentext verschiedene Facetten des Heiligen – seine Rolle als Kathedralgründer oder als Kirchenfürst – im Verhältnis zum Königtum oder der Kirchenhierarchie darstellt, bildet die bischöfliche *Caritas* das Leitmotiv der Bilderzählung.

Die *Caritasverpflichtung* geht auf die Bibel zurück, denn am Schluss der Bergpredigt verpflichtet Christus seine Jünger zum Dienst am Nächsten. Die Hungernden und die Durstigen sollen gestärkt werden, die Obdachlosen müssen aufgenommen, die Nackten bekleidet sowie die Kranken und Gefangenen besucht werden.[17] Die Benediktregel und andere Texte im Mittelalter nahmen diese Liste auf, verfeinerten sie oder änderten ihre Reihenfolge.

Für die Deutung der Wunderdarstellungen auf dem Grabmal des Heiligen Pedro in Osma ist eine zeitgenössische Quelle besonders relevant, weil sie die Caritaslehre auf eine Art darstellt, die dem ideologischen Konzept des Bildzyklus entspricht.

In den *Siete Partidas* von Alfonso X., welche zwischen 1260 und 1275 zusammengestellt wurden, sind die der Gesellschaft dienenden Taten der Barmherzigkeit in zwei Gruppen unterschieden, einerseits die geistigen Handlungen, wie die Vergebung derjenigen, die Unrecht getan haben, die Bestrafung der Bösen und die Unterweisung der Unwissenden, andererseits die körperlich-materiellen Handlungen, welche nach dem biblischen Vorbild die folgende Reihenfolge hatten: die Ernährung der Hungrigen, die Tränkung der Durstigen, die Bekleidung der Nackten und der Besuch bei Kranken und Gefangenen.

Der spanische Text lautet:

> *Espirituales y corporales ay limosnas: segund muestra el derecho de santa yglesia que faze de partimiento entre ellos desta guisa mostrando que limosna espual es ent tres maneras.*
>
> *La I.: es perdonar como si alguno ouiesse sofrido daño y sin razon de otro y lo perdona por amor de dios.*
>
> *La II: es en castigar otrosi por amor de dios al que viese que errava.*
>
> *La III: es en señar las cosas que fuesen a salud de su alma al que lo no sopiese y tornarlo acarrera de verdad. E la limosna corporal es en las obras de misericordia: que son estad: dar de comer al hambirento y a beuer al sediento: y vestir es desnudo: y visitar el enfermo y al que yase preso: y estas cosas demandara dios el dia de iuyzio acadouno si las fizo o no segund dize en el evangelio: po la limosna que es de voluntad que es llamada espiritual mayor es y meior que la corporal que es velas cosas corporales. [...]*[18]

---

[17]   «*Tunc dicet rex his qui a dextris eius erunt: Venite benedicti Patris mei, possidete paratum vobis regnum a constitutione mundi: essurivi enim, et dedistis mihi manducare: sitivi, et dedistis mihi bibere: hospes eram, et collegistis me nudus, et cooperuistis me: infirmus, et visitastis me: in carcere eram, et venistis ad me.*» Vulgata, Matth. 25, 34–36.

[18]   *Las Siete Partidas*, Ed. Sevilla 1491, partida 1, tit. XX, ley IX. «*Die Almosen sind, wie das Gesetz der Heiligen Kirche vorgibt, geistig und körperlich. Die geistigen Almosen legen sich folgendermassen dar: 1.: Das Vergeben: Wenn jemand von einem anderen grundlos Schaden zugefügt bekommen hat, soll er ihm aus Liebe zu Gott verzeihen. 2.: Zu bestrafen ist derjenige aus Liebe zu Gott, von dem man sieht, dass er sich irrt. 3.: Demjenigen, der es nicht weiss, die Dinge zu zeigen, welche das Heil seiner Seele sind und ihn auf den Weg der Wahrheit zurückzuführen. Und die körperlichen Almosen sind in den Werken der Barm-*

Es scheint mir nicht zufällig, dass das im Mittelalter allgemein bekannte Bild des Gegensatzes von Körper und Seele sowie das Thema der gesetzlichen Verpflichtungen zur *Caritas* in den *Siete Partidas* durch den Autor des Programms am Sarkophag des Heiligen Pedro auf komplexe Art und Weise miteinander verflochten wurden.

Die geistigen Handlungen standen nach Ansicht der Autoren der *Siete Partidas* über den materiellen Handlungen der Wohltätigkeit, weil diese, wie die Seele des Menschen, über dessen Körper hinausgehen. Bei der Bildkonzeption standen die Autoren vor dem Problem, dass dieser Gegensatz von oben und unten durch das Medium verändert und mit anderen Mitteln ausgedrückt werden musste.

Die von der alphonsinischen Gesetzessammlung vorgegebene Verpflichtung zur geistigen *Caritas* wird im *Wunder vom Ritter* übernommen. Der im Bild als geharnischter Adeliger des 13. Jahrhunderts dargestellte Mann aus Osma wird an seinem üblen Vorhaben gehindert und bestraft. Die Strafe ist zwar nicht direkt durch den Bischof vollzogen, denn der Ritter wird von drei Dämonen drangsaliert. Doch man muss annehmen, dass der Bischof dank göttlicher Hilfe diese Teufel für seine Maßnahmen beanspruchen konnte. Die zentrale Szene ist jedoch das rechts außen dargestellte Moment der Vergebung. Deshalb ist es auch wichtig, dass die gesamte Familie dabei zuschaut. Die Angehörigen werden Zeugen des ganzen Geschehens und erleben aktiv die drei geistigen Werke der Barmherzigkeit. So muss der Angreifer bestraft werden, weil er sich geirrt und einen von Gott auserwählten Heiligen mit Leib und Leben bedroht hat. Er muss auf den richtigen Weg zurückgeführt werden; er und seine Familie haben den grundlos Angegriffenen um Verzeihung zu bitten. Darum kniet auch der erste der Familienangehörigen in Bittstellung hinter dem Ritter.

Als Vorbild für alle Gläubigen muss der Heilige selbst dem Übeltäter verzeihen, die Gläubigen können dann gleichsam in der Heiligennachfolge ebenfalls denjenigen vergeben, die ihnen grundlos Schaden zugefügt haben. Die Dämonen sind zentral im Bild positioniert, weil sie Akteure eines höheren Willens sind. Vor der ganzen Familie wird der Übeltäter in der dritten Szene wieder auf den richtigen Weg geführt und findet so zu seinem Seelenheil.[19]

---

herzigkeit, welche diese sind: den Hungernden zu essen zu geben, den Durstigen zu trinken zu geben und die Nackten zu kleiden und den Kranken zu besuchen und denjenigen, der gefangen liegt. Nach diesen Dingen fragt Gott am Tag des jüngsten Gerichtes von jedem von uns und will wissen, ob wir sie gemacht haben oder nicht, so wie es im Evangelium steht. Denn die Almosen werden willentlich ausgegeben. Die geistigen Almosen sind größer und besser als die körperlichen [...] » [Übers. JW.]. Weitere Stellen in den *Siete Partidas* zu den Almosen vgl. Francisco LÓPEZ ESTRADA, Alfonso X, *Las Siete Partidas, Antología*, Madrid 1992, S. 94, S. 121–122, zum Verzeihen S. 436.

[19] In der Textvorlage erlangt er seine geistige Gesundheit zurück. Im Bild kniet der Ritter, wieder voll bei Sinnen, vor dem Bischof. Man könnte sagen, dass er aus kirchlicher Sicht die «wahren» Hierarchien wieder anerkennt.

Es ließe sich somit schlüssig erklären, weshalb bei der Einteilung der Erzählsequenzen diesem ersten Wunder so viel Bildraum eingestanden wurde. Auf der ganzen rechten Langseite und der Hälfte der Schmalseite zu Füßen des Bischofs wird die Wichtigkeit der geistigen *Caritas* demonstriert. Dann folgen auf der rechten Hälfte der Fußschmalseite und der linken Flanke des Grabmals die Werke der leiblichen Barmherzigkeit.

Analog zur Betonung der wichtigsten geistigen Caritaswerke, aber mit einer anderen Bildrhetorik, wird das wichtigste Werk der leiblichen Barmherzigkeit hervorgehoben. Die Durstigen unter der Eiche von Fresnillos im *Eichquellwunder* und die Stärkung der beiden Armen auf der Kopfseite des Deckels sowie die kleinen Figürchen der Behinderten auf der rechten Flanke des Deckels wiederholen symbolisch die zahllosen Werke an den Hungernden und Durstigen.

Es scheint mir offensichtlich, dass der ganze Bildzyklus von dieser Hierarchisierung der Werke der Barmherzigkeit geprägt ist: Durch die Gegenüberstellung von großen Figuren und großzügigem Raum in der Darstellung der geistigen *Caritas* auf dem Kasten des Grabmals und den zahlreichen kleinen, eng aneinander gepressten Figuren für diejenige der materiellen *Caritas* auf dem Deckel unter dem Mantel des Heiligen wird die Dominanz der geistigen *Caritas* über die materielle Barmherzigkeit auf bildrhetorisch subtile Weise vorgeführt.

Die Behinderten erfüllen in der Rhetorik der Bilderzählung mehrere Aufgaben: Sie erlauben dem zeitgenössischen Betrachter, der sich dem Grabmal auf der rechten Langseite nähert und somit dem Heiligen von Angesicht zu Angesicht begegnet, mit einem Blick das zentrale Thema der Bildaussage zu erfassen, nämlich die Gegenüberstellung von geistiger und materieller *Caritas*, wie es die *Siete Partidas* fordern. Damit ergibt sich eine Bildrhetorik der narrativen «mis en abîme» im Bildzyklus, einer eigentlichen Vorwegnahme des ganzen Bildprogrammes auf der rechten Langseite des Grabmals, dessen vollständige Entschlüsselung sich dem Pilger erst beim Umkreisen des Grabmals eröffnet.

Der Bildzyklus ist somit durchtränkt von der Verpflichtung zur *Caritas*. Er ordnet sich nach dem System, wie es die *Siete Partidas* verlangen. Seine Anordnung ist aber gleichzeitig auch auf die Realität der Rezipienten, der Pilger am Grab des Heiligen, und auf die Hierarchie des Raumes angelegt.

Der Heilige auf dem Deckel des Grabmals wendet sich deutlich nach rechts. Hier kann der Betrachter am Grabe das Sterben des Heiligen nachvollziehen, indem er ihn als Leichnam sieht. Der Heilige wendet sich somit nicht nur den Behinderten, sondern gleichzeitig auch den Pilgern an seinem Grabmal zu. Der *Gisant* auf dem Deckel ist ein Zeichen für den sich wirklich im Grabbehältnis befindenden Körper des Heiligen. Indem sich Pedro von der höher gelegenen linken Seite nach rechts unten dreht, wendet er sich gleichsam vom Himmel aus den sich auf der Erde befindenden Bedürftigen zu. Sein leiblicher Körper befindet sich gleichsam in der Schwebe zwischen dem Himmel –

dargestellt durch das Wolkenband und die Engel im Rücken – und dem irdischen Leid, das an den Körperbehinderten zur Rechten des Heiligen verdeutlicht wird.

Während Chorherren und Ministranten zu seinen Füßen dem Verstorbenen die letzte Referenz erweisen, haben an seinem Kopf Engel Platz genommen.[20] Der Heilige wird also nicht nur in der Längsachse zwischen Himmel und Erde dargestellt, sondern auch in der Querachse, indem sein Kopf im Himmel weilt und er sprichwörtlich noch mit beiden Füßen in seiner durch die zelebrierenden Geistlichen repräsentierten irdischen Kirche steht.

Die Wunder der Bilderzählung sind zudem in der ständischen Hierarchie des Mittelalters geordnet. Die Wunder an reichen und armen Laien befinden sich zur Rechten und zu den Füßen des Heiligen. Für ein Wunder an reichen Laien steht das *Ritterwunder*, in der *Krankenheilung* wird ebenfalls ein Adeliger oder ein reicher Bürger gerettet; die Behinderten stehen für Wunder an armen Laien. Auf der linken Seite und der Kopfseite sind die Wunder und Handlungen des Bischofs in Bezug auf seine Kirche gezeigt, indem der Bischof sich um seine Priester, den liturgischen Ablauf in der Kirche, ordnungsgemäße Bestattungsrituale und schließlich auch um sein eigenes Testament und dessen Vollstreckung kümmert. Das Bildprogramm in Osma reflektiert somit ebenfalls die mittelalterliche Gesellschaft aus Sicht des Kathedralklerus, für die der Bischof im Zentrum steht.

Die Anordnung der Bildszenen lässt zumindest die Hypothese zu, dass das Grabmal des Heiligen Pedro de Osma für eine Ostausrichtung konzipiert worden ist. Das heißt, dass der Bildzyklus auch mit Rücksicht auf die Situation im Innenraum der Kirche und insbesondere auf den Aufstellungsort konzipiert wurde.

Die Kathedrale von Osma war zur Zeit der Entstehung des Grabmals im dritten Viertel des 13. Jahrhunderts noch immer im Bau. Es ist möglich, dass das Langhaus noch nicht abgeschlossen war. Es muss angenommen werden, dass das Grabmal seit Beginn in der äußersten südlichen Apsis stand, in der heutigen Espino-Kapelle. So konnten die Pilger vom Südportal direkt ans Heiligengrab gelangen. Auch wenn wir heute keine Quellen haben, die den Weg der Pilger in Osma um das Grabmal belegen, zeigen doch die zahlreichen Wunder in der verbalen Texterzählung, dass die Gläubigen damals nicht nur am Grab des Heiligen wachten und auf ein Wunder hofften; vielmehr wurden sie offenbar auch unter das Grabmal gelegt oder kletterten darauf herum und wurden für diesen Vorwitz bestraft, wie das Wunder mit dem rächerischen Grabmaldeckel bezeugt.[21]

---

[20] Vgl. SÁNCHEZ 2002 (wie Anm. 2), S. 27. Die ewige Verehrung durch die dargestellten Kleriker erlauben eine Identifikation seitens der Pilger.

[21] Auch hier handelt es sich um ein verbreitetes Wunder, das im weitesten Sinne zur Gruppe der wundertätigen Bilder gehört. Das Bild, oder im Falle des Wunders von Osma der Deckel des Grabmals, interveniert

Der lebensgroße *Gisant* im zeitgenössischen Bischofsornat lässt eine echt wirkende Begegnung des Betrachters mit dem verstorbenen Heiligen zu. Die Realitätsnähe ist ein Element der Bilderzählung, das wohl auch die Menschen von damals berührt, wenn nicht schockiert haben muss. Sie zeigt sich ebenfalls in der Darstellung der einzelnen Behinderten. Es fällt auf, dass die Armen ihre Leiden demonstrativ zeigen. Der voyeuristische Blick des Betrachters auf die deformierten Körper ist Kalkulation.

Bei der Überprüfung des Wahrheitsgehalts der Wunderheilungen wie sie im Mittelalter praktiziert wurde, untersuchten die Geistlichen die Körper der Armen und diskutierten die intimen Details ihrer Heilung in einer Weise, wie sie sich niemals über die Körper von Reichen äußerten. Farmer spricht von einer «Verkörperlichung», welche die Identität der Armen prägt.[22]

Behinderung wurde als Strafe für eine Sünde angesehen. Den Reichen, auch den Geistlichen, waren die Armen und die Behinderten grundsätzlich suspekt. Es zirkulierten Geschichten von Armen, die sich angeblich durch Bettelei bereichert hatten. Die Ängste der Elite waren darauf zurückzuführen, dass es nicht erwünscht war, dass ein Armer durch Bettelei zu Reichtum und somit in einen anderen sozialen Status gelangte.

Für die Kirche war es wichtig den «wahren Bettler» und den «wahren Armen» zu finden. Diese wahrhaftig Bedürftigen vollzogen dann im Zuge einer Gegenleistung für die Almosen Gebete für die Seele der edlen Spender. Almosen geben wurde also wie ein Kaufakt verstanden, indem eine Spende für Gebete geleistet wurde, welche dann bei Gott auch wirklich Gehör finden würde.[23]

Die Behinderten auf dem Grabmal in Osma haben somit auch eine bildrhetorische Funktion. Das Leiden wird zum Blickfang und zwingt den Betrachter zum Einhalten. Dadurch wickelt die Bilderzählung den Betrachter ein, hält ihn sprichwörtlich auf und zwingt ihn, sich die übrigen Bilder anzusehen. Der neugierige Blick ruht auf der Nackt-

---

auf wunderbare Weise, so dass alle Anwesenden von der Kraft des Heiligen überzeugt werden können. Vgl. Arnold ANGENENDT, *Heilige und Reliquien. Die Geschichte ihres Kultes vom frühen Christentum bis zur Gegenwart*, München 1997, S. 188. Auch SÁNCHEZ AMEIJEIRAS erwähnt den Brauch, Lahme unter das Grabmal zu legen oder dieses zu umwandern, vgl. SÁNCHEZ AMEIJEIRAS 2002 (wie Anm. 2), S. 27. Den Reliquienschrein als geeignetes Medium für eine intensive Beschäftigung mit der Rolle des Heiligen in der Christusnachfolge sieht Telesko. Die Bildzyklen, die ein Umschreiten betont provozieren, sind eine stilistische Konsequenz im Zeichen des im 13. Jahrhunderts aufkommenden «Realismu», vgl. Werner TELESKO, «Imitatio Christi und Christoformitas. Heilsgeschichte und Heiligengeschichte in den Programmen hochmittelalterlicher Reliquienschreine», in: Gottfried KERSCHER, *Hagiographie und Kunst*, Berlin 1993, S. 369–84. Die *opera bona* der Heiligen wird mit der Darstellung der Armenspeisung, Tränkung und Fußwaschung am Schrein der Heiligen Elisabeth von Thüringen erstmals als Thema gezeigt. Durch die neue Religiosität der Bettelmönche wird die Wunderwirkung Christi sichtbar gemacht, ebda. S. 377–79.

[22] Sharon Farmer hat aufgezeigt, wie die mittelalterliche Denkstruktur innerhalb einer Geist- und Körpereinheit (mind / body binary) funktionierte, FARMER (wie Anm.13), S. 41.

[23] Ebda. S. 69–72 und S. 124.

heit und Hilflosigkeit der ausgestellten Behinderten. Die dargestellten Bedürftigen werden hier mit einer auf uns heute marktschreierisch wirkenden Bildstrategie als Blickfänger gebraucht. Die komplexe Einheit der Bilderzählung auf dem Deckel und der rechten Flanke des Grabbehältnissses fordert ein Innehalten und sich Versenken in den eigenen Rhythmus der Bilderzählung. Dann erst ist das Auge des Betrachters eingestimmt und kann sich zum Beispiel auf die Erklärung der erzählten Geschichte, des Textes also, einlassen.

Der Bildzyklus gibt das Umschreiten des Grabmals vor und zwingt den Betrachter, wenn er wieder an der Kopfseite angelangt ist, in eine Lektüre von unten nach oben. Sein Blick wird somit am Schluss des Rundgangs vom irdischen Heiligen auf den himmlischen Heiligen gelenkt.

Spätestens in diesem Moment berührten nun die mittelalterlichen Pilger das Grabmal an der Stelle, wo Pedros Leichnam im halb geöffneten Sarg dargestellt ist. Es ist sogar möglich, dass Bittsteller an dieser Stelle am Grabmal kratzten. Die Ausbuchtung, wie sie heute zu sehen ist, lässt sich somit erklären.

Der Bildzyklus hat sein Ziel erreicht: Die Hände des Pilgers berührten den hier dargestellten Heiligen, und somit ist das steinerne Grabmal mit dem skulptierten Bildzyklus selbst zum lebendigen und wirksamen Heilmittel geworden.

RESUMEN ESPAÑOL

EL SARCÓFAGO DE S. PEDRO DE OSMA EN LA CATEDRAL DE EL BURGO DE OSMA – LA JERARQUÍA DE LAS *CARIDADES*

El sarcófago del obispo S. Pedro de Osma fue construido para albergar las reliquias del santo y pensado como un monumento sepulcral que podría ser rodeado a pie. Estaba situado originariamente en el ábside de la catedral que se encuentra en el extremo sur de la misma. El ciclo de imágenes se elaboró teniendo en cuenta esa localización en dicha capilla.

La hagiografía en latín, que se encuentra hoy en el archivo de la catedral, fue escrita muy probablemente poco antes de la realización del ciclo de imágenes del sarcófago. Esto nos permite realizar una comparación entre texto e imagen y así reconocer e interpretar mejor la estructura narrativa de las imágenes. Pues el programa de imágenes no narra simplemente la vida del santo local de acuerdo con el texto, sino que otorga una gran importancia a la representación ejemplaria de la caridad episcopal.

Partiendo de dos ejemplos trataremos de mostrar en qué se diferencian las estrategias narrativas del texto y de las imágenes y especialmente qué aspectos temáticos se resaltan en el ciclo de imágenes y cómo la distribución espacial de las mismas sirve para dar mayor o menor importancia a determinados milagros o a ciertas escenas dentro de cada uno de los milagros que son representados dependiendo de su relación con la doctrina de la caridad.

El primer milagro del ciclo ilustra la caridad espiritual y recibe por lo tanto mucho más espacio que los otros, es decir, no está narrado en un espacio reducido sino en uno muy ampliado. La historia trata de un caballero que pretende atacar al obispo, es tirado de su caballo al suelo por un demonio y finalmente es perdonado por el prelado. En el lado derecho y en la parte estrecha del sarcófago a los pies del santo aparece este milagro dividido en tres momentos narrativos: la salida del obispo a caballo, la caída del caballero de su caballo y su castigo así como el momento en que se arrodilla ante el obispo.

El segundo ejemplo es uno de los milagros que ilustran la caridad material. Se trata del milagro de la fuente de Fresnillos que aparece en un espacio reducido y representado de manera formalmente compleja. En la representación el obispo hace salir agua de un roble para que los creyentes puedan beber.

Mi tesis es, por lo tanto, que la idea de la existencia de un dualismo entre acciones caritativas de tipo espiritual y material es fundamental para entender la representación de los milagros en el sarcófago de S. Pedro de Osma. Esta concepción de la caridad aparece explicada en las *Siete Partidas* de Alfonso X, el Sabio, y es característica del entorno castellano del momento. Funciona como el elemento que ordena la retórica de las imágenes del sarcófago y les permite emanciparse de la base textual ampliando su contenido.

El hecho de que la narración comience en el lado derecho es muy importante para entender la forma de interacción del espectador de entonces con el sarcófago. Dada la estrategia narrativa ordenada de izquierda a derecha y teniendo en cuenta el cambio de lado impuesto por el medio, es decir, el paso del lado largo a la parte estrecha del sarcófago que se repite en cada esquina, se impone una prescripción de cómo se ha de dar le vuelta al mismo. El ciclo de imágenes prescribe, pues, la práctica de los peregrinos. Gracias al programa de imágenes del sarcófago, los espectadores participan emocionalmente en la vida del santo local, Pedro, llegando finalmente a tocar las imágenes. Los espectadores dan la vuelta al sarcófago para comprender la vida y los milagros del santo con la ayuda de las imágenes, y su mirada es llevada por la estrategia narrativa de la contemplación.

LA PUERTA DE LOS LEONES DE LA CATEDRAL DE TOLEDO : UNA INTERPRETACIÓN EN CLAVE LITÚRGICA Y FUNERARIA*

Felipe Pereda

La generación de artistas que se estableció en Toledo procedente del norte de Europa en la década de 1450 introdujo en Castilla una forma diferente de concebir la relación entre espacio y escultura, una manera enteramente novedosa de interrelacionar la imaginería de bulto redondo con su marco arquitectónico.[1] En el estado actual de la investigación, su llegada a la Península se relaciona con la aparición de varias de las más importantes fórmulas *ilusionistas* de la plástica española del cuatrocientos; tipos iconográficos que

---

* Desde su forma original en forma de comunicación hasta la redacción presente, este trabajo ha experimentado distintos cambios de fondo y forma; algunos son producto directo de las cuestiones suscitadas durante su primera exposición oral; la oportunidad de haber discutido aquella primera versión ha sido fundamental para el desarrollo del artículo, lo que queremos agradecer ahora. Extendemos nuestros agradecimientos a Matthias Weniger, por enviarnos un artículo de difícil localización en España; a Michael Noone por habernos facilitado un importante manuscrito de la Hispanic Society (Nueva York); a Luis Afonso por sus sugerencias bibliográficas; y a Fernando Marías y Alfonso Rodríguez G. de Ceballos que tuvieron la amabilidad de leer el texto en distintos momentos de su desarrollo y sugerir importantes mejoras. Por descontado que la responsabilidad última es sólo de quien esto escribe.

[1] Para la familia de Hanequín de Bruselas, véase J. M.ª de AZCÁRATE, «El Maestro Hanequín de Bruselas», en: *A.E.A.* [Archivo Español de Arte], 1948, pp. 173–88; G. C. KONRADSHEIM, «Hanequin Coeman de Bruxelles. Introducteur de l'art flammand du XVᵉ s. dans la region toledane», en: *Mélanges de la Casa de Velázquez,* 12, 1976, pp. 126–40; Beatrice Gilman PROSKE, *Castilian Sculpture. Gothic to Renaissance,* Nueva York 1951, pp. 108–35; Rafael DOMÍNGUEZ CASAS, «El entorno familiar y social del escultor Egas Cueman de Bruselas», en: *A.E.A.,* 68, 1995, pp. 341–52; D. HEIM y M.ª A. YUSTE GALÁN, «La Torre de la Catedral de Toledo y la dinastía de los Cueman. De Bruselas a Castilla», en: *B.S.A.A.* [Boletín del Seminario de Estudios de Arte y Arqueología de Valladolid], Valladolid 1988, pp. 229–50. Los lazos familiares con Egas Coeman quedan expresados en la documentación de la sillería de la Catedral de Cuenca: María GONZÁLEZ SÁNCHEZ-GABRIEL, «Los hermanos Egas de Bruselas en Cuenca. La sillería de coro de la Colegiata de Belmonte», en: *B.S.E.A.A.,* 1935–36, pp. 21–25; Gema PALOMO, «Nuevos datos documentales sobre la sillería de coro gótica de la Catedral de Cuenca: de Egas de Bruselas a Lorenzo Martínez», en: *A.E.A.,* 267, 1994, pp. 284–91.

se convertirían en características propias de la escultura en los dos siglos siguientes una vez se hubieran inculturado perfectamente en las dos Castillas. Pueden aislarse al menos tres fórmulas distintas, todas las cuales están vinculadas, aunque de distintas maneras, con el ámbito funerario.[2]

Las dos primeras son las dos tipologías más características del sepulcro en la segunda mitad del siglo XV : por un lado, la del *gisant* acodado que fue utilizada, al parecer por vez primera, en el anónimo sepulcro del conde de Tendilla en Guadalajara, pero que está perfectamente relacionada con el círculo de Egas Coeman gracias al conocido proyecto de Alonso de Velasco para Guadalupe.[3]

La revitalización completa del yacente es la condición de la segunda de estas tipologías. En el segundo y definitivo proyecto funerario de Alonso de Velasco en Guadalupe, el escultor de Bruselas situó al difunto en la actitud de la «adoración perpetua», orante y arrodillado, con la vista clavada en el altar de su capilla; de este modo, el bulto rompe con el aislamiento de la tipología del yacente para entrar en relación a través del nicho arquitectónico en que se ubica con la arquitectura de la capilla.[4]

La tercera y última de estas tipologías «funerarias» la hemos conservado sólo de forma fragmentaria. Atribuidos a Egas Coeman por Harold Wethey se encuentran los restos del que podría ser el primer Santo Entierro de carácter monumental de la escultura castellana del siglo XV[5], un tema que, como es bien sabido, daría en esta escuela sus mejores frutos a lo largo del siglo siguiente. Depositado una vez más en el monasterio de Guadalupe donde constituiría una de las «estaciones» del claustro, la escala de las figuras permite sugerir su ubicación en un marco arquitectónico que evocaría la cripta del Santo Sepulcro de la misma forma que estaba ocurriendo con sus prototipos franceses.

NOTAS SOBRE LA HISTORIA DE SU CONSTRUCCIÓN

La Puerta de los Leones de la Catedral de Toledo nunca ha sido analizada desde este punto de vista, aunque constituya, como nos disponemos a sugerir a continuación, uno de sus mejores ejemplos, probablemente el más extraordinario de los acometidos en su siglo.

---

[2]   Un estado de la cuestión en Teresa PÉREZ HIGUERA, «El foco toledano y su entorno», en: *Actas del Congreso Internacional sobre Gil de Siloe y la Escultura de su época*, Burgos 2001, pp. 263–86.

[3]   Fr. G. RUBIO y I. ACEMEL, «El Maestro Egas en Guadalupe», en: *Boletín de la Sociedad Española de Excursiones [B.S.E.E]*, 20, 1912, pp. 192–229.

[4]   Por utilizar los términos de Michael Fried, diríamos que la escultura rompe con la *absorción* de su aislamiento, tanto formal como psicológica, y entra en relación *teatral* con su entorno.

[5]   Harold E. WETHEY, «Anequín de Egas Cueman, a Fleming in Spain», en: *The Art Bulletin,* 1937, pp. 381–400.

Como es sabido, la puerta se halla ubicada en el crucero sur de la Catedral Primada (fig. 1), donde sustituyó a una puerta anterior del siglo XIII sobre la que nada se sabe, excepto que, como parece por la documentación, algunos de sus sillares fueron reaprovechados para la actual.[6] La portada fue promovida por el arzobispo Alfonso Carrillo de Acuña (1446–82). Carrillo se encontraba entonces al comienzo de su largo episcopado, a donde había llegado desde la sede de Sigüenza, y antes, desde una brillante carrera eclesiástica, incluyendo una prolongada estancia en el extranjero entre las ciudades de Bolonia y Basilea (1432).[7] Como testimonio de su iniciativa, los escudos del Arzobispo fueron colocados en las enjutas de la fachada.

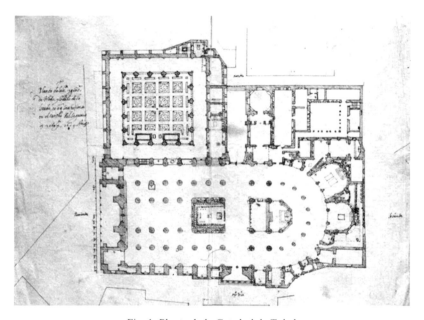

Fig. 1: Planta de la Catedral de Toledo

[6]   José M.ª de AZCÁRATE, «Análisis estilístico de las formas arquitectónicas de la Puerta de los Leones de la Catedral de Toledo», en: *Homenaje al Profesor Cayetano de Mergelina,* Murcia 1961–62, pp. 97–122.

[7]   Francisco ESTEVE BARBA, *Alfonso Carrillo autor de la unidad de España,* Barcelona 1943. Para los primeros años, véase sobre todo Guillermo MIRECKI QUINTERO, «Apuntes genealógicos de don Alfonso Carrillo de Acuña», en: *Anales Toledanos,* 28, 1991, pp. 55–76; E. BENITO RUANO, «Los hechos del arzobispo de Toledo, don Alonso Carrillo, de Pedro Guillén de Segovia», *Anuario de Estudios Medievales,* 5, 1968, pp. 517–30. Sólo un resumen en J. RIVERO RECIO, *Los arzobispos de Toledo en la Baja Edad Media, ss. XII–XV,* Toledo 1969, pp. 119–22.

La Puerta de los Leones, o *Puerta de la Alegría* que es, como veremos, su nombre original, fue una de las dos grandes empresas arquitectónicas de Alfonso Carrillo –la otra la terminación de la Torre de la Catedral Primada–.[8] Ambas fueron comenzadas simultáneamente, apenas cuatro años desde su nombramiento, y ambas, por lo tanto, inmediatamente después de los sangrientos acontecimientos del año 1449 que enfrentaron a los cristianos viejos con la importante comunidad de conversos toledana, empujando a la ciudad a un estado de guerra interna así como a una actitud de revuelta frente a la autoridad del rey. Es bien conocido que, este desgraciado episodio, que estalló con la aprobación del Primer Estatuto de Limpieza de Sangre de la historia de España, inauguraba un nuevo capítulo en el desarrollo del discurso de la *raza* en la España altomoderna. Como veremos, estos episodios podrían no estar completamente desconectados de la iconografía de nuestra fachada.

Antes de detenernos en su articulación ideológica, es necesario plantear sin embargo algunos datos imprescindibles sobre el funcionamiento del taller que hizo posible esta obra. El proyecto fue comenzado en febrero de 1452, siendo su maestro Hanequín de Bruselas y aparejador el pedrero Cristóbal Rodríguez. La obra permaneció bajo la dirección del arquitecto de Brabante hasta su finalización, mientras que en el cargo de aparejador se fueron sucediendo diferentes nombres: a partir de 1454 lo ocupó Alfonso Fernández de Liévana y, ya en la recta final –desde 1465– Lorenzo Martínez.

El segundo puesto de responsabilidad se encontraba en la extracción de piedra, donde uno de los hermanos de Hanequín, Antón Martínez de Bruselas, ocupaba el cargo de «aparejador de las canteras». Estos eran los únicos maestros con salario. El resto de los maestros trabajaban a jornal, unos como «maestros pedreros», y otros, con emolumentos algo menores, en tanto que «criados» de los primeros. Precisamente como «criado» del cantero Benito Martínez se documenta por vez primera a Juan Guas –el futuro maestro de cantería al servicio de los Reyes Católicos– en el mismo año del comienzo real de la obra, es decir, en 1453.[9]

A partir de 1458, a tenor de las nuevas necesidades de la obra, un grupo de maestros se emancipó de los pedreros en razón de la mayor pericia o detalle de su trabajo. Eran los *maestros entalladores* que, con un jornal algo mayor, pasarían a ocuparse de la *obra menuda*.[10] En este grupo aparece el tercero de los hermanos de la familia procedente de Bruselas que también trabajó en la obra desde un inicio. Egas Coeman, recogido lacóni-

[8]   Véase D. HEIM y M.ª A. YUSTE GALÁN, «La Torre...», op. cit. (n. 1).

[9]   Archivo de la Catedral de Toledo, Obra y Fábrica [en adelante: A.C.T.O.F.], 772, f. 64 [11-I-1453]. Cfr. J. M.ª. de AZCÁRATE, «La obra toledana de Juan Guas», en: *A.E.A.*, 29, 1956, pp. 9–56.

[10] Amalia M.ª YUSTE GALÁN, «El tardogótico en Castilla: el Maestro Juan Alemán en la Puerta de los Leones de la Catedral de Toledo», en: *Actas del Congreso Internacional sobre Gil de Siloé*, op. cit. (n. 2), pp. 475–81.

camente como «maestro Egas» en los documentos toledanos, surge en los libros de fábrica en 1453 y permanece intermitentemente en la obra hasta su conclusión, encargándose en 1463 de una parte de las esculturas de bulto redondo que adorna la cara exterior de la fachada. Aunque nunca recibe este nombre, Egas Coeman participaría en esta última fase de los trabajos en calidad de *imaginario* o *maestro de hacer imágenes,* es decir, con la misma categoría y retribución que Juan Alemán, el imaginero que fue llamado para realizar la mejor, si no la mayor parte de sus esculturas monumentales.

Las obras se realizaron bajo la supervisión de dos canónigos. En su comienzo el obrero de la catedral era el canónigo Rodrigo de Vargas quien, de acuerdo a lo escrito por Pedro Salazar de Mendoza a comienzos del siglo XVII, fue el primer «obrero» en colocar sus armas en la catedral, en este caso en el lateral izquierdo de esta fachada.[11] Una vez planteada la obra, por orden personal del arzobispo de Toledo, Alfonso Carrillo, Rodrigo de Vargas fue sustituído en mayo de 1458 por el canónigo Juan Fernández, el Abad de Medina († 1474).[12] Este jurista –era canónigo en decretos– vio oscurecidos los últimos años de su vida a causa de los conflictos que desgarraron la sociedad toledana durante el episcopado del arzobispo Carrillo, a lo que volveremos a referirnos más tarde. Lamentablemente, no resulta posible conocer el alcance de la intervención de los obreros en el programa escultórico, pero dada la complejidad del mismo y la íntima dependencia entre escultura y arquitectura –favorecido sin duda por los lazos familiares que unían a los miembros más importantes del taller– resulta plausible pensar que la puerta contaba con un proyecto marcado desde el comienzo mismo de la obra.[13]

Antes de pasar adelante debemos recordar que la Puerta de los Leones es, en realidad, doble: la configuran sendas fachadas construídas al interior y al exterior del templo, las dos con programas escultóricos. La exterior escenifica la visita de las tres Marías al sepulcro de Cristo y se acompaña de la presencia de los apóstoles. La interior la enmarcan dos nichos funerarios y la corona un tímpano semicircular con un monumental relieve del Árbol de Jesé.

---

[11] Pedro SALAZAR DE MENDOZA, *Crónica de el Gran Cardenal de España, don Pedro Gonçalez de Mendoza,* Toledo 1625, p. 407. Así lo recoge también Sixto RAMÓN PARRO, *Toledo en la mano,* Toledo 1857 (reed., Toledo 1978), 1, p. 304. AZCÁRATE, sin ofrecer fuente, piensa que también podrían ser las del tesorero, en «Análisis estilístico...», op. cit. (n. 6), p. 121.

[12] A.C.T.O.F., 775, al comienzo del volumen.

[13] Para la imaginería, véase ahora la contribución de M.ª Amalia YUSTE GALÁN, op. cit. (n. 10), quien aclara la intervención de Juan Alemán, y corrige la errónea interpretación de los datos de Zarco del Valle arrastrada hasta nuestros días.

EL EXTERIOR

En el exterior, la Puerta de los Leones superpone dos discursos distintos (fig. 2). El primero, en el eje vertical, es mariano; está dedicado a la muerte y triunfo de la Virgen. El segundo, desarrollado horizontalmente en las jambas de la fachada a través de un ciclo monumental de esculturas, representa el entierro de Cristo. En este último caso, sobre el cual centraremos nuestra atención, la fachada desempeña el papel de un telón dramático monumental que sirve para el desarrollo de una escena, una *historia* en la terminología de los propios documentos de la obra, de tal modo que la arquitectura, la propia de la fachada, pero indirectamente la de la Catedral en su conjunto, participa de la misma narración envolvente. El fenómeno sobre el que queremos llamar la atención es que los maestros de Bruselas concibieron la lectura misma de la portada en términos dinámicos: esto es, que su estructura narrativa sólo se desvela cuando se traspasa su umbral. El interior y el exterior son interdependientes.

Fig. 2: Catedral de Toledo,
Puerta de los Leones, exterior

Fig. 3: Puerta de los Leones, exterior, detalle del tímpano

La organización de la Puerta de los Leones fue trazada con un planteamiento que era completamente inédito en Castilla.[14] Salvando la importante mutilación sufrida en el siglo XVIII, el conjunto se conserva en un estado relativamente bueno de con-servación.[15] A pesar de ello, como ya viera Azácarate, la fachada tendría, antes de la reforma del siglo XVIII, cuatro –y no tres– arquivoltas, como la vemos hoy en día[16], lo que no sólo significa un mayor número de esculturas completando la serie del apostolado[17], sino también un sentido más grandioso incluso del que tiene hoy en día, ya que una mayor profundidad y anchura acentuarían el diálogo con el entorno urbano (fig. 3). Este objetivo era esencial en el diseño de la portada. La obra se levantó sobre dos potentes pilares que son los que le dan esa enorme profundidad. Las tres arquivoltas que todavía permanecen en pie dan paso a un espacio oblongo suficientemente capaz como para albergar otras dos esculturas (del mismo tamaño que las de los apóstoles) en cada una de sus paredes laterales, todo ello cubierto por una bóveda semioculta detrás de un arco acairelado; nos encontramos ante un espacio semi-independiente de tránsito entre el interior y la calle. Este efecto esce-nográfico de la portada exterior viene acentuado por la función de las imágenes. Al contrario que en la fachada interior, casi completamente plana, que sigue un diseño más próximo a la traza de un retablo y lleva una decoración figurativa en frisos y relieves, las

---

[14]   Harold E. WETHEY refiere como «truly puzzling» la introducción de las tres Marías y Nicodemo en la portada y destaca su originalidad tanto estilística como iconográfica, «Anequín de Egas Cueman…», op. cit. (n. 5), p. 395.

[15]   Como relata Ponz en su primera edición del *Viaje por España* (1772) las esculturas se encontraban en muy mal estado antes de que Eugenio López Durango emprendiera una importante restauración del conjunto que dejaría considerablemente reducido el planteamiento del siglo XV. Para la intervención dieciochesca, véase J. L. MELENDRERAS GIMENO, «Escultura neoclásica en Toledo», *Anales Toledanos,* 22, 1985, pp. 155–77; Juan NICOLAU CASTRO, *Escultura Toledana del siglo XVIII,* Madrid 1991, pp. 95–97 y 181–82. Añádase el relato de la *Descripción histórica y artística de la Catedral de Toledo primada de las Españas en la que estan con la mayor minuciosidad explicadas todas y cada una de sus partes. Compuesta por el Doctor don M.V.* [Toledo 1836], Biblioteca de la Real Academia de Bellas Artes de San Fernando, 388–89/3, vol. 1, pp. 24–28: «*En 1776 determino el Sr Lorenzana su reparacion, al menos por la parte exterior, en la que el tiempo e intenperie hacia gran deterioro. Dio para esto la comision al citado aparejador Durango para toda la obra de canteria. Pusose la 1ª piedra en 27 de enero de 1783, acabose en el 85, su total coste con el de las estatuas nuevas que ejecuto Don Mariano Salvatierra fue 256 mil seis reales. Precediendo ya estas noticias, procedo a su descripcion [...] en lo mas alto se ve la asuncion de nuestra señora sobre nubes y angeles, rodeada de estrellas. Esta bellisima imagen es de Salvatierra. Costo 15 mil reales es de piedra de Colmenar*».

[16]   J. Mª. de AZCÁRATE, «Análisis estilístico…», op. cit. (n. 6), p. 102.

[17]   El número completo de apóstoles que fueron labrados por la fachada –del cual podría deducirse sus dimensiones originales– no está del todo claro. Las cuentas de J. M. AZCÁRATE arrojan ocho («El maestro Hanequín de Bruselas...», op. cit. (n. 1), p. 179) al no contabilizar erróneamente los dos por los que había cobrado en 1462. En realidad, hay pagos por sólo diez imágenes de apóstoles (6 a Juan Alemán, 3 a Egas Coeman y 1 Francisco de las Cuevas), aunque M.ª Amalia YUSTE GALÁN presume que Juan Alemán habría realizado las dos restantes de las que no hemos conservado los pagos: «El tardogótico en Castilla…», op. cit. (n. 10), p. 476 y n. 12.

esculturas monumentales del exterior subrayan la estructura del edificio e invitan a participar de la narración que tiene lugar en ella.

El entierro de la Virgen

La descripción de Cristóbal Lozano a mediados del siglo XVII nos permite saber que la portada estaba dedicada a la Asunción de la Virgen, la misma advocación de la Catedral, y tal vez la misma que tenía la portada original a la que sustituyó. La «restauración» llevada a cabo en tiempos del Cardenal Lorenzana suprimió lo que Lozano describió como «una imagen de la Assumpción de Nuestra Señora, cercada de muchos ángeles...».[18] Este relieve perdido, el cual estaría situado sobre el mismo eje del parteluz en el que está colocada la delicada escultura de la Virgen que esculpiera probablemente Egas Coeman, completaría lo narrado en los dos relieves que hoy vemos sobre el dintel de la entrada (figs. 4 y 5).

Estas dos escenas relativas a la Muerte de la Virgen corresponden al ciclo de su dormición y triunfo celebrado por la Iglesia en la fiesta de la Asunción. Como es sabido son temas apócrifos recogidos en la literatura popular mariana a lo largo de la Edad Media, donde aparecen ocasionalmente asociados a leyendas de contenido antisemita.[19] Es el caso, por ejemplo, de las Cantigas de Alfonso X el Sabio donde, en una de las composiciones dedicada a la Asunción se refiere al temor de la Virgen en su lecho de muerte al destino que iba a tener su cuerpo en manos de los judíos de Jerusalén.[20]

En concreto, la vinculada al entierro de la Virgen es una de las leyendas antisemitas más características de la tradición occidental, y está ampliamente representada a partir del siglo XIII. Se atribuye al apóstol S. Juan, y aparece recogida en los muy divulgados escritos de Vicente de Beauvais y Santiago de la Voragine. Contiene numerosas variantes, pero en lo esencial narra cómo los cantos de los apóstoles que se dirigían a enterrar a la Virgen enfurecieron de tal manera al gran rabino de la ciudad de Jerusalén –un cierto Jefonías– que (acompañado de un grupo de adeptos, según algunas versiones) se lanzó encolerizado contra la comitiva con la intención de derribar su féretro. La

---

[18] Cristóbal LOZANO, *Reyes Nuevos de Toledo*, Madrid 1674, p. 50. AZCÁRATE, «El Maestro Hanequín de Bruselas», op. cit. (n. 1). La ubicación de esta imagen –en el interior de un gablete sobre la fachada como sugiere Azcárate, o en el que ahora ocupa la dieciochesca de Salvatierra– no está clara.

[19] Para el campo semántico del término «antisemitismo» vs. «antijudaísmo» seguimos la distinción terminológica elaborada por Gavin I. LANGMUIR, *History, Religion and Antisemitism*, Berkeley, University of California Press, 1990, pp. 275–305. Agradecemos la referencia a Luis Afonso, quien la ha aplicado a la iconografía medieval portuguesa en «The Cultural Construction of the Jews in Late Medieval Portugal. Contributions to a reevaluation», en: *Mitteilungen der Carl Justi-Vereinigung*, 13, 2001, pp. 22–46.

[20] Walter METTMANN (ed.), *Cantigas de Santa María,* ed., Vigo 1981, 2, p. 400. Para los temas antisemitas en las Cantigas, véase, Albert I. BAGBY JR., «The Jew in the Cantigas of Alfonso X, el Sabio», en: *Speculum,* 46, 1971, pp. 670–88.

leyenda sigue contando que de forma inmediata sus manos quedaron pegadas al sepulcro (en algunas de las versiones resultan seccionadas por la espada del arcángel S. Miguel); por su parte, los judíos que asistían a la escena perdieron la vista. La intercesión de S. Pedro devolvería a los ciegos la visión y a los judíos sacrílegos sus manos cortadas.

Fig. 4: Puerta de los Leones, exterior, Muerte de la Virgen

Fig. 5: Puerta de los Leones, exterior, Entierro de la Virgen

El tema está extraordinariamente difundido por toda la Europa medieval, fundamentalmente en Italia, Francia y Alemania, como demuestran los 41 ejemplos recogidos por Karl Simon[21]; y como tal, no es extraño en la Península Ibérica: lo encontramos en el retablo de la Catedral de Tudela (Pedro Díaz de Oviedo, 1487–94) y en el retablo de la parroquial de Frómista (Sta. María del Castillo), así que podemos sospechar que se trataba de una leyenda popular en el siglo XV.[22] También está documentado en la escultura monumental, en concreto en la Puerta Preciosa de la Catedral de Pamplona, aunque allí con un desarrollo mucho menor.[23] Su protagonismo en la fachada toledana tiene que ver, sin duda, con la singular importancia de la comunidad judía en la ciudad del Tajo.

La escena ocupa la mitad derecha del dintel sobre la entrada. No uno, sino dos judíos han intentado derribar el féretro. El primero yace abatido en el suelo con la muñeca seccionada en primer término y su mano desprendida todavía pegada sobre el velo que cubre el ataúd; el segundo, de espaldas, forcejea inútilmente por despegar su mano de las andas donde lo transportan los apóstoles (fig. 5). Resulta curioso que mientras estos últimos visten intemporales túnicas, los judíos se muestran vestidos con ropas contemporáneas.

El entierro de Cristo

El peso de la decoración escultórica recae sin embargo sobre las once figuras de bulto que decoran las jambas y el parteluz. Es la parte de la obra que fue económicamente más cuidada, habiendo traído para realizarla a un maestro extranjero que hasta la fecha no había colaborado en el taller, un escultor venido desde Flandes o tal vez desde la Renania.[24] Lo interesante es que en el proceso de realizar los encargos, la documentación de Obra y Fábrica se refiere a estas esculturas como formando parte de una *historia*. Así lo demuestra que, cuando se encargaron a Juan Alemán cuatro de las figuras de los apóstoles, se especificó: *«según la estoria de la dicha portada lo requiere».*[25] Cuál era esa historia lo recoge el canónigo obrero a la hora de encargar al mismo escul-

---

[21] Karl SIMON, «Die Grabtragung Mariä», en: *Städel-Jahrbuch,* 5, 1926, pp. 75–98. Véase también Eric M. ZAFRAN, *The Iconography of Antisemitism: A Study of the Representation of the Jews in the Visual Arts of Europe 1400–1600,* Ph. D. diss., New York University 1973, 2 vols., 1, pp. 200–04.

[22] Louis RÉAU, *Iconografía de la Biblia. Nuevo Testamento,* 1/2, Barcelona, El Serbal, 1996, p. 635. La segunda en Pilar SILVA MAROTO, *Pintura Hispanoflamenca castellana: Burgos y Palencia,* Valladolid, Junta de Castilla y León, 1990, 2, pp. 588–89.

[23] Véase L. VÁZQUEZ DE PARGA, «La dormición de la Virgen en la Catedral de Pamplona», en: *Príncipe de Viana,* 7, 23, 1946, pp. 243–58; y Carlos MARTÍNEZ ÁLAVA, en VV.AA., *La Catedral de Pamplona, 1394–1994,* Vitoria 1994, 1, pp. 325–35.

[24] Harold E. WETHEY, «Anequín de Egas Cueman...», op. cit. (n. 5), p. 396.

[25] A.C.T.O.F., 779, f. 261, v. Manuel ZARCO DEL VALLE, *Datos documentales para la historia del arte español,* 2 , *Documentos de la Catedral de Toledo,* 1, Madrid 1916, pp. 4–6.

tor una de las imágenes femeninas, diciendo que era la «*ymagen de las tres marías que fueron al monumento a nuestro señor con sus hunguentos*».[26] El tema de la fachada, la *historia* por lo tanto, es el de la Resurrección, la visita de los testigos al *monumentum*: las tres Marías acuden al sepulcro después de haber comprado los aromas para ungir el cuerpo de Cristo, y descubren sorprendidas que ya no se encuentra allí porque ha resucitado (figs. 6 y 7).

Fig. 6: Puerta de los Leones, exterior,   Fig. 7: Puerta de los Leones, exterior,
Marías en el Sepulcro   María Jacobé y Nicodemo

En los evangelios, el descubrimiento se dramatiza literariamente con dos instrumentos complementarios; de una parte con el breve diálogo que las Marías entablan con el ángel o ángeles que custodian el sepulcro –el «monumento»– donde se les aclara el significado de lo ocurrido (Mt 28,5–7; Mc 16,5–7; Lc24, 4–7; Jn 20,13–14); y de otra parte, con su introducción física dentro del sepulcro y con el descubrimiento de que éste se encuentra vacío (Lc, Mt 28,6 y Mc). La comprobación ocular concede a su testimonio el valor fundamental que subrayan todos los evangelistas. *Venite et videte,* son las palabras exactas del ángel que acompañan el gesto deíctico en la narración de Mateo.

---

[26]   Ibid.

En la dramatización realizada en la Puerta de los Leones, las imágenes de las tres Marías se acompañan de otros tres testigos de la Resurrección, los cuales formaban parte de la narración, directamente en el evangelio de Juan (20,3–4) –Simón Pedro y otro discípulo no identificado son los primeros en dar testimonio del milagro ya que entran físicamente en el sepulcro donde encuentran las vendas del embalsamamiento en el suelo– e indirectamente, en tanto que primeros receptores de la buena noticia en los evangelios sinópticos (Mc 16,1–10; Lc 24,1–12). A los apóstoles hay que sumar en la fachada toledana la presencia de Nicodemo en una de las esquinas de la fachada, quien aparece también como *unguentario* en los evangelios.

Concluyendo, las figuras de las Marías y los apóstoles en la portada se encuentran entonces delante de una puerta abierta que es trasunto de un sepulcro vacío. De este modo, el protagonista de la fachada es una figura que necesariamente tiene que encontrarse ausente: es aquél a quien todos ellos han acudido a buscar pero que, después de rastrearlo físicamente y preguntar por él, no han podido descubrir. Narrativamente, la fachada exterior de la Puerta de los Leones está por lo tanto inconclusa o, si se prefiere, abierta.

Si ahora atravesamos su umbral, en la cara interior del parteluz encontramos de hecho la figura del Cristo resucitado bendiciente (veáse más abajo) la cual da coherencia a la fachada exterior. Así pues, cuando el espectador entra en la catedral, participa dramáticamente de la experiencia de los primeros testigos de la Resurrección y comprueba luego con sus propios ojos el milagro acontecido, un milagro que es evocado, actualizado o repetido en un determinado momento del calendario litúrgico.

Si se me permite abrir antes un breve paréntesis, diré que semejante riqueza dramática del evangelio no había sido litúrgicamente desaprovechada. Es bien sabido que el diálogo entre las Marías y el ángel que les comunica el significado de la resurrección, es el origen de dos de las fórmulas más antiguas del teatro litúrgico, el *Quem Quaeritis,* literalmente *¿A quién buscas?,* y su desarrollo en la *Visitatio Sepulchri,* un diálogo algo más largo que, independizado de la liturgia, se convirtió en una de las más extendidas fórmulas del teatro latino medieval, incluido Toledo, donde, aunque hemos perdido el texto, parece bastante seguro que se conocía y representaba, al menos en los primeros años del siglo XVI.[27] La *Visitatio Sepulchri* se representaba como drama litúrgico de Maitines, por lo tanto de mañana temprano, el día de Pascua de Resurrección.

Aunque no nos proponemos sugerir que el teatro sea la fuente en la que se inspiraron el escultor, el arquitecto o el patrono para la idea de la fachada, lo que nos parecería reduccionista, sí nos parece oportuno recordar que algunas de estas celebraciones litúr-

---

[27] Los datos en Carmen TORROJA y María RIVAS, «Teatro en Toledo en el siglo XV. 'Auto de la Pasión' de Alonso del Campo», en: *Anejos del Boletín de la Real Academia Española,* 35, Madrid 1977, p. 15. La interpretación de Alberto BLECUA, «Sobre la autoría del *Auto de la Pasión*», en: *Homenaje a Eugenio Asensio,* Madrid, Gredos, 1988, pp. 79–112.

gicas y teatrales se hacían aprovechando el marco arquitectónico de la Catedral. El caso más espectacular en territorio hispano es algo tardío; la *Visitatio Sepulchri*, una composición escrita por S. Francisco de Borja en 1550 para la colegiata de Gandía para su desarrollo en la procesión. A la llegada a las puertas de la iglesia, éstas se encontaban cerradas: desde dentro preguntaban los ángeles el *Quem quaeritis in sepulchro, christicolae?*, esto es: *¿A quién buscáis en el sepulcro, cristianos?*, respondiendo los capellanes desde el exterior de la iglesia, como si se tratara de las Marías. Concluido el diálogo, al tercer golpe de la cruz sobre la puerta, ésta se abría y la procesión avanzaba por el interior del templo hasta el *monumento* donde tres infantes en el papel de las Marías subían portando los ungüentos.[28]

No me interesa tanto el paralelo dramático de la fachada, como la fuente litúrgica que engendró un drama como el representado en Gandía. En la Catedral de Toledo, como mostrara el canónigo Juan Bravo de Acuña en su *Descripción* del siglo XVII de la Catedral,[29] la celebración de la fiesta de la Resurrección estaba íntimamente ligada a la Puerta de los Leones. Tanto es así que su nombre original era el de *Puerta de la Alegría*,[30] o como escribiera Felipe Fernández Vallejo en el siglo XVIII, *de la Resurrección*,[31] extremo que confirma la *Descripción* de Blas Ortiz en 1549,[32] identificando todos ellos la dedicación de la portada con la fiesta del Domingo de Resurrección en la que ésta desempeñaba un papel importante.

---

[28]   Sigo la edición de Eva CASTRO, *Teatro Medieval 1. El drama litúrgico*, Barcelona, Crítica, 1997, p. 180.

[29]   «*En la dominica de Ramos sale la procesión por la Puerta de los Leones, y entra por la del Perdón. En la plazuela del Ayuntamiento cantan el sochantre y la melodia los versos del ritual romano, y les responden de dentro de la iglesia, y también cantan otros colegiales desde la capilla mozárabe en la varandolla de piedra, y se arrojan desde allí muchos ramos de olivas. Las ceremonias de esta procesión en su instancia son los de toda la iglesia universal, pero el modo de egecutarlas en la plazuela es propio del rito mozárabe, solo con la diferencia de que la puerta que oy llamamos de los leones, se llamaba antes de la alegría, y con razón, porque por la parte de adentro está Christo resucitado, que es el misterio e nuestra alegría*», *Ceremonias particulares de la Santa Iglesia Primada de Toledo. Año 1773*, Biblioteca de la Real Academia de la Historia [B.R.A.H.], 9/5396, f. 39.

[30]   «*...se llamava de la alegría, y oy se llama de los leones...*», LOZANO, *Los Reyes Nuevos...*, op. cit. (n. 18), p. 50.

[31]   «*La de los Leones, llamada así porque en su atrio hay seis columnas de mármol y en cada una de ellas un león, se llamó de la* Resurrección, *por la imagen de Jesuchristo que tiene a la parte de adentro, y de los* Órganos, *porque sobre ella está puesto el que llaman del Emperador*», Felipe FERNÁNDEZ VALLEJO, *Memorias i disertaciones que podran servir al que escriba la historia de la Iglesia de Toledo*, B.R.A.H., San Román, Ms. 24, f. 140.

[32]   «*Puerta* de la Risa, *cuyo pórtico, fabricado con admirable mano de artífices, muestra en la parte exterior la assumptión de la beata Virgen María, cercada de inumerables ymágenes de ángeles y santos. La parte interior de ella adorna una ymagen de mármol de Nuestro Redemptor resucitado con grande resplandor y claridad*», en: Ramón GONZÁLVEZ y Felipe PEREDA (eds.), *La Catedral de Toledo 1549. Según el Doctor Blas Ortiz. Descripción Graphica y Elegantissima de la S. Iglesia de Toledo*, Toledo, Antonio Pareja, 1999, p. 191.

Desde la conclusión de la obra, la Puerta de los Leones era una pieza imprescindible en la liturgia de la Semana Santa ya que el Domingo de Ramos, el día en que era inaugurada oficialmente la semana de Pascua, comenzaba con una procesión solemne que salía de la catedral atravesando precisamente esta puerta. Por otro lado, aunque no hay constancia de que en Toledo tuvieran lugar las complejas dramatizaciones litúgicas que, como en la anteriormente citada de la Colegiata de Gandía, incluían la portada del templo como parte de la actualización litúrgica de la Pasión, el discurso religioso de la Puerta de los Leones sí aparecía enhebrado en una de sus procesiones fundamentales.

En Semana Santa las procesiones solemnes o «enteras» realizaban el circuito completo de la iglesia[33], comenzando desde el crucero sur donde se encuentra la Puerta de los Leones y, rodeando la catedral por la girola en sentido contrario a las agujas del reloj, hasta volver de nuevo a los pies de la nave sur –o nave de S. Cristóbal, como era conocida– lugar donde, frente a la capilla mozárabe se construía también el *monumento,* una estructura para-arquitectónica, decorada con al menos la imagen de un ángel dorado, que evocaba el sepulcro de Cristo, donde era *depositado* el cuerpo de Cristo el viernes santo.

La procesión solemne del Domingo de Resurrección tenía, al menos ya en 1550, cuatro estaciones (Capilla de Sta. Lucía, Capilla de S. Ildefonso, Sagrario y Puerta del Perdón). La primera de todas ellas se detenía en la Capilla de Sta. Lucía, la capilla inmediatamente anterior a la Puerta de los Leones, en la apertura de la girola, donde los dos coros dramatizaban con un responso dialogado las palabras que intercambiaron el ángel y las Marías cuando éstas se acercaron al sepulcro y comprobaron que había resucitado.

> *[V] Sedit angelus ad sepulchrum domini estola claritatis coopertus videntes eum mulieres nimio timore perterrite astiterunt a longe. Tunc locutus est angelus et dixit eis.*
>
> *P. Nolite metuere dico vobis quia illum quem queritis mortuum iam vivit et vita ominum cum eo surrexit alleluia. [No temáis, porque yo es digo que aquél quien creéis muerto, vive y todos resucitarán con él a la vida [eterna], alleluia].*
>
> *V. Crucifixum in carne laudate et sepulptum propter nos glorificate resurgentem quod de morte adorate. [Adorad al que fue crucificado en*

---

[33] «De las *proçessiones, sollenes, llamadas enteras», «Proçession sollemne entera se llama quando el cabildo desta sancta yglesia haçe proçessión por alrededor de todo el ambitu desta sancta yglesia por de dentro della por la nave mayor, conviene a saber, saliendo por la capilla de sancta luçia, y sant yllefonso, y por el sagrario, y por la capilla de los canonigos, y puerta del perdon, y por la capilla del corpus christi, alias de los Muçarabes, y por la nave de sant Christoval y al choro de los benefiçiados», Libro de Arcayos,* (racionero Juan de Chaves Arcayos, siglo XVII) [A.C.T. 42/29] f. 252

carne y sepultado por nuestra causa, glorificad al que ha resucitado de
la muerte, adoradle].
P. *Nolite metuere. [nada temáis].*[34]

LA PORTADA INTERIOR: EL ÁRBOL DE JESÉ, SOBRE EL SEPULCRO DE CRISTO

El Cristo resucitado es una de las esculturas más expresivas de toda la fachada (fig. 8).
Con su mano derecha muestra la llaga de su costado, al tiempo que adelanta su pie derecho con un gesto humanizador. En su peana pueden leerse las siguientes palabras escritas con caracteres góticos: *Aqua lavit nos, redemit eo sanguine suo* (Nos lavó con agua
y nos redimió con su sangre).[35] Sobre ellas volveremos más tarde.

Fig. 8: Puerta de los Leones, interior,
Cristo resucitado

---

[34] Juan RINCÓN ROMERO y Pedro RUIZ ALCOHOLADO, *Ceremonial de la Sancta Iglesia de Toledo*
primada de las Españas [Toledo 1550], Hispanic Society of America, Ms. HC. 380/897. Agradezco a
Michael Noone que me facilitara la consulta del microfilm de este documento. Hemos cotejado los textos
con la edición de los mismos en Juan RINCÓN, *Processionarii Toletani primea pars ad usum huius ecclesie*
cum processionibus et officiis, [Toledo, Juan de Ayala, 1562], ejemplar del Archivo Capitular de Toledo
73.29. La fórmula toledana es la forma normal que precedía al *Quem Quaeritis* y que acompañaba
tradicionalmente a la procesión, Cfr. Karl YOUNG, *The Drama of Medieval Church,* Oxford 1933, 1, p. 226.

El resto de la fachada interior ha sufrido importantes reformas, fundamentalmente a mediados del siglo XVI, cuando fue introducido el Órgano del Emperador; sin embargo, aún conserva sus proporciones originales (fig. 9). Inscrita en un cuadrado casi perfecto, anticipo de las fachadas-retablo tan frecuentes en la arquitectura de la segunda mitad del siglo XV, sus formas equilibradas y el sentido de horizontalidad de la retícula que estructura el conjunto presagian un modo de trabajar hasta entonces desconocido.

Fig. 9: Puerta de los Leones, interior

Está dividida horizontalmente en cuatro calles. Las dos interiores corresponden a sendos nichos sepulcrales y las interiores a los dos vanos de la fachada separados por la escultura exenta del resucitado en el mainel. La presencia de estos sepulcros –decorados con *pleurants* de la más pura tradición borgoñona– no ha sido estudiada en relación al conjunto de la fachada. Los sepulcros aparecen mencionados en la documentación en 1458 –citados, en concreto, como *sepulturas de la puerta nueva*– siendo la primera

---

[35] RAMÓN PARRO, *Toledo en la mano...*, op. cit. (n. 9).

parte que vio completar su decoración;[36] paradójicamente, no consta el nombre de sus primeros destinatarios, como no parece tampoco que llegaran a ser ocupados por ellos en ningún momento. Esto explicaría que a mediados del siglo XVI, cuando Blas Ortiz los comentó en su erudita «guía» de la Catedral (Toledo 1549) al hacer su recorrido perimetral del interior del templo, desconociera por completo su destino, considerando que se encontraban todavía a la espera de ser ocupados.[37] Parece sensato pensar que aquél o aquéllos a quienes iban dirigidos los sepulcros cambiaron de opinión antes de que la obra hubiera sido concluída; sólo así se explica que ni siquiera se llegaran a tallar los escudos que habrían de identificarles.

Aunque los sepulcros eran parte fundamental de la fachada, tal vez incluso el motivo que pusiera en marcha su propia construcción, y pese a la riqueza de su ornamentación escultórica, los nichos no fueron utilizados hasta mucho más tarde. El de la izquierda fue comprado por el canónigo Alfonso de Rojas mediado el siglo siguiente;[38] y el de la derecha quedó sin utilizar hasta nuestro siglo, cuando finalmente se decidió depositar en él los restos del malogrado arzobispo Carranza (1503–76), tallando sus armas (castillos y lobos rampantes) sobre unos escudos que hasta entonces se habían conservado lisos de toda heráldica (fig. 10).[39] La única hipótesis que parece razonable es que se trate de un proyecto luego abandonado para enterramiento del arzobispo Carrillo, el promotor de la construcción, quien acabaría por descansar en el convento franciscano de Alcalá de Henares[40], pero mientras no aparezca nueva documentación en un sentido u otro, no pasa de ser una sugerencia razonable.[41]

---

[36]   ZARCO DEL VALLE, *Datos documentales...*, op. cit. (n. 25), p. 3.

[37]   «*A la puerta que diximos de la rissa contigua a esta capilla circundan dos cóncavos o huecos dentro de la pared destinados para sepulchros* (Portam quam diximus laetitiae huic sacello ad iacentem a lateribus circundant duo intra parietem concava a sepulchris destinata)», GONZÁLVEZ / PEREDA, *La Catedral de Toledo. 1549...*, op. cit. (n. 32), p. 232.

[38]   La sepultura corresponde a D. Alfonso de Rojas († 1577), canónigo de Toledo y capellán Mayor de Granada, «*el cual viviendo le adornó como está*», según reza la inscripción sepulcral.

[39]   Tanto fotografías antiguas como el testimonio de RAMÓN PARRO, *Toledo en la mano,* op. cit. (n. 35), 1, p. 307, (1857), confirman que los escudos de este sepulcro se mantuvieron vírgenes hasta fecha muy reciente. Éste sugiere que la idea de enterrar allí al arzobispo podría haberse barajado durante la reforma quinientista –erróneamente, Parro atribuía toda la fachada anterior a este periodo– no pudiendo, en sus palabras: «*creer que semejante enterramiento se labrase así a la ventura, y sin destino concreto a persona alguna, cuando por otra parte no ofrece indicios de que esté ocupado, pues una urna tan lujosa supone ser de personaje notable ...*».

[40]   Cfr. Teresa PÉREZ HIGUERA, «Sepulcro del arzobispo D. Alfonso Carrillo», en VV.AA., *La Catedral Magistral. Alcalá de Henares. Patrimonio de la Humanidad,* Alcalá 1999, pp. 121–34. Aunque la obra del convento franciscano de Santa María de Jesús se comenzó en 1453, como señala T. PÉREZ HIGUERA, todo hace suponer que el arzobispo «*no dispuso la tumba en vida*».

[41]   Hemos revisado, claro está que infructuosamente, tanto los Libros de Actas Capitulares como los de Cuentas de Fábrica.

Fig. 10: Puerta de los Leones, interior, sepulcro del arzobispo Carranza

Ya hemos dicho que los nichos funerarios fueron una de las partes de la fachada que primero recibieron imágenes. La decoración superior del tímpano, tanto de la fachada exterior como de la interior, fueron labradas seguramente en la última fase de la fábrica, una vez encargadas las grandes figuras exentas de los apóstoles y las tres Marías. Los libros de fábrica recogen una importante labor por «imágenes» no especificadas en la segunda mitad del año 1463. Además, en septiembre de ese mismo año se estaba pagando por las piedras labradas del mainel de la entrada,[42] todo lo cual hace probable que, tanto el gran relieve del Árbol de Jesé, como los opuestos de la muerte y entierro de la Virgen en la fachada exterior, se completaran en una última campaña, procediendo entonces a cerrar el gran vano central que durante los primeros años habría permanecido abierto para facilitar el tránsito de materiales necesarios para una obra de semejante envergadura.

---

[42] A.C.T.O.F., 779: «...*Martín de Bruxeles...dos piedras del maynel mayor de las formas encima de la chambrana...*», f. 272 vº; «...*otra piedra del maynel menor que fiso a destajo de la dicha chambrana...*», Ibid., f. 273.

Fig. 11: Puerta de los Leones, interior, tímpano

Ocupando la totalidad del tímpano semicircular se extienden las ramas del árbol profético donde la tradición había visto una imagen de la genealogía de Cristo (fig. 11). Se trata de una representación del Árbol de Jesé en su forma plenamente desarrollada,[43] incluyendo, no sólo al patriarca y a la Virgen, sino también a los miembros de su linaje entre las ramas y a los profetas que discuten sobre el milagroso acontecimiento que tiene lugar delante de sus ojos. En el centro un anciano Jesé barbado sirve de eje para toda la composición. Del cuello del patriarca *dormido* surge el tronco de un árbol –una «vid» para ser más precisos– con sus hojas carnosas perfectamente visibles sobre la cabeza del anciano.[44] La escena tiene dos partes bien diferenciadas. En la superior, las

---

[43] Seguimos la clasificación de Gertrud SCHILLER, *Iconography of Christian Art,* Londres, Lund Humphries, 1971, vol. 1, pp. 15–22.

[44] No se trata de un rasgo especialmente anómalo, ya que lo vemos repetirse ocasionalmente desde el románico en distintos puntos de Castilla; en el recién descubierto de la Catedral de Santo Domingo de la Calzada, por ejemplo (cfr. Marta POZA YAGÜE, «Santo Domingo de la Calzada-Silos-Compostela. Las representaciones del Árbol de Jesé en el tardorrománico hispano: particularidades iconográficas», en: *A.E.A.,* 295, 2001, pp. 301–13; Elisabeth VALDÉZ DEL ÁLAMO, «Visiones y profecía: el Árbol de Jesé en el claustro de Silos», en: *El Románico en Silos. IX Centenario de la Consagración de la Iglesia y el Claustro,* Silos 1990, pp. 173–202, sobre la particularidad de una iconografía trinitaria vinculada a este tema) o en la contemporánea sillería de coro de la Catedral de León. Para esta última, véase María Dolores CAMPOS SÁNCHEZ-BORDONA y María Dolores TEIJEIRA PABLOS, «La iconografía del Árbol de

ramas ascienden dibujando caprichosos roleos en cada uno de los cuales se enreda una figura. Sólo tres de ellas pueden ser identificadas como miembros de la estirpe davídica, sólo tres son hombres barbados portando filacterias, los restantes son ángeles. Rodeada por todos ellos, la vid corona en la imagen de la Virgen con el niño en brazos.[45]

En el registro inferior, a ambos lados de Jesé, nos encontramos con seis personajes sentados a lo largo de lo que parece un banco corrido. Este tratamiento del tema es coherente con una tradición figurativa bien establecida que hacía acompañar a Jesé por una serie de profetas en actitud de diálogo o de disputa.[46] Sin embargo en el relieve toledano se dan algunas variantes muy notables que necesitan explicación.[47]

La primera es que ninguna de estas figuras está caracterizada con barba, como resulta más frecuente en la representación de los profetas. La segunda es, desde nuestro punto de vista, más llamativa, ya que desempeña un papel narrativo de primer orden: la figura inmediatamente a la izquierda de Jesé no corresponde, a todas luces, ni a un patriarca ni a un profeta, sino a un obispo. Como los demás, también él sostiene una filacteria desenrollada, pero con el gesto de sus dos manos vincula los dos episodios narrativos que acontecen en los distintos niveles de la fachada: con su mano izquierda señala en sentido ascendente hacia el árbol florido; con la derecha, su dedo índice apunta hacia la figura del Cristo crucificado en el parteluz de la entrada. El obispo de la fachada –muy probablemente S. Ildefonso–[48] hace las veces de un narrador que nos invita a conectar la imagen de Cristo que surge resucitado del sepulcro con la del patriarca Jesé en el tímpano.

Jesé en la Catedral de León», en: *Boletín del Museo e Instituo 'Camón Aznar'*, [B.M.I.C.A.], 54, 1993, pp. 69–86. Para otras representaciones hispanas en la Edad Media, véanse fundamentalmente los trabajos de Ana DOMÍNGUEZ RODRÍGUEZ, «Iconografía evangélica en las Cantigas de Santa María», en: *Reales Sitios*, 80, 1984, pp. 37–44; EADEM, «Del Árbol de Jessé de la Catedral de Pamplona y su carácter trinitario», en J. ARANZA et alt. (ed.), *V Simposio Bíblico español. La Biblia en el arte y en la literatura*, Valencia 1999, v. II, pp. 187–206; EADEM, «La Virgen, rama y raíz. De nuevo el Árbol de Jesé en las Cantigas de Santa María», en: J. MONTOYA MARTÍNEZ y A. DOMÍNGUEZ RODRÍGUEZ (eds.), *El Scriptorium alfonsí : de los libros de Astrología a las «Cantigas de Santa María»*, Madrid, Editorial Complutense, 1999, pp. 173–214.

[45]   Sorprende el silencio de las numerosas descripciones catedralicias a propósito de esta escena. LOZANO, *Los Reyes Nuevos... op. cit.* (n. 18), p. 50 se refiere a ella como la «*Coronación de Nuestra Señora*» [sic !].

[46]   Cfr. Arthur WATSON, *The Early Iconography of the Tree of Jesse*, Oxford, University Press, 1934, pp. 54–56. Es bien sabido que Émile MÂLE explicó su presencia como una contaminación procedente de la procesión del drama litúrgico (el «Ordo Prophetarum»), en: *L' art religieux du XIIe siècle en France. Étude sur les origines de l'iconographie du Moyen Age*, París, Armand Colin, 1966[7], pp. 168–73.

[47]   Ya J. Mª de Azcárate se refirió a la «*peculiar representación del Árbol de Jessé*», sin detenerse más en el asunto, en: «Análisis estilísitico...» op. cit. (n. 6), p. 110.

[48]   Junto a la tradición figurativa que hace del favor de la Virgen a San Ildefonso el escudo de la Catedral, recordamos que su tratado *De Virginitate Sanctae Mariae*, recoge la tradicional interpretación de la profecía de Isaías 11,1 (S. Ildefonso de Toledo, *La perfecta virginidad de María*, Avila, B.A.C., 1989, p. 45). Esta obra acababa de ser vertida en castellano por Alfonso Martínez de Toledo, arcipreste de Talavera. Para la tradición figurativa en la ilustración de este tratado, véase David RAIZMAN, «A Rediscovered

Las fuentes que sirvieron para la elaboración de la primera parte de este motivo (el Árbol de Jesé) no ofrecen ninguna duda. El origen de la imagen hay que buscarlo en el libro de Isaías (11, 1–3), y en las genealogías de Cristo que se comprenden al comienzo de los sinópticos de Mateo y Lucas. Es bien sabido que el Cristianismo entendió la profecía de Isaías en referencia a la persona de Jesús de Nazaret. En los versos del profeta –*Et egreditur virga de radice Jesse et flos de radice eius ascendet*– la tradición exegética había identificado la «virga» con la Virgen María, la «flos» con Cristo, y la «radice» –el tocón renacido– con el pueblo judío.[49] Todo ello ha sido explicado en numerosas ocasiones. La introducción de este tema en una fachada de advocación mariana no plantea por ello ninguna duda[50], no obstante, en ningún caso explica el gesto narrativo que de forma inequívoca vincula los dos temas que presiden la Puerta de los Leones; ello nos obliga a detenernos en el problema de su significado.

La crítica mantiene un acuerdo unánime en torno a las fuentes textuales que sirvieron a la elaboración de una imagen que conocería una extraordinaria vitalidad en el tramo final de la Edad Media, pero no ocurre lo mismo con sus fuentes figurativas, ni tampoco con la interpretación del tema en los diferentes momentos y contextos en que fue utilizada. Como ha señalado recientemente Christiane Klapisch-Zuber, las tradicionales interpretaciones sobre el origen iconográfico del Árbol de Jesé han concedido una excesiva importancia a su significado genealógico –la representación del linaje de Cristo– en detrimento del significado espiritual primario de las formas vegetales.[51] Un importante artículo de Anita Guerreau-Jalabert[52] ha cuestionado además que el origen de esta iconografía estuviera en los árboles genealógicos de consanguineidad (tesis que defendiera Watson en su conocida monografía) así como las interpretaciones en clave genealógico-

Illuminated Manuscript of St. Ildefonso's *De Virginitate Beatae Mariae* in the Biblioteca Nacional in Madrid», en: *Gesta,* 26/1, 1987, pp. 37–46.

[49] Arthur WATSON, *The Early Iconography of the Tree of Jesse,* Oxford, University Press, 1934, pp. 3–6, recoge los textos de la patrología de S. Ambrosio, Hugo de San Víctor y S. Jerónimo; A. THOMAS, «Wurzel Jesse», apud *Lexicon der christlichen Ikonographie,* Herder, Rom-Wien 1972, 4, pp. 550–51; véase también M. L. THÉREL, «Comment la patrologie peut éclairer l'archéologie. A propos de l'Arbre de Jesé et des statues-colonnes de Saint-Denis», en: *Cahiers de Civilisation Médiévale X^e–XIIe siècles,* 1963, pp. 145–58. Para la historia del tema iconográfico, véase además R. LIGTENBERG, «De Genealogie van Christus in de Beeldende Kunst der Middeleeuwen, voornamelijk van het Westen», en: *Oudheidkundig Jaarboek,* 3e série, mai 1929, pp. 17–54.

[50] Manuel TRENS, *Iconografía de la Virgen en el arte español,* Madrid 1946, p. 90, sugiere incluso un significado inmaculista; tesis ya discutida con argumentos convincentes por Suzanne STRATTON, «La Inmaculada Concepción en el arte español», en: *Cuadernos de Arte e Iconografía,* 1, 2, 1988, p. 15.

[51] Christiane KLAPISCH-ZUBER, *L'Ombre des ancêtres. Essai sur l'imaginaire médiéval de la parenté,* París, Fayard, 2000, p. 53.

[52] Anita GUERREAU-JALABERT, «L'Arbre de Jesé et l'ordre chrétien de la parenté», en: Dominique IOGNA-PRAT, Éric PALAZZO y Daniel RUSSO (eds.), *Marie. Le culte de la Vierge dans la Société Médiévale,* París, Beauchesne, 1996, pp. 137–70.

política[53] y ha destacado, sobre la pista de sendos artículos clásicos de Gerhart B. Ladner[54], el sentido de dicha imagen como representación de una parentela «espiritual» –no de sangre– subrayando por tanto los valores primarios de las imágenes vegetales, y en particular el Árbol de Jesé que ahora nos ocupa, como imágenes de vida y regeneración.

Resulta por lo tanto clarificador que, antes de adentrarnos en la singularidad de nuestra imagen, distingamos entre los dos componentes esenciales del tema; por un lado el genealógico; y por otro, la representación alegórica de la encarnación que florece en su copa. De este modo, si el Árbol de Jesé desempeña narrativamente una función de integración entre el Antiguo y el Nuevo Testamento,[55] y esto parece obvio en la imagen del timpano de la Puerta de los Leones, sin embargo, no podemos olvidar que la naturaleza de esta imagen es –como explicara Gerhart Ladner haciendo uso de una terminología lingüística– antes metonímica que metafórica. En sus propias palabras : «*el simbolismo del árbol es utilizado para representar crecimiento orgánico desde las raíces hacia la copa, más que una ramificación artificial de la copa hacia la base. El objetivo es antes la representación de la continuidad natural y la participación mutua entre los elementos del diseño que las discontinuidades y exclusión entre las relaciones*».[56] O dicho de otra manera, la imagen se lee de abajo arriba en un movi-miento integrador ascendente.

Volviendo ahora al análisis del relieve de la Puerta de los Leones, se dan distintas circunstancias que invitan a una interpretación en el sentido apuntado. En primer lugar si tenemos en cuenta su colocación en una fachada de carácter funerario, lo que no parece del todo casual si tenemos en cuenta la importancia de las metáforas biológicas en la representación escatológica de la resurrección;[57] además la relativa frecuencia del tema

---

[53] Para esta línea de interpretación, véase fundamentalmente James R. JOHNSON, «The Tree of Jesse Window of Chartres: *Laudes Regiae*», en: *Speculum,* 36/1, 1961, pp. 1–22. Una interpretación genealógica en un sentido teológico –en la polémica contra el dualismo cátaro– en Michel D. TAYLOR, «A Historiated Tree of Jesse», en: *Dumbarton Oaks Papers,* 1980–81, pp. 125–77.

[54] Gerhart B. LADNER, «Vegetation Symbolism and the Concept of Renaissance», en Millard MEISS, (ed.), *De Artibus Opuscula. Essays in honor of Erwin Panofsky,* Nueva York 1961, pp. 303–22; IDEM, «Medieval and Modern Understanding of Symbolism: a Comparison», en: *Speculum,* 54, 1979, pp. 223–56. Para esta valoración de las imágenes vegetales es un sentido específicamente soteriológico, véase también el clásico estudio de Eleanor Simmons GREENHILL, «The Child in the Tree. A Study of the Cosmological Tree in Christian Tradition», en: *Traditio,*10, 1954, pp. 323–71.

[55] Cfr. George HENDERSON, «Abraham Genuit Isaac: Transitions from the Old Testament to the New Testament in the Prefatory Illustrations of Some 12th Century English Psalters», en: *Gesta,* 26/2, 1987, pp. 127–39, es un ejemplo paradigmático de ello.

[56] LADNER, «Medieval and Modern Understanding of Symbolism...», op. cit. (n. 54), p. 250. Cfr. las observaciones de Christiane KLAPISCH-ZUBER, «La genèse de l'arbre généalogique», en Michel PASTOUREAU (ed.), *L'Arbre. Histoire naturelle et symbolique de l'arbre, du bois et du fruit au Moyen Age,* Cahiers du Léopard d'Or, 2, París 1993, pp. 41–81.

[57] La imagen vegetal como símbolo de resurrección es la más antigua metáfora desarrollada por el Cristianismo para representar la resurrección de los cuerpos. S. Pablo introdujo esta metáfora biológica que comparaba los cuerpos resucitados como el fruto de semillas (*seminas*): «*se siembra corrupción, resucita*

en la escultura funeraria española del siglo XV sugiere que estas connotaciones biológicas eran evidentes por lo menos para un determinado sector de la población.[58] Además, como ya hemos notado, la representación toledana es de una naturaleza específica –una cepa de vid– y ello es perfectamente visible desde la distancia. Por último, la falta de interés por representar individualizadamente a los miembros de la estirpe real de Jesús en beneficio de una exuberante construcción arbórea apunta en idéntico sentido.

Justificada por lo tanto su presencia en una fachada cuya advocación original era mariana, y su relación con los nichos funerarios de la portada interior, restaría por aclarar el vínculo que indiscutiblemente nos invita a descubrir el obispo-narrador entre Jesé y el Cristo resucitado, un vínculo del cual no hemos encontrado todavía evidencia alguna.

FRAY ALONSO DE OROPESA Y EL CONFLICTO DE LOS CONVERSOS

Tal vínculo del Árbol de Jesé con la sepultura de Cristo se encuentra, sin embargo, en la Escritura, o al menos así lo había interpretado toda una larga tradición hermenéutica que, en los años en los que se construía la fachada toledana, gozaba de una singular, y no menos oportuna, salud. Al mismo tiempo que se construía la fachada, un teólogo de la Orden de los Jerónimos trabajaba, urgido por el arzobispo Carrillo, en la elaboración de un tratado donde se comentaba y desarrollaba la imagen del tronco del linaje de Cristo alzado sobre su propio sepulcro. La coincidencia cronológica, geográfica y, como veremos, política, entre la Puerta de los Leones y la exégesis de Oropesa merecen por ello un análisis más detallado.

Toledo, 1449

En las navidades de 1465, el jerónimo fray Alonso de Oropesa († 1468) daba finalmente por concluído su tratado «*Luz para conocimiento de los gentiles*» –*Lux ad revelationem gentium*– que, como decimos, había escrito por encargo del arzobispo Carrillo. El libro se escribió con el propósito concreto de recomponer la brecha que amenazaba la unidad

---

incorrupción; se siembra vileza, resucita gloria; se siembra debilidad, resucita fortaleza; se siempra un cuerpo animal, surge un cuerpo espiritual» (1 Cor 15,42–44). Esta imagen tendría especial predicamento en la patrística, sería luego desplazada en la escolástica por la metáfora de la estatua –que imaginaba la resurrección como el proceso de reconstrucción de una escultura que se hubiera roto en mil pedazos– pero, como ha señalado recientemente Caroline Walker BYNUM, nunca dejaría de ser una de las imágenes primordiales con la que representarse la resurrección de los cuerpos. Para todo ello, véase ahora de la misma autora, *The Resurrection of the Body in Western Christianity, 200–1336*, Nueva York, Columbia University Press, 1995, passim.

[58]   Notemos dos ejemplos monumentales, el sepulcro del doctor Grado en la Catedral de Zamora (Cfr. Gregorio T. TEJEDOR MICÓ, «Escultura funeraria. El sepulcro del doctor Grado en la Catedral de Zamora», en: *B.M.I.C.A.*, 53, 1993, pp. 29–70) y el retablo monumental de la Capilla de Luis de Acuña en la Catedral de Burgos.

de la Iglesia separando a los cristianos viejos de la importante comunidad de judeoconversos; una barrera de odio por cierto, que a la postre, resultó sencillamente infranqueable. Fray Alonso comenzó a escribir su libro poco después de los sangrientos acontecimientos que enfrentaron a ambas comunidades toledanas en 1449, pero el impulso final no lo recibió hasta 1462, cuando el arzobispo Carrillo le pidió que lo terminara, al tiempo que le invitaba a participar en la organización de la Inquisición de su diócesis.[59]

La importancia del trasfondo histórico que sirve de contexto para la construcción de la Puerta de los Leones nos obliga a hacer de nuevo un alto en el camino. Tenemos la fortuna de contar con un importante número de documentos que nos ayudan a reconstruir la situación de conflicto social y cultural en el que se encontraba Toledo a mediados del siglo XV.[60] La obra de la Puerta de los Leones (1453–65) se construyó en un marco temporal que viene ahorquillado por los dos enfrentamientos sociales más sangrientos que atravesó la ciudad en esa centuria : los altercados populares, al cabo convertidos en «pogroms», de 1449 y 1467. Por si fuera poco, tanto el uno como el otro tuvieron en la Catedral uno de sus escenarios fundamentales.

Los disturbios de Toledo fueron el primer gran conflicto social en la lucha por el poder desatada en la Castilla del siglo XV. La revuelta dio comienzo en junio de 1449 cuando, acudillados por Pedro Sarmiento, los cristianos viejos de la ciudad se rebelaron contra el valido de Juan II, don Álvaro de Luna, acusándole de favorecer a la clase de los conversos. El Rey se dirigió con sus tropas a la ciudad, pero fue detenido a sus puertas, donde le fue presentada una *Suplicación* [2-V-1449] en que constaban tres acusaciones sobre la desviación piadosa de los conversos : 1) que en su mayor parte *judaizaban;* 2) que blasfemaban contra Cristo y Virgen María; y 3) que muchos de ellos eran idólatras.[61] Pocas semanas más tarde, un tribunal proclamó al cabecilla de la revuelta Pedro Sarmiento alcalde mayor de la ciudad y aprobó la *Sentencia-Estatuto* que llevaría su nombre.

La *Sentencia-Estatuto* de Pedro Sarmiento fue el primer estatuto de Limpieza de Sangre de la historia de la España moderna, y la base del que haría efectivo un siglo más tarde el cardenal de Toledo Martínez Silíceo. Su objeto era impedir que «*ningún confeso del linaje de los judíos*» –es decir, ningún converso– «*pudiese haber ni tener ningún beneficio en la dicha cibdad de Toledo*», es decir, pretendía que los conversos fuesen declarados «*infames, inhábiles, incapaces e indignos para haber todo oficio e beneficio*

---

[59] Para los detalles de la redacción, véase la introducción de Luis A. DÍAZ Y DÍAZ, en: Luis A. DÍAZ Y DÍAZ (ed.), *Alonso de Oropesa. Luz para conocimiento de los gentiles,* Madrid, FUE-UPSA, 1979, pp. 7–97.

[60] Eloy BENITO RUANO, *Toledo en el siglo XV. Vida política,* Madrid, CSIC, 1961.

[61] Benzion NETANYAHU, *Los orígenes de la Inquisición,* Barcelona, Crítica, 2001, pp. 327–30.

público y privado en la dicha cibdad».[62] Aunque su efectivo funcionamiento no tuvo lugar hasta mediados del siglo siguiente, entre otras cosas gracias a la oposición de Juan II y a la del propio arzobispo de Toledo Alfonso Carrillo, mientras esto tenía lugar, algunas sectores sociales se aprestaron a aplicarlo. Uno de los primeros en hacerlo fue, precisamente, la hermandad de los «pedreros», cuyos miembros se obligaron a no admitir ningún converso entre sus filas, y a no tomar ningún aprendiz de raza judía en el oficio.[63]

La *Sentencia-Estatuto* se fundaba en probar que los miembros de la comunidad conversa estaban falsamente convertidos y que, en realidad, mantenían sus ritos, ceremonias y creencias, siempre en secreto. Además, aseguraba que los conversos eran sacrílegos, primero por afirmar que *Jesuchristo* era un *hombre de su linaje,* al que los cristianos adoraban por Dios; asimismo, haciendo uso de un lugar común del fondo de leyendas antisemitas forjadas a lo largo de la Edad Media, Pedro Sarmiento aducía en primer y más importante lugar, que los conversos *«el Jueves Santo, mientras se consagra en la Santa Iglesia de Toledo el Santísimo óleo y chrisma, e se pone el Cuerpo de nuestro Redemptor en el Monumento, los dichos conversos degüellan corderos, e los comen e facen otros géneros de olocaustos e sacrificios judaizando».*

Aunque el esquema de la acusación es prototípico o, si se prefiere, legendario, su marco es perfectamente real e histórico. La Semana Santa en Toledo no se celebraba sólo recreando litúrgicamente el tiempo de la Pasión; al igual que en tantos otros lugares de Europa donde junto con la población cristiana convivía una importante comunidad hebrea, también existía lo que algunos han dado en llamar «violencia ritual», me refiero a la costumbre de perseguir y amedrentar a los judíos de la ciudad durante los días de la Pascua, recordando con ello su responsabilidad en la muerte de Jesucristo.[64] Lo característico de esta manifestación violenta es que, aun no siendo programada o dirigida, era una violencia estructural que se repetía de forma cíclica, casi litúrgicamente, junto con el resto de las celebraciones.

Tanto es así que en muchos lugares hubo de ser legislada. En Toledo, lo había sido en 1440, sólo unos años antes de la llegada del arzobispo Carrillo a la sede toledana. Por orden del infante don Enrique, y atendiendo a que todos los años se producían numerosas desgracias materiales y humanas, cuando *«el día de la cruz apedrean las casas e tejados de las casas en que moran los judíos»,* quedaba estríctamente prohibido, no el

---

[62]   Cito por la transcripción de Eloy BENITO RUANO, *Los orígenes del problema converso,* Madrid 2001[2], pp. 83–101. Para la argumentación, véase Ramón GONZÁLVEZ, «Fundamentos doctrinales de la sentencia-estatuto de Toledo contra los conversos (1449)», en: *Inquisición y Conversos. III Curso de cultura hispano-judía y sefardí,* Madrid 1994, pp. 279–96.

[63]   BENITO RUANO, *Los orígenes del problema converso,* op. cit. (n. 62), p. 73. Sin citar fuente.

[64]   Cfr. David NIRENBERG, *Comunidades de violencia. La persecución de las minorías en la Edad Media,* Barcelona, Península, 2001, pp. 284–325.

ejercicio de esta violencia, sino que los judíos pudieran salir de sus casas, ordenando el infante «*que los judíos en todo el santo día de la cruz estén encerrados en sus casas de guisa que non salgan nin abran las puertas ni se pongan en lugar do sean vistos*».[65] La iconografía antisemita de la Puerta de los Leones, concretamente la leyenda del judío Jefonías en el exterior, donde se identifica y acusa al pueblo judío como enemigo mortal de la Virgen y del Cristianismo, tiene un valor propio independiente del calendario litúrgico; sin embargo, no podemos olvidar que se inserta en una portada que, como acabamos de ver, jugaba un papel fundamental en las ceremonias de la Semana Santa.

La *Sentencia-Estatuto* de Pedro Sarmiento sólo fue el primer capítulo de una densa y complicada polémica en la que intervinieron algunos de los más brillantes intelectuales conversos de la élite cultural y religiosa de la corte de Juan II. Su oposición más fuerte la encontró entre determinados miembros de la mesa capitular. En ausencia del arzobispo, en el momento del levantamiento le sustituía el vicario Pedro López Gálvez, uno de los cabecillas de la rebelión que resistió hasta el final, encastillándose en la torre de la Catedral, para caer finalmente preso por las tropas del infante don Enrique.[66] El cabildo, sin embargo, no mantuvo una postura unánime; estuvo dividido. El propio deán D. Francisco de Toledo –lo era desde 1447– se decantó del lado de los conversos y tuvo que salir huyendo de la ciudad. En Sta. Olalla compuso una *Refutación* del Estatuto que se ha perdido.

Pero para la interpretación de la Puerta de los Leones resultan más relevantes los argumentos que, traducidos en imágenes, enarbolaron los defensores de la convivencia. La oposición a las tesis de los seguidores de Pedro Sarmiento la encabezó la bula *Humanis Generis inimicus* promulgada el 24 de septiembre de 1449 a instancias de Juan II.[67] La postura tomada por Nicolás V ante los rebeldes toledanos parece haberse debido a la intervención del Cardenal Juan de Torquemada O. P. quien, encontrándose en Roma, consiguió que el pontífice despachara sin dar audiencia una embajada que pretendía conseguir su

---

[65] «Actos, establecimientos y leyes de la Orden de Santiago (1440)», en: Pilar LEÓN TELLO, *Judíos de Toledo,* Madrid, CSIC, 1979, doc. 52, pp. 456–58.

[66] «... mandó el príncipe parezer en su ayuntamiento todos los regidores y hombres buenos y ansí mismo a el bachiller Juan Alonso y a Pero López Gálvez canónigos de la santa iglesia y a el bachiller Marcos García de Mora y a Fernando Alonso Dávila que se dezia ser de los prinçipales capitanes del trato los quales temiendo el rigor del Príncipe no quisieron comparezer y obedezer su mandamiento y se retiraron a la sancta Iglesia y algunos dellos se subieron a la torre y aviendolo asi entendido el Prínçipe salio del ayuntamiento y junta su jente mandó pregonar que todo el común so graves penas se llegase a él y le ayudasen para prender a los susodichos y así unido el común con la gente del Príncipe, y todos bien armados fueron a la Santa Iglesia y prendieron a los dichos Juan Alonso y Pero López Gálvez y al dicho bachiller Marcos García, y Fernando Alonso Dávila, y los dos canónigos fueron presos a Sant Torcaz donde estuvieron mucho tiempo padeziendo...», Sucesos en la çiudad de Toledo contra los combersos desde el año de mill y quatroçientos y quarenta y nueve ... asta el año de mill y quatroçientos y sesenta y siete, B.N.M., Ms. 2041, ff. 6vº–7.

[67] Vicente BELTRÁN DE HEREDIA, «Las bulas de Nicolás V acerca de los conversos de Castilla», en: *Sefarad,* 21, 1961, pp. 22–47.

apoyo para la nueva ley segregacionista. A la contribución de Torquemada siguieron las aportaciones del converso Alonso de Cartagena –cuyo *Defensorium Unitatis Christianae* estuvo listo en 1449[68]– y a continuación, a instancias del propio arzobispo toledano como ya hemos dicho, la del propio fray Alonso de Oropesa.

El jerónimo, a la sazón prior del monasterio de S. Bartolomé de Lupiana, en el prólogo de su tratado se dirigía al arzobispo ofreciéndole el libro que «*vuestra afanosa y pródiga cura pastoral tan ardorosamente me pidió y tan insistentemente me obligó a hacer*», confiando en que fuera de ayuda para cerrar las heridas de la «*disensión y cisma*» que se había apoderado de la ciudad.[69] La metáfora del árbol –el tema figurativo que protagoniza la Puerta de los Leones– es recurrente a lo largo de todo su tratado; pero concretamente en el capítulo XXXVIII, Oropesa ilustraba la *Unidad pacífica, igualdad y concordia de todos los fieles* apoyado en un significativo pasaje del libro de Isaías tradicionalmente interpretado como un canto de paz y unidad de la Iglesia el cual se inspira en este preciso motivo.

El canto de Isaías es un himno de restauración mesiánica : profetiza el nacimiento de un nuevo vástago de Israel que habrá de inaugurar un reino de paz escatológica (11,6–9). Fruto de un añadido posterior, a continuación de esta representación de la paz mesiánica formada por bestias salvajes enzarzadas en amoroso juego, en el libro de Isaías se profetizaba que en el día del cumplimiento de la profecía –«*In die illa radix Iesse qui stat in signum populorum*»– la «Raíz de Jesé» recibiría la adoración de todos los pueblos y, según concluye el texto de la Vulgata : «*erit sepulchrum eius gloriosum*» («*...será su sepulcro glorioso*»). No cuesta imaginar que todos estos elementos se hubieran identificado repetidamente como la imagen de un Árbol de Jesé erguido sobre el sepulcro de Cristo.

La interpretación de Oropesa de este pasaje no es especialmente original; citaba las palabras de Isaías : «*Aquel día la raíz de Jesé que estará enhiesta para estandarte de pueblos, las gentes la buscarán, y su morada será gloriosa* [Is 11,10]», para añadir a continuación : «*Aquí se llama a Cristo* raíz de Jesé *porque es de su descendencia según la carne :* que estará enhiesta para estandarte *de unión pacífica y de santificación;* de pueblos, *es decir, de estos dos pueblos de los judíos y de los gentiles señalados frecuentemente en la Escritura :* y su morada será gloriosa, *porque entre todos los creyentes de ambos pueblos se celebra con gloria y excelencia la memoria de la pasión del señor y de su santo sepulcro, a quien se configuran todos los que se acercan a la fe*

---

[68] Guillermo VERDÍN-DÍAZ (ed.), *Alonso de Cartagena y el Defensorium Unitatis Christianae*, Universidad de Oviedo 1992.

[69] Ibid., pp. 759–60.

de Cristo en la recepción del santo bautismo».[70] La exégesis de Oropesa convertía así la metáfora arbórea en una alegoría eclesiológica de unidad y concordia [*pacifice unionis et sanctificationis populorum*].[71]

Al proceder de esta manera, ya lo hemos insinuado, Oropesa no hacía sino reavivar una tradición bien anclada. Comenzando por el comentario clásico de Jerónimo y los numerosos escritos inspirados en él[72], continuando por la *Glossa Ordinaria*[73] –de la que la biblioteca capitular guardaba y todavía conserva varios hermosos ejemplares del siglo XIII[74]– para terminar con la glosa de mayor popularidad a mediados del siglo XV, la elaborada por el franciscano Nicolás de Lyra[75], todos coincidían en las líneas fundamentales de la lectura del jerónimo. Para todos ellos, y con mayor razón para fray Alonso de Oropesa en las circunstancias que se estaban viviendo en Castilla, la imagen del Árbol de Jesé quedaba vinculada a la del sepulcro de Cristo sobre el cual se alzaría triunfante en representación de una paz escatológica.

---

[70]   ALONSO DE OROPESA, *Luz para el conocimiento de los gentiles*, op. cit. (n. 59) p. 465. Hemos cotejado con el texto latino de la Biblioteca de la Universidad de Salamanca, Ms. 1753.

[71]   Cito ahora por el texto latino de la Biblioteca de la Universidad de Salamanca, Ms. 1753, ff. 92vº–93, que hemos cotejado con la traducción de DÍAZ Y DÍAZ, op. cit. (n. 59).

[72]   S. Jerónimo: «*In tempore igitur illo, quando Christi in toto mundo Evangelium coruscati, et repleta fuerit omnis terra scientia Domini, sicut aquae maris terram operientes, erit radix Jesse, et qui de eius stirpe conscendet in signum omnium populorum, ut videant populi signum Filii hominis in coelo* (Matth. xiv) ... *Sive ut LXX transulerunt, resurget a mortuis, ut princeps sit omnium nationum, et universae gentes sperent in eo [...] In die illa, hoc est in illo tempore, de qua et supra dictum est, cum surrexerit radix Jesse in signum populorum, sive ut dominetur gentium...*», «Commentariorum in Isaiam Prophetam», en: J. P. MIGNE (ed.), *Patrologia Latina* [*P. L.*], París 1865, 24, col. 153.

HERVEO, Burgidolensis Monachus: «*Sic enim* radix Jesse stat in signum populorum *exaltatus in cruce, ut* ipsum deprecentur *omnes, et per eum salvi fiant* ... Sepulcrum *vero* eius gloriosum est*, quia praeter illam reverentiam, quam ob illius sepulturam et resurrectionem habet, locus ille coruscans miraculis gloriae suae causa ad se omnem contrahit mundum*», en: «Commentariorum in Isaiam Libri octo», en: J. P. MIGNE (ed.), *P. L.*, París 1854, 181, col. 145. Añádanse las de HAYMO obispo de Halberstadt, en: «Commentariorum in Isaiam, Libri Tres», en: J. P. MIGNE (ed.), *P. L.*, París 1879, 116, col. 781; y RUPERTO DE DEUTZ, «De Trinitate et operibus eius libri XLII», en: J. P. MIGNE (ed.), *P. L.*, París, 1854, 167, col. 1322–23, con similar exposición a los anteriores.

[73]   «Vers. 10. *Qui stat in signum* unde: *Ecce positus est hic in ruinam, et in resurrectionem multorum in Israel, et in signum cui contradicetur* (Luc. 11). LXX: *Qui consurget ut sit princeps*, etc., *usque ad idem significat sepulcrum. Pro dormitione et requie, altero verbo, sed eodem sensu,* sepulcrum*, vertimus*», «Glossa Ordinaria», en: J. P. MIGNE (ed.), *P. L.*, París 1879, 113, col. 1231.

[74]   Klaus REINHARDT y Ramón GONZÁLVEZ, *Catálogo de Códices Bíblicos de la Catedral de Toledo*, Madrid, Fundación Ramón Areces, 1990, pp. 175–80: *Glossa Ordinaria in Isaiam*, Ms. 6-9, Ms. 6-10, Ms. 6-11, MS. 6-12. Ramón GONZÁLVEZ RUIZ, *Hombres y libros de Toledo (1086–1300)*, Madrid, Fundación Ramón Areces, 1997, p. 669, nº 2 (=Ms. 6-12); p. 654, nº 16; p. 672, nº 11 y p. 679, nº 37, para los más antiguos inventarios en que se encuentran documentados.

[75]   «Et erit sepulchrum, ec. Tum quia licet mors christi fuerit contemptibilis, sepultura tamen eius fuit honorabilis, tum quia in sepulchro novo lapideo et cum litheaminibus et aromatibus preciosis, ut Ioh[anem] xix, tum quia fideles per orbem existentes, etiam magni et nobiles vadunt ad eius sepulchrum venerandum», NICOLAS DE LYRA, en: *Biblia cum commento*, Venecia 1481, iv, f. cc [B.N.M., I/785].

En realidad, al hacerlo así, el fraile Jerónimo no estaba sólo, sino que estaba procediendo con una lógica figurativa semejante a la de otras voces que se habían dejado oír en la polémica del Estatuto. Estas voces corresponden a dos de los mejores teólogos que había en Castilla en el siglo XV y, más que de coincidencia, parece apropiado hablar de convergencia en la utilización de una herencia común que, como notara Albert Sicroff en su estudio sobre la resistencia intelectual al Estatuto, iba a nutrirse frecuentemente de metáforas de carácter biológico y, más específicamente, vegetal.[76]

La imagen del Árbol de Jesé ya había sido utilizada por Juan de Torquemada en su *Tratado,* utilizándola como ejemplo de la «paz y concordia» [*pace et concordia*] que debía reinar entre el pueblo de los gentiles y el de Cristo,[77] cuya «*estirpe y raza*» –Torquemada no se cansaba de argumentar– era la misma que la de la Virgen María su madre y la de los apóstoles, la hebrea.[78] Por su parte, el converso Alonso de Cartagena, obispo de la diócesis burgalesa, y autor de la *Defensa de la Unidad Cristiana* que probablemente había leído Oropesa, también hizo uso frecuente de la alegoría del Árbol de Jesé. Apoyado en la tesis agustiniana de que «*el último fin de la humanidad es constituir una sociedad firmemente unida por los lazos del amor, y libre de toda discordia destructiva*»[79] como ha escrito Benzion Netanyahu, el obispo de Burgos empleaba la imagen inclusiva del «signo» o estandarte de la raíz de Jesé (Is 11,10) para defender su segundo teorema de «*Que todas las gentes del mundo, del mismo modo y mediante el mismo Salvador, recibieron también la gracia de la redención*»;[80] y volvía a hacerlo en

---

[76] La importancia apologética entre los defensores de los conversos de ésta y otras metáforas biológicas (Is 43,27–44; Rom 11, 18) ha sido destacada por Albert A. SICROFF, *Los estatutos de limpieza de sangre. Controversias entre los siglos XV y XVII,* Madrid, Taurus, 1985, p. 67.

[77] «*De esta paz y concordia que ha de establecerse entre estos dos pueblos mediante la venida del Hijo de Dios*», *se dice expresamente en Isaias 11,1 y 6:* Saldrá una vara de la raíz de Jesé..., etc., y continúa: «Habitará el lobo con el cordero y el leopardo con el cabrito, *lo que, como expone el maestro Nicolás de Lira, había de cumplirse por la venida y pasión de Cristo*», Carlos DEL VALLE, (ed.), *Tratado contra los madianitas e ismaelitas de Juan de Torquemada (Contra la discriminación conversa),* Madrid, Aben Ezra Ediciones, 2002, p. 321.

[78] «*De este pueblo es José, el hombre justo, y la Virgen María, que dio a luz a Jesucristo; de él es Juan Bautista, el amigo del esposo, y sus padres Zacarías e Isabel... [etc. etc.]*», *Tratado contra los madianitas e ismaelitas,* ed. cit., p. 265.

[79] NETANYAHU, *Los orígenes de la Inquisición,* op. cit. (n. 61), p. 481.

[80] Cap. 1. «*...Con toda seguridad quien dice a todo hombre a nadie excluye. Y previendo esto el anciano patriarca Jacob, al bendecir a las tribus dijo así: no faltará de Judá el cetro, ni de entre sus pies caudillo, hasta que venga aquél que ha de ser enviado y él mismo será la esperana de las gentes. Es propio temer del mal como es propio esperar del bien, y así llegaba a los pueblos el sumo bien en cuya perfección se podría esperar la gloria. Y dice el mismo Isaías:* la raíz de Jesé que se levanta como estandarte de los pueblos la buscarán afanosamente las gentes [Is 11, 10] *y en otro lugar, hablando de Cristo, dice:* poco es que tú seas mi siervo para restablecer las tribus de Jacob y convertir a los residuos de Israel; yo te di para luz de las gentes, para que seas mi salvación hasta los confines de la tierra*», VERDÍN-DÍAZ, *Alonso de Cartagena y el Defensorium...,* op.cit. (n. 68), p. 178.

su teorema tercero, para probar que : «*...tanto los israelitas como los gentiles al entrar en la fe católica por la puerta del sagrado bautismo* no persisten como dos pueblos o como dos linajes diferentes, *sino que de los procedentes de una y otra parte, se crea un pueblo nuevo*»[81], combinando en este segundo caso los dos valores fundamentales sobre los que se había construído la imagen figurativa : el genealógico y el espiritual, afirmando la pertenencia de Jesús al linaje de David, por un lado; y por otro, en su sentido más inequívocamente paulino, probando que, una vez recibido el bautismo, no existía distinción posible entre los Cristianos, sino sólo la unidad en Cristo [Cfr. Ga 3, 28].

Judíos vs. conversos

Los puntos de acuerdo entre Cartagena, Torquemada y Oropesa no deben ocultar, sin embargo, algunas diferencias importantes que, nos parece que pertenecen a un horizonte de sentido más apropiado para la comprensión del discurso de la Puerta de los Leones. Como se ha observado recientemente, el tratado de Oropesa confirma un importante giro en el tono de la polémica, fruto entre otras cosas, no sólo del enquistamiento de la situación, sino también de las nuevas responsabilidades del jerónimo a cargo de la proto-inquisición toledana. De este modo, si de una parte Oropesa se alineaba perfectamente con las tesis de Torquemada y Alonso de Cartagena según la cual «*los que vienen a Cristo no deben ser excluidos a causa de ninguna impropia e infiel clase de sangre*»[82], por la otra, no ocultaba su profunda repugnancia hacia quienes permanecían en la ley mosaica. Así, si Cartagena minimizaba el número de los responsables de judíos en el deicidio, el Jerónimo generalizaba su culpa; y si aquél resaltaba la dignidad del «pueblo elegido», éste subrayaba la oposición, más que la continuidad entre la antigua Ley de Abraham y la nueva Ley del Evangelio.

La única unidad posible para fray Alonso de Oropesa –y sin duda alguna también para el arzobispo de Toledo, Alonso Carrillo– era la de los cristianos bautizados. De ahí que en su *Luz para conocimiento de los gentiles* el prior de Lupiana pidiera la urgente reintroducción de las leyes que obligaban a los judíos a lucir signos distintivos en sus

---

[81]   «*De estos dos grupos que mencionamos es bien sabido que cuando acceden a la fe católica se forma una sola iglesia, un solo pueblo, un solo cuerpo, cuya cabeza es Cristo... En efecto, en su generación Raab y Ruth, que procedían de la gentilidad, suministraron pruebas de la mezcla de sangre: una de ellas era de Jericó antes de que hubiese sido tomada por los israelitas, la otra había nacido en Moab. Y la escritura atestigua* [Mt 1,1–16] *que de la primera había nacido Salmon, padre de Booz, y de la segunda, Jesse, padre de David, de quien Cristo, según la carne, se consideró digno de ser y llamarse hijo*», VERDÍN-DÍAZ, *Alonso de Cartagena y el Defensorium...*, op.cit. (n. 68), p.189. Los usos contradictorios del argumento del «linaje« entre los conversos han sido recientemente destacados por David NIRENBERG, «Mass Conversion and Genealogical Mentalities: Jews and Christians in Fifteenth-century Spain», en: *Past and Present,* 2002, pp. 3–41.

[82]   NETANYAHU, *Los orígenes de la Inquisición,* op. cit. (n. 61), p. 797.

ropas –medidas que él denunciaba que se encontraban en desuso–[83] o que exigiera la prohibición estricta a cualquier judío de entrar en un templo cristiano (!).[84] Concluyendo, en la teología del jerónimo se daban la mano el tradicional antijudaísmo junto a una llamada a considerar miembros de la Iglesia con idénticos derechos a aquéllos cristianos procedentes de la raza hebrea, los llamados conversos.

De la misma manera, si estamos en lo cierto, la Puerta de los Leones hilvana polifónicamente dos discursos complementarios que sólo se vuelven inteligibles cuando se analizan simultáneamente : en el exterior se identifica a los judíos con el pueblo incapaz de reconocer el milagro de la redención que había acontecido delante de sus propios ojos, acusando a aquéllos que todavía no habían abandonado su fe de albergar un odio ancestral a la Virgen, que es tanto como decir a la Iglesia; mientras tanto, en el interior, el programa plasma un símbolo inequívoco de regeneración, de unidad e integración de todos los cristianos. Un sentido que es tan universal –y por lo tanto ajeno a cualquier connotación polémica– como era oportuno en el Toledo de mediados del cuatrocientos. Ello explica las palabras que se esculpieron en la peana del Cristo resucitado : *aqua lavit nos, redemit eo sanguine suo,* palabras que subrayan la continuidad entre el sacramento del bautismo y la redención, entre el rito purificador por el que los hombres se incorporan a la Iglesia y la celebración del sacrificio expiatorio de la muerte y resurrección de Cristo. Con la misma lógica, fray Alonso de Oropesa había visto en la metáfora enigmática del «sepulcro glorioso» del que hablaba el profeta Isaías, una imagen transparente de la celebración de la resurrección de Jesús por los bautizados[85]. Si fue este el mismo camino que siguió el responsable de suministrar el programa de la Puerta de los Leones, ello explicaría que el árbol, convertido en un símbolo eclesiológico, fuera una cepa de vid.[86]

En definitiva, la Puerta de los Leones fue gestada en un momento de conflicto social y religioso del que su iconografía es directa heredera. Para comprenderlo no basta con reconstruir el contexto histórico, también es necesario atender al tiempo litúrgico, cuan-

---

[83] Las recoge por extenso Jerónimo ROMÁN DE LA HIGUERA, *Historia eclesiástica de Toledo,* B.N.M. Ms.1290, VI, ff. 250vº–251vº.

[84] ALONSO DE OROPESA, *Luz para conocimiento de los gentiles,* ed. cit. (n. 59), p. 274.

[85] Las palabras exactas de Oropesa son: «…sepulchrum eius est gloriosum *quia in omnibus credentibus ex hiis duobus populis gloriose et altissime celebratur memoria passionis et eius sanctisima sepultura cui configurantur omnes ad xpi fidem advenientes in ipsa sacri baptismatis subcessione sicut dicetur in capitulo subsequenti», Lux ad revelationem gentium,* BUSa. 1753, ff. 92 vº–93. Las palabras de S. Pablo a los romanos que fundamentan esta relación –«¿O es que ignoráis que cuantos fuimos bautizados en Cristo Jesús, fuimos bautizados en su muerte? [Rm 6,3]»– son efectivamente comentadas extensamente en el capítulo siguiente.

[86] La presentación alegórica de la Iglesia como un árbol, o más específicamente, una cepa de «vid» plantada por Cristo, también la recoge en varias ocasiones en el tratado de ALONSO DE OROPESA, *Luz para conocimiento de los gentiles,* ed. cit. (n. 59), cap. 5, p. 110 y cap. 23, p. 261: «…*la viña que plantó es la Iglesia de los fieles que extendió de modo especial a partir de aquel pueblo judío…*».

do la memoria de la muerte de Cristo era actualizada en el presente, dando así un nuevo sentido a la comunidad de los judíos toledanos, a la vez que se rememoraba también el fundamento –entonces cuestionado– sobre el que estaba edificada la Iglesia.

Lo extraordinario de la fachada, en cualquier caso, no es sólo esto, sino fundamentalmente que el taller que dirigía Hanequín de Bruselas supiera resolver narrativamente el problema al que se enfrentaba, que supiera articular la complejidad del discurso ideológico en un todo comprensible, elocuente y dramático. El planteamiento escenográfico para la portada exterior (la tumba de Cristo), el ensayo de una lectura dinámica de su iconografía que permitiera poner en relación el exterior con el interior aun manteniendo la independencia de sus respectivos argumentos, y el desarrollo monumental de la escultura en relieve para la escena del tímpano (el Árbol de Jesé) son algunas de las fórmulas esenciales del lenguaje de una generación de escultores y arquitectos que estaban introduciendo una forma nueva de pensamiento figurativo.

EPÍLOGO : TOLEDO, 1467

Nuestra narración histórica quedaría incompleta sin una breve referencia al desenlace inmediato del conflicto religioso desde el que creemos que hay que abordar el análisis de la Puerta de los Leones. La oposición al Estatuto fue terca, intelectualmente bien armada, y numerosa, pero también insuficiente. Es sabido que ni las obras de Alonso de Oropesa, Torquemada o Cartagena que acabamos de recordar, como tampoco el tratado del Dr. Alonso de Montalvo (1405–99) incluído en el *Fuero Real*[87], ni la *Instrucción* del «relator» Fernán Díaz de Toledo[88] o el tratado del obispo de Cuenca Fr. Lope de Barrientos[89], tan explícitamente titulado *Contra algunos zizañadores de la nación de los convertidos del pueblo de Israel,* surtieron efecto alguno a largo plazo. La acumulación de pruebas realizada sobre la ascendencia conversa de buen número de los grandes linajes castellanos, incluso el recuerdo de la presencia de conversos tan ilustres en la sede toledana como el mismísimo S. Julián –casos que no dejaron de señalar los juristas Alonso de Montalvo y

---

[87] Sigo la edición de *El Fuero Real de España dilingentemente glosado por el egregio Alfonso Díez de Montalvo,* [Burgos, Juan de Junta, 1533], Lib. IV, tit. III, ley 2, ff. 209–213 vº.

[88] Fernando DÍAZ DE TOLEDO, «Instrucción del Relator para el Obispo de Cuenca a favor de la nación hebrea (1449)» apud ALONSO DE CARTAGENA, *Defensorium Unitatis Christianae,* Fr. Manuel Alonso S. I. (ed.), Madrid 1943, pp. 343–56. Véase sobre el mismo Nicholas G. ROUND, «Politics, Style and Group Attitudes in the *Instrucción del Relator»,* en: *Bulletin of Hispanic Studies,* 46, 1969, pp. 289–319, data el texto entre el 15 de octubre y el 7 de noviembre de 1449.

[89] Fr. LOPE DE BARRIENTOS, *Contra algunos zizañadores de la nación de los convertidos del pueblo de Israel,* apud *Vida y obra de Fr. Lope de Barrientos,* Fr. Luis GETINO (ed.), en: *Anales Salmantinos,* 1, Salamanca 1927, pp. 181–204. Cfr. Enrique CANTERA MONTENEGRO, «El Obispo Lope de Barrientos y la sociedad judeoconversa: su intervención en el debate doctrinal en torno a la *Sentencia-Estatuto* de Pero Sarmiento», en: *Espacio, Tiempo y Forma. Serie 3. Hª Medieval,* 10, 1997, pp. 11–29.

Fernán Díaz de Toledo– fueron incapaces de evitar que creciera entre la población el odio hacia los conversos.

Una vez más, el efecto de las razones de Oropesa fue prácticamente nulo. El día de la Magdalena de 1467 hubo un nuevo levantamiento en Toledo; en esta ocasión la Catedral se convirtió en el fortín de los cristianos-viejos. Los conversos intentaron infructuosamente prenderla fuego hasta que hubieron de levantar el cerco forzados por la artillería. Según las fuentes contemporáneas, entre los canónigos que se movilizaron para organizar la defensa desde la Catedral se encontraba el abad de Medina Juan Fernández[90] quien, en su calidad de canónigo obrero, tenía a su cargo una de las plazas estratégicas fundamentales : la torre de la Catedral.[91]

En julio de 1467 ardieron en Toledo más de millar y medio de casas y buena parte de los conversos marcharon al destierro.[92] Una vez reprimida la revuelta de los conversos, el canónigo obrero estuvo entre quienes quisieron aprovechar la situación para extender las medidas segregacionistas a los cargos eclesiásticos.[93] Aunque los últimos años del arzobispado de Alonso Carrillo de Acuña estuvieron marcados por el mismo espíritu que había guiado a fray Alonso de Oropesa cuando escribiera su *Luz para conocimiento de los gentiles* –en 1480 el prelado convocó un *Sínodo* del que nos constan sus radicales medidas de oposición contra cualquier reglamento que impidiera la presencia de conversos entre sus filas[94]– el levantamiento de 1467 ya había abierto un capítulo negro de la historia de España. Casi un siglo más tarde (1547), la aprobación en Toledo del Estatuto de Limpieza de Sangre del Cardenal Silíceo, previa votación capitular, escribía su última página.

---

[90] «... *el Sor Fernan Perez de Ayala e el abad de Medina, el el bachiller Juan Perez de Treviño vicario general por el señor arçobispo excepto otros clerigos de que adelante se fara mençion se ajuntaron en la santa Yglesia e se alçaron e pertrecharon e muchos de los cristianos viejos que los respondieron con ellos e comenzaron este día desde alli a trabar muy gran ruido en manera que estos desde la yglesia mayor e torre prinçipal ... etc.*», B.N.M. 2041, f. 40. Coincide en ello la variante de R.A.H., Salazar, 9/1049, ff. 99–101.

[91] Según su propio testimonio, escrito en un memorial dirigido al Cabildo poco después, el Abad de Medina había recibido este cargo directamente del arzobispo Carrillo para «*que la tuviese y guardase como obrero e de los dineros de la obra la proveyese y pertrechase...*»; recibíola «*con asas dificultad por que bien conosçia que dello se le podían seguir gastos y peligros...*», *Informaçion de los agravios que el abad de Medina se quexa que los señores dean y cabildo le fasen son los siguientes*, A.C.T., A.12.A., 17ª. Tal y como preveía, a la larga, la tenencia de la torre le costó el destierro, motivo que le impulso a escribir el citado documento.

[92] BENITO RUANO, *Toledo en el siglo XV*, op. cit. (n. 60), pp. 93–102.

[93] BENITO RUANO, *Los orígenes del problema converso*, op. cit. (n. 62), p. 153.

[94] Julio CARO BAROJA, *Los judíos en la España moderna y contemporánea*, 3, Madrid, Arion, 1961, Apéndice 2, pp. 279–81.

DEUTSCHES RESÜMEE

DIE PUERTA DE LOS LEONES DER KATHEDRALE VON TOLEDO: IHRE LITURGISCHE UND SEPULKRALE BEDEUTUNG

Die ins Südquerhaus der Kathedrale von Toledo führende Puerta de los Leones war eine der bedeutendsten künstlerischen Unternehmungen im Kastilien des 2. Drittels des 15. Jahrhunderts. Der sich über fast zwei Jahrzehnte erstreckende Bau der Portalanlage wurde von Erzbischof Carrillo im Jahre 1452, in einer Zeit religiöser und politischer Unruhen, begonnen. Wie von der Forschung schon lange hervorgehoben worden ist, liegt die Bedeutung der von Hannekin von Brüssel und Egas Coeman geleiteten Portalbauhütte in dem Umstand, dass aus ihr eine ganze Generation vor allem burgundischer und flämischer Künstler hervorgegangen ist. Die Puerta de los Leones erfüllte so die Rolle eines wahren Laboratoriums im Hinblick auf die künstlerischen Lösungen, die an verschiedenen Punkten Kastiliens in den folgenden Jahrzehnten realisiert wurden.

Die Südfassade der Kathedrale von Toledo weist jedoch auch eine Reihe von sepulkralen Elementen auf, die bislang noch nicht hinreichend analysiert worden sind. An erster Stelle ist die auffällige dramatische oder para-theatrale Anlage der Außenfassade zu nennen, in der die Grablegung Christi thematisiert wird: Die Figuren von Nikodemus und den drei Marien (in den Gewänden) und der Muttergottes (am Trumeaupfeiler) bewachen das Grab des abwesenden Jesus, und zwar in der Weise, dass die Leerräume der Portalöffnungen die Rolle des Grabes spielen, in dem die Gestalt Christi zu denken wäre. Diese ist nur auf der Innenseite der Fassade zu erkennen, wo sie als Figur des Auferstandenen den Trumeau einnimmt. Auf diese Weise ist eine korrekte ikonografische Lektüre des Portalprogramms nur für denjenigen möglich, der die Puerta de los Leones in Richtung der Kirche durchschreitet.

Die Bedeutung des sepulkralen Themas in der Ikonografie der Außenfassade hängt mit der Komposition der Innenfassade zusammen, wo unter der spektakulären Wurzel Jesse, die das Tympanon beherrscht, zu beiden Seiten der Portalöffnungen einzelne Grabnischen angelegt wurden, von denen allerdings nur eine im 15. Jahrhundert vollendet worden ist. Ihr minutiös ausgeführtes Bildprogramm von typisch burgundischem Zuschnitt – charakteristisch sind die als *pleurants* auftretenden Mönche ebenso wie die Schild haltenden Engel – lässt keinen Zweifel daran aufkommen, dass hier von Anfang an eine Grabstätte vorgesehen war, sehr wahrscheinlich diejenige des Erzbischofs Carrillo, der sich jedoch in späteren Jahren für eine neue Grabanlage in Alcalá de Henares entschied. Viele Jahre später wurde das Toledaner Grabmal von dem unglücklichen Erzbischof Carranza eingenommen, der es noch heute besetzt.

Der Beitrag zielt auf zweierlei Bedeutungsebenen: einerseits auf die dramatische Entwicklung der sepulkralen Bedeutung des Portals, was die ikonografischen Besonderheiten im Hinblick auf die liturgische Rolle einschließt, die die Puerta de los Leones im 15. Jahrhundert während der Ostertage gespielt hat. Genauer gesagt geht es um die

Beziehung des Bildprogramms zu den Prozessionen, die während der Karwoche vom Inneren der Kathedrale ausgingen, um die Beziehungen zwischen «Monument» und Heiligtum. Ich glaube, dass aus dieser Perspektive heraus das ursprüngliche Verhältnis von Skulptur und Architektur in der aus Brüssel stammenden Portalbauhütte seinen spezifischen Sinn gewinnt.

An zweiter Stelle setzt der Aufsatz den Bau der Südfassade mit dem Aufruhr der Toledaner gegen die Konversen im Jahre 1449 in Beziehung, eine Revolte, die die Stellung des Erzbischofs Carrillo kompromittierte und in der verschiedene zeitgenössische Stimmen (vom Ordensgeneral der Hieronymiten Alonso de Oropesa bis zum Bischof von Burgos Alonso de Cartagena) Polemiken entfalteten, die sich auf dasselbe metaphorische Bild stützten, das die Innenseite der Puerta de los Leones prägt: die Wurzel Jesse.

(Übersetzung: Henrik Karge)

III

FAMA ET MEMORIA

DAS MEMORIALBILD ALS MEDIUM DER REPRÄSENTATION

LIFE'S CIRCLE: SOME NOTES
ON TWO PORTUGUESE GOTHIC TOMBS

Luís Afonso

Nel mezzo del cammin di nostra vita
mi ritrovai per una selva oscura,
ché la diritta via era smarrita.
Dante, *Divina Commedia*

INTRODUCTION

Just as Dante reached «midway this way of life», aged around thirty-five, he was af-
flicted by a profound ontological doubt that would ultimately result in one of the most
exceptional works of literature produced during the Middle Ages.[1] Thanks to that «dark
wood» of doubt, we are led along the path that leads through Hell, Purgatory and on to
Paradise as we witness Dante's struggle to rediscover the «right road» ... Specialists on
the Italian poet's work have not only interpreted this three-stage journey as the story of
Dante's salvation, but also as a type of allegory on the redemption of the entire human
race. Hence, it seems that the famous opening to the *Divine Comedy* is the best possible
introduction to the problems examined in this study: the way in which two Portuguese
men used the sculptures on their tombs to respond to similar ontological problems. The
tombs in question, belong to King Pedro (fig. 1) and Fernão Gomes de Góis (fig. 2).

---

[1] This article corresponds to the paper read at Dresden's 2003 conference. Literature mentioned in the text is
added in footnotes. For a development of the ideas presented in this text see our book *O Ser e o Tempo. As
Idades do Homem no Gótico Português*, Lisboa, Caleidoscópio, 2003.

Fig. 1: Abbey of Sta. Maria de Alcobaça, tomb of D. Pedro, c.1361–c.1366

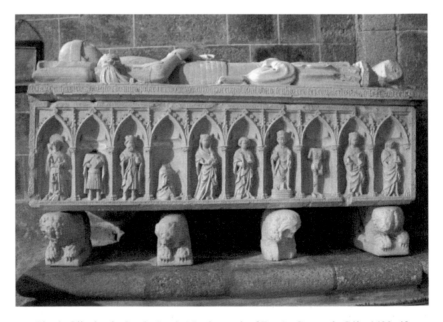

Fig. 2: Oliveira do Conde, Igreja Matriz, tomb of Fernão Gomes de Góis, 1439–40

PEDRO AND INÊS

The fascinating life of King Pedro of Portugal, fuelled by his love affair with D. Inês de Castro, has aroused the interest of chroniclers, poets, playwrights and film-makers, who have created and recreated stories that blend history with legend. In fact, when dealing with royalty, only rarely does passion triumph over reason, which means that stories such as his belong more to the domain of romance than to history. Despite the abundant literary tradition, actual details of King Pedro's life are scarce, but one surviving source is the autobiographical «text» that he had engraved both on his tomb and on that of his beloved, D. Inês de Castro. The first of the two tombs to be produced was that of D. Inês (plate IX). Both, the solemn ceremony to translate D. Inês's body to the church in Alcobaça and the making of this tomb, caused a considerable stir in contemporary society, which was still coming to terms with the posthumous revelation of the doubtful secret wedding between Pedro and Inês. The tomb, where D. Inês appears with a crown, also challenged King Pedro's father memory, since it was on the orders of King Afonso IV, in 1355, that Inês had been assassinated. However, the speech on D. Inês' tomb only become comprehensible when seen alongside the tomb of King Pedro, which was produced at a later date. The two tombs, which are an attempt of Pedro to rewrite History, would have been laid out in Alcobaça's transept according to this scheme, adapted from Vieira da Silva[2] (fig. 3).

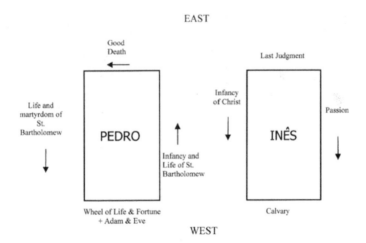

Fig. 3: Display of D. Pedro's and D. Inês tombs in the church of Alcobaça

[2]   J. Custódio VIEIRA DA SILVA, «Os túmulos de D. Pedro I e de D. Inês de Castro em Alcobaça», in: *Cister. Espaços, Territórios, Paisagens. Actas do Colóquio Internacional*, vol. II, Lisboa, IPPAR, 2000, pp. 367–74.

Fundamentally, the iconography on these tombs depicts scenes from infancy and pas-sion on the four sides. D. Inês' tomb features the *Infancy* and *Passion of Christ*, whereas King Pedro's shows *The Life* and *Martyrdom of St. Bartholomew*. However, the most interesting iconographic discourse is saved for the ends. The head of King Pedro's tomb is decorated with a *Wheel of Fortune* set inside the *Wheel of Life* and flanked by *Adam* and *Eve*, while the *Calvary* appears on the head of D. Inês' tomb. In turn, the opposite end of King Pedro's tomb is decorated with the *Good Death* (*Extreme Unction* and *Viaticum*), while that of D. Inês shows the *Last Judgement*. This simple structure sug-gests that the four sides of the tombs form a complementary and sequential discourse on the concepts of Fall and Redemption. They summarise the fundamental past, present and future story of Christianity and identify the place of the individual within this broad historical framework.

Contrasting with both the past (represented by Original Sin and Calvary) and the fu-ture (represented by *Last Judgement*), the *Wheel of Life* / *Wheel of Fortune* at the head of King Pedro's tomb (fig. 4 and plate VIII) represents the present time of the being, highlighting the fragility and ephemeral nature of humanity. The outer circle on the *Wheel of Life*, or the *Wheel of the Ages of Man*, should be read starting from the lower niche. Like the entire *Wheel of Life*, this image skilfully explores the conceptual and artistic hybrid that emerges from fusing a general iconographic model that establishes the stages in the life of man and the specific application to the life of one particular individual. In other words, this *Wheel of Life* is not just any *Wheel of Life*. It is no mere exercise in erudition or simple meditation on the brevity of life. Rather, this is the *Wheel of Life* of King Pedro, «set down» using well known iconographic formulae but includ-ing adaptations and additions based on his life. Hence, this wheel simultaneously repre-sents two situations: that of Man in general and that of King Pedro in particular.

Most historians agree that the first niche depicts an image of Infancy. However, as far as is known, only the legendary Serafín Moralejo[3] drew attention to the similarities between this image and one from the Psalter by Robert de Lisle, dated c. 1310–30. This superb manuscript includes an image of a *Wheel of Life* with ten roundels, the first of which basically adopts the same iconographic features as those found on King Pedro's tomb.

The second niche contains an image that represents the second phase of life, called *pueritia*, which lasted from the age of seven through to fourteen. Normally, illustrations of the *Ages of Man* represent this phase by a child spinning a top or astride a hobby horse. This contrasts sharply with the imagery in Alcobaça, which instead has a school scene showing three children in front of two teachers as Serafín Moralejo has proposed.

---

[3]   Serafín MORALEJO ÁLVAREZ, «El 'Texto' Alcobacense sobre los Amores de D. Pedro y Dª Inés», in : *Actas do IV Congresso da Associação Hispânica de Literatura Medieval*, Lisboa, Cosmos, 1993, pp. 71–89.

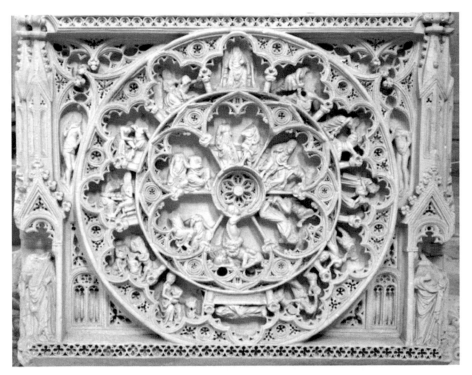

Fig. 4: *Wheel of Life / Wheel of Fortune*, Detail of D. Pedro's tomb

In turn, the third niche depicts a young couple playing chess, a game that was closely associated with love. According to St. Isidore of Seville,[4] this age – adolescence – differs from the previous as the couple is now capable of reproduction. Indeed, it is love that governs this phase of life, for it falls under the influence of the planet Venus, just as Mercury governs childhood and the Moon rules infancy.

Again according to St. Isidore, adolescence lasts from fourteen to twenty-eight years of age, which means that the fourth niche may be a development of Adolescence, divided into two scenes, as proposed by Serafín Moralejo. For compositional reasons, the criteria adopted for each scene would be a seven-year period instead of simply having one scene for each age. Therefore, the fourth niche in the Alcobaça *Wheel of Life* again depicts adolescence. Although relatively uncommon, there are some images of adolescence that feature loving couples, such as a naïve fourteenth-century illustration of the *Ages of Man*.[5]

---

4   *Etymologiae*, IX, 2.

5   München, Bayerische Staatsbibliothek, clm. 19414, fol. 180r.

The fifth niche has attracted most attention from historians, as there is no iconographic parallel to this depiction in any other model of the *Ages of Man*. According to St. Isidore, *iuventus* follows adolescence, lasting from twenty-eight to fifty years of age, a period that is three times as long as *infantia* and *pueritia*. It is therefore normal – using St. Isidore's model – for the fourth age to be divided into several niches. In this light, the unusual image represents the early stage of a new phase in life, one that is governed by the influence of the Sun and corresponds to the age of full maturity.

The sixth niche, which corresponds to the axis of the wheel, shows Pedro on his throne. This image is very common in illustrations of the apex of the *Wheel of Life,* as is the case with Robert de Lisle's Psalter.

A winding path appears in *The Last Judgement* scene on the front of D. Inês de Castro's tomb, leading the dead either to Paradise or to Hell and contrasting the upper section with the lower. In similar fashion, the wheel on the tomb of King Pedro also plays with the contrast between those who are «rising» and those who are «falling». Thus, the ascending and most auspicious moments that form the first half of the king's wheel of life culminate in the image of the enthroned monarch. After that, the wheel begins its downward turn, influenced by the inexorable march towards old age and death. However, while more standard *Wheels of Life* only depict the ageing process, the Alcobaça one makes a significant transformation in the discourse. The biographical aspect that was previously incorporated into – and to a large extent subordinated to – the general model of the *Ages of Man*, now assumes a dominant role which transcends that model. Indeed, it even seems that the second half of the Alcobaça wheel abandons the sequential discourse of the *Ages*, brusquely interrupting it so as to tell the sinister facts of the lives of King Pedro and his beloved D. Inês.

Of the remaining six niches, only the last one in the lower half of the wheel can be said to fall within the standard model of the *Ages of Man*. In this case, the image portrays the end of life in the form of the body of an elderly man wrapped in a shroud. This image of a dead man is the natural culmination of all the cycles shown in the *Ages of Man*, as can be seen in the Psalter of Robert de Lisle or in another *Wheel of Life* found in an early fifteenth-century manuscript.[6]

The other five descending niches on the right side of the wheel clearly break away from the customary models used in such wheels of life. There is a broad consensus among art historians as to the theme of these images in Alcobaça. The first four show the capture and murder of D. Inês, while the fifth portrays King Pedro's revenge, ordering that the hearts of her murderers be ripped from their bodies. These five images on King Pedro's tomb are thus a reference to particularly painful episodes in his life, presenting a discourse that is radically different to the norm in the *Ages of Man*.

---

[6]   London, Wellcome Institute, ms. 49, fol. 30v.

ALCOBAÇA'S *ARMARIUM*

Questions of the artist's identity and style on the Alcobaça tombs are beyond the scope of this paper. However, it seems beyond doubt that the Alcobaça library played a key role in determining the iconography on the two tombs, particularly the rosette on the front of King Pedro's tomb. I have already mentioned the importance of St. Isidore of Seville's *magnum opus* as a literary basis for the *Ages of Man* discourse. The Alcobaça *armarium* includes a magnificent early thirteenth-century volume which includes both the *Etymologiae* and another of St. Isidore's famous texts, the *Liber de Natura Rerum*.[7]

The *Etymologiae* contain an explanation of the *Ages of Man*, which are organised into six parts: *infantia, pueritia, adolescentia, iuventus, gravitas* and *senectus*. This model was evidently much appreciated by the monks of Alcobaça, as it was twice copied in later manuscripts from the monastery that deal with the same theme. As is normal in other copies, the Alcobaça version of the *Etymologiae* contains no illustration of the Ages of Man, but only diagrams that help to clarify the meaning of the text. These diagrams, which are mostly circular, appear next to the explanations of geometric forms or next to the text on the terrestrial orb which features a T–O map.

However, the *Liber de Natura Rerum* contains iconographic elements that are of greatest interest for this study. Although it has no illuminations, it does include eight diagrams, of which seven are circular, in turn leading to its popular name of *Liber rotarum*. These highly cosmological diagrams are intended to help the understanding and memorisation of the written passages that they illustrate. Following the order in which they appear in the Alcobaça manuscript, the circular diagrams are:

> *(i)* Wheel of the Months, *which attempted to reconcile the Roman and Egyptian calendars;*
> *(ii)* Wheel of the Seasons, *which makes the four seasons, the four cardinal points and the four qualities all interact;*
> *(iii)* Wheel of Earth's Areas, *defining the five zones of the planet and their respective habitability;*
> *(iv) the* Wheel of the Microcosm-Macrocosm, *where the four elements, the four seasons, the four qualities and the four humours interact, assuming that Man and the Cosmos are fundamentally made up of the same primordial elements;*
> *(v) the* Wheel of the Planets, *which depicts the so-called orbits of the planets;*
> *(vi) the* Wheel of the Winds, *which brings the four cardinal points and the four winds into interaction.*

---

[7]   Lisboa, Biblioteca Nacional, ms. Alcobacense 446.

The final diagram in the Alcobaça manuscript, which is larger than the rest, shows the twelve months of the year organised around a rosette (fig. 5). It seems clear that the scheme of these diagrams is similar to the overall design of the rosette on King Pedro's tomb. Moreover, it is particularly interesting that the same manuscript which contains very detailed information on the *Ages of Man* should also include a set of diagrams that may have contributed to the sculpted circular composition found on King Pedro's tomb. These diagrams have two functions: first, they summarise the written text and act as a means to combine and structure relatively «diverse» information; secondly, they are tools that enable visually different material to be interrelated, which allows multiple variables to be combined swiftly and in a (deceptively) logical manner. St. Isidore's *rotae* provide clear proof of how – within the medieval cognitive structure – the circle could be a visual instrument that established permutations, complements and conceptual syncretism involving different images. Hence, within certain contexts such as the *Liber de Natura Rerum* or the rosette on King Pedro's tomb, the use of identical visual forms enabled the combination of associative systems that may be called «cognitive forms».

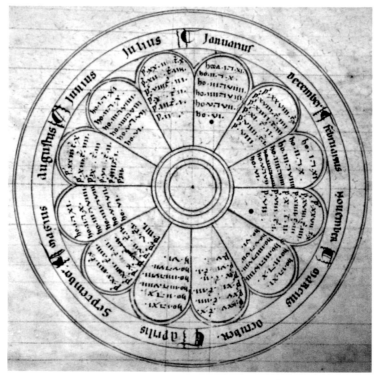

Fig. 5: *Wheel of the Months* from Alcobaça's early 13th century copy of St. Isidore's «*Liber de Natura Rerum*»

TIME

In the Late Middle Ages, there were broadly two ways of seeing time. One was a circular concept, whereby time was cyclical and natural, defined by the movement of the heavens and the turning of the seasons, year after year. This concept was one of a repetitive, regenerative time that was, up to a certain point, reversible. In contrast to the image of the *Wheel of Life,* where each person was entitled to a single revolution, this time was repeated independently of the person.

The other way of seeing time was different, consisting of an ongoing, linear vision where time could not be repeated. Despite its ties with Man's ageing and death, this vision suggests an artificial time, one that was established by written discourse, namely genealogy and history, both of which encouraged the development of a narrative approach to time. Thus, time had a beginning, a middle and an end. This linear vision of time inevitably implied a teleological and an eschatological dimension, in that there must be a goal and an answer for the end of the narrative. Medieval Christian tradition saw this basically as the successive Ages of the World, from Creation and Fall to the Last Judgement. This was the only way in which it was possible to conceive of the absence of time. The end of time – that is, the end of the narrative or of history – would have to be followed by a period without time in Paradise or Hell.

In this sense, the most fascinating aspect of King Pedro's *Wheel of Life* is its paradoxical character, in that it blends linear time – represented by ageing and the teleological discourse of the tombs – with circular time whose cycles are endlessly repeated.

THE KNIGHT'S TOMB

I would now like to refer briefly to the tomb of Fernão Gomes de Góis, that my colleague Carla Fernandes has studied in her thesis from a formalist point of view.[8] While Fernão Gomes evidently lived a far less turbulent life than did King Pedro, it was certainly not uneventful. He was born around 1393, in an age that favoured the appearance of new noble lineages, lineages that associated themselves to the emerging power of the Avis dynasty, within the context of the 1383–85 political crisis. Indeed, his great grandfather had been the head governor of Lisbon during the period of resistance against Castile, while his father had been a member of the Royal Council and King João I's favourite. In turn, Fernão Gomes de Góis himself took part in the conquest of Ceuta in 1415, a deed that led to him being knighted at the age of 22. He would later become João I's Lord Chamberlain, although later on we find him swearing allegiance to the Duke of Bragança as governor of Monsaraz.

---

[8]   Carla FERNANDES, *Imaginária Coimbrã dos Anos do Gótico*, 2 vols., unpublished MA dissertation, Universidade de Lisboa, 1997.

When aged around 45, maybe because of a daughter's death, Fernão Gomes must have felt that his days were drawing to a close, or that he had at least passed his prime, so he decided to commission his tomb. The resulting interesting group of sculptures, produced between May 1439 and May 1440, reveals a man who was concerned about saving his soul and who had strong ideas about the meaning of life and death. Yet, ironically, he lived more twenty years after ordering his tomb. When he was sixty-five, he still had the energy to embark on a new military expedition to Morocco, participating in the conquest of Alcácer Seguer in 1458. However, he passed away shortly after in October 1459.

Therefore, the tomb was clearly not made in haste with death knocking at the door. Fernão Gomes wanted to leave an exceptional work of art that would guarantee that both, he and his family, were remembered by making his final resting-place the mother church of his father's feudal lands. He wanted to be memorized as the figure on his tomb which shows us a brave warrior in full armour, with both hands clasping his sword.

The iconography on the tomb chest depicts *The Annunciation* on the end by the feet and *Christ surrounded by the Tetramorph* at the head. The front has a highly developed iconography with ten niches and a corresponding number of figures from Christian hagiography. From left to right, they are: St. Michael the Archangel, the Adoration of the Magi (fig. 6), St. John the Evangelist, St. Nicholas, St. Sebastian, St. Catharine and St. Barbara.

Fig. 6: *Adoration of the Magi*, Detail of Fernão Gomes de Góis' tomb

The discourse on Fernão Gomes's tomb adopted a clearly teleological and eschato-logical dimension, specifically by combining *The Incarnation of Christ* with *The Last Judgement*. As in D. Inês's tomb, Fernão Gomes de Góis selected a discourse that com-bined the moment of potential salvation due to the First Coming with the certain end of the story established by the apocalyptic image of Christ, which corresponds to the Second Coming. Thus, as he faced and foresaw death, Fernão Gomes sought – as had King Pedro – refuge in the story of salvation, where *The Original Sin*, *The Incarnation*, *Calvary* and *The Last Judgement* played decisive roles.

The iconography on Fernão Gomes's tomb adopts a twofold approach to the eschato-logical question. On the one hand, it presents the universal and inevitable story of salva-tion; on the other, it presents the saints in whom the deceased placed his greatest hope as intercessors or to whom he was most devoted, thereby adding a personal dimension to the tomb's iconographic discourse. However, these two aspects did not exhaust Fernão Gomes's eschatological concerns. The four niches portraying the Epiphany gain a sig-nificant meaning within the discourse on the *Ages of Man*. In practice, authors who emphasised a more organic approach to the *Ages of Man* established three such ages: growth, maturity and decline. Within this model, each of the *magi* represents one phase in life, shown through different features of the three age groups. Thus, usually the first is a beardless youth, the next is an adult with a short, dark beard and the last a bald elderly man with a grey beard.

Although the heads of two of the *magi* on Fernão Gomes's tomb have been des-troyed, there seems no doubt as to their symbolic association with the Ages of Man. In fact, along the chest's upper rim, the *magi* are identified by inscriptions that consist of their names, followed by a caption denoting their age. Unfortunately, the area of the caption on the one closest to Christ has been seriously damaged and only the following letters can be read: «(...) LHO». Although this is too little for any accurate interpreta-tion, it is sufficient to identify the ending of the word «VELHO», meaning old. This is logical, as the privilege of being the first to kneel before Christ would certainly be at-tributed to the eldest of the *magi*.

The niche of the second bears the following inscription: «MELCHIOR : REY : MEO». This establishes a link between Melchior and the «Meio» (middle) age, that is, the adult, mature age. The figure is standing, crowned and has a medium-length beard.

Finally, there is the last of the *magi*, whose head has unfortunately been totally destroyed. Consequently, it is not known whether the statue showed a beardless youth. However, given the context, there seems to be no alternative interpretation. Furthermore, above the pointed arch above the niche, there is an inscription that clarifies the identity of this figure: «BALTASAR : [RE]Y : O MOÇO» (the youth), clearly establishing him as a young man. Thus, by a process of elimination, the first inscription must refer to Gaspar, identified as «REY VELHO» or old king.

The two tombs we have analysed show the popularity of the *Ages of Man* theme in Portugal between the mid-fourteenth and mid-fifteenth centuries within aristocratic circles. As such, it should be noted that King Duarte, King Pedro's grandson, dedicated part of his treatise *The Loyal Counsellor* (written between 1433 and 1438) to the question of the Ages of Man. Keeping in the royal family, we also remind that Pedro's great grandson, Constable D. Pedro, who was briefly king of Catalonia, also dealt with this theme in two books written around 1450.

Yet, what seems to be more interesting at this moment is to analyse the discourse of the tombs in connection to the construction of individual conscience during the late Middle Ages. I would like to end by emphasising that these two cases demonstrate that the models of the *Ages of Man* were extremely flexible, functioning as a background or framework that could be manipulated to express an empirical ontology, particularly in the case of D. Pedro.

RESUMO PORTUGUÊS

O CÍRCULO DA VIDA:
ALGUMAS NOTAS SOBRE DOIS TÚMULOS GÓTICOS PORTUGUESES

Tomando de empréstimo a terminologia de Marcel Mauss, podemos dizer que o monumento funerário – seja ele um espaço, um objecto ou ambos – é, acima de tudo, um «fenómeno social total». Esta asserção genérica é particularmente válida para a tumulária gótica, na qual o monumento funerário é um autêntico ponto nodal para onde convergem factores de natureza estética, religiosa, económica e política. Menos conhecida, no entanto, ou menos comum, é a forma como o monumento funerário previamente encomendado pode exprimir as percepções específicas do tumulado acerca do sentido da vida e da morte ou do destino subsequente do corpo e da alma. Naturalmente, no Portugal de c.1350–c.1450, esta é uma articulação que surge filtrada por vários modelos explicativos derivados da doutrina da Igreja, do senso comum ou mesmo da tradição intelectual do Ocidente.

Aquilo que procuramos explorar no presente estudo através de dois exemplos é a forma como um objecto com tantas implicações sociológicas, com tantos condicionamentos tipológicos e estereótipos iconográficos, pode exprimir, apesar de tudo, uma ontologia profunda, ainda que maioritariamente empírica, onde a trajectória de vida, com os seus erros e imperfeições, é integrada num universo mais amplo. A este respeito os túmulos do rei D. Pedro, realizado entre c.1361 e c.1365, e de Fernão Gomes de Góis, realizado entre Maio de 1439 e Maio de 1440, revelam-se particularmente ricos. O primeiro, sobejamente estudado por grandes medievalistas como Ferreira de Almeida e Serafín Moralejo, é particularmente complexo em termos iconográficos e conceptuais. Tanto quanto sabemos, é o único monumento funerário europeu a apresentar numa das faces uma *Rota Fortunae* esculpida dentro de uma *Rota Aetatum*. A visão circular da vida exprime-se, assim, através de uma correspondência entre o modelo das «Idades do Homem» e a alegoria da Fortuna, cruzada com a trágica biografia de D. Pedro. A este nível, destacamos como o esquema geométrico desta composição exprime uma ideia de tempo circular e explora a homologia microcosmos/macrocosmos expressa na *Rota Aetatum*, sobretudo pelas suas relações com a astrologia e com os instrumentos de medir o tempo e o espaço (astrolábios, relógios de sol, rodas de cálculo, etc.). O segundo túmulo, menos conhecido e menos espectacular que o primeiro, é o de Fernão Gomes de Góis, um membro da média nobreza que fez carreira ao serviço da casa de Bragança. Apesar de mais simples, a composição e a iconografia que este indivíduo escolheu para o seu sarcófago revela-nos uma personagem culta, onde a «encomenda da alma aos santos» permite perceber a procura de um enquadramento do Eu numa dimensão temporal mais lata, tendo como modelo as três idades dos Reis Magos.

FAMA Y MEMORIA. LOS ENTERRAMIENTOS PORTUGUESES DE REINAS Y MUJERES DE LA NOBLEZA EN EL SIGLO XIV

Carla Varela Fernandes

El texto que se publica aquí resulta de una breve conferencia dada en el ámbito del coloquio. Por lo tanto he optado por mantener el mismo formato y el mismo análisis abreviado, acrecentando apenas algunas notas de tenor bibliográfico, siempre que exista bibliografía relevante para cada tema. No desarrollaré, por eso, en profundidad todas las cuestiones relacionadas con la escultura funeraria portuguesa del siglo XIV destinada a las mujeres de las clases privilegiadas, y también, una vez que me encuentro en fase final de mi tesis doctoral, en la cual estos temas serán tratados más detalladamente. Por eso he optado por no analizar independientemente cada túmulo, sino por agrupar los ejemplares escogidos por temas y modelos iconográficos relevantes.

Quedará mucho por decir y por desarrollar. Sin embargo, el objetivo que nos mueve es apenas el de suscitar en los lectores el interés por estas temáticas y por la escultura medieval portuguesa que, prescindiendo de su riqueza plástica y de su valor iconográfico, permanece, aun, algo desconocida fuera de las fronteras portuguesas.

Uno de los grandes temas iconográficos que marcará el panorama artístico de la escultura funeraria, no sólo en Portugal sino también en otros países de la Europa gótica, es el que se relaciona con las pautas modelares de tenor mendicante, en concreto, franciscanas. Reflejo de la dimensión y alcance de los valores de la espiritualidad franciscana en la Baja Edad Media, de la forma como esos nuevos valores tocaron no sólo el corazón y la devoción de las clases humildes, sino también de las clases privilegiadas, surgiría el deseo de connotar la memoria social y espiritual con una conducta y acción a favor de los más desfavorecidos (caridad y humildad), de acatamiento de los preceptos cristianos, concretamente peregrinaciones a santuarios importantes, entrada en un convento o, simplemente, en un momento posterior, enterrarse vistiendo el hábito de la Orden. Con este modelo de virtudes religiosas y cívicas nace una nueva iconografía funeraria que marca especialmente algunos yacentes, a la que Manuel Núñez Rodríguez denominó como *Iconografía de Humildad.*[1]

Desde el siglo XIII, algunos elementos de la familia real portuguesa parecen manifestar una clara adhesión a la Orden del *Poverello* y, consecuentemente, orientan en ese sentido, sus conductas y, posteriormente, la fama póstuma. Me refiero al caso más alejado cronológicamente, el del rey D. Sancho II, *Capelo*, quien profesó en la Orden Tercera de S. Francisco y que, según las descripciones antiguas de su lugar de sepultura, la catedral de Toledo, habría sido sepultado vistiendo el hábito de la Orden y haciéndose representar en su yacente con el mismo hábito. El sepulcro ya no existe, lo que limita drásticamente nuestras hipótesis de confirmación.

Sin embargo, en el contexto de esta ponencia y en el cuadro de los enterramientos de la familia real, cabe analizar la sepultura de Isabel de Aragón, también conocida como la reina Sta. Isabel, mujer del rey D. Dinis[2] (fig. 1).

D.ª Isabel, después de la muerte de su marido en 1325, altera las disposiciones de su testamento, en las que proclama su decisión de sepultarse en el convento de Sta. Clara de Coimbra, del que era refundadora, sustituyendo al monasterio de Alcobaça, panteón real de la 1ª dinastía, y su primera elección. Junto al convento de las clarisas mandó levantar un palacio, donde viviría hasta el final de sus días, sin, a pesar de todo, profesar en la Orden Tercera.

De todas las reinas portuguesas, D.ª Isabel es la que está más presente en la documentación antigua y en las crónicas contemporáneas de su vida o posteriores. Con personalidad distinta de la de D. Dinis, D.ª Isabel condujo su vida entre las obligaciones como madre, jugando un papel fundamental, mediando los conflictos entre el príncipe heredero, Alfonso, y su padre, recibiendo y educando a los hijos bastardos del rey, homologando diplomas regios, fundando y apoyando instituciones religiosas y asistenciales, como protectora de los pobres y de las minorías sociales, cumpliendo devotamente con las obligaciones religiosas –siendo estos dos últimos aspectos aquellos que más han marcado la memoria de esta reina–.

---

[1] Manuel NÚÑEZ RODRÍGUEZ, *Iconografía de Humildad : el Yacente de Sancho IV*, Madrid, Separata de Boletín del Museo Arqueológico Nacional, III, 1985.

[2] A. de VASCONCELOS, *Dona Isabel de Aragão (A Rainha Santa)*, 2 vols., Coimbra, Arquivo da Universidade de Coimbra, (reedição 1993); Reinaldo dos SANTOS, *A Escultura em Portugal. Séculos XII a XV*, vol. I, Lisboa, Academia Nacional de Belas Artes, 1948; Vergílio CORREIA, *Monumentos e Esculturas (séculos III-XVI)*, 2.ª ed., Lisboa, Livraria Ferin, 1924; Araão de LACERDA, *História da Arte em Portugal*, vol. II, Porto, Portucalense Editora, 1948; Pedro DIAS, «A Arte Portuguesa nos séculos XIII, XIV e XV», *História de Portugal*, vol. III, (dir. José Hermano Saraiva), Lisboa, Publicações Alfa, 1988; ID., «A escultura gótica. Primeiras manifestações em Portugal», *História da Arte em Portugal. O Gótico*, vol. 4, Lisboa, Publicações Alfa, 1986; Carla Varela FERNANDES, «Maestro Pero y su conexión con el arte de la Corona de Aragón. (La Renovación de la escultura portuguesa en el siglo XIV)», en: *Boletín del Museo e Instituto 'Camón Aznar'*, 81, 2000.

Fig. 1: Sepulcro de D.ª Isabel de Aragón, c. 1330,
Coimbra, Convento de Sta. Clara-a-Velha, Maestro Pero (?)

Se puede afirmar que Dª. Isabel cumplió ejemplarmente el papel de la reina cristiana de los años del Gótico, profundamente influenciada por modelos de gobierno que evolucionaron hacia el estatuto de santidad, asociados a las nuevas propuestas franciscanas : Sta. Isabel de Hungría e S. Luís de Francia.

El túmulo que mandó hacer para sepultarse es un buen reflejo de la imagen que tenía de ella misma y de la valoración que pretendía imprimir a los aspectos que ponen de manifiesto su conducta religiosa y moral y, especialmente, la intención de quedar para siempre connotada con la Orden de Sta. Clara.

Lejos de la modestia o austeridad que caracterizaron los primeros tiempos del movimiento del *Poverello*, el entierro de la Reina Santa es un monumental sarcófago, imponente, imposible de pasar desapercibido. Su estatua yacente es la más grande construida hasta ese momento en Portugal, así como el propio sarcófago. La reina se hizo representar vestida con el hábito de la Orden de Sta. Clara, de talle solemne y monacal, sin que todavía, niegue su estatuto de reina, a través de la presencia de la corona real. Se trata de una manifestación de su devoción por las órdenes franciscanas y la proclamación de un ideal, de valores y de conducta próximos a la imitación de Cristo, en los que procuró insertarse a lo largo de su vida.

Dentro de esos mismos principios, hace de su entierro el lugar de memoria de la peregrinación que emprendió al santuario compostelano, en 1325, a través de la presencia del bordón de peregrina y de la bolsa en la que se puede ver la vieira de Santiago, (objetos ofertados por el obispo de la catedral de Santiago), y también de su humildad y generosidad, a través de las monedas que se intuyen en el tejido de la bolsa, símbolo de la asistencia prestada a los más pobres, que tanto marcó su vida. Los lados del sarcófago ponen en evidencia la especial devoción de la reina por los santos franciscanos, atribuyéndoles un papel decisivo como intermediarios en la hora del tránsito, junto con los apóstoles. Esta nueva iconografía funeraria no dejaría de interesar a otros miembros de la familia real que, en la preparación de la memoria póstuma prefirieron la «iconografía de humildad». Fue el caso de su nuera, la reina D.ª Beatriz, mujer de Alfonso IV, sepultada en la capilla mayor de la catedral de Lisboa. Su sepulcro, tal como el del rey, desaparecieron como consecuencia del terremoto de 1755. Sin embargo, en descripciones de poco antes del terremoto, se refiere que la reina estaba representada en su estatua yacente vestida con el hábito franciscano. Tal como D.ª Isabel, tampoco D.ª Beatriz fue clarisa o profesó en la Orden Tercera.

El sepulcro de una hija bastarda de Alfonso III, Leonor Alfonso, sepultada en el Convento de Sta. Clara de Santarém, está decorado con arcos donde se agrupan pares de frailes y monjas y, en la cabecera, se representa la estigmatización de S. Francisco.[3] El hecho de no haberse encontrado la tapa del sarcófago nos impide saber si fue representada vistiendo el hábito de la Orden (fig. 2).

Fig. 2: Detalle de la Estigmatización de S. Francisco en la cabecera del sarcófago de D.ª Leonor Alfonso, c. 1325, Santarém, Convento de Sta. Clara

---

[3]   Reinaldo dos SANTOS, *A escultura em Portugal...* op. cit. (n. 2); Zeferino SARMENTO, *Revista de Arqueologia*, 1937, (republicado en: *História e Monumentos de Santarém*, Santarém, Câmara Municipal de Santarém, 1993); Pedro DIAS, «A escultura Gótica. Primeiras manifestações em Portugal», *História da*

Otro hijo bastardo de Alfonso III, Martim Afonso Chichorro, fue sepultado en el mismo convento, estando representado en el sepulcro vistiendo el hábito franciscano.[4]

Más tarde, el rey D. Fernando I, profeso en la Orden Tercera, mandó en su testamento que vistiesen su cuerpo con el hábito de la Orden, sobre el que portaría la armadura de caballero, y mandó representar en uno de los lados de su grandioso sarcófago escenas de la vida y milagros de S. Francisco.[5] Otros túmulos habrán sido ejecutados a lo largo del siglo XIV con esta denominada «iconografía de humildad», colocando a los difuntos bajo la protección directa de los santos y religiosos franciscanos y actuando como «salvoconducto» para la salvación. En cuanto a las damas de la nobleza, aunque no nos han llegado muchos ejemplares, el núcleo de la catedral de Lisboa merece ser analizado detalladamente, especialmente el sepulcro de D.ª María de Vilalobos, mujer del rico-hombre Lopo Fernandes Pacheco, y nieta del rey castellano Sancho IV, el Bravo.[6]

Desde el punto de vista iconográfico, la sepultura de María de Vilalobos refleja una memoria condicionada por códigos de conducta ampliamente fomentados por los guías espirituales de estas mujeres. Sin tener un papel activo y sin intervenir en el gobierno o en la vida pública en general, deberían estar muy atentas y expectantes en cuanto a los peligros morales que tientan a aquellos que viven circunscritos en espacios privados restringidos y donde el tiempo está ordenado con vista al desempeño de las buenas acciones (fig. 3). María de Vilalobos está representada en su yacente como un personaje vivo, sosteniendo en sus manos un libro en cuya epigrafía se puede leer el Padre Nuestro y el Ave María. La dama está por eso absorta en las palabras sagradas, sin desviar su atención o sus gestos hacia comportamientos desviados y propiciando un buen juicio sobre ella, lo que aumentará su posibilidad de salvación eterna.

La presencia del libro en las manos de estatuas yacentes del siglo XIV es particularmente incidente en los ejemplares de la catedral de Lisboa, sumando, a la anteriormente referida, las yacentes de Margarita de Albernás, mujer de Nuno Fernandes Cogominho, o de Constanza, hija del infante D. Alfonso (hermano de D. Dinis) y de D.ª Violante Manoel.

Arte em Portugal, vol. IV, Lisboa, Alfa, 1986; Vítor SERRÃO, «A Tumulária Medieval», *Santarém Cidade do Mundo*, vol. II, Santarém, Câmara Municipal de Santarém, 1997.

[4] Frei Manuel da ESPERANÇA, *História Seráfica*, Parte I, cap. XIII, 1656–1666; Vergílio CORREIA, *Três Túmulos*, Lisboa, Portugália, 1924; Reinaldo dos SANTOS, *A Escultura em Portugal. Séculos XII-XV*, vol. I, Lisboa, Academia Nacional de Belas Artes, 1948; Vítor SERRÃO, «A Tumulária... op. cit. (n. 3); Jorge CUSTÓDIO, «O convento de S. Domingos de Santarém : Memória, espaço e arquitectura», en: AA.VV., *S. Frei Gil de Santarém e a sua Época*, (Cat. Exposição), Câmara Municipal de Santarém, 1997.

[5] Carla Varela FERNANDES, «Vida Fama e Morte. Reflexões sobre a colecção de escultura gótica», en: *Construindo a Memória. As Colecções do Museu Arqueológico do Carmo*, Lisboa, Associação dos Arqueólogos Portugueses, (en prensa)

[6] Pedro DIAS, «A escultura gótica..., op. cit. (n. 2); Mário Jorge BARROCA, *Epigrafia Medieval Portuguesa (862-1422). Corpus Epigráfico Medieval*, vol. II, tomo 2, Lisboa, Fundação Calouste Gulbenkian / Fundação para a Ciência e a Tecnologia, 2000; Carla Varela FERNANDES, *Memórias e Pedra. Escultura Tumular Medieval na Sé de Lisboa*, Lisboa, IPPAR, 2001.

Fig. 3: Sepulcro de María de Vilalobos, 1360–70, Lisboa, Catedral

El sepulcro de la infanta Constanza presenta numerosas semejanzas con el de María de Vilalobos, tanto en el trabajo escultórico, como en los contenidos iconográficos, pudiéndose afirmar que son obras de un mismo taller de escultores que trabajó en la catedral de Lisboa durante el tercer cuarto del siglo XIV[7] (fig. 4). Hay que reseñar los aspectos de valoración heráldica familiar que supera la tradicional representación en los lados del sarcófago y se extiende por las almohadas, superficie de la tapa sepulcral y detalles en las indumentarias. La joven, que habría fallecido con cerca de ocho años de edad, tiene también los ojos abiertos y sostiene entre las manos un voluminoso libro donde se inscribió el _Miserere_.

[7]   Júlio de CASTILHO, _Lisboa Antiga. Bairros Orientais_, vol. V, 3.ª ed., Lisboa, Imprensa Nacional de Lisboa, 1970; J. Mendes da Cunha SARAIVA, _Iconografia Tumular Portuguesa. O túmulo de uma Infanta na Charola da Sé de Lisboa_, Lisboa, Tipografia José Fernandes Júnior, 1927; J. M. CORDEIRO DE SOUSA, _Os «jacentes» da Sé de Lisboa e a sua indumentária_, Lisboa, 1951; Mário Jorge BARROCA, _Epigrafia Medieval Portuguesa_, vol. II, tomo 1; Carla Varela FERNANDES, _Memórias e Pedra..._, op. cit. (n. 6).

Fig. 4: Sepulcro de la infanta D.ª Constanza, 1360–70 (?), Lisboa, Catedral

En la capilla de la Misericordia, en el claustro de la catedral, se hizo sepultar Dª. Margarita Abernáz, habiéndose perdido el sepulcro de su marido.[8] A pesar de que la escultura del sepulcro de D.ª Margarita es de peor calidad en comparación con los dos anteriores, se pueden apuntar algunos denominadores comunes que confieren a los enterramientos femeninos de esta catedral una cierta unidad.

Una vez más, los lados del sarcófago están rellenados con escudos heráldicos (de la familia de D.ª Margarita y de su marido) y, otra vez, el atributo que está destacado es el libro de oraciones, ahora con un trabajo más rudimentario y sin ningún texto inscrito. La actitud expresada en las estatuas yacentes de estas tres mujeres es, sobre todo, contemplativa y sigue la línea de los modelos que definen y regulan los comportamientos morales difundidos por la literatura religiosa, y en cuya preservación serán fundamentales sus guías espirituales o confesores (fig. 5).

Fig. 5: Sepulcro de
D.ª Margarita de Albernáz,
Lisboa, claustro de la Catedral,
Capilla de la Misericórdia

---

8   J. Mendes da Cunha SARAIVA, ibid.; J. M. CORDEIRO DE SOUSA, ibid..; Luís Gonzaga de Lencastre e TÁVORA, *A Heráldica Medieval na Sé de Lisboa*, Lisboa, Ramos Afonso & Moita, 1984; Carla Varela FERNANDES, *Memórias e Pedra..*, ibid.

Pero lo que evidencia más la preocupación por una imagen póstuma, de acuerdo con un ideal de comportamiento privado, es la presencia en los sepulcros de María de Vilalobos y de Constanza de un detalle iconográfico que durante mucho tiempo no fue valorado lo suficiente. Me refiero a la presencia de pequeños perros domésticos que se representan a los pies de las dos estatuas yacentes.

La presencia de perros en la iconografía funeraria no es, en sí, un elemento extraño, sino por lo contrario, perfectamente común, tanto en las sepulturas femeninas, como en las masculinas. Lo que, en este caso, hace la presencia de estos animales interesante es el hecho de estar disputándose los restos mortales de gallos, siendo perceptibles las patas o las cabezas de las aves.

No se trata ciertamente de una extrapolación pintoresca sacada de la imaginación del escultor, sino de un tema con significado iconográfico relacionable con la imagen póstuma que María de Vilalobos pretendía para ella, o la imagen póstuma que el comitente de la tumba de D.ª Constanza pretendió imprimirle.

Las raíces de este tema y su significado hay que buscarlas en tiempos remotos y no deja de ser interesante el hecho de encontrarnos con un tema iconográfico significativo para el tema aquí en estudio, en una miniatura de la *Biblia de S. Lorenzo de Liège* (siglo XII).

Se representa un interior doméstico, donde se puede ver una mujer sentada en una de las esquinas del cuarto, ocupada en un telar. A sus pies surgen dos gallos. Un tercer gallo está abocado por un lobo, zorro o perro, mientras que un religioso, en la esquina opuesta de la habitación, apunta con una de las manos hacia la escena, en un gesto demostrativo que pretende captar la atención del significado de esta representación –la mujer, recatada y ocupada con las labores que le competen como mujer-esposa o mujer-madre, no debe desviar la atención de sus obligaciones y debe mantenerse siempre atenta frente a las tentaciones peligrosas que aparecen y asaltan en cualquier momento–.

Esta misma idea fue transportada para la escultura funeraria, con una iconografía más económica en personajes, pero que revelan el mismo carácter e intencionalidad claramente moralizadores, que aquí se combinan con la representación de la lectura de los libros de oraciones, y recuerda, una vez más, el deber de la mujer de mantener la vigilancia constante y no distraer el espíritu para no ser dilapidada por las tentaciones demoníacas (fig. 6).

Fig. 6: Detalle de los perros en el sepulcro de María de Vilalobos, 1360–70, Lisboa, Catedral

Idéntico tema encontraremos en el ya referido túmulo de la reina Sta. Isabel, donde dos perros pequeños enfrentados se disputan el hueso de una presa y, fuera de las fronteras portuguesas, en uno de los panteones más destacados de la Edad Media Occidental, la basílica de St-Denis, el túmulo de la reina Jeanne d'Évreux († 1371), mujer de Carlos IV, donde hasta el modelo de los cachorros con collar de cascabeles se aproxima a los ejemplares lisboetas.

Otra cuestión a tener en cuenta y que se aplica indistintamente a las representaciones yacentes de las reinas y de las mujeres de la nobleza, buscando una imagen de perfección moral, es el ideal normativo hallado en la Virgen María o en las santas de mayor devoción. Me refiero a los modelos de los yacentes, modelos totalmente idealizados que no buscan la conformidad con los aspectos físicos de las mujeres a que se refieren.

Estas estatuas se presentan como prototipos de belleza idealizada, sin preocupaciones de retrato o caracterización de la verdadera edad de los personajes representados y son, en todos los aspectos, muy idénticas a los modelos usados para las representaciones de figuras religiosas femeninas.[9] Figuras bellas y tranquilas, no manifiestan cualquier debilidad o falta de virtud aparente.

El mismo rostro que el maestro Pero talló en sus imágenes de la Virgen es idéntico al que usó para representarla D. Vataça, aya de la reina Sta. Isabel, sepultada en la Catedral Vieja de Coimbra, o de Domingas Sabanchais en la iglesia de Oliveira do Hospital, y todos estos ejemplos se relacionan directamente con lo rostro de la estatuas yacentes de la Reina Santa. Todos se encuadran dentro de esta misma estética de figuras religiosas de la primera mitad del siglo XIV, irradiada de Francia, y que llegará a Portugal vía Cataluña y Aragón, teniendo un papel fundamental en este proceso el pro-bable encargo del sepulcro de la reina Sta. Isabel a los maestros escultores del taller del monasterio de Stes. Creus. Esta es una hipótesis muy probable que todavía deberá ser confirmada.

Aunque tallados por otro escultor, también los rostros de las estatuas yacentes de María de Vilalobos o de D.ª Constanza pertenecen a esta misma estética común a las imágenes de la Virgen y de santas.

La propia indumentaria también es idéntica a la que observamos en la imaginería sacra. Tanto unas como otras reflejan la moda de su tiempo, de corte clásico y de influencia parisina e italiana. Moda cortesana y a veces audaz, caracterizaría las imágenes religiosas como figuras más humanizadas y hasta más «mundanas», o daría a las representaciones de las mujeres, nobles y reinas, un cariz de santidad que las aproximaba a las pautas modelares pretendidas para su inmortalización –la de *fama sanctitatis*–.[10]

La religiosidad, devociones individuales y creencia en el poder de los mediadores para la salvación del alma en el más allá, quedan perfectamente demostrados en algunos de los sepulcros de mujeres del siglo XIV, a través de la elección de los programas hagiográficos o simplemente religiosos para decorar los lados de los sarcófagos.

En el caso del túmulo de la reina Isabel de Aragón, el lado de la cabecera está cubierto con la representación del Calvario, tema recurrente en contexto funerario por representar la muerte de Cristo, pero también de gran relieve en el contexto de la espiritualidad franciscana que privilegia el tema del Calvario o, más concretamente, el Cristo Doloroso, una versión del gótico mendicante que representa la figura de Cristo más humanizada, corpórea y emocional.

Al lado de la escena del Calvario, en nichos individuales, se representa la a Virgen con el niño y Cristo en su trono, con las manos levantadas mostrando las llagas de la Pasión. Flanqueando estas dos figuras, en otros dos nichos, se representan dos elemen-

---

[9]   Sousa VITERBO, «Curiosidades Históricas e Artísticas», en: *O Instituto*, vol. I, n.º 1.; J. M. CORDEIRO DE SOUSA, *Os 'jacentes' da Sé de Lisboa...*, op. cit. (n. 7); Carmen BERNIZ MADRAZO, «La moda y las imágenes góticas de la Virgen. Claves para su fechación», en: *Archivo Español de Arte*, t. 43, n.ºˢ. 169–72, Madrid, Instituto Diego Velázquez, 1970.

[10] Véase, respecto a este concepto, el notable estudio de Manuel Núñez RODRÍGUEZ, *Calle, Casa, Convento. Iconografía de la Mujer Bajomedieval*, Santiago de Compostela, Universidade de Santiago de Compostela, 1997.

tos del Tetramorfos. En la cara opuesta del sarcófago se representan los restantes elementos del Tetramorfos, flanqueando tres santas –Sta. Clara, Sta. Catalina de Alejandría y, probablemente, Sta. Isabel de Hungría, aunque los atributos iconográficos no sean muy claros–.

Uno de los lados largos está decorado con Cristo y los Apóstoles, mientras que en el lado opuesto se representa una serie de monjas de Sta. Clara que sostienen libros y cantan salmos, a los que se añade la imagen de S. Francisco de Asís y de un santo obispo franciscano, probablemente Luis de Anjou, canonizado en 1317, familiar de D.ª Isabel de Aragón.

La nieta de la Reina Santa, también llamada Isabel, murió niña y fue también sepultada en el convento de Sta. Clara de Coimbra, junto a su abuela, en un sepulcro al que ésta encargó a lo mismo taller o maestro, que esculpió su sepulcro –el maestro Pero–. Los lados del sarcófago están decorados con nichos donde se representan santas mártires.[11] En uno de los lados menores, la abuela de la infanta habrá sugerido al maestro escultor, o éste a ella, la representación de la Virgen de la Gloria, tema que éste vendría a esculpir en el sarcófago del arzobispo de Braga, D. Gonzalo Pereira, en 1334.

Los temas iconográficos del sepulcro que actualmente se identifica como perteneciente a D.ª Constanza Manuel, primera mujer de D. Pedro I, muerta en 1245, y sepultada en el desaparecido convento dominicos de Santarém, se inspiran directamente en el sepulcro de D. Dinis, realizado unos 20 años antes, tanto los que se pueden ver en los lados largos, como los de la cabecera.[12]

D.ª Constanza Manuel eligió como tema para rellenar los lados largos de su sarcófago pares de monjas y monjes dominicanos en sagradas conversaciones, manifestando el reconocimiento y la devoción por la Orden que acogió su cuerpo y a cuyos monjes confió la protección de su alma. En vez de santos y santas, D.ª Constanza prefirió, tal como D. Dinis o la hija bastarda de D. Alfonso III, Leonor Alfonso, la presencia de imágenes de los religiosos de las casas de su sepultura (cistercienses, en el caso de D. Dinis, o mendicantes, en los casos de Leonor Alfonso y D.ª Constanza Manuel). Estos son sus privilegiados mediadores en el transito hasta el Más Allá.

Ya otros monumentos funerarios, como los sepulcros de las damas de la catedral de Lisboa, o el túmulo de D. Vataça de Lascaris, no recurren a la representación de figuras religiosas o programas hagiográficos, sino a la heráldica como elemento dominante en

---

[11]   Lourenço Chaves de ALMEIDA, *Os Túmulos de Alcobaça e os Artistas de Coimbra*, Lisboa, Publicações Culturais da Junta de Freguesia da Estremadura, 1944; Reinaldo dos SANTOS, *A Escultura em Portugal...*, op. cit. (n. 2); Vergílio CORREIA, *Obras. Estudos de História da Arte – Pintura e Escultura*, vol. III, Coimbra, Universidade, 1953; Francisco Pato de MACEDO, «O descanso eterno. A tumulária», *História da Arte Portuguesa*, (dir. Paulo Pereira), Lisboa, Círculo de Leitores, 1995.

[12]   Frei Manuel da ESPERANÇA, História Seráfica..., op. cit. (n. 4), loc. cit.; Vergílio CORREIA, *Três Túmulos...*, op. cit. (n. 4); Reinaldo dos SANTOS, *A Escultura em Portugal...*, op. cit. (n. 2); Pedro DIAS, «A escultura gótica...», op. cit. (n. 2); Vítor SERRÃO, *Santarém*, Lisboa, Presença, 1990.

la decoración de sus sarcófagos, verdadera manifestación del poder aristocrático, en cuanto miembros de las grandes familias de la sociedad del siglo XIV.

Los temas relacionados con la preparación de la «buena muerte» o con el tránsito del alma no son tan frecuentes, ni tan desarrollados, como los que podemos encontrar en sepulturas francesas o españolas de la misma época (fig. 7). Tan sólo el túmulo de D.ª Constanza Manuel, que copia el mismo tema esculpido en el sepulcro de D. Dinis, presenta, en la cabecera, dos escenas relacionadas con la preparación de la «buena muerte» –la Confesión o Penitencia y el Viático–. En la primera escena podemos ver una figura femenina coronada, arrodillada por detrás de un religioso, que está junto a un pequeño altar con un libro abierto.

Fig. 7: Sepulcro de D.ª Constanza Manuel, c. 1345, procedente del Convento de São Domingos de Santarém, actualmente en el Museo Arqueológico do Carmo de Lisboa

Por otro lado, la figuración del tránsito del alma,[13] sólo la encontraremos en el conjunto de las sepulturas femeninas del siglo XIV, en el sepulcro de D.ª Isabel de Aragón, a través del conocido tema del ángel que transporta en una sábana el alma de la difunta, bajo la forma de una niña desnuda (*elevatio animae*).

De todas las sepulturas de los poderosos del siglo XIV portugués, los sepulcros de Pedro I y de Inés de Castro son, sin duda, los que más han llamado la atención de los historiadores y cronistas desde el siglo XV (fig. 8 y lám. IX).[14] Ejemplares excepcionales a nivel del arte funerario europeo del siglo XIV, tanto por su valor plástico, como por sus contenidos iconográficos, como además por su asociación a una historia de tragedia de contornos shakespearianos, los dos túmulos de Alcobaça continúan despertando gran

---

[13] Mário Jorge BARROCA, *Cenas de Passamento e de Lamentação na Escultura Funerária Portuguesa (séc. XIII a XV)*, Separata da *Revista da Faculdade de Letras*, II Série, vol. XIV, Porto, 1997.

[14] Entre la extensa bibliografía sobre este tema, destacamos el estudio más reciente de José Custódio Vieira da SILVA, *O Panteão Régio do Mosteiro de Alcobaça*, Lisboa, IPPAR, 2003.

interés y poniendo en pie nuevas cuestiones. Su lectura iconográfica debe hacerse en conjunto, como bien remarcó recientemente J. C. Vieira da Silva.[15] Sin embargo, no tendremos tiempo para hacerlo en el curso de esta presentación, por lo que simplemente subrayamos, brevemente, algunas cuestiones relativas al sepulcro de D.ª Inés.

Fig. 8: Sepulcro de D.ª Inés de Castro, 1360–63, Monasterio de Alcobaça

---

[15] Ibid.

Dos años después del asesinato de Inés de Castro, en 1355, D. Pedro sube al trono de Portugal, y una de las medidas que tomará, casi inmediatamente, será el encargo de un túmulo monumental, para ofrecer a Inés de Castro una sepultura acorde con su supuesta posición de mujer del rey. Sobre esta boda secreta, Pedro I insistió y juró públicamente su concretización. Pero, si las bases jurídicas eran incipientes para la consagración de la memoria de esta mujer como reina, la iconografía pensada para su sepulcro, ejecutaría esa misión de forma poderosa.

Si existe una sepultura portuguesa de la que se pueda hablar de memoria manipulada, éste es, sin duda el mejor ejemplo. La cortesana de D. Pedro, asesinada por razones de Estado, no tuvo tiempo ni oportunidad de definir los temas iconográficos que le hubiera gustado ver asociados postumamente a su memoria. Ese papel y empeño cupieron a Pedro I, quién definió, seguramente, con la colaboración de los cistercienses de Alcobaça, su lugar de sepultura (el crucero de la iglesia), el tipo de sepulcro y la iconografía preferida. No existe ninguna ingenuidad en la elección de los temas, así como en la presentación de la estatua yacente. Todo está conjugado para ser entendido como arte comprometido con ideas políticas muy precisas y con la voluntad de rescatar la historia de una injusticia.

El rey no ahorró esfuerzos ni gastos, ni en la ceremonia para el traslado del cuerpo de Inés desde Coimbra hasta el Panteón Real de Alcobaça, pasando a la historia como la «*mais homrrada trelladaçom, que ataa aquel tempo em Portugal fora vista*», ni en la ejecución del túmulo, donde ciertamente trabajaron los mejores escultores nacionales y probablemente extranjeros. La estatua yacente de D.ª Inés representa una verdadera afirmación de autoridad real, impuesta por Pedro I, ya que la hizo representar coronada como reina, contra todos los que se opusieron a la veracidad de su matrimonio, especialmente el príncipe real, D. Fernando.

El hecho de que el rey hubiera optado por Alcobaça como lugar de enterramiento y no por la catedral de Lisboa, como habían hecho sus padres, viene a demostrar su preocupación con la legitimización de Inés como su mujer, ya que el panteón real cisterciense era el más digno representante de la continuidad dinástica desde Alfonso II, siendo más efectivo para sus intenciones que el recién creado panteón en una sede parroquial.

La estatua yacente de Inés es también una imagen de belleza y perfección física, encuadrándose en el concepto medieval que asocia lo bello a lo bueno y materializando sus virtudes morales en la belleza física –de trazos perfectos, sin ninguna debilidad o anomalía, con gestos decorosos y de preferencia, piadosos. La retórica de los gestos de esta estatua sugiere virtudes religiosas y virtudes de corte, demostradas a través del rosario que Inés sostiene en una de las manos, mientras que con la otra sostiene un guante. A su lado, seis ángeles, de proporciones monumentales, amparan, inciensan y velan su cuerpo, actuando como psicopompos que transportan el alma hacia un destino feliz –el Paraíso–. Esta afirmación, a través de la imagen, del destino del alma de Inés, queda perfectamente demostrada en la iconografía de uno de los lados del sarcófago.

La elección de escenas de la vida de la Virgen y de Cristo para decorar tres de los lados del sarcófago, no estará justificada solamente por cuestiones devocionales hacia las figuras más importantes del Cristianismo, sino también por el mensaje subliminal que importaba transmitir. La narrativa se inicia con la Anunciación y, recorriendo los pasos más importantes de la Infancia y de la Pasión de Cristo, culmina con un magnífico Calvario, dotado de fuerte sentido pictórico y pleno de *pathos* gótico.

La contemplación del sacrificio de Cristo por los pecados de la humanidad es el fin último de este programa iconográfico que arriesga una comparación sutil con la muerte de Inés, dándole un sentido de martirio. Mensaje sutil, sin duda, pero de gran importancia, que vendrá a ser reforzado en el sepulcro del rey, en especial en las escenas de la Rueda de la Vida / Rueda de la Fortuna.

A Pedro I, le importaba representar Inés como reina, como mujer virtuosa y profundamente cristiana, martirizada y digna de un juicio justo en el más allá. Este juicio celestial o Juicio Final, que D. Pedro hizo representar en uno de los lados del túmulo de Inés (tema poco frecuente en contexto funerario), es el corolario del mensaje. Aquí, en una iconografía trasladada de los tímpanos de las catedrales góticas a un sepulcro, se representa el tema clásico del Juicio de las almas, jerarquizado por líneas sinuosas que conducen los elegidos a la Jerusalén Celestial, en un plano superior, y los condenados a las fauces del Leviatán, en un plano inferior, mientras que Cristo profiere las sentencias, flanqueado por santos y ángeles.

La justicia es finalmente ejecutada por el Rey de los Reyes que une en la eternidad a la pareja de amantes que la justicia de los hombres separó.

Funcionando como catarsis de un drama en el que ambos fueron impotentes, la presencia de las probables figuras de Pedro e Inés en un pequeño balcón incluido en la iconografía celestial (en el canto superior a la derecha de Cristo) es, así, la consagración de una unión que fue brutalmente interrumpida y de un amor que superó las barreras del olvido, pero que fue bendito por Dios, inmortalizándose.

ENGLISH SUMMARY

FAME AND MEMORY. THE TOMBS OF QUEENS AND NOBLE WOMEN IN 14TH CENTURY PORTUGAL

The Portuguese medieval tomb sculpture reached its highest point after the second quarter of the 14th century, as a starting point until the end of the century, to the most remarkable tomb monuments in European art. New formal models and new iconographic typologies undertook a vast field of experience and settlement, due to the increasing in orders and the movement of foreign artists (mainly Aragonese and Catalans) who, in combination with local workshops, produced valuable pieces of tomb art for both the Royal Family and other powerful people of the Kingdom.

The focus of this work is the monumentality of some tombs of 14th century Portuguese influent women, as an iconographic systematic approach, highlighting the main themes represented on the faces of sepulchral chests and the attributes that provide an added value or go with the recumbent statues.

In general, we have grouped the burials of D. Leonor Alfonso (illegitimate daughter of D. Afonso III), Queen Saint Isabel and D.[a] Beatriz of Castile and the Infanta D.[a] María, as the representative models of the so called humility iconography, since the statues wear the habit of the Third Order of Saint Francis and/or the chests are decorated with scenes of Saint Francis' life.

The tombs of D.[a] María of Vilalobos, of Infanta D. Constança and of D. Margarida de Albernaz, not only express the importance of heraldic decoration between 1340 and 1360, but also the subject of the book, in a reading position in the hands of recumbent statues. The peculiarity of some iconographic »annotations« less perceptible make these tombs, in Lisbon Cathedral, examples of special interest.

Finally, and due to its exceptional position within the medieval tomb art, the tomb of D.[a] Inés de Castro (Alcobaça Monastery) is, among all these women burials, the noblest one, due to the innovation of the represented subjects as well as by its enigmatic authorship.

«*MUERTO POR LOS MOROS ENEMYGOS ...*» – GRABMÄLER SPANISCHER SANTIAGO-RITTER IN KASTILIEN[*]

Nicole Hegener

Kaum eine andere Bevölkerungsgruppe trug mehr zu der seit dem 14. Jahrhundert sprunghaft ansteigenden Produktion von Grabmälern bei als der adelige Ritterstand Europas. Der Tod für den Glauben, den man, im Idealfall, im ritterlichen Kampf gegen den Feind erlitt, bot beste Voraussetzungen für ein Grabmonument, das den Verstorbenen als *Exemplum virtutis* feiern konnte. Nicht zufällig bilden die Rittergrabmäler insgesamt eine der größten Grabmalsgruppen überhaupt.

Als Personen, die (hoch-)adeligen Familien entstammen mussten und mit Nachdruck in der Öffentlichkeit als deren Repräsentanten auftraten, standen gerade die Kreuzritter im Spannungsfeld zwischen Adel und Bürgertum, Klerus und Krone. Rang und Namen, diplomatische Beziehungen und finanzielle Möglichkeiten gestatteten einigen unter ihnen, sich überaus kostbare und prominente Grabmonumente zu schaffen. Dies gilt besonders für eine Gruppe kastilischer Santiago-Ritter, die um 1500 ebenso kunstvolle wie innovative Grabmäler in Auftrag gaben. Es handelt sich dabei nicht um Zeugnisse der noch kaum erforschten offiziellen Ordenskunst, sondern um Privatinitiativen höchsten öffentlichen Anspruches, die von einigen der bedeutendsten Mitglieder des Santiago-Ordens teils sogar in einer Ordenskirche realisiert wurden.

Die geistlichen Ritterorden, die sich auf biblische Quellen beriefen,[1] wurden im Wesentlichen als Militärinstitutionen im Rahmen der Kreuzzüge in das Heilige Land und der *reconquista* gegründet. Dies führte zu einer Verschmelzung von geistlichen Orden mit ritterlichen Korporationen. Vorrangige Aufgabe der internationalen Orden wie der

---

[*] Für Auskünfte und bibliographische Hinweise möchte ich Constancio del Álamo (The Hispanic Society of America), Selina Bartlett (Worcester Art Museum) und Felipe Pereda (Universidad Autónoma de Madrid) danken.

[1] Vgl. den bildreichen Friedensappell des Apostels Paulus in seinem Brief an die Epheser 6,13–17.

Templer und Johanniter, vor allem aber der spanischen Nationalorden, war der Kampf gegen die Araber. Von größter Bedeutung war dabei der Santiago-Orden, der im Jahre 1161 im Königreich León gegründet wurde. Dieser *Orden militar de los caballeros de Santiago de la Espada* ist nach dem von Calatrava (gegr. 1158) der älteste und neben ihm und den Orden von Calatrava, Alcántara und Aviz der mächtigste und prestigereichste spanische Nationalorden.[2]

SANTIAGO APÓSTOL – KREUZRITTER UND TUGENDHELD

Der namensgebende Apostel Jakobus d.Ä. wurde als tugendhafter Retter verehrt, wie beispielsweise die Reiterdarstellung des *Liber Consortii Sancti Iacobi apostoli de Galitia*

---

[2] Die Literatur zum Santiago-Orden und den Ritterorden der iberischen Halbinsel ist umfangreich, eine auf Quellen basierende Gesamtdarstellung des Ritterordens im historischen europäischen Kontext fehlt indes, vgl. Bernd SCHWENK, «Aus der Frühzeit der geistlichen Ritterorden Spaniens», in: *Die geistlichen Ritterorden Europas*, hrsg. von Josef FLECKENSTEIN und Manfred HELLMANN, Sigmaringen 1980 (= Vorträge und Forschungen, hrsg. vom Konstanzer Arbeitskreis für mittelalterliche Geschichte, 26), S. 109–39, hier S. 121. Basis für jede Beschäftigung mit der Ordensgeschichte ist die 1572 erschienene *Chrónica de las tres órdenes y cauallerías de Sanctiago, Calatrava y Alcántara* von Francisco de Rades y Andrada, einem Geistlichen des Calatrava-Ordens und Geschichtsschreibers, vgl. Francisco [de] RADES Y ANDRADA, *Crónica de las tres órdenes y cavallerias de Sanctiago, Calatrava y Alcántara, en la cual se trata de su origen y notables hechos en armas de los maestros y caballeros de ellos*, Madrid 1572, Faks. Barcelona, El Albir, 1975, sowie die Ausführungen von Francisco CARO DE TORRES in der *Historia de las Ordines Militares de Santiago, Calatraua, y Alcantara desde su fu[n]dacio[n] hasta el Rey Don Felipe Segundo Administrador perpetuo dellas. Ordenada por el Lice[n]ciado Fra[n]cisco Caro de Torres Con accuerdo del los Señores del Consejo Real de las Ordenes* […], Madrid, por Iuan Gonçalez, 1629, schließlich das *Bullarium equestris Ordinis S. Iacobi de Spatha*, Madrid 1719. Grundlegend sind die Monographien von D. GARCÍA MEDRANO, *La Regla y establecimiento de la cavalleria de Santigo del Espada: con la Historia del origen y principio etc.*, Madrid 1570 (Valladolid 1607), Francisco de VERGARA, *Historia del Orden de Cavalleros de Sant Jago*, Madrid 1655, D. Bernabé de CHAVES, *Apuntamiento legal, sobre el Dominio Solar, que por expressas Reales Donaciones pertenece à la Orden de Santiago en todos sus Pueblos; haviendolo practicado, desde el tiempo de la Conquista de estos Reynos con la mas notoria utilidad, común y particular*; […], ohne Ort und Jahr [1740] (Nachdruck: Barcelona, El Abir, 1975, = Biblioteca de Historia Hispánica, Ordenes Militares, Serie mayor, 1), José Luis MARTÍN, *Orígenes de la orden militar de Santiago (1170-1195)*, Barcelona 1974 und die Arbeiten von Derek W. LOMAX, *La Orden de Santiago (1170-1275)*, Madrid 1969, IDEM, *Las órdenes militares en la Península Ibérica durante la Edad Media*, Salamanca 1976 sowie dessen Einzelbeiträge, IDEM, «The Order of Santiago and the Kings of León», in: *Hispania*, 18, 1958, S. 3–37, IDEM, «El arzobispo don Rodrigo Jiménez de Rada y la orden de Santiago», in: *Hispania*, 19, 1959, S. 323–65 und IDEM, «La historiografia de las órdenes militares en la Península Ibérica. 1100–1550», in: *Hidalguía*, 23, 1975, S. 711–24 (Überblick über die Historiographie der spanischen Militärorden), ferner Antonio RUIZ DE MORALES Y MOLINA, M.ª Isabel VIFORCOS MARINAS, Jesús PANIAGUA PÉREZ, Juan Francisco DOMÍNGUEZ, (Hgs.): *La regla y establecimiento de la Orden de la Cauallería de Santiago del Espada, con la Hystoria del origen y principio de la Orden*, León 1998; einen knappen Überblick bieten Pablo VALLES Y CARRILLO, «Órdenes Españolas de Caballería, V, Orden militar de Santiago», in: *Rivista Araldica*, 2, 1904, S. 495–98 und die Einträge in der ENCICLOPEDIA UNIVERSAL 1934–92, Bd. 54, 1927, s. v. «Orden de Santiago», S. 245–46, ENCICLOPEDIA UNIVERSAL 1934–92, Bd. 40 [ohne Jahr], s. v. «Orden», S. 162–65.

(Parma 1399) zeigt (Abb. 1).[3] Ungezählte plastische, gemalte und graphische Kunstwerke feiern ihn als Mauren tötenden Ritter auf einem weißen Pferd, welcher den Kriegern in der legendären Schlacht von Clavijo 844 zum Sieg über die Araber verhalf. Santiago avancierte damit zum spanischen Nationalpatron und diente auch nach der Eroberung Granadas durch die Katholischen Könige 1492 als Identifikationsfigur, wie ein verstecktes Bildnis Karls V. als *Matamoros* beweist (Abb. 2).[4] Zwischen den Polen von friedlicher und kriegerischer *virtus* bewegen sich auch die Viten der hier vorgestellten Santiago-Ritter sowie die Programme ihrer Grabmäler.

Abb. 1: *Liber Consortii Sancti Iacobi apostoli de Galitia*, Parma 1399; Parma, Biblioteca Palatina, Ms. Misti B 24, Fol. 1v

---

[3] Parma, Biblioteca Palatina, Ms. Misti B 24, fol. 1v; *Santiago – Camino de Europa. Culto y Cultura en la Peregrinación a Compostela*, Monasterio de S. Martín Pinario, Santiago (Juli–September 1993), Madrid 1993, Kat. Nr. 45, S. 315–16, Abb. S. 303 (Gabriele Nori).

[4] Worcester: Art Museum. Das wenig beachtete, von Horst W. Janson identifizierte Portrait wurde von einem flämischen Meister geschaffen, wahrscheinlich von Cornelis Cornelisz, gen. Kunst (1493–1544), s. Horst W. JANSON, «A mythological portrait of the emperor Charles V», in: *Worcester Art Museum Annual*, 1, 1935–36, S. 19–31, passim (dort Jan Vermeyen zugeschrieben); W. R. VALENTINER, *Catalogue of Loan Exhibition of Early Dutch Paintings, 1460–1540*, Detroit 1944, S. 5–6, Taf. 11 (Zuschreibung an Cornelis Engelbrechtsz oder dessen zweiten Sohn Cornelis Cornelisz); *Santiago – Camino de Europa ...* (wie Anm. 3), S. 147, Abb. 2.

Abb. 2: Flämisch, Cornelis Cornelisz
(1493–1544?): *Karl V. als «Matamoros»
auf einem weißen Pferd reitend,*
ca. 1530–40 Worcester/Mass.,
Worcester Art Museum

    Mit dem Ende der *reconquista* war der ebenso mächtige wie reiche Santiago-Orden seiner eigentlichen Aufgabe beraubt. Seine Blütezeit endete, obgleich unter Karl V. die Bekämpfung der Türken als neues Ziel definiert wurde. Auf Isabellas Eingaben bei Papst Alexander VI. hin ging das Großmeisteramt des Ordens 1493 an Ferdinand über, und seine Besitztümer fielen an die Krone Kastiliens; im Jahr darauf wurde beiden der Ehrentitel Reyes Católicos verliehen. So wurde aus dem Santiago-Orden ein königlicher höfischer Orden, der die spanischen Granden ebenso anzog wie herausragende Persönlichkeiten des europäischen Hochadels.

    Historische Umbrüche prägten in ganz Europa die Zeit um 1500: Mit Mühe behauptete sich das Rittertum gegen den erstarkenden Stand der Landesfürsten und des Bürgertums. Die Erfindung von Feuerwaffen und neuen Kriegstechniken minderte ferner die militärische Bedeutung des Ritterstandes. Sein sozialer Niedergang erwies sich jedoch als Movens für die Grabmalskultur, wie die Vielzahl auffallend anspruchsvoller Rittergrabmäler zeigt. Jenes Phänomen einer moribunden Blüte kennzeichnet in besonderer

Weise die hier erstmals zusammengestellten Grabmäler von Santiago-Rittern, die mit Ausnahme des berühmten «Doncel» bisher nur wenig Beachtung fanden.[5]

Jedes der hier vorgestellten fünf Grabmäler weist eine vollplastische Darstellung des Verstorbenen mit den Attributen des Berufskriegers auf: Rüstung und Helm, Schild und Schwert. Die in Stein Verewigten, wie in den meisten Fällen auch die Auftraggeber, waren Mitglieder des Santiago-Ordens, in dem sie prominente Ämter bekleidet hatten. Darüber hinaus ist die Genese der einzelnen Grabmäler, wie gezeigt werden soll, miteinander eng verknüpft. Die Dargestellten sind – wenngleich teils erst seit wenigen Jahrzehnten – identifizierbar; die Datierungen sind hingegen nur grob und selbst die Zuschreibung an einen bestimmten Künstler ist trotz ihrer hohen bildhauerischen Qualität bis auf eine Ausnahme ungeklärt.[6] Zusammen bilden sie eine kohärente, in historischer und kunsthistorischer Sicht bedeutsame Gruppe, die im kurzen Zeitraum zwischen 1490 und 1510 entstand. Jedes Monument repräsentiert für sich in exemplarischer Weise den Typus des Rittergrabmals und verdeutlicht zugleich den Bedeutungswandel des Santiago-Ordens. Stilistisch stehen die Arbeiten am Übergang von der Gotik zur Renaissance. Zu untersuchen ist, inwieweit die Zugehörigkeit der Verstorbenen zum Santiago-Orden den Aufstellungsort sowie Form und Funktion der Grabmäler bestimmten.

OCAÑA

Die Doppel-*Gisants* zweier Jakobusritter mit ihren Gemahlinnen sind heute aus ihrem architektonischen Kontext isoliert. In der Hispanic Society of America befinden sich die marmornen Liegefiguren von D. Rodrigo de Cárdenas († 1450) und D.ª Teresa de Chacón (Abb. 3) sowie einzelne Reliefs vom Alabaster-Grabmal des D. García de Osorio († nach 1502) und der D.ª María de Perea († 1499, Abb. 4), deren Liegefiguren im Victoria & Albert Museum aufbewahrt werden.[7] Beide Doppelmonumente stammen aus der

---

[5]   Miguel CORTÉS ARRESE, *El espacio de la muerte y el arte de las órdenes militares*, Cuenca 1999, S. 159-80 («Los caballeros de Santiago eligen sepultura»), dort Hinweis auf das Grab des «Doncel» und von D. Álvaro de la Luna.

[6]   Dies wurde in der Forschung bisher kaum berücksichtigt; ungenaue oder irrtümliche Ordenszuweisungen finden sich z.B. für den «Doncel» bei Philipp ARIÈS, *Bilder zur Geschichte des Todes*, aus dem Französischen von Hans-Horst HENSCHEN, München, Wien 1984 (frz. Originaltitel: *Images de l'homme devant la mort*, Paris 1983), S. 68 mit Abb. 100: «*Er ist mit der Rüstung eines Kreuzritterordens angetan* ...» und bei Johannes RÖLL, «'Do we affect fashion in the grave?' Italian and Spanish Tomb Sculptures and the Pose of the Dreamer», in: *The Image of the Individual. Portraits in the Renaissance*, hg. von Nicholas MANN und Luke SYSON, London 1998, S. 154–64, S. 229–31, hier S. 156: «*He is wearing light armour, and the large cross of the knights of Malta hangs around his neck.*»

[7]   Abgesehen von den Publikationen von Beatrice I. Gilman Proske (Beatrice I. GILMAN PROSKE, *Catalogue of Sculpture (Thirteenth to Fifteenth Centuries) in the Collection of the Hispanic Society of America*, New York 1932, S. 132–56, dort Identifikation des Grabmals D. Rodrigos und D.ª Teresas, das zuvor als dasjenige von D. García und D.ª María galt; zu diesem IDEM, *Castilian Sculpture. Gothic to Renaissance*, New York 1951, S. 193 mit Anm. 169 und den monographischen Beitrag IDEM, «Dos estatuas de la Fa-

Kirche S. Pedro in dem abseits des höfischen Lebens nordöstlich von Toledo gelegenen Ort Ocaña. Die Provinzstadt erlangte Bedeutung, als sie gegen Ende des 12. Jahrhunderts mit Zustimmung des Calatrava-Ordens dem Santiago-Orden überlassen und Sitz zahlreicher Großmeister wurde.[8] Gleichzeitig wurde S. Pedro gegründet und im 15. Jahrhundert mit der Funktion einer Ordenskapelle neu erbaut.

Abb. 3: Grabmal des D. Rodrigo de Cárdenas († 1450) und der D.ª Teresa de Chacón, New York, Hispanic Society of America

---

milia Cárdenas, de Ocaña», in: *Archivo Español de Arte*, 32, 1959, S. 29–37, hier Taf. 1–3); ferner IDEM, «From the Romanesque to the Twentieth Century», in: «The Hispanic Society of America, New York», in: *Apollo*, 95, 1972, S. 43–51, hier S. 49, Abb. 8, wurde den beiden Grabmälern kaum Aufmerksamkeit geschenkt, zum Grabmal D. Garcías und D.ª Marías neuerdings Marjorie TRUSTED, *Spanish Sculpture. Catalogue of the Post-Medieval Spanish Sculpture in Wood, Terracotta, Alabaster, Marble, Stone, Lead and Jet in the Victoria and Albert Museum*, London 1996, Kat. Nr. 3–4, S. 23–28, dort keine Zuweisung an einen bestimmten Künstler: «Castile (Toledo?); after 1499».

[8]   Zu Geschichte der Stadt Ocaña Miguel DÍAZ BALLESTEROS y Benito de LARIZ Y GARCÍA SUELTO, *Historia de la villa de Ocaña*, 2 Bde., Ocaña 1868–73.

Abb. 4: Grabmal des D. García de
Osorio († nach 1502) und der
D.ª María de Perea († 1499),
London, Victoria & Albert Museum

S. Pedro diente als Versammlungsort des Ordenskapitels und als Grablege namhafter, teils dem Königshaus zugehöriger Ordensmitglieder; daher finden sich dort auch königliche Bestattungen.[9] Ferner hielt man dort die kastilischen *Cortes* ab, bei denen Regierungsentscheidungen von lokaler und nationaler Bedeutung getroffen wurden. Die beiden Santiago-Ritter und ihre Gattinnen waren bei diesen Ereignissen somit nur für wenige Jahre nach der Errichtung ihrer Grabmäler als stumme Zeugen präsent, da mit dem Übergang des Santiago-Ordens an die Krone ein sukzessiver Verfall des Ordens und der Kirche erfolgte. Zu Beginn des 19. Jahrhunderts wurden die Grabplatten von Rodrigo und Teresa innerhalb der Kirche in die Familienkapelle der Osorio transferiert, wo sich das Grabmal von García und María befand. 1906 erklärte man S. Pedro für

---

[9]   Conde de CEDILLO, «La iglesia de San Pedro de Ocaña», in: *Sociedad Española de Excursiones*, 28, 1920, S. 32–38, hier S. 33, GILMAN PROSKE 1959 (wie Anm. 7), S. 30–32.

baufällig und riss den Sakralbau im Jahr darauf ab; dabei wurden beide Doppelgrabmäler zerteilt und gelangten auf den Kunstmarkt.[10]

Rodrigo und Teresa stammten beide aus illustren Familien von Ocaña: Rodrigo war der Sohn von García López de Cárdenas und Constanza Martínez. Er war *Trece* des Santiago-Ordens (einer der 13 vom Ordensmeister ernannten Mitglieder eines *Capítulo General*) sowie *Comendador de Alpages* (wohl Leiter der Kommende von Alpajés, heute Aranjuez) und diente König Enrique IV. im Kampf gegen die Araber. Teresa war die Tochter von Juan Chacón, Jakobusritter und Richter in Madrid, und Inés Martínez del Castillo.[11] Ihr ältester Sohn Gutierre de Cárdenas († 1503), *Comendador mayor de León*, pflegte enge Verbindungen zu Isabella, er wurde ihr *maestresala* und später *contador mayor*.[12] Für die Errichtung der Hauptkapelle war Gutierres Neffe, Alonso de Cárdenas († 1493), der letzte Großmeister des Santiago-Ordens, verantwortlich; die benachbarte Capilla del Sangre de Cristo stiftete die Familie der Osorio. Ursprünglich flankierten die Liegefiguren den Hochaltar der Capilla mayor, diejenige D. Rodrigos auf der Evangelien- und diejenige D.ª Teresas auf der Epistelseite.[13]

Vermutlich waren Gutierre de Cárdenas und seine Frau, D.ª Teresa Enríquez, die Auftraggeber. Die Inschriften beider Grabmäler nennen jeweils hintereinander die Namen Rodrigos und Gutierres und verweisen auf ihre hohen Ämter im Santiago-Orden.[14] Ferner ließ Gutierre zur Sicherung der eigenen Memoria sein persönliches Wappen in der Kapelle anbringen.[15] Der Beginn der Ausführung der Grabmäler dürfte noch vor Gutierres Tod (1503) erfolgt und danach von Teresa, die erst 1529 verstarb, vorangetrieben worden sein.[16] Dass der Santiago-Orden Gutierre und/oder Alonso den prominentesten Ort der Hauskirche für die ewige Ruhestätte Rodrigos und Teresas überließ,

---

[10]   Der Madrider Kunsthändler Borondo verkaufte die Grabplatten dem Londoner Kunsthändler Lionel Harris, von dort erwarb sie 1906 der erste Leiter der Hispanic Society of America, Archer Milton Huntington, und brachte diese nach New York, s. TRUSTED 1996 (wie Anm. 7), Kat. Nr. 4, S. 24.

[11]   Zur adeligen Abstammung beider GILMAN PROSKE 1959 (wie Anm. 7), S. 30–31.

[12]   Zu D. Gutierre s. die Monographie von Leopoldo BARÓN Y TORRES, *Don Gutierre de Cárdenas*, [Madrid] 1945.

[13]   Der Beschreibung von S. Pedro durch den conde de Cedillo folgend GILMAN PROSKE 1959 (wie Anm. 7), S. 30 mit Anm. 30.

[14]   Die Inschrift von Rodrigos Grabmal lautet: *«Aqui yaze el muy mag.ᶜᵒ Señor Rodrigo de Cardenas Comendador de Apages padre del muy Ill.ᵉ S.ᵒʳ Don Gutierre de Cardenas Comendador mayor de Leon. Falescio año 1450.»*, diejenige von Teresas Grabmal: *«Aqui yaze la muy mag.ᶜᵃ Señora Doña Teresa Chacon muger del muy mag.ᶜᵒ Señor Rodrigo de Cardenas madre del muy Ill.ᵉ Señor Don Gutier de Cardenas Comendador mayor de Leon.»* Zitiert nach CEDILLO 1920 (wie Anm. 9), S. 36; beide Inschriften wiedergegeben bei GILMAN PROSKE 1959 (wie Anm. 7), S. 32.

[15]   Ms. Bibliothek des Escorial, Kap. 48, Relaciones de Felipe II, Provincia de Toledo, Pueblo de Ocaña.

[16]   Verschiedene Datierungsannäherungen bei GILMAN PROSKE 1959 (wie Anm. 7), S. 31: *«no puede ser anterior al primer cuarto del siglo XVI»*, ibid., S. 32: *«cercano al de 1520»* (Figurenstil noch ohne Einfluss Berruguetes) und ibid. S. 36: *«en las primeras décadas del reinado de Carlos V»*.

lässt sich allein mit den hervorragenden Beziehungen von Vater und Sohn zum Santiago-Orden und ihrer Nähe zur Krone erklären.

Zeitgleich gab D. García de Osorio das Grabmal für sich und seine 1499 verstorbene
Frau D.[a] María de Perea in Auftrag, das im Zentrum der Capilla del Sangre de Cristo y
de los Pasos, der neuerbauten Familienkapelle der Osorio, errichtet wurde. García war
der Sohn von Lope Álvarez Osorio, der im Santiago-Orden das Amt des *Comendador
de Socobos* innehatte; er selbst war *Comendador de Villanueva* und *Trece* des Santiago-
Ordens. Zusammen mit seinem Neffen Alonso de Cárdenas kämpfte er in der Schlacht
bei Albuera und nahm auch an der Expedition nach Ajarquía und der entscheidenden
Schlacht in der Vega von Granada teil.

Die Liegefiguren von Rodrigo und Teresa lassen an ihrer Entstehung fünfzig Jahre
nach dem Tod der Dargestellten keinen Zweifel. Beide Figuren liegen mit geschlossenen Augen auf einer Ruhestatt, den Kopf jeweils auf zwei Kissen gebettet. Rodrigos
jugendlich wirkende, asketische Gestalt ist mit Panzer und Kettenhemd gerüstet. Ener-
gisch ergreift seine Rechte den Knauf des Schwertes, das er vor seinem Leib hält. Die
ausgestreckten Finger seiner Linken fixieren die Schwertscheide auf dem linken Bein.
Das symmetrisch um den Körper fließende Tuch des eleganten, von langen Kordeln
zusammengehaltenen Ordensmantels wird durch die abgewinkelten Arme geöffnet und
gibt – gleichsam als sichtbarer Beweis steter Kampfbereitschaft – den Blick auf das
große Jakobuskreuz auf seinem Brustpanzer frei. Die scheinbar individuellen, feinglie-
drigen Züge, das dekorativ gewellte, kinnlange Haar, die faltige Haut, die prominente
Nase, der volle Mund sowie die betont nervigen Hände sind jenen Teresas verwandt.
Insgesamt bleibt die postume Erschaffung der Figuren trotz aller künstlerischen Finesse
deutlich spürbar. Wirkungsvoll ist die Vertikale inszeniert, die vom traditionellen
Attribut des Löwen über das Schwert, die Hände und das Kreuz zum verletzbar
wirkenden Antlitz mit der flachen, schmalkrempigen Rundkappe geführt wird.

In denkbar großem Kontrast zu ihrem asketisch wirkenden, gerüsteten Mann steht die
nonnenähnliche Figur Teresas. Ihr Haupt wird von einem Schleier, der Körper von
einem faltenreichen Gewand und einem elegant über den rechten Arm drapierten Man-
telwurf vollkommen verhüllt. Umso sinnlicher wirken die übereinandergelegten, flei-
schigen Hände und das volle Inkarnat des ovalen, klarlinigen Antlitzes. Teresa sind die
traditionellen Grabattribute des Rosenkranzes und eines Windhundes zu Füßen beigege-
ben. Der unbekannt gebliebene Bildhauer schuf gegen Ende des 15. Jahrhunderts ein
eindrucksvoll inszeniertes Gegensatzpaar der längst Verstorbenen. Er folgte dabei dem
traditionellen Typus des schlafenden *Gisant* und Ritterdarstellungen des 15. Jahrhunderts, führte aber mit der antithetischen Komposition, den individuellen, höfisch wir-

kenden Details sowie der aufwändigen Gewand- und Rüstungsdarstellung Momente ein, die dann in der Renaissance bedeutsam werden sollten.

Die aus drei Alabasterstücken zusammengesetzten Liegefiguren von García und María wirken auf den ersten Blick traditioneller und vergleichsweise krud.[17] Im Gegensatz zu Rodrigo wird bei García nicht der gerüstete Leib, sondern das in die Mittelachse gestellte Schwert betont, das hier monumentale Dimensionen angenommen hat und ihn nachdrücklich als *Miles Christianus* charakterisiert. Während der mit zwei Inschriften versehene Knauf und der Schwertgriff erhalten blieben, fehlte die isoliert herausgearbeitete, bruchempfindliche Scheide bereits vor dem Abtransport aus S. Pedro.[18] Garcías langer Mantel, der rechts in einer steilen Vertikale, links in rhythmischen Winkelkaskaden herabfällt, umhüllt den voll gerüsteten Körper wie ein weiterer Panzer. Das Jakobskreuz auf der linken Mantelseite und die Jakobusmuschel, die wie bei einem Pilger an die breite Hutkrempe geheftet ist, weisen García als Santiago-Ritter aus. Wenig schmeichelhaft sind die groben Gesichtszüge: Die ausgeprägte Nasolabialfalte lässt vermuten, dass nach einer Totenmaske des nach 1502 Verstorbenen gearbeitet wurde. Umso anmutiger und feiner wirkt die Figurine des Mädchens, das sich, vom Trauern müde geworden, mit geschlossenen Augen an den abgelegten Helm zu Garcías Füßen lehnt (Abb. 5).

Insgesamt besticht das Monument durch die anspruchsvolle Ausstattung der Sarkophagflanken mit figürlicher Reliefplastik, die Spuren einer Goldfassung aufweist. Nach ihrer Ablösung wurden die dekorativen Reliefs einzeln verkauft; die 21 bekannten Exemplare finden sich nun in verschiedenen, vornehmlich nordamerikanischen Museen.[19] Die Rekonstruktion ihrer Anordnung und des ikonographischen Programms des Doppelgrabmals stehen aus. An zentraler Stelle der Außenflanken dürften sich das Wappen Garcías (mit zwei Windhunden) sowie dasjenige Marías (mit fünf Pappelblättern) befunden haben. Die Schilde werden jeweils von einem Engelspaar gehalten, die auf einer Konsole stehen und im Falle Garcías von Jakobusmuscheln (!) überwölbt, im Falle Marías von Baldachinen bekrönt werden. Je ein assistierender Putto müht sich – bei García unter größter körperlicher Anstrengung –, das Wappen empor zu stemmen (Abb. 6).

---

[17]   Nach London gelangten die Grabplatten ebenfalls durch Lionel Harris, der sie 1910 vermutlich auch bei Borondo in Madrid erwarb, vgl. hier Anm. 10 und TRUSTED 1996 (wie Anm. 7), Kat. Nr. 4, S. 24. Spuren einer Farbfassung finden sich auf Hüfthöhe und unter den Achseln, zum Befund s. ibid., Kat. Nr. 3, S. 23 und Kat. Nr. 4, S. 24.

[18]   CEDILLO 1920 (wie Anm. 9), S. 36. Die Inschrift des Knaufs lautet: «*IESVS :* [kaum leserlich: *VICT]ORIAM*», die des Schwertgriffs: «*X DEO X BENEDICTVS*», vgl. TRUSTED 1996 (wie Anm. 7), Kat. Nr. 3, S. 23.

[19]   Cambridge: Fitzwilliam Museum, Greenville/SC: Bob Jones University Art Gallery, Los Angeles: Los Angeles County Museum of Art, New York: The Metropolitan Museum und Hispanic Society of America, San Diego/CA: Fine Arts Gallery, Worcester/Mass.: Worcester Art Museum. Darunter sind möglicherweise moderne Repliken, vgl. TRUSTED 1996 (wie Anm. 7), Kat. Nr. 4, S. 26 mit Anm. 14 (dort Verzeichnis der Aufbewahrungsorte aller Reliefs).

Abb. 5: *Pleureuse* vom Grabmal des D. García de Osorio,
London, Victoria & Albert Museum

Abb. 6: Wappen vom Grabmal des D. García de Osorio,
New York, The Metropolitan Museum of Art

Die erhaltenen hochrechteckigen Reliefs von drei Tugend- und zwei Heiligenfiguren sowie die sieben Engel sind in ähnlicher Weise wie Garcías Wappenengel komponiert; ob das bei diesen verwendete Motiv des «Muschelbaldachins» auch für die Reliefplastik von Marías Grabmal verwendet wurde oder, was wahrscheinlich ist, dem Grabmal des Santiago-Ritters vorbehalten wurde, ist nicht gesichert. Die Tugenden und Heiligen sind nicht nur durch ihre Attribute, sondern auch durch Inschriften in gotischer Schrift bezeichnet: So die ernste Fortitudo, die den angreifenden Löwen spielend bändigt, und die botticelleske Figur einer heiteren hl. Katharina mit der Märtyrerpalme (Abb. 7). Die weise Jungfrau triumphiert wie Donatellos Judith über Holofernes, indem sie mit der Linken ihr Gewand rafft, um den Blick auf das abgeschlagene Haupt des bekrönten, ungläubigen Feldherrn freizugeben; dessen beschädigter Kopf scheint die Züge eines Muselmanen zu tragen.

Abb. 7: Hl. Katharina vom Grabmal des D. García de Osorio, Worcester/Mass., Worcester Art Museum

Besonders reizvoll und voller *varietas* sind Reliefs von sieben drallen Muschel-
knaben, die an Werke Donatellos, insbesondere an die quirligen Putten der Florentiner
Cantoria erinnern. Auf unterschiedlichste Weise, aber trotz geschlossener Augen stets
tänzerisch-galant, präsentieren sie jeweils ein großes, stark stilisiertes *pecten iacobaeus*.
Das dekorative Erkennungszeichen der Jakobspilger ziert in senkrechter, beziehungsweise nach links oder rechts geneigter Position jeweils das obere Reliefdrittel. Durch
munteres Treiben und artistische Drapierungen ihres Tuchbandes stellen die Putti einen
weiteren Blickfang dar (Abb. 8). Ein im Profil gezeigter Kletterer stemmt sich gegen die
Wand, ein anderer frontal präsentierter Putto posiert wie Donatellos Marmordavid im
klassischen Kontrapost mit kokett angewinkeltem Arm. Zwei weitere haben sich ihres
Bandes entledigt: Einer in Rückenansicht versucht vorsichtig die Rückseite der Muschel
zu ergründen, ein anderer im Profil scheint sein Objekt gerade erst gefunden und seine
Mühe beim Stützen zu haben.

Abb. 8: Putto, eine Jakobsmuschel haltend,
New York, The Metropolitan Museum of Art

Trotz der individuellen künstlerischen Gestaltung, die sich durch technische Finesse und spielerische Elemente ebenso auszeichnet wie durch freie Rezeption bedeutender Werke der Malerei und Plastik des Florentiner Quattrocento blieb der Schöpfer dieses anspruchsvollen Doppelgrabmals unbekannt. Neben Pablo Ortíz und Gil de Siloé wurde häufiger der in Toledo wirkende Meister Sebastián de Almonacid vorgeschlagen. Ähnlich disparat sind die Attributionsversuche bei einem dritten Doppelgrabmal, das erneut im Zentrum einer Privatkapelle Aufstellung fand.

TOLEDO

Das prominenteste Beispiel der Grabmalsgruppe ist das marmorne Doppelmonument von D. Álvaro de Luna († 1453) und D.ª Juana Pimentel († 1458) in Toledo (Abb. 9).[20] Álvaro war Großmeister des Santiago-Ordens und bevorzugter Günstling Juans II. von Kastilien. Um eine neue, dem hl. Jakobus d.Ä. geweihte Familienkapelle zu errichten, ließ er drei Apsidialkapellen der Kathedrale von Toledo abreißen. Seine Tochter, María de Luna, spätere Frau von D. Íñigo de Mendoza, zweiter duque del Infantado, gab die Grabmäler postum bei einem Meister Sebastián de Torrijos in Guadalajara in Auftrag. Die anspruchsvolle Architektur und Ausstattung mit den Freigräbern und einem dem hl. Jakobus gewidmeten Retabel stehen in offener Konkurrenz mit zwei der bedeutendsten Memorialkapellen Spaniens: mit Gil de Siloés Grabanlage von Juan II. und Isabel von Portugal in der Kartause von Miraflores (April 1489 – August 1493) und der Capilla del Condestable in Burgos (1494 vollendet), die als *termini post* gelten dürfen.

Die Grabmäler mit den schlafenden *Gisants* sollten innerhalb eines Jahres fertiggestellt sein und dürften somit wenige Jahre vor den beiden Doppelgrabmäler in Ocaña entstanden sein. Die dekorative Reliefplastik und die aufwändigen Draperien wie auch die Betonung jakobinischer Motive erinnern an das Monument des García de Osorio: so der von Engeln gehaltene Wappenschild mit dem Jakobuskreuz und die knienden Freifiguren. Sie sind in innovativer Weise als Oranten jeweils vor die Kanten der Monumente gesetzt: bei der Tertiarerin D.ª Juana sind es Franziskanerfratres, beim Großmeister D. Álvaro Santiago-

---

[20] Transkription von Dokumenten zu D. Álvaro de Luna und der Errichtung der dem hl. Jakobus geweihten Kapelle bei C. GONZÁLEZ PALENCIA, «La capilla de don Álvaro de Luna en la catedral de Toledo», in: *Archivo Español de Arte y Arqueología*, 5, 1929, S. 109–22; zum Grabmal s. die monographischen Beiträge von Pedro María BARRERA, *Sepulcro de Don Alvaro de Luna*, Madrid 1882 und Juan CARRETE PARRONDO, «Sebastián de Toledo y el sepulcro de don Álvaro de Luna», in: *Revista de Ideas Estéticas*, 1975, S. 232–37; ferner GILMAN PROSKE 1951 (wie Anm. 7), S. 181–82, Abb. 108–11; Theodor MÜLLER, *Sculpture in the Netherlands, Germany, France and Spain (1400 to 1500)*, London 1966 (= The Pelican History of Art), S. 146, Abb. S. 151; Fernando CHECA, *Pintura y escultura del renacimiento en España, 1450-1600*, Madrid ³1993, S. 38–40, Abb. 22; Annie CLOULAS, «La Sculpture funéraire dans l'Espagne de la Renaissance. Le mécénat aristocratique», in: *Gazette des Beaux-Arts*, 120, 1992, S. 97–116, hier S. 97–98, Abb. 1.

Ritter. Die Flanken von Álvaros Sarkophag zieren zwei von einem Engelspaar getragene Wappenschilde mit einem großen Jakobuskreuz und rahmenden Jakobusmuscheln. Zur Familie des Duque del Infantado nach Guadalajara führt auch das einzige hier vorgestellte Einzelgrabmal, das bekannteste Monument unter allen Grabmälern, die je für einen Santiago-Ritter errichtet wurden. Rätselhaft bleibt dort nicht nur der Schöpfer, sondern auch der Dargestellte selbst – «*el Doncel inexplicable*».[21]

Abb. 9: Grabmal des D. Álvaro de Luna († 1453)
und der D.ª Juana Pimentel († 1458),
Toledo, Kathedrale, Capilla de Santiago

[21]   Antonio HERRERA CASADO, *Un Mendoza más: Martín Vázquez de Arce. Glosario Alcarreño, Bd. 2: Sigüenza y su tierra*, Guadalajara 1976, S. 95–98.

Sigüenza

Das Grabmal des D. Martín Vázquez de Arce († 1486) in Sigüenza ist eines der bekanntesten Grabmäler Spaniens (Abbn. 10 und 11 sowie Taf. XV).[22] José Ortega y Gasset rühmte es als eines der schönsten überhaupt: «*una estatua de las más bellas de España*».[23] Die geheimnisvolle Aura der Figur des lesenden Jünglings forderte nicht nur kastilische Dichter und Wissenschaftler immer wieder neu heraus, sein Faszinosum in Worte zu fassen.[24] Martíns enigmatisches, an Liegefiguren etruskischer Grabmäler erinnerndes Lächeln zieht den Betrachter an und schließt ihn doch von dessen intimer Lektüre aus. Sein früher Tod weckt Bedauern und Bewunderung gleichermaßen. Die lebendige Präsenz des Körpers frappiert ebenso wie die Unnahbarkeit des sinnenden Ritters, der, obgleich voll gerüstet, zart und verletzlich wirkt. Es ist einmal mehr eine merkwürdige Ambivalenz, die gerade dieses Grabmal besonders auszeichnet. Die historischen Hintergründe seines Todes und die Genese des innovativen Monumentes sind ungewöhnlich gut überliefert und aufschlussreich.

D. Martín Vázquez de Arce kam 1461 in Sigüenza zur Welt. Die mittelalterliche Bischofsstadt wird bis heute von der festungsartigen romanischen Kathedrale geprägt, mit deren Errichtung bald nach der *reconquista* der Stadt (1124) begonnen wurde; hier befindet sich auch das Grabmal Martíns. Dieser dürfte früh dem Kardinal Mendoza begegnet sein, der bekanntlich unerbittlich für die *reconquista* kämpfte und 1489 die Universität von Sigüenza gründete. Die Mendoza, bedeutendste Adelsfamilie zur Zeit der Reyes Católicos, waren von größter Bedeutung für die Stadt und die Familie de Arce, die mit ihnen engste Beziehungen unterhielt.[25] Martín erhielt auf diese Weise eine exzellente Ausbildung[26] und wurde früh in die politischen wie kulturellen Unternehmungen der Mendoza integriert.

---

[22] Grundlegend Ricardo de ORUETA, *La escultura funeraria en España*, Madrid 1919, S. 128–60, Abb. 36–40, GILMAN PROSKE 1951 (wie Anm. 7), S. 189–93, Abb. 115–16, ferner Henriette Eugenie S'JACOB, *Idealism and Realism. A Study of Sepulchral Symbolism*, Leiden 1954, S. 187–86, Taf. XVb; MÜLLER 1966 (wie Anm. 20), S. 146, Abb. S. 148; CLOULAS 1992 (wie Anm. 20), S. 100–01, Abb. 5; CHECA ³1993 (wie Anm. 20), S. 47–48, Abb. 31.

[23] José ORTEGA Y GASSET, «Tierras de Castilla», in: *El Espectador (1916-1934)*. *Obras Completas*, Bd. 2, Revista de Occidente, Madrid ⁷1966, S. 46; vgl. ORUETA 1919 wie Anm. 22), S. 133. Ein ähnlich überschwengliches Urteil fällte jüngst Gustav FABER, *Madrid und Kastilien*, München, London, New York 2000, S. 349–50: «*Neben dem Grabbild Juans, des Sohns der Katholischen Könige, in Ávila und dem des Pagen Padilla in der Casa de Miranda von Burgos gibt es in Spanien kein Steinportrait, das mehr ergreift.*» S. ferner den einseitigen Eintrag zum «Doncel» in: *Sternenweg*, 29, 2002, S. 36, mit Abb. des Grabmals aus ARIÈS 1984 (wie Anm. 6).

[24] ORUETA 1919 (wie Anm. 22), S. 133: «*la celebrada estatua de D. Martín Vázquez de Arce, seguramente es la más hermosa entre todas las que encierra la catedral de Sigüenza, y una de las más sentidas, más inspiradas y más delicadamente bellas de cuantas ha producido el arte de Castilla en toda su historia, pudiendo soportar ventajosamente la comparación con las mejores creaciones de la plástica cristiana medieval.*»

[25] Die Mendoza bekleideten die ersten Posten in Kirche und Militär, Diplomatie und Wissenschaft. Martíns Vater D. Fernando de Arce erwarb von D. Diego Hurtado de Mendoza, conde de Priego und erster von den

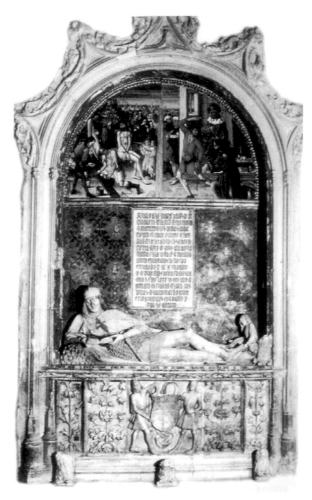

Abb. 10: Grabmal des D. Martín Vázquez de Arce († 1486),
Sigüenza, Kathedrale, Capilla de S. Juan y Sta. Catalina

Reyes Católicos ernannter duque del Infantado, am 8. Februar 1485 ein Haus und zugehörigen Hof in Guadalajara. Íñigo de Mendoza, zweiter duque del Infantado, ließ von Juan Guas und Enrique Egas den neuen Palacio del Infantado (1483) errichten, den prächtigsten Palast, der während der Regierungszeit der Reyes Católicos errichtet wurde; dort findet sich neben dem Wappen der Mendoza auch dasjenige der Luna.

26 Martín wurde von 1481 bis 1484 von Juan Ortega Bravo de la Laguna, Maestrescuela de Sigüenza, unterrichtet, Gregorio SÁNCHEZ DONCEL, «Nuevos datos sobre la familia de «El Doncel». Don Juan de Ortega Bravo de Lagunas, sobrino del Doncel, obispo de Ciudad Rodrigo, Calahorra y Coria, sucesivamente», in: *Wad-al-Hayara*, 5, 1978, S. 297–98.

Abb. 11: Grabmal des D. Martín Vázquez
de Arce, Detail des Kopfes

So diente Martín Íñigo López de Mendoza in dem von diesem errichteten Palacio del Infantado. Auf seine eigene Bitte hin wurde er zum Santiago-Ritter erhoben und erhielt eine eigene Kommende.[27] Zu diesem Zeitpunkt stand die *reconquista* bereits kurz vor ihrem Abschluss. Es galt mit Granada, das seit 711 von den Mauren beherrscht wurde, die kulturell am höchsten stehende und letzte große Festung einzunehmen. Mit dem Heer von Guadalajara, dem die beste Miliz und ranghohe Gelehrte angehörten, brachen 1486 an der Seite von Martín auch sein Vater, D. Fernando de Arce, auf, sowie Íñigo López de Mendoza und Kardinal Mendoza, ferner D. Antonio de Mendoza und der Señor de Torija, D. Pedro González. Es ist überliefert, dass Martín in der *Acequia Gorda* von Granada einigen Mitstreitern aus Jaén zu Hilfe eilte und dabei gemeinsam mit D. Juan de Bustamante, einem weiteren namhaften Ritter aus Guadalajara, zu Tode

27 HERRERA CASADO 1976 (wie Anm. 21), S. 97.

kam.[28] Sein Vater barg den Leichnam und brachte ihn in die Heimat zurück. Sechs Jahre später erlebte der Vater D. Fernando de Arce, Sekretär des zweiten Duque del Infantado, das glorreiche Ende der *reconquista*.

Der Fünfundzwanzigjährige, der 1486 in der Vega de Granada im Kampf gegen die Araber fiel, verkörpert das Idealbild des adeligen und gelehrten Ritters, der – über *arma et litterae* gleichermaßen verfügend – sein Leben für die Heimat und das Ordenskreuz ließ. Im Zuge romantischer Verklärung wurde dem schönen Jüngling aus Sigüenza eine Liebschaft mit Isabella der Katholischen angedichtet und in ihr die Auftraggeberin seines Grabmals gesehen. Dieser Legende zufolge wird Martín seit dem Ende des 19. Jahrhundert kurz «der Junker» genannt. Die familiäre und heimatstolze Bezeichnung «*el Doncel de Sigüenza*» wurde mit der Feier des 500. Geburtstages Martíns 1986 noch populärer und ist vor allem in der spanischen Literatur Synonym für seinen Adelsnamen.[29] Wahr ist allerdings, dass Martín eine illegitime Tochter Ana hinterließ, für die seine Eltern – obgleich die unbekannte Mutter möglicherweise jüdischen Glaubens war – wie für ihr eigenes Kind sorgten; Ana heiratete später den adeligen Jakobusritter D. Pedro de Mendoza. Der frühe Verlust des Sohnes und die engen Verbindungen zum Santiago-Orden veranlassten D. Fernando, mit einem Grabmal für dessen Memoria zu sorgen, das über die Umstände des Todes Auskunft und durch die Liegefigur den Verstorbenen gleichsam präsent machte. An Mitteln und Beziehungen fehlte es nicht.

D. Fernando war als Santiago-Ritter und *comendador del Montijo* zu Einfluss und großem Besitz gelangt.[30] Er kannte D.ª María de Luna, die das Grabmal für ihre Eltern, D. Álvaro de Luna und D.ª Juana Pimentel, in Toledo hatte errichten lassen. Im Jahre 1488 ist es D. Fernando, der den Vertrag für das Altarbild ihrer Capilla de Santiago in Toledo bezeugt.[31] Bald nach Martíns Tod drängte D. Fernando das seguntinische Kapitel, ihm die seit 1179 bezeugte Capilla del Santo Tomás Cantuariense, eine der ältesten

---

[28] An dieser Stelle erinnert heute ein steinernes Monument an D. Martín.

[29] Als «donceles» werden Söhne von Adeligen bezeichnet, die am kastilischen Hof dienten und ihre ersten Waffenerfahrungen im *Orden de un alcaide* machten. Dies war bei Martín nicht der Fall, s. María Elena GÓMEZ-MORENO, *Mil joyas del Arte español. Piezas selectas, monumentos magistrales*, 2 Bde., Barcelona 1947/1948, Bd. 2, Nr. 436, S. 271; Juan Antonio MARTÍNEZ GOMEZ-GORDO, *Leyendas de tres personajes históricos de Sigüenza*, Sigüenza 1971, S. 42. Anlässlich des 500. Geburtstags wurden zahlreiche Beiträge zum «Doncel» vorgelegt, verzeichnet bei IDEM, *El Doncel de Sigüenza*, Guadalajara 1997 (= Tierra de Guadalajara, 16) S. 104–06.

[30] Vgl. das Testament des D. Fernando de Arce vom 1. Februar 1497 und den Kodizill vom 11. Januar 1504 bei Aurelio de FEDERICO FERNÁNDEZ, «Documentos del Archivo catedralicio de Sigüenza referentes a D. Martín Vázquez de Arce ('El Doncel') y a su familia», in: *Wad-al-Hayara*, 6, 1979, S. 97–118, Dok. 1, S. 98–105. Im Testament der Eltern des Doncel und des Bruders D. Fernando vom 11. Januar 1504 (ebda., Dok. 2, S. 105–12) werden Häuser und Grundstücke in folgenden Städten verzeichnet: Sigüenza, Palaçuelos, Molin de la Torre, Mojares, Horna, Guadalajara.

[31] GILMAN PROSKE 1951 (wie Anm. 7), S. 190 mit Anm. 167.

Kapellen der Kathedrale von Sigüenza, als Familienkapelle zu überlassen. Als dies am 13. Februar 1486 erfolgte, wurde der Leichnam Martíns dort beigesetzt.[32]

In die nunmehr den Familienheiligen geweihte Capilla de S. Juan y Sta. Catalina, die sich über quadratischem Grundriss im Winkel zwischen Chorumgang und rechtem Querarm erhebt, gelangt man über einen korridorähnlichen Zugang. Mit der Errichtung von Martíns Grabmal jedoch musste bis zur neuerlichen Zustimmung des Kapitels gewartet werden; sie erfolgte erst fünf Jahre später am 18. April 1491.[33] Daraufhin wurden die älteren Grabmäler und Wappen vollständig entfernt. Für Martíns Grabmal, das erste der Familiengruft, wurde eine Nische in die Wand geschlagen, in die das Monument zwischen 1491 und 1495 eingesetzt wurde.[34]

Neben Martíns einflussreichem Vater muss auch sein Bruder Fernando eine wichtige Rolle bei der Neugestaltung der Kapelle mit Grabmälern eingenommen haben; die Inschrift, die das Grabmal der Eltern umläuft, nennt ihn explizit als Auftraggeber.[35] Er war eine der herausragenden Persönlichkeiten ihres Königreiches. Als Prior von Osma und Bischof der Kanaren (seit 1513) diente er zugleich den Reyes Católicos als Berater.[36] Ihm ist es zu verdanken, dass die Kapelle zu einem exklusiven Bestattungsort derer de Arce wurde. Martíns Grabmal (Abb. 12, Nr. 3) bildet den Auftakt einer sukzessive entstandenen Reihe von Gräbern dieser Familie.

Als erstes folgte das elterliche Doppelgrabmal von D. Fernando de Arce († 1504) und D.ª Catalina de Sosa († 1505) (Abb. 12, Nr. 5), dann kam rechts von Martín das Wandgrabmal seines Bruders D. Fernando Vázquez de Arce (* vor 1444 in Sigüenza, † 1522) hinzu (Abb. 12, Nr. 4), anschließend das des Alcántara-Ritters D. Sancho Bravo Arce de Lagunas (Abb. 12, Nr. 2) und dasjenige der D.ª Catalina de Arce y Bravo, Tochter von Martíns Schwester Mencía Vázquez (Abb. 12, Nr. 6) sowie weitere Familienbestattungen. Das Grabmal D. Fernandos und D.ª Catalinas, das im Kapellenzentrum auf den

---

[32] Die Funktion dieser Kapelle wechselte mehrfach: Ursprünglich war sie Grablege der Prälaten der Kathedrale, im 15. Jahrhundert wurde sie der Familie der Infantes de la Cerda überlassen. Aus unbekannten Gründen im letzten Drittel des 15. Jahrhunderts kaum genutzt, wurde sie auf Betreiben D. Fernandos de Arce der Familie de Arce überlassen, vgl. José María de AZCÁRATE Y RISTORI, «El maestro Sebastián de Toledo y el Doncel de Sigüenza», in: *Wad-al-Hayara*, 1, 1974, S. 7–34, S. 8 mit Anm. 3.

[33] Zitiert nach ebda., S. 8: «*[...] el cuerpo del dicho Martín Vázquez, que Dios aya, sea depositado e esté en depósito en la dicha capilla sin señal alguna de sepultura hasta tanto que los dichos señores del cabildo ayan deliberado lo que ayan de fazer cerca de la dicha capilla.*»

[34] Zur Errichtung des Grabmals sind keine archivalischen Quellen bekannt.

[35] ORUETA 1919 (wie Anm. 22), S. 215.

[36] Früh erhielt D. Fernando geistliche Ämter im Erzbistum von Toledo und den Bistümern Sigüenza und Ávila; als Prior von Osma entsprach seine Provision der des Königs; nach Gregorio SÁNCHEZ DONCEL, «Don Fernando Vázquez de Arce, Prior de Osma y Obispo de Canarias», in: *Wad-al-Hayara*, 6, 1979, S. 119–26, S. 119, war er der erste, der in der Familienkapelle ein Grabmal einrichtete und den unbekannten Künstler von Martíns Grabmal inspirierte.

Altar hin ausgerichtet ist und wie dasjenige D. Martíns aus Alabaster gearbeitet ist, wird somit von den Monumenten Martíns und seines Bruders Fernando an der Evangeliumsseite flankiert (Abb. 13).[37]

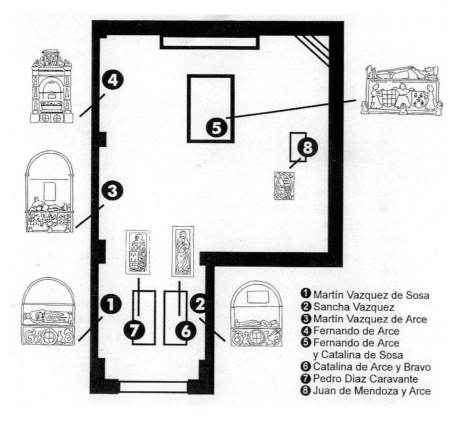

❶ Martín Vazquez de Sosa
❷ Sancha Vazquez
❸ Martín Vazquez de Arce
❹ Fernando de Arce
❺ Fernando de Arce
  y Catalina de Sosa
❻ Catalina de Arce y Bravo
❼ Pedro Diaz Caravante
❽ Juan de Mendoza y Arce

Abb. 12: Schematischer Grundriss der Capilla de S. Juan y Sta. Catalina,
Sigüenza, Kathedrale (eingezeichnet die Grabmäler derer von Vázquez, Arce und Sosa)

---

[37] Zum Grabmal D. Fernandos und D.ª Catalinas s. ORUETA 1919 (wie Anm. 22), S. 214–18, Abb. 55–56, dort Maßangaben: H. 0,80 m, B. 1,40 m, L. 2,10 m.

Abb. 13: Grabmal der Eltern des «Doncel», D. Fernando († 1504) und D.ª Catalina († 1505),
Sigüenza, Kathedrale, Capilla de S. Juan y Sta. Catalina

Die ersten drei Grabmäler stellen somit eine von zwei repräsentativen Mitgliedern des Santiago-Ordens und einem hochrangigen Kleriker gebildete Trias dar. Die Liegefigur des Vaters ist auch hier in voller, reich dekorierter Rüstung gegeben und mit den Ritterattributen des Schwertes und des Jakobuskreuzes auf der Brust versehen. Während sein Leib wie der seiner Frau eine strenge Vertikale bildet, neigt sich sein Kopf zu den Wandgräbern der Söhne. Das Ruhekissen aus Lorbeerlaub – ein in Spanien eher seltenes Motiv – schlägt eine Brücke zum Grabmal Martíns, der auf einem Lorbeerbündel lagert.

Das Alabaster-Grabmal des Doncel ist in eine ungewöhnlich schlanke hohe Bogennische von geringer Tiefe eingesetzt (Abb. 10).[38] Mehrfach profilierte Hausteinrahmen mit zwei dienstartigen, diagonal gestellten Säulchen flankieren die Wandöffnung und leiten den Blick auf die Figur Martíns.[39] Oberhalb der Kämpferzone finden sich anstelle von herabhängendem gotischen Maßwerk, wie es von der toledanischen Schule zu Beginn des 16. Jahrhunderts häufig verwendet wurde, vegetabile Ornamente, welche die Schwünge von zwei Viertelkreissegmenten und vier konvexen Halbkreisen begleiten. Auf einem von drei Löwen getragenen Sockel ruht der Sarkophag, dessen äußere zwei Achsen jeweils mit einer blühenden, Akanthus ähnlichen Pflanze dekoriert sind. Die Sarkophagmitte wird von zwei Pagen in Renaissancekostümen besetzt, die Martíns Wappen präsentieren, auf das die Schnalle des Rittergürtels wie der Kopf einer sich windenden Schlange verweist.[40]

Darüber ruht in voller Rüstung Martín, der sich vom eintretenden Besucher abzuwenden scheint, um sich in die Lektüre zu vertiefen. Er hat sich einen Mantel übergeworfen und auf die Ruhestatt in seiner Kammer zurückgezogen. Die Beine lässig übereinandergeschlagen, stützt er sich mit seiner rechten Seite und dem rechten Arm auf ein Lorbeerbündel, das ihm gestattet, den Körper aufrecht zu halten. Trotz dieser in Wirklichkeit unbequemen Haltung hält er scheinbar mühelos das dickleibige Buch. Sein Leibpage kauert zwischen den traditionellen Motiven des Löwen und abgelegten Helms. Wie bei den anderen Grabmälern ist er in mittelalterlicher Bedeutungsperspektive zu einem Miniatur-*Pleurant* verkleinert. Sein Trauergestus ist der einzige Hinweis des Grabmals darauf, dass Martín nicht mehr in dieser Welt ist – eine Tatsache, derer sich der Page, wie seine zarte Berührung von Martíns Fuß bezeigt, voll Schmerz bewusst wird.[41]

---

[38] Höhe Bogenscheitel 3,40 m, Breite der Nische 2,10 m, Tiefe 0,55 m; Angaben nach ORUETA 1919 (wie Anm. 22), S. 160.

[39] Auf die ungewöhnliche Proportion der Kapelle, die annähernd doppelt so hoch wie breit ist, während gotische Nischen in der Regel nur ein Drittel höher sind als breit, verwies de AZCÁRATE Y RISTORI 1974 (wie Anm. 32), S. 12.

[40] ORUETA 1919 (wie Anm. 22), Abb. 39.

[41] Siehe die Abbildungen bei ORUETA 1919 (wie Anm. 22), Abb. 40, de AZCÁRATE Y RISTORI 1974 (wie Anm. 32), S. 17, Taf. 4, und Juan Antonio MARTÍNEZ GÓMEZ-GORDO, *El Doncel de Sigüenza*, Guadalajara 1997 (= Tierra de Guadalajara, 16), S. 33 (mit dem Relief des Apostels Andreas im Hinter-

Das von der Figur des Verstorbenen auf die Assistenzfigur übertragene Trauermotiv erscheint auf mehreren kastilischen Rittergrabmälern des ausgehenden 15. Jahrhunderts, so beim Grab des 1465 verstorbenen D. Pedro de Valderrábano in der Kathedrale von Ávila.[42] Nicht nur dieses Motiv, sondern auch der Typus des Arkosolgrabes findet sich bei dem unweit in S. Nicolás in Guadalajara befindlichen Grabmal von D. Rodrigo de Campuzano († 1488), *comendador* des Santiago-Ordens, wieder, das vermutlich zeitgleich mit dem des D. Álvaro de Luna entstand (Abb. 14).[43] In Sigüenza sind nicht nur die Figurine des Pagen, sondern auch die Liegefigur Martíns mit besonderer Sensibilität gestaltet.

Abb. 14: Grabmal von D. Rodrigo de Campuzano († 1488),
Guadalajara, S. Nicolás

grund). Es handelt sich nicht um einen Engel, der die Figur empor zu geleiten gedenkt, wie bei ARIÈS 1984 (wie Anm. 6), S. 68, angegeben.

[42]   GILMAN PROSKE 1951 (wie Anm. 7), S. 177–78, Abb. 103–05. Den Charakter der Schwermut betonte Erwin Panofsky in Bezug auf das Grabmal des D. Iñigo López de Mendoza und des D. Martín: Sie seien «*von einem – vielleicht spezifisch spanischen – Geist schwermütiger Frömmigkeit durchzogen*», bei beiden ist das schwermütige Motiv des Aufstützens des Kopfes mit der Hand von der Hauptfigur auf die Schildknappen übertragen, Erwin PANOFSKY, *Grabplastik. Vier Vorlesungen über ihren Bedeutungswandel von Alt-Ägypten bis Bernini*, hrsg. von Horst W. JANSON, deutsche Übersetzung von Lise Lotte MÜLLER, Köln 1964, S. 90.

[43]   ORUETA 1919 (wie Anm. 22), S. 97–109, Abb. 28–29; GILMAN PROSKE 1951 (wie Anm. 7), S. 189, Abb. 112; CHECA ³1993 (wie Anm. 20), S. 46–47, Abb. 29.

Martíns Jugendlichkeit wird durch das volle, über kinnlange Haar, das von der *capacete* zusammengehalten wird, sowie durch das weiche Inkarnat und die klaren Linien von Augen, Mund und Nase betont (Abb. 11). Seine in die Lektüre versenkten, von den Lidern halb verdeckten Augen, die prominente Nase und der kleine volle Mund zeugen vom großen Ernst und der ritterlichen Entschlossenheit des edelmütigen Aristokraten, der für sein Glaubensideal in den Tod ging. Dies illustrierend, wurde die rückwärtige Wand um die Mitte des 16. Jahrhunderts außer teppichartigen Malereien auch mit einem Lünettengemälde der Passion Christi versehen. Leider tritt deren Farbigkeit in übertriebene Konkurrenz zu den porzellanweißen Alabasterarbeiten. Unpubliziert blieben Detailansichten der beiden Reliefs vom linken und rechten Gewände, die den hl. Jakobus d.Ä. und den hl. Andreas darstellen. Durch sie erhält die Nische den Charakter einer Kapelle, die in erster Linie jenem Heiligen geweiht ist, für den Martín sein Leben ließ – nicht zufällig sucht Martíns Kopf die Nähe des über ihm wachenden Ordenspatrons.

Ungewöhnlicherweise geben gleich zwei Inschriften in gotischer Fraktur dem unwissenden Kapellenbesucher *ad perpetuam memoriam* Auskunft über die Umstände von Martíns heroischem Tod.[44] Der zweizeilige Text auf der gekehlten Plinthe unter der Figur nennt neben dem Namen das Kommendatorenamt und verweist ausführlich auf seinen frühen Rittertod im Kampf gegen die Mauren: «*[...] FUE MUERTO POR LOS MOROS ENEMYGOS [...].*»[45] In das Zentrum der Nischenrückwand ist eine große, hochrechteckige Steinplatte eingelassen, deren 15–zeiliger Text im wesentlichen dem ersten folgt.[46] Zusätzlich jedoch werden die Namen von Martíns Vater als Retter des Leichnams sowie die Namen der eroberten, Granada vorgelagerten Städte genannt. Diese separate Inschriftplatte mit dem ausführlichen, hymnischen Text dürfte später als das Grabmal entstanden und zusammen mit den Malereien von Martíns Bruder Fernando in Auftrag gegeben worden sein. Um den ritterlichen Tod als Erfüllung des Ritterdaseins noch stärker zu betonen, wird dort das Amt des *Comendador* um der schlichteren

---

[44] Nach den Gründen für die ungewöhnliche Anbringung von zwei Inschriften und nach der Identität des jeweiligen Auftraggebers wurde bisher nicht gefragt.

[45] In Gänze lautet der Text: «*S. DE MARTÍN VASQUES DE ARSE COMENDADOR DE SANTIAGO EL QUAL FUE MUERTO POR LOS MOROS ENEMYGOS DE NUESTRA SANTA FÉ CATÓLICA PELEANDO CON / ELLOS EN LA VEGA DE GRANADA [Fehlstelle] AÑO DEL NACIMIENTO DE NUESTRO SALVADOR IHU XPO DE MILL E CCCC E LXXX E VI AÑOS. FUE MUERTO EN EDAT XXV.*»

[46] Ihr Text lautet: «*AQUI YAZE MARTÍN VAZQUEZ DE ARZE / CAVALLERO DE LA ORDEN DE SANCTIAGO / QUE MATARON LOS MOROS SOCOR / RIENDO EL MUY YLUSTRE SEÑOR DUQUE DEL IFATADGO SU SEÑOR A / CIERTA GENTE DE IAHEN A LA ACEQUIA / GORDA EN LA VEGA DE GRANADA / COBRO EN LA HORA SU CUERPO / FERNANDO DE ARZE SU PADRE / Y SEPULTOLO EN ESTA SU CAPILLA / AÑO MCCCCLXXXVI. ESTE ANO SE / TOMARON LA CIUDAD DE LOXA LAS / VILLAS DE ILLORA MOCLÍN Y MONTE / FRIO POR CERCOS EN QUE PADRE Y / HIJO SE HALLARON.*»

Eigenschaft als «*CAVALLERO DE LA ORDEN DE SANCTIAGO*» willen verschwiegen. Dem Betrachter soll durch die Schrift verdeutlicht werden, dass Martíns Seele aufgrund seiner ritterlichen *virtus* direkt ins Paradies aufgenommen wurde.[47]

Mit der Gewissheit auf die Auferstehung und eine *vita aeterna* lässt sich jene viel besungene Ambivalenz zwischen Melancholie und heiterer Gelassenheit deuten. Bei aller Lebendigkeit künden die zur Hälfte von den Lidern verdeckten, in tiefen Höhlen liegenden Augen vom nahenden Tod und dem Moment des Entschlafens, dem Martín sorglos entgegenblicken kann. Müde und vom erfolgreichen Kampf erschöpft, hat der *Miles Christianus* sein Schwert an einem nicht sichtbaren Ort abgelegt und ist dennoch bereit, den verbleibenden Dolch, der die Achse des Jakobuskreuzes auf seiner Brust fortsetzt, sofort zu ergreifen. Dieser dezente Hinweis auf die Kampfbereitschaft unterscheidet sich entschieden von anderen Liegefiguren scheinbar kampfbereiter Ritter, wie beispielsweise der drastischen Inszenierung derjenigen in Dorchester bei Oxford, die um 1240 geschaffen wurde.[48] Martín ist weder tot noch schlafend, aber auch nicht körperlich aktiv. Gemeinsam ist beiden das in Dorchester vermutlich zum ersten Mal verwendete nobilitierende Motiv der gekreuzten Beine, die den Verstorbenen als Kreuzritter auszeichnet, der wie ein Märtyrer im Kampf für seinen Glauben verstarb.

Durch die Schilderung einer kurzen Ruhephase während des Kampfeinsatzes, die Martín für die konzentrierte Lektüre des vermutlich theologischen Textes[49] nutzt, wird die Figur in einen Zwischenzustand versetzt, der dem transitiven Moment des Sterbens gleicht und bei dem das Körperliche gewissermaßen aufgehoben wird. Die manierierte Körperhaltung, die versucht, ruhiges Lagern und federnde Sprungbereitschaft zu verschmelzen, führt letztlich zu der Vorstellung, die Figur könne im nächsten Augenblick entschwunden sein. Diese oszillierenden Momente heben sich jedoch in dem Jakobuskreuz auf, das blutrot auf Martíns Brust aufleuchtet. Das kreuzförmig gestaltete rote Schwert auf weißem Grund, dessen Kreuzarme in Form einer Lilienblüte enden, ist nicht nur das Ordenszeichen und Auferstehung verheißende christliche Erlösungssym-

[47] Vgl. die an Santiago-Ritter gerichtete Ermahnung des Comendadors de Mohernando, Pero López de Baeza, bei Antonio SERRANO DE HARO, *Personalidad y destino de Jorge Manrique*, Madrid 1975², S. 193–94: «*Otrosi sabedes que menester es de caballeria lidiar por la fe de Jesucristo, donde nascen muy grandes bienes. El primero es, que los que mueren por servicio de Dios, van derechamente al paraíso.*»

[48] PANOFSKY 1964 (wie Anm. 42), S. 62–63, Abb. 219; Paul BINSKI, *Medieval Death. Ritual and Representation*, London 1996, S. 100–01, Abb. S. 101.

[49] Das große Buch ist weniger ein Hinweis auf besondere humanistische Gelehrsamkeit, denn auf Frömmigkeit, vermutlich handelt es sich um die hl. Schrift oder ein Buch theologischer Literatur, vgl. RÖLL 1998 (wie Anm. 6), S. 231, Anm. 29; dort Verweise auf spätmittelalterliche spanische und portugiesische Grabmonumente mit vergleichbarem Lesemotiv.

bol, sondern auch affirmativer Kampfruf der Santiago-Ritter: «*Rubet ensis sanguine arabum!*»[50]

So besehen ist Martín, dessen Herz unter dem Kreuz des Brustpanzers im Einsatz für das Kreuz Christi erkaltete, ein heiliger Märtyrer, indem er der im Gemälde über ihm dargestellten Passion Christi freiwillig folgte. Martín fehlt das Attribut des Schwertes, weil er selbst dessen Opfer wurde; der schwertförmige Kreuzstamm des Santiago-Kreuzes auf seiner Brust wurde im Gegenzug übertrieben verbreitert. Das rote Kreuz, für das er im Kampf gegen die Mauren starb, steht für den tödlichen Stoß des ungläubigen Feindes – es ist mit Martíns eigenem Blut benetzt und Symbol für das ewige Leben in der Nachfolge Christi und des Apostels Jakobus d.Ä.

Das vieldiskutierte *Gisant*-Motiv lässt sich möglicherweise von etruskischen Gräbern herleiten, wie beispielsweise des Magistrats Laris Pulena, aber sicher nicht von den etwas späteren Rovere-Grabmälern in S. Maria del Popolo in Rom (um 1505).[51] Vielmehr handelt es sich, wie von Panofsky und der spanischen Forschung hervorgehoben, um das Charakteristikum einer Gruppe zentralspanischer Grabmäler, zu dem auch das Grabmal des D. Íñigo López de Mendoza († 1479) in Guadalajara zählt. In jedem Fall aber wirkte die Gruppe der spanischen Grabmäler auf Italien zurück. Während seiner beiden Spanien-Aufenthalte im letzten Jahrzehnt des 15. Jahrhunderts (1491–93, 1496–1501) konnte Andrea Sansovino diese studieren.[52] Feinfühlig bezeichnete Panofsky den Typus als «*spanischen demi-gisant*», die zwischen «*statue acoudée*» und *gisant* steht. Keines jedoch kommt in seiner Vielschichtigkeit und theologischer Komplexität an das Grabmal Martíns heran.[53]

Zwar kann hier nicht geklärt werden kann, wer der Schöpfer des bedeutenden Grabmals ist, aber gewiss schuf der unbekannte Bildhauer nicht nur dieses Werk. Festzuhalten sind mehrere ungewöhnliche Koinzidenzen: Alle Grabmäler wurden für hochrangige

---

[50] «*Das Blut der Araber rötet das Schwert.*» In diesem Sinne stellte der Santiago-Bruder Bernabé de Chaves das Ordenszeichen mit abgekürztem Motto und den Wappensymbolen von Castilla y León als Vignette dem *Apuntamento Legal* dekorativ voran, vgl. CHAVES 1740 (wie Anm. 2). Mit dem Jakobuskreuz versehen war auch die Tracht der *Santiaguistas*, die bei feierlichen Anlässen einen weißen Mantel mit dem roten Jakobuskreuz auf der Brust und auf den Ärmeln trugen.

[51] Maja SPRENGER und Gilda BARTOLONI, *Die Etrusker. Kunst und Geschichte*, München 1990, Abb. 250–51, S. 155–56 («*Magistrat*»); Joachim POESCHKE, *Die Skulptur der Renaissance in Italien*, Bd. 2: *Michelangelo und seine Zeit*, München 1992, Kat. Nr. 111–15, S. 125–26 (Sansovino-Grabmäler); ORUETA 1919 (wie Anm. 22), S. 145–46 (Entstehung des «Doncel» vor den Sansovino-Grabmälern).

[52] Zur Problematik der Herkunft des *Gisant*-Motivs siehe v.a. PANOFSKY 1964 (wie Anm. 42), S. 90 und RÖLL 1998 (wie Anm. 6), S. 231, Anm. 29; zu Sansovinos Spanien-Aufenthalten s. Felipe PEREDA, «Andrea Sansovino en España. Algunos problemas», in: *Actas del XI Congreso del CEHA. El Mediterráneo y el arte español*, Valencia 1996, S. 97–103.

[53] Das Kompositionsschema führt de AZCÁRATE Y RISTORI 1974 (wie Anm. 32), S. 12, auf das von Egas Cueman gegen 1465 geschaffene erste Projekt des Grabes von D. Alonso de Velasco im Kloster von Guadalupe zurück.

Ritter des Orden de Santiago errichtet, die enge Kontakte mit dem spanischen Königshaus pflegten und untereinander fast ausnahmslos intensive, teils verwandtschaftliche Verbindungen hatten; alle Grabmäler entstanden an Orten in Kastilien, die entweder dem hl. Jakobus geweiht oder für den Santiago-Orden von Bedeutung waren. Die große stilistische Verwandtschaft der Grabmäler legt nahe, dass sie im Umkreis der Schule von Toledo oder vom Meister Sebastián, dem Schöpfer des Grabmals des D. Álvaro de Luna, geschaffen wurden.[54] Die vielfachen Verbindungen der de Arce zur Casa del Infantado führen ohnehin nach Toledo. Vermutlich wurde der oder wurden die zwei Meister – um mehr als zwei dürfte es sich nicht handeln – unter den mächtigen Exponenten des Santiago-Ordens weitergereicht.[55]

Das Grabmal des D. Martín Vázquez de Arce ist das repräsentativste und künstlerisch innovativste Beispiel nicht nur der hier vorgestellten Grabmalsgruppe, sondern der kastilischen Plastik am Übergang von der Gotik zur Renaissance überhaupt.[56] Aus dem nationalen Santiago-Orden erwuchs ein Denkmal, mit dem sich nicht nur Sigüenza als «Ciudad del Doncel» schmückt, sondern ganz Spanien identifiziert. Dies bezeugen die Dos-Pesetas-Briefmarke aus dem Jahre 1968 und nicht zuletzt die Gründung einer «Hermandad Doncel» im Jahre 1997.[57] Das skulpturale Monument ist somit an die Seite der Casa de las Conchas in Salamanca zu stellen, die ebenfalls um 1500 unter den Reyes Católicos im Auftrag eines Jakobusritters entstand und zu den Hauptwerken der Architektur dieser Zeit zählt. D. Rodrigo Arias Maldonado de Talavera, Ritter und Kanzler des Santiago-Ordens sowie Universitätsprofessor und Vogt in Salamanca, ließ das Haus, dessen Fassade mit über 400 Jakobusmuscheln geschmückt ist, für Zusammenkünfte des Ordens errichten.[58]

Die Zugehörigkeit zum Santiago-Orden forderte die namhaften Auftraggeber der behandelten sechs Monumente heraus, zum einen prominente Orte für ihre eigenen Grablegen oder diejenigen verstorbener Familienmitglieder zu finden und zum anderen besonders qualitätvolle Bildhauer zu gewinnen. Die anspruchsvollen Monumente befanden sich aus-

---

[54]   Vgl. bereits GÓMEZ-MORENO 1947/1948 (wie Anm. 29), Bd. 2, Nr. 435, S. 270, in Bezug auf die
        Grabmäler von D. Íñigo López de Mendoza und seiner Frau: «*Uno de los problemas más intrincados de la
        escultura castellana es el que plantea un grupo de sepulcros, con ejemplares en Toledo, Guadalajara,
        Ávila y Segovia, a más de algún otro suelto. Todos coninciden en su estilo flamenco; pero, por contraste
        con la frondosidad decorativa del arte de la época, se distinguen por su íntima sencillez, su sobria
        elegancia y una honda y melancólica espiritualidad. Hasta ahora sólo se había logrado agruparlos, sin
        que por parte alguna se rastrease su paternidad.*» Dort finden sich auch Hinweise auf weitere Beispiele
        dieser Gruppe kastilischer Grabmäler in Ciudad Real und Ávila, die hier nicht behandelt werden können.

[55]   Ebda., Nr. 436, S. 271.

[56]   Vgl. de AZCÁRATE Y RISTORI 1974 (wie Anm. 32), S. 8.

[57]   http://www.rumbos.net/doncel/.

[58]   Die Jakobsmuschel als konstitutives Ornament der Fassade findet sich in Form veritabler Muscheln in den
        schmiedeisernen Fenstergitter wieder.

nahmslos in Privatkapellen, die entweder dem hl. Jakobus d.Ä. geweiht waren oder vom Santiago-Orden genutzt wurden, und somit nicht nur Ausweis ihres Adels, sondern auch der ritterlichen *virtus* der Verstorbenen waren. Die unbekannt gebliebenen Künstler sorgten mit phantasievollen, künstlerischen Neuerungen für eine weitere Nobilitierung der Darge-stellten: So führen die lebensgroßen Figuren neben den traditionellen Ritterattributen stets ein großes Santiago-Kreuz auf dem Brustpanzer ihrer Rüstungen oder, im Falle Martíns, auf dem Gewand. Darüber hinaus tragen alle Grabmäler entweder Inschriften, die auf den San-tiago-Orden verweisen, oder wurden auf spielerische Weise mit Jakobusmuscheln oder Figurinen von Santiago-Rittern versehen.

Die Monumente, bei denen es sich streng genommen um adlige *und* halbklerikale Grab-legen handelt, stehen in Bezug auf ihre Form und Funktion dynastischen Grabmonumenten nahe. Mit ihnen erreicht die Grabmalskunst in Kastilien eine ihrer höchsten Blüten. Der dem spanischen Nationalpatron gewidmete Orden hatte eine starke Gruppen bildende und Identität stiftende Funktion, wie die nachdrückliche und in den meisten Fällen postume Inszenierung der Ritterfiguren als besonders mächtige Vertreter des Santiago-Ordens oder als tugendhafte Jakobusritter beweisen. Die scheinbar zufällig in die Monumente integrierten Anspielungen auf den prestigereichen Nationalorden sind sichtbare Nachweise von Status und *virtus* der Verstorbenen, ihre Grabmäler steinerne Garanten für ewigen Ruhm.

RESUMEN ESPAÑOL

«Muerto por los moros enemygos... » Esculturas funerarias de caballeros españoles de la Orden de Santiago en Castilla

Esta contribución presenta un grupo de cinco monumentos funerarios de Caballeros de la orden de Santiago, y se interroga sobre la manera en que tanto su forma como su función se encuentran determinadas por su pertenencia a la poderosa *Orden militar de los Caballeros de Santiago del Espada,* fundada en 1161. Dos de estos monumentos proceden de la iglesia de S. Pedro de Ocaña, la cual fue destruída en 1907: la tumba de D. Rodrigo de Cárdenas († 1450) y D.ª Teresa de Chacón (Nueva York, Hispanic Society of America) y la tumba de D. García de Osorio († 1502) y D.ª María de Perea († 1499) (London, Victoria & Albert Museum). Los restantes sepulcros se encuentran todavía *in situ*: la tumba de D. Álvaro de Luna († 1453) y D.ª Juana Pimentel († 1458) en Toledo (Catedral, Capilla de Santiago) y la de D. Fernando († 1504) y D.ª Catalina († 1505) en Sigüenza (Catedral, Capilla de S. Juan y Sta. Catalina). Esta última, que es al igual que los tres primeros ejemplos una tumba aislada doble, se encuentra flanqueada por la tumba mural de su legendario hijo D. Martín Vázquez de Arce († 1486). Éste, conocido desde el siglo XIX como «el Doncel», murió en la Vega de Granada luchando contra el ejército musulmán con tan sólo veinticinco años, y es sin duda uno de los monumentos sepulcrales más bellos y famosos de España.

Además de la importancia propia de las personalidades y de su calidad artística, estos ejemplos seleccionados constituyen un grupo con una destacable unidad: todos ellos fueron realizados en Castilla, en mármol o alabastro, aproximadamente entre los años 1490 y 1510, en el tránsito entre el Gótico y el Renacimiento. En la mayoría de los casos fueron sus familiares directos los responsables de fijar esta *memoria* pétrea : en Ocaña y en Toledo cuatro décadas después de su muerte. A pesar de su altísima calidad los nombres de los artistas son desconocidos, excepción hecha de la tumba toledana de los Luna, la cual fue contratada al maestro Sebastián de Torrijos de Guadalajara. Todas las tumbas fueron creadas como capillas familiares o iglesias que estaban dedicadas a Santiago el Mayor, o que servían a la Orden militar de Santiago, vinculándose artísticamente a esta poderosa institución y a su patrono: todos y cada uno de estos caballeros de Santiago están representados de cuerpo entero, vestido de armadura, con la cruz de Santiago esculpida en relieve sobre su pecho; las cruces de Santiago decoran las figuras que custodian la tumba de D. Álvaro de Luna, también una pequeña figura de Santiago se encuentra sobre la cabeza del Doncel, empotrada en el nicho, y conchas de Santiago decoran en caprichosa forma de baldaquino, como los atributos de animados ángeles, la tumba de D. García en Ocaña.

En torno a 1500 se constata un notable incremento en la producción general de monumentos funerarios, y más específicamente en la de caballeros. Este grupo de monumentos de la Orden de Santiago demuestra ejemplarmente la existencia de un cambio paradigmático en la escultura funeraria entre la Edad Media y la Edad Moderna. Al igual que en el resto de Europa los monumentos póstumos no sólo tenían la función de asegurar la gloria de los miembros desaparecidos de la aristocracia, sino la de alimentar el orgullo estamental de las nuevas generaciones, sirviendo así de exhortación ante su ojos. Ello se muestra de manera ejemplar en el Doncel quien se presenta así vivo como absorto en su lectura ante el espectador: las inscripciones, encargadas respectivamente por su padre y su hermano, no sólo glorifican la memoria de la persona fallecida, sino que también glorifican a sus familias, a la Orden de Santiago y los triunfos de la reconquista. Las circunstancias históricas, la innovadora tipología de tumba mural y su altísima calidad artística hacen del Doncel un monumento nacional con el que se ha identificado a España hasta nuestros días.

La pertenencia de los virtuosos caballeros de Santiago a una de las más altas y conocidas órdenes militares españolas, revestidos de su condición de servidores del más alto servicio laico, sería utilizado por medio de la representación funeraria individualizada como una enérgica prueba de la *virtus* y alta nobleza de los fallecidos. En este sentido, estos monumentos –en sentido estricto monumentos funerarios aristocráticos semi-clericales– se presentan formal y funcionalmente próximos a los monumentos funerarios dinásticos.

EL SEPULCRO GÓTICO DEL CANCILLER DE NAVARRA FRANCISCO DE VILLAESPESA EN LA CATEDRAL DE TUDELA

Marisa Melero Moneo

La antigua colegiata y actual catedral de Sta. María de Tudela (Navarra) es un interesante edificio iniciado en el último cuarto del siglo XII y acabado a lo largo de los siglos siguientes.[1] En una de las capillas de la cabecera de esta iglesia se conserva un sepulcro del siglo XV encargado por el canciller del rey de Navarra, Francisco de Villaespesa. Esta tumba monumental fue realizada tanto para el canciller como para su esposa Isabel de Ujué, localizándose en el muro norte de la capilla de S. Gil de la antigua colegiata de Tudela.[2] La capilla de S. Gil está situada en el extremo sur del transepto y fue convertida por el canciller Villaespesa en su capilla funeraria. Por ello, el patronazgo de este personaje no sólo afectó al sepulcro, sino que también encargó un espléndido retablo, pintado por Bonanat Zaortiga a principios del siglo XV, además de una reja forjada que cierra este espacio con claro sentido funerario.[3]

---

[1] Sobre este edificio y su escultura monumental del románico tardío y primer gótico, véase M. MELERO, *Escultura románica y del primer gótico de Tudela*, Tudela, Centro Cultural Castel Ruiz, 1997, y M. MELERO, *La catedral de Tudela en la Edad Media*, en prensa.

[2] Hay también un sepulcro monumental en la antigua capilla de S. Juan Evangelista (posteriormente de S. Lorenzo), encargado por el que fue deán de Tudela y posteriormente obispo de Pamplona Sancho Sánchez de Oteiza. En el suelo de la misma capilla se conserva un sepulcro mucho menos monumental, ya que tan sólo posee una lápida. Este sepulcro perteneció, según Castro, al clérigo Richard Alexandre, que fue contemporáneo de Sancho Sánchez de Oteiza y del canciller Villaespesa y colaboró con ellos en las cortes de Carlos II y Carlos III, además de ser chantre de Sta. María de Tudela. Sobre los datos de este último personaje puede verse J. R. CASTRO, «El Canciller Villaespesa (Bosquejo biográfico)», en: *Príncipe de Viana*, 10, 1949, pp. 129–226, y para esta noticia p. 129. Para el sepulcro del deán Sancho Sánchez de Oteiza, véase M. MELERO, *La catedral de Tudela en la Edad Media*, en prensa.

[3] Sobre el retablo encargado por el canciller para esta capilla funeraria véase M. MELERO, «Bonanat Zaortiga : aproximación al estudio del Retablo de Nuestra Señora de la Esperanza de Tudela (Navarra)»,

Este sepulcro posee tipología doble, con la cama sepulcral cubierta por un profundo arco-solio, en cuyo frente superior se realizó una compleja arquería conopial, flanqueada por los escudos de los difuntos (fig. 1). En la cara vertical o frente del sarcófago se realizaron ocho plorantes bajo pequeños arcos también conopiales, mientras que sobre la amplia cama sepulcral yacen las figuras de los dos esposos. Además, dentro del arco-solio, en el muro situado sobre el sarcófago se representaron tres frisos de relieves escultóricos en el muro del frente y dos en los laterales.

Fig. 1: Sepulcro del canciller Francisco de Villaespesa y de Isabel de Ujué, Capilla exterior del transepto sur, Catedral de Sta. María (antigua colegiata), Tudela (Navarra)

en: *El arte aragonés y sus relaciones con el hispánico e internacional*, Huesca, Diputación de Huesca, 1985, pp. 155–70.

Las referencias documentales a este sepulcro pueden encontrarse primero en el testamento de Isabel de Ujué, fechado el 1 de octubre de 1418 en Olite, es decir, poco antes de morir el 23 de noviembre de ese mismo año. En este testamento se indica que doña Isabel debía ser enterrada junto a su marido en la capilla de S. Gil de Sta. María de Tudela y se hace referencia a otro documento redactado el mismo día, en el que el matrimonio hacía donaciones a la citada capilla. En el mismo texto se indica que dicha sepultura se acababa de encargar :

> « *...que mi cuerpo sea lebado ala dicha ciudad de tudela et sea soterrado bien et onorablement enla dicha capilla de sant gil enla sepultura por el dicho mi senor chanciller et marido et jus ordenada...* ».[4]

En cuanto al testamento del propio canciller, fue realizado en 1421 y en él también se hacía referencia al sepulcro :

> « *... que mi cuerpo sea leuado a la ciudad de Tudela et sea soterrado en la iglesia de Santa Maria, en la capiella que se clama o se intitula de Sant Gil, cerca la grant puerta de la dicta yglesia, la quoal los sennores dehan et capitol franquament me otorgaron segunt que parece por publico instrumento et por auctoridat apostolical confirmado...* ».[5]

Además, en el mismo sepulcro se inscribieron sendos epitafios en los que se da la fecha de la muerte de los esposos : noviembre de 1418 para doña Isabel y enero de 1421 para el canciller.[6]

Desde el punto de vista formal, el sepulcro de Tudela presenta elementos estilísticos nórdicos, pero no tan directamente relacionados con la escultura de las tumbas de Dijon como lo están los plorantes del sepulcro real en Pamplona. Los plegados son amplios y quebrados en unos casos y más lineales en otros, mientras que las figuras presentan una expresividad menor que la que encontramos tanto en la tumba de Pamplona como en las de Dijon. Pero, no obstante, en algunas de las figuras de Tudela vemos un cierto sentido de dolor que intenta aproximarse a dicha expresividad. Por ejemplo, en los plorantes del

---

[4]   Para el testamento de Isabel de Ujué redactado en Olite por el notario Johan Pasquier, véase Archivo de la Catedral de Tudela, *Libro viejo y nuevo*, fol. 34v–35v y S. JANKE, *Jehan Lome y la escultura gótica posterior en Navarra*. Pamplona, Príncipe de Viana, 1977, p. 138 y Apéndice 1418, 27.

[5]   Archivo General de Navarra, Comptos, Caj. 119, n° 17. Este testamento fue publicado parcialmente por J. YANGÜAS Y MIRANDA, *Diccionario de Antigüedades del Reino de Navarra*, Pamplona, Imprenta de José Imaz y Gadea, 1840, tomo 3, p. 430, y el texto completo por J. R. CASTRO, «El Canciller Villaespesa …», op. cit. (n. 2), pp. 211–23.

[6]   Para la transcripción completa de los epitafios puede verse J. R. CASTRO, «El Canciller Villaespesa...» op. cit. (n. 2), pp. 200 y 202–04, quien corrobora la muerte del canciller en 1421 mediante la alusión a un albarán de Teruel en el que se indicaba explícitamente que murió el 21 de enero de 1421, así como a través de la confirmación de su testamento en Olite el mismo año 1421. Por su parte, S. JANKE, *Jehan Lome...*, op. cit. (n. 4), pp. 137–38, recogía las hipótesis de Castro y las transcripciones anteriores del epitafio.

frente del sarcófago (fig. 2) o en la imagen de la Virgen situada en el friso intermedio o segundo, junto a las *Arma Christi* (fig. 3). En definitiva, la escultura de Tudela sigue la fórmula estilística nórdica, pero no parece que fuese realizada por un escultor que hubiese creado dicha fórmula, sino por un escultor que la copió.

Fig. 2: Detalle de plorantes y yacentes

Fig. 3: Detalle del muro fondo : Oficio de difuntos (primer registro),
Arma Christi (segundo registro) y Trinidad con ángeles (tercer registro)

Sobre la filiación del taller que realizó este sepulcro creo que es evidente la relación de la escultura de los frisos situados sobre el sarcófago respecto a ciertas figuras del retablo de la capilla de los Corporales de Daroca. Concretamente, respecto a las figuras de santos de la llamada predela de dicho retablo, tal y como puede comprobarse en la figura masculina del extremo derecho de ella (según el espectador).[7] El tipo de plegados, de rostro y de tonsura del cabello de la citada figura de Daroca son muy parecidos a los de la mayoría de los clérigos que se representan en el primer registro del sepulcro de Tudela, pero especialmente a algunos de ellos. Por ejemplo, la similitud es evidente respecto a los clérigos localizados bajo el arco del extremo izquierdo (según el espectador) del muro central del primer registro (fig. 4 y lám. X), donde aparecen un clérigo mitrado y tres clérigos tonsurados con libros abiertos o cerrados. En el caso de las figuras femeninas del retablo de Daroca las similitudes son menos evidentes respecto al sepulcro tudelano, pero también se aprecian, por ejemplo en la forma de modelar los plegados de las telas, en la forma de caer los pliegues en la zona de los pies, además de en ciertas coincidencias de los rostros.[8] Sin embargo, algunas de las figuras de Daroca, como la imagen de la Virgen y las dos santas que la flanquean, son de mejor calidad que las de Tudela y están más cerca de la escultura de Dijon que las figuras del sepulcro de los Villaespesa. Es decir, parece que alguno de los escultores del taller que trabajó en Tudela había trabajado en Daroca, formando parte del taller del escultor nórdico que se hizo cargo del llamado retablo-relicario de la capilla de los Corporales de la colegiata de dicha ciudad, pero no puede confundirse con el maestro de tal retablo.[9]

---

[7] Sobre la capilla de los Corporales de Daroca véase P. QUARRÉ, «Le retable de la Capilla de los Corporales de la Collegiale de Daroca et le sculpteur Jean de la Huerta», en: *Actas del XXIII Congreso Internacional de Historia del Arte. España entre el Mediterráneo y el Atlántico*, Granada 1973, Granada, Universidad de Granada–Departamento de Historia del Arte, 1976, pp. 455–64, y F. MAÑAS BALLESTÍN, *Capilla de los Corporales. Iglesia Colegial de Santa María de Daroca*, Daroca, Ayuntamiento de Daroca, 1999, pp. 4–21. Además, sobre los relieves de fines del siglo XV realizados en los muros laterales de la misma capilla puede verse S. JANKE, «Juan de Talavera y la Capilla de los Corporales de Daroca (Zaragoza)», en: *Archivo Español de Arte* 235, 1986, pp. 320–24.

[8] Siento no poder añadir a este artículo una buena imagen de la figura masculina citada del retablo de Daroca, a causa de las dificultades para hacer fotos impuestas por los responsables de esta iglesia. No obstante, puede verse en: E. BERTAUX, «Le mausolée de Charles Le Noble à Pampelune et l'art franco–flamand en Navarre», en: *Gazette des Beaux-Arts* 103 nº 2, 1908, pp. 89–112, fig. 1 y 3, pp. 456 y 457. Respecto a dichas imágenes, téngase en cuenta que la fotografía que presenta el detalle de la fig. 3 está invertida, por lo que la figura masculina aparece a la izquierda del espectador cuando en realidad está a la derecha. Esto puede comprobarse tanto en la realidad, como en la fig. 1 del mismo BERTAUX (ibid.), que está colocada correctamente.

[9] Sobre este sepulcro véase J. YANGÜAS Y MIRANDA, *Adiciones al diccionario de Antigüedades del Reino de Navarra*, Pamplona 1943, p. 375; CÉNAC-MONCAUT, *Voyage archéologique et historique dans l'ancien royaume de Navarra*, Tarbes / París 1857, pp. 50–51; P. MADRAZO, *España. Sus monumentos y artes, su naturaleza e historia. Navarra y Logroño*, Barcelona 1886, tomo 3, pp. 381–84; E. BERTAUX, «Le mausolée...», op. cit. (n. 8), pp. 107–09, quien lo relacionó con el sepulcro de Carlos III en la catedral de Pamplona, aunque indicando que en el caso del sepulcro de Tudela, en la escultura del friso, más que el gusto flamenco se adivinaba un gusto español; M. SAINZ Y PÉREZ DE LABORDA, *Apun-*

Fig. 4: Detalle del muro fondo

tes tudelanos, Tudela 1913–14, vol. 1, pp. 488–94; J. ALTADILL, «El arte sepulcral en Navarra, mausoleo del canciller Villaespesa en Tudela», en: *Boletín de la Comisión de Monumentos Históricos y Artísticos de Navarra*, 17, 1926, pp. 23–43; J. URANGA, «El sepulcro de Mosén Francés», en: *Príncipe de Viana*, 10, 1949, pp. 227–40, que hace una descripción del sepulcro y sigue la hipótesis de Bertaux sobre su dependencia respecto al sepulcro de Carlos III y otros sepulcros de la misma catedral de Pamplona, como el del obispo Sancho Sánchez de Oteiza y el de los Garro, todos los cuales derivarían según su opinión del modelo nórdico importado por Jehan Lome a Navarra; S. JANKE, *Jehan Lome…*, op. cit. (n. 4), pp. 132–51, indicaba que la escultura de este sepulcro posee diferencias con la realizada por Lome en el sepulcro de los reyes de Navarra, pero que había similitudes entre los plorantes del frente del sepulcro y el estilo de Sluter, por un lado, y entre los relieves altos de este sepulcro y los relieves más tempranos de la capilla de los Corporales de la colegiata de Daroca, que databa en el primer cuarto o principios del segundo del siglo XV, por otro. Dicho autor comentaba que, dado que la capilla de los Corporales no estaba suficientemente documentada, no podía asegurarse si el escultor de esta escultura aragonesa influyó en el sepulcro tudelano o al revés. En las publicaciones posteriores se han seguido en mayor o menor medida alguna de las hipótesis indicadas, así, C. GARCÍA GAINZA, *Catálogo Monumental de Navarra. I. Merindad de Tudela*, Pamplona, Príncipe de Viana, 1980, p. 260, daba una descripción del sepulcro, rechazaba su realización por parte del taller real y suponía que el sepulcro de los Villaespesa presenta características más avanzadas desde el punto de vista del estilo que el sepulcro real, indicando, sin decantarse por ninguna de las hipótesis, que la crítica más reciente apuntaba como origen de la escultura de este sepulcro tudelano hacia Juan de la Huerta o hacia Guillem Sagrera. Por otro lado, aludía como precedente más directo del sepulcro de Tudela a la tumba de Lope Fernández de Luna realizado en la Seo de Zaragoza por Pedro Moragas a fines del siglo XIV. Por su parte, J. YARZA, «La capilla funeraria hispana en torno a 1400», en: *La idea y el sentimiento de la muerte en el arte de la Edad Media*, Santiago de Compostela, Universidad, 1988, pp. 67–91, concretamente p. 80, nota 34, aceptaba la hipótesis de Janke al hablar de un escultor aragonés que pudo estar relacionado con alguno de los escultores de la capilla de los Corporales de la colegiata de Daroca (Zaragoza), entre los que citaba a Juan de la Huerta.

En cuanto a la escultura de Daroca, algunos autores supusieron que pudo haber sido realizada por Juan de la Huerta, natural de Daroca, en la segunda mitad del siglo XV. En cambio, otros han indicado que Juan de la Huerta sólo sería uno de los ayudantes del escultor nórdico encargado de realizar la escultura de esta capilla en el primer cuarto del siglo XV y que este aprendizaje le valió posteriormente ser llamado a Borgoña para realizar en Dijon la tumba de Juan sin Miedo, sucediendo así a los grandes escultores que habían trabajado en el mismo lugar : Claus Sluter y Claus de Werve.[10] Dado que no se ha admitido el protagonismo de Juan de la Huerta, se ha intentado identificar al escultor nórdico que se hizo cargo inicialmente de esta capilla y a cuyas órdenes supuestamente pudo trabajar el joven Juan de la Huerta. Como en la documentación de la ciudad aparece un maestro llamado Issambart, que vivía en Daroca en 1417 y al cual ese año se le encarga también un retablo para La Seo de Zaragoza, se ha identificado a este personaje como el escultor nórdico encargado de realizar el retablo de la capilla de los Corporales.[11] Además, debido a las conexiones admitidas entre la escultura de esta capilla y la escultura de Claus de Werve en Dijon, se ha supuesto que este maestro Issambart pudo

---

[10] El supuesto trabajo de Juan de la Huerta en Daroca se había fechado en la segunda mitad del siglo XV, por tanto después de la estancia del escultor en Borgoña, en función de un escudo de la parte alta del denominado retablo-jubé identificado como de Juan II de Aragón. Pero, posteriormente se ha visto que la fecha de la primera parte de este retablo pudo ser bastante anterior, quizá del primer cuarto del siglo XV, lo cual se corroboraba gracias a la identificación del citado escudo como de la reina María de Castilla, esposa de Alfonso V el Magnánimo. Sobre ello véase M. BALLESTÍN, *Capilla de los Corporales...*, op. cit. (n. 7) pp. 18–19, quien también recoge los resultados de la reciente restauración de la escultura, que ha desvelado que fue pintada en el siglo XVI, momento en que se completaron ciertas partes de la zona alta del retablo-jubé. En contra del trabajo de Juan de la Huerta en Daroca, véase P. QUARRÉ, «Le retable ...», op. cit. (n. 7), p. 458. Este autor indicaba que los únicos datos documentales de Juan de la Huerta son de Borgoña, lugar donde se le encarga el sepulcro de Juan sin Miedo poco antes de mitades del siglo XV. Según dichos datos todavía estaba en Francia en 1462, momento en que según la documentación era pobre y estaba enfermo, lo que inclina a suponer al citado autor que quizá no volvió a su país de origen a trabajar en una obra tan importante como el retablo de Daroca. En fin, Quarré indicaba que no podemos atribuir a este autor la escultura de la capilla de los Corporales, ni suponiendo que la realizó después de su estancia en Borgoña, lo cual implicaría una fecha demasiado tardía para la capilla, ni antes de su viaje a Borgoña, momento en que todavía no habría alcanzado su perfección en el estilo nórdico y no serían justificables las conexiones directas de una parte de la Capilla de los Corporales con Dijon. No obstante, este autor si admitía que Juan de la Huerta hubiese podido trabajar como ayudante del escultor nórdico encargado de realizar la escultura de la capilla en sus inicios.

[11] Para la identificación de Issambart como maestro de este retablo se tuvo en cuenta, una vez admitida la cronología temprana del retablo, no sólo su presencia en Daroca en 1417, momento en que fue llamado a Zaragoza para dictaminar sobre el estado del cimborrio de La Seo, sino también el dato indicado de que el mismo año se le encargó un retablo de piedra, desgraciadamente no conservado, para la capilla de S. Agustín de La Seo de Zaragoza. Sobre dichas noticias documentales véase F. MARTÍNEZ, J. L CORRAL y J. J. BOSQUE, *Guía de Daroca*, Zaragoza 1987, pp. 42–54 y M. BALLESTÍN, *Capilla de los Corporales...*, op. cit. (n. 7) pp. 18–19.

formar parte del taller de Claus de Werve en Dijon antes de hacerse cargo del retablo de Daroca.[12]

Volviendo al sepulcro de los Villaespesa en Tudela, no creo que haya diferencia de manos entre el frente del sarcófago, los yacentes y los relieves del arco-solio, ya que en mayor o menor medida toda la escultura de este monumento funerario refleja distintos aspectos de la escultura más temprana del retablo-relicario de la capilla de los Corporales de Daroca. Pero, si es cierto que en función de la mayor o menor calidad de los diferentes artífices del taller responsable del sepulcro de Tudela, las distintas figuras de este sepulcro presentan una relación mayor o menor con las figuras de Daroca y en general con el modelo de Dijon.[13] Desde luego, no es una obra realizada por un solo escultor, sino por un taller en el que debían trabajar varios artífices. No obstante, quizá la figura yacente de doña Isabel se realizó antes que el resto del sepulcro, ya que murió unos cuantos años antes que su marido y su efigie es una de las figuras de este sepulcro más cercana a otras obras funerarias de Navarra, como la figura femenina del sepulcro de los Garro en el claustro de la catedral de Pamplona y otras similares. En este sentido, una de las posibilidades es que el taller de Tudela pudo realizar en un primer momento las efigies de los difuntos, quizá primero la de doña Isabel.

En cuanto a la iconografía, la cama sepulcral presenta las figuras yacentes de los dos difuntos, que reposan sus cabezas sobre sendos cojines y están cubiertas por doseletes, del mismo modo que ocurre en el sepulcro real de la catedral de Pamplona. A sus pies se encuentra un león en el caso del canciller y un lebrel en el de su esposa. El sarcófago se completa con los ocho plorantes representados en su frente debajo de arquillos conopiales, todos los cuales son figuras masculinas cuyas cabezas y parte de los rostros están cubiertos por capuchas, de acuerdo a una tipología habitual en la época y que en último extremo recuerda a los plorantes de la tumba de Felipe el Atrevido de Dijon.

La temática más interesante es la realizada en los relieves escultóricos adosados al muro del interior del arco-solio. El friso inferior representa distintos momentos del oficio de difuntos, probablemente del rito funerario realizado a la muerte del propio canciller, mostrando algunos de los clérigos que debieron participar en los funerales (figs. 4, 5 y 6 y lám. X).[14] Parece que lo representado en este primer nivel no es la misa

[12]   S. JANKE, *Jehan Lome*, op. cit. (n. 4), p. 134 y nota 11, aunque no hablaba de Issambart, si indicaba que una fecha temprana para la capilla de Daroca suponía la posibilidad de que Juan de la Huerta hubiese aprendido en ella su oficio, siendo, como era, natural de dicho lugar.

[13]   Janke defendía esta diferencia de manos con tres fórmulas estéticas diferentes, mientras que Yarza decía que no existía tal diferencia formal. Sobre ambas hipótesis puede verse S. JANKE, *Jehan Lome...*, op. cit. (n. 4), p. 149, y J. YARZA, «La capilla...», op. cit. (n. 9), p. 80, n. 33.

[14]   Sobre los ritos funerarios, véase M. MEISS, «La mort et l'Office des Morts à l'époque du Maître de Boucicaut et des Limbourg», en: *Revue de l'Art*, 1–2, 1968, pp. 17–25; A. van GENNEP, *Les rites de passage*, París, E. Nourry, 1909; B. K. HARRAH y D. F. HARRAH, *Funeral Service: A Bibliography*,

de réquiem, sino el oficio de difuntos previo a dicha misa, que presenta gran pompa y en el que participan distintos eclesiásticos, entre los que destacan un obispo que lee los libros litúrgicos y parece dirigir el oficio. Además, hay otros clérigos entre los que posiblemente puede identificarse al deán mitrado de Tudela, que sin lugar a dudas tendría un importante papel en el ritual funerario del canciller, a diversos canónigos de la misma colegiata y quizá a un grupo de franciscanos, ya que S. Francisco fue patrón y uno de los santos más destacados en las devociones de Francisco de Villaespesa, al cual le dedicó la iconografía de una parte del retablo de su capilla funeraria.[15] La representación del ritual funerario fue tan habitual que no es necesario buscar paralelos iconográficos, pero si se quiere dar algún ejemplo bastaría con citar el sepulcro de Carlos III en la catedral de Pamplona, que presenta este tema, aunque de forma claramente diferente, o el sepulcro del obispo Sancho Sánchez de Oteiza en la catedral de Pamplona. Del mismo modo, tal y como indicaba Meiss, hubo numerosas representaciones de este oficio en los manuscritos iluminados.[16]

En el friso segundo o intermedio, el lado lateral izquierdo (según el espectador) presenta la celebración de una misa, con un clérigo ante el altar en el momento de la consagración (elevando el cáliz, cuya parte superior ha desaparecido) y detrás de él tres acólitos que participan del rito. Uno de ellos agarra la capa del celebrante y agita el incensario, mientras que sobre el altar hay un pequeño crucifijo, además de los paños rituales (fig. 5). Este friso continúa en el muro del fondo del arco-solio con la representación de numerosas *Arma Christi*, flanqueadas por la Virgen y S. Juan Evangelista y centradas por una figura de Cristo como Varón de los Dolores, representado de medio cuerpo saliendo del sepulcro y mostrando las cinco llagas (fig. 3). Por citar sólo algunos de los instrumentos de la pasión propios de este tema iconográfico y que aparecen en este sepulcro aludiré, además de a la figura de Cristo con las cinco llagas, a la escalera, al paño con la Santa Faz, al gallo relacionado con la negación de S. Pedro, a la columna, cabezas de verdugos, manos... etc.

Metuchen, N. J., Scarecrow Press, 1976; M. J. GÓMEZ BÁRCENA, «La liturgia de los funerales y su repercusión en la Escultura gótica Funeraria en Castilla», en: *La idea y el sentimiento de la muerte en la historia y en el arte de la Edad Media*, coord. por M. NÚÑEZ y E. PORTELA, Santiago de Compostela, Universidad, 1988, pp. 31–50; y P. BINSKI, *Medieval Death: Ritual and Representation*, Londres, British Museum, 1996, pp. 29–69.

[15] Sobre la iconografía del retablo, véase M. MELERO, «Bonanat...», op. cit. (n. 3), pp. 155–70.

[16] Pueden verse distintos ejemplos en la miniatura de los siglos XIV y XV en M. MEISS, «La mort et l'Office des Morts...», op. cit. (n. 14), pp. 17–20. Del mismo modo, pueden encontrarse diferentes ejemplos de escultura funeraria, con un sentido muy realista en cuanto a las ceremonias representadas y por ello diferentes al sepulcro de Tudela, en el estudio de M. J. GÓMEZ BARCENA, «La liturgia de los funerales...», op. cit. (n. 14), pp. 31–50.

Fig. 5: Detalle del muro lateral izquierdo del espectador : Oficio de Difuntos (primer registro) y Misa ante las *Arma Christi* (segundo registro)

Se trata de una tipología iconográfica que tiene numerosos paralelos a fines del siglo XIV y especialmente a lo largo del siglo XV.[17] Entre éstos pueden indicarse sólo a título de ejemplo las *Arma Christi* representadas en un manuscrito inglés del siglo XIV (London, B. L., Royal Ms. 6.E.VI, fol. 15) que presenta este tema a toda página; en el Bohun Psalter, realizado h. 1380 (Oxford, Bodleian Library, Ms. Auct. D4.4, fol. 236v); en una pintura de Lorenzo de Mónaco, fechada h. 1404, donde, como en otros casos, los instrumentos de la pasión están flanqueados por la Virgen y S. Juan Evangelista; en una miniatura de 1420 conservada en la Biblioteca Nacional en Viena; o en una pintura mural de la iglesia parroquial de Pogorzela, realizada en la segunda mitad del siglo XV.[18]

---

[17]   Sobre las *Arma Christi* véase E. MÂLE, *L'Art religieux de la fin du Moyen Âge en France*. París 1908, pp. 102–07; R. BERLINER, «Arma Christi», en: *Münchner Jahrbuch der Bildenden Kunst*, 6, 1955, pp. 35–152; Ch. CARTER, «The 'Arma Christi' in Scotland», en: *Proceedings of the Society of Antiquaries of Scotland*, 90, 1956–57, pp. 116–29; G. SCHILLER, *Iconography of Christian Art. 2: The Passion of Jesus Christ*, Traducción de J. Seligman, Londres, Lund Humphries Publishers, 1972, pp. 184–97 y 207–11; J. J. M. TIMMER, «Arma Christi», en: *Lexikon der Christlichen Ikonographie*, edit. por Engelbert KIRSCHBAUM, Roma, Herder, 1968, vol. 1, col. 183–87; y R. SUCKALE, «Arma Christi», en: *Städel Jahrbuch*, NF. 6, 1977, pp. 177–208.

[18]   Para la primera obra citada véase C. BERTELLI, «The Image of Pity in Santa Croce in Gerusalemme», en: *Essays in the History of Art presented to Rudolf Wittkower*, London, Phaidon Press, 1967, pp. 40–55, fig. 17, y para el psalterio de Oxford P. BINSKI, *Medieval Death...*, op. cit. (n. 14), pl. VI. Los dos ejemplos

Fig. 6: Detalle del muro lateral derecho del espectador : Oficio Difuntos (primer registro) y canciller Villaespesa con su mujer y familia asistiendo a la Misa ante las *Arma Christi* (segundo registro)

Este friso se completa en el lateral derecho del arcosolio de Tudela con una serie de personajes nobles que miran hacia las *Arma Christi* y siguen la misa celebrada al otro lado de éstas (fig. 6). Se trata del canciller Villaespesa y su mujer, ataviados con ropajes y tocados similares a los que llevan sus figuras yacentes y acompañados por su familia. Delante del canciller hay un pequeño atril sobre el que se aprecia un libro abierto que quizá puede identificarse como un misal en el que el canciller sigue el ritual concreto correspondiente a la misa de la que está participando, que puede relacionarse con la Misa de las *Arma Christi* o las *Cinco Llagas*.

No obstante, todo este friso ha sido identificado tradicionalmente como una Misa de S. Gregorio a la que asisten los propios difuntos junto a su familia.[19] En mi opinión,

siguientes están ilustrados en E. Panofsky, «Imago Pietatis», en: *Festschrift M. Friedländer*, Leipzig 1927, figs. 9 y 35. En cuanto al tercero puede encontrarse una ilustración en T. Dobrzeniecki, «'Imago Pietatis': Its Meaning and Function», en: *Bulletin du Musée Nacional de Varsovia*, n° 12/1–2, 1971, fig. 16.

[19] La identificación del segundo friso como una representación de la Misa de S. Gregorio a la que asistían el matrimonio Villaespesa y sus hijos ya fue propuesta en 1908 por Bertaux. Sobre ello véase E. BERTAUX, «Le mausolée...», op. cit. (n. 8), p. 108. Esta hipótesis ha sido seguida por la mayoría de los autores posteriores que han escrito sobre este sepulcro. Pueden consultarse al respecto J. URANGA, «El sepulcro...», op. cit. (n. 9), p. 234; C. GARCÍA GAINZA, *Catálogo Tudela*, op. cit. (n. 9), pp. 260–61; o J. YARZA, «La capilla...», op. cit. (n. 9), p. 86. Por su parte, S. JANKE, *Jehan Lome...*, op. cit. (n. 4), p. 138, identifi-

más que la Misa de S. Gregorio, lo que aquí se representa es la misa ante las _Arma Christi_, como consecuencia de la devoción creciente hacia estos objetos relacionados con la pasión de Cristo. Tal devoción fue motivada por ser consideradas como reliquias y, aunque se había iniciado antes, se desarrolló especialmente a partir de la segunda mitad del siglo XIV y a lo largo del XV, en función de las indulgencias que se concedieron a quienes oraran o siguieran una misa delante de ellas.[20] En este sentido, hay algunos ejemplos de este tema iconográfico que merecen mención especial, puesto que la imagen de las _Arma Christi_ está acompañada por una inscripción en la que se hace referencia a las indulgencias concedidas, como ocurre en un relieve pétreo de Fritzlar o en una pintura de Colonia realizada en el primer cuarto del siglo XV.[21] La devoción a estas reliquias además de ser potenciada desde el papado, también dependió del desarrollo del culto eucarístico y de la nueva mentalidad frente a la pasión de Cristo que se extendió por occidente a fines de la Edad Media. De algún modo, ésta era heredera de la mentalidad franciscana, que ya desde el siglo XIII había insistido sobre la meditación en relación a distintos aspectos de la vida y muerte de Cristo. Todo ello determinó que la representación de las _Arma Christi_ se incluyese en numerosos libros devocionales y que se popularizase la oración y la Misa ante ellas.[22]

En fin, podemos suponer que algo de esto pudo ocurrir en el caso de la imagen tudelana y que las oraciones realizadas delante de las _Arma Christi_ de este sepulcro por el alma del canciller y su mujer implicaban beneficios tanto para los difuntos como para los vivos. Así, aunque no tenemos datos concretos de una hipotética concesión de indulgencias específicas para este sepulcro, no parece muy difícil admitir dicha posibilidad dada la posición política del canciller. Por un lado, mantuvo una estrecha relación con los papas aviñoneses, concretamente con Clemente VII (1378–94) y con el cardenal aragonés Pedro de Luna, que se convirtió en Benedicto XIII (1394–1423), ya que Villa-

---

caba este friso de forma menos específica, como la celebración de una misa con Cristo representado como Señor de los Dolores, pero acaba en páginas posteriores (ibid. p. 141) aceptando la identificación dada por Bertaux de la Misa de S. Gregorio.

[20] Un ejemplo de esto fueron las indulgencias que se concedieron en 1330 a todo aquel que orase delante de las _Arma Christi_ por Juan XXII. Sobre esto véase G. SCHILLER, _Iconography_…, op. cit. (n. 17), pp. 191 y 209; P. BINSKI, _Medieval Death_…, op. cit. (n. 14), p. 114; y D. SALLAY, «The Eucharistic Man of Sorrows in Late Medieval Art», en: _Annual of Medieval Studies at CEU_, 6, 2000, pp. 45–80, especialmente p. 47.

[21] Los ejemplos con inscripción relativa a las indulgencias pueden verse ilustrados en G. SCHILLER, _Iconography_…, op. cit. (n. 17), figs. 719 y 720

[22] En este sentido también Ch. CARTER «The 'Arma Christi '…», op. cit. (n. 17), pp. 117–18, indicaba que la popularidad de las _Arma Christi_ en libros devocionales o en relieves de madera se explica gracias a la concesión de indulgencias a todo aquel que dijese la Misa de las _Arma Christi_ o bien orase contemplando dichas reliquias. Este autor suponía que por ello algunos misales escoceses del siglo XV incluyeron entre sus páginas el oficio de la Misa de las Cinco Llagas, las cuales, recordemos, formaban parte de las _Arma Christi_.

espesa defendió la postura aviñonesa en el Cisma de la Iglesia occidental.[23] Por otro lado, también mantuvo una estrecha relación con el obispo de Pamplona Sancho Sánchez de Oteiza, con quien compartió el trabajo al servicio del rey de Navarra. Justamente, las indulgencias eran beneficios que podían ser concedidos por el papa o por los obispos y tanto el papa aviñonés como el obispo de Pamplona tuvieron relación estrecha y directa con Villaespesa, por lo que no parece extraño que se pudiese haber producido dicha concesión a petición del interesado. Respecto a ello, no podemos olvidar que, como han destacado algunos autores, las tumbas no sólo eran monumentos para la memoria, sino que tenían también la función de aportar beneficios a las almas de los difuntos. Esto es evidente en ciertos casos, como la tumba inglesa realizada h. 1300–10 para la mujer de John de Cobham, ya que el epitafio alude a ello prometiendo indulgencias de 40 días a quienes orasen por la difunta. Es decir, los sepulcros desempeñaban una función en favor de las almas de los muertos sepultados en ellos a través de las oraciones de los vivos.[24] De cualquier forma, volviendo al sepulcro de Tudela, si no se concedieron indulgencias específicas para los que rogaran por el alma del canciller y su mujer ante las *Arma Christi* de su tumba, si sabemos seguro que se concedieron indulgencias de forma genérica a las imágenes de las *Arma Christi,* de las que sin duda el sepulcro se podía beneficiar.[25]

Desde el punto de vista iconográfico es cierto que en algunas obras se fundieron los temas de la Misa de S. Gregorio y las *Arma Christi*, como ocurre en una de las tablas del retablo procedente de S. Benito el Real de Valladolid (Madrid, Museo del Prado), donde S. Gregorio, flanqueado por dos acólitos, eleva la hostia en la consagración de la Misa, mientras que de un sepulcro colocado sobre el altar se eleva el Varón de los Dolores y detrás de él aparece un numeroso grupo de *Arma Christi*. Pero, en este y en otros casos en los que se produjo la fusión de ambos temas hay referencia a la identidad del santo a través de la tiara papal, colocada sobre uno de los extremos del altar en la pintura vallisoletana. Algo muy similar ocurre en el relieve del siglo XV de Pisón de Castre-

---

[23]   J. R. CASTRO, «El Canciller ...», op. cit. (n. 2), pp.131–33 y 140–43. Este autor creía también que el canciller Villaespesa fue familia del futuro y último papa aviñonés Clemente VIII (1423–29).

[24]   P. BINSKI, *Medieval Death* ..., op. cit. (n. 14), pp. 71–72 y 112–13. En este sentido, el autor escribía : «La práctica de rodear la efigie del difunto con imágenes religiosas de santos o del mismo Dios creaba un marco de devoción explícito para el beneficio de los muertos y de los espectadores vivos. Este marco funcionaba como un sistema de invocación a modo de letanía. Estas imágenes y los epitafios sobre las tumbas evidenciaban la religiosidad de la persona difunta conmemorada, pero también implicaban en dicha religiosidad al espectador.» No olvidemos tampoco, como ya se ha indicado, las indulgencias concedidas a quienes orasen ante las *Arma Christi* por el papa Juan XXII.

[25]   P. BINSKI, *Medieval Death*..., op. cit. (n. 14), pp. 114 y 124–25 recuerda que ya se habían concedido indulgencias a otras imágenes consideradas como reliquias, por ejemplo a la imagen de la Santa Faz, y que se concedieron también a las *Arma Christi*, gracias a lo cual, las oraciones ante estas últimas ofrecían a sus devotos en el siglo XIV cuatro años de remisión.

jón (Palencia), donde se mezclan una gran cantidad de *Arma Christi* con la Misa de
S. Gregorio y donde igualmente se representó la tiara papal.[26] Frente a ello, en el relieve
funerario de Tudela encontramos las *Arma Christi*, pero no hay ninguna referencia a la
tiara papal del supuesto S. Gregorio y, además, aparecen la Virgen y S. Juan flanqueando las *Arma Christi*.[27] Estos personajes no se utilizaron habitualmente en la Misa de
S. Gregorio representada en la primera mitad del siglo XV, ni tan siquiera cuando se
incorporaron las *Arma Christi*, aunque es cierto que acabaron añadiéndose a esta composición en algunas obras de principios del siglo XVI. De cualquier forma, siempre que
se representó la Misa de S. Gregorio incorporando las *Arma Christi*, éstas se colocaban
sobre el altar en el que celebraba el santo pontífice, cosa que no ocurre en el relieve
tudelano.[28] En fin, hay que tener en cuenta que en este friso del sepulcro de Tudela las
Arma Christi se destacan respecto al resto de la composición gracias a su colocación en
el lado central y principal del friso, quedando la representación de la misa y los fieles
que la siguen en los laterales, cosa que no parecería muy lógica si el tema representado
fuese la Misa de S. Gregorio y no las reliquias de la pasión. De hecho, en la Misa de
S. Gregorio, aún cuando apareciesen las *Arma Christi*, el papel fundamental era otorgado
a S. Gregorio y las reliquias de la pasión tenían un papel demostrativo, siendo utilizadas
como evidencia de la visión del santo, la cual, a su vez, demostraba la verdadera presencia de Cristo en la Eucaristía.[29]

[26]   Es cierto que en algunas representaciones de la Misa de S. Gregorio del siglo XIV no aparece la tiara
       papal, pero ésta se convertirá en un elemento habitual en el siglo XV. Sobre la pintura vallisoletana, del
       primer cuarto del siglo XIV, puede verse F. J. SÁNCHEZ CANTÓN, «El retablo viejo de S. Benito el Real
       de Valladolid en el Museo del Prado», en: *Archivo Español de Arte*, 14, 1941, pp. 272–78 y M. MELERO,
       «La Virgen y el Rey», en: *Maravillas del Arte medieval. Tesoro Sagrado y Monarquía*, Valladolid, Junta
       de Castilla y León, 2000, pp. 419–31. Puede verse también una imagen de dicha pintura y del relieve pa-
       lentino en S. JANKE, *Jehan Lome…*, op. cit. (n. 4), figs. 105 y 106.

[27]   Estas dos cuestiones (ausencia de la tiara papal y presencia de la Virgen y S. Juan) ya fueron advertidas por
       Janke, pero, a pesar de ello, dicho autor siguió identificando el tema como la Misa de S. Gregorio. Sobre
       esta cuestión puede verse S. JANKE, *Jehan Lome…*, op. cit. (n. 4), pp. 145–46.

[28]   En otras ocasiones, por ejemplo en los manuscritos ilustrados, podemos encontrar los dos temas independi-
       zados, aunque colocados en folios contiguos. Es decir, en un folio la Misa de S. Gregorio y en el siguiente
       las *Arma Christi*, como ocurre por ejemplo en las Horas Boucicaut (Paris, Musée Jacquemart-André, ms. 2
       fols. 241 y 242). Sobre este manuscrito puede verse M. MEISS, *French Painting in the Time of Jean de
       Berry: the Boucicaut Master*, Londres / Nueva York 1968, pp. 131, 133, fig. 43 para la Misa de S. Grego-
       rio del fol. 241 y fig. 44 para la representación de las *Arma Christi* en el fol. 242.

[29]   Aún cuando el tema de la Misa de S. Gregorio tuvo en ocasiones un contenido funerario relacionado con la
       disminución de las penas del purgatorio, especialmente cuando dicho episodio se representaba junto a la
       misa misma, no debemos olvidar que inicialmente primó su contenido eucarístico, como evidencia de la
       transubstanciación obrada en la consagración de la Misa y manifestada gracias a la visión del santo. No obs-
       tante, algunas representaciones tardías de este tema que incorporan las *Arma Christi* introducen un cambio
       en la actitud de S. Gregorio, que no aparece consagrando la Eucaristía, sino tan sólo contemplando a Cristo
       doliente junto a los instrumentos de la pasión. Sobre la Misa de S. Gregorio y numerosos ejemplos del si-
       glo XV y principios del XVI puede verse C. BERTELLI, «The Image of Pity…», op. cit. (n. 17), pp. 40–55
       y fig. 18; G. SCHILLER, *Iconography…*, op. cit. (n. 17), pp. 227–28; A. THOMAS, «Gregoriusmesse»,

Por todo ello, creo que en este sepulcro el tema representado no es la Misa de S. Gregorio, sino el tema cercano en significado, aunque diferente, de la Misa ante las *Arma Christi*, a la que asisten el canciller, su mujer y la familia de ambos. Este tema sirve para hacer patente la devoción de los difuntos y su familia a estas reliquias y para perpetuar el rito representado, que reportaría beneficios espirituales a los difuntos e indulgencias a los vivos que orasen ante el sepulcro con las *Arma Christi* o a quienes siguiesen la misa delante de ellas en el altar de esta capilla. En cuanto a esta identificación, debemos recordar que fue Aviñón uno de los centros más destacados en impulsar la devoción a las *Arma Christi* y que justamente el canciller Villaespesa estuvo muy relacionado con el papado de Aviñón y trabajó en favor de esta sede pontificia durante el cisma de la Iglesia occidental.[30]

Finalmente, en el registro tercero o superior de este sepulcro se representó una Trinidad en la que el escultor utilizó una fórmula con las tres personas de la divinidad identificadas como figuras adultas (fig. 3). En el centro el Padre, tocado con tiara, y a los lados el Hijo, con la corona de espinas y la cruz a su izquierda (derecha del espectador) y el Espíritu Santo, con la paloma, a su derecha.[31] El hecho de que las tres figuras estén juntas ha llevado a algunos autores a identificar esta Trinidad como una figura única con tres cabezas, pero es bastante evidente que hay tres cuerpos correspondientes a dichas cabezas.[32] La Trinidad está flanqueada por sendos ángeles con incensarios sobre los

---

en: *Lexikon der Christlichen Ikonographie*, edit. por Engelbert Kirschbaum, Roma, Herder, 1970, vol. 2, col. 199–202; A. DOMÍNGUEZ, «Aproximación a la iconografía de la Misa de S. Gregorio a través de varios Libros de Horas del siglo XV de la Biblioteca Nacional«, en: *Revista de Archivos, Bibliotecas y Museos*, 79, nº 4, 1976, pp. 757–66; J. MARROW, *Passion Iconography in Northern European Art of the Late Middle Ages and Early Renaissance*, Kortrijk, Van Ghemmert, 1979, figs. 43 y 125; U. WESTFEHLING, *Die Messe Gregors des Grossen. Vision. Kunst. Realität*, Köln, Schnütgen-Museum, 1983. En relación a lo expuesto destacaría diversas obras pictóricas y escultóricas del siglo XV reproducidas en la última publicación citada, en las figuras 13, 14 y 16. Además, en las figuras 5 y 7 junto a la misa se representa un ángel sacando a las almas del purgatorio gracias a los beneficios de las misas gregorianas, tema representado junto a la Misa de S. Gregorio, que se aparta claramente de la iconografía de Tudela.

[30]   En cuanto al alineamiento del canciller Villaespesa a favor de las tesis del papado de Aviñón durante el cisma de occidente, véase J. R. CASTRO, «El Canciller...», op. cit. (n. 2), pp. 131–33 y 140–43. También en la iconografía del retablo encargado por el canciller Villaespesa para esta misma capilla puede verse el trasfondo de una ideología en favor del papado aviñonés. Sobre esto último véase, M. MELERO, «Bonanat...», op. cit. (n. 3), pp. 155–70.

[31]   Sobre este tipo iconográfico véase G. de PAMPLONA, *Iconografía de la Santísima Trinidad en el arte medieval español*, Madrid, Consejo Superior de Investigaciones Científicas, 1970, pp. 13–27 y 19–22 para los ejemplos de Tudela y Olite; R. GRIMALDI–HIERHOLTZ, *Images de la Trinité dans l'Art*, Fontaineblau 1995; P. IACOBONE, *Mysterium Trinitatis. Dogma e Iconografia nell'Italia medievale*, Roma, Editrice Pontificia Università Gregoriana, 1997; F. BOESPFLUG, *La Trinité dans l'Art d'Occident (1400–1460)*, Strasbourg, Presses Universitaires, 2000.

[32]   Por ejemplo, identifica una sólo figura con tres cabezas C. GARCÍA GAINZA, *Catálogo Tudela...*, op. cit. (n. 9), p. 261, mientras que S. JANKE, *Jehan Lome...*, op. cit. (n. 4), p. 139, insiste en la representación de los tres cuerpos.

cuales hay serafines. Esta rara fórmula iconográfica aparece también en un relieve voti-vo de la iglesia de S. Pedro de Olite donado por el notario Eneco Pinel y fechado por una inscripción en 1432.[33] Hay igualmente varias imágenes similares en el Libro de Horas de Catalina de Clèves, fechado hacia 1430–40, aunque en este caso las tres figu-ras de la Trinidad aparecen sentadas.[34]

Desde el punto de vista cronológico y gracias a la documentación testamentaria que puede ponerse en relación con este sepulcro podemos suponer que debió de iniciarse hacia 1419 y que todavía no estaba acabado a la muerte del canciller en 1421, lo cual es corroborado por las consideraciones estilísticas. Todo ello permite datar la escultura de este sepulcro en los primeros años de la década de los años 20 del siglo XV.[35]

Desde el punto de vista del patronazgo, no hay ninguna duda de que la elección de esta iglesia como lugar de entierro por parte del canciller Villaespesa se debió a motivos familiares, ya que, estando el canciller fuera de su tierra de origen, eligió como lugar de entierro la ciudad de Tudela por ser la ciudad de la que era originaria la familia de su mujer Isabel de Ujué y donde ésta gozaba de un elevado status social.[36] De hecho, va-rios de los deanes de la colegiata de Tudela habían pertenecido a la familia Ujué, ade-más de que los Ujué eran una de las familias mejor relacionadas con la familia real. Pero, recordemos también que el canciller Villaespesa se estableció en Navarra, al ser-vicio del rey, antes de su matrimonio y que este personaje tuvo gran reputación como consejero y mensajero de los reyes Carlos II y Carlos III, llegando a desempeñar a partir de 1397 el cargo de canciller.[37] Naturalmente, eligiendo sepulcro en un lugar como la colegiata de Tudela es evidente que no podía ser un sepulcro individual, sino un sepul-cro doble en el que también se enterrase su mujer, la cual debía ser el nexo de unión entre el canciller y la colegiata. En fin, en la iconografía de este sepulcro sin lugar a dudas

---

[33]   Este paralelo fue indicado por G. de PAMPLONA, *Iconografía...*, op. cit. (n. 31), pp. 19–22, quien creía que dicha iconografía podía proceder de Tournai, de donde procedía Lome. Esta idea fue recogida por S. JANKE, *Jehan Lome...*, op. cit. (n. 4), pp. 140 y 176–77.

[34]   Sobre este manuscrito véase *Les Très Riches Heures de Catherine de Clèves*, París, Albin Michel, 1967, fol. 32, 35 y 39; P. CONTI BADIA, *Exégesis y visión del mundo en la iconografía medieval : el libro de horas de Catherine de Clèves*, Valparaiso, Instituto de Historia, 2002. También puede verse una imagen comparable en F. BOESPFLUG, *La Trinité...*, op. cit. (n. 31), fig. 37, donde se representa una Trinidad (Troyes, Musée des Beaux-Arts) de fines del siglo XIV, en la que aparecen tres figuras sentadas. El padre con la cabeza cubierta por una tiara, mientras que el Hijo lleva en las manos una cruz y el Espíritu Santo una paloma.

[35]   J. R. CASTRO, «El Canciller...», op. cit. (n. 2), pp. 222–23, indicaba que el sepulcro no estaba acabado a la muerte de Villaespesa. Siguió esta opinión J. YARZA, «La capilla...», op. cit. (n. 9), p. 76. Por su parte, S. JANKE, *Jehan Lome...*, op. cit. (n. 4), pp. 150–51, supuso que este sepulcro pudo acabarse en un mo-mento indeterminado entre 1425 y 1430.

[36]   J. R. CASTRO, «El Canciller...», op. cit. (n. 2), pp. 165–200.

[37]   J. YANGÜAS Y MIRANDA, *Diccionario de Antigüedades...*, op. cit. (n. 5), tomo 3, p. 430.

tuvieron un papel determinante las devociones privadas de Francisco de Villaespesa, las cuales, a su vez, debieron de estar condicionadas por las ideas político-religiosas defendidas por el canciller en su vida política y en su trabajo diplomático.

DEUTSCHES RESÜMEE

DAS GOTISCHE GRABMAL DES FRANCISCO DE VILLAESPESA, CANCILLER DE NAVARRA, IN DER KATHEDRALE VON TUDELA

Das Grabmal des Kanzlers Villaespesa und seiner Frau wurde um 1420 für eine Chorkapelle der ehemaligen Kollegiatskirche Sta. María in Tudela (Navarra) errichtet. Die Arbeiten wurden von einer Bildhauerwerkstatt ausgeführt, die in Zusammenhang mit derjenigen stand, die die etwas frühere Skulptur des Retabels der Corporal-Kapelle in Daroca (Zaragoza) geschaffen hatte; dort waren flämische Modelle rezipiert worden.

Das Bildprogramm umfasst, neben den Liegefiguren, den *pleurants* und der Totenmesse, die Reliefs der Verstorbenen und ihrer Familie, die an einer Messe vor den *Arma Christi* und der Dreifaltigkeit teilnehmen. Diese Darstellung mit den *Arma Christi*, welche als Zeugnis der Passion Christi aufgefasst wurden, könnte dazu gedient haben, die geistlichen Verdienste der Verstorbenen zu verewigen, die sie als Lebende durch Ablässe im Gebet vor den *Arma Christi* erworben hatten.

Die Verehrung des Bildes und die Ablassgewährung für das Beten oder die Messteilnahme vor diesem wurden vom Papsttum Avignons gefördert. Dies ist umso bemerkenswerter, als gerade der Kanzler Villaespesa während des Schismas die Rechtmäßigkeit dieses Papsttums aus politisch-religiösen Gründen gegenüber den römischen Ansprüchen verteidigt hatte.

THE TOMB OF THE NORONHA FAMILY AND FUNERARY RENAISSANCE SCULPTURE IN PORTUGAL*

Pedro Flor

This paper deals with funerary Renaissance Sculpture in Portugal by considering the specific case of the sixteenth century tomb of the Noronha family in the church of Sta. Maria in Óbidos (fig. 1), about 80 km northwest of Lisbon. The study of this exquisite example of tomb sculpture is fully justified by the fact that its history as well as its plastic and aesthetic significance have not received the attention of Portuguese or international researchers. In addition, recent documents we have published concerning the date and authorship of the various parts of the tomb have reopened the discussion about both the activity of the artists involved and the circulation of their models in Portugal.[1]

First we will examine the context of the production of tombs in Portugal in the late fifteenth and early sixteenth century.

After the long Gothic age that flourished in Portugal from the thirteenth to the fifteenth century, there was a slow process of aesthetic change in which imported new plastic values spread out in this country during the end of the fifteenth and the beginning of the sixteenth century. Flemish and Italian models were increasingly acclaimed while the plastic values of the late Gothic were gradually discarded. The artistic patterns of the early Renaissance arising in sixteenth century Europe reached Portugal by way of trade and within a cultural context established with several regions of Europe.[2] Also, it must

---

*   I would like to thank my father who helped me to translate this paper into English.

[1]   Pedro FLOR, *O Túmulo de D. João de Noronha e de D. Isabel de Sousa na Igreja de Santa Maria de Óbidos*, Lisboa, Colibri, 2002.

[2]   *No Tempo das Feitorias. A Arte Portuguesa na Época dos Descobrimentos*, Catálogo da Exposição, Lisboa, Comissão Nacional para Comemoração dos Descobrimentos Portugueses, 1992; *O Brilho do Norte – Escultura e Escultores do Norte da Europa em Portugal – Época Manuelina*, Catálogo da Exposição, Lisboa, Ministério da Cultura / IPPAR / Instituto Português de Museus, 1997; *O Sentido das Imagens*

be emphasized that Portugal played a decisive role in the international system at that time both at the diplomatic and economical level and could easily take up the aesthetic innovations offered by the Renaissance. In the field of painting, the strong influence of Bruges and Antwerp in Portugal lasted until the beginning of the 1540's, while in sculpture Flemish models challenged both Italian forms and the new decorative schemes of Manueline art. Nevertheless, sculpture played a leading role in introducing Portugal to the Renaissance, Italianate vocabulary, soon to be followed by painting, architecture and other contemporary media. This language however spread gradually since late Gothic formulas were a serious obstacle to the triumph of the Renaissance style.[3]

Fig. 1: Óbidos, Church of Sta. Maria,
Tomb of the Noronha Family, 1529–32

– *Escultura e Arte em Portugal (1300–1500)*, Catálogo da Exposição, Lisboa, Ministério da Cultura / Instituto Português de Museus / Museu Nacional de Arte Antiga, 2000.

[3]   Pedro DIAS, *A Arquitectura de Coimbra na transição do Gótico para a Renascença (1490–1540)*, Coimbra, Epartur, 1982. Dagoberto MARKL and Fernando António Baptista PEREIRA, *O Renascimento*, = *História da Arte em Portugal*, vol. 6, Lisboa, Publ. Alfa, 1986. Vitor SERRÃO, *O Renascimento e o Maneirismo (1500–1620)*, = *História da Arte em Portugal*, vol. III, Lisboa, Presença, 2002.

As for Portuguese medieval funerary sculpture, it is a well-known fact that the practice of burial and decoration of tombs followed the standard patterns of other European countries.[4] Generally, tombs consisted of a funerary arch bearing an epitaph and heraldry motifs or every-day scenes and had a *gisant* on top representing the deceased figure or a *beatus*. The earliest example of this tomb prototype can be found in the thirteenth century, culminating during the first half of the fifteenth century, after which a new model appeared characterized by an architectural structure that frames the funerary arch and endows it with more magnificent, individualized traits. Wall tombs are funerary monuments that extol the virtues and qualities of the deceased and adopt the architectural principles and decorative motifs prevailing at the time. This type of tomb specially developed during the second half of the fifteenth and the early decades of the sixteenth century.

Precisely at the end this period (c. 1530) was when a significant change took place in the models used by architects and sculptors in Portugal. They continued to use the wall tomb typology where a kneeling effigy replaced the *gisant* (fig. 2), while simultaneously another kind of solution was developed based on the reintroduction of funerary chapels, generally built in the most important churches, cathedrals and monasteries of the area. Most of these chapels show an Italian influence and adopt the same type of inner structure – in a relatively small space, an altarpiece depicts the patron saint of the deceased or represents a death-related theme and a large tomb slab containing the epitaph under the altar. Wealthy, powerful, social groups adopted these two models of burial; both coexist in Portuguese sculpture during its short Renaissance period.[5]

---

[4] Alberto TENENTI, *Il senso della morte e l'amore della vita nel Rinascimento*, Torino, Einaudi, 1957; Michel VOVELLE, *La Mort et l'Occident de 1300 à nos jours*, Paris, Gallimard, 1967; Philippe ARIÈS, *L'Homme devant la Mort*, Paris, Seuil, 1977; María José REDONDO CANTERA, *El Sepulcro en España en el Siglo XVI – Tipología e Iconografía*, Madrid, Impadisa, 1987. Erwin PANOFSKY, *Tomb Sculpture – Its Changing Aspects from Ancient Egypt to Bernini*, London, Phaidon, 1992 and John POPE-HENNESSY, *Italian Renaissance Sculpture*, London, Phaidon, 4ª ed., 1996.

[5] Pedro Amaral XAVIER, «Imagens da Morte na Arte – dos finais da Idade Média ao Barroco», in: *Atitudes perante a Morte*, Coimbra, Ed. Minerva, 1991, pp. 13–46; Francisco Pato de MACEDO, «O Descanso Eterno. A Tumulária», in: *História da Arte Portuguesa*, Paulo PEREIRA (dir.), Lisboa, Círculo de Leitores, 1995, pp. 435–55; Carla Varela FERNANDES, *Memórias de Pedra. Escultura Medieval da Sé de Lisboa*, Lisboa, IPPAR, 2001; Carlos Alberto Ferreira de ALMEIDA and Mário Jorge BARROCA, «O Gótico», in: *História da Arte em Portugal*, Lisboa, Presença, 2002, pp. 207–46; Pedro FLOR, op. cit. (see n. 1), pp. 43–55; Vítor SERRÃO, op. cit. (see n. 3), pp. 130–55.

Fig. 2: Góis, Parish Church, Tomb of D. Luís da Silveira, c. 1531

After a brief analysis of the various typologies used in funerary art in Portugal, we will consider the case of the tomb of the *alcaide* D. João de Noronha and his wife D. Isabel de Sousa in the town of Óbidos.[6] The town possesses a vast, precious artistic heritage that includes the ancient relics of the Roman occupation as well as others from more recent periods in Portuguese history. Among the diverse artistic heritage to be found within the town walls, the church of Sta. Maria is the most important monument and houses the tomb of the Noronha family built in limestone from the Coimbra area (fig. 1).[7] The tomb is inserted left-side wall in the body of the church and has huge proportions. The work consists of three levels: i) the embasement, plinths and holding angels (fig. 3), ii) the central *aedicula* that contains the funerary arch and the group of sculptures (fig. 4), iii) the architectural top consisting of a small retable with a triangular pediment (fig. 1).

Fig. 3: Óbidos, Church of Sta. Maria, Tomb of the Noronha Family, detail

[6] Reynaldo dos SANTOS, *A Escultura em Portugal*, vol. II, Lisboa, Academia Nacional de Belas-Artes, 1950; *Memórias históricas e diferentes apontamentos, acerca das antiguidades de Óbidos desde o ano de 308 antes de Jesus Cristo até ao presente ...*, Lisboa, INCM / Câmara Municipal de Óbidos, (João TRINDADE ed.), 1985; José Fernandes PEREIRA, *Óbidos*, Lisboa, Ed. Presença, 1988; Teresa Maria Bettencourt CÂMARA, *Óbidos. Arquitectura e Urbanismo (sécs. XVI e XVII)*, Lisboa, INCM / Câmara Municipal de Óbidos, 1990; Manuela Santos SILVA, *A Região de Óbidos na Época Medieval – Estudos*, Caldas da Rainha, Gráfica da Ponte, 1994; Pedro DIAS, *O Fydias Peregrino. Nicolau Chanterene e a Escultura Europeia do Renascimento*, Coimbra, CENEL, 1996; Pedro FLOR, op. cit. (see n. 1), pp. 73–93.

[7] «Igreja de Santa Maria de Óbidos», in: *Boletim da Direcção Geral dos Edifícios e Monumentos Nacionais*, nº 58, Lisboa, Ministério das Obras Públicas, 1949; Gustavo de Matos SEQUEIRA, «Igreja de Santa Maria de Óbidos», in: *Inventário Artístico de Portugal. Distrito de Leiria*, Lisboa, Academia Nacional de Belas-Artes, 1955, pp. 82–85; Teresa Maria Bettencourt CÂMARA, op. cit. (see n. 6), pp. 80–90; Pedro FLOR, op. cit. (see n. 1), pp. 57–71.

Fig. 4: Óbidos, Church of Sta. Maria, Tomb of the Noronha Family, detail

As for the first level, it should be emphasized that the plinths are decorated with *grottesche* on both sides of a rectangular tombstone where two angels are sculptured holding the epitaph and coat of arms of the two noblemen.[8]

Three sculptures stand out in the second level representing the episode of the *Lamentation of Christ* with a *Pietà* at the centre. On the left side St. John holds the crown of thorns and, on the right, Mary Magdalene grasps a vase with ointment (fig. 5).[9] A vault with deep, coffering compartments covers the inside of the *aedicula* where the *Lamentation* stands. It is decorated with vegetative motifs and hybrid, apotropaic figures that resemble griffins.[10] Various elements on the side walls depict the transience of life on earth – *vanitas*. As a framework to this magnificent *aedicula,* two pairs of pilasters are decorated with *grottesche* and various elements full of symbolic meaning associated

---

[8]   The epitaph says: *AQVI IAZ HO SENHOR DOM IOHAM DE NORONHA E A SENHORA DONA ISABEL DE SOVSA SVA MOLHER A QVAL MANDOV FAZER ESTA SEPVLTVRA E ORDENA DE TODA A SVA FAZENDA HVA CAPELLA DE QVE LEIXOV POR ADMNISTRADOR SIMAON DE SOVSA SEV SOBRINHO E SEVS ERDEIROS: E FALECEO O DITO DOM IOHAM AOS DEZ DIAS DE MARÇO DA ERA DE 1525.*

[9]   Louis RÉAU, *L'Iconographie de l'Art Chrétien*, Paris, P.U.F., 1957; James HALL, *Dictionary of Subjects and Symbols in Art*, London, John Murray, 1983; ID., «*Illustrated Dictionary of Symbols in Eastern and Western Art*», London, John Murray, 1994.

[10] Beryl ROWLAND, *Animals with Human Faces – a Guide to Animal Symbolism*, Knoxville, University Tennessee Press, 1973. and also ID., *Birds with Human Souls – a Guide to Bird Symbolism*, Knoxville, University Tennessee Press, 1978.

with the Virtues and Faculties of the Soul and chiefly the victory of Life over Death, both in a literal and metaphorical sense. Two small niches surmount the pilasters, each containing the statue of a prophet who can be iden-tified by the phylactery in his hands.

Fig. 5: Óbidos, Church of Sta. Maria, Mary Magdalena, detail

Bearing in mind the surrounding funerary context it will be clear that both Ezekiel and Daniel can be identified because they were the authors of histories and prophecies of a funerary character. At the corners of the tomb's triumphal arch, two *tondi* can be seen as evocations of Classical Antiquity following Renaissance taste. The frieze on top of the second level is decorated with zoomorphic figures such as griffins and chimaeras, which again remind us of funerary themes, and, at both ends of the long frieze, four sitting chil-dren are represented, who are reminiscent of the four parts of the world.

Finally, a small retable with a triangular pediment exists on the third level re-presenting the *Assumption of the Virgin*. This is a quite common episode in Portuguese funerary art, as the belief prevailed that during the Final Judgment, Mary would serve as a universal protector and intercessor of Salvation before God. On top of the pediment God the Father is depicted, bestowing his blessing as *Salvator Mundi*.

From this brief analysis of the formal, iconographical elements the conclusion can be drawn that all the structural parts of the tomb seem to constitute a harmonious whole in what concerns both composition and subject matter. In effect, the iconographical program of the tomb closely follows the symbolical imagery, which is adequate in funerary monuments of that time. On one hand, we can detect the presence of elements that remind us of the transience of life and at the same time the victory over death. On the other hand, it is clear that several signs and symbols refer to the hope of the salvation of the soul.

Nevertheless, a closer look will reveal that this harmony is interrupted for various reasons. In fact, careful observation will reveal that the stone with the epitaph is not level with the plinths by a few centimetres. Apart from such formal inaccuracies, it should be stressed that the various parts that constitute the tomb present various plastic sensibilities. A closer look shows that the architectural structure of the tomb and its decorating ornaments reveal much technical expertise but do not artistically correspond to the same author who sculpted the *Lamentation,* where the plastic work reveals more skill in the characterization of figures.

After the definition of the iconographical programme of the tomb of the Noronha family and the indication of various hands in the sculptural execution of the monument we must also determine the circumstances of the commission of the work in order to determine its precise date and attribution.

The tomb in Óbidos derives from D. Isabel de Sousa's will (1525), which we only know from a copy from the time of her death (1529), but it is clear that her last wishes do not entirely match the tomb as it exists today.[11] The records of visitations to the church of Sta. Maria inform us that the tomb for D. Isabel de Sousa and her husband had been finished by 1532.[12] It can be concluded that the building of the tomb after her death must have taken place between 1529 and 1532.

In our opinion, the sculptures in the central *aedicula* preceded the tomb. In fact, the statues occupy a space for which they had not been planned, as shown by the fact that the figures are rather short and stoutly built.[13] As for the figures of St. John and Mary Magdalene, they do not naturally turn round to the *Pietà*, which possibly indicates that they have been removed from their original place. For these reasons, we concur with the

---

[11]   Reynaldos dos SANTOS, op. cit. (see n. 6) , p. 30. and Pedro FLOR, op. cit. (see n. 1), pp. 154–57; Arquivo Nacional da Torre do Tombo, Colegiada de Santa Maria de Óbidos, Maço 17, nº 17.

[12]   Arquivo Nacional da Torre do Tombo, Colegiada de Santa Maria de Óbidos, Livro nº 1, (1408–1562).

[13]   Pedro DIAS, *Nicolau Chanterene – Escultor da Renascença*, Lisboa, Publ. Ciência e Vida, 1987, pp. 172–74; ID., *O Fydias Peregrino...*, pp. 209–14; and also Pedro FLOR, op. cit. (see n. 1), pp. 87–93.

assumption that this group of statues may have been part of an ancient stone altarpiece from the high chapel of the church. This altarpiece should have included the statue of St. Longinus of which only the head is displayed in the Óbidos Museum.[14] Additionally, careful archival research has made it possible for us to identify the building of a stone altarpiece to decorate the high chapel of the church between 1518 and 1519. According to the documents, King João II's wife, D. Leonor herself, commissioned this altarpiece. It integrated a vast works campaign aiming at the redecoration and re-novation of the church of Sta. Maria in Óbidos, which was one of the chief towns under her sovereignty.[15]

After establishing the dates of the execution of the central group of sculptures (1518–19) and of the rest of the tomb (1529–32), we will try to identify the probable authors. A careful analysis of the plastic values in the group of the *Lamentation* will make it possible to identify Master Nicolas Chanterene (a. 1511–51), a Frenchman who was one of the very few artists to become the royal sculptor in Portugal.[16] In truth, the statues display human and plastic quality and they reflect the work of Master Nicolas during his early years of activity in Portugal on the building site of the Augustinian monastery of Sta. Cruz in Coimbra, after his short stay in Lisbon where he was busy with the statues of the monarchs in the west porch of the monastery of Sta. Maria of Belém. Additionally, it would be possible to compare the sculptural achievement of Óbidos with the low reliefs of the main cloister in Sta. Cruz in Coimbra (c. 1520). Considering that the church of Óbidos temporally and spiritually depended on the Augustinian Canons of Coimbra, it is easy to understand that the commission was given to Master Nicolas who was also working for the same order in a pulpit and in the *gisants* for the new tombs of the early kings of Portugal. In this context, Queen D. Leonor is likely to have accepted with no reservation the name of Chanterene as the supervisor of the works of the altarpiece of the highchapel of Sta. Maria in Óbidos, which was being redecorated.

According to contemporary documents, the assemblage of the work took place a few years later as the artist was still busy with other works in and around the city of Coimbra. Although Master Nicolas is known to have executed the altarpiece between 1518

---

[14] Sérgio GORJÃO, «Elementos Renascentistas», in: *Museu Municipal de Óbidos – Catálogo*, Óbidos, 2000, pp. 136–37. and Pedro FLOR, op. cit. (see n. 1), pp. 92–93.

[15] See n. 12.

[16] Pedro DIAS, op. cit. (see n. 13), 1987 and 1996; Rafael MOREIRA, *A Arquitectura do Renascimento no Sul de Portugal. A Encomenda Régia entre o Moderno e o Romano*, Lisboa, Tese de Doutoramento apresentada à Faculdade de Ciências Sociais e Humanas da Universidade Nova de Lisboa, 1991; Pedro FLOR, *O Túmulo de D. João de Noronha e de D. Isabel de Sousa na Igreja de Santa Maria de Óbidos – um exemplo de arte funerária do Renascimento em Portugal*, Tese de Mestrado apresentada à Faculdade de Letras da Universidade de Lisboa, 1998; Fernando GRILO, *Nicolau Chanterene e a Introdução do Renascimento na Escultura da Península Ibérica*, Lisboa, Tese de Doutoramento apresentada à Faculdade de Letras da Universidade de Lisboa, 2001.; Pedro FLOR, op. cit. (see n. 1), Vítor SERRÃO, op. cit. (see n. 3), pp. 138–46.

and 1519, he only assembled it in the early 1520's and in the meantime the work remained in the church until the beginning of the next decade when it was removed and replaced, this time by a newly painted altarpiece.

As mentioned above, the magnificent tomb of the Noronhas was built between 1529 and 1532. In the beginning, it was meant to be located in the high chapel, according to D. Isabel de Sousa's wish, but the place finally chosen was the wall on the left side of the church.[17] This must have been a joint decision of her executor – her nephew D. Simão de Sousa – and the sculptor who planned the architectural structure of the tomb. We refer to Jean de Rouen (a. 1528–80), another French sculptor who was present at the building site of Sta. Cruz in Coimbra.[18] It is true that no extant documents can substantiate either the participation of this Norman master or of his workshop in the execution of this commission, but the volume and the technical skill documented in the architectural structure of the tomb are, no doubt, reminiscent of those used during the early period of the sculptor's stay in Portugal. We are inclined to believe that Jean de Rouen intended to reuse part of the altarpiece of the high chapel that had been disassembled and that may have been the reason why he placed Chanterene's *Lamentation* under the triumphal arch, which after all complied with D. Isabel de Sousa's last wish.

So far, we have suggested possible dates for the finishing of the various parts of the tomb and have determined their authorship, so it is time to evaluate the possible contribution of this magnificent sepulchre to Portuguese Renaissance art and particularly to tomb sculpture.

As a result of the artistic heritage of Nicolas Chanterene, contemporary art developed a new way of representing the human figure with naturalism and accuracy both in the details of the face and in the costumes and draperies. In his art, the French sculptor succeeded in combining not only the plastic values learnt in the Burgundian workshops and in the building sites of some important French monuments, but also the features brought from the Lombardian workshops he may have visited or from Spain where his

---

[17]   See note 11.

[18]   Reynaldo dos SANTOS, *A Escultura em Portugal...*, op. cit. (see n. 6), pp. 35–49; Nelson Correia BORGES, *João de Ruão – Escultor da Renascença Coimbrã*, Coimbra, Gráfica de Coimbra, 1980; António Nogueira GONÇALVES, «Prováveis origens da arte de João de Ruão», in: *A Introdução da Arte da Renascença na Península Ibérica*, Coimbra, Epartur, 1981, pp. 13–22; Nelson Correia BORGES, «Alguns aspectos da segunda época de João de Ruão», in: *A Introdução da Arte da Renascença na Península Ibérica*, Coimbra, Epartur, 1981, pp. 23–52. António Nogueira GONÇALVES, «A Igreja da Atalaia e a primeira época de João de Ruão», in: *Estudos de História da Arte da Renascença*, Porto, Paisagem Editora, 1984, pp. 115–170; Pedro FLOR, «O Túmulo de D. Luís da Silveira em Góis», in: *Discursos – Língua, Cultura e Sociedade*, IIIª série, nº 2, Revista do Centro de Estudos Históricos Interdisciplinares, Lisboa, Universidade Aberta, 2000, pp. 123–43; Pedro FLOR, op. cit. (see n. 1), pp. 116–20. and finally Pedro DIAS, «João de Ruão», in: *A Escultura de Coimbra – do Gótico ao Maneirismo*, Catálogo da Exposição, Coimbra, Câmara Municipal de Coimbra, 2003, pp. 123–48.

stay is documented at the beginning of the sixteenth century.[19] Only at the end of 1520's, after having (re) established contacts with the sculpture centres of Toledo and Aragón did Master Nicolas develop a more elaborate classical style according to Vitruvian principles as adapted by Cesare Cesariano and Diego de Sagredo in their treatises, which Master Nicolas may have brought with him.[20] Such models will strongly influence both sculptors and contemporary painters and architects.

In turn, the artist responsible for the architectural structure of the tomb – Jean de Rouen – underwent the aesthetic influence of his fellow countryman Chanterene in the early years of his activity, as soon as he settled in Coimbra after 1527 (fig. 6). Chanterene's architectural and sculptural work also bears witness to the adoption of such sources of inspiration. The fact that the work of Jean de Rouen regularly uses the models presented in Sagredo's treatise is a good example of this practise.

In what concerns funerary art, the Norman master applies the typology he himself had used in church porches: rounded arches at the centre, *tondi* in the corners, and pilasters or columns decorated with *grottesche*. Simultaneously, Nicolas Chanterene's workshop developed a similar taste, which can be documented for instance in the main porches of the church of Maria Madalena in Olivenza, the parish church of Arroches, the convent of S. Bernardo in Portalegre, the convent of Chagas in Vila Viçosa or even in several tombs in Évora (fig. 7).

A close look at the tombs in the parish churches of Góis and Trofa do Vouga (figs. 2 and 8) or those in Évora or Portalegre will reveal that all of them closely follow the same architectural pattern. This model of composition can also be detected even at a later stage, namely in the mannerist period, which is the case of the tomb of Fr. Cristóvão de Cernache in Leça do Bailio (c. 1560). This situation emphasizes the relevance of funerary art as practised by Nicolas Chanterene and Jean de Rouen in the modern age in Portugal.

[19]   Charles TERRASSE, *L'Architecture Lombarde de la Renaissance*, Paris / Bruxelles, 1926; Anthony BLUNT, *Art et Architecture en France 1500–1700*, Paris, Ed. Macula, 1983; Fernando CHECA, *Pintura y Escultura del Renacimiento en España (1450–1600)*, Madrid, Cátedra, 1983. Pierre CAMP, *Les Imageurs Bourguignons de la fin du Moyen Âge*, Dijon, Imprimerie Darantière, 1990; Maria Dolores VILA JATO, «O Primeiro Renacimento Galaico-Português», in: *Do Tardo-Gótico ao Maneirismo – Galiza e Portugal*, Fundación Pedro Barrié de la Maza / Fundação Calouste Gulbenkian, 1995, pp. 132–44; John POPE-HENNESSY, op. cit. (see n. 4), pp. 265–85; Andrés ROSENDE VALDÉS, *El Grande y Real Hospital de Santiago de Compostela*, Consorcio de Santiago, Electa, 1999.

[20]   Rudolf WITTKOWER, *Architectural Principles in the Age of Humanism*, London, Academy Ed., 1988; Rafael MOREIRA, op. cit. (see n. 16); Maria Isabel ÁLVARO ZAMORA and Gonzalo M. BORRÁS GUALIS (coords.), *La Escultura del Renacimiento en Aragón*, Zaragoza, Museo e Instituto de Humanidades 'Cámon Aznar', 1993; Pedro FLOR, op. cit. (see n. 1), pp. 112–13.

Fig. 6: Atalaia, Parish Church,
Main Porch, c. 1528

Fig. 7: Évora, Museu de Évora,
Tomb of D. Álvaro da Costa, c. 1533–35

Fig. 8: Trofa do Vouga, Parish Church, Tomb of D. Duarte de Lemos, c. 1535–39

As mentioned above, contemporary architecture was receptive to the composition model of Jean de Rouen as applied to the tomb in Óbidos. This is also the case of contemporary painting with signs of influence inspired by works in the Renaissance taste.[21] When we consider, for instance, the virtual scenery or the micro-architecture depicted in the chief works of major Portuguese painters like Vasco Fernandes, Cristóvão de Figueiredo, Garcia Fernandes and Gregório Lopes, we are aware that among all of them tastes and influences can be detected that in some cases repeat the same models from

---

[21] Reynaldo dos SANTOS, «A paisagem e o naturalismo dos segundos planos nos Primitivos Portugueses», in: *Colóquio*, nº 5 and 6 (Nov.), 1953, pp. 1–23; Rafael MOREIRA, «Arquitectura: Renascimento e Classicismo», in: *História da Arte Portuguesa*, Paulo PEREIRA (dir.), vol. II, Lisboa, Círculo de Leitores, 1995, pp. 303–75; Isabel Ponce POLICARPO, *Gregório Lopes e a «ut pictura architectura». Os fundos de arquitectura na pintura renascentista em Portugal*, Tese de Mestrado apresentada à Faculdade de Letras da Universidade de Coimbra, 1996; and Pedro FLOR, «Imagens da Cidade – os fundos de arquitectura na escultura retabular em pedra do Renascimento em Portugal (1500–1550)», in: *Discursos – Língua, Cultura e Sociedade*, IIIª série, nº 5, Revista do Centro de Estudos Históricos Interdisciplinares, Lisboa, Universidade Aberta, 2003, pp. 97–119.

Chanterene and Jean de Rouen.[22] These painters show that they were fascinated by the works *all' antico* and it is important to remember that Jean de Rouen himself had personal contacts and family ties with some of those painters, which facilitated the interchange of models and experiences.

For these reasons, the tomb of D. João de Noronha and D. Isabel de Sousa in the church of Sta. Maria de Óbidos was built between 1529 and 1532 and should be considered a kind of laboratory for the interaction of experiments and aesthetic sensibility brought to sixteenth century Portugal by French sculptors. While their formation and production are of varied origins they do introduce Renaissance forms and the taste for Antiquity in funerary art and also influence both architecture and painting during a slow, gradual process, which will reach well into the second half of the sixteenth century.

RESUMO PORTUGUÊS

O TÚMULO DOS NORONHAS E A ESCULTURA FUNERÁRIA DO RENASCIMENTO EM PORTUGAL

Ao longo do seu historial, a Igreja de Santa Maria de Óbidos conheceu um conjunto de variado de campanhas de obras que a alteraram profundamente consoante a estética e o gosto correntes. O túmulo dos Noronhas, símbolo da grandeza e do poderio que interessava afirmar durante o Renascimento, testemunha um gosto estilístico que conheceu um período de vigência relativamente curto em Portugal, motivado pela utilização prolongada das formas tardo-góticas e pela adopção desde cedo das formas maneiristas. Podemos talvez afirmar que se trata de um dos exemplares mais magnificentes da escultura renascentista em Portugal e que serviu como protótipo de outras construções tumulares.

---

[22] *Grão-Vasco e a Pintura Europeia do Renascimento*, Catálogo da Exposição, Lisboa, Comissão Nacional para a Comemoração dos Descobrimentos Portugueses, 1992; Dalila RODRIGUES, «O Primeiro Ciclo da Pintura Portuguesa do Renascimento«, in: *História da Arte Portuguesa*, Paulo PEREIRA (dir.), vol. II, Lisboa, Círculo de Leitores, 1995, pp. 199–240; Joaquim de Oliveira CAETANO, *O Que Janus via. Rumos e Cenários da Pintura Portuguesa (1535–1570)*, Tese de Mestrado apresentada à Faculdade de Ciências Socias e Humanas da Universidade Nova de Lisboa, 1996. Dalila RODRIGUES, *Modos de Expressão na Pintura Portuguesa. O processo criativo de Vasco Fernandes (1500–1542)*, Tese de Doutoramento apresentada à Faculdade de Letras da Universidade de Coimbra, 2001. Fernando António Baptista PEREIRA, *Imagens e História de Devoção. Espaço, Tempo e Narratividade na Pintura Portuguesa do Renascimento (1450–1550)*, Tese de Doutoramento apresentada à Faculdade de Belas-Artes da Universidade de Lisboa, 2002; Vítor SERRÃO, *O Renascimento e o Maneirismo (1500–1620)*, op. cit. (see n. 3), pp. 77–129.

IV

DYNASTISCHE GRABLEGEN VOM FRÜHEN MITTELALTER
BIS ZUR FRÜHEN NEUZEIT

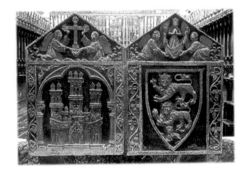

LA MEMORIA DE UN REY VICTORIOSO : LOS SEPULCROS DE ALFONSO VIII Y LA FIESTA DEL TRIUNFO DE LA SANTA CRUZ[1]

Rocío Sánchez Ameijeiras

La historia de los sepulcros reales que aloja el monasterio cisterciense de Las Huelgas de Burgos está teñida de leyenda. La diversa fortuna de la memoria de los personajes allí enterrados, el celo de la comunidad de clausura que nunca abandonó el recinto monástico, las exageraciones laudatorias de los cronistas de época moderna, las reivindicaciones chauvinistas de los cronistas locales[2], y cistercienses[3], que confundieron la nómina de los

[1]   Quiero expresar mi agradecimiento a Patrimonio Nacional por haberme permitido realizar las fotografías de los sepulcros del Real Monasterio de Las Huelgas de Burgos y consultar el archivo del monasterio; pero de un modo muy especial quiero expresar mi más sincero y afectuoso agradecimiento a sor Ana María, la hermana archivera que me facilitó la consulta de unos códices demasiado pesados para su frágil cuerpo, y que me abrió las puertas a la imaginación monacal. A James D'Emilio, por su generosidad, por brindarme un texto suyo todavía inédito, y, por ser un interlocutor inapreciable, y en fin, a Henrik Karge por compartir conmigo sus conocimientos sobre la arquitectura de la iglesia de Las Huelgas y haberme invitado a participar en el *Internationales Kolloquium der Carl Justi-Vereinigung und des Fachgebiets Kunstgeschichte der TU Dresden*. Dada la limitación de espacio de la publicación he suprimido una parte del material de la conferencia que leí allí, que verá la luz en otro trabajo titulado «La coronación de Alfonso XI y la renovación de los cementerios de Las Huelgas», en: *Quintana*, 4, 2005 (en prensa).

[2]   Por cuanto he podido rastrear fue Melchor PRIETO, el mercedario burgalés, en su *Historia de Burgos*, manuscrita, que redactó en la primera mitad del siglo XVII, quien intentó justificar la presencia en Las Huelgas de sepulcros reales perfectamente documentados en otros lugares –los de la reina Blanca de Castilla († 1156), en Sta. María la Real de Nájera; Alfonso VII († 1153) y Sancho el Deseado († 1157) en la catedral de Toledo; Alfonso X el Sabio († 1284), en la de Sevilla; el infante Fernando († 1242) hijo de Fernando III, en el convento de Sta. Fe de Toledo; la infanta Urraca († 1220), hija de Alfonso VIII y reina de Portugal, en el monasterio de Alcobaça; el infante Felipe, hijo de Sancho IV, en la iglesia de las clarisas de Allariz; Sancho, arzobispo de Toledo († 1262), hijo de Alfonso el Sabio, que debió de estarlo en la catedral de Toledo; Fernando, hijo de Sancho el Sabio de Navarra († 1207) en la catedral de Pamplona–. El también monje trinitario burgalés José MORENO CURIEL siguió de cerca el manuscrito de Melchor Prieto en la introducción de su *Jardín de Flores de Gracia, escuela de la mejor doctrina. Vida y virtudes de la prodigiosa y venerable Doña Antonia Jacinta de Navarra y de la Cueva, abadesa del Ilustrísimo Real Monasterio de las Huelgas*, Burgos 1736. José Moreno Curiel transcribió además, los epitafios en tablillas coloca-

difuntos por los que se celebraban aniversarios con la de los cuerpos allí sepultados,[4] y las reconstrucciones y restauraciones llevadas a cabo a principios del XVII y del siglo XX,[5]

---

dos sobre los sepulcros, –los que el creía de Alfonso VII y Sancho el Deseado (en los de Fernando de la Cerda y Alfonso de la Cerda), la reina Berenguela (en el de la infanta Berenguela), Alfonso el Sabio (el de don Nuño) –lo que indica que la propia comunidad de las monjas aceptaba las atribuciones legendarias. Como es sabido, en los obituarios medievales no se anotan únicamente los aniversarios que se han de celebrar por los difuntos enterrados en el monasterio, sino también por otros, por los que se instituye un aniversario, a pesar de estar enterrados en otro lugar. Dadas las diferentes características de los obituarios conservados del monasterio de Las Huelgas, el número de difuntos ilustres registrados en ellos excede con mucho el número de sepulcros medievales conservados en el monasterio, hecho del que fueron conscientes diversos autores. Así José MORENO CURIEL o Amancio RODRÍGUEZ LÓPEZ (véase nota 5) renunciaron a intentar atribuir un sepulcro concreto a cada uno de los difuntos, a excepción de los situados en el coro, y de los que contaban cuando ellos los vieron con un epitafio moderno en tablillas de madera.

3   También de la historia manuscrita de Melchor PRIETO debieron de tomar su información los cronistas cistercienses Manrique y Muñiz, cfr. R.P. Angeli MANRIQUE, *Annales cistercienses. Cisterciensium seu verus ecclesiticorum annalium a condito Cistercio*, Lugduni 1642–59; Roberto MUÑIZ, *Médula Histórica Cisterciense, Tomo 5, dividido en dos libros. En el primero se da noticia de la fundación, gracias, privilegios y preeminencias del Real Monasterio de Huelgas de Burgos y de su Ilustrísima Abadesa. En el segundo se trata del Grande Hospital del Rey*, Valladolid 1786.

4   El más antiguo de los calendarios de la abadía es un manuscrito ricamente iluminado, el *Calendario-Martirologio y Regla de San Benito* (A.M.H., Ms. 1, fols. 8r–146v) al que aluden Melchor Prieto, Curiel y Amacio Rodríguez López como *Regla Antigua* (cfr. Sonsoles HERRERO GONZÁLEZ, *Códices miniados en el Real Monasterio de Las Huelgas*, Madrid 1988, pp. 53–68; *Manuscritos e impresos del Monasterio de Las Huelgas Reales de Burgos*, Madrid 1999, p. 19). Joaquín Yarza Luaces lo adscribe a un *scriptorium* inglés o francés, pero fuertemente influenciado por la miniatura inglesa, y lo fecha entre 1210–20, por lo que supone que debió ser donado al monasterio por algún personaje de relevancia, cfr. Joaquín YARZA LUACES, «La miniatura en Galicia, León y Castilla en tiempos del Maestro Mateo», en: *Actas del Simposio Internacional sobre «O Pórtico da Gloria e a Arte do seu Tempo»*, Santiago de Compostela, 3–8 outubro de 1988, A Coruña 1991, pp. 319–54, esp. p. 329; IDEM, «Códices iluminados en el Monasterio de las Huelgas», en: *Reales Sitios*, 107, 1991, pp. 49–56, esp. pp. 53–54. He podido consultar el manuscrito en el archivo de Las Huelgas, y en el fueron anotando sucesivas manos a lo largo del tiempo los aniversarios que habrían de celebrarse, desde Alfonso VII († 1153) hasta el de Juan I († 1400). Era un códice de lujo, y se utilizó más en el siglo XIII, en el que murieron la mayoría de los personajes registrados.

El segundo *Calendario-Martirologio y Regla de San Benito* se conserva en el Museo Arqueológico Nacional de Madrid. Ha sido fechado, por razones codicológicas, a finales del siglo XIII o comienzos del siglo XIV. Sobre este obituario, cfr. Ramón REVILLA VIELVA, «Un códice latino de Burgos», en: *Anuario del Cuerpo Facultativo de Archiveros, Bibliotecarios y Arqueólogos* 1, 1934, pp. 211–21; Antonio R. MONTERO TORRES, «Calendario –o Martirologio– Cisterciense y la Regla de San Benito, del Real Monasterio de Sta. María de Las Huelgas de Burgos, que se conserva en el Museo Arqueológico de Madrid«, en: *Cistercium*, 173, 1987, pp. 433–77. Por razones de análisis interno puede deducirse que fue encargado entre 1321 y 1326 y que guarda relación con la renovación de los cementerios realizada en tiempos de Alfonso XI, sobre esto cfr. Rocío SÁNCHEZ AMEIJEIRAS, «La coronación de Alfonso XI» (en prensa).

Un tercer *Calendario y Regla de San Benito*, fechado en 1246 (Madrid, Biblioteca Nacional, Ms. 17820) ha sido atribuido por Janini al monasterio de Las Huelgas (cfr. José JANINI y José SERRANO, *Manuscritos litúrgicos de la Biblioteca Nacional*, Madrid 1969, nº 155, pp. 188–89). Aunque una nota en el folio final demuestra que el códice se encontraba en Las Huelgas a comienzos del siglo XVI debía de proceder de una de sus filiales, ya que se indica la elección de la abadesa Sancha en 1242, cuando regía el monasterio burgalés doña Inés Laínez. En él se anotaron únicamente los aniversarios de Alfonso VIII y doña Leonor y de varios clérigos.

crearon una trama compleja en la que memorias legendarias fueron paulatinamente super-
poniéndose, deformándose y entrecruzándose hasta dibujar un panteón imaginario repleto
de monarcas difuntos –desde Sancho el Deseado a Alfonso X el Sabio–, de los que sabemos con certeza que fueron inhumados en otros lugares. La revisión de semejantes fabula-
ciones emprendida ya por Enrique Flórez y continuada por Amancio Rodríguez López y
Manuel Gómez Moreno fue despojando de cabezas coronadas el panteón real,[6] pero, a mi
juicio, resta todavía por hacer una ardua labor de desmontaje y revisión en lo relativo a las
atribuciones, cronologías y localización primitiva de los sepulcros medievales.

---

[5] Para las restauraciones del siglo XVII, cfr. SÁNCHEZ AMEIJEIRAS, «La coronación...» (n. 4); para las
del siglo XX, Amancio RODRIGUEZ LÓPEZ, *El monasterio de Las Huelgas de Burgos y el Hospital del
Rey*, 2 vols., Burgos 1909, vol. 2, pp. 268–70 indica que en 1884 se abrieron todos los sepulcros, y describe
los sepulcros de los fundadores rodeados de una reja que ha sido posteriormente suprimida. Manuel
GÓMEZ MORENO, *El Panteón Real de Las Huelgas de Burgos*, Madrid 1946, p. 28 indica como en 1908
se rehizo en piedra el sepulcro frontero al de María de Almenar porque el original era de tablas y yeso; y
que desde «pocos años ha» se movió el sepulcro de Alfonso de la Cerda († 1333), que había permanecido
contiguo al de su padre, por lo que éste conservó su policromía, al medio de la nave de Sta. Catalina, y da
cuenta de la labra de nuevos tenantes labrados con ocasión del traslado ya que la proximidad original entre
ambos monumentos obligó a cercenar los leones tenantes originales. María Jesús HERRERO SANZ, «Los
sepulcros del panteón real de las Huelgas», en: *Reales Sitios*, 103, 1er trimestre 1990, pp. 21–30, esp. p. 30
saca a la luz la decoración pintada del sepulcro de María de Aragón, por lo que cabe deducir que se han
llevado a cabo labores de consolidación y limpieza de los sepulcros en los años finales de la década de los
ochenta del siglo XX.

[6] Cfr. Enrique FLÓREZ, *Memorias de las Reynas Catholicas*, Madrid 1770, 2 vols., 1, pp. 128–32; Vicente
CARDERERA Y SOLANO, *Iconografía Española, Colección de Retratos, Estatuas, Mausoleos y demás
Monumentos inéditos de Reyes, Reinas, Grandes Capitanes, Escritores, etc. Desde el siglo XI hasta el
XVII*, Madrid 1855–64, v, y xibis presenta serias reservas sobre la atribución del sepulcro de don Nuño a
Alfonso el Sabio, y en cambio propone el del pórtico con águilas y leones en los escudos como sepulcro
previsto para este monarca pero que no se llegó a utilizar por enterrarse definitivamente en Sevilla. Manuel
de ASSAS, «Sepulcro de la reina Doña Berenguela en el Monasterio de Las Huelgas, junto a Burgos y noticias históricas y artísticas con motivo de aquél célebre monasterio», en: *Museo Español de Antigüedades*,
4, 1875, pp. 125–58 se basa, en cambio, en Manrique, Núñez de Castro y Moreno Curiel. Amancio Rodríguez López dudaría de nuevo de las fabulosas atribuciones, y Manuel Gómez Moreno habría de realizar
una labor profunda de revisión ya en los años 40 del siglo XX, en *El Panteón Real*, que, en general fueron
suscritas por todos los autores que se ocuparon después de los sepulcros del siglo XIII, como Ricardo del
ARCO, *Sepulcros de la Casa Real de Castilla*, Madrid 1954; María Jesús GÓMEZ BÁRCENA, *Escultura
gótica funeraria en Burgos*, Madrid 1988; HERRERO SANZ, «Los sepulcros del panteón» (n. 5); Rocío
SÁNCHEZ AMEIJEIRAS, *Investigaciones iconográficas sobre la escultura funeraria castellana del siglo
XIII*, Tesis de Doctorado, Universidad de Santiago de Compostela, Santiago de Compostela 1993, pp. 141–
51; Regine ABEGG, «Romanische Kontinuität als Gegenentwurf? Zum Grabmal des kastilischen Hoch-
adels im späten 13. Jahrhundert», en: *Mitteilungen der Carl-Justi Vereinigung* 5, 1993, pp. 58–78; Julia
ARA GIL, «Escultura Gótica», en: *Historia del Arte de Castilla y León*, Valladolid 1994, pp. 260–62;
IDEM, «Imágenes e iconografía de los sepulcros cistercienses de Castilla y León», en: *Monjes y monasterios. El Cister en el medioevo de Castilla y León*, Isidro BANGO TORVISO, (ed.), Valladolid 1998, pp.
363–77; Ramón de GRADO MANCHADO, «Sepulcro del pórtico de los Caballeros», en: *Monjes y Monasterios...*, p. 378; IDEM, «Sepulcro de Alfonso VIII y Leonor Plantagenet», en: *Monjes y Monasterios...*,
p. 381; Rocío SÁNCHEZ AMEIJEIRAS, «El 'cementerio real' de Alfonso VIII en Las Huelgas de Burgos», en: *Semata*, 10, 1998, 77–109; Olga PÉREZ MONZÓN, «Iconografía y poder real en Castilla : las
imágenes de Alfonso VIII», en: *Anuario del Departamento de Historia y Teoría del Arte*, 14, 2002, pp. 19–41.

En este trabajo pretendo analizar el papel que jugó el monumento doble de Alfonso VIII († 1214) y Leonor de Inglaterra († 1214) (fig. 1 y lám. VI), los fundadores del monasterio, que se encuentra hoy en el coro monástico de la iglesia abacial,[7] en la construcción de su memoria póstuma, recuperar los que creo fueron sus primitivos sepulcros, y revisar el origen de las tradiciones que vinculan el monasterio de Las Huelgas de Burgos con la Batalla de Las Navas de Tolosa, la célebre victoria que concedió a Castilla un lugar predominante en el concierto de los reinos hispanos.

Fig. 1: Las Huelgas, Sta. María la Real, Monumento doble
de Alfonso VIII († 1214) y Leonor de Inglaterra († 1214)

Como es de todos sabido, legendarias memorias de la Batalla de Las Navas se conservan en el monasterio de Las Huelgas. A los conocidos como «Pendón de Las Navas» y «Cruz de las Navas», habría que sumar una tercera pieza, colocada, al menos en el siglo XVIII, en la capilla del coro : «*vna riquisima Custodia, la que ay tradicion fué caxa en que traxo el Miramamolín su Alcorán, quando cedio â nuestro Alphonso la batalla del Triunpho de la Cruz (sic)*»,[8] que fue robada por los franceses cuando sentaron sus reales en el monasterio en 1808.[9] Contamos con testimonios iconográficos de

---

[7]   Analizo estos sepulcros en extenso en: Rocío SÁNCHEZ AMEIJEIRAS, «La coronación de Alfonso XI» (en prensa).

[8]   MORENO CURIEL, *Jardín de Flores de Gracia* (n. 2), (introducción, sin paginar).

[9]   RODRÍGUEZ LÓPEZ, *El monasterio* (n. 5), p. 208 cita a Miguel NOVOA Y VARELA, *El Real Monasterio de Las Huelgas de Burgos*, 1884 quien publicaba un resumen de la relación de los objetos preciosos que las hordas francesas habían robado, que habían hecho las tres monjas ancianas que se negaron a abandonar el

finales del siglo XVI que identifican el tapiz almohade con la bandera del Miramamolín : puede verse ondeando entre las tropas vencidas en el mural pintado en el cierre del coro.[10] Sin embargo sabemos con certeza que la bandera tejida en oro de Al-Nasir fue enviada por Alfonso VIII al Papa, entre otros generosos regalos, y fue colgada en la propia basílica de S. Pedro.[11] Los especialistas en tejidos árabes coinciden en señalar que el llamado «pendón» es un tapiz almohade del siglo XIII, pero no es posible asegurar que ese trofeo fuese entregado por Alfonso VIII al monasterio después de la batalla. De hecho, Carmen Bernís no descartaba la posibilidad de que fuese un regalo de Fernando III tras la conquista de Sevilla,[12] una victoria que no alcanzó ni por asomo la

monasterio, y entre ellos se registra «el cofrecito de oro, cogido al Miramamolín en la Batalla de las Navas de Tolosa, y donde éste guardaba el Alcorán».

[10] En el mural con la Victoria de Las Navas, los artistas burgaleses Jerónimo y Pedro Ruiz de Camargo representaron el supuesto pendón de Al-Nasir, y el supuesto estandarte de Alfonso VIII en Las Navas, un estandarte del siglo XIV conservado en la catedral de Burgos, del que ya Fernán MARTÍNEZ DE BURGOS, en la *Suma de la crónica del Rey Alfonso VIII de Castilla*, 1465 afirmaba que era efectivamente el que había llevado el rey en la batalla, aunque fuentes escritas del siglo XIII aseguran que también ese pendón fue enviado a Roma por el monarca. Cfr. Carlos VARA THORBECK, *El Lunes de las Navas*, Jaén 1999, p. 378.

[11] En efecto, el notario imperial Ricardo de SAN GERMANO en su *Crónica*, tras narrar la batalla siguiendo la carta que Alfonso VIII envió al Papa añade «del botín que tomó a los sarracenos Alfonso mandó al Papa generosos regalos, es decir, una tienda enteramente de seda y una bandera tejida de oro, que ha sido colgada en honor del nombre de Cristo en la basílica del príncipe de los apóstoles», cfr. Derek LOMAX, «La conquista de Andalucía a través de la historiografía europea de la época», en: *Actas del V Coloquio Internacional de Historia Medieval de Andalucía*, Córdoba 1986, pp. 37–47, esp. p. 40. Mateo PALMIERI en su *Liber de Temporibus* repite la noticia sobre la bandera almohade, por lo que Lomax supone que siendo dos italianos los cronistas que lo afirman, no cabe dudar de su veracidad, véase ibid., p. 40.

[12] Francisco FERNÁNDEZ GONZÁLEZ, «Pinturas sobre materiales textiles con aplicación a insignias cortesanas y militares. Tiraz de Hixem II. Enseña del Miramamolín Muhamal Al-Nasir en la Batalla de Las Navas de Tolosa", *Museo Español de Antigüedades*, VI (1875), pp. 463–75 defendía la idea de que el pendón era en realidad un tapiz de la tienda de Al-Nasir; como asumen después Amancio RODRÍGUEZ LÓPEZ, *El monasterio...* (n. 5), 1, p. 112, y Camilo María ABAD, «Una exposición provincial de Arte retrospectivo. El pendón de Huelgas y otros recuerdos de la batalla de Las Navas», en: *Razón y Fe*, 1921, pp. 169–83. Voces críticas en torno a la autenticidad de la leyenda que asociaba el pendón a la victoria castellana se levantaron ya en el siglo XIX. Rodrigo AMADOR DE LOS RÍOS, *Trofeos militares de la Reconquista. Estudio acerca de las enseñas musulmanas del Real Monasterio de Las huelgas y de la catedral de Toledo*, Madrid 1893, pp. 27–87 lo supone erróneamente de época nazarí. Más recientemente Carmen BERNIS MADRAZO, «Tapicería Hispano-Musulmana (siglos XIII y XV)», en: *Archivo Español de Arte*, 29, 1956, nº 114, pp. 95–115, esp. pp. 110–12, lám. 11 reconoce su origen almohade pero lo vincula a la conquista de Sevilla. Los estudios más recientes insisten en la autenticidad de la tradición. Cristina PARTEARROYO, «Las telas de los santos, de los reyes y de los califas : los tejidos en al-Andalus (ss. X–XIII)», en: *Santiago-Al-Andalus. Diálogos artísticos para un milenio*, Santiago de Compostela 1997, pp. 363–95; IDEM, «El pendón de la batalla de Las Navas de Tolosa», en: *Maravillas de la España medieval : tesoro sagrado y monarquía*, Isidro BANGO TORVISO (coord.), Valladolid 2001, pp. 109–10 quien pasa de fecharlo como «*arte almohade del siglo XIII*» en la primera de las obras citadas a «anterior a 1212», en la segunda, al suponer que se trata efectivamente del pendón de Al-Nasir. VARA THORBECK, en: *El Lunes...* (n. 10), pp. 371–72, y 375 defiende también recientemente la «*autenticidad*» del «*pendón*». Sobre su restauración, cfr. Concha HERRERO CARRETERO, *Museo de Telas Medievales. Monasterio de Santa María la Real de Huelgas*, Madrid 1988, pp. 121–24.

repercusión internacional que, en cambio, logró la de Las Navas gracias al gran aparato propagandístico creado por el entorno de Alfonso VIII.[13]

Más difícil todavía resulta demostrar la veracidad de la tradición que asocia la caja árabe con el Miramamolín, porque ni siquiera es posible conocer hoy su apariencia ni aventurar una datación, aunque la apropiación de una caja destinada a custodiar la sagradas escrituras del infiel y su reutilización como píxide, es un acto que hace visible en clave litúrgica el núcleo de la contienda, y responde a una ideología de enfrentamiento y de apropiación que se acompasa incluso con la utilización de formas almohades en la arquitectura del propio monasterio.[14] Mayor fundamento parece tener, en cambio, la tradición que asocia la cruz con la batalla. Se trata de una cruz flordelisada de hierro, chapada en plata dorada, con una línea de perlas y hojas de roble en hierro dorado, con perlas engarzadas y cabujones; y se conserva también su rico estuche de cordobán (fig. 2). Aunque la cruz debió de ser enriquecida en siglos posteriores, es posible que su estructura principal, así como el estuche, fuesen efectivamente piezas de comienzos del siglo XIII.[15] La importancia que tuvo el símbolo cristiano en las distintas narraciones textuales y en celebraciones litúrgicas vinculadas a la batalla, y la insistente representación de la cruz flordelisada en los sucesivos sepulcros de los fundadores, como veremos, hacen sospechar que efectivamente esta cruz pudo ser regalada por el monarca al monasterio. Es más, sabemos que un altar de la Santa Cruz ya existía en el coro monástico al menos en 1279 cuando se consagran la iglesia y los cementerios de la abadía, y es posible que exista alguna relación entre la rica pieza de orfebrería y el altar.[16]

---

[13]   Sobre esta cuestión véase *infra*.

[14]   Me refiero a la capilla de la Asunción de Las Claustrillas, que a mi juicio fue reformada por talleres almohades alrededor de 1211–12, a raíz de la muerte del infante Fernando, el heredero al trono, que falleció meses antes de la batalla de Las Navas. Cfr. SÁNCHEZ AMEIJEIRAS «El 'çementerio real'...» (n. 6) , *passim*. Isidro BANGO TORVISO, «El ámbito de la muerte», en: *Monjes y Monasterios...* (n. 6), pp. 317–34, esp. p. 327 defiende que no conviene descartar la idea de que aunque primitivamente este espacio fuese parte del palacio, no asumiese después funciones funerarias. María Teresa LÓPEZ DE GUEREÑO SANZ, «Capilla de la Asunción. Santa María la Real de Las Huelgas (Burgos)», en: *Monjes y Monasterios...* (n. 6), p. 282 supone que debió de formar parte del templo primitivo, como ya hacía José Carlos VALLE PÉREZ, en: «Significación de la iglesia en el panorama de la arquitectura de la orden del Cister», en: *Reales Sitios*, 105, 1990, pp. 49–56; James D'EMILIO, «The Royal Convent of Las Huelgas: Dynastic Politics, Religious Reform and Artistic Change in Medieval Castile», en: *Studies in Cistercian Art and Architecture* (en prensa) acepta la suposición de un reforma de una primitiva estructura para conformar un cementerio real.

[15]   Sobre esta cruz y su rico estuche de cordobán véase Julio GONZÁLEZ, *El reino de Castilla en la época de Alfonso VIII*, 3 vols., Madrid 1960, 1, pp. 1001, 1003; HERRERO CARRETERO, *Museo de Telas Medievales...* (n. 12), pp. 74–77. VARA THORBECK, *El Lunes...* (n. 10), p. 377 considera que la cruz perteneció efectivamente a Alfonso VIII.

[16]   La iglesia y los cementerios de la abadía fueron consagrados en 1279 por el obispo de Albarracín. «*El día 5 de Septiembre fueron dedicados el altar de la Santa Cruz, en el coro de las Monjas y el altar de todos los santos; y entonces fue dedicado el cementerio del noble rey Alfonso, fundador del monasterio, el cementerio de otro reyes, el cementerio de las infantas, y el capítulo*» («*Pridie nonas septembris dedicatum fuit altare Sanctae Crucis, in choro monialium, et altare Omnium Sanctorum; et tunc dedicatum fuit <u>cemaete-</u>*

Fig. 2: Las Huelgas, Sta. María la Real,
Cruz llamada de Las Navas de Tolosa

La tradición que vinculaba la victoria de Las Navas de Tolosa con el monasterio ya existía a mediados del siglo XV, pues el barón León de Rosmithal afirmaba que el monarca castellano había fundado y edificado la abadía con los despojos que había ganado a los moros en la batalla.[17] Hoy sabemos, a partir de la documentación original, que el monasterio se fundó en 1187, veintiséis años antes de la batalla, cuando la situación política del reino castellano no gozaba de buena salud. Los restantes monarcas peninsulares estaban tejiendo una alianza contra Castilla que fraguaría en 1191, y pocos años después Alfonso VIII sufriría la dolorosa derrota de Alarcos.[18] Es posible que la leyenda

---

rium nobilissimi regis Alphonsi, fundatoris praefati monasterii, cemaeterium aliorum regum, cemaeterium infantissarum, et capitulum»), véase José Manuel LIZOAIN GARRIDO, *Documentación del Monasterio de Las Huelgas de Burgos (1263–1283)*, 3, Burgos 1987, pp. 112–13. Se trata de una noticia verídica que Curiel vio anotada en el *Calendario-Martirologio y Regla de San Benito*, de principios del siglo XIV, conservado en el Museo Arqueológico Nacional.

[17]   José GARCÍA DE MERCADAL, *Viajes de extranjeros por España y Portugal*, 3 vols., Madrid 1952–62, 1, p. 415; citado por Olga PÉREZ MONZÓN, «Iconografía y poder real...» (n. 6), p. 22.

[18]   Sobre la significación política de la fundación de Las Huelgas véase Javier PÉREZ-EMBID WAMBA, «El Cister femenino en Castilla y León. Fundación y organización de las comunidades monásticas (siglos

que enlazaba la fundación monástica con el triunfo cristiano fuese estimulada por las distintas celebraciones de la memoria del rey castellano en el monasterio de Las Huelgas. La iconografía de su sepulcro labrado en el segundo cuarto del siglo XIV que hoy vemos en el coro monástico, podría sugerir la relación entre ambos acontecimientos. Las dos únicas escenas figurativas con que se decora, situadas en los testeros de la cubierta, hacen referencia a ambos acontecimientos : en uno de ellos el monarca entronizado entrega el documento fundacional a la comunidad femenina (fig. 3), y en el otro, la imagen triunfal de la cruz sostenida por ángeles resume, como hace ya tiempo señaló Ricardo del Arco, la victoria castellana contra los almohades (fig. 1).[19] Es más : el sepulcro del monarca ofrece una versión «maquillada» de la fundación de la abadía, excluyendo a la reina del proceso, cuando tanto las noticias que proporciona Rodrigo Jiménez de Rada en su crónica como el primero de los privilegios que el Papa concedió a Las Huelgas, de 1188, demuestran que la fundación se llevó a cabo por expreso deseo de la reina Leonor de Inglaterra, quien, posiblemente, pretendía emular con ella la fundación aquitana de Fontevraud.[20]

La leyenda que vincula la fundación de Las Huelgas con la victoria de Las Navas de Tolosa no es la única tradición fabulosa relacionada con la batalla que parece haberse difundido en el siglo XV, y que pudo derivar de la lectura errónea de la iconografía del monumento del monarca. Una segunda leyenda asegura la milagrosa aparición de una cruz en el cielo la mañana de la contienda. Ni Rodrigo Jiménez de Rada, ni Juan de Osma, quienes no sólo estuvieron presentes en la batalla, sino que fueron principales protagonistas en ella, hacen referencia a semejante prodigio, aún cuando relatan el enfrentamiento en términos providencialistas.

XII–XIII)», en: *Actas das Jornadas Luso-Espanholas de História medieval*, Porto 1989, 3, pp. 1084–90; y D'EMILIO, «The Royal Convent...» (n. 14) .

[19]   ARCO, *Sepulcros de la Casa Real de Castilla* (n. 6), p. 19.

[20]   Sobre la fundación Luís MARTÍNEZ GARCÍA, *El Hospital del Rey de Burgos. Un señorío medieval en la expansión y en la crisis (siglos XIII y XIV)*, Burgos 1986, pp. 56–57; José Manuel LIZOAIN GARRIDO y Juan José GARCÍA, *El Monasterio de Las Huelgas de Burgos : Historia de un señorío cisterciense burgalés (siglos XII y XIII)*, Burgos 1988; PÉREZ-EMBID WAMBA, «El Cister femenino...» (n. 18), pp. 1087–88; Dulce OCÓN ALONSO, «El papel artístico de las reinas hispanas en la segunda mitad del siglo XII : Leonor de Castilla y Sancha de Aragón», en: *VII Jornadas de Arte : La mujer en el arte español*, Madrid 1977, pp. 28–29; D'EMILIO, «The Royal Convent...» (n. 14). El texto de Rodríguez de Rada en «Rodrigo Jiménez de Rada», en: *Historia de los hechos de España*, Juan FERNÁNDEZ VALVERDE (ed.), Madrid 1989, p. 255 (*De Rebus Hispanie*, 7, xxxiii). El privilegio papal en José Manuel LIZOAIN GARRIDO, *Documentación del Monasterio de Las Huelgas de Burgos (1116–1230)*, 1, Burgos 1985, p. 39 (doc. 21).

Fig. 3: Las Huelgas, Sta. María la Real, sepulcro de Alfonso VIII
(† 1214), detalle de la fundación del monasterio de Las Huelgas

El prelado Toledano subraya otro fenómeno prodigioso, aunque menos espectacular, en el que el signo cristiano también asume una efectiva función apotropaica. Narra cómo el canónigo de Toledo Domingo Pascasio logró atravesar incólume las filas enemigas con el estandarte con la cruz que solía tremolar delante del arzobispo.[21] Como ha advertido Huici hace ya muchos años, fue Florián Docampo el primero que vertió por escrito en una crónica la milagrosa aparición,[22] y en esta tradición fabulosa se basará siglos después Ricardo del Arco para relacionar el relieve del sepulcro de Alfonso VIII con la batalla. Arco describía la escena con estas palabras : «*dos ángeles sostienen la cruz milagrosa que dicen se le apareció en Las Navas*».[23] Reconocía en el relieve una representación de la llamada «Cruz de Las Navas», a la que se suponía una milagrosa materialización de la cruz aparecida en el cielo (figs. 1 y 2 y lám. VI).

De la idea de Ricardo del Arco se hicieron eco María Jesús Gómez Bárcena y Julia Ara Gil, y Olga Pérez Monzón, quien la desarrolló de un modo especial al relacionar la imagen del sepulcro con el valor dado al símbolo cristiano en el discurso cronístico sobre la batalla en la Castilla de la primera mitad del siglo XIII. Pérez Monzón concluye

---

[21] «*La cruz del Señor, que solía tremolar delante del arzobispo de Toledo, pasó milagrosamente entre las filas de los agarenos llevada por el canónigo de Toledo Domingo Pascasio y allí, tal como quiso el Señor permaneció hasta el final de la batalla sin que su portador, solo, sufriese daño alguno*», Rodrigo JIMÉNEZ DE RADA, *Historia de los hechos...* (n. 20), p. 322 (*De Rebus Hispaniae*, 8, x). La *Primera Crónica General* repite el mismo relato, *Primera Crónica General*, Ramón MENÉNDEZ PIDAL y Diego CATALÁN (eds)., Madrid 1977, 1, pp. 702.

[22] Ambrosio HUICI DE MIRANDA, *Estudio sobre la campaña de Las Navas de Tolosa*, Valencia 1916, p. 113, nota.

[23] ARCO, *Sepulcros de la Casa Real de Castilla* (n. 6), p. 19.

su argumentación aceptando que se trata de una representación de «la Cruz de Las Navas» –despojada ya de trayectorias celestes– y de una alusión a la Fiesta de la Exaltación de la Santa Cruz, con el forzado argumento de que Juan de Osma, en la *Crónica latina de los Reyes de Castilla* fecha la muerte del monarca una octava antes del día de la Exaltación de la Cruz.[24] Es la dimensión ritual que proporciona a la imagen el hecho de que los ángeles eleven la cruz con sus manos veladas la que probablemente induzca a la investigadora madrileña a relacionar el relieve con una festividad litúrgica. Pero a mi juicio se equivoca de fiesta. Es más probable que en el sepulcro de Alfonso VIII se aluda a la Fiesta del Triunfo de la Santa Cruz, que se celebraba, y aún hoy se celebra, el 16 de julio, el día que se libró la batalla, una tercera conmemoración del signo cristiano que se sumó en el calendario litúrgico del monasterio a las ya existentes en la liturgia romana desde época altomedieval : las fiestas de mayo y septiembre de la Invención y la Exaltación de la Santa Cruz.[25] Es más, la hermana Ana María, archivera y memoria viva del monasterio, recuerda que las monjas, en el coro, acostumbraban a besar «la Cruz de Las Navas» en el transcurso de las celebraciones litúrgicas de la fiesta.

LA FIESTA DEL TRIUNFO DE LA SANTA CRUZ

Las huellas más antiguas de esta celebración se encuentran interpoladas en dos códices custodiados en el archivo de la abadía. En un *Leccionario* que Joaquín Yarza supone iluminado en Cardeña entre 1165 y 1175 y que debió de formar parte de la dote fundacional de la abadía, se añadió un cuaderno con el *Oficio de la Fiesta del Triunfo de la Santa Cruz* (AMH, Ms. 49, fols. 80–90v). La interpolación se realizó con sumo cuidado, llegándose a imitar la antigua inicial figurada que ilustraba el oficio del Natalicio de la Magdalena, del 17 de julio, y a copiar el texto correspondiente en el último folio vuelto del nuevo cuaderno, para encajar el texto. No resulta fácil, a partir de la «inicial imitada» y de otra más simple situada al inicio de la interpolación, o por criterios paleográficos, fechar con seguridad este añadido.[26] Cabe suponer que data del siglo XIII, y el texto del oficio obliga, en principio, a situarlo con posterioridad a la primera mitad del

---

[24]   Véase GÓMEZ BÁRCENA, *Escultura gótica funeraria...* (n. 6), p. 195; ARA GIL, «Imágenes e iconografía...» (n. 6), pp. 366–367 señala que las primeras cruces –la del sepulcro de don Nuño en Las Huelgas, y la del sepulcro más antiguo de Palazuelos –son cruces triunfales, pero omite cualquier relación con la victoria de Las Navas; PÉREZ MONZÓN, «Iconografía y poder real...» (n. 6), pp. 29–30.

[25]   Sobre la temprana celebración de las fiestas de la cruz en territorio hispano, véase Helmut SCHLUNK, *Las cruces de Oviedo : el culto de la Vera Cruz en el reino asturiano,* Oviedo 1985.

[26]   *Manuscritos e impresos...* (n. 4), p. 38; HERRERO GONZÁLEZ, *Códices miniados...* (n. 4), pp. 23–30, 37, fig. 31 para la inicial con que da comienzo la interpolación; figs. 14 y 15 para la repetición de la inicial M en distinta calidad de ejecución y de tintas de los fols. 79v y 90v; YARZA LUACES, «La miniatura en Galicia...» (n. 4), pp. 322–23; IDEM, «Códices iluminados...» (n. 4), pp. 49–56. En los textos que citaré del *Oficio,* mantendré la grafía original.

siglo XIII : sus diez lecciones recogen el relato de la Batalla de Las Navas, exactamente
tal como lo narra Rodrigo Jiménez de Rada en su *De Rebus Hispaniae,* una obra que se
supone fue redactada entre 1237 y 1243.[27] Además de las diez lecciones agrupadas, bajo
el epígrafe *«Istud festum Sancte Crucis apud navas de tholosa debet celebrari sexto
decimo die mensis julii»,* el *Oficio* interpola una colecta :

> *Deus qui per crucem tuam populo in te credenti triumphum contra inimi-
> cos concedere voluisti : q(uaesumus) ut tua pietate adorantibus crucem
> semper tribuas gaudium et honorem, (tu qui) vivi(s) et regnas cum deo
> patris* (fol. 80v).

Esta misma colecta, con ligeras variantes. aparece en el segundo de los documentos
del nuevo culto, fechado con seguridad en 1265 : en un *Colectáneo* (Ms. 2, fol. 2v) del
siglo XIII[28] :

> *Incipit Oficium Triumphi Sante crucis sub era ma ccca iiia*
> *Deus qui per crucem tuam populo in te credenti triumphum contra inimi-
> cos concedere voluisti : qua(e)sumus ut tua pietate adorantibus crucem
> victoriam senper (sic) tribuas et honorem qui vivis gaudyum.*

Por los testimonios más antiguos conservados resulta imposible atribuir una fecha
concreta a la composición del *Oficio*. Es indudablemente anterior a 1265, pero quizá no
necesariamente posterior a 1237. Cabría preguntarse si el *Oficio* es anterior a la definitiva redacción de la crónica de don Rodrigo, y como supone Curiel, quien atribuye a la
infanta Constanza I, hija de Alfonso VIII, su encargo, habría sido compuesto poco después de la contienda.[29]

---

[27] JIMÉNEZ DE RADA, *Historia de los hechos...* (n. 20), pp. 307–232 (*De Rebus Hispaniae*, 8, i–x) ¿Fue el
largo pasaje cronístico compuesto originalmente como un oficio litúrgico? Los recientes trabajos de Patrick
Henriet sobre los relatos referentes a la toma de Baeza y la relación entre hagiografía y cronística en la
obra de Lucas de Tuy podrían hacer sospechar esa posibilidad. Cfr. Patrick HENRIET, «Hagiographie et
politique à León au début du XIIIe siècle : les chanoines réguliers de Saint-Isidore et la prise de Baeza», en:
Revue Mabillon, 8, 1997, pp. 53–82; IDEM, «Hagiographie et historiographie en péninsule ibérique (XI–
XIIIe siècles). Quelques remarques», en: *Cahiers de linguistique hispanique médiévale*, 23, 2000, pp. 53–85.

[28] Sobre este manuscrito cfr. *Manuscritos e impresos...* (n. 4), p. 38; HERRERO GONZÁLEZ, *Códices miniados...* (n. 4), pp. 105–09.

[29] MORENO CURIEL, *Jardín de Flores de Gracia...* (n. 2), s. p., indica que Constanza I «*de Castilla*», hija
de Alfonso VIII, murió en opinión de santa en 1218 habiendo sido abadesa 14 años. Es posible que Curiel
atribuya a Constanza la institución del *Oficio* porque la supone abadesa en el tiempo de la batalla. Lo cierto
es que estaba viva en 1233 cuando actúa el 7 de marzo como testigo en las capitulaciones matrimoniales de
Guiralt Almerich y María Remón, y a las «*infantes*» (es de suponer que a las dos Constanzas, la hija de Alfonso VIII y la hija de Fernando III con el mismo nombre que también profesó en el monasterio) se hace
referencia en otro documento del mismo mes, cfr. LIZOAIN GARRIDO, *Documentación del Monasterio de
Las Huelgas de Burgos...* (n. 20), 2, Burgos 1985, pp. 31–32 (doc. 271) y 37–38 (doc. 274). De 1240 datan
otros dos documentos de venta y donación en los que aparecen todavía «*las infantes*» (ibid. pp. 98–99, doc.
320 y 99–100, doc. 321) y desde esta fecha desaparece cualquier referencia a ellas. Ninguno de los dos ca-

Además de los dos primeros testimonios del *Oficio del Triunfo de la Santa Cruz* anteriormente citados, un tercero, ya del siglo XV, proporciona una nueva versión de la batalla e incluye por primera vez el relato legendario de la milagrosa aparición del signo cristiano en el cielo la mañana de la contienda. Se encuentra en unos folios sueltos cosidos a una Biblia del siglo XII (AMH, Ms. 5), que contiene dos sermones escritos para esa celebración.[30] El primero de ellos relata el episodio prodigioso, y explica porqué la victoria acabó titulándose el Triunfo de la Santa Cruz :

> ...*Mira que in hoc prelio acciderunt : numerus primu(m) occissorum in tanta paucitate chirstianorum. Crux item in medio conflictu, cum nostri laborare maxime videre(n)t(ur). Alfonso quam plurimisque in aere visa. Preterea crux, que ante presulem toletanum de more gesta(tur) bis incolumi signifero sublata hostium aciem penetrauit. Quare et quod christianis symbolum ac insigne crux erat, Triumphus sancte crucis hec preclara victoria apellata est.*[31]

Fue posiblemente a partir de tradiciones propias del monasterio, como este sermón escrito para la conmemoración de la Fiesta del Triunfo de la Santa Cruz, de donde tomó prestada la noticia de la aparición legendaria de la cruz Florián de Ocampo, incorporándose así a la literatura cronística.[32] Sin duda el episodio de Constantino en Puente Milvio estimuló la imaginación del clérigo que compuso el sermón, pero ¿no lo habrían hecho también la imagen de exaltación celeste de la cruz que decoraba el monumento del monarca? (fig. 1 y lám. VI). El relieve del sepulcro de Alfonso VIII, con la imagen

---

lendarios indica el año de la muerte de Constanza I, que debió de acaecer entorno a 1240 (sólo indican la fecha –«*IIII nonas Januarii*»–).

[30] *Manuscritos e impresos...* (n. 4), pp. 21–22; HERRERO GONZÁLEZ, *Códices miniados...* (n. 4), pp. 81–90; YARZA LUACES, «La miniatura en Galicia...» (n. 4), pp. 322 y 330; IDEM, «Códices iluminados...» (n. 4), pp. 51–53.

[31] El otro sermón está compuesto por citas bíblicas –de la historia de Eliseo y las cartas de S. Pablo–. Un testimonio ulterior del *Oficio* se encuentra en el *Calendario-Martirologio y Regla de San Benito* (AMH, Ms. 1). En el día 16 de julio se indica, en letra ya del siglo XVI «*Hodie celebratur triumphus.sancte crucis.per quem Rex allefonsus castelle triumphauit de rrege marroquitano sarracenorum Rege : apud navas tolose yn honorem hujus triumphi hec domus rregalis constructa est*», sobre este códice cfr. n. 4. Es posible, entonces, que la segunda de las tradiciones legendarias que vinculaba la fundación del monasterio con Las Navas hubiese nacido también en torno a la celebración del Oficio del Triunfo de la Santa Cruz.

[32] Así parece ponerlo de manifiesto el texto posterior de Núñez de Castro : «*y por esto muchas familias que se hallaron en esta batalla, ostentan en sus armas cruces (y no son pocos) que dichas cruces son, porque antes de dar esta batalla, se vio una cruz en el ayre, como en presagio de que avia de vencer el exercito christiano; y aunque esto no lo dize el Arçobispo Don Rodrigo, que se halló en ella, lo traen Autores de mucho crédito y demás de la común tradición, lo persuaden diferentes memorias consagradas a este culto*», véase Alonso NÚÑEZ DE CASTRO, *Coronica de los señores reyes de Castilla, Don Sancho el Deseado, Don Alonso el Octavo, y Don Enrique el Primero*, Madrid 1665, p. 238. Entre los autores «*de mucho crédito*» estaría Florián Docampo.

de dos ángeles sosteniendo la cruz, podría ser interpretado en el siglo XV en clave «naturalista» situando efectivamente la cruz en un cielo físico, y no metafísico, como supone, en cambio, la imagen triunfal de exaltación del signo cristiano.

La vinculación de la escena triunfal de la cruz del sepulcro de Alfonso VIII con la celebración litúrgica de la Fiesta del Triunfo de la Santa Cruz viene, además, confirmada por los precedentes conocidos para esta fórmula iconográfica. Las imágenes más antiguas de la Adoración de la cruz, que han sido relacionadas por André Grabar con el rito de la *adoratio crucis* de la liturgia del Viernes Santo que se celebraba en Jerusalén se encuentran en ampollas de los santos lugares conservadas en Monza y Bobbio : en ellas ángeles sosteniendo e incensando la cruz emulan la actividad de los dos diáconos que sostenían el signo cristiano en las celebraciones jerosimilitanas.[33] El ceremonial, abandonado en Jerusalén, será adoptado en Roma y en todo el occidente en la liturgia del Viernes Santo, y con él ha relacionado Yves Christe las imágenes de ángeles sosteniendo el signo cristiano con las manos veladas en los Juicios Finales medievales, una fórmula que, por cierto aparece también en las representaciones hispanas de la visión de Mateo como las del Pórtico de la Gloria o de la portada de la Coronería de la catedral de Burgos.[34] Resulta lógico pensar, entonces, que para representar una celebración litúrgica de la cruz se recurriese a una vieja fórmula de conocidas connotaciones litúrgicas.

Contamos, además, con paralelos castellanos del siglo XIII para esta imagen localizados en contexto funerario, que vienen, a mi juicio, a confirmar la relación de la fórmula iconográfica con la celebración de la victoria de Las Navas. Me refiero a los relieves de las cubiertas de dos sepulcros conservados en el pórtico del propio monasterio de Las Huelgas, y al sarcófago más antiguo conservado en el monasterio de Palazuelos (Valladolid).[35]

LOS PRIMITIVOS SEPULCROS DE ALFONSO VIII Y LEONOR DE INGLATERRA

A pesar de que tradicionalmente se venía fechando el monumento doble de Alfonso VIII y Leonor de Inglaterra que hoy se ve en el coro de la iglesia abacial de Las Huelgas hacia 1250 o en la segunda mitad del siglo XIII, indicios de orden iconográfico y estilístico obligan a retrasar su fecha al segundo cuarto del siglo XIV. Su estrecho parentesco

---

[33] Véase, por ejemplo, una ampolla de la adoración de la cruz en Silvana CASARTELLI NOVELLI, «Segno *Salutis* e Segno 'iconico': dalla 'invenzione' constantiniana ai codici astratti del primo altomedioevo», en: *Segni e Riti nella Chiesa Altomedievale Occidentale, Settimane di Studio del centro Italiano di Studi sull'Alto Medioevo,* 33, Spoleto 1987, 1, pp. 105–73, fig. 12.

[34] Yves CHRISTE, *La vision de Matthieu (Matth. XXIV–XXV). Origines et développement d'une image de la Seconde Parousie,* París 1973, pp. 45–46. Agradezco a Christine Hediger haber llamado mi atención sobre la similitud de ambas fórmulas.

[35] ARA GIL, «Imágenes e iconografía...» (n. 6), 366–67 ya señalaba los tres sepulcros del siglo XIII en los que aparece la imagen triunfal de la cruz.

estilístico con los monumentos de la infanta doña Blanca († 1321) y del infante don Alfonso de Molina († 1333) es uno de los argumentos, además de otros muchos, que pueden aducirse en este sentido.[36] Esta nueva cronología desencadena una pregunta obligada : ¿dónde habían estado hasta entonces los ataúdes de Alfonso VIII y Leonor? ¿Ningún sepulcro monumental había guardado sus restos durante más de un siglo? Juan de Osma en su *Crónica latina de los Reyes de Castilla*, después de narrar la muerte del monarca, y la de su esposa, fallecida pocos meses después, por no poder superar el dolor de su pérdida, añade : *«Fue enterrada junto al rey en el citado monasterio. Un mismo lugar de sepultura guarda a los que un mismo espíritu había unido y la nobleza de costumbres decorado».*[37] Del texto del canciller de Fernando III, que conoce de cerca la vida de la familia real, se deduce que entre 1223 y 1230, fechas en las que el autor redacta la parte de la crónica en la que se incluye la noticia, los monarcas estaban enterrados ya en el monasterio, y la impresión que produce la lectura del pasaje es la de la proximidad y parentesco entre ambas sepulturas. Olga Pérez Monzón no pudo evitar relacionar el pasaje cronístico con la excepcional fórmula del monumento doble que hoy vemos en el coro,[38] pero Juan de Osma no pudo haber conocido estos sarcófagos, labrados muchas décadas después de su muerte.

A la descripción de Juan de Osma podrían ajustarse, en cambio, dos sepulcros monumentales conservados hoy en el pórtico que fueron labrados coetáneamente, como demuestra tanto su iconografía como su estilo (figs. 4 y 5). Uno de ellos, más elaborado, está coronado por un rico baldaquino con diminutas bóvedas «angevinas», sostenidas por estatuas columna. A falta de otras evidencias habrá que recurrir a las siempre inseguras herramientas estilísticas para encontrar una fecha aproximada para la labra de estos monumentos. Aunque los *crochets* de los capiteles del baldaquino encuentran su paralelo en la decoración de la iglesia abacial, cuya construcción fechan Henrik Karge y James D'Emilio entre 1200 y 1220,[39] la rica decoración vegetal, de vid con racimos de

[36] Rocío SÁNCHEZ AMEIJEIRAS, «La coronación de Alfonso VIII...» (n. 7), *passim*.

[37] *«Sepulta est autem iuxta regem in monasterio memorato. Quos una mens iunxerat et morum nobilitas decorauerat, idem locus sepulture conseruat»*, cfr. *Crónica Latina de los Reyes de Castilla*, Luis CHARLO BREA (ed.), Cádiz 1984, pp. 41–42.

[38] PÉREZ MONZÓN, «Iconografía y poder real...» (n. 6), p. 25.

[39] Henrik KARGE, *La catedral de Burgos y la arquitectura del siglo XIII en Francia y España*, Valladolid 1995, 163–67 revisó la cronología tardía propuesta por Lambert para la iglesia abacial de Las Huelgas, fechando el coro y el crucero en la época de Alfonso VIII. Desarrolló con más detalle el argumento en IDEM, «Die königliche Zisterzienserinnenabtei Las Huelgas de Burgos und die Anfänge der gotischen Architektur in Spanien», en: Christian FREIGANG (ed.), *Gotische Architektur in Spanien. La arquitectura gótica en España*, Madrid / Frankfurt 1999, pp. 13–40; e IDEM, «La arquitectura gótica del siglo XIII» en: *Historia de la ciencia y de la técnica en la Corona de Castilla. I. La Edad Media*, Luis GARCÍA BALLESTER (dir.), Valladolid 2002, pp. 543–99, esp. pp. 543–49. D'EMILIO, «The Royal Convent of Las Huelgas...» (n. 14) adelanta, todavía más, a finales del siglo XII, el comienzo de las obras de la iglesia, que considera contemporánea de Las Claustrillas.

uvas, de las cubiertas, se corresponde con el repertorio decorativo de los talleres que trabajaron en la primitiva cabecera gótica de la catedral de Burgos, fechada por Karge entre 1220 y 1230 : los mismos motivos pueden reconocerse en las claves de bóveda reutilizadas en el deambulatorio y en los capiteles del pilar de ingreso de la capilla de la Natividad.[40] En conclusión, por razones estilísticas cabría fechar estos monumentos entre 1220 y 1230.

Fig. 4: Las Huelgas, Sta. María la Real, sepulcro del pórtico coronado por un baldaquino

---

[40] Véase KARGE, *La catedral de Burgos...* (n. 39), pp. 103–06 y figs. 31 y 34 para las claves y capiteles que presentan una decoración escultórica muy similar a la de estos dos sepulcros de Las Huelgas. GÓMEZ MORENO, *El Panteón...* (n. 5), 11–12 ya relacionaba estos sepulcros con la escultura más temprana de la catedral de Burgos, aunque no especificaba cual, y la fechaba tardíamente, a partir de la década de los 30. El descubrimiento de Karge de la primitiva cabecera de la catedral de Burgos, entre cuyos restos se encuentran, precisamente, los paralelos para los sepulcros, permite anticipar sus fechas.

Diversas atribuciones legendarias se han barajado en torno a estos sepulcros. Se han adjudicado tradicionalmente, junto con otros tres sarcófagos hoy conservados en la capilla de S. Juan, a caballeros de la Orden de la Banda,[41] cuando esta orden de caballería fue instituída casi cien años después de que los sepulcros hubieran sido labrados;[42] o bien a caballeros de Calatrava, o a caballeros relacionados con la victoria de las Navas, a pesar de que uno de ellos fue pensado, con toda seguridad, para una destinataria femenina.[43] Los monumentos sufrieron el saqueo de las tropas napoleónicas, cuando fueron desmontados y vueltos a montar erróneamente. Los basamentos están severamente repicados, al sepulcro de baldaquino le faltan al menos dos columnas que fueron previstas originariamente (fig. 7), y las arcas fueron intercambiadas : al sarcófago de mayor tamaño se le colocó la cubierta de menores dimensiones, que a todas luces resulta escasa (fig. 4); y bajo el baldaquino se encajó el arca de menores dimensiones (fig. 5). Los relieves de la cabecera de las urnas permiten deducir que el de menor tamaño correspondía a una mujer –puede reconocerse la toca con que se cubre la cabeza del cadáver en el lecho de muerte (fig. 5)–; y el de mayor tamaño, al que correspondería el baldaquino, a un hombre. Aunque hoy resulte difícil de fotografiar la escena de la muerte del personaje, Gómez Moreno a mediados del siglo XX todavía pudo dejar constancia de que se trataba de un varón barbado.[44] El único elemento identificativo que podría arrojar alguna luz sobre los destinatarios –los escudos de la cubierta en el monumento masculino– se revelan ineficaces, ya que carecen de cualquier señal heráldica (fig. 5). Como todavía pudo reconocer Gómez Moreno, son escudos blocados, como los que decoran el arca de un don Nuño, muerto en 1209, conservado hoy en la iglesia monástica, siendo las blocas un elemento real de refuerzo de la defensa militar, antes de convertirse en distinción herál-

---

[41] AMADOR DE LOS RÍOS, *España. Sus monumentos y arte, su naturaleza e historia*, Burgos / Barcelona 1888, p. 735 recogía por escrito la tradición que vincula estos dos sepulcros, y otros cuatro custodiados por entonces en el vestíbulo, que se encuentran hoy en la capilla de S. Juan, con caballeros de la Orden de la Banda. RODRÍGUEZ LÓPEZ, *El monasterio...* (n. 5), 2, pp. 250-51 ya ponía en duda la tradicional atribución a los caballeros de la Banda, o caballeros de Calatrava, y, advirtiendo que uno de ellos fue labrado para una destinataria femenina, proponía que quizá pudiese corresponder a Guiralt Almerich y María Ramón; o a Pedro Franco y doña Lambra, personajes de la nobleza burgalesa que otorgan importantes donaciones y piden ser enterrados en el monasterio en el primer tercio del siglo XIII. Sobre las reservas de Gómez Moreno véase n. 43. Curiosamente HERRERO SANZ, «Los sepulcros del panteón...» (n. 5), p. 30 insiste todavía en que «*todos los autores los relacionan con caballeros de la Orden de la Banda*».

[42] Véase G. DAUMET, «L'Ordre castillan de l'Echarpe (Banda)», en: *Bulletin Hispanique*, 25, 1923, pp. 5–32. L. T. VILLANUEVA, «Memoria sobre la Orden de Caballería de la Banda de Castilla», en: *Boletín de la Real Academia de la Historia*, 1918, pp. 437–573; I. GARCÍA DÍAZ, «La política caballeresca de Alfonso XI», en: *Miscelánea Medieval Murciana*, 11, 1984, pp. 117–33.

[43] GÓMEZ MORENO, *El Panteón...* (n. 5), p. 13 cita la atribución a los caballeros de la Navas y advierte que uno de los sepulcros correspondía a una dama difunta.

[44] GÓMEZ MORENO, *El Panteón...* (n. 5), p. 13: «En sus testeros, respectivamente, un varón barbudo y una dama con tocas».

dica.[45] Tampoco los pobres ajuares funerarios hallados en su interior contribuyen a despejar el enigma, pero hacen sospechar que a todas luces corresponden a una reutilización posterior de los monumentos, una vez libres de sus primitivos moradores.[46]

Fig. 5: Las Huelgas,
Sta. María la Real, sepulcro
del pórtico sin baldaquino

Sin embargo, la propia estructura de los monumentos y el programa iconográfico con que se decoran las cubiertas permiten, a mi juicio, afirmar su original destino regio. La presencia del baldaquino sobre uno de los monumentos, un elemento «de prestigio» en las estrategias funerarias de finales del siglo XII y de comienzos del siglo XIII, parece confirmar esta suposición.[47] Como precedentes significativos hay que invocar, precisa-

---

[45] GÓMEZ MORENO, *El Panteón...* (n. 5), pp. 11–12 ya reconocía que los escudos del sepulcro de don Nuño no muestran señales heráldicas sino que «*se repuntan como trasunto fiel del pavés o escudos de combate, con sus refuerzos barreados y clavillos en torno*». Faustino Menéndez Pidal de Navascués insistió en que son blocas y no señales heráldicas los elementos que decoran el sepulcro de don Nuño, véase Faustino MENÉNDEZ PIDAL DE NAVASCUÉS, *Heráldica Medieval Española. I La Casa Real de Castilla*, Madrid 1982, pp. 34–37. Véase este sepulcro en GÓMEZ MORENO, *El Panteón...* (n. 5), Lams. VII, VIIIa.; GÓMEZ BÁRCENA, *Escultura gótica funeraria...* (n. 6), fig. 139.

[46] GÓMEZ MORENO, *El Panteón...* (n. 5), pp. 38–39 : «El de varón contiene un ataúd sin tapa ni forro... la momia, con bragas de lienzo grosero con algo de cinturón... El... que era de mujer, tiene ataúd clavado, sin forro; esqueleto falto de una mano; hierbas apretadas formando cabezal; sobre la calavera, una tela gruesa cubriéndola; bragas de lienzo fino».

[47] Gracias a testimonios literarios se sabe que la costumbre romana de colocar *ciboria* sobre los sepulcros pervivió en época merovingia. Del siglo IX se conserva también un ejemplar (la tumba de S. Eleucadio en S. Apollinare in Classe en Rávena), y en todos estos casos se trata de monumentos exentos. Testimonios literarios de los siglos XVI y XVII describen en el centro del jardín del claustro silense un *ciborium* que alojaba los monumentos ricamente esculturados de don Nuño Sánchez de Finojosa y varios de sus parientes. En el transcurso de las excavaciones arqueológicas realizadas en 1970 salieron a la luz sus cimientos, véase R. TORRES CAROT y Joaquín YARZA LUACES, «Hallazgos románicos en el claustro del monasterio de Santo Domingo de Silos», en: *Boletín del Seminario de Arte y Arqueología*, 1971, pp. 187–200, y los autores que los han publicado los fechan a finales del siglo XI o comienzos del XII. De ser cierta esta cronología cabría encuadrar este ejemplo en la tradición anteriormente mencionada de monumentos exentos con

mente, dos sepulcros reales : el del monarca francés Luis VII († 1180) en la abadía, también cisterciense, de Barbeau, ordenado labrar hacia 1200 por su viuda Alix de Champagne,[48] y el de la reina Urraca († ca. 1209), madre del monarca leonés Alfonso IX, labrado hacia 1210, en la iglesia de la Magdalena de Zamora.[49]

ciborium. Cfr. Gerardo BOTO VARELA, «Las *'galerías del milagro'.* Nuevas pesquisas sobre el proceso constructivo del claustro de Silos», en: *Silos. Un Milenio. Actas del Congreso Internacional sobre la abadía de Santo Domingo de Silos,* Burgos 2003, 4, pp. 83–148. El sepulcro del baldaquino de Las Huelgas estuvo, en cambio, pensado para una disposición antemural ya que no se labró la parte posterior del sarcófago.

[48]   El desaparecido monumento de Luis VII en Barbeau se conoce por descripciones, grabados y dibujos de época moderna –Montfaucon y Gaignières y otros autores que acertaron a verla antes de su destrucción en tiempos de la Revolución. Estaba formado por una estructura de baldaquino con labores de orfebrería, que alojaba la e-figie yacente del difunto. Cfr. Alain ERLANDE BRANDENBURG, *Le Roi est mort. Études sur les funérail-les, les sépultures et les tombeaux des rois de France jusqu'à la fin du XIIIe siècle,* Paris 1975, pp. 161–62 y figs. 37 y 38, para el yacente de la tumba de Luis VII. Un antiguo dibujo de la estructura del baldaquino véase en Jean ADHÉMAR, «Les tombeaux de la Collection Gaignières : Dessins d'archéologie du XVIIe siècle», en: *Gazzette des Beaux-Arts,* 6e pér., 74, 1974, pp. 3–192, p. 17, n° 38. La tumba fue encargada por su viuda, Adèle de Champagne († 1206) tal como refieren los cronistas Rigord y Guillaume Le Breton (*Rigord et Guil-laume Le Breton, historiennes de Philippe Auguste, Œuvres,* publiées par M. François DELABORDE, Paris 1882–85, 2 vols., 1, p. 23 : «*In eadem ecclesia super sepulturam ipsius regis, Adela preadicta illustris, Fran-corum regina (...) fecit construi sepulcrum miro artificio compositum ex lapidibus, auro et argento et aere et gemis subtilissime decoratum*». Kurt BAUCH, *Das mittelalterliche Grabbild. Figürliche Grabmäler des 11. bis 15. Jahrhunderts in Europa,* Berlin / New York 1976, p. 43, fig. 52 considera posible que el yacente pertenecie-se también al monumento original.

[49]   Álvaro AVILA DE LA TORRE, *Escultura románica en la ciudad de Zamora,* Zamora 2000, pp. 166–68 atribuye el monumento de la iglesia de la Magdalena a Urraca, hija de Alfonso Henriques, el primer mo-narca portugués, y primera mujer de Fernando II. Tras separarse del monarca gallego, por orden papal, por razón de consanguinidad, en 1175, ingresó en la Orden de S. Juan. Julio González ya suponía que debía haberse retirado a Zamora, ya que después de esta fecha sólo aparece en documentos fechados en esa ciu-dad (Julio GONZÁLEZ, *Regesta de Fernando II,* Madrid 1943, pp. 69–70, 112). Murió poco después de 1209 cuando instituyó misas en la capilla de S. Miguel de la catedral por su alma y la de su hijo Alfonso IX, que se habrían de celebrar después de su muerte –«*post mortem vero predicte regine*»– (A.C.Z. leg. 12, doc. 4, citado por ÁVILA, *Escultura románica,* p. 167, n. 367). La vinculación estilística del taller que la-bró su sepulcro con el de los talleres compostelanos que trabaron en el coro de la catedral a comienzos de 1200 es otro indicio que apunta hacia la posibilidad de que la destinataria del monumento fuese la madre del por entonces rey Alfonso IX de León. José María PITA ANDRADE, «El arte de Mateo en tierras de Zamora y Salamanca», en: *Cuadernos de Estudios Gallegos,* 8, 25, 1953, pp. 207–26 ya había señalado que el monumento zamorano se encontraba en la órbita «*de Mateo*», opinión que después suscribieron Guadalupe RAMOS DE CASTRO, *El arte Románico en la provincia de Zamora,* Zamora 1977, p. 196 y ÁVILA, *Escultura románica,* pp. 164–65. Margarita RUIZ MALDONADO, «Dos obras maestras del ro-mánico de transición. La portada del Obispo y el sepulcro de la Magdalena», *Studia Zamorensia,* Anejos 1, 1988, pp. 33–59, p. 45, relaciona, en cambio, la tumba con algunas esculturas de la catedral de Salamanca. Además de estos dos monumentos cabe citar un tercero, posiblemente contemporáneo, el de Santo Domin-go de la Calzada, del que he podido localizar los restos de su primitivo baldaquino, aunque en este caso se trataba de un monumento exento, véase Rocío SÁNCHEZ AMEIJEIRAS, «Nuevos hallazgos sobre el se-pulcro de Santo Domingo de La Calzada», en: *Actas de las VIII Jornadas de Arte y Patrimonio Regional. Arte medieval en la Rioja* (en prensa). También en esta ocasión se trata de un difunto prestigioso, que re-fuerza la opinión de que el baldaquino funciona efectivamente como un singular elemento prestigiador.

Fig. 6: Las Huelgas, Sta. María la Real, sepulcro del pórtico
coronado por un baldaquino, detalle del testero

Fig. 7: Las Huelgas, Sta. María la Real, sepulcro del pórtico coronado por un baldaquino,
detalle de la cubierta con el Triunfo de la Sta. Cruz

También el rico programa iconográfico de las cubiertas permite suponer que estos suntuosos sepulcros merecen unos destinatarios más ilustres que unos personajes de la nobleza segundona. Ambas cubiertas se decoran con sendos programas de exaltación de la cruz (figs. 7 y 8). En el monumento femenino, cuatro ángeles parecen estar levantando una enorme cruz procesional de entre una maraña de decoración vegetal (fig. 8). En el masculino, en cambio, cinco ángeles alzan una enorme cruz de gajos mientras otros, labrados en las columnas del baldaquino, acompañando a San Pedro y San Pablo, la inciensan (figs. 4, 7 y 9). Como ya señalamos anteriormente, en el relieve del sepulcro de Alfonso VIII hoy en el coro se ha relacionado esta escena con la victoria castellana, y lo mismo cabe hacer con la ampliada versión del tema en los sepulcros antiguos. Esta vinculación de la cruz como imagen de triunfo contra el infiel había conocido un pasado prestigioso en la península en siglos anteriores. Los monarcas astures la habían utilizado como signo de la victoria,[50] y de la conciencia del poder profiláctico de la imagen de la cruz, y la de Cristo, en la batalla de Las Navas dan cuenta tanto el propio Alfonso VIII en la carta en la que comunica al Papa su victoria; como su hija la infanta Berenguela, exreina de León, en la que la notifica a su hermana Blanca, reina de Francia; y el ex-abad de Cîteaux Arnaldo Amalarico, recién nombrado arzobispo de Narbona, en la que lo relata al Capítulo General que debía celebrarse el 14 de septiembre, el día de la Fiesta de la Exaltación de la Santa Cruz. En la primera de las misivas el monarca explica como :

> *Nosotros, viendo que el combate se les hacía intolerable, avanzamos a*
> *rienda suelta, precedidos del signo de la cruz y de nuestro estandarte, en*
> *el que estaba la imagen de la Virgen María, y de su Hijo superpuesta a*
> *nuestra seña. Cuando estábamos ya dispuestos a morir constantemente*
> *por la fe de Cristo, al ver la afrenta de su cruz y de la imagen de su ma-*
> *dre, que los sarracenos procuraban derribar con piedras y flechas, lan-*
> *zándonos a las armas con furor, rompimos su haz de innumerable mu-*
> *chedumbre, y aunque seguían constantes y firmes en la pelea*
> *defendiendo a su príncipe, el Señor degolló con la espada de su cruz a-*
> *quella inmensa muchedumbre...*[51]

Doña Berenguela, más escueta en su relato, dota de extraordinarios poderes al propio estandarte de su padre, con la imagen de la Virgen y de Cristo, ante cuya vista a los sarracenos les flaqueó el ánimo y se dieron a la fuga.[52] Arnaldo Amalarico, que estuvo

[50] SCHLUNK, *Las cruces de Oviedo...* (n. 25), passim.

[51] HUICI, *Campaña...* (n. 22), pp. 166–70, p. 169 para la traducción castellana del original latino, que publi-
      ca, en cambio, Demetrio MANSILLA, *La documentación pontificia hasta Inocencio III 936–1216*, Roma
      1955, pp. 509–515, p. 513 (doc. 483).

[52] «*Viso autem Sarraceni vexillo patris nostri, fracti sunt animo et in fugam versi*», GONZÁLEZ, *El reino de
      Castilla...* (n. 15), 3, pp. 572–74, p. 573 (doc. 898). A la carta de Berenguela aluden también LOMAX, «La

presente en la batalla, vuelve a atribuir explícitamente el triunfo a la cruz : explica la huída de algunos serranos como una señal providencial, para que «*no nos atribuyésemos la victoria nosotros... sino que la atribuyésemos a Nuestro Señor Jesucristo y a la Cruz, que ellos habían escarnecido*».[53]

Las tres cartas aludidas forman parte de la hábil estrategia propagandística organizada por el entorno de Alfonso VIII, un monarca hasta entonces célebre por la derrota de Alarcos, para promover su triunfo. De la derrota habían dado cuenta, llorando, los príncipes de Castilla al Capítulo General del Cister, que difundió la noticia por todos los monasterios de la Orden.[54] Como ha estudiado Derek Lomax, resulta llamativo el contraste entre la enorme difusión que alcanzó la victoria en la cronística europea de entonces, frente al casi exclusivo silencio acerca de la conquista de Sevilla. La orden del Cister, el propio monasterio de Las Huelgas y la predicación papal de la cruzada fueron tres factores determinantes en este gran aparato de propaganda. La carta de Arnaldo Amalarico se leyó efectivamente en el Capítulo General del Cister de 1212, y la noticia de la victoria castellana se difundió por todos los monasterios de la Orden.[55] Desde el monasterio burgalés se preservó también la memoria de la victoria. Después de la muerte de Alfonso VIII y doña Leonor, en 1214, su hija doña Berenguela heredó el título de Señora hasta el final de sus días en 1246, compartiéndolo eventualmente con su hermana Constanza, monja profesa en el monasterio, y quién residió habitualmente allí, un lugar especialmente adecuado para su irregular estado civil (no casada y no viuda).[56] Ambas mujeres debieron de contribuir a la propaganda de la victoria castellana, y a preservar la memoria de sus padres. Ya sabemos que Berenguela se apresuró a escribir a su hermana Blanca, reina de Francia, para informarle de la victoria; y el arzobispo don Rodrigo nos informa de que se ocupó personalmente de los funerales y entierro de sus

conquista...» (n. 11), p. 39 y Andrea GAYOSO, «The Lady of Las Huelgas. A Royal Abbey and its Patronage», en: *Cîteaux. Commentarii Cistercienses*, 51, 2000, pp. 91–116, esp. p. 102. Resulta muy interesante esta noticia para la historia del uso de imágenes como *palladia*, ya que como hemos visto en la carta de Alfonso VIII en su estandarte estaba la imagen de la Virgen con su hijo. La versión de la batalla que proporciona Alberic, abad de Trois-Fontaines, que debía conocer la carta de Berenguela a la reina Blanca, abunda en esta noticia, e identifica la imagen con la de Nuestra Señora de Rocamador : «*... ante la inminencia del peligro, se sacó y desplegó el estandarte de Nuestra Señora de Rocamador, que les había sido transmitido milagrosamente y todavía estaba guardado. Al verlo, todos hincáronse de rodillas y al punto se declaró la victoria por la Gracia de Dios*», Cfr. HUICI, *Campaña...* (n. 22), p. 182.

[53] HUICI, *Campaña...* (n. 22), pp. 170–175, p. 173. La trascendencia de esta carta ha sido analizada por LOMAX, «La conquista...» (n. 11), pp. 39–41.

[54] LOMAX, «La conquista...» (n. 11), p. 38.

[55] LOMAX, «La conquista...» (n. 11), pp. 39–41. El relato de la batalla también adquirió gran difusión a través de la crónica de Alberic de Trois-Fontaines, que se ciñe rigurosamente a la realidad de los hechos, y pos-teriormente se harían eco de la batalla más de treinta crónicas europeas, algunas a través de la carta enviada por Alfonso al Papa, y otras a partir de la carta del arzobispo de Narbona.

[56] GAYOSO, «The Lady... (n. 52), pp. 102–03.

hermanos Fernando († 1211) y Enrique I († 1217) y de sus padres († 1214).[57] A Constanza atribuye Curiel la institución de la Fiesta del Triunfo de la Santa Cruz; y de la importancia de la victoria de Las Navas en la construcción de la memoria póstuma de Alfonso VIII da cuenta también el más antiguo de los *Calendarios-Martirologios* del monasterio, iluminado hacia 1220.[58] En las anotaciones de los difuntos conmemorados en la primera mitad del XIII únicamente se explicita su filiación, a excepción del caso de Alfonso VIII, en el que se celebra la victoria : «*Alleffonsus bone memorie rex castelle, qui potentissimus Regem marroquitanum ca(l/m)pest x p(roe)lio suis in loco qui dicit las navas de tolosa*».

Fig. 8: Las Huelgas, Sta. María la Real, sepulcro del pórtico sin baldaquino, detalle con el Triunfo de la Sta. Cruz

Si desde Las Huelgas se cuidó la promoción de la victoria castellana con la celebración de la nueva Fiesta no parece desvariado suponer que el programa decorativo de la exaltación de la Santa Cruz en las cubiertas de los sepulcros anónimos del pórtico guardasen relación con la celebración litúrgica de la victoria castellana. Unos monumentos que recordasen la victoria en un lugar, como Burgos, situado estratégicamente en la red viaria castellana, que se acompañaba, además, de un hospital de peregrinos –el Hospital del Rey– podía convertirse en un magnífico escaparate político de las pujantes victorias

---

[57]   JIMÉNEZ DE RADA, *Historia de los hechos...* (n. 20), pp. 306, 329–30, 337–38 (*De Rebus Hispaniae*, 7, xxxvi; 8, vx; 9, vi).

[58]   Sobre este manuscrito cfr. nota 4.

castellanas. Es más, ciertas particularidades iconográficas del sepulcro coronado por un baldaquino podrían ponerse en relación con la predicación papal de la cruzada. Como hemos advertido anteriormente, uno de las circunstancias que convirtieron a Las Navas en una verdadera catapulta para la monarquía castellana fue el hecho de que hubiese constituido una auténtica cruzada predicada por el Papa, quien escribió a franceses, navarros y aragoneses para que se unieran a la lucha, y presidió rogativas en Roma para lograr la victoria. Tal como relata el propio Inocencio III a Alfonso VIII, él mismo presidió las procesiones llevando el relicario de la Vera Cruz que se conservaba en el Santo de los Santos –el leño de la cruz vivificante (*ligno vivifice crucis*)– desde el Laterano hasta la iglesia de la Santa Cruz de Jerusalén en Roma.[59] En su respuesta a Alfonso VIII el papa Inocencio III celebra la victoria y comunica al monarca castellano que «*reuniendo al clero de la ciudad y a todo el pueblo, junto y en compañía de todos, hicimos acciones de gracias*» y que él mismo había leído a la multitud las cartas de Alfonso narrando la batalla. El Papa, tras advertir a Alfonso del peligro de la soberbia ya apuntaba el carácter sobrenatural de la victoria : «*Esta victoria, sin duda, no es obra humana, sino de Dios; y la espada de Dios, que no del hombre, es más cierto la espada de Dios hombre, devoró a los enemigos de la cruz del Señor*».[60] La particular formulación del tema del Triunfo de la cruz en el que creo que pudo haber sido el primitivo sepulcro de Alfonso VIII, con la cruz de gajos dispuesta entre entrelazos vegetales –una *crux florida*, un *lignum vitae*– y la exclusiva presencia de San Pedro y San Pablo acompañando a los ángeles en el baldaquino, los dos apóstoles de las *rotae* de la cancillería papal, podrían recordar la sanción papal de la empresa militar (figs. 8 y 9).

Un último monumento viene a corroborar la relación de esta imaginería triunfal de la cruz con la batalla, e incluso a ratificar una cronología en la década de 1220/30 para los que creo debieron ser primitivos sepulcros de los monarcas. En la cubierta del sarcófago de Alfonso Téllez de Meneses († 1225) en la iglesia del monasterio cisterciense de Sta. María de Palazuelos (Valladolid) se representa, en bajo relieve y en pequeño tamaño, la imagen de exaltación de la cruz –dos ángeles levantan una cruz flordelisada sobre un fondo de nubes–.[61]

---

[59]   MANSILLA, *La documentación pontificia...* (n. 51), pp. 504–05 (doc. 473); citado también por VARA THORBECK, *El Lunes...* (n. 10) , pp. 364–65.

[60]   «*Ista enim victoria procul dubio non humani operis extitit, set divini; et gladius Dei, non hominis, immo verius Dei hominis inimicos crucis dominice devoravit*»; cfr. MANSILLA, *La documentación pontificia...* (n. 51), pp. 520–21 (doc. 488). En general, sobre las relaciones de Inocencio III con los reinos hispanos, Ismael GARCÍA RAMILA, «Inocencio III y la cruzada de Las Navas de Tolosa», en: *Revista de Archivos, Bibliotecas y Museos*, 48, 1927, pp. 455–64; Demetrio MANSILLA, «Inocencio III y los reinos hispanos», en: *Antológica Annua*, 2, 1954, pp. 9–49; Joseph F. O'CALLAGHAN, «Innocent III and the Kingdoms of Castile and Leon», en: John C. MOORE (ed.), *Pope Innocent and his World*, Aldershot 1999, 317–27.

[61]   Julia ARA GIL, *Escultura gótica en Valladolid y su provincia*, Valladolid 1977, pp. 32, 33. SÁNCHEZ AMEIJEIRAS, «Investigaciones iconográficas...» (n. 6), p. 155 ya lo atribuía a Alfonso Téllez de Meneses,

Fig. 9: Las Huelgas, Sta. María la Real, sepulcro
del pórtico coronado por un baldaquino,
detalle con S. Pedro y S. Pablo

La propia trayectoria vital del difunto justifica la presencia de la imagen en su sepulcro : la villa de Palazuelos había sido cedida por Alfonso VIII a don Alfonso Téllez el 28 de julio de 1213 como recompensa a su esfuerzo en la batalla, como pone de manifiesto la donación que hace el noble al abad Domingo III el 1 de agosto de 1222 : «*de villa quae dicitur Palaçuelos quam obtinimus a Serenisimo Rege Alphonso pro servicio suficiente et congruo quod in bello fecimus*».[62] Las relaciones de Alfonso Téllez con la familia real castellana continuaron siendo muy estrechas una vez muertos el rey Alfonso y la reina Leonor, cuando llegó a jugar un papel determinante al lado de doña Berenguela

---

el fundador del monasterio. Del epitafio que reprodujo Argote de Molina «OBIIT ALPHONSUS TELII NOBILIS AMATOR TOTIUS BONITATIS FACTOR ISTIUS MONASTERII : ERA MCCLXIII» todavía puede leerse un fragmento, cfr. Francisco ANTÓN, *Monasterios medievales de la provincia de Valladolid*, Valladolid 1942, pp. 229–30, quien duda en atribuir el sepulcro porque interpreta erróneamente la bloca de los escudos con una señal heráldica.

[62]   ANTÓN, ibid. p. 206.

durante las revueltas de los Laras, en el breve reinado de Enrique I († 1217) y defendiendo con la reina los intereses de Fernando III, tras la muerte de aquél.

El sepulcro de Alfonso Téllez de Meneses no fue labrado inmediatamente después de su muerte, sino algunos años después, ya en la década de 1230, como denuncia la filiación burgalesa de su repertorio decorativo : las hojas que decoran el borde de la cubierta imitan la flora decorativa del Sarmental.[63] Las relaciones con el arte burgalés no se limitan, tampoco , a la decoración. La propia iconografía del sepulcro remite a la de los monumentos del pórtico de Las Huelgas : aunque en la parte posterior el arca inaugura en Tierra de Campos la serie de urnas decoradas con ciclos de infancia de Cristo, el frente, con Cristo en mandorla rodeado por el tetramorfos en el recuadro central, flanqueado por el apostolado, repite el esquema de las arcas burgalesas, al igual que la imagen de la Exaltación de la Cruz anteriormente mencionada en la cubierta.[64] Sin embargo el sarcófago vallisoletano introduce un singular esquema tripartito en la cubierta, disponiendo a lo largo de las dos vertientes laterales y de la parte inferior del registro central una serie de escudos blocados sobre la conocida fórmula burgalesa de roleos vegetales, de tal manera que aquellos parecen proteger la escena superior central de la Exaltación de la Cruz. Aunque en la decoración heráldica de los sepulcros medievales se ha querido ver un trasunto fiel de la costumbre de colgar los escudos del difunto, decorados con sus armas, sobre los monumentos, documentada a finales de la Edad Media, estos ejemplos tempranos, que muestran invariablemente escudos blocados, de guerra, localizados en monasterios cistercienses, podrían responder a una intención figurativa de otro signo, más acorde con la ideología de cruzada defendida por la Orden del Cister desde sus inicios.[65]

En su *Elogio a la milicia templaria* San Bernardo describía el *Templum Domini*, en el que vivían los templarios a mediados del siglo XII, decorado únicamente con arneses militares : «*Por todas partes cuelgan escudos, que cubren los muros en lugar de las antiguas coronas de oro. En vez de candelabros, incensarios y copas valiosísimas, la casa está invadida de bridas, sillas de montar y lanzas*».[66] La imagen de la Exaltación

---

[63]   KARGE, *La catedral de Burgos...* (n. 39), figs. 47–49.

[64]   SÁNCHEZ AMEIJEIRAS «Investigaciones iconográficas... » (n. 6), p. 155. Las relaciones entre el monasterio de Las Huelgas y el de Palazuelos se extienden también a la arquitectura. Como han señalado Francisco Antón y Julia Ara Gil, la cabecera de la iglesia vallisoletana, consagrada en 1226, evoca la del templo burgalés, y la crucería octopartita del crucero, de filiación aquitana, remite de nuevo a Las Huelgas como eslabón intermedio en la difusión de esta fórmula en la península. ANTÓN, *Monasterios...* (n. 61), p. 219; Julia ARA GIL, *Monasterios medievales*, Valladolid 1986, pp. 221–23. La iglesia de Palazuelos podría esgrimirse, entonces, como una argumento más que confirma la datación temprana propuesta por Karge y D'Emilio para la iglesia burgalesa.

[65]   Faustino MENÉNDEZ PIDAL DE NAVASCUÉS, «Heráldica funeraria en Castilla», en: *Hidalguía*, 68, 1965, pp. 133–44, una opinión que suscribí en «Investigaciones iconográficas...» (n. 6), pp. 147–48.

[66]   BERNARDO DE CLARAVAL, *Elogio de la nueva milicia templaria*, Javier Martín LALANDA (ed.), Madrid 1994, p. 183.

de la Cruz, protegida por una fila de escudos blocados en la tumba de Palazuelos –un esquema que parece el resultado de alterar la jerarquía en los motivos figurativos del posible sepulcro de Alfonso VIII, que mostraba la Exaltación de la Cruz sobre la cubierta y los paveses en su testero (figs. 6 y 7)– parece especialmente acorde para un personaje célebre, y generosamente recompensado por el rey, por su arrojo en la cruzada contra los musulmanes.

La fecha del sepulcro de Alfonso Téllez de Meneses en la década de los treinta confirma una cronología anterior para el monumento en el que estaba inspirado. Y el marco cronológico propuesto para la labra de los posibles sepulcros de Alfonso VIII y Leonor (entre 1220 y 1230) se corresponde con la de un período de bonanza para el monasterio femenino burgalés. De hecho, desde el año 1214, en que habían fallecido Alfonso VIII y Leonor, el reino de Castilla había sufrido una etapa de inestabilidad. Al brevísimo reinado de Enrique I, un rey niño «*muerto accidentalmente*» en 1217, sucedieron dos años de enfrentamientos abiertos entre los ambiciosos y rebeldes Laras y doña Berenguela y su hijo Fernando, el futuro Fernando III. En 1219 Fernando recibe el reconocimiento como rey, se hace armar caballero en la propia iglesia de Las Huelgas y se casa en la sede burgalesa, un acontecimiento con el que se ha vinculado la construcción de la nueva fábrica catedralicia.[67] El bienestar del monasterio, regido por la mano hábil de la abadesa Sancha García, y por las señoras Berenguela y Constanza, se deja sentir tanto en lo espiritual como en lo material : se documenta entonces la fundación de dos nuevas filiales, Vileña y Villamayor de los Montes; construida ya buena parte o toda la iglesia monástica, se levanta el pórtico de los Caballeros[68] y por entonces se encargan para el monasterio dos manuscritos ricamente decorados, que por su particular contenido, podrían incluso guardar relación con un posible intento de reorganización de la actividad cementerial en la abadía : el más antiguo de los *Calendarios-Martirologios* y el llamado *Beato de Las Huelgas*.

---

[67]   Sobre el turbulento reinado de Enrique I y los primeros años del reinado de Fernando III, cfr. Julio GONZÁLEZ, *Reinado y Diplomas de Fernando III*, 3 vols., Córdoba, 1980–86; Francisco ANSÓN, *Fernando III, rey de Castilla y León*, Madrid 1988; Gonzalo MARTÍNEZ DÍEZ, *Fernando III (1217–1252)*, Burgos 1993.

[68]   KARGE, *La catedral de Burgos...* (n. 39), p. 166 propone una fecha en torno a 1223–27 para la construcción de la iglesia de Villamayor de los Montes, cuya decoración escultórica presenta estrecha relación con la del pórtico de los Caballeros de Las Huelgas, como advirtió R. CARDERO LOSADA, «La iglesia del monasterio cisterciense de Villamayor de los Montes (Burgos) y su relación con la catedral y Las Huelgas de Burgos», en: *Boletín de la Institución Fernán González*, 208, 1994, pp. 125–39. Cardero fechaba ambas empresas en datas muy tardías. D'EMILIO, «The Royal Convent of Las Huelgas...» (n. 14) aboga de nuevo por fechas tempranas para ambas empresas.

ENGLISH SUMMARY

THE MEMORY OF A VICTORIOUS KING: THE TOMBS OF ALFONSO VIII AND THE FEAST OF THE TRIUMPH OF THE HOLY CROSS

Legendary souvenirs of the battle of Las Navas de Tolosa –the «Pendón de Las Navas», the «Cruz de Las Navas» and a muslim casket in which Al-Nasir held his Al-Coran – were preserved in Las Huelgas monastery. Although some of the legends linking these pieces with the victory are spurious, the Christian victory was commemorated there by means of the institution of the liturgical feast of the Triumph of the Holy Cross, celebrated on July, 16, the date of the battle. The medieval traces of the Office of this liturgical feast are here recovered and related to the iconography of the exaltation of the cross decorating the Alfonso VIII fourteenth century monument, and two richly carved tombs, housed in the church porch, proposed as the original monuments of both Alfonso VIII and his wife Eleanor of England.

DER KÖNIG UND DIE KUNST –
DIE GENESE DES ARAGONESISCH-KATALANISCHEN
PANTEÓN IN POBLET UNTER PERE EL CEREMONIÓS [*]

Bruno Klein

Das *panteón* der aragonesisch-katalanischen Könige, das Pere IV. «el Ceremoniós» in der zweiten Hälfte des 14. Jahrhunderts in der Zisterzienserkirche von Poblet errichten ließ,[1] existiert heute nur noch als eine unvollständige Kopie aus dem 20. Jahrhundert (Abbn. 1–3 und Taf. VII). Obwohl Pere selbst noch Platz für die Gräber seiner Nachfolger vorgesehen hatte, kam es vor allem nach dem Ende der eigenständigen aragonesischen Königslinie mit Ferdinand dem Katholischen zu Modifikationen der Anlage. Diese wären so zwar sicher nicht mehr im Sinne des Gründers gewesen wären, doch hätte die dynastische Grablege nicht als solche funktionieren können, wenn sie auf Dauer unveränderbar geblieben wäre (Abbn. 4–5).

Diese Eingriffe führten jedoch stets nur zu Amplifikationen; zerstört wurde das Monument erst 1835, als das Kloster aufgehoben und die Gräber aufgebrochen wurden (Abb. 6). Damals müssen auch die noch aus dem 14. Jahrhundert stammenden hölzernen Baldachine über den Gräbern abgerissen oder in Brand gesteckt worden sein

---

[*] Francesca Español Bertran bin ich zum Dank für Diskussionen über das Thema verpflichtet und auch dafür, dass sie mir in Deutschland schwer erreichbare Literatur zugänglich gemacht hat.

[1] Lluís DOMÈNECH I MONTANER, *Història i arquitectura del monestir de Poblet,* Barcelona, 1925; Ricardo del ARCO, *Sepulcros de la casa Real de Aragón,* Madrid 1945; Cristina PÉREZ JIMENO, «Pedro III y los materiales de los panteones reales de Poblet (1337–1387)», in: *Artistes, artisans et production artistique au Moyen Âge,* Bd. 2 «*Commande et travail*», Paris 1987, S. 571–74; Josep BRANCONS I CLAPÉS, «Operibus monumentorum que fiere facere ordinamus. L'escultura al servei de Pere el Ceremoniós», in: *Pere el Ceremoniós i la seva època,* Consell Superior d'Investigacions Científiques (Hrsg.), Institut Milà i Fontanals, (= Anexos de l'Anuario de Estudios Medievales, 24); Barcelona 1989, S. 209–43; Rosa TERÉS I TOMÁS, «L'època gòtica», in: Xavier BARRAL I ALTET (Hrsg.), *Art de Catalunya. Ars Cataloniae. Escultura antiga i medieval,* Barcelona, L'Isard, 1997, S. 208–327; Francesca ESPAÑOL BERTRAN, «El sepulcro de Fernando de Antequera y los escultores Pere Oller, Pere Joan y Gil Morlanes, en Poblet», in: *Locus Amoenus,* 4, 1998–1999, S. 81–106; DIES., *Els escenaris del Rei. Art i monarquia a la corona d'Aragó,* Manresa / Barcelona 2001, S. 164–66; DIES., *El gòtic català,* Manresa 2002, S. 205–07.

– jedenfalls sind sie seitdem verschwunden. Über den Akt der Zerstörung selbst ist erstaunlich wenig bekannt, so dass es auch nicht möglich ist zu erfahren, was z.B. damals in den Gräbern gefunden wurde.[2]

Abb. 1: Poblet, königliche Grablege, Bogen auf der Nordseite, von der Vierung aus gesehen

In der Mitte des 20 Jahrhunderts erfolgte schließlich durch den Bildhauer Frederic Marés eine Restaurierung besser – «Neuschaffung» – der Gräber unter Einbeziehung originaler Fragmente.[3] Bis heute ist dieser Zustand erhalten, welcher sich Francos Politik der «Aragonisierung» Kataloniens zu verdanken ist, die zur Legitimierung der vom Diktator neu installierten Bourbonendynastie beitragen sollte. Dementsprechend wurde die Neuweihe der Anlage 1952 unter großem Pomp gefeiert.

---

[2]   Eduard RIU-BARRERA, «Les despulles reials de Polet. Les revolucions i la historia», in: *L'Avenç. Revista d'història i cultura*, 265/ gener 2002, S. 12–20.

[3]   Frederic MARÉS DEULEVOL, *Las tumbas reales de los monarcas de Cataluña y Aragón del Monasterio de Santa María de Poblet*, Poblet, 1928, Barcelona, 1952, Barcelona, 1998; Joan BASSEGODA I NONELL, *Història de la restauració de Poblet*, Poblet, Publicacions Abadia de Poblet, 1983; Marià RIBAS, *Reconstrucció de Poblet 1930–1936*, Mataró 1996.

Abb. 2: Poblet, königliche Grablege, Bogen auf der Nordseite,
vom Ausgang des Dormitoriums aus gesehen

Abb. 3: Poblet, königliche Grablege, Bogen auf der Südseite,
von der Vierung aus gesehen

Die Evidenz dieses franquistischen Monumentes macht es nicht leicht, in ihm den originalen Bestand des 14. Jahrhunderts zu entdecken oder zumindest gedanklich zu rekonstruieren. So gibt es aus der Zeit vor der Zerstörung nur wenige Bildquellen, welche das *panteón* freilich schon in reichlich verändertem Zustand zeigen. (Abbn. 4–5) Auch die literarischen Beschreibungen sind Kenntnis dürftig. Hingegen gehört das *panteón* von Poblet zu denjenigen mittelalterlichen Denkmälern, zu denen aus der Erbauungszeit ungewöhnlich viele Quellen vorliegen. Diese sind seit dem frühen 20. Jahrhundert mehrfach publiziert worden[4] und gehören zum kulturellen Erbe der katalanischen Kunstgeschichte. Deshalb geht es im Folgenden nur am Rande darum, die Genese des Grabmonumentes noch einmal anhand jener Quellen zu veranschaulichen. Vielmehr soll die Quellenanalyse zeigen, welch verschlungene Wege die Konzeption eines am Ende völlig homogen erscheinenden Monuments nahm, auf welcher medialen Grundlage der König seine Ideen entwickeln und vermitteln konnte, und welche Kommunikationsprobleme für jene historische Phase charakteristisch waren, in der Auftraggeber und Künstler lernten, sich verbal und bildlich kompetent über ihre jeweiligen Vorstellungen auszutauschen.

Abb. 4: Poblet, königliche Grablege vor der Zerstörung

[4] Antoni RUBIÓ I LLUCH (Hrsg.), *Documents per l'història de la cultura catalana mig-eval*, 2 Bde., Barcelona, Institut d'Estudis Catalans, 1908–1921 = Fascimile, Bd. 1: *Documents per la història de la cultura catalana medieval*, Barcelona 2000; MARÉS (wie Anm. 3). Besonders hervorzuheben ist die detaillierte, auf genauem Quellenstudium beruhende Übersicht über die Planung der Grablege bei Agustí ALTISENT, *Historia de Poblet*, Poblet, 1974, S. 261–98.

Das Projekt für das *panteón* in der Kirche des Zisterzienserklosters von Poblet nahm 1340 seinen Anfang, als der junge König Pere, der gerade den Thron bestiegen hatte, das Kloster als seine eigene Grablege bestimmte.[5] Diese soll durch Meister Aloi und Pere de Guines realisiert werden, die völlig freie Hand hatten und auch andere Meister beschäftigen durften. Beide mussten jedoch in Poblet präsent sein. Der Preis sollte sich nach dem richten, den die Bildhauer für andere, ähnliche Gräber erhielten.[6] Die Gestalt des Grabmals wurde nicht erwähnt. Daraus ist zu schließen, dass es sich um ein übliches Grab mit *Gisant* handeln sollte, denn andernfalls hätte der Preis präziser ausgehandelt werden müssen. Dabei ist nicht davon auszugehen, dass der König dem künstlerischen Ingenium der beiden Bildhauer besonders vertraute, weil er ihnen soviel Freiheit ließ, sondern dass er sich kaum etwas anderes vorstellen konnte als das, was er schon kannte. Ohnehin scheint sein Interesse an dem Projekt insgesamt nicht gerade groß gewesen zu sein, ja es stellt sich die sogar Frage, warum er diese Anlage gerade in Poblet errichten ließ, und ob die Idee hierfür von ihm selbst stammte.

Abb. 5: Poblet, königliche Grablege, Nordseite, vor der Zerstörung

---

[5] ALTISENT (wie Anm. 4), S. 262–03: Der König überlässt bei dieser Gelegenheit dem Abt Ponç de Copons eine größere Rente, woraus Altisent schließt, dass damit bereits der Wunsch nach einer umfangreicheren Gedächtnisstiftung verbunden war, die mehr als nur die einfache Errichtung eines Grabmals umfassen sollte.

[6] ALTISENT (wie Anm. 4), S. 263; RUBIÓ (wie Anm. 4), II, S. 60–62, doc. 64; MARÉS (wie Anm. 3), S. 146, doc. 2.

Abb. 6: Poblet, königliche Grablege, Zustand im frühen 20. Jahrhundert

Zweifel daran sind angebracht, weil es in der unmittelbar vorangegangenen Zeit keine bestimmte dynastische Grablege der katalanischen bzw. aragonesischen Könige gegeben hatte. Im nahe gelegenen Zisterzienserkloster von Stes. Creus befanden sich zwar die Grabmäler von König Pere II. dem Großen († 1285) und Jaume II., der 1327 gestorben war (Abb. 7 und Taf. V). Allerdings gab es auch in Poblet schon zwei, wenngleich ältere Königsgräber, nämlich das des Klostergründers Alfons II. dem Keuschen († 1196) und von Jaume I. dem Eroberer († 1276). Der Vater von Pere IV., Alfons der Gutmütige, war in Lleida bestattet, zunächst in der dortigen Franziskanerkirche, dann in der Kathedrale. Es gab also weder einen aktuellen politischen noch einen durch Tradition begründeten Anlass für Pere, gerade Poblet als seinen Bestattungsort zu wählen. Immerhin dürfte es für Poblet gesprochen haben, dass die Abteikirche noch über genügend Platz bzw. angemessene Orte für ein aufwändiges Königsgrab verfügte – anders als Stes. Creus, wo die beiden prominentesten denkbaren Grabmalsorte in der Vierung bereits belegt waren.

Abb. 7: Santes Creus, Grabmäler von Pere II. dem Großen († 1285, vorne),
Jaume II. († 1327) und seiner Ehefrau Blanca von Anjou (hinten)

Wichtiger aber als die Initiative des Königs zur Einrichtung der Grablege dürfte diejenige des 1316 bis 1348 amtierenden Abtes Ponç de Copons gewesen sein, der schon
vor dem Regierungsantritt von Pere IV. begonnen hatte, seine Kirche so umzubauen,
dass sie den Ansprüchen eines modernen Bestattungsortes Genüge leisten konnte: So
fällt in die Amtszeit von Ponç die Erneuerung des südlichen Langhausseitenschiffes, das
nicht nur ein neues Gewölbe erhielt, sondern vor allen Dingen durch Kapellen erweitert
wurde, wie sie damals aktuell an städtischen Kirchen gebaut wurden und die als private
Grablegen bestens geeignet waren. Ob die Erhöhung des Vierungsturmes, die gleichfalls
während des Abbatiats von Ponç de Copons erfolgte, bereits als monumentalisierte
Überhöhung einer geplanten Königsgrablege zu sehen ist, sei dahingestellt. Bemerkenswert ist weiterhin, dass Ponç selbst eine Grablege für seine eigenen Vorfahren
schuf, und zwar im Kreuzgang an der höchst prominenten Stelle zwischen Kapitelsaal
und Sakristei. Er gab mit dieser Familiengrablege dem König ein Konzept vor, das
dieser mit seinen Mitteln nur weiterverfolgen musste: Denn Ponç ließ seine Vorfahren
aus verschiedenen Kirchen umbetten, ähnlich wie später Pere zwei seiner Vorgänger
innerhalb von Poblet umbetten und zahlreiche Verwandte von anderen Orten dorthin
bringen ließ.

Ponç de Copons hatte also schon vor dem Regierungsantritt von Pere IV. begonnen,
seine Abteikirche zu einem geeigneten Ort für eine Grablege umzugestalten und hierbei
moderne, vor allem von den Bettelorden entlehnte Mittel eingesetzt. Möglicherweise
reagierte er damit auf die Gepflogenheit der aragonesisch-katalanischen Königinnen,
ihre Gräber in Franziskanerkirchen errichten zu lassen. So war schon Maria von Zypern,
die zweite Ehefrau von Peres Vorvorgänger Jaume II., in der Franziskanerkirche von
Barcelona bestattet worden. Jaumes dritte Ehefrau, Elisenda de Montcada, hatte gemeinsam mit ihrem Mann das Klarissinnenkloster Pedralbes bei Barcelona gegründet, in
dem sie seit dem Tod des Königs 1327 lebte und in dem sie 1364 bestattet wurde. Der
Vater von Pere und dessen zweite Ehefrau hatten die Franziskanerkirche von Lleida als
ihre Grablege gewählt, seine Mutter die Franziskanerkirche von Zaragoza. Dies macht
deutlich, dass Franziskanerkonvente als königliche Bestattungsorte in der ersten Hälfte
des 14. Jahrhunderts eine besondere Attraktivität gewonnen hatten. Mit einem baulich
«franziskanisertem» Zisterzienserkloster könnte dessen Abt den naheliegenden Vorstellungen des Königs von seinem eigenem Grab durchaus entgegengekommen sein.

Für die These, dass es Ponç de Copons war, von dem die wesentliche Initiative aus-
ging, spricht die bereits erwähnte Tatsache, dass Pere IV. bei der Bestimmung seiner
Grablege 1339 noch keinerlei Anweisungen zu dessen Gestaltung gegeben hatte. Da die
Bildhauer Meister Aloi und Pere de Guines aber in Poblet residenzpflichtig gemacht
wurden, überließ der König sie und damit auch Anlage wie Form seines Grabmals der
Aufsicht und den Vorstellungen des Abtes, dem er in dieser Hinsicht offenbar vertraute.
Nur so ist nämlich zu erklären, dass Pere gleichzeitig genaue Anweisung für die Gestal-
tung der Gräber seiner Eltern gab. Vermutlich war es auch Abt Ponç, der den ursprüng-

lich geplanten Standort des Grabmals bestimmt hatte, nämlich den südlichen Vierungsbereich in der Nähe des Friedhofes (Abb. 8 a). Dort blieb das Monument in einen klar
erkennbaren monastisch-funeralen Zusammenhang eingebunden, während eine Aufstellung in der Mitte oder auf der liturgisch bedeutenderen nördlichen Evangelienseite eher
die herausragende Stellung des Königs hervorgehoben hätte.

Als wenige Jahre später, 1347, Peres Ehefrau Maria von Navarra und ihr soeben ge-
borenes Kind starben, gab der König noch immer keine Anweisungen für ein nun notwendig gewordenes Grabmal, ja die Königin wurde sogar entgegen ihrem ausdrücklichen Wunsch statt in Poblet zumindest vorläufig in St. Vicenç in València bestattet.[7]

Erst als kurz darauf, 1349, auch die zweite Ehefrau, Elionor von Portugal, an der Pest
starb,[8] gab der König bei Meister Aloi und, statt bei Meister Guines, nunmehr bei Jaume
Cascalls die Gräber für die beiden verstorbenen Ehefrauen sowie für seine dritte, damals
noch lebende Ehefrau, Elionor von Sizilien, in Auftrag. Dies geschah anlässlich eines
Gesprächs zwischen dem König, der Königin und den Testamentsvollstreckern der
verstorbenen Königinnen,[9] die sich den Preis von 20000 Sous von Barcelona je zu einem Viertel teilten.

Dieser Vertrag ist das älteste Dokument, in dem sich ein echtes, individuelles Interesse von Pere an der Grabmalsplanung manifestiert. Es könnte in diesem Zusammenhang
vielleicht eine Rolle gespielt haben, dass Abt Ponç de Copons im Jahr zuvor gestorben
war. Denn damit war es möglich geworden, dass die Initiative für die Grabmalsplanung
vom Abt auf den König überging. Die Abtei wurde jedenfalls ab diesem Zeitpunkt
kaum noch gefragt, und ihr Abt fungierte nur noch als ausführendes Organ der königlichen Wünsche. Das Problem, wie sich das gewaltige Vierergrab mit Rücksicht auf die
architektonischen und liturgischen Bedingungen überhaupt unterbringen ließ, wurde im
genannten Vertrag nicht erörtert.[10]

Laut einem Bericht aus dem Jahr 1366 bestand dieses Grab in einem «*muniment*», das
sich ebenerdig unten im Chorhaupt befand an dem zum Friedhof gerichteten Teil[11], also
auf der Südseite der Vierung neben dem östlichen Vierungspfeiler. Dort befand sich
auch das Grab von König Alfons II. (Abb. 8 b).

[7]   Jerónimo ZURITA (Hrsg.) *Anales de la Corona de Aragón, compuestos por Jerónimo Zurita, cronista de dicho Reino*, Zaragoza, 1978, Bd. 4, (Buch 8–10), S. 30.

[8]   Auch sie wurde vorerst nicht in Poblet bestattet; ALTISENT (wie Anm. 4), S. 265.

[9]   ALTISENT (wie Anm. 4), S. 264; RUBIÓ (wie Anm. 4) II, S. 60–62, doc. 64; MARÉS (wie Anm. 3), S. 148–49, doc. 4

[10]   ALTISENT (wie Anm. 4), hebt ebenfalls hervor, dass die Grablege größtenteils erst unter Abt Guillem d'Agulló errichtet wurde, der jedoch, nach Auskunft aller Quellen, niemals selbst die Initiative ergriff, sondern stets nur dafür sorgte, dass die Befehle Peres ausgeführt wurden.

[11]   ALTISENT (wie Anm. 4), 276; RUBIÓ (wie Anm. 4), II, S. 152–54, doc. 152; MARÉS (wie Anm. 3), S. 172–77, doc. 29.

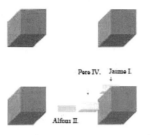

Abb. 8 a: Pantéon, Projekt um 1340

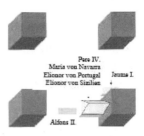

Abb. 8 b: Pantéon, Projekt 1349

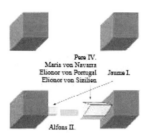

Abb. 8 c: Pantéon, Projekt 1359

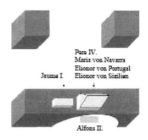

Abb. 8 d: Pantéon, Projekt 1360

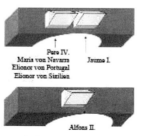

Abb. 8 e: Pantéon, Projekt 1364

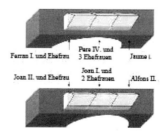

Abb. 8 f: Pantéon, Ende 15. Jh.

Abbn. 8 a–f: Schematische Darstellung der Entwicklung der Grablegen in Poblet

1353 war Aloi mit seiner Arbeit noch nicht fertig, schuldete aber Cascalls, der ebenfalls in Rückstand war, den ihm zustehenden Anteil am Honorar.[12] Die Verzögerungen bei der Anfertigung des Gemeinschaftsgrabs vergrößerten sich, als der König 1354 in der Werkstatt von Cascalls eine mit Glasflüssen und Gold dekorierte Statue sah und sogleich durch Abschluss eines Ergänzungsvertrags dafür sorgte, dass das Grab in Poblet ebenfalls in dieser Technik polychromiert werden und zusätzlich auch noch Szenen wie an dem gesehenen erhalten sollte «*quattuor effigies hominum gestus hostendentium luctuosos*».[13] Besonders aufschlussreich ist, was Pere durch die Änderung bezweckte: Sein Monument solle «*abilior aliis*» «handwerklich geschickter» oder auch «technisch besser» als andere werden. Dabei argumentierte der König ganz im Sinne der mittelalterlichen Auffassung von Kunst als Technik, aber nicht in ästhetischen Kategorien. Die Urkunde ist nach vierzehnjähriger Planung der erste Beleg für einen Eingriff des Königs in die künstlerische Gestaltung der Anlage. Er verlangte nun etwas Herausragendes und damit deutlich mehr als eines der üblichen Monumente, wie es der erste Vertrag noch nahegelegt hatte.

Das Grabmal wurde dadurch teurer – und die Kosten sollten auch weiterhin eine große Rolle spielen: 1356 hatte Aloi seine Statue nach eigener Auskunft begonnen, verlangte aber, bevor er sie vollendete, Bezahlung.[14] 1359 befahl der König, nachdem Aloi Fragen bezüglich der Aufstellung des Grabmals gestellt hatte, sein Grab solle am westlichen Vierungspfeiler stehen und dasjenige, bereits vorhandene von König Jaume el Conqueridor, am gegenüberliegenden Chorpfeiler, und zwar beide auf einer Achse «*al peu del arch qui sosté la volta*»[15], so dass dazwischen genügend Platz zum Durchschreiten sei (Abb. 8 c). Die Kosten für die Translozierung des Grabmals von Jaume übernahm der König. Dieses symmetrische Arrangement spricht dafür, dass die Planung sich nunmehr nicht mehr alleine auf das persönliche Grabmal von Pere und seinen Ehefrauen erstreckte, sondern eine komplexere, dynastische Anlage anvisiert war. Aber es trat noch ein neuer Gedanke hinzu: Jaume wurde von Pere in der Urkunde nämlich als «*sant rey*», der València erobert hatte, bezeichnet. Der für das Grabmonument neue dynastische Gedanke war also von Beginn an auch mit der Idee des sakralisierten Königtums verbunden. Jaume als Befreier Valèncias von den Mauren wurde zum Heiligen der Dynastie, obgleich eine Kanonisierung niemals nachdrücklich betrieben worden oder gar erfolgt wäre. Trotzdem scheint Pere ab den späten fünfziger Jahren des 14. Jahrhunderts für die aragonesisch-katalanische Dynastie die Installation eines Familienheiligen angestrebt zu haben, so wie dies anderen europäischen Herrscherhäusern längst gelun-

[12]   ALTISENT (wie Anm. 4), S. 266–67.
[13]   ALTISENT (wie Anm. 4), S. 267; RUBIÓ (wie Anm. 4), II, S. 103–04, doc. 111; MARÉS (wie Anm. 3), S. 155–56, doc. 12.
[14]   ALTISENT (wie Anm. 4), S. 267.
[15]   ALTISENT (wie Anm. 4), S. 268; MARÉS (wie Anm. 3), S. 157, doc. 14.

gen war.[16] Und so wie die dynastischen Grablegen in St-Denis, London oder anderswo um jene Heiligen herum angelegt worden waren, sollte dies wohl auch in Poblet geschehen – mit dem Unterschied freilich, dass für Pere immer das eigene Grabmal im Mittelpunkt stand und eine überdeutliche Hervorhebung des heiligen Vorgängerkönigs nie anvisiert war.

1359 war das Grabmal endlich fertig, wie aus der Bestätigung des Priors von Poblet und den Zahlungsanweisungen des Königshauses hervorgeht: Dennoch kam es wegen des Geldmangels beim König vorerst nicht zur Aufstellung.[17]

1360 schrieb Pere an Aloi, bald nach Poblet kommen zu wollen, um die Fertigstellung des Grabmals voranzutreiben zu wollen. Dies kann nur bedeuten, dass der König die Entscheidung über die exakte Platzierung treffen wollte, da es ja sonst nichts mehr zu entscheiden gab. Trotzdem bestand der Erfolg des Besuches in einer abermaligen Verzögerung, weil dem König erst jetzt klar wurde – was man vor Ort in Poblet wohl schon lange wusste – dass es nämlich am vorgesehenen Ort kaum Platz für das Vierergrabmal gab.

Damit trat die Denkmalsplanung nach 20 Jahren in ihre vierte Phase ein: Nachdem ursprünglich nur ein einzelnes Grabmal geplant war, dann ein Monument für vier Personen, schließlich die emaillierte Dekoration der Tumba hinzukam und das Jaume-Grab einbezogen wurde, entstand nun die Idee, diese Monumente alle zusammen auf einem Bogen zwischen den südlichen Vierungspfeilern zu platzieren (Abb. 8 d).[18] Wer als erster auf diesen Gedanken kam, ist nicht mehr zu eruieren. Aber er muss unter persönlicher Mitwirkung des Königs entwickelt worden sein, dessen abermaliger Eingriff in die künstlerische Gestaltung sich hier manifestierte. Außerdem deutet sich die Suche nach einer individuellen, auf den spezifischen Ort zugeschnittenen Lösung an, die deshalb in ihrer Form einmalig war und sich nur schwer von bestimmten typologischen Vorbildern herleiten lässt. Selbstverständlich gab es solche Modelle, nur sind sie hinter der sehr speziellen Lösung von Poblet kaum noch zu erkennen: Zum einen wäre hier an den Typus des aufgesockelten Sarkophags mit satteldachartigem Deckel und Figuren der Verstorbenen auf den Dachschrägen zu denken, wie er im unmittelbaren Einzugsbereich von Poblet in Stes. Creus durch das Grabmal von Jaume II. und Blanca von Anjou vorgegeben war (Abb. 7).[19] Aber auch das ältere Königsgrab von Pere III. in Stes. Creus weist schon, in einem freilich sehr abstrakten Sinne, strukturelle Übereinstimmungen im Aufbau mit Poblet auf: Bei diesem Grab sind die Hauptelemente nämlich redundant, da kaum zu erkennen ist, wo sich das eigentliche Grab befindet, in der Porphyrtumba oder in dem hohen, selbst wie ein Schrein wirkenden Sarkophagdeckel. Betrachtet man die-

---

[16]   Hierfür spricht auch, dass der in Bezug auf das Kloster von Poblet «würdigere» Stifter Alfons zumindest in dieser Planungsphase noch nicht in die neue Grablege einbezogen werden sollte.

[17]   ALTISENT (wie Anm. 4), S. 268–69.

[18]   ALTISENT (wie Anm. 4), S. 269–70; MARÉS (wie Anm; 3), S. 174–75, doc; 29;

[19]   ESPAÑOL BERTRAN, *El gòtic català* (wie Anm. 1), S. 40–47.

sen Deckel, der noch von einer eigenen Dachschräge bekrönt wird, als den eigentlichen Sarkophag, dann könnte die aufgesockelte Porphyrwanne darunter den Bögen von Poblet entsprechen. Oder umgekehrt ließen sich die gesamten Sarkophage von Poblet strukturell mit dem Sarkophagdeckel von Stes. Creus in Parallele setzen.

Diese Vergleiche sollten nicht allzu streng genommen werden, denn sie vermögen lediglich anzuzeigen, dass die Grenzen für die Typologie des Herrschergrabes in Katalonien schon vor Pere IV. sehr weit ausgedehnt worden waren. Dieser König begann um 1360 lediglich, jene Grenzen seinerseits auszuloten, wobei es ihm gelang, den Typus des monarchischen Grabmals noch um einen neuen Aspekt zu erweitern, nämlich denjenigen des Heiligengrabes.

Traditionell waren es nämlich die Heiligengräber und –schreine gewesen, die zum Zweck der besseren Sichtbarkeit und Zugänglichkeit auf Sockeln standen, so dass die Gläubigen darunter herschreiten oder besser -kriechen konnten. Für Europa sind die Beispiele hierfür Legion, weshalb es interessanter ist, diesbezüglich auf den katalanischen Kontext im engeren Sinne zu schauen: 1339 waren gerade in der Krypta der Kathedrale von Barcelona die Gebeine der heiligen Eulàlia in einen neuen Sarkophag über hohen Pfeilern gelegt worden. Ähnlich war das 1326–28 von Joan de Tournai gefertigte Grabmal des heiligen Narcís in St. Feliu in Girona aufgestellt gewesen.[20] Die Wahrscheinlichkeit ist groß, dass Pere mit der Erhebung seines eigenen Grabmals, vor allem aber desjenigen von ihm selbst als «heilig» bezeichneten Königs Jaume auf einen Bogen im Vierungsbereich der Klosterkirche von Poblet zumindest visuell zur Sakralisierung seiner Dynastie beitragen wollte. Die dabei gefundenen Formen sind jedoch so individuell und weichen von den genannten Mustern soweit ab, dass sie wohl nur unter Beteiligung des Königs in einem diskursiven Prozess entwickelt worden sein können, der Pere die Gelegenheit zum weitergehenden Eingreifen in die Gestaltung der Anlage gab.

Dieses persönliche Engagement des Königs bezüglich der Gestaltung des *panteón* von Poblet sollte sich fortsetzen. Bei der Bausitzung von 1360 war nämlich noch kein endgültiger Entwurf für die Gestaltung des Bogens festgelegt worden; diesen sollte Aloi zunächst auf Pergament zeichnen und dem König schicken. Als der ihn im Oktober desselben Jahres erhielt, wies er ihn mit den Worten zurück, dass dieses Monument «*seria massa alt el la obra seria fort desmesurada*»[21]. Aloi sollte deshalb nicht daran weiterarbeiten, bis der König selbst nach Poblet käme. 1360 war damit die Phase erreicht, in der Pere nicht mehr nur zufällig oder in Reaktion auf lokale oder typologische Vorgaben in das Projekt eingriff, sondern eigene Vorstellungen realisiert haben wollte, für die es noch keine Vorgaben gab. Zugleich wird deutlich, dass der König hier erstmalig auch ästhetisch zu argumentieren vermochte. Es sei dahingestellt, ob der Bogen in

---

[20] ESPAÑOL BERTRAN, *El gòtic català* (wie Anm. 1), S. 103–08.

[21] RUBIÓ (wie Anm. 4) II, S. 133–34, doc. 133; MARÉS (wie Anm. 3), S. 162–63, doc. 20.

dem nicht erhaltenen Projekt von Aloi wirklich zu groß war, oder ob Pere ihn zurück-
wies, weil er vornehme königliche Bescheidenheit demonstrieren wollte, zumal innerhalb
einer Zisterzienserkirche. Jedenfalls ist der schließlich ausgeführte Entwurf, von dem wir
nicht weiter wissen, wie er zustande kam, nicht nur im abstrakten Sinne, sondern ganz
konkret ein Resultat der Zusammenarbeit von Künstler und Auftraggeber.

Die Errichtung des Bogens erfolgte dann zwischen 1361 und 1363.[22] Mit Baubeginn
hatte Aloi die Leitung des Werkes an Jaume Cascalls übertragen.[23] Offenbar wurde das
Grabmal damals aber noch nicht auf den Bogen gestellt, weil der König 1364 bei einem
Besuch in Poblet befahl, auch noch einen zweiten Bogen auf der Evangelienseite errichten zu lassen,[24] auf den sein eigenes Monument und dasjenige für Jaume nunmehr versetzt werden sollten. Erstaunlicherweise wurde erst zu diesem Zeitpunkt auch ein neuer
Sarkophag für Jaume in Auftrag gegeben, der demjenigen von Pere ähneln sollte.[25] Dies
kann nur bedeuten, dass in der ersten Planung, die nur von einem Bogen ausging, noch
der alte Sarkophag Jaumes neben demjenigen von Pere aufgestellt werden sollte, während mit der Umplanung auf zwei Bögen die ganze Anlage formal vereinheitlicht wurde, so dass alle Sarkophage ähnlich wurden. Dementsprechend wurde auch für König
Alfons noch ein ähnliches Grabmal bestellt, das auf dem freigewordenen Epistelbogen
seinen Platz finden sollte (Abb. 8 e).

In einem weiteren, 1366 unterzeichneten Vertrag zwischen dem König und Jaume
Cascalls wurden die Bestimmungen von 1364 noch einmal wiederholt und punktuell
ergänzt. Am Michaelsfest des Jahres 1369 sollte das gesamte *panteón* fertig sein.[26]
Genau wurde noch einmal festgelegt, dass Jaumes Sarkophag nach dem Modell desjenigen von Pere gestaltet werden sollte mit: «.*i. ymaga de rey de alabaust, de .viii palms
esmaltada de vidre, semblant a la sepultura del dit senyor rey, ab caps de cembranes e
ab .ii. pilars dobles de ymagens et de tabernacles et de formes ...*».

Interessanterweise werden im Vertrag von 1366 die Grabmäler für Jaume und Alfons
im Vergleich zum Grabmal von Pere und seinen Ehefrauen verhältnismäßig genau beschrieben – was zunächst nicht weiter verwunderlich ist, da letzteres ja bereits seit einiger
Zeit weitgehend fertig war. Dementsprechend waren 1366 für die Vollendung dieses
Monuments auch nur noch 60 Pfund veranschlagt worden. Das Grabmal Jaumes, das ja

---

[22] 1361 bezahlte der Abt von Poblet den Steinmetz Domingo Franco für die Zurichtung der Steine MARÉS
(wie Anm. 3), S. 163–165, doc. 21. Für die Vollendung 1363 sprechen zahlreiche Zahlungsbelege, RUBIÓ
(wie Anm. 4), II, S. 61; MARÉS (wie Anm. 3), S. 166–67, doc. 23; ALTISENT (wie Anm. 4), S. 270–72.

[23] ALTISENT (wie Anm. 4), S. 272.

[24] ALTISENT (wie Anm. 4), S. 273–74; MARÉS (wie Anm. 3), facsimil S. 293, und S. 174–75, doc. 29.

[25] ALTISENT (wie Anm. 4), S. 274.

[26] ALTISENT (wie Anm. 4), S. 276; RUBIÓ (wie Anm. 4), II, S. 152–154, doc. 152; MARÉS (wie Anm. 3),
S. 172–77, doc. 29. Bei dieser Gelegenheit bestimmte der König auch, dass in der Antoniuskapelle (heute
St. Benet) Gräber für die früh verstorbenen Infanten errichtet werden sollten, die wie die Königsgräber zu
vergolden und farbig zu fassen waren.

ab 1364 auf dem Nordbogen aufgestellt werden sollte, war zumindest schon begonnen, denn die noch ausstehenden Kosten in Höhe von 80 Pfund sind deutlich niedriger als der Betrag von 400 Pfund[27], der für die Herstellung des dritten Grabes für König Alfons veranschlagt wurde. Dieses Monument war also höchstwahrscheinlich noch nicht begonnen, vermutlich deshalb, weil vor 1364 niemand daran gedacht hatte, auch für diesen König einen neuen Sarkophag anzufertigen und ihn auf einem der Bögen zu platzieren.[28]

Mit den beiden parallelen Bögen wurde in Poblet eine weitere formale Analogie zur Grablege von Stes. Creus erreicht, wo sich auf beiden Seiten der Vierung ebenfalls königliche Grabmäler befanden. Dabei gehen die Übereinstimungen zwischen den beiden *panteones* noch viel weiter, als es die unterschiedlichen Dimensionen erahnen lassen: In beiden Zisterzienserklöstern waren zu jenem Zeitpunkt sowohl einzelne Könige als auch königliche Ehepaare bestattet (bzw. sollten es in Poblet noch werden). Mit der in der lange Zeit üblichen Praxis, Königspaare nicht am gleichen Ort, sondern in verschiedenen Kirchen zu bestatten, wurde in Poblet gebrochen, indem wieder auf die gemeinsame Bestattung des königlichen Paares Wert gelegt wurde wie im Falle von Jaume II. und Blanca von Anjou in Stes. Creus.[29]

Doch mag die Anlage des *panteón* von Poblet auch in sich konsequent erscheinen, vom Planungsverlauf her war sie es nicht. Ja es ist nicht einmal bis zur notwendigen Gewissheit herauszufinden, ob für die immer weitergehende Ausgestaltung der Anlage eher dynastisch-repräsentative oder ästhetische Gründe ausschlaggebend waren. Denn die Einbeziehung der beiden schon zuvor in Poblet bestatteten Könige Alfons und Jaume scheint zunächst nicht dynastischer Propaganda geschuldet gewesen zu sein, sondern dürfte sich rein aus formalen Gründen ergeben haben: Ein wichtiges Indiz hierfür ist, dass am Beginn der Planungen nur daran gedacht war, das Grab von Jaume zu verlegen und zu erneuern, nicht aber das von Alfons. Erst als mit der Errichtung des zweiten Bogens eine monumentale «Formgelegenheit» geschaffen war, wanderte das Grab von Alfons auf den kaum älteren, aber offenbar weniger wichtigen und deshalb auch verwaisten Südbogen.

Der nächste Schritt zum wirklichen dynastischen *panteón* deutete sich erst 1370 an. Der König befahl, das Grabmal von Jaume sei so groß wie sein eigenes zu machen. Auch sei dieser König auf den beiden Seiten des Sarkophagdeckels darzustellen, einmal im Königs- und einmal im Mönchshabit, jedoch stets gekrönt. Wegen der Vergrößerung der Tumba konnte die alte Jaume-Statue von Cascalls dort nicht mehr verwendet wer-

---

[27] Hierzu ALTISENT (wie Anm. 4), S. 276, n. 47.

[28] Mit einem Erlass aus demselben Jahr gewährte der König Cascalls und seinen Mitarbeitern Schutz vor juristischer Verfolgung, um ihnen die Fertigstellung des Grabmals zu ermöglichen. Hintergrund war offenbar ein Rechtsstreit zwischen Cascalls und Aloi; ALTISENT (wie Anm. 4), S. 277.

[29] Allerdings waren auch schon der Vater von Pere IV. und seine zweite Ehefrau gemeinsam in der Franziskanerkirche und später der Kathedrale von Lleida bestattet worden.

den, sie sollte nun auf dem Grab von Alfons ihren Platz finden,[30] zusätzlich zu jener Statue, von der schon im Vertrag von 1366 die Rede gewesen war.[31] Was bisher noch nicht beachtet worden war, ist die Tatsache, dass erst mit diesem Auftrag die wirkliche Uniformität der Gesamtanlage, ja sogar eine gewisse Serialität der Einzelmonumente festgelegt wurde. Denn war bisher nur von formalen Analogien zwischen den einzelnen Grabmälern die Rede, so sollten sie nun in den Dimensionen wirklich identisch werden. Der Grund hierfür dürfte zunächst ästhetischer Natur gewesen sein: Ist schon die isolierte Aufstellung des Grabmals von Pere und seinen drei Ehefrauen, sei es auf Bodenniveau, sei es auf einem Bogen, wegen der ungewöhnlichen Form jenes Grabmals nur schwer vorstellbar, so hätte es gemeinsam mit einem viel kleineren Einzelgrabmal hoch über den Köpfen der Mönche auf dem Bogen wohl geradezu monströs gewirkt. Zu erinnern ist daran, dass der König selbst schon einmal gegen die Monstrosität eines älteren *panteón*-Entwurfes Einspruch erhoben hatte. Der entscheidende Schritt der Umplanung des Jahres 1370, für den die auf den ersten Blick so marginal erscheinenden Modifikationen des Jaume-Grabmals ein Indiz sind, bestand darin, dass die einzelnen Grabmäler nun als Teile eines Ganzen aufgefasst wurden, dessen Realisierung künftigen Generationen überlassen bleiben musste. Indem die Monumente von Pere und seinen Ehefrauen sowie von Jaume in ihren absoluten Ausmaßen einander angeglichen wurden, wurden sie Bestandteile einer Grabmalsreihe, die durch ein prospektiv neben ihnen noch zu errichtendes drittes Grabmal geschlossen werden musste.

Diese These wird durch ein Dokument aus dem Jahr 1371 unterstützt, dessen Inhalt zunächst bizarr erscheint: Aus einem Brief des Königs an den Abt von Poblet geht nämlich hervor, dass die Statue von König Alfons, die Cascalls angefertigt hatte, zu groß war, um auf den Bogen zu passen, wenn man, wie vom König angeordnet, auf jedem Bogen genau drei Grabmäler stellen wollte. Hier wird präzise formuliert, was bisher nur zu erschließen war, nämlich dass mit den Bögen nicht mehr nur der Platz in der Kirche für irgendwelche Grabmäler vermehrt werden sollte, sondern dass die Grabmäler auf den Bögen gemeinsam eigenständige Monumente werden sollten. Um dieses Ziel zu erreichen, waren keine Kosten zu hoch, weshalb anstandslos eine neue Alfons-Statue in Auftrag gegeben wurde.[32] Denn es war nicht die Schuld von Jaume Cascalls, dass die erste Statue zu lang war, sondern die permanent modifizierten Wünsche des Königs waren für den Fehler verantwortlich. Zur Erinnerung: Cascalls hatte bis dahin zwei Grabfiguren von König Alfons geschaffen: Eine war für ein erstes, sehr teures Grabmal

---

[30]   ALTISENT (wie Anm. 4), S. 278; RUBIÓ (wie Anm. 4), I, S. 226–28, doc. 235; MARÉS (wie Anm. 3), S. 183–85, doc. 35

[31]   Casalls schwor, keine anderen Aufträge anzunehmen, bis die königlichen Figuren fertig seien und dass er sich ohne Genehmigung des Abtes von dem Moment an nicht mehr vom dem Kloster entfernen würde, ab dem an die notwendigen Steine geliefert worden waren.

[32]   ALTISENT (wie Anm. 4), S. 280; MARÉS (wie Anm. 3), S. 188–89, doc. 39.

auf dem Südbogen hergestellt worden, und bei der zweiten handelte es sich um diejenige, die ursprünglich Jaume darstellen sollte, aber im Vergleich zur Grabfigur von Pere zu klein gewesen war. So kann es nicht diese gewesen sein, die 1371 durch eine kleinere zu ersetzen war, sondern nur die andere, die für den ersten Sarkophag von Alfons angefertigt worden war. Dieser selbst wird wohl nicht vollendet gewesen sein, denn sonst hätte man ihn ebenfalls verkürzen müssen.

Die Quelle beweist, dass spätestens 1371 auch die Sarkophage auf der Südseite eine gewisse Länge nicht mehr überschreiten durften, damit drei von ihnen hintereinander gestellt werden konnten. Beide Bögen waren ab diesem Zeitpunkt als identische Monumente konzipiert mit jeweils drei einander gegenüberstehenden Grabmälern – relativ egal war es hingegen, ob in den jeweiligen Sarkophagen nur eine oder gar vier Personen lagen. Das naturgemäß größte aller Grabmäler, dasjenige von Pere und seinen drei Ehefrauen, hatte die Dimensionen für alle weiteren Sarkophage vorgegeben, ganz gleich, ob diese für schon längst verstorbene Könige damals neu geschaffen oder sie möglicherweise erst Jahrzehnte später von den Nachfahren in Auftrag gegeben wurden.

Zuerst sorgte jedoch Pere selbst dafür, dass die Grablege in dem von ihm intendierten dynastischen Sinn funktionierte. Hierzu erließ er seit den späten siebziger und den achtziger Jahren eine Reihe Verfügungen; auch ergänzte er das *panteón* um neue Gräber und eine vereinheitlichende Dekoration. Damit trat die Planung der Gesamtanlage abermals in eine neue Phase ein, die man als diejenige des «institutionalisierten *panteón*» bezeichnen kann.

Die zu diesem Zweck wichtigste administrative Maßnahme war zweifellos die testamentarische Bestimmung von 1377, mit der Pere zunächst seinen Wunsch erneuerte, selbst in Poblet bestattet zu werden, mit der er aber zugleich seinen Vasallen befahl, niemand auf den Thron zu heben, der nicht zuvor seinerseits festgelegt hatte, sich ebenfalls in Poblet begraben zu lassen und alle dem entgegen stehenden Regelungen aufzuheben.[33] 1379 präzisierte er diese Direktiven; 1380 ließ er die Chroniken der Grafen von Barcelona bzw. der Könige von Aragón sowie zahlreiche Geschichtswerke nach Poblet bringen, die dort den Grundstock einer königlichen Bibliothek bilden sollten.[34] 1382 ordnete Pere die Befestigung des Klosters mit dem expliziten Zweck an, die königliche Grablege dort vor Überfällen zu schützen.[35]

Das gestalterische Produkt jener Phase waren die Baldachine über den Grabmälern, für die Pere 1380 den Abt von Poblet einen Vertrag mit dem Schreiner Bernat Teixidor abschließen ließ.[36] Diese sollten über den Grabstellen selbst wie auch explizit über den

---

[33] ALTISENT (wie Anm. 4), S. 283; del ARCO (wie Anm. 1), s. 58–59.

[34] BRANCONS I CLAPÉS (wie Anm. 1), S. 220; ALTISENT (wie Anm. 4), S. 320.

[35] ALTISENT (wie Anm. 4), S. 289.

[36] ALTISENT (wie Anm. 4), S. 287; MARÉS (wie Anm. 3), S. 202–04, doc. 52; BRANCONS I CLAPÉS (wie Anm. 1), S. 222.

noch freien Plätzen angebracht werden, was ein unmissverständlicher Hinweis darauf ist, dass Pere damals aus seinem eigenen Grab und denen seiner Vorgänger eine auch prospektiv funktionierende dynastische Grablege machen wollte. In diesem Zusammenhang spielt es eine gewisse Rolle, ob diese oder eine ähnliche hölzerne Bekrönung schon in einer früheren Phase geplant gewesen war oder ob sie erst die letzte Ergänzung am Ende einer langen und schwierigen Genese war: Mit letzter Sicherheit wird sich diese Frage kaum klären lassen, doch gibt es einige Indizien, die für die nachträgliche Planung sprechen: So war z.B. zuvor niemals von dieser Bekrönung die Rede gewesen,[37] und die Einheitlichkeit der Überdachung aller vorhandenen Gräber ebenso wie der leeren Plätze zwischen und neben ihnen unterstützte den Eindruck absoluter Uniformität, der nachweislich erst nicht vor 1370/71 erstrebt war. Dabei vermochten gerade die Baldachine über den «Leerstellen» den Eindruck eines prospektiv gedachten *panteón* in besonderem Maße zu verstärken, zumal sämtliche Baldachine vollkommen einheitlich waren, soweit dies jedenfalls nach den wenigen historischen Abbildungen noch zu beurteilen ist, da die Baldachine seit 1836 nicht mehr vorhanden sind.[38]

Die Planung des katalanisch-aragonesischen Königspantheons nahm in den letzten Jahren der Herrschaft von Pere skurril wirkende Züge an: Der König ließ nämlich auf den Bögen von Poblet nicht nur eine Grablege für sich und die Seinen bzw. seine Vorfahren anlegen, er bereitete auch seinem Sohn und Nachfolger Joan und dessen Familie das Grab an diesem Ort vor – wobei er sich sogar schon vor Joan selbst um die Bestattung von dessen früh verstorbenen Kindern in Poblet bemühte. War schon im Vertrag mit dem Schreiner Bernat Teixidor von 1380 erstmalig von dem Grabmal die Rede, das Pere für seinen Sohn anfertigen lassen wollte – obwohl es noch nicht existierte, sollte sich auch über ihm ein Baldachin erheben –, so wurde es 1381 bei Jordi de Deu, dem Schüler und Nachfolger von Jaume Cascalls, in Auftrag gegeben.[39] Dabei wurde explizit festgelegt, dass dieses Grabmal den älteren in Form, Struktur und Material ähneln sollte. Drei Liegefiguren aus Alabaster sollte es geben, eine für Joan und zwei für seine Ehefrauen (Abb. 8 f).

Als Pere IV. 1387 starb und in dem nach jahrzehntelanger Planung fertig gestellten *panteón* beigesetzt wurde, war dieses zu einem Fixpunkt der aragonesisch-katalanischen

---

[37]   Denkbar wäre allenfalls, dass sich die 1360 geäußerte Kritik des Königs am unproportionierten und zu hohen Grabmalsentwurf des Meisters Aloi darauf bezog, dass Aloi damals einen Baldachin über dem Grabmal geplant hatte. Sollte dies der Fall gewesen sein, dann hätte aber der Bau einer Bekrönung unmittelbar nach 1360 nicht mehr zur Debatte gestanden und wäre dem König erst zwanzig Jahre später wieder in den Sinn gekommen.

[38]   Die verschiedenen Zeichnungen, welche das Grabmal vor der Zerstörung abbilden, zeigen zwar stets einheitliche Baldachine, doch variieren deren Formen von Zeichnung zu Zeichung. Eine von Francesca Español entdeckte Beschreibung der Grabmäler aus dem 18. Jahrhundert lässt allerdings ebenfalls darauf schließen, dass die Baldachine einheitlich waren: ESPAÑOL: *Els escenaris del Rei* (wie Anm. 1), S. 166; DIES., *El gòtic català* (wie Anm. 1), S. 206–07.

[39]   ALTISENT (wie Anm. 4), S. 288; MARÉS (wie Anm. 3), S. 199–200, doc. 50.

Monarchie geworden, das über den Herrscherwechsel hinaus die Kontinuität des Königreiches repräsentierte. Es gab dort zu diesem Zeitpunkt auf jedem der Bögen je ein Grab
von einem früheren König (Alfons und Jaume), eines von Pere und seine drei und eines
für seinen Sohn Joan und seine beiden Ehefrauen.[40] Auf jedem Bogen war noch ein
Platz frei: denjenigen auf der Evangelienseite besetzte nach dem Aussterben der aragonesischen Königslinie wenige Jahrzehnte später das Grabmal des ersten kastilischen
Königs Ferran I. (Ferdinand) de Antequera. Den letzten freien Platz auf der Südseite
ließ Ferdinand II. der Katholische am Ende des 15. Jahrhunderts mit dem Monument für
seine Eltern Joan II. und Joana Henríquez füllen, die dort am 4. Mai 1499 zugleich mit
Ferran de Antequera bestattet wurden (Abb. 8 f).

*

Das königliche *panteón* in Poblet ist dank der guten Quellenlage ein Exempel für die
prozesshafte Entstehungsgeschichte eines Monumentes mit theoretisch ewigem Geltungsanspruch. Doch nicht nur dieser systematische Aspekt und die daraus resultierenden Probleme lassen sich am Beispiel von Poblet erhellen, vielmehr ist hier ganz konkret nachzuvollziehen, wie sich im Laufe des 14. Jahrhundert die ästhetische
Imaginationsfähigkeit eines Auftraggebers im Zusammenhang mit seinen Wünschen
nach politisch-dynastischer Repräsentation zu entwickeln vermochten. Denn ebenso wie
in Poblet eine unverkennbare Interessensrochade bezüglich der Grablege weg vom Abt
des Klosters und hin zum König gab, so war das Ergebnis dieser Rochade auch eine
qualitative Zunahme des königliches Interesses: Ging es Pere um 1350 noch darum,
dass überhaupt ein Grabmal für ihn und seine Ehefrauen entstand, so scheint er danach
im zunehmendem Maße begriffen zu haben, wie wichtig die ästhetische Qualität dieses
Monuments für seine dynastisch-propagandistischen Ziele war – wobei es sich für die
letzten Lebensjahre von Pere kaum noch eindeutig argumentativ ausdrücken lässt, was
der König wirklich mit der Errichtung der Grablege bezweckte: Die an sie herangetra-
genen Ansprüche wie die daraus abgeleiteten Grundsätze für die formale Gestaltung
scheinen zu kompliziert zu werden, um sich noch mit den gängigen Mustern von mittelalterlicher Memoria erklären zu lassen. Doch je komplexer – und auch diffuser – die
programmatischen Wünsche des Königs in dieser Zeit auch wurden, desto präziser
wurden sie auch in Hinblick auf die formale Gestaltung.

Dabei spielt es nur eine untergeordnete Rolle, dass Pere sich schon zu Beginn der
1360er Jahre für eine Gestaltung der Sarkophage und Gisants entschieden hatte, die dann
auch noch über 20 Jahre später als modellhaft galt, so dass sämtliche späteren Gräber auf
den Bögen von Poblet diesem Modell nachempfunden wurden. Denn dies ist nur die eher
konservative Komponente des königlichen Gestaltungswillens, wonach Künftiges nur so

---

[40] Die vierte Gemahlin von Pere, Sibilla von Fortià, wurde weder neben ihrem Mann in Poblet bestattet, noch
      scheint sich der König überhaupt um ihre Grablege gekümmert zu haben.

aussehen konnte wie Bekanntes. Interessanter ist es schon, dass aus dem Wunsch, das Bekannte zu wiederholen, in Poblet sukzessive eine neue ästhetische Kategorie entstand, nämlich der Wunsch nach Einheitlichkeit. Um diese verwirklicht zu sehen, gab der König große Summen aus, damit Neues an Älteres angepasst wurde. Solche Maßnahmen ließen sich nur vordergründig durch die für das Mittelalter typische Imitatio der anerkannten historischen Vorbilder erklären, weil das zu imitierende Modell – sein eigenes Grab – ja erst von Pere selbst neu geschaffen worden war. Ruft man sich in Erinnerung, dass sowohl die Gesamtanlage des auf Bögen ruhenden *panteón* von Poblet als auch die individuelle Gestaltung der einzelnen Monumente weitestgehend ohne Modell war, und dass der Wunsch nach Uniformität der Gesamtanlage erst langsam wuchs, so wird die innovative Leistung der Grablege von Poblet besonders deutlich.

Es wäre schwierig, die ideologischen und mentalen Hintergründe für den Wandel der königlichen Auffassungen zu ergründen – übrigens sprechen alle Quellen dafür, dass es in diesem Fall berechtigt ist, vom König selbst als einem aktiven Subjekt zu reden und ihn nicht als Inkarnation schwer fassbarer Meinungen und Strömungen zu begreifen. Hingegen ist es viel leichter, die Entwicklung der königlichen Ästhetik in ihrem Verlauf nachzuvollziehen: Konnte Pere am Beginn seiner Regierungszeit in Hinblick auf die Gestaltung seines Grabmals nur vage formulieren, dass es so wie das damals Übliche aussehen sollte, so vermochte er einige Jahre später bereits zu erkennen, dass ein von Glasflüssen umgebener Gisant moderner war als ein monochromer. Bald darauf war er in der Lage, das teils durch ältere Königsgräber, hauptsächlich aber durch Heiligengräber angeregte Konzept von Grabmälern auf Bögen, das als solches ja nichts anderes war als eine Adaption von bereits Bekanntem, durch eigene Vorstellungen in erheblichem Maße zu modifizieren. Das Schreiben von Pere, in dem er seinem Bildhauer Aloi de Montbrai mitteilte, dass der von ihm entworfene Grabmalsbogen zu hoch und unproportioniert sei, gehört zu den frühesten Quellen für die präzise ästhetische Äußerung eines Souveräns. Dennoch sollte nicht übersehen werden, dass Pere damals noch immer nicht vollständig in der Lage war, eigene Vorstellungen im positiven Sinne zu äußern, sondern nur negative Kritik üben konnte. Es wäre deshalb interessant zu wissen, ob es seine eigene Idee war, zuletzt aus dem einen Grabmalsbogen in Poblet zwei werden zu lassen, oder ob er hiermit nur die Idee des Abtes, der Bildhauer oder einer anderen Person übernahm.

Jedenfalls gibt es danach bis zur Fertigstellung der Grablege in Poblet bzw. bis zum Tod des Königs keine Äußerung mehr, die ein gestalterisch aktives Eingreifen von Pere belegen könnte. Seine immer häufiger werdenden Interventionen betrafen stets die Konzeption und nicht die Ästhetik. Andererseits ist es wahrscheinlich, dass die Idee, über den Gräbern Baldachine anzubringen, von Pere persönlich kam. Und es gehört zweifellos zu den wenigen sympathischen Zügen des Königs, dass er noch wenige Monate vor seinem Tod dem Schreiner Bernat Teixidor, der jene Baldachine angefertigt hatte, eine zusätzliche Gratifikation zukommen ließ, weil diese Bekrönungen schöner als erwartet

geworden waren, während Pere zuvor immer nur über die Verzögerungen bei der Fertigstellung der Baldachine geklagt hatte.

Doch auch wenn die Vorstellungen des Königs in Bezug auf die Gestaltung seiner eigenen Grablege wie der seiner Dynastie beschränkt gewesen sein mögen, so gingen sie
doch deutlich über das hinaus, was wir – wenn überhaupt – aus vorangegangenen Epochen kennen. Wenn Pere wirklich nahe an eine einzelne Figur herantrat, dann konnte er
nicht mehr ästhetisch argumentieren, sondern nur ganz traditionell im Sinne material-
hafter Kriterien. Wenn er zurücktrat und das Ensemble in den Blick nahm, dann ging es
ihm nur noch um Uniformität. Doch was überhaupt keine Rolle gespielt zu haben
scheint, das war der komplexe Bedeutungsgehalt traditioneller ikonographischer Typen:
Mag man bei anderen europäischen Grabmalen darüber spekulieren können, ob die doppelte Darstellung eines verstorbenen Königs «*the kings two bodies*» repräsentieren
könne, so steht es im Falle von Poblet außer Frage, dass die Verdoppelung bei einzelnen
Gräbern nur zustande kam, weil diese Monumente anderen ästhetisch angepasst werden
sollten oder weil zufällig ein Gisant übrig war. Der Protagonist der Gesamtanlage, Pere
IV., hatte hingegen für sich selbst eine doppelte Darstellung niemals angedacht.

Poblet ist auch ein Lehrbeispiel für die unterschiedlichen Vorstellungen und Kompe-
tenzen bei Künstlern und Auftraggebern hinsichtlich von Programm und Ästhetik. Pere
el Ceremoniós, der zweifellos zu den gebildetsten Herrschern des 14. Jahrhunderts
gehörte, erweist sich nach dem Studium der Quellen als jemand, der auf ästhetischem
Gebiet nur langsam lernte und dessen visuelle Imaginationsgabe deutlich begrenzt war.
Er benötigte lange Zeit um zu begreifen, dass zwischen seinen Konzepten und deren
Realisierbarkeit ein oft unüberwindbarer Widerspruch lag, weshalb aus zahlreichen, hier
nicht zitierten Quellen immer nur seine permanente Ungeduld hinsichtlich der Fertigstellung des *panteón* hervorsticht. Trotzdem ist die Differenz zwischen der Absolutheit
des königlichen Anspruchs und den Widrigkeiten bei der Ausführung als ein durchaus
neuartiges Element zu werten, da hier deutlich wird, dass der Auftraggeber und seine
Ansprüche nicht mehr mit der Realisierung des Kunstwerkes in Eins zu setzen sind.
Pere war kein *sapiens architectus* mehr, dessen künstlerische Absichten ohne Differenz
umgesetzt werden konnten. Aber er war auch noch kein aufgeklärter Auftraggeber, der
vollständig auf die Kompetenz seiner Künstler zu setzen vermochte, wie sein permanen-
tes Eingreifen in Planung und Ausführung des *panteón* ab dem Zeitpunkt belegt, ab dem
ihm die Aufgabe selbst wichtig erschien.

Dies alles geht aus den zahlreichen Quellen hervor, die zur aragonesisch-katalanischen Königsgrablege in Poblet vorliegen und derenthalben sie ein für die Kunstgeschichte so ergiebiges Objekt ist. Doch ist der Verdacht nicht auszuräumen, dass
diese Quellen, so genau sie auch scheinen mögen, die tatsächlichen Diskurse um das
königliche *panteón* nur unvollständig wiedergeben können. Denn gerade weil sich
nach der Mitte des 14. Jahrhunderts ganz speziell an der Person von König Pere IV. el
Ceremoniós Innovationen im Denken und Sprechen über Kunst festmachen lassen,

dürfte es unwahrscheinlich sein, dass die Schreiber der Quellen, auf die wir uns stützen, dies schon in seiner ganzen Komplexität wiedergeben konnten. Die Diskrepanz zwischen dem, was tatsächlich geschah, und dem, was sich rekonstruieren lässt, dürfte für eine solche Zeit der Innovation besonders groß gewesen sein.

RESUMEN ESPAÑOL

EL REY Y EL ARTE: LA GÉNESIS DEL PANTEÓN CATALANO-ARAGONÉS EN POBLET BAJO PERE EL CEREMONIÓS

El Reino de Cataluña-Aragón no conoció en la Edad Media tardía sepulcros específicamente para sus reyes, mas bien fueron enterrados en distintos lugares, mientras que las reinas prefirieron para ello los conventos franciscanos. Por eso no hubo una razón especial para que el rey Pere IV el Ceremoniós eligiera precisamente como sepulcro el convento cisterciense de Poblet. Parece ser que la iniciativa para ello no originó con el rey sino del abad del convento, Ponç de Copons, dado que ya desde algún tiempo atrás él había pretendido transformar su convento en un sepulcro moderno.

Fue sólo después de la muerte del abad cuando Pere aprópió aquella iniciativa de crear un sepulcro real digno. Para ello el rey escogió el tipo absolutamente insólito de sepultura conjunta para él y sus tres esposas. Como consecuencia de la planificaciones posteriores, este sepulcro se convirtió en el componente central de un panteón cada vez más complejo, en el cual fueron también incluidos sucesivamente las tumbas ya existentes en Poblet de los reyes Jaume y Alfonso. Por último, Pere se ocupó también de que sus descendientes reales pudieron tener un lugar en el panteón dinástico.

Las etapas de este caso se pueden reconstruir gracias a la inusual riqueza de fuentes. Pero a la misma vez estos documentos permiten conclusiones múltiples y valiosas sobre el desarrollo de las competencias artísticas de uno de los monarcas más ilustrados del siglo XIV en Europa.

DAS KLOSTER BATALHA ALS GRABLEGE DER PORTUGIESISCHEN KÖNIGE AUS DEM HAUS AVÍZ

Ralf Gottschlich

Die Ursprünge des Königreichs Portugal reichen bis an das Ende des 11. Jahrhunderts zurück, als Alfonso VI., König von León und Kastilien, nach zahlreichen Erfolgen bei der *Reconquista* durch Gegenschläge der Mauren in Bedrängnis geriet. Er rief Herzog Heinrich von Burgund zu Hilfe, mit dessen Familie er bereits durch zwei Eheschließungen verbunden war und durch dessen Unterstützung er seine Macht schließlich sichern konnte. Aus Dankbarkeit vermählte er seine Tochter Teresa mit Heinrich und verlieh diesem im Jahre 1096 die Grafschaften Portugal und Coimbra zum Lehen. Alfonso VI. hoffte, die nach Unabhängigkeit strebenden Adligen beider Regionen mit Hilfe Heinrichs unter seiner Botmäßigkeit zu halten. Dieser strebte jedoch seinerseits eine weitgehend unabhängige Position an. Beim Tode Alfonsos VI. 1109 kündigte Heinrich die alte Lehensverpflichtung gegenüber Kastilien-León auf. Obwohl Heinrich selbst bereits 1112 starb, hatte er somit die Voraussetzungen für ein eigenständiges Königreich Portugal geschaffen. 1143 konnte sein Sohn Afonso Henriques die Souveränität Portugals im Vertrag von Zamora gegen Alfonso VII. von Kastilien-León durchsetzen.

In der Folgezeit tätigten die portugiesischen Herrscher zahlreiche bedeutende Stiftungen. Doch obwohl in einigen Kirchen des Landes mehrere Könige bestattet wurden, bildete sich zunächst keine Tradition königlicher Grablegen heraus. Vielmehr gaben wohl pragmatische Gründe oder persönliche Vorlieben den Ausschlag für den jeweiligen Bestattungsort.

Eigene Bauten, die als königliche Grablegen dienten, entstanden erstmalig am Kloster Sta. Maria da Vitória da Batalha in der zentralportugiesischen Provinz Estremadura. Es wurde als Votivkloster ab ca. 1388 im Auftrag Joãos I. errichtet, zur Erinnerung an die 1385 gegenüber Kastilien-León verteidigte Unabhängigkeit Portugals. Ob Batalha bereits bei der Gründung des Klosters und der 1388 erfolgten Überweisung an den Dominikanerorden als Grablege vorgesehen war, lässt sich nicht feststellen.

Das Gelände war vor Errichtung des Klosters wahrscheinlich vollkommen unbebaut, so dass dieses als Gesamtkomplex in einem Zug konzipiert und errichtet werden konnte (Abb. 1 und Taf. XIV). Der erste Baumeister Batalhas, in dem man den wahrscheinlich aus Portugal stammenden Afonso Domingues vermutet, begann eine große dreischiffige Kirche mit einschiffigem Querhaus, hoher polygonaler Hauptapsis und je zwei gleich großen Nebenapsiden. Gleichzeitig wurde mit der Errichtung des Kreuzgangs und einiger Klausurgebäude begonnen. Das Kloster entstand demnach nicht in einzelnen vertikal getrennten Bauabschnitten, sondern in durchgehenden, nahezu gleichmäßig-horizontalen Schichten. Domingues legte auf diese Weise den Grundriss der gesamten Anlage fest, an den seine Nachfolger gebunden waren.[1] An das Langhaus der Kirche schloss er im Norden einen quadratischen Kreuzgang mit den üblichen Klausurgebäuden an. Das Bauprogramm ist konventionell zu nennen und von außerordentlicher Nüchternheit in der Form und Strenge in Maßsystem und Bauausführung gekennzeichnet. Die Maßabweichungen liegen fast überall unter 5 cm; eine bemerkenswert hohe Baugenauigkeit, die selbst heute schwer erreicht wird. Die ursprüngliche Planung lässt – soweit es eigenständige Baukörper betrifft – keinerlei Rückschlüsse auf eine Bestimmung des Klosters als königliche Grablege zu. Wenn überhaupt, so war wohl nur an Grablegen innerhalb der Kirche oder der Klausur gedacht.

Abb. 1: Batalha, Klosterkirche und Capela do Fundador von Südwesten

---

[1]   Gleichzeitig ist diese Methode Voraussetzung für die extreme Maßgenauigkeit, die beim gesamten Grundriss des Klosters festgestellt werden konnte und für die keine Parallelbeispiele bekannt sind.

Erst in Joãos I. 1426 verfassten Testament findet sich ein Hinweis auf eine eigenständige Grabkapelle. Aus dem Dokument geht hervor, dass seine 1416 verstorbene Gattin Filipa de Lencastre zunächst in der Hauptapsis der Klosterkirche beigesetzt war, da zum Zeitpunkt ihres Todes keine andere würdige Begräbnisstätte in Batalha zur Verfügung stand. Batalha war also bereits während des Baus als reguläre Grablege vorgesehen, denn sonst hätte man die Königin kaum dort, sondern in einem anderen, schon vorhandenen Bau bestattet. Zum Zeitpunkt der Testamentserstellung 1426 jedoch hatte João I. bereits eine neues Gebäude am Kloster Batalha als endgültige Begräbnisstätte für sich und seine Gemahlin in Auftrag gegeben.

Bei diesem Bau handelt es sich um die heute als Capela do Fundador bezeichnete Kapelle an der Südwestflanke der Klosterkirche (Abb. 2). Dem Testament lässt sich entnehmen, dass sie 1426 bereits im Bau war, jedoch nicht, seit wann genau. Verschiedene Befunde am Bauwerk legen allerdings nahe, dass der Baubeginn nur unwesentlich vor diesem Datum erfolgt sein kann. Während der in Frage kommenden Zeit ist ein seit 1401/02 als «mestre das obras» für die Arbeiten am Kloster verantwortlicher Meister Huguet nachgewiesen, so dass ihm Entwurf und Ausführung der Capela do Fundador zuzuweisen sind. 1434 dürften die Arbeiten abgeschlossen gewesen sein, als die Gebeine des ein Jahr zuvor verstorbenen Königs und der Königin dort beigesetzt wurden.

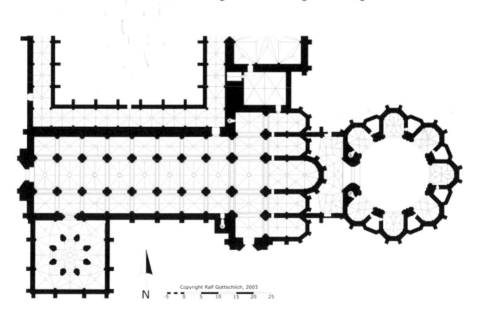

Abb. 2: Batalha, Klosterkirche, Capela do Fundador und Capelas Imperfeitas, Grundriss

Für die weitere Betrachtung ist es unerlässlich zu wissen, dass das Erscheinungsbild der Capela do Fundador wie des gesamten Klosterkomplexes durch umfangreiche Restaurierungen seit 1840 wesentlich verändert wurde.[2] Das Zentraloktogon ragte ursprünglich freistehend über den quadratischen Unterbau auf. Die acht Strebebögen sind eine freie Ergänzung der Restauratoren. Auch die Maßwerkbrüstungen stammen in ihrer heutigen Form aus dieser Zeit. Die Maßwerke der Fenster wurden ebenso vollständig ausgetauscht wie die Buntglasscheiben. Im Inneren erfuhr der Raum eine Purifizierung, die eine Entfernung aller späteren Altareinbauten mit sich brachte. In den ersten Jahren des 20. Jahrhunderts errichtete man an der Westseite Wandnischengräber nach dem Vorbild derjenigen, die aus dem 16. Jahrhundert an der Südseite erhalten waren. Grundlage für die Restaurierungen war das Stichwerk von James C. Murphy, das 1795 erschienen war und deutlich durch die britische Herkunft des Autors geprägt ist.[3] Aus diesen Restaurierungen leiten sich zahlreiche Fehlinterpretationen in der Forschung zu Batalha ab, die teilweise zu der Annahme verführten, in Batalha ein Werk englischer Gotik auf portugiesischem Boden zu sehen.

Die Capela do Fundador nimmt die Breite der drei westlichen Joche des Südseitenschiffes der Kirche auf und umschließt einen Raum von ca. 20 m Seitenlänge.[4] Im Zentrum erhebt sich über reich gegliederten Bündelpfeilern eine oktogonale Laterne, die den quadratischen Unterbau deutlich überragt (Abb. 3). Im Westen schließt die Capela do Fundador direkt an die Westfassade der Kirche und mit ihrer Ostwand an einen Strebepfeiler des südlichen Seitenschiffes an. Die Nordseite der Capela do Fundador ist identisch mit der Mauer des Südseitenschiffs der Kirche und durch ein großes Portal mit dieser verbunden. Ein eigener Zugang zur Kapelle von außen existiert nicht. Die Mauern sind innen ebenso wie außen durch Wand- bzw. Strebepfeiler in drei Kompartimente unterteilt, deren mittlere Abschnitte deutlich breiter sind als die seitlichen. Die untere Zone der freistehenden Mauern ist bis zu einer Höhe von rund drei Metern vollständig geschlossen. Darüber befindet sich in jedem Wandfeld ein mehrbahniges Spitzbogenfenster. Die Höhe der unteren Mauerzone ist durch die innenliegenden Nischen – die sicherlich von Anfang an zur Aufnahme von Wandgräbern dienen sollten – geprägt. Bei der Gliederung der Wände gab es kurz nach Baubeginn eine Planänderung: Das nördliche Fenster der Westwand setzt im Vergleich zu den übrigen niedriger an. Die darunter liegende Wandnische ist als einzige rundbogig ausgeführt. Obwohl wegen der vorge-

---

[2]   Vgl. zu den Restaurierungen, Maria João Quintas Lopes Baptista NETO, *James Murphy e o restauro do Mosteiro de Sta. Maria da Vitória no século XIX*, Lissabon 1997.

[3]   Murphy hatte 1789 im Auftrag des britischen Adligen William Burton Conyngham den Klosterkomplex von Batalha aufgemessen und gezeichnet. Die Mappe wird in der Drawings Collection des Royal Institute of British Architects in London aufbewahrt (MS 260). Im Einzelnen existieren 24 Blätter zur Klosterkirche einschließlich der Apsiden, 16 zur Capela do Fundador, 18 zu den Capelas Imperfeitas, 7 zum Kapitelsaal, 4 zum Königlichen Kreuzgang und 10 Blätter mit Grundrissen und Raumstudien.

[4]   Außenmaße: ca. 22,70 m ohne und 25,10 m inklusive Strebepfeiler.

blendeten Wandgräber im Süden und Westen heute nur die Nischen der Ostwand als Vergleich zur Verfügung stehen, kann davon ausgegangen werden, dass diese alle spitzbogig geplant waren und deshalb höher abschließen. Belegt wird dies durch Fotos aus der Zeit vor der Restaurierung, die die Westwand unverbaut zeigen. Die Beobachtungen legen die Vermutung nahe, dass die Nordwestecke der erste Bauabschnitt der Capela do Fundador war. Befunde in der Gewölbezone des quadratischen Umgangs bestätigen, wie unten gezeigt wird, diese These.

Abb. 3: Batalha,
Capela do Fundador,
Innenansicht von Süden

Auf Grund der großzügigen Durchfensterung auf drei Seiten des Umgangs und an allen acht Seiten der Oktogonlaterne ist die Grabkapelle sehr hell beleuchtet. Das Grab des Stifters und seiner Gattin befindet sich in der Mitte des Raums unter der Laterne, eine freistehende Doppeltumba mit den Liegefiguren des Paares auf dem Sarkophagdeckel. Vier reich verzierte Wandnischengräber für die Söhne des Stifterpaares wurden in den folgenden Jahrzehnten an der Südwand errichtet, während die Nischen der West- und Ostwand lange Zeit ungenutzt blieben.

Durch das Testament Joãos I. wissen wir, dass die Capela do Fundador 1426 im Bau war. Anhand von Baubefunden lässt sich darüber hinaus nachweisen, dass die Seitenschiffmauern der Kirche bereits sehr weit oder gar vollständig ausgeführt waren, noch bevor João I. die Grabkapelle in Auftrag gab. Im Nordosten ist der nachträgliche Anschluss sowohl im Inneren als auch am Äußeren der Kapelle besonders gut zu erkennen. In den unteren Steinschichten ist die neu angefügte Kapellenmauer stumpf gegen die Stirnseite des Strebepfeilers geführt und nur vereinzelt durch kleinere Ausarbeitungen mit diesem verzahnt. Etwa ab der Sohlbank des Seitenschifffensters sind die Steinlagen von Kirchenschiff und Capela do Fundador einander angeglichen, unterscheiden sich jedoch hinsichtlich Format und Verarbeitung offensichtlich von den unteren Schichten des Strebepfeilers. Auch gibt es hier mehrere Stellen, an denen Seitenschiffwand und Strebepfeiler nicht sauber im Verband stehen. Erst in den obersten Schichten laufen die Steinlagen in einer Ebene von der Südwand des Seitenschiffes über den zugehörigen Strebepfeiler bis zur Capela do Fundador durch. Vergleichbare Beobachtungen lassen sich auch im Inneren der Kapelle machen.

Dort sind in den seitlichen Feldern der Nordwand Abtreppungen im Mauerwerk zu erkennen. Diese beginnen unmittelbar neben den Wandpfeilern und steigen allmählich bis etwa zur halben Wandhöhe nach außen hin an. In der Nordostecke des Baus ist der ursprüngliche Strebepfeiler der Kirche zweifelsfrei nachweisbar (Abb. 4), wodurch sich der anschließende untere Teil der Wand ebenfalls als originale Seitenschiffmauer definieren lässt. Das etwa in halber Wandhöhe befindliche Gesims gehört im äußeren Bereich ebenfalls zur originalen Wand, während es im portalseitigen neu ausgeführt wurde. An diesem Gesims ist der Wechsel zwischen alter und neuer Mauer besonders signifikant: Während es in den älteren Abschnitten an der Unterkante der Werksteine gearbeitet ist, liegt es bei den jüngeren Teilen an der oberen Steinkante. Ein zweites Gesims leitet sich sowohl in der Position als auch im Profil eindeutig von den Deckplatten der Wandpfeilerkapitelle ab, die wiederum der jüngeren Bauphase ab 1426 angehören. An der Außenwand des Kirchenschiffes hat dieses Gesims keine Entsprechung, stellt demnach eine Ergänzung der inneren Baugliederung dar. Der Wechsel zwischen alter und jüngerer Wand lässt sich etwa drei Steinlagen unter diesem Gesims an einer deutlich schmaleren Steinlage erkennen, die im Osten an dem dort weiter nach oben reichenden originalen Strebepfeiler stumpf anläuft. Auch der Gewölbeanfänger in dieser

Ecke ist auf der rechten Seite in den originalen Strebepfeiler nachträglich eingefügt worden, während er links nahtlos mit der Mauer verbunden ist.

Abb. 4: Batalha,
Capela do Fundador, Nordostecke,
Anschluss an den Strebepfeiler der
Kirche, Innenansicht von Westen

Während sich der originale Strebepfeiler des Südseitenschiffs der Kirche dort gut erkennen lässt, wo die Ostwand der Kapelle anstößt, ist dies an der Westseite nicht der Fall. Da sich die ältere Außenwand des Südseitenschiffs aber auch in diesem Bereich zweifelsfrei nachweisen lässt und sie ohne den westlichen Strebepfeiler nicht sinnvoll denkbar ist, kann dieser nur durch eine zusätzliche Steinschicht verkleidet worden sein. Am Äußeren der Westfassade ist der Anschluss der Capela do Fundador an die Kirche, ähnlich wie an der Ostseite, gut erkennbar, doch stehen Strebepfeiler und Kapellenwand nicht in derselben Flucht. Aufschluss ergibt die zeichnerische Überlagerung der Grundrisse von Kirche und Capela do Fundador (Abb. 5): Geht man davon aus, dass der nach Süden weisende

Strebepfeiler der Kirchenfassade dieselben Dimensionen wie die anderen Pfeiler auf der Südseite und wie der nach Westen gerichtete hat, ergibt sich eine fehlende Breite von einem reichlichen halben Meter zwischen Innenseite der Kapellenwestwand und ehemaligem Strebepfeilerabschluss. Diese Differenz ist demnach durch eine vorgeblendete Steinschicht ausgefüllt worden. Hierfür spricht auch, dass in der Nordwestecke der Kapelle der obere, jüngere Wandabschnitt ohne erkennbaren Versatz in den Gewölbeanfänger und die Westmauer übergeht, ganz anders als in der Nordostecke.

Kirchenschiff

Capela do Fundador

Abb. 5: Batalha, Capela do Fundador, Nordwestecke, Anschluss der Westfassade an den Strebepfeiler der Kirche (Schema)

Insgesamt unterscheidet sich die Nordwand deutlich von den anderen drei Seiten der Capela do Fundador. Sie ist die einzige Wand, die nicht freisteht und somit auch nicht durchfenstert werden konnte. Auch wurde auf Wandnischen und aufwändigere plastische Ausgestaltung der Wandflächen verzichtet, wohingegen das Portal im mittleren Wandfeld hohen plastischen Aufwand demonstriert. Es hebt sich von den übrigen Portalen Batalhas ab, die unter der Leitung Huguets entstanden. Das breite Gewändeprofil setzt sich aus einer Vielzahl von Stäben, Wülsten und Kehlen zusammen und ist auf der Kirchen- wie Kapellenseite vollkommen identisch. Am Schnittpunkt von äußerem und inneren Gewände findet sich nicht, wie sonst üblich, ein einzelner Dienst, sondern zwei gleichwertige parallele Dienste, und auch der Portalbogen besteht aus zwei identischen Dreipassfriesen. Diese Bogenform ist in Batalha mehrfach an exponierter Stelle anzutreffen,[5] die Doppelung hingegen ein Unikat.

---

[5]   U.a. am Hauptgurt der Hauptapsis und am Westportal.

Obwohl sich die Capela do Fundador in ihrer Formensprache stark an der Klosterkirche orientiert, ist sie doch als eigenständiger Bau konzipiert und erlebbar. Vor der vereinheitlichenden Restaurierung im 19. Jahrhundert sah man das weit besser als heute. Die Zentralbauform wird besonders von der Laterne betont, die sich ursprünglich ohne Strebepfeiler frei über den quadratischen Unterbau erhob. Ein steiles Zeltdach, welches Murphy als Bekrönung der Laterne vermutete, hätte diese Wirkung verstärkt. Doch selbst in seinen eigenen Skizzen finden sich keine Hinweise auf Reste des angeblich 1755 eingestürzten Helmes. Die Existenz eines solchen Daches ist nicht nachweisbar und eher unwahrscheinlich. So lassen sich auf Abbildungen des späten 18. und frühen 19. Jahrhunderts zwar die Zerstörungen an der Kirche recht genau erkennen, wie zum Beispiel des Glockenturmhelms und der verschiedenen Balustraden, an der Capela do Fundador hingegen sind keinerlei entsprechende Hinweise vorhanden. Auch aus statischen Gesichtspunkten wäre ein solcher Turmhelm unwahrscheinlich gewesen. Die verhältnismäßig dünnen Wände zwischen den Fenstern der Laterne wären durch einen hohen steinernen Aufbau sicher überlastet und ein Einsturz hätte wahrscheinlich sowohl die Laterne selbst als auch das Gewölbe der Kapelle beschädigt.

Stellt die Errichtung der Capela do Fundador bereits eine Erweiterung des Bauprogramms für Batalha dar, so lässt sich innerhalb der Kapelle, abgesehen von der Modifikation der Wandnischen und den daraus resultierenden Fensterhöhen, eine weitere Planänderung nachweisen: Indizien hierfür haben sich in der Gewölbezone des Umgangs erhalten: In den jeweils äußeren Feldern der Nord- und Westwand verfügen die Schildbögen über Ansätze für Scheitelrippen, im Gewölbe selber wurden diese Rippen jedoch nicht ausgeführt. An den Schildbogenscheiteln der Süd- beziehungsweise Ostwand fehlen die entsprechenden Rippenansätze ebenso wie an allen in Frage kommenden Schlusssteinen. Offensichtlich hatte Huguet seine Pläne in Bezug auf die Gewölbeform bereits in einem frühen Stadium geändert, so dass man weiterhin von vornherein auf die Rippenansätze verzichtete. Ursache für die Modifikation waren dabei vermutlich keine finanziellen oder bautechnischen Gründe, sondern vielmehr gestalterische.

Die Planänderung muss demnach noch während der Errichtung der Außenwände und somit weit vor der Einwölbung des Umgangs erfolgt sein. Dass die Nordwand nach dem teilweisen Abbruch des Seitenschiffs zuerst geschlossen wurde, ist nahezu zwangsläufig, da davon die Statik des Kirchenschiffs abhing. Den Beginn des Baus an der Nordwestecke beweisen die Abweichung der Westwand bei der Höhe der Fenstersohlbank und der Form der Wandnische von den übrigen Kapellenseiten sowie die Existenz der Rippenansätze an den Schildbögen dieser Kapellenwand. Da es im weiteren Verlauf keine Sprünge in den Steinlagen gibt, ist es wahrscheinlich, dass die Außenwände der Kapelle gegen den Uhrzeigersinn von Nordwest nach Nordost ausgeführt wurden. Somit stellt der Anschluss der Ostwand an den Strebepfeiler des Südseitenschiffs der Kirche den Endpunkt bei der Errichtung des Umgangs der Capela do Fundador dar.

Aus den genannten Befunden kann gefolgert werden, dass die Seitenschiffmauern bereits vollständig ausgeführt waren, aber für die Anfügung der Capela do Fundador zu großen Teilen wieder abgetragen werden mussten. Die gemeinsame Mauer von Kirche und Grabkapelle wurde bis auf Reste an den Seiten neu ausgeführt. Auch die zwei westlichen Wandpfeiler des Südseitenschiffes mussten neu errichtet werden, wobei das alte Material teilweise wiederverwendet wurde. Oberhalb des Anschlusses der Kapelle an die Kirche wurde die Wand vollständig neu errichtet. Die ursprünglich vorhandenen drei Fenster des Seitenschiffes wurden bis auf das Couronnement gekürzt, der plastische Schmuck der Gewände erneuert.[6] Inwieweit das Zentraloktogon parallel oder im Anschluss daran errichtet wurde, ist aus den Baubefunden nicht abzuleiten. Die Arbeiten an der Grabkapelle wurden demnach kurz vor 1426 mit dem teilweisen Abriss des Südseitenschiffes begonnen und waren 1434 soweit vollendet, dass João I. und Filipa dort beigesetzt werden konnten. Die daraus resultierende Bauzeit von knapp 10 Jahren ist zwar nicht ungewöhnlich kurz, da die Kapelle aber zeitgleich mit anderen Klostergebäuden entstand, kann dennoch von einer zügigen Ausführung gesprochen werden.

Nachdem João I. 1433 nach fast 50jähriger Regentschaft gestorben war, bestieg sein ältester Sohn Duarte den Thron. Während dessen nur vierjähriger Regierungszeit begann man in Batalha einen noch weitaus anspruchsvolleren Bau, die sogenannten Capelas Imperfeitas (Abb. 6). Bei deren Analyse muss berücksichtigt werden, dass sie wohl nur wenig über die Fundamente hinaus gediehen waren, als 1437 der Baumeister und wenige Monate später der Bauherr verstarben. Der weit überwiegende Teil des aufgehenden Mauerwerks ist erst später und von teilweise erheblichen Pausen unterbrochen entstanden.

Welche Gründe Duarte bewogen, neben der Capela do Fundador, die noch ausreichend Platz für mehrere königliche Grabmäler bot, einen weiteren, ungleich größeren Bau beginnen zu lassen, bleibt offen. Zu diesem Zeitpunkt war Portugal jedoch politisch stabil, die Entdeckungsfahrten entlang der westafrikanischen Küste erschlossen völlig neue Reichtümer. Diese Prosperität mag Duarte den Schritt ermöglicht haben, die Klostergründung seines Vaters durch einen bedeutenden Anbau zu erweitern. Er ließ vom selben Baumeister Huguet, der schon die Grabkapelle seiner Eltern errichtet hatte, östlich der Hauptapsis eine Kapellenanlage entwerfen, die einen Gesamtdurchmesser von etwa 40 m aufweist.

Um einen oktogonalen Innenraum von ca. 20 m Durchmesser gruppieren sich sieben polygonal geschlossene Kranzkapellen (Abb. 7). Im Westen ist das Oktogon durch ein monumentales Portal zur Hauptapsis der Kirche hin geöffnet. In den Zwischenraum zwischen die Kranzkapellen schob man kleine Zwickelräume ein, die jeweils einer der als Grabkapelle vorgesehen Radialkapellen als Nebenraum zugeordnet sind und die Funktion einer Sakristei erfüllt hätten.

---

[6]   Die Form der Basen und Kapitelle entspricht nicht den von Afonso Domingues durchgängig in den Seitenschiffen verwendeten quadratischen, sondern den später von Huguet eingeführten oktogonalen des Obergadens.

Abb. 6: Batalha, Capelas Imperfeitas, Ansicht von Süden

Abb. 7: Batalha, Capelas Imperfeitas,
Innenansicht von Westen

Obwohl sich das Kapellensystem der Capelas Imperfeitas eng an Lösungen klassischer Kathedralchöre anlehnt, unterscheidet es sich durch die Einführung der Zwickelräume doch ganz wesentlich von diesen. Sie verleihen dem Bau eine geschlossene und homogene Außenwirkung, ohne tiefe Rücksprünge und verschattete Bereiche in der unteren Zone. Zugleich wird eine beeindruckende Höhen- und Tiefenstaffelung in der oberen Zone erreicht. Die von einem schmalen Lanzettfenster durchbrochenen Hauptseiten der Zwickelräume wirken wie zwischen die Radialkapellen eingespannt, und tatsächlich resultieren sie daraus, dass man die seitlichen Polygonstrebepfeiler der Radialkapellen durch einen Mauerzug miteinander verbunden hat. Sie stellen demnach eine vorwiegend «technische» Lösung dar, die zugleich ästhetisch überzeugt. Die eingeschobenen Zwickelräume scheinen in der Architekturgeschichte ohne erkennbare Vorbilder und Nachfolger zu sein, was bei den beschriebenen Vorteilen und der Qualität der Lösung überrascht.

Das innere Oktogon der Capelas Imperfeitas sollte ähnlich wie bei der Capela do Fundador den äußeren Kapellenkranz als monumentale Laterne überragen. Die zuletzt in der Forschung geäußerte Vermutung, Huguet hätte das innere System der Capela do Fundador exakt kopieren und einen inneren Pfeilerkranz errichten wollen, über dem sich die eigentliche Laterne erheben sollte, ist unwahrscheinlich.[7] Obwohl die entsprechenden Maße nahezu übereinstimmen, sprechen mehrere Gründe gegen diese Hypothese. Zum einen gibt es an keiner Stelle der Oktogonpfeiler Hinweise für Gewölbeanfänger eines inneren Umgangs, der die Zentrallaterne und die Radialkapellen miteinander verbunden hätte. Nimmt man die Capela do Fundador zum Vergleich, dann müssten diese bereits unterhalb der Scheidbogenkapitele der Radialkapellen ansetzen. Es finden sich keine Anhaltspunkte dafür, dass eventuell vorhandene Gewölbeansätze, die mit Sicherheit mehrere Steinlagen hoch gewesen wären, nachträglich aus dem Mauerverband entfernt wurden. Dass diese spurlos verschwunden wären, ist trotz späterer Bauphasen und Restaurierungen unwahrscheinlich. Das zweite Argument ist unabhängig von späteren Planänderungen und bezieht sich auf die Stärke der Oktogonpfeiler. Diese sind derart massiv, dass sie ohne weiteres eine stützenlose Kuppel hätten tragen können. Die Grundfläche der Pfeiler beträgt über sieben Quadratmeter, nur unwesentlich weniger als die der Vierungspfeiler in der Kirche. Zusätzlich verstärken die Mauern der Radialkapellen die Konstruktion. Eine Laterne über einem zweiten, inneren Oktogon würde diese Pfeiler praktisch nicht belasten, so dass deren Dimension nicht begründbar wäre. Auch die notwendige Spannweite des Gewölbes von 20 m war von Huguet bereits beim Kapitelsaal bewältigt worden, so dass davon auszugehen ist, dass die ursprüngliche Planung ein stützenloses Gewölbe über dem inneren Oktogon vorsah. Wie dessen Gestalt im Detail aussehen sollte, bleibt jedoch auf Grund der späteren Planänderungen offen.

---

[7]   Vgl.: Jorge ESTRELA, Adriano Luís MONTEIRO, «As Capelas Interrompidas», In: *Tempos e História. Comemoração dos 500 Anos do Concelho e da Vila da Batalha*, Leiria 2000, S. 167–94.

Denn die Grabanlage wurde in mehreren Bauabschnitten weitergeführt, bevor man 1534 die Arbeiten einstellte.[8] Dabei wandelte sich die Formensprache mehrfach, wobei heute die manuelinischen Ornamente dominieren. Obwohl sich die Bauarbeiten über rund 100 Jahre erstreckten, blieb das Zentraloktogon der Capelas Imperfeitas unvollendet, woraus der Name der Kapellenanlage resultiert.[9]

Neben der Frage nach der Wölbung der Grabanlage stellt deren geplante Anbindung an die Klosterkirche ein weiteres wichtiges Problem dar.[10] Die von der Forschung uneinheitlich beantwortete Frage, ob die Verbindungsmauern zwischen Kapellen und Kirche zur Originalsubstanz gehören oder nicht, lässt sich eindeutig klären. Die Außenmauern der Verbindungshalle sind gemeinsam mit den anschließenden Radialkapellen in vollkommen einheitlichen Steinlagen errichtet worden, die an den östlichen Verbindungsstellen nahtlos ineinander übergehen, während sie im Westen erkennbar nachträglich an die Kirchenapsis anstoßen. Auch die Lage der Capelas Imperfeitas ist aufschlussreich. Die Nord-Süd-Ausdehnung der Verbindungshalle entspricht mit knapp 22 m genau dem Abstand von der Mittelachse der östlichen Vierungspfeiler bis zur Ostwand der Vorhalle, woraus sich im Grundriss ein Quadrat ergibt, bei der in Batalha üblichen Genauigkeit der Grundrissmaße ein sicheres Indiz für eine genau geplante Situation. Aus dieser Beobachtung lässt sich die oft mit Verwunderung zur Kenntnis genommene Enge der Vorhalle erklären. Dass der heutige Zugang zu den Kapellen von der Nordseite der Vorhalle weder dem Originalplan noch der schließlich gebauten Lösung entspricht, ist mehrfach vermutet worden und durch alte Fotografien zu belegen.[11] Bis ins 19. Jahrhundert gab es nur durch die nördliche Außenapsis der Kirche einen einzigen schmalen Zugang zur Vorhalle. Doch ist unzweifelhaft, dass aber ursprünglich ein direkter und repräsentativer Zugang von der Kirche zu den Capelas Imperfeitas vorgesehen war. Dafür spricht nicht nur das Beispiel der Capela do Fundador, sondern vor allem der geringe Abstand zwischen Kirche und Capelas Imperfeitas, der einen separaten Zugang zu den Kapellen unmöglich macht.

Eine Öffnung der Hauptapsis kommt aus statischen wie liturgischen Gründen kaum in Betracht. Um einen angemessen repräsentativen und bequemen Durchgang zu erreichen, hätte man den Abbruch des Polygons nicht vermeiden können. Selbst wenn man sich zu dieser aufwändigen Lösung entschlossen hätte, wäre die Anbindung der Vorhalle an die erheblich höhere Kirche problematisch gewesen – von liturgischen Problemen

---

[8] Inzwischen war die Grablege von Manuel I. in das Hieronymitenkloster Sta. Maria de Belém bei Lissabon verlegt worden. Dort wurde die Tradition eigenständiger Grabkapellen jedoch nicht fortgeführt, sondern Apsis und Querhaus für Grablegen verwendet.

[9] Teilweise wird der Name ««Capelas Inabobadas» verwendet, der zutreffender ist, sich aber nicht durchgesetzt hat.

[10] Die Aufschlüsselung der einzelnen Bauphasen ist zu komplex um hier dargestellt zu werden. Vgl. dazu die Dissertation des Autors, Druck in Vorbereitung.

[11] NETO, (wie Anm. 2), S. 150.

ganz abgesehen. Es muss also von Anfang an eine andere Lösung geplant gewesen sein. Die Positionen der Nord- und Südwand der Vorhalle sowie deren Gewölbehöhe, die mit derjenigen der Nebenapsiden übereinstimmt, lassen vermuten, dass man die Polygonseiten der beiden inneren Nebenapsiden öffnen wollte. Die Polygone wären dabei vollständig niedergelegt worden und die Mauern in einer durchgehenden Flucht von den östlichen Bündelpfeilern des Querhauses bis zur Ostwand der Vorhalle durchgelaufen. Auf Gurtbögen zwischen den Gewölben der Apsidiolen und der Vorhalle hätte man verzichten können, da beide Gewölbe in derselben Höhe liegen. Allerdings sind ebenso Portalbögen anstelle der abgebrochenen Polygonseiten vorstellbar, die zwischen Kirche und Vorhalle vermittelt hätten. Durch die Öffnung der inneren Nebenapsiden wäre von der Kirche ein repräsentativer Zugang zu der neuen Grablege geschaffen worden, ohne dass die Liturgie im Chor übermäßig eingeschränkt worden wäre.

Bei der Errichtung der Capelas Imperfeitas ging man nicht nur in den baulichen Dimensionen weit über die gerade erst vollendete Capela do Fundador hinaus, sondern durch ihre Lage östlich der Kirche, am Scheitel der Apsis, rekurrierte man direkt auf die Situation der Heilig-Grab-Kirche in Jerusalem.

Obwohl sich die beiden Grabkapellen in Batalha als Werke der ersten Hälfte des 15. Jahrhunderts in ihrer Gestalt erheblich von dem Vorbild in Jerusalem unterscheiden, kann allein aus ihrer Funktion als Grablege vermutet werden, dass durch die Zentralbaugestalt ein direkter Bezug zum Heiligen Grab gesucht und dieser von den Zeitgenossen auch verstanden wurde. Auf den ersten Blick zeigen allerdings weder die Capela do Fundador noch die Capelas Imperfeitas eine formale Übereinstimmung mit den Jerusalemitaner Vorbildern. Betrachtet man hingegen Darstellungen der Grabkapelle Christi in zeitgenössischen Überlieferungen, so sind durchaus Analogien erkennbar. Beide Bauten Huguets folgen in der jeweiligen Anordnung der Bauteile dem genannten Modell. Kennzeichnend für nahezu alle Imitationen der Grabkirche ist ein breiter, niedriger Unterbau, der von einem höheren Aufsatz überragt wird, ohne dabei an Maßstab und Proportion gebunden zu sein. Heribert Sutter stellte dazu fest: «Nachbildungen der Heilig-Grab-Architektur Jerusalems haben zumeist die Neuformulierung der Bauidee ineinander gestellter Baukörper und Volumina des Vorbildes zum Thema, ohne zwangsläufig auch zu einer formalen Entsprechung der Nachbildung führen zu müssen».[12]

Die Übernahme der Zentralbauidee erlaubte es Huguet, in Batalha zwei höchst eigenständige und prachtvolle Bauwerke in zeitgenössischen Formen zu errichten und dennoch den ikonologischen Bezugspunkt zu veranschaulichen. Die Capela do Fundador und die Capelas Imperfeitas bilden demnach zwei unterschiedliche Varianten desselben Vorbildes. Beide Kapellen wurden vom selben Baumeister geplant und in unmittelbarer

---

[12]   Heribert SUTTER, *Form und Ikonologie spanischer Zentralbauten: Torres del Rio, Segovia, Eunate*, Weimar 1997, S. 21.

zeitlicher Folge errichtet. Diese Konstellation dürfte einmalig in der mittelalterlichen Architekturgeschichte sein.

Die zwei Grabkapellen Batalhas stellen auf der Iberischen Halbinsel jedoch keinen Einzelfall dar. Neben autonomen Kirchenbauten, die sich direkt auf die Anastasis beziehungsweise die Grabkapelle beziehen, existieren mehrere Beispiele für Kapellenräume, die als Grablegen errichtet wurden und sich an bestehende Kirchen anschließen.

Obwohl die meisten iberischen Grabkapellen in Zentralbauform deutlich kleiner als in Batalha sind, belegt ihr mehrfaches Vorkommen, dass dieser Typus geschätzt war. Fraglos galten solche Grablegen als Ausdruck besonderer Würde, da sie ausschließlich im Auftrag von Vertretern der obersten Gesellschaftsschichten erbaut wurden. Als Beispiel sei die oktogonale Capela dos Mestros genannt. Sie wurde 1333 an der vom Santiagoritterorden gegründeten Kirche Nossa Senhora dos Mártires in Alcácer do Sal für den Ordensmeister D. Garcia Perez als Begräbnisstätte errichtet. Laut Pedro Dias *«uma das primeiras, senão mesmo a primeira, capela funerária de planta centrada construída em Portugal».*[13]

Eine weitere, zeitlich vor Batalha liegende herrschaftliche Begräbniskapelle ist die für den Kardinal Gil de Albornoz vor 1364 am Chorscheitel der Kathedrale von Toledo errichtete Ildefonso-Kapelle. Sie schließt in der Mittelachse an den Umgang des Chorhaupts an. Die direkt nördlich angrenzende Santiago-Kapelle wurde ab 1435 für den königlichen Minister und Meister des Santiago-Ordens, Álvaro de Luna, errichtet. Sie ist mit ca. 14 m Durchmesser nicht nur größer als die ältere Ildefonso-Kapelle, sondern auch deutlicher als eigenständiger Raum definiert. Die Lage der beiden Kapellen im Osten des Kathedralchors lässt auch hier die Vermutung zu, dass die Auftraggeber eine ideelle Nähe zur Grabeskirche suchten.

Das neben Batalha bedeutendste Beispiel für den Typus einer Funeralkapelle auf der Iberischen Halbinsel ist zweifellos die so genannte Capilla del Condestable am Chorumgang der Kathedrale von Burgos. Ihr Bau begann allerdings erst 1482 und somit deutlich nach dem in Batalha. Die Kapelle wurde als Grablege für den Condestable Pedro Fernández de Velasco durch Simón de Colonia errichtet. Auch sie befindet sich an der Stelle des Chorscheitels, wenngleich in der Achse leicht nach Norden verschoben, was durch die Existenz der um 1400 errichteten Capilla de Santiago begründet ist. Die mehrgeschossige turmartige Capilla del Condestable ist, analog zu der gleichnamigen Kapelle in Toledo, auf dem Grundriss eines 5/8-Polygons errichtet, welches in der Gewölbezone durch zwei Trompen zum Oktogon übergeleitet wird. Die obere Zone ragt erheblich über den Kathedralumgang hinaus und ist in diesem Bereich klar als eigenständiger Baukörper definiert. Auch die untere Zone der Capilla del Condestable ist deutlich vom Umgang abgeschieden, da der innere Durchmesser mit ca. 15 m viel grö-

---

[13] Pedro DIAS, «O Gótico», in: *História da Arte em Portugal*, Band 4, Lissabon, Alfa, 1994, S. 108.

ßer ist als die Breite des Zugangsportals am Chorumgang, die nur etwas über fünf Meter beträgt. Hinzu kommt, dass die Kapelle durch ein trapezförmiges Joch, welches aus der vorher an dieser Stelle vorhandenen Radialkapelle resultiert, zusätzlich vom Umgang der Kathedrale baulich abgeschieden ist.

Die Steigerung des Baugedankens lässt sich bei zwei späteren Bauten Spaniens erkennen. Bei beiden wird der ursprünglich als Ergänzung zu sehende Typ der Umgangskapelle als integraler Bestandteil der Gesamtkirche aufgefasst und zum Zentrum der Anlage erhoben. Das Kloster S. Juan de los Reyes in Toledo kann in mehrfacher Hinsicht mit dem Kloster Sta. Maria da Vitória in Batalha verglichen werden: Wie dieses eine königliche Neugründung nach einer siegreichen Schlacht, war der Bau als Grablege für das Stifterpaar geplant. Nach 1476 begonnen, wurde die Kirche 1507 fertiggestellt. Zunächst scheint der Bau wenig Ähnlichkeit mit den bisher genannten Bauwerken zu besitzen. Im Grundriss zeigt sich die Kirche als langgezogener einschiffiger Saal mit innenliegenden Wandpfeilern. Im Osten schließt ein annähernd quadratischer Raum mit einer stark abgeflachten polygonalen Apsis und flachen rechteckigen Seitenkapellen an das Schiff an; er ist kaum als eigenständiger Raumabschnitt zu erkennen.

In der Realität verhält sich dies jedoch anders. Der Ostabschnitt ist baulich so stark hervorgehoben, dass er nicht nur als Kulminationspunkt des Kirchenraumes sondern als weitgehend eigenständiger Baukörper erscheint. Dies resultiert zum einen aus der im Vergleich zum Schiff gesteigerten ornamentalen Ausstattung des Ostteils, zum anderen aus der baulichen Überhöhung des Chorbereiches gegenüber dem Langhaus. Dieser im Grundriss nicht erkennbare Umstand ist am Äußeren des Baus durch die geschlossene Kubatur des Ostteils und durch den bekrönenden oktogonalen *cimborio* klar ersichtlich. Das Grabmal für die *Reyes Católicos* sollte in der Mitte des Chorraums aufgestellt werden, wie in den beiden Grabbauten Batalhas. Somit ist auch die Toledaner Kirche in der Tradition der Grabkapellen bzw. –kirchen zu sehen, die einen direkten Bezug zur Grabeskirche in Jerusalem suchen.

Höhepunkt in dieser Reihe stellt die Kathedrale von Granada dar. Wie Earl Rosenthal nachgewiesen hat, nimmt der ab 1505 geplante Neubau in seiner Ostanlage ebenfalls Bezug auf die Grabeskirche.[14] Die Verbindung von monumentalem Zentralbau und basilikalem Langhaus erinnert stark an die Konstellation der konstantinischen Grabeskirche in Jerusalem, in deren Tradition Granada steht. Dafür spricht auch der Wunsch Kaiser Karls V., im Sanktuarium der Kathedrale bestattet zu werden. Rosenthals Hypothese, wonach der für die Kathedrale von Granada entscheidende Baumeister Diego de Siloe direkt auf die Grabeskirche zurückgegriffen habe, ist in ihrer Ausschließlichkeit überzogen. Dagegen spricht, dass das Jerusalemitaner Vorbild seit dem 12. Jahrhundert

---

[14]   Earl E. ROSENTHAL, *The Cathedral of Granada. A Study in the Spanish Renaissance*, Princeton 1961.

stark verändert war und nicht mehr dem in Granada gespiegelten Zustand entsprach.[15] Vielmehr muss der Sagrario als Synthese der zahlreichen Vorstufen in Westeuropa und speziell auf der Iberischen Halbinsel gesehen werden. Innerhalb dieser Tradition steht die Kathedrale von Granada den Capelas Imperfeitas in Batalha besonders nahe.

Man muss sich vor Augen halten, dass die Capelas Imperfeitas durch die vorgesehene, wenn auch nie ausgeführte Öffnung der Apsisanlage in ähnlicher Form mit der Kirche verbunden werden sollten. Die stärkere räumliche Trennung von Kirche und Capelas Imperfeitas in Batalha ist durch die nachträgliche Planung begründet. Der Anspruch des portugiesischen Bauherren unterscheidet sich hingegen weder von den Beispielen in Burgos und Toledo noch von den Zielsetzungen Karls V. in Granada. Eine erstaunliche Übereinstimmung zeigt die Grundrisslösung der Zwickelräume am Chorumgang, die in Granada ähnlich wie in Batalha als spitze Trapeze zwischen die polygonalen Radialkapellen gespannt sind. Da diese Lösung sonst keine Verbreitung gefunden hat, liegt ein direkter Bezug Granadas auf Batalha nahe. Siloe ging über den Plan Huguets hinaus und verschmolz das zentralbauförmige Sanktuarium mit dem traditionell basilikalen Langhaus. Dass Siloe Batalha kannte, erscheint durchaus möglich, waren die dynastischen Beziehungen zwischen Kastilien und Portugal in seiner Zeit besonders eng. Selbst wenn man keinen direkten Bezug Granadas auf Batalha annehmen wollte, so stehen beide Bauten doch in jedem Fall in einer gemeinsamen ikonologischen Entwicklungslinie, die sich in Spanien und Portugal parallel nachweisen lässt und nicht zu trennen ist. Nicht nur auf Grund ihrer monumentalen Abmessungen, sondern vor allem wegen der mit ihnen verbundenen Programmatik, stellen die Chorrotunde der Kathedrale von Granada und die Capelas Imperfeitas die beiden Höhepunkte dieser Tradition dar. Die Capelas Imperfeitas sollten demnach nicht wie bisher als unerklärliches Phänomen, sondern ebenso wie die Capela do Fundador als bedeutende Glieder einer reichen Überlieferung angesehen werden.

---

[15] Vgl. zur Geschichte der Grabeskirche: Jürgen KRÜGER, *Die Grabeskirche zu Jerusalem. Geschichte – Gestalt – Bedeutung*, Regensburg 2000.

ENGLISH SUMMARY

THE ABBEY OF BATALHA AS SEPULCHRE TO THE PORTUGUESE DYNASTY OF AVÍZ

The monastery Santa Maria da Vitória was founded in 1388 by João I. Besides the usual monastic buildings it comprises two extraordinary examples of central-plan buildings, intended as sepulchres, incorporated into the precincts of the monastery. These were constructed in the late middle ages for the Portuguese dynasty of Avíz. The original architectural plans of the monastery did not contain these two buildings. There is no evidence one way or the other whether Batalha was intended to serve as a sepulchre. However it is known for certain that in the original plans there was no specific building set aside as a sepulchre.

In 1416 Filipa de Lencastre, who was the wife of João I., was buried in the abbey. In his last will João ordered the erection of a chapel to act as sepulchre. At this time the construction of the church was nearly complete but the monastery was still unfinished. The plan of the sepulchral chapel was probably by Huguet, who was architect for the monastery from 1402. In order to connect the Capela do Fundador to the three bays at the west end of the nave, large parts of the existing walls in the area had to be taken down and rebuilt.

The first sepulchral chapel is built over a quadratic substructure, each side about 20 m long, with a high lantern mounted centrally. In 1434 the chapel was sufficiently complete to allow the interment of the founder, who had died one year before, together with his wife. In the following years four of their five sons were buried on its southern side. According to the last will of João I the building was reserved exclusively for the burial of members of the royal family.

However Duarte, the oldest son and successor of João I., abandoned this idea. Although the Capela do Fundador still had sufficient space, Duarte ordered in 1438 the construction of a new and larger sepulchre at the east end of the apse. The new complex was probably also sketched out by Huguet. The building consists of a central octagon with seven radial chapels, with a diameter of approximately 40 m. However, due to the death of both Duarte and his master builder Huguet in 1438, only the foundations were completed. As a result, the king and his first wife were buried in the main apse of the church, where their bodies remained until the early 20th century.

Work continued on the so-called Capelas Imperfeitas during several phases over the next hundred years, but it was never actually completed. The plan of the building was changed repeatedly, and so the original elevation in unknown. The repeated changes are especially visible in the rich decoration of the building, but the underlying structure was also probably changed.

As the massiveness of the pillars indicates, the structure was to be covered by an open dome. It appears likely that the outer side apses of the church would have been eliminated in order to allow the Capelas Imperfeitas to connect with the aisles of the church. This would have created a representative ambulatory without eliminating too many altars.

Not only did the size of the Capelas Imperfeitas go way beyond that of the recently completed Capela do Fundador, but its location at the central axis east of the church pointed towards an aspiration to greatness. The placement must be seen as a direct reference to the church of the Holy Sepulchre in Jerusalem.

Or but its location at the central axis east of the church must be seen as a direct reference to the church of the Holy Sepulchre in Jerusalem. (The second version is closer to the original.) Although that reference is already present in the centrally planned original structure, which the Capelas Imperfeitas share with the Capela do Fundador, it becomes more pronounced with the addition of the Capelas Imperfeitas.

In spite of their extraordinary architecture, the two funeral chapels at Batalha are part of a tradition found on the Iberian Peninsula. In addition to individual churches built on the model of the Holy Sepulchre there are also several examples of funeral chapels connected to existing churches. The Ildefonso and the Santiago Chapel at the ambulatory of the Toledo Cathedral as well as the Capilla del Condestable at the ambulatory of the cathedral in Burgos may be counted among them. In general the chapels were sponsored by the highest ranking members of the society of their time and expressed their vision and power.

This tradition of funeral chapels doesn't end at Batalha. The Church S. Juan de los Reyes at Toledo and the Granada Cathedral are later examples of a church building and the royal burial chapel merging into a single structure. The Granada Cathedral shows remarkable similarities to the Capelas Imperfeitas at Batalha. They should be seen as two summits of one inseparable architectural tradition that can be followed in Spain as well as in Portugal.

LA EXPRESIÓN CONDICIONADA POR LA HISTORIA. PANTEONES DINÁSTICOS PORTUGUESES : DE LAS CONCEPCIONES INICIALES A LAS RESTAURACIONES CONTEMPORÁNEAS

Maria João Baptista Neto

El presente estudio pretende, de manera breve y en una primera aproximación, hacer la lectura de la expresión mental e ideológica de los enterramientos regios en Portugal, principalmente cuando se trata de conjuntos en panteones dinásticos como análisis de objeto artístico. En el marco de la Historia de la Cultura y de las Mentalidades, las manifestaciones de poder en torno a las ceremonias de la monarquía, en particular los funerales y traslados reales como acto público y de doble importancia como expresión de poder del que murió y de legitimación del sucesor, han llamado últimamente la atención de los historiadores.[1] Hacer historia con estas aportaciones se vuelve obligatorio, porque, como afirma Roger Chatier, el estado moderno entre los siglos XIII y XVII tiene que estar siempre reiterando su legitimidad, reafirmando su orden, representando su poder. Para ello actúa en tres registros diferentes : el orden discursivo, el orden significante y el orden ceremonial.[2] Dentro del orden de los signos, del rastro, de las huellas, el arte funerario como expresión de poder y fijación de la memoria, surge ante nuestros ojos como documento privilegiado de análisis. La voluntad del encomendante como regla general, expresa cuidadosamente en testamento de manera precisa y determinada cuenta con la vehemencia de la creatividad y novedad artística. Sin embargo esa volun-

---

[1] Véase Ernst KANTOROWICZ, «The King's Two Bodies: a Study», en: *Medieval Political Theology* Princeton 1957; Ralph GIESEY, «The Royal Funeral Ceremony», en: *Renaissance France*, Ginebra 1960; Javier VARELA, *La muerte del rey. El ceremonial funerario de la monarquía española 1500–1885*, Madrid 1990; Diogo Ramada CURTO, «Ritos e cerimónias da monarquia em Portugal (séculos XVI a XVIII)», en: *A Memória da Nação*, Lisboa 1991, pp. 201–65; Ana Isabel BUESCU, «Uma sepultura para o rei. Morte e Memória na trasladação de D. Manuel (1551)», en: *Memória e Poder. Ensaios de História Cultural (Séculos XV–XVIII)*, Lisboa, Edições Cosmo, 2000, pp. 85–96.

[2] Roger CHARTIER, «Construção do Estado Moderno e formas culturais. Perspectivas e questões», en: *A História Cultural entre práticas e representações*, trad. portuguesa, Lisboa, Difel, 2002, pp. 215–29.

tad puede no respetarse en cuanto a pormenores o incluso en su totalidad. La obra de arte, desde una perspectiva globalizante, nos revela las vicisitudes sufridas que pueden condicionar a lo largo de la historia la expresión original y determinar los valores que se eligen, se suprimen o se transforman.

Los enterramientos regios en Portugal definen, salvo excepciones, una tendencia de agrupamiento familiar que acompaña la estabilidad y unidad política así como la formación y consolidación del Estado moderno, a semejanza de otros ejemplos europeos. A excepción de los monarcas de la primera dinastía, donde los *tiempos de disputa* (entre progenitores y sucesores, entre clero regular y clero secular : órdenes religiosas y obispos) producen un cierto espíritu errático en lo referente a la ubicación de la sepultura, se asiste a la creación de panteones familiares, aunque a veces no haya continuidad ante una nueva dinastía o ramo dinástico.

Por diversas razones los reyes portugueses no siempre cumplieron la voluntad de sus antecesores de los cuales eran fieles depositarios. El estudio de nuestros panteones reales muestra cómo la Historia tuvo el poder de contrariar voluntades y como sirviéndose de diferentes recursos artísticos reescribió discursos y fijó lecturas. Desde las disposiciones de los encomendantes, pasando por las alteraciones inmediatas por parte de los ejecutores testamentarios, hasta la época contemporánea, donde una cultura de restauración monumental ha proporcionado lecturas condicionadas, los panteones lusos son buen ejemplo de como a lo largo del tiempo, la memoria ha estado condicionada por diferentes discursos de propaganda y poder.

LOS PANTEONES DE LA DINASTÍA DE AVÍS

Sta. Maria da Vitória (fig. 1 y lám. XIV)

La aclamación del maestro de la Orden de Avís D. João como rey (1385), después de vencer al rey de Castilla, presupuesto heredero al trono, llevó a la constitución de una nueva dinastía, llamada de Avís. D. João era hijo ilegítimo de D. Pedro y la afirmación de su poder como rey pasó siempre a diluir el estigma de la bastardía. Se casa con Filipa de Lencastre, nieta de Eduardo III de Inglaterra, apoya al futuro papa Martín V durante el Gran Cisma, inicia la expansión portuguesa en el Norte de África (con la conquista de Ceuta en 1415) que después su hijo el Infante D. Henrique continuará por mar a lo largo de la costa occidental de este continente. Hace de Sta. Maria da Vitória, monasterio que funda y entrega a la orden dominicana, cerca del lugar de la batalla de Aljubarrota donde derrotó al rey castellano, su símbolo de afirmación de poder y legitimidad gubernativa del reino de Portugal.

Fig. 1: Monasterio de Sta. Maria da Vitória (Batalha)

Ante la muerte de su mujer (1415) concretiza la idea y manda construir una capilla funeraria integrada en el complejo monástico de Sta. Maria da Vitória. La situación de la capilla al lado izquierdo del templo (el lado derecho, el más noble, se reservaba para el claustro y las instalaciones del convento) y la intersección de sus muros con los de la iglesia denuncian una ampliación del proyecto inicial. Además, la configuración de aquel espacio muestra una superposición al propio templo; esta superposición aparecía reforzada antes de la caída, en el terremoto de 1755, del coronamiento piramidal. La llamada capilla del Fundador es una construcción de planimetría cuadrangular sobre la que se superpone un cuerpo octavado de dos registros, coronado por una bóveda en forma de estrella. La planimetría octogonal aunque no sea de las más funcionales, desde el punto de vista del espacio evoca significados imperiales y funerarios que D. João I procura en un discurso afirmativo del rey cristiano por derecho.[3] Al mismo tiempo que mandaba hacer la capilla, el rey portugués en 1428, le pedía al papa el derecho de ser ungido a cambio de probables garantías de fidelidad, lo que revela la importancia simbólica de esta ceremonia para quien quería confirmar el poder divino y la posibilidad de trasmitirlo después por vía sucesoria.[4]

[3]   Maria João Baptista NETO, *James Murphy e o restauro de Mosteiro de Sta. Maria da Vitória no século XIX*, Lisboa, Editorial Estampa, 1997, pp. 84–88.

[4]   José MATTOSO, «A coroação dos primeiros reis de Portugal», en: *A Memória da Nação* (n. 1), pp. 193–94.

Su testamento es muy claro con respecto a la idea de fundar un panteón para hijos y
nietos de reyes, reservando sólo para él y futuros reyes el espacio central, mientras que
los espacios laterales del cuadrado quedaban reservados para los príncipes, como suce-
dería con sus hijos : los infantes D. Fernando, D. João, D. Henrique y D. Pedro, cuyas
tumbas se construyeron en arcosolios en la pared sur. Sólo la tumba de D. Henrique
tiene estatua yacente que a pesar de la restauración del siglo XIX, ya tenía un sentido de
retrato físico del difunto. Todos los demás príncipes están representados sólo con signos
heráldicos.[5]

A pesar de las disposiciones precisadas por D. João I, la continuidad del proyecto funerario dinástico fue interrumpido por su heredero D. Duarte. Este monarca abandonó el
proyecto de su padre, tal vez porque tras la construcción de la doble sepultura con yacentes
de sus padres en el centro de la capilla, el lugar asignado para él no destacaba tanto. D.
Duarte no abandonó nunca el discurso de afirmación y legitimidad y en 1436 la Santa
Sede le concedió el derecho a ser ungido en los brazos y en los hombros.[6] Meses después
compraba las tierras que se encontraban detrás de la capilla mayor del monasterio de
Batalha para mandar construir su propia capilla funeraria.[7] Su proyecto va aún más allá.
Busca la proximidad de la capilla mayor y en planta octogonal dispone una corona de siete
capillas alrededor del eje central del templo, a semejanza de la capilla del Condestable de
Burgos. Planeaba con toda probabilidad unir el conjunto a la iglesia a través de los vanos
vaciados de la capilla central, pero su muerte prematura en 1438 dejó la obra inacabada.
Sus sucesores : D. Afonso V, su hijo y D. João II, su nieto, continuarán la edificación
puesto que ambos piden en testamento ser sepultados en dicha capilla, una vez acabada.
Los restos mortales de D. Afonso V y de su mujer D.ª Isabel quedaron en la sala del Capítulo esperando sepultura definitiva. D. João II muere en Alvor, en el Algarve, su cuerpo es
depositado en la catedral de Silves, tras haber sufrido el disgusto de la muerte de su único
hijo el príncipe D. Afonso, casado con D.ª Isabel, hija primogénita de los Reyes Católicos.
El cuerpo del joven príncipe quedó depositado junto al de sus abuelos en la casa del Capítulo del Monasterio de Batalha esperando sepultura definitiva.

A D. João II le sucede su primo, D. Manuel, duque de Beja. A pesar de las disputas del
fallecido monarca con sus primos, en el marco de una política de centralización del poder
real que lo llevaron a matar a los duques de Bragança y de Viseu, este último hermano de
D. Manuel; el nuevo monarca en una actitud de legitimación de su poder ordena el traslado del cuerpo de D. João al Monasterio de Batalha en una imponente ceremonia pública.
Se conocen descripciones pormenorizadas del homenaje que D. Manuel hace a su antece-

---

[5]   Cfr. «Testamento del Rey D. João I», en: D. António Caetano de SOUSA, *Provas da História Genealógica
da casa Real Portuguesa*, tomo I, livro III, Coimbra, Atlântica Livraria Editora, 1947, p. 27.

[6]   José MATTOSO (n. 4), p. 195.

[7]   J. I. de Brito REBELLO, «A Divisa d'El-Rei D. Duarte nas Capelas Imperfeitas da Batalha», en: *A Revista*,
nº 4, p. 2.

sor, besando su cadáver incorrupto, lo que ponía de manifiesto las marcas de santidad.[8] Esta actitud de D. Manuel se explica por la expresión simbólica del poder real contenida en el *cuerpo del rey*. Este poseía dos naturalezas distintas : el cuerpo mortal y el eterno cuerpo político oficial que se incorporaba en su sucesor, en una dimensión de legitimidad del poder.[9]

En la misma línea de refuerzo de legitimidad, D. Manuel ordena la construcción de suntuosas tumbas para los primeros reyes de Portugal (D. Afonso Henriques y D. Sancho I) en la capilla mayor de Sta. Cruz de Coimbra. Manda terminar la capilla de D. Duarte para trasladar el cuerpo de este monarca, así como los de D. Afonso V, D. João II y la del príncipe D. Afonso. A pesar de que esta era su voluntad y la deja en testamento, la obra nunca fue acabada, por lo que se las denomina las *Capillas Imperfectas*. Los restauradores del monumento en el siglo XIX y XX, construyeron las sepulturas definitivas de estas personalidades en el muro oeste de la capilla del Fundador, imitando las tumbas de los hijos de D. João I. Sólo la tumba doble de D. Duarte y su mujer Leonor de Aragón, que se encontraba en la capilla mayor de la iglesia, fue trasladada a la capilla axial del octógono, a pesar de que este espacio permanecía al descubierto.[10]

Sta. Maria de Belém (fig. 2 y lám. XIX)

Aunque en dos espacios distintos el monasterio de Sta. Maria da Vitória reunía el panteón de la nueva dinastía de Avís. Pero D. Manuel ya había decidido cerrar aquel espacio funerario real. La consolidación del aparato de Estado centralizado en la figura del monarca lo llevaba a aproximarse a la capital donde confluían las caravelas y las naves de la empresa marítima de los Descubrimientos. Utiliza la ubicación del Restelo donde existía un templo de la Orden de Cristo, mandado construir por su tío el infante D. Henrique. Le pide al papa autorización para fundar un monasterio (1496) bajo la protección de Sta. Maria de Belém y lo dona a la Orden de S. Jerónimo que ya tenía gran importancia en España. Hace su testamento en 1517, donde revela sus intenciones en cuanto a la ubicación de su sepultura : «*en el Monasterio de Nuestra Señora de Belém, dentro de la capilla mayor, delante del altar mayor, debajo de los peldaños y que no se haga otra sepultura si no una lápida rasa de manera que se pueda andar por encima de ella*».[11] Estas palabras sorprenden a muchos por el sentimiento de humildad y simplicidad que contraría la construcción de una suntuosa arca sepulcral. Creemos sin embargo, como dice Mendes Atanázio, que la intención de D. Manuel no tiene nada de humildad. El rey quería quedarse lo más cerca posible del altar mayor «*debajo de los*

---

[8]   *Crónica de D. João II e Miscelânea por Garcia de Resende*, Facsimil de 1798, Lisboa 1991, cap. CCXII, p. 283.

[9]   Ernst KANTOROWICZ (n. 1); Paul BINSKI, *Medieval Death*, London, British Museum Press, 2001, pp. 58 ss.

[10]   Maria João Baptista NETO (n. 3).

[11]   «Testamento de D. Manuel», en: D. António Caetano de SOUSA, *Provas da História Genealógica da Casa Real Portuguesa*, tomo II, I parte, Coimbra 1947, pp. 406–07.

peldaños» de manera que los saderdotes cuando iniciaran la misa tuvieran que andar «*por encima*» de ella.[12] Al final de la Edad Media según Philippe Ariès, la atracción ya no era la proximidad a las reliquias de los Santos sino al altar eucarístico.[13]

Fig. 2: Capilla mayor de Sta. Maria de Belém (Jerónimos)

Son ideas grandiosas de quien desea afirmar su imagen investido de misión imperial, concibiendo una sepultura llena de novedad y osadía. D. Manuel asume el trono de Portugal por sucesión indirecta, se casa con D.ª Isabel, viuda del príncipe D. Afonso. Ambos son llamados por los Reyes Católicos y son nombrados herederos de Castilla, en 1498, en la ciudad de Toledo. De Castilla fueron a Aragón donde debían ser nombrados

---

[12]   M. C. Mendes ATANÁZIO, *A Arte do Manuelino*, Lisboa, Editorial Presença, 1984, pp. 33–34.
[13]   Philippe ARIÈS, *L'Homme devant la mort*, Paris, Editions du Seuil, 1977, pp. 41 e ss.

herederos de este reino en las cortes de Zaragoza. Al morir D.ª Isabel debido al parto del príncipe D. Miguel, éste es nombrado heredero de Aragón el 22 de septiembre de 1498. El mismo procedimiento que en Castilla tuvo lugar en Portugal, convirtiéndose a una temprana edad en el sucesor reconocido de ambos reinos. La muerte prematura del infante, antes de cumplir los dos años rompió la línea sucesoria. En este momento nacía el heredero de Juana la Loca y Felipe el Hermoso, el futuro emperador Carlos V.

D. Manuel se casa por segunda vez con D.ª Maria, también hija de los Reyes Católicos; y en 1517 se casa por tercera vez con D.ª Leonor de Austria, hermana del emperador Carlos V, con quien se casa su hija Isabel. Sus aspiraciones se reflejan en el proyecto funerario que ha concebido : hacer de la iglesia de Sta. Maria de Belém su gigantesco mausoleo construido bajo la «*lápida rasa*».[14] La unidad espacial y la vehemencia de sus bóvedas únicas son valores de este espacio funerario, señalado en los diseños geométricos de las nervaduras, donde la referencia octogonal alude a la Resurrección.

D. Manuel muere en 1521, sin que las obras del templo estuviesen concluidas. Su cuerpo esperará cerca de treinta años una sepultura definitiva, cuando su hijo D. João III decide trasladar los restos mortales del fallecido monarca a la capilla mayor de Sta. Maria de Belém, alterando el proyecto del padre porque trae también los huesos de su madre D.ª Maria, segunda mujer de D. Manuel; y para las capillas del transepto lleva a los hermanos e hijos fallecidos. D. Manuel señala Sta. Maria de Belém como lugar de su sepultura, al contrario que D. João I que señalará el monasterio de Sta. Maria da Vitória como capilla funeraria. Nunca se refirió a su segunda esposa, D.ª Maria, que había fallecido hacía poco tiempo, ni a los hijos o nietos. D. João III cuando procede a la sepultura de otros miembros de la familia real en Belém, transformó la concepción del lugar de mausoleo de D. Manuel en panteón del matrimonio real y de sus descendientes. D. João III quiso ver a su madre al lado del padre en la capilla mayor con toda la osadía que este hecho implicaba. Contrariando cualquier dificultad la ubicación del sepulcro de sus progenitores se fija y se marca con toda la dignidad y novedad en el portal principal del templo, con las estatuas del rey y de la reina en bulto, y presentadas en el reino de los cielos por sus santos protectores. Son, sobre todo el del rey, magníficos retratos de difuntos. Se trata de una rareza iconográfica que se justifica porque Sta. Maria de Belém es el lugar funerario de los dos personajes regios y sus estatuas son representaciones ideales ya en estado de *bienaventuranza*, como sucede en el pórtico de la cartuja de Champmol, panteón de los duques de Borgoña, Felipe el Audaz y su esposa.[15] Son estatuas orantes que en una evolución temporal se desprenden de las tumbas, como subrayarán Panofsky y Ariès, y pueden estar en cualquier parte del templo pero en estricta

---

[14]   M. C. Mendes ATANÁZIO (n. 12), p. 34.

[15]   Maria João Baptista NETO, «Os portais principais da Cartuxa de Champmol e da Igreja de Sta. Maria de Belém. Influências, semelhanças e divergências», en: *Cuadernos de Arte e Iconografía, Actas de los III Colòquios de Iconografía*, Madrid, Fundación Universitaria Española, tomo 4, nº 11, pp. 43–51.

relación con el sepulcro.[16] De ahí que sea tan difícil aceptar las presencias de D. Manuel y D.ª Maria en el pórtico de Sta. Maria de Belém antes de que se concibiera el lugar como panteón del matrimonio real, proyecto que juzgamos solo como idea y obra de D. João III. Contrariando esta idea tenemos los testimonios de los cronistas Damião de Góis y João de Barros que escriben sobre el rey D. Manuel, pero ya en el tiempo del cardenal rey D. Henrique, a quien le agradaba la idea de atribuirle a su padre, en 1517, la representación de su madre D.ª Maria.

Fallecido D. João III en 1557, sus restos mortales son depositados en la capilla mayor del monasterio de Belém, junto al de sus padres. La dignidad y majestad pretendidas por D. Manuel cuando proyectó su sepultura rasa para aquel espacio, se perdían con la acumulación de tres losas rasas. D. João III, al parecer no pensaba hacerse sepultar en la capilla mayor de Belém que reserva exclusivamente para sus padres. Sepulta los restos mortales de sus hermanos e hijos fallecidos en los altares y capilla del transepto, ocupando los espacios más nobles del templo. Para su hermano, el cardenal D. Henrique, deja vacío el primer altar que está al lado de la capilla mayor, del lado de la espístola. Pero D. João III parece haberse excluido del panteón que él mismo había creado. Hablamos de probabilidades porque no se conoce el testamento de este rey ni ninguna disposición funeraria.

Por ventura, concebirá un mausoleo propio con evidencia y dignidad pero fuera del monasterio de Belém. La atención que le concede a la Orden de Cristo y a la ciudad de Tomar, hace pensar en la posibilidad de que este monarca haya escogido el convento de esta orden para su sepultura.[17] Pero es preciso explicar por qué su mujer D.ª Catarina de Austria no cumplió el deseo de su marido. La afirmación de Lisboa como centro de la política de entonces, la fuerza de la Orden de S. Jerónimo y su estrecha relación con el poder religioso y político que favorecía un absolutismo ibérico, el debilitamiento de la Orden de Cristo por parte del cardenal D. Henrique, nos dan argumentos suficientes para justificar la actitud de D.ª Catarina al contrariar los deseos de su fallecido esposo.

No obstante será la sepultura de D. João III en la capilla mayor de Sta. Maria de Belém lo que determina que Catarina altere el proyecto de este espacio. Bajo simbología legitimadora del panteón de sus suegros, Catarina de Austria concibe una capilla funeraria llena de afirmación y dignidad imperial.[18] Proyecta la sepultura de su marido y la suya propia igualándola a la de D. Manuel y D.ª Maria, en un momento en el que su sobrino, Felipe II de España, pensaba en la solución sepulcral para sus progenitores, el

---

[16]   Philippe ARIÈS (n. 13), pp. 297 ss.; Erwin PANOFSKY, *Tomb Sculpture: Its Changing Aspects from Ancient Egypt to Bernini*, Nueva York 1964.

[17]   Rafael MOREIRA, «A ermida de Nossa Senhora da Conceição, mausoléu de D. João III» en: *Boletim Cultural e Informativo da Câmara Municipal de Tomar*, 1, 1981, pp. 93–100.

[18]   Maria João Baptista NETO, «La Capilla-panteón de Sta. María de Belén : Un discurso de poder de D.ª Catarina de Austria», en: *Homenaje a María Dolores Vila Jato*, Santiago de Compostela 2003.

emperador Carlos V (fallecido en 1558) y la emperatriz Isabel de Portugal, y para sí mismo. D.ª Catarina sufrió la angustia de ver morir a sus hijos varones, antes de la muerte del marido. A esto le sigue la ansiedad en la educación de su nieto, D. Sebastián, y las luchas de las regencias porque el heredero de la corona era menor. Había un enfrentamiento entre dos líneas políticas, protagonizadas por D.ª Catarina y por su cuñado el cardenal D. Henrique. D.ª Catarina jugaba su estirpe imperial, como hermana de Carlos V, en la afirmación de su conducta política a nivel interno y en el equilibrío de las fuerzas internacionales. Eran tiempos de gran tensión religiosa en Europa debido a la Contrarreforma. El Estado moderno utilizó la religión para consolidar sus límites territoriales e incorporó a la Iglesia dentro de su burocracia. En Portugal, D.ª Catarina de Austria asume la regencia y protagoniza la nueva conducta del Estado moderno. Asume también a sus expensas el proyecto funerario de Sta. Maria de Belém. Esta decisión fue tomada alrededor de 1565, curiosamente en el mismo momento en el que Leonor y Maria de Hungria, hermanas del emperador y de D.ª Catarina, hacen sus testamentos y entregan a Felipe II la disposición de que sus sepulturas estén al lado del emperador y de su mujer, en el monasterio de S. Lorenzo de El Escorial, lugar que el monarca español había decidido convertir en panteón de los Austrias a partir de 1561. D.ª Catarina tenía conocimiento de las intenciones de este rango merecido a la memoria de sus familiares y deseaba un tratamiento semejante.

Probablemente, D. Henrique sintió el afán de superioridad de la cuñada y cuestiona la obra no tanto por la grandeza del proyecto artístico como por la exclusividad que este daba al enterramiento de cuatro personalidades. Por eso D. Henrique, incluso habiendo sido coronado rey, sólo pudo tener una sepultura en plano secundario, en una de las capillas del transepto. Sus posibles aspiraciones a un lugar en la capilla noble del templo hieronimita fueron negadas por el proyecto que Catarina había ideado para aquel espacio que impedía cualquier forma de enterramiento, por lo menos, con igual dignidad, al de las cuatro arcas sepulcrales colocadas en arcosolios en las paredes laterales.

La dimensión del proyecto de D.ª Catarina, basado en un discurso afirmativo de propaganda y poder, fue traducido en un programa arquitectónico de gran novedad y calidad. Se cree que la elección artística fue asumida conscientemente por la reina, en una actitud de *mecenas* culta, conocedora de la novedad estética, como era además propio de las princesas de su tiempo. La reina pretendió tomar el «lugar» de D. Manuel, incorporando su cuerpo político a la vez que su propio linaje imperial. Le impuso al templo manuelino un proyecto audaz de Jerónimo de Ruão, según una nueva «maniera» de influencias miguelangelescas. La nueva capilla de Belém rechaza las reglas renacentistas de proporción, simetría y geometría aplicada, e impone un cierto desorden con superposición de ordénes, con columnas gemelas, con ventanas en chaflán y el semicírculo rellenado por un retablo pintado con escenas del nacimiento y de la muerte de

Cristo.[19] La capilla no tiene una visión unitaria fácil, debido a su acentuada altura, como sucede en el atrio de la entrada a la Biblioteca Laurenziana, donde Miguel Ángel resalta la magnífica escalinata en un cubo estrecho y alto.

Cuando en 1572, el proyecto de Herrera muestra una concepción unitaria entre las tumbas laterales y el retablo en la capilla mayor de S. Lorenzo de El Escorial, la obra de D.ª Catarina en Sta. Maria de Belém está concluida. Se trataba de un espacio funerario lleno de novedad para albergar los cuatro mausoleos reales que son parte integrante de todo el conjunto y reflejan también un carácter original en la Península Ibérica. Bajo la tradición de sepulcro parietal usado en tierras portuguesas, se renuevan concepciones según esquemas típicamente italianos. La composición piramidal de las tumbas muestra una inspiración en el arte fúnebre de la Antigüedad, retomada de la arquitectura efímera de los catafalcos armados para las ceremonias funerarias de la época, como se ve en la luminaria alusiva al entierro de D. Manuel, contenida en el llamado «Libro de Horas de D. Manuel». Sosteniendo las arcas sepulcrales surgen elefantes esculpidos en mármol azul ceniza, que no deben nada a las tumbas de Rímini, donde el elefante es una pieza heráldica de la familia Malatesta. Estos animales, símbolo de majestad imperial, desde tiempos de los romanos, simbolizaban la imagen de las virtudes reales. Tenían un significado particular para nosotros en la época de los Descubrimientos. Los portugueses pudieron traer de la India elefantes domesticados que servían para las fiestas y desfiles regios de su tiempo. Su presencia en los mausoleos de Belém es señal de *distinción* de las personalidades reales que soportan sobre su dorso.[20] Además, la marca de referencia real es reducida aunque sugerente, en especial en las coronas de metal que se encuentran sobre las composiciones sepulcrales. La ausencia de piezas heráldicas es notoria en las tumbas y en toda la capilla. La identificación de los monarcas y consortes se hace por medio de epitafios latinos gravados en las arcas sepulcrales. Muy probablemente lo que le falta hoy al proyecto funerario de Sta. Maria de Belém es la figura de los orantes –de D.ª Catarina y de D. João III– para que al igual que las representaciones de los esposos reales D. Manuel y D.ª Maria señalasen el espacio funerario y la bienaventuranza de sus almas en el reino de los cielos. Estas representaciones bien pueden ser los retratos que se encuentran hoy en el Museo Nacional de Arte Antigua de Lisboa, pedidos por D.ª Catarina al mismo pintor del retablo y que podrían haber estado en lugar destacado en el templo de Sta. Maria de Belém.

En Sta. Maria de Belém, la idea medieval de «triunfo de la muerte» se sustituye por la idea de «triunfo sobre la muerte», donde la perpetuidad de la *Memoria* por la *Fama*

---

[19]   Vítor SERRÃO, «O Retábulo-mor do Mosteiro dos Jerónimos (1570–1572) pelo pintor Lourenço de Salzedo» en: *História e Restauro da Pintura do Retábulo-mor do Mosteiro dos Jerónimos*, Lisboa, IPPAR, 2000, pp. 17–77.

[20]   Teresa VALE, «A tumulária régia da igreja do mosteiro de Santa Maria de Belém e a tumulária da capela dos Castros do convento de S. Domingos de Benfica –uma análise paralela», en: *Revista Lusíada de Arqueologia, História da Arte e Património*, 1, Lisboa 2000, pp. 113–29.

gana contornos de una *Inmortalidad* apoyada en la Redención de Cristo. Aquí, el discurso de propaganda y poder se sirve, una vez más, de la vanguardia artística para una expresión al más alto nivel.

Con la muerte de D. Sebastián en Alcácer Quibir, sin dejar descendientes directos, la unión del reino de España se retrasa sólo hasta la muerte del cardenal D. Henrique (1580). Felipe II procura fijar con dignidad el panteón del ramo dinástico Avis-Beja en Sta. Maria de Belém prohibiendo que se enterrara en el monasterio a quien no fuese de la realeza y manda transladar al templo el cuerpo del cardenal-rey D. Henrique y los supuestos restos mortales de D. Sebastián para consagrar así definitivamente la muerte de éste y evitar el mito del retorno sobre el joven rey. Contraría incluso la voluntad de éste, que había destinado Sta. Cruz de Coimbra para su sepultura, al lado del primer rey de Portugal, D. Afonso Henriques, que gozaba ya de un culto de santidad muy grande en el siglo XVI, pero cuya evocación no le interesaba a Felipe II. Al rey español sólo le importaba asumir la herencia política de sus antecesores directos, principalmente la de su abuelo materno, D. Manuel.

EL PANTEÓN DE LA CASA DE BRAGANÇA : SÃO VICENTE DE FORA (FIG. 3)

La restauración de la independencia de Portugal en 1640 aclama al duque de Braganza D. João como nuevo rey. Este tiene que luchar por el reconocimiento internacional de su legitimidad como rey. Políticos y diplomáticos, juristas e ideológos desarrollan una tela de argumentos para legitimar al rey y consolidar el Estado portugués restaurado. Al mismo tiempo D. João IV tiene que enfrentarse a las tropas españolas en varias batallas que se conocen como guerras de la restauración. El paralelo establecido entre D. João IV y la figura de guerrero del primer rey D. Afonso Henriques el Fundador, se usa frecuentemente. Esta relación puede explicar el deseo de D. João IV de hacerse sepultar en el coro o en la capilla mayor de la iglesia del monasterio de S. Vicente de Fora, inaugurando un nuevo espacio funerario para la Casa de Bragança. Sta. Cruz de Coimbra, donde reposaba D. Afonso Henriques, estaba lejos de la capital, mientras S. Vicente estaba además muy unido a la figura del primer monarca portugués. Había sido fundado por este rey en cumplimiento del voto hecho a S. Vicente durante el cerco a la ciudad de Lisboa, que había sido conquistada a los moros en 1147. Lo entregó a la Orden de S. Agustín como ya había hecho con el monasterio de Coimbra. Por otro lado, D. João IV quería sustituir la huella de Felipe II que había ordenado la reedificación del templo, en la línea de S. Lorenzo de El Escorial, y que además tenía la intención de fijar ahí un memorial evocativo de los Austrias.

Fig. 3: Panteón de los Bragança, S. Vicente de Fora, tumba de D. Manuel II

D. João IV († 1656) pide además, en su testamento, que los huesos de sus hijos ya muertos, depositados en Sta. Maria de Belém, D. Teodosio y D.ª Joana, fuesen también traidos a S. Vicente de Fora.[21] La voluntad del rey en la constitución de un nuevo panteón familiar aparece reforzada en el testamento de su hija, D.ª Catarina, reina de Inglaterra porque se casó con Carlos III. Esta quiere estar al lado de su hermano mayor D. Teodosio en Sta. Maria de Belém, pero cuando el cuerpo de su hermano sea trasladado a S. Vicente desea acompañarlo y quedarse definitivamente sepultada en la capilla mayor de dicho monasterio. Para el efecto, nombra a su hermano, el rey D. Pedro II, su testamentario, que le había quitado el trono a su hermano mayor D. Afonso VI.[22] Además D. Pedro II sólo hace trasladar a S. Vicente de Fora el cuerpo de su padre.

En el monasterio de Sta. Maria de Belém patrocina las sepulturas en piedra en las capillas del transepto de los últimos reyes, D. Henrique y D. Sebastián, y de otros príncipes de la dinastía de Avís-Beja. El proyecto que imita la solución de la capilla mayor

[21]   «Testamento de D. João IV», en: D. António Caetano de SOUSA, *Provas da História Genealógica da Casa Real Portuguesa,* tomo IV, II parte, p. 428.
[22]   «Testamento de D.ª Catarina», idem, p. 516.

estuvo a cargo de Mateus do Couto y fue realizado en 1682. D. Pedro II († 1706) se esmeró en dar crédito a la legitimidad de los Bragança a nivel internacional, mientras en el plano nacional había acabado de retirarle el poder a su hermano D. Afonso IV, al que mandó encarcelar bajo pretexto de enajenación mental.

Su estrategia de afirmación pasaba por la fijación de las sepulturas de sus antepasados de la dinastía anterior. Pretendía recibir en su persona la legitimidad política. Consagra S. Vicente de Fora como el nuevo panteón dinástico, pero solamente en la línea sucesoria personal que él desea fijar. Deja a sus hermanos en Sta. Maria de Belém sin sepultura definitiva y sólo lleva el cuerpo de su segunda mujer, D.ª María Sofía de Neuburgo, a S. Vicente, donde los huesos de su padre reposaban en una suntuosa arca tumularia que él, D. Pedro, mandó hacer. Su testamento confirma la voluntad de estar junto a su padre y su mujer.[23]

En torno a este nuevo espacio funerario de los reyes de Portugal se levantan varias cuestiones. Ante la falta de documentos, ya que no se conocen los testamentos de algunos reyes, trabajamos con hipótesis. El primer aspecto que debemos valorar es si realmente se continuó y formó este panteón dinástico por propia voluntad de los reyes; el segundo si se trataba de un programa pensado. Sabemos que las reinas, o bien por devoción propia, o por obligación escogen sepultura fuera de S. Vicente en templos que habían fundado y favorecido. A excepción de D. João IV, los reyes de la cuarta dinastía fueron embalsamados y colocados en cofres de madera cubiertos con terciopelo sobre una tarima. La sepultura se disocia de cualquier expresión artística y la imagen personal se borra, llegando a ocupar en el siglo XVIII una sala rectangular junto a la capilla mayor del lado del evangelio. Se trataría de una situación provisional que se fue arrastrando a lo largo del tiempo, o por el contrario, se trataba de un nuevo sentido de la muerte donde la humildad con los restos físicos, con el cuerpo mortal, contrasta con la imagen de la dimensión del alma, de exaltación de la fama y de la gloria del difunto. En esta época hay como una multiplicación de elementos del rey muerto para venerar y fijar, para homenajear y perpetuar la memoria. El propio cuerpo es objeto de separación : carne, huesos, vísceras, principalmente el corazón, que pueden tener diferentes sepulturas, mientras el cuerpo metafísico, la dimensión espiritual, el poder real por transmisión divina, la fama y la gloria pueden celebrarse alejados del cuerpo físico. De ahí la riqueza y el esplendor de la arquitectura funeraria efímera levantada pare ese efecto en contraste con la simplicidad de la sepultura. Pero no sólo en S. Vicente de Fora con la Casa de Bragança sino que podemos citar otros ejemplos como los de Hohenzollern en la catedral de Berlín, o los Borbones en la cripta de St-Denis en París, o incluso los Romanov en la catedral de S. Pedro y S. Pablo, en San Petersburgo.

---

[23] «Testamento de D. Pedro II», en: D. António Caetano de SOUSA, *Provas da História Genealógica da Casa Real Portuguesa,* tomo V, I parte, p. 107.

Siempre podemos preguntarnos si D. João V († 1750), el rey que manda construir el real convento de Mafra, que crea una nueva Patriarcal en Lisboa, para la que consigue de Roma varios privilegios con el oro y diamantes del Brasil, tuvo intención de quedarse en una sencilla urna de madera en S. Vicente de Fora; o si el Rey Sol, Luis XIV, huye del esplendor de Versalles a la modesta sepultura de St-Denis sin ningún adorno artístico y donde la imagen se niega.

La separación de los dos cuerpos del rey se hacía ahora de manera más acentuada y el arte funerario pone de relieve esta actitud. Hemos visto como la figura del difunto se desprende progresivamente de la sepultura. En el despotismo ilustrado, a semejanza del primer Renacimiento, la figura del héroe es homenajeada en la plaza pública, cuando la idea de monumento conmemorativo y sepulcro aparecen tratados por separado. Donatello fija esta novedad en el monumento ecuestre a Gattamelata, en Padua.[24] En el Siglo de las Luces encontramos varios ejemplos de este tipo de homenaje y perpetuación de la memoria, como la magnífica estatua de Pedro el Grande en San Petersburgo. Sobre todo el monumento ecuestre concentra la idea de la virtud del personaje, acentúa el discurso de poder, refuerza el sentido heroico y de triunfo, conquista la fortuna y perpetúa la fama. Incluso cuando se realiza en vida del héroe, como la estatua ecuestre de D. José I († 1777) hecha por Machado de Castro entre 1771 y 1775 para la nueva plaza del Comercio en la Lisboa reconstruida después del terremoto de 1775, estas representaciones tienen siempre intenciones celebrativas de perpetuar la memoria más allá de la muerte física. Pensamos que los Bragança siguieron este nuevo espíritu de superar la muerte en un discurso más triunfante. La estatua ecuestre de D. José I celebra también la victoria sobre la muerte causada por el gran cataclismo de 1755 que había impresionado a toda Europa.

El Romanticismo trae nuevas alteraciones en el espacio funerario de S. Vicente de Fora. D. Fernando II, príncipe alemán de Sajonia-Coburgo-Gotha, marido de la reina D.ª Maria II, tras la muerte de ésta (1853) decide reunir a todos los miembros ya fallecidos de la casa de Bragança en un mismo espacio. Para el efecto, se prepara el antiguo refectorio del monasterio, un espacio rectangular más amplio que la sala anterior a la capilla mayor. En tiempos de laicización de la muerte, la importancia del espacio sagrado de la capilla mayor o del proprio templo se desvanece. Bajo un sentido historicista y romántico de orden cronológico y de reconstitución de la historia, había que hacer el levantamiento, la enumeración de todos los reyes príncipes y princesas de la casa real. Un poco a la manera de Chateaubriand[25] que quería reconstituir los enterramientos de St-Denis vandalizados por la Revolución de 1789 y que las restauraciones de Debret, Viollet-le-Duc y otros transformaron en un repositorio de la historia de la monarquía francesa.

---

[24]   Victor NIETO ALCAIDE y Fernando CHECA CREMADES, *El Renacimiento. Formación y crisis del modelo clásico*, Madrid, Ediciones ISTMO, 1985, pp. 131 ss.

[25]   François René de CHATEAUBRIAND, *Le Génie du Christianisme*, París, 1803.

Trajeron a St-Denis personajes que nunca habían estado ahí, incluyendo a Luís XVI y María Antonieta.[26] También D. Fernando II contrarió voluntades al trasladar al nuevo panteón, ahora en el sentido total, a las reinas (la única excepción fue D.ª María I) y a todos los reyes y príncipes que estaban en la anterior capilla funeraria incluyendo la gran tumba de piedra del fundador de la dinastía, D. João IV. Aunque también cumplió disposiciones ignoradas : de Sta. Maria de Belém trajo, en 1885, a los hijos de D. João IV, incluyendo a D. Afonso VI, al que su hermano había dejado olvidado a propósito.

En las paredes laterales del antiguo refectorio se disponen sobre una repisa los cofres de madera con los restos mortales de las personalidades reales. En el centro se colocan las tumbas de D.ª Maria II y de su padre, D. Pedro IV de Portugal y primer emperador del Brasil, en un claro homenaje a la via liberal, establecida en 1843, representada por estos dos monarcas.[27] Era determinante afirmar la monarquía liberal que comenzaba a ser amenazada por ideas socialistas y republicanas. Estos revolucionarios defendían la creación de un panteón de héroes nacionales.[28] Y los lugares que se proponían eran naturalmente al lado de los panteones reales : Sta. Maria de Belém y S. Vicente de Fora. Ganó fama el panteón de los héroes nacionales en Sta. Maria de Belém, donde el poeta Camões, el navegador Vasco de Gama, los escritores románticos Alexandre Herculano, Almeida Garret entre otros le quitaron protagonismo a los reyes.

Quisieron borrar sus símbolos de poder, desvanecieron su memoria. En el monasterio de Batalha se colocaba el monumento al soldado desconocido en la sala del Capítulo una vez retirados los restos mortales de D. Afonso V y su mujer D.ª Isabel.

La monarquía cae en Portugal en 1910, dos años después de que hubieran asesinado al rey D. Carlos y al príncipe heredero D. Luis Felipe, cuyos cuerpos desfigurados por disparos a quemarropa se depositaron en urnas de cristal en el panteón de S. Vicente de Fora para que todos pudiesen dar testimonio de la barbaridad del acto. El rey Manuel II (segundo hijo de D. Carlos que había escapado al atentado) es obligado a exiliarse a Inglaterra, juntamente con su madre la reina D.ª Amélia de Orléans.

La primera república portuguesa, con sus odios antimonárquicos y anticlericales, deja en el abandono completo el panteón de S. Vicente. El ambiente muda con la revolución militar de 1926, que instaura un gobierno dictatorial conservador y tradicionalista. Los monárquicos tienen esperanza en la restauración del régimen y hábilmente preparan las

---

[26]   Françoise BARON, «Cimetière aux rois et musée de sculpture funéraire» en: *St-Denis la basilique et le trésor*, Dossiers d'Archéologie, n° 201, marzo 2001, pp. 68–81.

[27]   Fernando CATROGA, «O culto cívico a D. Pedro IV e a construção da memória liberal», en: *Revista de História das Ideias*, vol. 12, Coimbra 1990; Paulo DIAS, *Real Panteão dos Bragança : Arte e Memória*, Tesis de Mestrado, Lisboa, Facultad de Letras, 2002.

[28]   João MEDINA, «O Poder e a Glória : o Panteão português do liberalismo aos nossos dias», en: *História de Portugal dos tempos pré-históricos aos nossos dias*, João MEDINA (dir.), vol. 8, Amadora, Ed. Ediclube, 1993, pp. 285–321.

conmemoraciones de los veinticinco años de regicidio. Forman una comisión particular que proyecta la construcción de tumbas para el rey y el príncipe asesinados.

Oliveira Salazar se preparaba para formar un nuevo gobierno e instaurar el régimen dictatorial del Estado Nuevo. Monárquico y católico, Salazar asumió el compromiso de respetar el sistema republicano, aunque los monárquicos tuviesen cada vez más esperanzas de una vuelta a la monarquía.[29] Sin embargo la muerte inesperada de D. Manuel II en el exilio (2 de junio de 1932) sin dejar sucesores, fue determinante para la causa monárquica en Portugal. La muerte del monarca tiene lugar, precisamente, tres días antes de la fecha en que Salazar iba a tomar posesión de los destinos de la nación como primer ministro.

Salazar decide de inmediato mandar transladar el cuerpo del monarca para Portugal y promueve funerales de Estado con toda la pompa y circunstancia a S. Vicente de Fora. Destituye la comisión particular que había asumido la reforma del panteón y llama a la dirección de los trabajos, encargándoselo a un organismo de Estado responsable del patrimonio arquitectónico nacional (Dirección General de los Edificios y Monumentos Nacionales). Raul Lino es el arquitecto responsable de las nuevas tumbas colocadas en el centro de la sala (a las que más tarde se añadiría la tumba de la reina D.ª Amélia). D. Carlos y D. Luis Felipe, según había sido ya planeado por la comisión monárquica, recibían un doble arca en mármol con relieves del escultor Canto da Maya y una imagen del llanto de la muerte de Francisco Franco. Para D. Manuel se le hace un arca semejante con una corona en mármol sobre la tapa. Todos los demás miembros de la casa de Bragança dejaron sus ataúdes de madera y son colocados en cajones de piedra dispuestas a lo largo de las paredes de la sala. En la parte superior un altar y la tumba del fundador de la dinastía velan por los difuntos.[30]

El dictador Salazar sólo puede haber recibido la noticia de la muerte del rey, en vísperas de su toma oficial del poder como una premonición. Como una nueva aclamación quiere incorporar en su persona política el cuerpo oficial y, a pesar de todo, la legitimidad de poder del fallecido monarca. Con las obras que ordena en S. Vicente de Fora cierra una dinastía y una página de la historia, para abrir otra, porque según afirmó en su momento : *«los hombres no pueden quedarse amarrados a cadáveres»*.

---

[29]   Manuel Braga da CRUZ, *Monárquicos e Republicanos no Estado Novo*, Lisboa, Ed. D. Quixote, 1986.
[30]   Paulo DIAS (n. 27).

DEUTSCHES RESÜMEE

DIE AUSDRUCKSFORM UND IHRE HISTORISCHE BEDINGTHEIT – DYNASTISCHE GRABLEGEN PORTUGALS. VON ERSTEN PLANUNGEN BIS ZU DEN RESTAURIERUNGEN DER GEGENWART

Sepulkralkunst dient dazu, spirituelles Heil zu erbitten, ein Bild oder eine Haltung festzuschreiben und die *memoria* zu verewigen. Aus diesen Gründen tritt sie innovativ, kreativ und in ästhetischer Hinsicht avantgardistisch auf.

Der letzte Wille des Auftraggebers ist in aller Regel präzise und genau determiniert. Dennoch wird er oft im Detail oder gar insgesamt nicht erfüllt. Darüber hinaus kann der historische Diskurs die Aussage eines Grabmals beeinflussen, kann bestimmen, welche Werte im Laufe der Zeit hervor- und welche zurücktreten.

Die dynastischen Grablegen Portugals – die Klöster Santa Maria da Vitória (Batalha), Santa Maria de Belém (Jerónimos) und São Vicente de Fora – belegen, wie die Geschichte die Absichten von Verstorbenen auf den Kopf zu stellen vermochte. Von den Verfügungen der Stifter zu den unmittelbaren Veränderungen durch die Testamentsvollstrecker, schließlich bis hin zur Gegenwart mit ihrer Restaurierungskultur erweisen sich die portugiesischen Grablegen als Beispiel dafür, wie die *memoria* im Laufe der Zeit verschiedenen Propaganda- und Machtdiskursen unterlag.

V

PANTEONES IM FRÜHNEUZEITLICHEN SPANIEN

DIE REALISATION DER GRABMALPLANUNGEN DER KATHOLISCHEN KÖNIGE*

Gisela Noehles-Doerk

Die Grabmalplanungen der Katholischen Könige und ihre Realisation werden in jenem politischen Kontext dargestellt, der nach dem Zusammenschluss der Königreiche Kastilien und Aragón unter Isabella und Ferdinand zu dem spanischen Staat der Neuzeit führte. Dabei geht es um drei dynastische Großprojekte: den Bau von S. Juan de los Reyes in Toledo, Planung und Ausführung des Grabmals der Eltern von Isabella in der Cartuja von Miraflores und der Capilla Real in Granada mit der Grablege für das Königspaar.[1] Ganz ausgeklammert bleiben das Wandgrab des Infanten Alfonso in Miraflores und weitgehend das des Infanten Juan in Sto. Tomás in Ávila.

Durch genaue Abgleichung und Bündelung der historischen Daten soll die Bedeutung jener Monumente als Signale auf dem Weg zu der politischen Stabilisierung des Kastilischen Reiches bis zur Übernahme durch die Habsburger aufgezeigt werden. Die jüngsten Einzelforschungen (1990) und die umfangreiche Quellenpublikation von Rafael Domínguez Casas (1993) bieten dazu die wichtigste Grundlage.[2] Ebenso liefern die ikonographischen Konzepte der Grabmäler, bzw. ihrer Planungen, weitere aufschlussreiche Bestätigungen für die staatspolitischen Intentionen dieser Großprojekte. Zweien

---

[*] Für wichtige Hinweise zur Dokumentenlage danke ich Birge Tetzner, Berlin, die eine Dissertation über S. Juan de los Reyes vorbereitet, und für Hilfe in vielerlei Hinsicht Dietrich Briesemeister (Jena / Wolfenbüttel), Karin Hellwig (München) und Stefan Lorenz (Münster). Besonderer Dank gilt Nikolaus Staubach (Münster) für die großzügige Zurverfügungstellung des unveröffentlichten Vatikanmanuskripts.

[1] Die Auftragserteilung und Ausführung der zweiten doppelten Grablege in der Capilla Real zu Granada für Juana die Wahnsinnige (La Loca) und ihren Gemahl Philipp den Schönen veranlasste erst Karl I. (V.), s. unten.

[2] Rafael DOMÍNGUEZ CASAS, «San Juan de los Reyes, espacio funerario y aposento regio», in: *Boletín del Seminario de Estudios de Arte y Arqueología*, 56, 1990, S. 364–80. DERS., *Arte y etiqueta de los Reyes Católicos. Artistas, residencias, jardines y bosques*. Madrid, Editorial Alpuerto, 1993.

von ihnen wird jeweils ein besonderer Diskurs in Hinblick auf spezifische Details gewidmet: bei S. Juan de los Reyes der dominierenden Wandgliederung mit den monumentalen königlichen Wappen und für Miraflores dem ungewöhnlichen achteckigen Sarkophagunterbau. Dabei wird sich auch herauskristallisieren, welch bestimmende Rolle Isabella bei der Realisation in der fast dreißigjährigen Geschichte dieser Großprojekte seit 1477 als Politikerin und Auftraggeberin gespielt hat. Dies wird besonders deutlich, weil sich nach ihrem Tod 1504 eine Wende in der bisherigen Kunstpolitik vollzog: Mit der Auftragserteilung der Grablege für die Capilla Real in Granada wurde von Ferdinand ein Italiener, Domenico Fancelli, betraut, was eine Abkehr von Isabellas spätgotischen Stilprinzipien bedeutete. Dieser Auftrag kann als ein Innovationsschub in der spanischen Kunst an einem zu diesem Zeitpunkt repräsentativsten Orte des Landes gewertet werden. Die königliche Grablege *al arte romano* fand nun in einem spätgotischen «isabellinischen» Kapellenbau, dessen Ausführung schon von Isabella dem Toledaner Architekten Enrique Egas anvertraut worden war, ihren Platz.[3] Diese Abkehr Ferdinands von isabellinischer Kunstpolitik ist dem entscheidenden Einfluss von Iñigo López de Mendoza, dem zweiten Conde de Tendilla, zuzuschreiben, wovon noch ausführlicher die Rede sein wird, doch dürften auch die Erfahrungen der Italienreise Ferdinands 1506 eine Rolle gespielt haben.

Die Spannweite des Themas erfordert eine Raffung der Darstellung, wobei Fragen offen bleiben und Belege nicht immer detailliert zitiert werden können. Stilistische Probleme werden nur bei Relevanz für die politischen Aspekte des Themas einbezogen.

S. JUAN DE LOS REYES

Mit dem Sieg über die Portugiesen bei Toro am 1.3.1476 hatte sich Isabella die Herrschaft über Kastilien gesichert.[4] Der portugiesische König Alfons V. beanspruchte seit der Heirat im Jahre 1475 mit seiner 13-jährigen Nichte Johanna, der sog. Beltraneja, der umstrittenen Tochter Heinrichs IV., Kastilien als deren Erbe. Der Adel Kastiliens war in verschiedene Lager gespalten: Beispielsweise kämpfte der Erzbischof von Toledo, Alonso Carrillo de Acuña, auf der portugiesischen Seite, also gegen die Erbansprüche Isabellas![5]

---

[3]   Zu Fancelli: CASAS 1993 (wie Anm. 2), S. 113, zu Enrique Egas: ibid. S. 44 mit Anm. 100 und 102 sowie unten.

[4]   Am selben Tag soll Ferdinand zu Isabella geäußert haben: «Seid froh, daß unser Herr Euch heute nicht ganz Kastilien geschenkt hat.» Joseph PÉREZ, *Ferdinand und Isabella*, München, Callway, 1989, S. 91.

[5]   Damit mischte sich Alfono V. in die Erbfolgezwistigkeiten, die nach dem Tode Heinrichs IV. in Spanien entflammt waren. Die Gegner Isabellas, der Halbschwester Heinrichs, warfen ihr Ursupation vor.

Ferdinand (zu diesem Zeitpunkt noch nicht Herrscher Aragóns, sein Vater starb erst 1479) und Isabella schworen gleich nach dem Sieg zum Dank in Toledo ein Franziska-nerkloster[6] zu gründen, das nach alter Tradition eine klösterliche Königsresidenz, ein *aposento real*, umfassen sollte – wie auch die späteren von ihnen geplanten und in weiten Teilen ausgeführten klösterlichen Königsresidenzen in Guadalupe, von Sto. Tomás in Ávila oder S. Jeronimo el Real in Madrid. Bemerkenswert ist hier die Bezeichnung S. Juan «de los Reyes» im Gegensatz etwa zu S. Jerónimo el Real. Sollte hier bereits eine Anspielung auf den Gründungsanlass, den Sieg über die Portugiesen, wie auch auf die Bestimmung der dazugehörenden Kirche San Juan zu ihrer Grabstätte Ausdruck finden?[7]

Die Wahl Toledos, der alten Hauptstadt des christlichen Spanien im Herzen der Iberischen Halbinsel, war für die junge Herrscherin Kastiliens damit auch ein klares Bekenntnis zur Tradition ihres Reiches. Darüber hinaus weist die Gründung gerade an diesem Ort am nördlichen Ende der alten damals noch existierenden Judenstadt Toledos schon auf ihren entschlossenen Willen zur völligen Christianisierung des Reiches hin.[8]

Erste Pläne für die Kirche legte Juan Guas wahrscheinlich schon während des Besuches des Königspaares 1477 in Toledo vor, bei dem die definitive Gründung stattfand. Arbeiten sind jedoch erst ab 1480 dokumentiert.[9] Nach dessen Tod 1495 übernahmen Antón und Enrique Egas die Bauleitung. Ein in der Biblioteca Nacional erhaltener Plan von Juan Guas ist mehrfach verändert worden und bringt für die hier behandelte Thematik keine Aufschlüsse. Dagegen gibt eine Grundrisszeichnung aus dem Archivo Histórico Nacional von Nicolás de Vergara el Mozo von 1594 genaue Auskunft über den gesamten Gebäudekomplex (Abb. 1).[10]

---

[6] Bei der Franzoseninvasion wurde das Kloster fast völlig vernichtet, der erste Kreuzgang und die Kirche schwer beschädigt.

[7] In einer Anweisung Isabellas vom 3.12.1477 zu einem Grundstückserwerb für den Bau wird S. Juan zum ersten und einzigen Mal «*el monasterio de sant juan de la Reyna de la horden de sant francisco*» genannt. Simancas, Registro General del Sello. Dic. 1477, fol. 413, vgl. José María de AZCÁRATE, «Sentido y significación de la Arquitectura Hispano-Flamenca en la Corte de Isabela la Católica», in: *Boletín del Seminario de Estudios de Arte y Arqueología*, 37, 1971, S. 222.

[8] Der Ort an exponierter Stelle über dem Tajo entbehrt dabei nicht einer gewissen pikanten Botschaft an Carillo, den Parteigänger der Portugiesen in der Schlacht bei Toro, der bis 1482 Erzbischof von Toledo war und von seinem Amtssitz bei der Kathedrale hoch über der Stadt den wachsenden Gebäudekomplex von S. Juan de los Reyes nicht übersehen konnte!

[9] DOMÍNGUEZ CASAS 1993 (wie Anm. 2), S. 32.

[10] Publiziert von DOMÍNGUEZ CASAS 1990 (wie Anm. 2) Abb. 7.

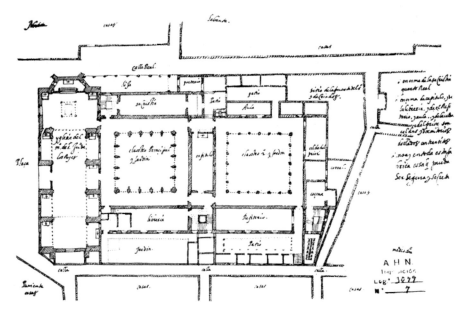

Abb. 1: Nicolás de Vergara el Mozo, Grundrisszeichnung des Klosterkomplexes
von S. Juan de los Reyes, Toledo, 1594, Madrid, Archivo Histórico Nacional

Nach dieser Zeichnung sollten die Grabmäler zweifellos direkt vor der Apsis unter
der baldachinartigen Kuppel ihren Ort finden. Dort ist ein ephemerer Memorialkatafalk
Isabellas notiert. Karl V. selbst überwachte dessen Pflege lange bis ins 16. Jahrhundert
hinein.[11] Auch die staatlichen Trauerfeiern für Arthur, den Sohn Heinrichs VII. von
England, den Prinzen von Wales, der 1502 nur vier Monate nach der Heirat mit Katharina,
Tochter der Katholischen Könige, in England starb, wurden hier mit einem aufwendigen
Katafalk unter der Kuppel vor dem Chor ausgerichtet. Ein Bericht von Antonio de
Lalaing, dem Reisebegleiter Philipps des Schönen, vermittelt davon eine ziemlich genaue Vorstellung. Der Katafalk erhob sich auf vier Stufen über der Präsentation der
effigie des Verstorbenen. Schwarzer Samt und schwarze Kerzen bestimmten den funera-
len Eindruck. Im Chor sollen 20 Büsten mit den Wappen des Verstorbenen zu sehen

---

[11]   Ibid. S. 373, dort die dazu gehörigen Quellenangaben.

gewesen sein.[12] Damit ist der Kuppelraum als baldachinartiger Überbau für zu errichtende Grablegen definiert.

Bisher ist jedoch keine Äußerung überliefert, die von S. Juan als königlichem *panteón* spricht. Ebenso fehlen Belege über konkrete Pläne für die Grabmäler. Und dies, obwohl man annehmen muss, dass Granada als der endgültige Bestattungsort für die Katholischen Könige frühestens nach der siegreichen Einnahme der Stadt 1492 bestimmt wurde. Erst 1504 verfügte Isabella in Granada ihre letzte Ruhestätte zu finden, womit alle früheren Pläne, die sich auf Toledo bezogen hätten, hinfällig wurden.[13]

All diese hier gebündelten Fakten erhärten die Überzeugung von Casas, dass der über die Ausmaße einer Franziskanerkapelle herausragende Kuppelraum mit den großen Wappen an den Querhaustrakten als *panteón real* geplant war.[14]

S. Juan kommt jedoch nicht nur in seiner Bedeutung als *panteón* eine signifikante Funktion zu: Mit diesem ersten monumentalen Bauvorhaben setzte das junge Königspaar ein Zeichen ihres sich stabilisierenden Reiches. Während dies am Außenbau am Chor durch 12 im heraldischen Heroldsmantel bekleidete Königsstatuen – sie zogen bei feierlichen Anlässen dem König voran – bekundet wird, sind es im Inneren die überdimensionalen bekrönten Wappenschilde des Königspaares an den Wänden der Querarme, die dies beherrschend zum Ausdruck bringen. Sie werden jeweils von den Flügeln eines Adlers, dem Symbol des Kirchenpatrons, dem Evangelisten Johannes, umfangen. Im ikonographischen Kontext dieser Wappenwände lässt sich der übergroße Adler aber auch als Emblem herrscherlicher Macht interpretieren. Eng umstanden wird diese emblematische Mitte von ganzfigurigen Heiligen unter reich gegliederten spätgotischen Baldachinen. Ihre Größe entspricht denen von Gewändefiguren an Kirchenportalen, erreicht hier jedoch nicht einmal die Höhe der bekrönten Wappen, die der beherrschende Teil der Wandgliederung bleiben (Abb. 2).

---

[12] Beschreibung der Trauerfeilichkeiten von Antonio de Lalaing bei José GARCÍA MERCADAL, *Viajes de extranjeros por España y Portugal*, Madrid, Aguilar, 1952, S. 460: «... *cuyo coro había a cada lado 30 bustos armados con las armas del príncipe difunto. El catafalco tenía cuatro escalones de alto, todo cubierto de paño negro, y en toda la sua altura estaba cargado de luminarias. En los cuatro extremos había alli cuatro gruesos cirios. Debajo del catafalco estaba la representación del príncipe, cubierta de terciopelo negro, con una cruz de damasco blanco. Los ornamentos de altar eran de terciopelo negro, y la cruz, de seda carmesí.*» –CASAS 1990 (wie Anm. 2), S. 371 will die «*bustos armados con las armas del príncipe*» in den Köpfen der Kapitelle des Chores sehen, denen zu der Trauerfeier die Wappen Englands, der Plantagenets und der Kapetinger umgehängt worden seien. Der Bericht Lalaings wird wichtig im Zusammenhang mit dem *Castrum Doloris* für Isabella 1505 in Rom. Dazu hier S. 375–76.

[13] Vgl. Anm. 46.

[14] DOMÍNGUEZ CASAS 1990 (wie Anm. 2), S. 365.

Abb. 2: Toledo, S. Juan de los Reyes, erbaut ab 1480 von Juan Guas,
Teil einer Seitenwand des Querhauses

Hier wird nicht – wie bei allen früheren Königen und besonders dann unter den Habsburgern – durch immer aufwändigere Anbringung von dynastischen Wappen an Kirchenfassaden, Toren oder Brücken primär die Erbauerinitiative angezeigt. (Wappen an Sarkophagunterbauten gehören in einen anderen, genealogischen, Diskurs, der hier nicht im Vordergrund steht.) In S. Juan erhalten die Innenwände eines geplanten Mausoleums (wohl) erstmalig durch riesige, eng gereihte Wappenreliefs eine monumentale «machtpolitische» Aussagepräsenz.[15] Sie durchbrechen dabei in der Beherrschung einer großen Wandfläche Stilprinzipien der differenziert vielgliedrigen isabellinischen Wandstruktur (Abb. 3)!

Abb. 3: Wappenschilde mit umlaufendem Inschriftenfries an der nördlichen Querhauswand

Eingepasst in diese ist jedoch der lateinische Inschriftenfries, der in gotischen Lettern den gesamten Kirchenraum umzieht und dabei die Rolle, die Isabella und Ferdinand für das Zustandekommen des Kastilischen Reiches zukommt, verbal bekräftigt.[16] In dem

---

[15] Die monumentalen Wappen am Außenbau und an den Innenwänden der Capilla del Condestable der Kathedrale von Burgos enthalten eine ähnliche Aussagetendenz. Die Grabkapelle entstand jedoch erst nach 1482, großenteils vollendet 1492, also in der Nachfolge von S. Juan de los Reyes.

[16] Offensichtlich wird hier die maurische Tradition der durch Inschriften «sprechenden Architektur» aufgenommen, wie sie etwa in unmittelbarer Nähe zu S. Juan de los Reyes in der Synagoge Del Tránsito damals

teilweise nur fragmentarisch überlieferten und hier auszugsweise zitierten Wortlaut[17] wird die Gründung von S. Juan de los Reyes durch die *MUY ESCLARDOS P(RI)CIPES E SEÑORES DO(N) HERNA(N)DO Y D<OÑA YSABEL REY Y REYNA DE CASTILLA DE LEON DE ARAGON DE CECILIA LOS QUALES SEÑORES POR BIEN-AVENTURADO MATRIMO(N) SE JU(N)TARON LOS DICHOS REYNOS . . . FU(N)DARO(N)* verherrlicht, ohne dass der Sieg von 1492 über Granada erwähnt wird. Damit muss der Text vor 1492, aber nach 1479 konzipiert worden sein, als nach dem Tode von Ferdinands Vater das vereinte Königreich von Kastilien und Aragón entstand.[18] Eine entsprechende Datierung darf man demnach auch für das Wappenprojekt annehmen. Die Wappen zeigen nur die Embleme von Kastilien-León und Aragón-Sizilien in dem gevier-telten Schild. Es fehlt das ab 1492 eingefügte Feld mit dem Granatapfel.

Welche Modelle können die Vorstellungen für einen mit Wappen umstellten Mauso-leumsraum beeinflusst haben?

In dem 10-jährigen Krieg um das letzte maurische Herrschaftsgebiet auf spanischem Boden wurde bei jedem Etappensieg als erstes Zeichen der Besitznahme die Fahne des Königreiches Kastilien gehisst, wofür ein königlicher *alférez mayor* zuständig war. Ferdinand schenkte eine solche mit den Wappenzeichen von Kastilien und Aragón der Capilla Real in Granada, wo sie noch heute bewahrt wird.[19]

Im Burgundischen Zeremoniell durfte außer auf den Schlachtfeldern die große Stan-darte auch bei feierlichen dynastischen Anlässen und Totenfeiern nicht fehlen.[20] Die oben erwähnte Totenfeier für den Prinzen von Wales[21] entsprach diesem Zeremoniell der Totenfeiern, das nicht nur in Burgund, sondern weitgehend im gesamten Mitteleuropa üblich war. Wie weit Spanien hierin eine Sonderstellung einnahm, wird kontrovers diskutiert.[22]

---

wie heute existierte. Die Synagoge wurde erst 1492 nach der Judenvertreibung zu Sta. María del Tránsito «christianisiert».

[17]   Vgl. José María de AZCÁRATE, «La obra toledana de Juan Guas», in: *Archivo Español de Arte*, 29, 1956, S. 22, Anm. 39.

[18]   Das würde auch mit dem Baubeginn 1480 korrespondieren (vgl. Anm. 9).

[19]   Vgl. DOMÍNGUEZ CASAS 1993 (wie Anm. 2) S. 676–77.

[20]   Ibid. S. 681. Formen und Farben waren genau festgelegt und es gab einen eigenen Zeremonienmeister.

[21]   Vgl. oben, bes. Anm. 12.

[22]   Denis MENJOT kommt zu dem Schluss, dass bis zum Ende des 16. Jahrhunderts in Spanien eine «représentation glorieuse» eines «apparat funéraire» nicht zu dem Zeremoniell der Bestattungsfeierlichkei-ten hochgestellter Persönlichkeiten gehörte.; vgl. Denis MENJOT, «Un chrétien meurt toujours. Les funé-railles en Castille à la fin du Moyen Age», in: Manuel NÚÑEZ RODRÍGUEZ y Ermelindo PORTELA (Hrsg.): *La idea y el sentimiento de la muerte en el arte de la Edad Media*, Santiago de Compostela 1988, S. 127–38, bes. S. 132.) Vielleicht erklärt sich die ausdrückliche testamentarische Bestimmung Isabellas damit, dass bei ihrem «provisorischen» Begräbnis weder «*bulto, grada ni chapiteles, ni en la iglesia entol-dadera de lutos, ni demasía de hachas*» aufgebaut werden sollten, da sie sich bewusst gegen den außer-

Die *ars funeraria* stand in der Tradition, die schon seit dem 13. Jahrhundert für die Bestattungszeremonien des französischen Königshauses belegt ist und die nicht zufällig während des Exils der Päpste in Avignon im kurialen Bereich aufgenommen wurde. Im 15. Jahrhundert führte sie in Rom zu äußerst aufwändigen *Castra Doloris*.[23] Eine unveröffentlichte detaillierte Beschreibung des *Castrum* für Isabella in Rom ist dafür ein eindrückliches Beispiel. Die anschauliche Schilderung des päpstlichen Zeremonienmeisters Paris de Grassis[24] gibt gleichzeitig eine Antwort auf die hier diskutierte Frage nach möglichen Vorbildern für die Ausstattung eines Mausoleumsbaus mit Standarten oder Wappenemblemen. Ihre Anbringung steht in der Tradition ephemerer Trauergerüste. Die Integration von überdimensionalen Wappen in S. Juan de los Reyes in die Architektur besitzt jedoch eine weit höhere Aussagequalität: Sie garantierte eine permanente Demonstration der erreichten herrscherlichen Machtstellung des Königspaares.

Die von Paris de Grassis hier erstmals in diesen Diskurs einbezogenen Aufzeichnungen über die aufwändigen Feierlichkeiten verfolgten eine über Spanien hinausgehende «publizistische» Intention: In Rom konnte man das kastilische Königreich der damaligen «Weltöffentlichkeit» als einen zu einem inzwischen unübersehbaren politischen europäischen Machtfaktor gewordenen Staat demonstrieren. Zugleich wurde dabei die wichtige Rolle, die Isabella bei dessen Entstehung gespielt hatte, herausgestellt.

Am 26. Februar 1505 wurden in S. Giacomo degli Spagnoli, der damaligen Nationalkirche der Spanier (heute Nostra Signora del S. Cuore) an der Piazza Navona die Totenfeierlichkeiten abgehalten. Sie standen in krassem Gegensatz zu Isabellas testamentarischer Festlegung einer schlichten Trauerfeier in S. Francisco de la Alhambra. Bis Ferdinand die endgültige Grabstätte bestimmt hätte, sollte dies ihr vorläufiger Begräbnisort sein.[25] Das aufwändige *Castrum Doloris*, der Katafalk, war mit kostbarem, meist schwarzem Samt und mit vielen besonders schweren schwarzen Kerzen ausgestattet, deren Gewicht extra erwähnt wird (das Gewicht war Zeugnis der Zahlungskraft der Auftraggeber).

---

halb von Spanien üblichen Aufwand der Totenfeierlichkeiten wenden wollte. Zu dem Testament vgl. Anm. 46.

[23] Dazu ausführlich Ingo HERKLOTZ, «Paris de Grassis' Tractatus de funeribus et exequies und die Bestattungsfeiern von Päpsten und Kardinälen in Spätmittelalter und Renaissance», in: *Skulptur und Grabmal des Spätmittelalters in Rom und Italien*, Akten des Kongresses *Scultura e monumento sepolcrale del tardo medioevo a Roma e in Italia*, hrsg. von Jörg GARMS und Angiola Maria ROMANINI, Wien 1990, S. 217–48, hier bes. S. 246.

[24] Paris de Grassis, Vat. lat. 4739, fol. 90r–92r. Kopie für eine geplante Edition des verstorbenen Jesuitenpaters Marc Dyckmans, die mir von Prof. Staubach großzügig zur Verfügung gestellt wurde. Die Trauerfeierlichkeiten und das *Castrum* werden hier als aufwändiger als die für einen Kardinal beschrieben, «*sed maioris elegantie quam pro cardinali*».

[25] Vgl. Anm. 23 und 46.

Besonders herausgestellt wird auch die offenbar ungewöhnliche Fülle der Standarten und Wappenfahnen, die den Eindruck des gesamten Kirchenraumes ebenso wie das *Castrum* selbst beherrscht haben:

> *4. Sane apparatus fuit pro mestitia satis spectabilis, et missa satis solemnis, nec quicquam illa die ibi fuit, nisi quod ante omnia deesse non debuit, videlicet oratio funebris ...* (fol. 90v).
>
> *5. Et primo in media ecclesia, licet parva, erectum fuit castrum doloris, non simpliciter, sicut pro papa aut cardinalibus fit, sed maioris elegantie quam pro cardinali. Cuius altido columnarum fuit mensure Romane in totum 16; a solari vero usque ad apicem piramidis pedes 18, latitudo pedum 20, largitudo pedum 28. Et habuit ipsum castrum quinque turricellas cum suis propugnaculis, videlicet unam in pinnaculo, in qua turricella erat intus quasi alia subtilis turricula; in quatuor angulis quatuor turricellas similis, altitudinis palmorum decem. Et in unaquaque turricella erat vexillum cum armis ex auro magnis regine, super armis in unoquoque erat titulus cum litteris aureis, videlicet «DIVA ELISABETH DEI GRATIA HISPANIARUM, UTRIUSQUE SICILIE ET IERUSALEM REGINA POTENTISSIMA, GLORIOSSIMA, CATHOLICA, SEMPER AUGUSTA».*[26]
>
> *6.* (fol. 91r) *Columne castri erant de toto cooperte de veluto nigro, et ab omni parte superiori castri, ubi pro cardinalibus solent esse arme in tela picta, ibi erant pecie de velluto nigro; et ab omni parte erant arma tria magno auro argentoque contexta, quasi per modum aurifrigiorum.*
>
> *15. Arma in tela depicta fuerunt per totum corpus ecclesie. Et quam plurima in charta fuerunt affixa per ecclesie columnas et parietes, ut fit. Et vidi quod inter illa arma etiam mixta erant arma archiducis et regis Portugallie.*[27]

Zusammenfassend darf man sagen: Aufwändige Wappenembleme gehörten zu dem Apparat königlicher wie kurialer Totenfeierlichkeiten in Rom. Die oben zitierte Beschreibung Lalaings von den Trauerfeiern für den Prinzen von Wales in S. Juan entspricht in

---

[26]   Zu dem Aufbau des *Castrum*, das im wörtlichen Sinne als mit Türmen und Zinnen bekröntes «Kastell» ausgeführt war, vgl. die Parallelen für die Festlichkeiten zu den römischen Jubelfeiern zum Fall Granadas 1492.

[27]   Mit dem Erzherzog kann zu diesem historischen Zeitpunkt nur Philipp der Schöne gemeint sein. Der König von Portugal, Emanuel I. der Große (1495–1521) aus der Dynastie Avis war eng verschwägert mit dem kastilischen Königshaus und hätte Interesse daran haben können, dies hier in Erinnerung zu bringen, u.U. mittels Beteiligung an den Kosten für das *Castrum*.

bescheideneren Ausmaßen diesem Zeremoniell.[28] Diese historischen Rituale haben Isabella und Ferdinand sicher beeinflusst, um S. Juan de los Reyes mit der Einfügung von ihren Wappenemblemen als Grabeskirche zu definieren. Aber deren beherrschende monumentale Dominanz in den schmalen Querhaustrakten geht über eine funerale Präsentation hinaus. Die überdimensionalen Wappenschilde bilden ein in der spanischen Kunstgeschichte erstmaliges Zeichen machtpolitscher Demonstration innerhalb eines Kirchenraumes, und dies sowohl durch ihre Größe, ebenso wie durch ihre Position um den als *Panteón Real* geplanten Kuppelraum.

Zwischen den zwei weiteren Großprojekten von Miraflores und der Capilla Real in Granada spielt S. Juan de los Reyes die zentrale Rolle mit der stärksten politischen Aussage auf dem Wege des sich stabilisierenden spanischen Königreichs. Eine Demonstration der genealogischen Legitimation Isabellas spielt hier noch keine Rolle.[29] Erst mit dem energischen Weiter- und Ausbau der königlichen Grablege der Trastámara in der Cartuja de Sta. María de Miraflores durch Isabella kommt diesem Aspekt eine entscheidende Bedeutung zu.

LA CARTUJA DE S. MARÍA DE MIRAFLORES

Das Kloster wurde 1441 auf dem Gelände eines königlichen Jagdschlosses gegründet und 1442 unter die Obhut der Karthäuser gestellt. 1454, im Todesjahr des Königs Juan II., legte Juan de Colonia die ersten Pläne für den Bau vor. Gefordert war *«una iglesia ancha y alta por cuanto ha de venir en ella el altar mayor con sus grados e en medio della la sepultura del Re ...».*[30] Doch erst 1478, 24 Jahre danach, ist mit der Übernahme der alleinigen Bauleitung durch Simón de Colonia das Fortschreiten des Baues belegt, fast zeitgleich also mit der Gründung von S. Juan de los Reyes (1477)! Der Zeitpunkt dürfte nicht zufällig sein und muss im Zusammenhang mit dem Beginn von Isabellas großen Bauplanungen zu sehen sein. Das *Panteón* für ihre Eltern Juan II. und seine zweite Frau Isabella von Portugal konnte ihre Legitimität als rechtmäßige Erbin Kastiliens bestätigen, die sie schließlich 1476 mit dem Sieg über die Portugiesen durchgesetzt hatte.

---

[28] Vgl. Anm. 12.

[29] Während die «Triumphaufzüge» Maximilians I. die imperiale Macht durch die Zurschaustellung der Länderwappen seines Reiches mit der genealogischen Demonstration, dem *splendor generis* seiner Familie verbanden, wird in S. Juan de los Reyes nur auf die unmittelbar erreichte politische Situation des geeinten Kastilien Bezug genommen. Vgl. dazu *Karl. V.,* Ausst. Kat. Bonn, Kunst- und Ausstellungshalle der Bundesrepublik Deutschland, 2000, Kat. Nr. 14.

[30] DOMÍNGUEZ CASAS 1993 (wie Anm. 2), S. 53; voller Wortlaut dort in Anm. 143, S. 176.

1483 besuchte Isabella die Cartuja, um ihres Vaters zu gedenken.[31] Die Gebeine ihrer Mutter wurden erst 1505, ein Jahr nach dem Tode Isabellas, nach Miraflores überführt. Es ist wahrscheinlich, dass sie sich bei dem anschließenden Aufenthalt in ihrem *aposento* in Las Huelgas auch über den Weiterbau von Miraflores orientierte, der 1487 endgültig vollendet wurde. Möglich ist auch, dass Pläne für die Grabmäler ihrer Eltern schon mit Gil de Siloé beraten wurden. 1486 legte dieser die ersten Entwürfe für die Grablege vor,[32] die aber erst 1489 begonnen und 1493 vollendet wurde (Abb. 4 und Taf. XVII). Auf den unübersehbaren Bezug des Retabels, das ebenfalls von Gil de Siloé 1496 bis 1499 geschaffen wurde, zu dem Grabmal wird hier nicht eingegangen. Die Diskussion konzentriert sich in unserem Zusammenhang auf den achtsternigen Sockel des Grabmals und die Darstellung des Königspaares auf diesem Unterbau.

Abb. 4: Gil de Siloé, Grabmal von Juan II. und Isabella von Portugal,
beg. 1489, voll. 1493, Burgos, Cartuja de Sta. María de Miraflores

---

[31]   Ibid. S. 53.

[32]   Ibid. S. 107. Gleichzeitig arbeitete Gil de Siloé an dem Wandgrabmal des Infanten Alfonso († 1463) in Sta. María de Miraflores und an dem Retabel der Capilla Sta. Ana in der Kathedrale von Burgos (1486–92).

Die stilistischen Verbindungen des Figurenrepertoires des Unterbaus zu burgundischen dynastischen Grablegen wurden ausführlich untersucht und belegt.[33] Der achteckige Stern des Unterbaues, gebildet aus einem quadratischen und einem leicht rhomboiden Viereck, fand bisher unterschiedliche Deutungen, meist versuchte man ihn aus islamischen Dekorationsformen abzuleiten, die hauptsächlich als Adaption heimischer maurischer Elemente durch eingewanderte Künstler interpretiert werden.[34]

Felipe Pereda hat jüngst eine Studie zur eschatologischen Aussage des Grabmals vorgelegt, deren Titel *El cuerpo muerto del rey Juan II, Gil de Siloé y la imaginación escatólogica* seine Interpretationsansätze zum Ausdruck bringt.[35] So verleihe Gil de Siloé der «realen» Gestalt des Herrschers eine körperlich irdische Präsenz als Lebender mit offenen Augen (!), erhebe ihn aber gleichzeitig in den Rang eines «Seligen», der der Ewigkeit angehört (Abb. 5 und Taf. XVI). Pereda sieht dies belegt in dem Kreis im Muster des Kissens, der das Haupt Juans II. mit dem Kronreif seiner weltlichen Herrschaft nimbusartig umgibt. Hier schließt sich Pereda Kantorovicz an, der den Träger eines Heiligenscheins als einen Unsterblichen interpretiert: Der Heiligenschein «versetze ... seinen Träger ... und zwar scholastisch gesagt vom *tempus* zum *aevum*, aus der Zeit in die ewige Dauer ... in ein Kontinuum einer Zeit ohne Ende: die geheiligte Persona oder richtiger die Person *qua halo* ihr *ordo*, 'starb nie'».[36]

---

[33] Johannes RÖLL, «Burgos und Burgund – Zu Werken des Gil de Siloé», in: *Gotische Architektur in Spanien*, ARS IBERICA. Studien der Carl Justi-Vereingung, 4, hrsg. von Christian FREIGANG, Frankfurt, Vervuert, 1999, S. 289–300.

[34] Ibid., dort Anm. 20 zu Joaquín YARZA LUACES, *Los Reyes Católicos. Paisaje de una monarquía*, Madrid, Nerea, 1993, S. 59. Dieser bringt die achtzackige Form mit den burgalesischen Gewölbekonstruktionen der Zeit in Verbindung, die auch Pereda (Anm. 35, dort S. 72) als mögliche Anregung in Betracht zieht.

[35] Felipe PEREDA in: *Anuario del Departamento de Arte y Teoría del Arte*, (U.A.M.)13, 2001, S. 53– 85.

[36] Ibid. S. 70. Pereda zitiert nach der spanischen Ausgabe von Ernst KANTOROWICZ, *Los dos cuerpos del rey. Un estudio de teología política medioeval*, Madrid 1985, S. 90. Hier Wiedergabe nach *Die zwei Körper des Königs. Eine Studie zur politischen Theologie des Mittelalters*, Stuttgart, Klett-Cotta, 1992, S. 102. Pereda geht hier nicht auf die teilweise sehr kontrovers geführten Diskussionen zur dualistischen Charakteristik der «zwei Körper des Königs» in der kastilischen Geschichte ein. Sie differenzieren die Thesen von Kantorowicz. Dazu José Manuel NIETO SORIA, *Fundamentos ideológicos del poder real en Castilla, siglos XII – XVI*, Madrid. Eudema, 1988, und zusammenfassend: Ariel GUIANCE, «La mort du Roi: Sacralité et pouvoir politique dans la Castille medievale», in: Lothar KOLMER (Hrsg.), *Der Tod des Mächtigen – Kult und Kultur spätmittelalterlicher Herrscher*, Paderborn u.a., Schöningh, 1997, S. 299–32, hier bes. S. 301–04.

Abb. 5: Kopf Juans II., Detail von Abb. 4

Die Darstellung der Figur enthält demnach eine doppelte Aussage, eine der Unsterblichkeit ihres Körpers und die ihrer politischen Bedeutung: «*El encumbramiento de los cuerpos inmortales como cuerpos reales, eleva a los monarcas a la inmortalidad divina al mismo tiempo que celebra indirectamente la dignidad que representan, su cuerpo político*».[37] Gleichzeitig weisen Krone und (heute zerstörtes) Zepter auf die Kontinuität der Monarchie. Pereda lässt offen, ob Isabella selbst auf diese Kontinuität anspielen lassen wollte.

Der achtzackige Stern wird von Pereda als metaphorischer Teil eines eschatologischen Gesamtkonzepts gesehen, dessen Symbolgehalt auch in dem achtstrahligen Gewölbe der Capilla de los Condestables in der Kathedrale von Burgos zum Ausdruck kommt. Es wurde zeitgleich mit dem Grabmal 1482–92 von Simón de Colonia ausgeführt.[38]

---

[37]   PEREDA (wie Anm. 35) S. 74. Diese Erhöhung sieht er auch darin, dass die Körper der Verstorbenen nur aus erhöhter Position, also von den Stufen vor dem Altar, wahrgenommen werden können, jedoch dem Blick des davor Stehenden entzogen sind.

[38]   Dazu Felipe PEREDA und Alfonso RODRÍGUEZ G. DE CEBALLOS, «*Coeli enarrant gloriam dei, iconografía y liturgia en la Capilla de los Condestables de la Catedral de Burgos*», in: *Annali di Architettura*, 9, 1997, S. 17–34.

Keine der bisherigen Deutungen der einmaligen Form des Unterbaus eines Grabmals hat die Tradition der Zahl Acht in der christlichen Heilslehre zur Interpretation herangezogen. Der Acht besitzt im Christentum einen hohen Symbolgehalt: Christus erstand am achten Tag der jüdischen Woche auf, worauf die Oktogonform der Baptisterien Bezug nimmt. Der achte Tag nach der Vollendung der Siebentagewoche ist nach Interpretation der Kirchenväter damit sowohl der Tag des Gerichts und wie auch der Ewigen Ruhe. Dieses sind im Zusammenhang mit einer Grablege grundlegende Gesichtspunkte. Die im gesamten Mittelalter weit verbreiteten Augustinischen Schriften, besonders seine *De Civitate Dei*, geben dafür mit die wichtigsten Hinweise. So erklärt Augustinus in seiner Einteilung der Weltzeitalter das achte als das der Glückseligkeit für die Frommen und gleichzeitig der Verdammnis für die Ungläubigen.[39] Die Zahl Sieben wird damit zu der Zahl des Alten Testaments und die Acht zu der des Neuen, des kommenden Zeitalters der Glückseligkeit in der anderen Welt.[40] Damit kann der achteckige Unterbau in Miraflores auch als eine entscheidende kirchenpolitische Botschaft für ein christliches Spanien gewertet werden, das den Feldzug gegen die letzte Maurenfestung rechtfertigte.

Die Frage, ob das Konzept des Grabmals in Zusammenarbeit mit einem Berater für das ikonographische Programm entstand, und ob und wie weit es sich in Übereinkunft mit Isabella entwickelte, muss bisher ausstehenden Forschungen vorbehalten bleiben, die das Thema der Beziehungen der Königin zu den Gelehrten ihrer Zeit ausloten müssten.[41] Pereda möchte das Konzept hauptsächlich der individuell innovativen kreativen Dynamik Gil de Siloés zuschreiben. Doch erscheint mir die Beschäftigung und Aneignung einer so profunden Kenntnis mittelalterlicher Quellen, wie sie Pereda zu seiner einleuchtenden Beweisführung für die Analyse des Unterbaus heranzieht, mit der umfangreichen hochqualifizierten und zeitlich aufwändigen Bildhauertätigkeit Gil de Siloés ohne beratende Anregung schwer in Einklang zu bringen.

Das weitere für Grablegen der Zeit ungewöhnliche Element bildet die Thematik des vielwändigen Unterbaus, den nicht, wie in burgundischen Grablegen, *Pleurants*, hochgestellte Persönlichkeiten oder genealogische Wappen füllen, wie etwa auch bei spanischen Grabstätten z.B. von Don Álvaro de Luna und seiner Frau in der Kathedrale von Toledo. In Miraflores verweisen die achtfach geknickten Sockelwände der Grabplatte

---

[39]   *De civitate Dei* XXII 30,5 und Ep. 55,9, 17.

[40]   Dazu Augustus LUNEAU, *L'histoire de salut chez les Pères de l'Église*, Paris, 1964, 383–89 und 396.

[41]   Die literarisch stilisierten Dialoge nach dem Tod des Infanten Juan mit Isabella und Ferdinand von Ramírez de Villaescusa, einem hochgelehrten Vertrauten Isabellas (Faksimile von Diego RAMÍREZ DE HARO Y VILLAESCUSA, *Cuatro Diálogos* ..., Jaén, Diputación Provincial, 1997, das mir von Prof. Dietrich Briesemeister zur Verfügung gestellt wurde) z.B. zeugen von solchen persönlichen Kontakten. Villaescusa war auch beim Tode Isabellas in Medina del Campo anwesend und erwarb bei der Versteigerung ihres Besitzes «*sobre todo libros que habían pertenecido a la bien nutrida librería de la Reina*». ibid. S. 44. Auch der Katalog ihrer Bibliothek könnte Aufschluss über ihren eigenen Bildungsstand geben.

auf das christliche Fundament des kastilischen Reiches. In reich facettierten, für Gil de Siloé charakteristischen Rahmengehäusen umgeben sie in den jeweiligen zentralen Nischen Figuren, die in Beziehung zu sehen sind mit den darüber auf dem Stern liegenden Gestalten des Königs und der Königin. Die der Nordseite des Sockels unter Isabella stellen, ausgehend von der Madonna mit dem Kind, Verkörperungen der christlichen Tugenden dar. Die der Südseite, der Juans II., werden eingeleitet von einer Pietà, der herausgehobene Persönlichkeiten des Alten Testaments folgen: Abraham mit Isaak, Daniel, David, Samson, Esra, die Königin Esther; eingeschlossen wird Joseph «aus dem Stamme und Geschlechte Davids» (Lk 2,5). Alle lassen sich sowohl durch Gottesgehorsam, Tapferkeit, wie durch herausragende Bedeutung als souveräne Staatsmänner (David, Esra) in Bezug setzen zu den Tugenden eines regierenden Königs. So werden in der Grablege der Trastámara, das Isabella ihren Eltern setzen ließ, dem Herrscherpaar die Tugenden, die einen christlichen Souverän auszeichnen, angesprochen und ihnen damit meiner Ansicht nach auch zugesprochen. Es liegt nahe anzunehmen, dass mit diesem Programm Isabella auch auf ihre Herrscherqualitäten anspielen wollte. Die Einfügung der Königin Esther, einer der starken Frauen des Alten Testaments, die als Mittlerin gegen Widerstände am persischen Königshof erfolgreich eingreift (Esther, 4) ist hier sicher nicht allein durch eine Identifikation mit Isabella von Portugal, zu interpretieren.[42] Mit gleicher Berechtigung kann hier Isabella, die Erbin und trotz des mit regierenden Ferdinand die eigentliche Herrscherin des kastilischen Reiches, gemeint sein. Eine Gegenüberstellung mit einer anderen der starken Frauen, mit Judith, wird ihr z.B. später in dem von Ferdinand initiierten Ausbau des Hospital de S. Marcos in León zugestanden.[43] Mit diesen ikonographischen Zusammenhängen wird die Legitimität ihrer Bemühungen zur Stabilisierung des kastilischen Königreiches betont.

Der Sockel demonstriert in seiner Achteckform ebenso wie durch die Thematik des Unterbaues die festeVerankerung dieses Reiches in einer christlichen Herrschaft. Sie bildet das Fundament für die Rechtfertigung des Eroberungskrieges gegen die letzte Maurenhochburg auf spanischem Boden. 1487 kapitulierte Málaga, ein Jahr nach dem überlieferten Zeitpunkt, an dem Gil de Siloé die Pläne für das Grabmal vorlegte.[44] Ferdinand und Isabella befanden sich in der zweiten Phase dieses 10-jährigen Krieges, der erst 1492 durch die Übergabe Granadas zu dem «glorreichen Ende» geführt wurde.

Die Grablege beinhaltet zwei Botschaften: Die Initiative Isabellas, mit der sie dem Wunsch ihres Vaters nach einer Grablege endlich nachkam, demonstrierte ihre legiti-

---

[42]   PEREDA (wie Anm. 35), S. 62. Auch das übrige Figurenrepertoire, wie etwa die Löwen an den zwölf Sockelbasen (S. 67), wird von ihm detailliert begründet interpretiert. Seine besondere Aufmerksamkeit gilt dem Priester Esra (S. 60), der äußerst selten zur Darstellung kommt.

[43]   Steinmedaillon von Juan de Juni am Sockel der Fassade, zwischen 1533 und 1539 datiert.

[44]   Vgl. Anm. 32.

men Erbansprüche auf das kastilische Reich;[45] zugleich führte der achteckige Unterbau die kirchenpolitischen Grundlagen der *Reconquista*, der Christianisierung ganz Spaniens, vor Augen.

DIE CAPILLA REAL IN GRANADA

Die Kapelle hätte als endgültiger Mausoleumsbau des Königspaares den würdigen Abschluss dieses durch aktive Beteiligung Isabellas siegreich erreichten Zieles der Christianisierung ganz Spaniens bilden sollen. Die Anlage des Doppelgrabmals (Abb. 6) trägt jedoch nicht mehr ihre Handschrift, es entstand ohne ihre Mitwirkung. Italien mit dem *arte romano* verdrängte die isabellinische Spätgotik.

Granada wurde, wie schon erwähnt, erst am 13. September 1504 von Isabella in Medina del Campo als ihr endgültiger Bestattungsort beurkundet, wo sie auch am 12. Oktober ihr Testament niederlegte und am 16. November starb. Gleich nach ihrer Überführung nach Granada fanden am 22. Dezember 1504 die Trauerfeier und das vorläufige Begräbnis in San Francisco de la Alhambra, der Kirche des 1495 inmitten der Maurenburg errichteten Franziskanerklosters, gemäß ihrem Wunsch in größter Schlichtheit statt. Hier wollte sie ruhen, bis Ferdinand den endgültigen Bestattungsort bestimmt hätte.[46]

Im Widerspruch dazu steht der außergewöhnliche Aufwand der Totenfeiern, die am 26. Februar 1505 in Rom für die Königin ausgerichtet wurden. Sie können hier erstmals in die Diskussion eingebracht werden dank der Aufzeichnungen des päpstlichen Zeremonienmeisters Paris de Grassis, die schon im Zusammenhang mit der Frage nach den Modellen für die großen Wappenschilde in S. Juan de los Reyes herangezogen wurden.[47]

---

[45] Vgl. zu den Vorwürfen, die Isabella die Legitimation abstritten Anm. 5. Wie wichtig eine solche Demonstration bei unklaren Erbansprüchen war, zeigen die von Karl, damals noch Herzog von Burgund, gleich nach dem Tode Ferdinand des Katholischen (am 13. März 1516) in den Niederlanden veranstalteten ungewöhnlich aufwändigen Leichenfeiern für seinen Großvater. Der war zwar König von Aragón aber nur Regent von Kastilien gewesen. Damit kam Karl die Herrschaft über das gesamte kastilische Reich nicht zu. Mit diesen Leichenfeiern und sofortiger geschickter Diplomatie versuchte er so «*der Welt zweifelsfrei mitzuteilen, daß er – und nur er – der rechtmäßige König des spanischen Reiches sei*», was ihm auch unter völliger Nichtbeachtung seiner Mutter Johanna der Wahnsinnigen gelang. Vgl. Friedrich EDELMAYER, «Die Leichenfeiern für Ferdinand den Katholischen in den Niederlanden (1516)», in: Lothar KOLMER (wie Anm. 36), S. 229–45, hier bes. S. 239.

[46] Das Testament A.G.S.P.R. (Archivo General de Simancas Patronato Real) leg. 30, fol. 2; DOMÍNGUEZ CASAS 1993 (wie Anm. 2), S. 44, Anm. 101 sowie oben.

[47] S. oben.

Abb. 6: Granada, Capilla Real, geplant ab 1505 durch Enrique Egas, Blick nach Westen mit den Königsgräbern

Das für sie errichtete *Castrum Doloris*, «*non simpliciter, sicut pro papa aut cardinalibus fit, sed maioris elegantie quam pro cardinali*», das in so offensichtlichem Gegensatz zu Isabellas Wunsch nach äußerster Schlichtheit ihrer «provisorischen» Bestattung steht, muss hier auf die Hintergründe für die prunkvollen Trauerfeierlichkeiten in Rom befragt werden. Die große Beteiligung von 25 Kardinälen, zahlreichen anderen kirchlichen Würdenträgern und ranghohen Vertretern weltlicher Ämter (etwa des prefectus urbis) demonstrierte die hohe Bedeutung, die der spanischen Königin damit beigemessen wurde. Wem die Initiative zu der Ausrichtung der Feierlichkeiten und die vorausgegangenen Überzeugungsanstrengungen gegenüber der zögerlichen Haltung des Papstes zuzuschreiben waren, bedürfte eingehender Recherchen zu dem kirchenpolitischen Einfluss Spaniens in Rom zu Beginn des beginnenden Pontifikats Julius' II. (Wahl am 26. November 1504). Die Feindseligkeiten zwischen ihm als Kardinal Giuliano della Rovere und dem Borgia-Papst Alexander VI. wirkten zu diesem Zeitpunkt sicher noch nach.[48]

Der sehr kostspielige Aufwand der Festlichkeiten konnte eindrucksvoll die Bedeutung des geeinten christlichen Spanien demonstrieren, eines zu einem politischen europäischen Machtfaktor gewordenen Staates. Durch die Beendigung der Maurenherrschaft auf der iberischen Halbinsel hatte das Katholische Königspaar ein geeintes christliches Spanien erreicht.

Schon 1492 wurde die Übergabe Granadas in Rom mit einer großen Dankprozession gefeiert. Die Ewige Stadt wurde tagelang «die Kulisse einer einzigen, prunkvollen Schaustellung zur Verherrlichung der Katholischen Könige»: Die Eroberung Granadas wurde mit theaterhaftem Pomp auf den Straßen nachgespielt, wozu ein hölzernes Kastell mit Turm errichtet worden war. Die panegyrische Dichtung Historia Baetica von Carolus Verardus wurde im Stadtpalast von Kardinal Raffaele Riario vor geladenen Gästen aufgeführt. Alle diese Veranstaltungen verherrlichten jedoch nicht nur den kämpferischen Glaubenseifer gegen die Muslime, sie standen «*gleichermaßen im Dienst der Propaganda für die politischen Vorhaben der vereinigten kastilisch-aragonesischen Krone*».[49]

Die Betonung der Leistung der Katholischen Könige kann außerdem als ein Zeichen gegen Philipp den Schönen gewertet werden. Es bestanden tiefgreifende Zwistigkeiten zwischen Ferdinand und seinem Schwiegersohn, dem kaum etwas an einer «glorifizierenden» Betonung der Verdienste der Katholischen Könige in Rom gelegen sein konnte.[50]

Der Bau der Kapelle als Teil der zu errichtenden ersten Kathedrale Granadas auf dem Gelände der ehemaligen Moschee wurde schon von Isabella Enrique Egas anvertraut.

---

[48] Papst Julius II. zögerte mit der Erlaubnis, Isabella ein *Castrum* errichten zu lassen, mit der Begründung, dass dies in Rom zwar Königen zugestanden wurde, nicht jedoch Königinnen: «*sicut pro regibus consuetum est. Sicut pro ... regibus fiunt, pro reginis fieri non debent*» (Paris DE GRASSIS (wie Anm. 24, dort fol. 90r). Dagegen konnten die Befürworter außer den bei de Grassis angeführten Argumenten u.a. auch auf die Bedeutung der Königin hinweisen, die ihr schon 1492 in Rom zugemessen wurde. Auf dem Titelblatt zu der Ausgabe der *Historia Baetica* von Carolus Verardi (1492), die Sebastian Brant 1494 in Basel herausgab, wird mit Versen des Autors ihre Rolle der Ferdinands praktisch gleichgestellt: «*flos non minor illa viri – Ingenio quorum gens ricta et dolet Saracena – Iudei expulsi pax quoque facta suis.*» (zitiert nach Dietrich BRIESEMEISTER, vgl. Anm. 49, S. 250).

[49] Vgl. die ausführlichen Beschreibungen mit den Quellen- und weiteren Literaturangaben bei Dietrich BRIESEMEISTER, «Episch-dramatische Humanistendichtungen zur Eroberung von Granada (1492)», in: *Texte Kontexte Strukturen – Beiträge zur französichen, spanischen und hispanoamerikanischen Literatur. Festschrift zum 60. Geburtstag von Karl Alfred Blüher*, Tübingen, Gunter Narr, 1987, S. 249–63, hier bes. S. 249–52.

[50] Der Burgunder hatte seinen Anspruch auf das kastilische Reich im Februar 1505 durchgesetzt und war «offiziell» mit seiner Gemahlin Johanna der Wahrsinnigen, der eigentlichen Erbin, der neue Regent Kastiliens. Die Staatsgeschäfte kann er zu diesem Zeitpunkt noch gar nicht ernsthaft aufgenommen haben. Nach Spanien brach er erst Anfang 1506 auf. Vgl. dazu Luís SUÁREZ FERNÁNDEZ in: *Diccionario de Historia de España*, Madrid, Alianza, 1981[2].

Ferdinand ließ dies in einem Kontrakt mit dem Architekten am 30. September 1506 bestätigen, nachdem schon im März 1505 die Organisation der Vorbereitungen von ihm eingeleitet worden waren. Die Capilla Real wurde trotz verschiedener Interventionen von Iñigo López de Mendoza, dem zweiten Conde de Tendilla, weitgehend nach den Plänen von Enrique Egas zu Ende gebaut.[51] Als spanischer Botschafter in Rom hatte dieser die dortige Kunstszene gründlich kennen gelernt und war zu einem Anhänger der Renaissancekunst geworden. Durch ihn kam auch der Kontakt zu Domenico Fancelli zustande, dem als erstem italienischen Künstler 1510 ein königlicher Auftrag zuteil wurde: Er sollte das Grabmal für den früh verstorbenen Prinzen Juan in Sto. Tomás in Ávila in Carraramarmor ausführen. Fancelli nahm die bisher in Spanien nie verwendete Form der *tumba* nach dem Vorbild der Grablege Sixtus' IV. für St. Peter auf. Der Künstler persönlich stellte es 1513 in Ávila auf. Während seines Spanienaufenthaltes kam er durch Vermittlung des Conde de Tendilla mit Ferdinand in Kontakt, bei dem ihm nun auch der Auftrag für das Grabmal Isabellas und Ferdinands für die Capilla Real erteilt wurde. 1514 erwarb er den benötigten Carraramarmor und kam 1517 nach Granada zur Aufstellung desselben, d.h. ein Jahr nach dem Tode Ferdinands. Die endgültige Aufstellung verzögerte sich jedoch bis 1522.[52] Im Dezember 1518 hatte Fancelli den Auftrag für das zweite der Doppelgrabmäler für Philipp den Schönen und Juana la Loca von dem neuen spanischen Herrscher, dem Habsburger Karl I. (V.), erhalten, der dafür sofort große Summen zur Verfügung stellte. Der Künstler starb 1519 auf der Rückreise nach Italien. Daraufhin wurde dem im Italien der Renaissance geschulten Spanier Bartolomé Ordoñez die Weiterführung der Arbeiten anvertraut. Anderthalb Jahre danach starb auch er 1520 in Carrara. Die Liegefiguren und ein großer Teil der Sockelskulpturen waren zu dem Zeitpunkt schon fertig gestellt, so dass Ordoñez' Werkstatt das Grabmal nach seinen Plänen und mit seiner Handschrift vollenden konnte.[53]

Dass erst Karl I. (V.) die Errichtung des zweiten Doppelgrabmals für seine Eltern in die Hand nahm, bezeichnet das Ende der dynastischen Grabmalplanungen der Katholischen Könige. Für Ferdinand waren diese mit dem Grabmal für ihn und Isabella in der Capilla Real offenkundig abgeschlossen. Sonst hätte er den testamentarischen Willen seines Rivalen und Schwiegersohnes Philipp des Schönen bei der Auftragserteilung des

---

[51] Zu Enrique Egas vgl. DOMÍNGUEZ CASAS 1993 (wie Anm. 2), S. 44, mit Anm. 100 und 102. Zu dem Conde vgl. die detaillierten Studien von Juan Manuel MARTÍN GARCÍA, *Arte y Diplomacía en el Reinado de los Reyes Catolicos*, Madrid, Fundación Universitaria Española, 2002, hier besonders S. 214–16 mit den Belegen der *Correspondencia del Conde de Tendilla 1508-1513*, hrsg. von Emilio MENESES GARCÍA in: *Archivo Documental Español*, t. 31, Madrid, Real Academia de la Historia, 1973.

[52] DOMÍNGUEZ CASAS 1993 (wie Anm. 2), S. 113.

[53] María José REDONDO CANTERA, «Nuevos datos sobre la realización del sepulcro de Felipe el Hermoso y Juana la Loca», in: *Boletín del Seminario de Estudios de Arte y Arqueología*, Valladolid 1983, S. 326 und DOMINGUEZ CASAS 1993 (wie Anm.2), S. 114.

Grabmals 1513 an Domenico Fancelli nicht unbeachtet gelassen.[54] Dieser hatte schon im Dezember 1505 in Brügge testamentarisch festgelegt, er wolle bei einem Tod in den Niederlanden in der Kartause von Champmol bei seinen burgundischen Vorfahren beigesetzt werden, bei einem Tod in Spanien in Granada neben seiner Schwiegermutter Isabella.[55] Als Philipp schon 1506 in Burgos starb, hätte danach die Grabstätte für ihn und Johanna die Wahnsinnige bei der Auftragserteilung 1513 selbstverständlich einbezogen werden müssen. Aber erst Philipps Sohn Karl I.(V.) macht sich zum Testamentsvollstrecker seines Vaters und finanziert gleichzeitig die Fertigstellung, bzw. endliche Aufstellung der Grabmäler seiner Großeltern.[56]

Daher ist zu erwägen, ob das Doppelgrabmal für die Katholischen Könige ursprünglich seinen Ort zentral im Querhaus der Capilla haben sollte, wie man es sich für S. Juan de los Reyes in Toledo vorstellen muss, und erst mit dem Eingreifen Karls I. (V.) die heutige parallele Präsentation geplant wurde.

Die wahrhaft abenteuerliche Geschichte des Doppelgrabmals Philipps und Johannas endet jedoch erst 1603. Zwar wurde es 1539 nach Granada überführt, aber bis zur Aufstellung in der Capilla Real durch Philipp III. in einem Magazin des Hospital Real gelagert.[57] Von 1509 an blieb der einbalsamierte Leichnam von Philipp dem Schönen im Konvent von Sta. Clara in Tordesillas bis zu seiner Überführung nach Granada auf Geheiß des Kaisers im Jahre 1525. Johanna starb 1555 in Tordesillas, ihre sterblichen Reste wurden ebenfalls einbalsamiert, aber erst 1574 auf Initiative Philpps II. nach Granada gebracht.[58]

Ein Vergleich beider Doppelgrabmäler zeigt nicht nur einen durch Generationsunterschied bedingten stilistischen Wandel zwischen dem verspäteten Quattrocentisten Domenico Fancelli und dem im Italien der Renaissance geschulten Spanier Ordoñez. Es kommt auch die Wende von der schlichten isabellinisch geprägten kastilischen Hofkultur zu der neuen burgundisch/habsburgischen zum Ausdruck. Augenfällig bringt das der Vergleich der unterschiedliche Kleidung der Dargestellten bei direkter Sicht auf die Grabplatten zum Ausdruck (Abbn. 7 und 8). Im Gegensatz zu den schlicht gewandeten

---

[54] Vgl. Anm. 50.

[55] DOMÍNGUEZ CASAS 1993 (wie Anm. 2), S. 632, Anm. 130 mit genauem Wortlaut.

[56] Ibid. S. 114.

[57] DOMÍNGUEZ CASAS 1993 (wie Anm. 2), S. 115, Anm. 577.

[58] Ibid. S. 566. Dort auch Aufschluss über die sonst in Spanien unübliche Einbalsamierung. Untersuchungen der Gruft unter dem Grabmal von Maria von Burgund, Gemahlin Maximilians I. und Mutter von Philipp dem Schönen im Chor der Liebfrauenkirche in Brügge im Jahre 1979 haben dabei eine Inschrift entdeckt, die berichtet, dass sich das Herz ihres Sohnes in einem Bleikästchen bei ihrem Leichnam befand. Lokale Information.

Katholischen Königen[59] werden Philipp der Schöne und Johanna die Wahnsinnige beide in kostbarer Staatsrobe dargestellt. Philipp trägt über einem heraldischen Untergewand mit den Wappen Habsburgs und Burgunds einen Hermelinmantel mit der Halskette des Ordens vom Goldenen Vlies, dem er seit 1484 vorgestanden hatte. Möglicherweise sollte damit auch auf eine politische Überlegenheit Habsburgs angespielt werden.

Die politische Leitlinie der drei großen Grabmalplanungen der Katholischen Könige verfolgt den Weg zu einem klaren Ziel: Durch die Gründung von S. Juan de los Reyes sollte dem nun fest verankerten Königreich Kastilien / Aragonien ein monumentales Zeichen gesetzt werden. Miraflores und die Capilla Real in Granada dienten der Demonstration der dynastischen Kontinuität des christlichen kastilischen Reiches, dessen Begründerin und legitime Erbin Isabella war und das durch die Heirat mit Ferdinand von Aragón zu dem spanischen Staat der Neuzeit wurde, der als politischer Faktor innerhalb Europas über Jahrhunderte eine wichtige Rolle einnehmen sollte.

Mit der zweiten von Karl I. (V.) in Auftrag gegebenen herrscherlichen Grablege in der Capilla Real für seine Eltern, Johanna, Tochter der Katholischen Könige, und Philipp den Schönen, Sohn der Maria von Burgund und des habsburgischen Kaisers Maximilian I., konnte die dynastische Kontinuität und damit seine eigene Legitimität als Herrscher Spaniens auch nach der Übernahme durch das Haus Habsburg ihren Ausdruck finden.

Jedoch erst lange nach seinem Tod wird diese Zeichensetzung öffentlich sichtbar, wie oben belegt. Karls Konzentration auf den Bau seines Palastes in der Alhambra,[60] eine für seine weltherrschaftliche Position als Bewahrer des christlichen Abendlandes gleichermaßen, wenn nicht gewichtigere Demonstration, ließ die Grabmalaufstellung offenbar in den Hintergrund treten. Seine Ziele folgten einer eigenen Leitlinie.

Isabellas Mission war erfüllt.

---

[59] Es besteht dabei auch ein eklatanter Unterschied zu der prachtvollen überhöhenden Kleidung der Trastámara in dem Grabmal in Miraflores, welche Isabella ihren Eltern zukommen ließ. Isabellas Hofkultur setzte sich offenbar bewusst von der überfeinerten der Trastámara ab, die bekanntlich mit der maurischen konkurrierte.

[60] Interessant ist, dass es das einzige Großbauprojekt Karls V. ist, das sich überdies nur aus italienischen Architekturvorstellungen der Zeit herleiten lässt, was auf eventuelle politische Intentionen des Kaisers dabei bisher nicht befragt worden ist. Auch nicht in den neuerlichen Studien von Cristina María STIGLMAYR, *Der Palast Karls V. in Granada*, Frankfurt, Peter Lang, 2000.

Abb. 7: Domenico Fancelli, Grabplatte der Katholischen Könige, 1517, Carraramarmor

Abb. 8: Bartolomé Ordóñez, Grabplatte Philipps des
Schönen und Johannas der Wahnsinnigen, ab 1520

RESUMEN ESPAÑOL

La realización de los proyectos sepulcrales de los Reyes Católicos

El estudio quiere destacar el papel político de la construcción de S. Juan de los Reyes de Toledo como prevista capilla-panteón para el sepulcro de los padres de Isabel la Católica en la Cartuja de Miraflores, y del monumento sepulcral de los reyes, este último realizado finalmente en la Capilla Real de Granada. Los tres proyectos poseen un matiz político importante como hitos del progreso de la estabilización de la Corona de Castilla.

La realización de los tres proyectos abarcó un periodo de más de cuarenta años: en 1477 Juan Guas proyecta la primera traza para S. Juan de los Reyes de Toledo, en 1486 Gil de Siloe presenta sus ideas para el sepulcro en Miraflores y en 1516 Domenico Fancelli comienza la realización del monumento fúnebre para los reyes en Granada, el cual después de su muerte fue continuado por Bartolomé Ordóñez y terminado en su taller.

Este periodo se inserta a su vez en la etapa de la historia del arte español en que tuvieron lugar tanto el enfrentamiento de las tradiciones del gótico con las herencias islámicas como también la infiltración del «modo romano», es decir del Renacimiento italiano.

Apenas del estudio estilístico de los sepulcros se desarrollan problemáticas de carácter tipológico e iconográfico que se muestran como argumentos de la estrategia política y eclesiástica de los Reyes. A este respecto se investiga el adorno de los escudos gigantescos de una España unida bajo una Corona, ubicados en el crucero de S. Juan de los reyes de Toledo como baldaquino de los monumentos fúnebres de los soberanos. En seguida se trata de mostrar el significado iconográfico del esquema octogonal del sepulcro de los soberanos Juan II y su segunda esposa Isabel de Portugal en Miraflores.

Aquí se manifiesta el importante papel que Isabel la Católica desempeñó en todos estos proyectos, ella fue la promotora no sólo de las tendencias estilísticas de su tiempo sino también de los objetivos políticos del reino.

El papel dominante de la reina en la política cultural se muestra claramente después de su muerte (1504), cuando el Rey Fernando, hasta entonces sin un perfil sobresaliente, provocó un cambio en la dirección de las artes figurativas después de su viaje en Italia (1506–07). El encargó entonces a Domenico Fancelli, un artista italiano, los monumentos sepulcrales de los reyes en la Capilla Real de Granada, que según el testamento de Isabel habrían de ser construidos por Enrique Egas en estilo gótico.

LA CAPILLA REAL DE GRANADA COMO PANTEÓN DINÁSTICO DURANTE LOS REINADOS DE CARLOS V Y FELIPE II : PROBLEMAS E INDECISIONES. NUEVOS DATOS SOBRE EL SEPULCRO DE FELIPE EL HERMOSO Y JUANA LA LOCA

María José Redondo Cantera

LA CAPILLA REAL DE GRANADA COMO PANTEÓN DINÁSTICO

En 1517, el mismo año en el que llegaba el futuro Carlos V a España, se terminaba en Granada la construcción de la llamada en un principio «*Capilla de los Reyes*», tras once años de trabajos y discusiones sobre el edificio.[1] Había sido fundada en 1504 por los Reyes Católicos para su sepultura y se alzaba junto al extremo derecho del crucero de lo que sería posteriormente la Catedral granadina. Para la pareja real esta «*honrada capilla*»[2] –que «*bien pudiera llamarse iglesia*»[3] por su estructura y dimensiones–, era la culminación personal y simbólica de una magna empresa militar, política y espiritual que se prolongaba más allá de los límites de la muerte.[4] En 1518, mientras don Carlos estaba

[1] Como estudios pioneros, C. JUSTI, *Miscellaneen aus drei Jahrhunderten spanischen Kunstlebens*, t. I, Berlin 1908, pp. 104–17 y M. GÓMEZ-MORENO, «Sobre el Renacimiento en Castilla : Notas para un discurso preliminar. II : En la Capilla Real de Granada», en: *Archivo Español de Arte y Arqueología*, t.1, 1925, pp. 245–88. De toda la capilla, A. GALLEGO Y BURÍN, *La Capilla Real de Granada*, Madrid 1952 y AA. VV., *El libro de la Capilla Real*, Granada 1994. Sobre el proyecto del edificio y sus problemas, E. E. ROSENTHAL, «El primer contrato de la Capilla Real», en: *Cuadernos de Arte de la Universidad de Granada*, 11, n° 21, 1973–74, pp. 13–36 y J. A. GARCÍA GRANADOS, «Problemas arquitectónicos en la Capilla Real de Granada», en: *Cuadernos de Arte de la Universidad de Granada*, 19, 1988, pp. 45–63.

[2] Real Cédula de fundación, 13 de septiembre de 1504, AA. VV., *El libro...* (n. 1), p. 300.

[3] A. NAVAGERO, «Viaje por España», en: J. GARCÍA MERCADAL, *Viajes de extranjeros por España y Portugal desde los tiempos más remotos hasta comienzos del siglo XX*, t. 2, s. l., Junta de Castilla y León, 1999, p. 30.

[4] Cuando el cadáver de Fernando el Católico llegó a Granada fue recibido como «*unico fundador de aquella ciudad y reyno*», J. ZURITA, *Los cinco libros postreros de la Historia del Rey don Hernando el Catholico*, t. 6, Zaragoza 1610, libro X, fol. 405. Es muy significativo que el rey prefiriera este lugar a otro de sus

en Zaragoza, a donde había acudido para ser reconocido como rey de Aragón, tras haberlo sido de Castilla, se preparó el amueblamiento de la capilla, con el encargo de la reja, quizá el retablo mayor, ciertas pinturas murales y los retablos laterales.[5] El elemento fundamental, el sepulcro de los fundadores, ya estaba instalado por entonces.[6]

A esas piezas se añadió otra que no estaba prevista en un principio, el sepulcro de Felipe el Hermoso y Juana la Loca. Con ello el joven Carlos empezaba a poner orden en el destino de los restos de su padre, que por entonces se encontraban en una situación insólita e impropia de su rango real,[7] y comenzaba a dar digno cumplimiento de su testamento, en el que había ordenado que, si moría en España, se le enterrara en Granada, junto a suegra, la reina Isabel.[8]

El monumento funerario se contrató con Domenico Fancelli y a la muerte de éste, con Bartolomé Ordóñez.[9] Se tomó como modelo el de los Reyes Católicos que, a su vez, desarrollaba el del príncipe don Juan en mayores dimensiones y complejidad. Se consolidaba así un prototipo que, por su misma prolongación, adquirió un carácter dinástico. Su elevada calidad material, conseguida mediante el uso de un blanquísimo mármol italiano, y artística, gracias a la novedosa y fina labra *a la romana,* proporcionaban una imagen mayestática de la muerte, revestida de un sentido transcendente por la figuración de una iconografía religiosa tradicional, a la que se añadían ciertos elementos simbólicos procedentes del mundo clásico.[10]

 reinos de Aragón, como el monasterio de Poblet, panteón de la Casa de Aragón, al que fue conducido el cadáver del único hijo que tuvo en su matrimonio con Germana de Foix, el príncipe don Juan, que murió al nacer. A. de SANTA CRUZ, *Crónica de los Reyes Católicos,* Sevilla 1951, t. 2, p. 115.

[5] En 1519 Bigarny ya trabajaba en el retablo, J. SUBERBIOLA MARTÍNEZ, «Felipe de Borgoña, autor del retablo mayor de la Capilla Real de Granada. Prueba documental», en: *Boletín de Arte,* 1992, p. 391. I. del RÍO DE LA HOZ, *El escultor Felipe Bigarny (h. 1470–1542),* s. l., Junta de Castilla y León, 2001, p. 163 cree que el retablo fue contratado con anterioridad. Sobre la reja y lo encargado a Alonso Berruguete, J. MARTÍ Y MONSÓ, *Estudios histórico-artísticos,* Valladolid 1901, pp. 76–78 y M. GÓMEZ-MORENO, «Documentos referentes a la Capilla Real de Granada», en: *Archivo Español de Arte y Arqueología,* 2, 1926, pp. 103–14.

[6] Probablemente se terminó el año anterior. En julio de 1518, cuando Fancelli contrató el sepulcro del Cardenal Cisneros, se afirmaba que el de los Reyes Católicos ya estaba en Granada, M. GÓMEZ-MORENO, «Documentos...» (n. 5), p. 101. El 20 de noviembre de 1518 Carlos V ordenaba que se libraran 210 ducados a Fancelli, con lo que se le terminaba de pagar el sepulcro de sus abuelos, Archivo General de Simancas (en adelante AGS), Contaduría Mayor de Cuentas, Primera época (CMC, I), leg. 428, s. f.

[7] Su cuerpo permanecía insepulto, doce años después de su muerte, en el monasterio de Sta. Clara de Tordesillas. Durante sus estancias en Tordesillas, en 1517 y 1524, Carlos V ordenó celebrar funerales solemnes en su honor. M. Á. ZALAMA, *Vida cotidiana y arte en el palacio de la reina Juana I en Tordesillas,* 2ª ed., Valladolid 2003, pp. 121–22.

[8] M. GACHARD, *Collection des voyages des souverains des Pays Bas,* t. I, Bruselas 1876, p. 494.

[9] 21 de diciembre de 1518 y 1 de mayo de 1519, respectivamente, J. M. MADURELL MARIMÓN, «Bartolomé Ordóñez», en: *Anales y Boletín de los Museos de Arte de Barcelona,* 6, nº 3 y 4, 1948, pp. 365–69.

[10] A los 3.200 ducados que se habían de pagar a Ordóñez por el sepulcro, en junio de 1519 Carlos V ordenaba añadir otros 20 para los gastos del viaje del escultor a Granada para ver el de los Reyes Católicos y tomara nota del «... *altor y grandor dellas para que vea la forma e manera de cómo han de yr las dichas sepulturas*

A través de la preparación que había comenzado el emperador Maximiliano para la constitución de su mausoleo, que terminó instalándose en la Hofkirche de Innsbruck y en el que puso de manifiesto su obsesión dinástica, el joven Carlos conocía la fuerza propagandística del poder real que poseía el arte funerario. Para el nuevo soberano de los reinos hispánicos, la suntuosa celebración fúnebre de sus antecesores, era un deber como hijo y como buen cristiano, pero además le proporcionaba la oportunidad de reforzar ante sus súbditos su condición de legítimo sucesor en el reino de Castilla, tras el lapso de la regencia de su abuelo, frente a la oposición que había encontrado para su reconocimiento como rey, por encontrarse aún viva su madre.

Previendo que el amueblamiento de la capilla ya estaba listo o a punto de finalizarse, en 1520 don Carlos dispuso el traslado de los restos mortales de los Reyes Católicos desde el Convento de S. Francisco de la Alhambra, donde habían sido enterrados provisionalmente, hasta su emplazamiento definitivo, lo que se efectuó solemnemente, tras la repetición de la orden, al año siguiente.[11] Junto a los féretros de los Reyes Católicos iba el del pequeño príncipe don Miguel, que había fallecido en Granada en 1500. La presencia de este último ya otorgaba un matiz de panteón familiar a la capilla.

En cualquier caso, así la había concebido Carlos V desde el comienzo de su reinado, pues ya estaba decidida allí la instalación del sepulcro de sus padres cuando fue contratado. Del mismo modo, al dictar su primer testamento cuatro años más tarde, según el modelo del de su padre, el emperador designó a la ciudad de Granada como uno de los lugares donde deseaba ser sepultado, junto a la iglesia de Ntra. Sra. de Brujas y a la cartuja de Champmol en Dijon, si ésta última se recuperaba para la Casa de Borgoña.[12] Todos los destinos tenían una justificación dinástica, incluido el granadino, pues don Carlos especificaba que en éste se le enterrara junto a los Reyes Católicos y a su padre.

En 1525 se consideraba que la llegada del monumento estaba próxima, por lo que se procedió al traslado del cadáver del rey. Para evitar problemas con D.ª Juana, se ordenó que «*el cuerpo de su alteça se debe sacar de tordesillas lo mas honesta y secretamente pudiere ser por que no lo sienta la reyna nuestra señora*».[13] Pero después, en su recorri-

que agora a de hazer» , AGS, CMC I, leg. 428, s. f. Por extensión el modelo también se aplicó al regente, el Cardenal Cisneros. Sobre estos sepulcros, M. J. REDONDO CANTERA, *El sepulcro en España en el siglo XVI. Tipología e iconografía*, Madrid 1987, *passim*; L. MIGLIACCIO, «Carrara e la Spagna nella scultura del primo Cinquecento», en: *Le vie del marmo. Aspetti della produzione e della diffusione dei manufatti marmorei tra '400 e '500*, Prato [1992], pp. 101–49; M. Á. LEÓN COLOMA, «Los mausoleos reales y la cripta», en: *El libro...* (n. 1), pp. 70–93; y P. LENAGHAN, *The arrival of the Italian Renaissance in Spain : The tombs by Domenico Fancelli and Bartolome Ordóñez*, Nueva York 2003, pp. 377–403.

[11] A. GALLEGO Y BURÍN, *La Capilla Real...* (n. 1), pp. 24 y 127–30 y M. D. PARRA ARCAS y L. MORENO GARZÓN, «Granada : Panteón Real de los Reyes Católicos y de la Casa de Austria», en: *Jesucristo y el Emperador Cristiano*, Córdoba 2000, pp. 395–96.

[12] Brujas el 22 de mayo de 1522, reproducido por W. EISLER, «Charles V and the Catedral of Granada», en: *Journal of the Society of Architectural Historians*, 51, 1992, p. 176.

[13] AGS, Casa y Sitios Reales, leg. 67, 4, fol. 99.

do hasta Granada, se tomó como modelo el ceremonial de acompañamiento utilizado en el traslado de los restos de los Reyes Católicos.[14] El féretro de don Felipe se bajó a la cripta de la Capilla Real, mientras que en la iglesia se dejó constancia de su presencia mediante un armazón de madera, una *tumba* cubierta por un paño de brocado, que se colocó a la derecha del sepulcro de los Reyes Católicos. Se iniciaba ya de forma efectiva la función de panteón dinástico en la capilla granadina, aunque el sepulcro de don Felipe tardaría en instalarse, pues la casualidad quiso que por los mismos días de diciembre en que su cuerpo llegaba a Granada, muriera Bartolomé Ordóñez sin dejarlo terminado.[15]

Además de la continua celebración de un solemne ritual religioso por la salvación de las almas de los egregios difuntos, que eventualmente tenía su dimensión civil,[16] la categoría de los personajes allí enterrados era recordada por los dos maceros, uno por cada rey de Castilla allí sepultado. Hacían guardia junto a los bultos, les rendían «*todos los acatamientos que les harian siendo vivos*» y acompañaban a los celebrantes. Portaban una maza de plata y en las festividades litúrgicas vestían una cota de armas con las de los soberanos. Su imagen quedó fijada en piedra en las esculturas que decoran la portada de comunicación con la Catedral (fig. 1) y, posteriormente, en la que se abrió hacia la Lonja. Su presencia fue muy apreciada por los capellanes «*porque es cosa de gran majestad que autorizan en gran manera los divinos oficios*».[17]

En 1526, durante la estancia de los emperadores en la capital nazarí, estaba plenamente asumida la función de panteón dinástico adjudicada a la Capilla Real e incluso se atribuía esa intención, equivocadamente, a los Reyes Católicos.[18] El testimonio de que sus limitadas dimensiones y su escasa claridad no complacieron a Carlos V cuando la vio, hasta el punto de calificarla como «*capilla de mercader*»,[19] hay que tomarlo con cierta precaución, pues es posterior y procede de una fuente «rival», la vecina Catedral de Granada que aspiraba a sustituir a la Capilla Real o, al menos, a compartir con ella su función de mausoleo real. De hecho, no hay ningún dato entre la documentación del

---

[14]   El ceremonial se utilizó como modelo años más tarde para el traslado de los restos de Isabel de Portugal, ibid.; M. D. PARRA ARCAS y L. MORENO GARZÓN (n. 11), pp. 396–98.

[15]   Testamento e inventario recogidos por M. GÓMEZ-MORENO, *Las águilas del Renacimiento español*, 2ª ed., Madrid 1983, pp. 173–80.

[16]   P. LENAGHAN (n. 10), pp. 324–28.

[17]   AGS, Casa y Sitios Reales, leg. 67-4, fols. 113, 139 y 142.

[18]   «...*esta capilla es el lugar que por disposición de don Fernando y doña Isabel se han de sepultar todos los reyes de España*», A. NAVAGERO (n. 3), pp. 30 y 59. Se mantuvo en la tradición local, F. BERMÚDEZ DE PEDRAZA, *Historia eclesiástica, principios y progresos de la ciudad y religión católica de Granada*, Granada 1638, fol. 40.

[19]   E. E. ROSENTHAL, *La catedral de Granada*, trad. esp. de la 1ª ed. (Princeton 1961), Granada 1990, p. 18. Un juicio similar vertió en 1534 sobre la Capilla de Reyes Nuevos, en la Catedral de Toledo, «... *buena capilla para un mercader rico...*», recogido por F. MARÍAS, *La arquitectura del Renacimiento en Toledo (1541–1631)*, t. 1, Toledo 1983, p. 209.

emperador que confirme esa valoración negativa, mientras que las sucesivas decisiones sobre Capilla Real que conocemos[20] continuaron desarrollando su dimensión de panteón real, aunque con ciertas fluctuaciones.

Fig. 1: Escultura de macero, portada de comunicación con la Catedral, Capilla Real de Granada

El primer cambio vino dado por las instrucciones que dictó el emperador sobre la instalación del sepulcro de sus padres, inmediatamente antes de partir de la capital

---

[20]   Desconocemos lo dispuesto sobre su sepultura en los testamentos que Carlos V dictó en 1529 y 1535.

nazarí.[21] Su contenido resulta sorprendente pues, o bien había olvidado cómo era el monumento encargado –una grandiosa cama tumular exenta, con un lecho compartido por el matrimonio real –, o bien había cambiado de planes tras conocer personalmente la capilla y haber adquirido conciencia de la elevada significación de los Reyes Católicos, como conquistadores del reino musulmán, así como de la necesidad de respetar la jerarquía de su conmemoración sepulcral, por haber sido los fundadores del templo. Por ello Carlos V ordenaba ahora que las figuras sepulcrales de sus padres se colocaran a ambos lados del retablo mayor, a una cierta altura, y dejaba al parecer de los «*maestros*» la forma de los arcosolios que los cobijaran. El emperador debía de tener en mente que se hiciera algo semejante a las ventanas preparadas en los muros laterales de la capilla mayor en la iglesia de S. Juan de los Reyes en Toledo. Por otro lado, ya no necesitaba el refrendo que le proporcionaría el ostentoso sepulcro de su ascendencia inmediata, pues su autoridad como monarca, ampliamente revalidada por su categoría imperial, estaba plenamente consolidada.

Empezaban, pues, a manifestarse los problemas de capacidad y de protocolo en la distribución jerarquizada del espacio que tenía la Capilla Real, si se la quería utilizar como panteón dinástico. Pero de momento y, a falta de otro ámbito adecuado, pronto se le añadió otra virtual ocupante. Entre el 1 y el 20 de mayo de 1527, ante el inminente alumbramiento de su primogénito en Valladolid, Isabel de Portugal dictaba su testamento, en el que ordenaba que su cuerpo fuera sepultado «*en la Capilla Real de la nombrada y gran cibdad de Granada*».[22]

Tras el nacimiento del heredero, durante la estancia de la Corte en Burgos desde octubre de 1527 a febrero de 1528, continuaron organizándose ciertas cuestiones relativas a la Capilla Real y a la Catedral. Diego Siloe fue encargado de ir a Granada para ocuparse de «*ciertos bultos e obra que conpetya a sus magestades*»;[23] seguramente se trataba de cumplir la orden dada por el emperador de que «*se tornasen a hazer de nuevo los bultos del rretablo de los dichos Rey e Reyna Catholicos al propio*».[24] A propósito de este encargo y de su estancia en Granada para dirigir la construcción de la capilla mayor del monasterio de S. Jerónimo, conocedor de que querían imprimirse ciertos cambios en la catedral, el burgalés presentó una nueva traza, que fue aceptada, con su consiguiente nombramiento como maestro mayor del templo metropolitano granadino a partir de junio de 1528. Fue entonces cuando la capilla mayor de éste se transformó en una rotonda cubierta con cúpula, formas ambas de profundas resonancias funerarias, tal

---

[21]   Real Cédula de 6 de diciembre de 1526. Fue publicada por F. PI Y MARGALL, *Recuerdos y bellezas de España. Reino de Granada,* Madrid 1850. Hay copia en AGS, Patronato Eclesiástico, leg. 150-82.

[22]   AGS, Patronato Real, leg. 30-10.

[23]   Recogido por M. GÓMEZ-MORENO, *Las águilas...* (n. 15), p. 54.

[24]   Cédula de 17 de noviembre de 1526, AGS, Cámara de Castilla, Cédulas, libro 74-2, fols. 350–51.

como ha sido repetidamente señalado.[25] A partir de entonces y dado que el rey poseía el privilegio de tener el patronato de las capillas mayores de todas las catedrales, el cabildo catedralicio granadino debió de albergar la esperanza de que, una vez terminada la construcción, se convertiría en mausoleo imperial.

En 1532 seguía sin llegar el sepulcro de don Felipe y D.ª Juana, por lo que Isabel de Portugal, que había quedado como gobernadora en ausencia de Carlos V, urgió al embajador en Génova para que «*no haya mas dilacion en acabarse de repulir y poner en horden los bultos del Rey don felipe que aya gloria y de la Reyna mis señores*». La emperatriz envió seiscientos ducados para que «*sean pagados los maestros y que se trayan los bultos y si pudiere ser en las primeras galeras que a estos reinos vinieren*».[26] En marzo del año siguiente las cajas que contenían las piezas del sepulcro, llegaron a Cartagena. La Emperatriz expresó su aprobación sobre «*que venyese con ellos* [los bultos] *para asentarlos aquel maestro*»,[27] el genovés Bernaldo de Torán. Desconocemos el motivo por el que el cargamento no continuó viaje hasta Granada y permanecieron todavía durante más de seis años en el puerto murciano.[28]

Por fin, el 1 de agosto de 1539 las piezas del monumento llegaron a su destino y se urgía a su instalación, siempre y cuando se tuviera en cuenta la preeminencia del monumento de los Reyes Católicos, como fundadores de la Capilla Real, y se respetara la colocación del nuevo túmulo situado junto al sepulcro de los Reyes Católicos, que recordaba la presencia de los restos de la emperatriz, llegados a mediados del mes de mayo de ese mismo año.[29] La instalación del sepulcro de los padres del emperador se

---

[25]   Los dos estudios fundamentales siguen siendo los de E. E. ROSENTHAL, *La Catedral...* (n. 19), *passim*, y A. BUSTAMANTE GARCÍA y F. MARÍAS, «La Catedral de Granada y la introducción de la cúpula en la España del Renacimiento», en: *Boletín del Museo e Instituto 'Camón Aznar'*, 8, 1982, pp. 103–15. Más recientemente, F. MARÍAS, «'Trazas' e disegni nell'architettura spagnola del Cinquecento: la cattedrale de Granada», en: *Annali di Architettura*, 9, 1997, pp. 200–17.

[26]   AGS, Estado, libro 68, s. f., Cédulas fechadas en Segovia, a 3 y 4 de octubre y en Madrid, a 22 de diciembre de 1532.

[27]   Ibíd., Cédula fechada en Igualada, a 22 de marzo de 1533.

[28]   El 6 febrero de 1538 el jurado Tomás Garri, que estaba al cuidado de ellas en Cartagena, escribió a la Corte para que se aprovechara la oportunidad que se presentaba para obtener un transporte a buen precio : «*aqui tengo quatro años ha treynta y tres caxas de mármoles enviadas de genova por el embaxador de Vuestra Majestad con los bultos del rey don felipe de gloriosa memoria y de la reyna doña juana nuestra señora... para enviar a granada. Agora estan en este termino muchas carretas de viveres del reyno de granada y... podrian yr barato. Mande Vuestra Majestad prober de doscientos ducados que seran menester por los llevar por que en otro tiempo si oviesen de yr costarian doblado*». Carlos V dio orden de que así se hiciera, AGS, Estado, leg. 43, fols. 14 y 10, respectivamente. El 17 de abril de ese año la emperatriz comunicaba a su marido que se había preparado el transporte a Granada, M. del C. MAZARÍO COLETO, *Isabel de Portugal, Emperatriz y Reina de España*, Madrid 1951, p. 521. Pero hasta el 2 de junio de ese año no se hizo efectiva la orden, ya despachada por el propio emperador en Toledo, A. POSCHMANN, «Algunos datos nuevos y curiosos sobre el monumento de don Felipe el Hermoso y doña Juana la Loca en la Real Capilla de Granada», en: *Revista de Archivos, Bibliotecas y Museos*, 38, 1918, pp. 44–46.

[29]   M. D. PARRA ARCAS y L. MORENO GARZÓN (n. 11), pp. 399–400. También en AGS, Patronato Eclesiástico, leg. 150-12 y Casa y Sitios Reales, leg. 67, 4, fol. 99 : «*que se debe dar prisa en el asentar de los bultos que estan mandados hazer y que se pongan en lugar mas deçente y con la deçençia que*

presentaba problemática, pues sus piezas pertenecían a un tipo de sepulcro que no se correspondía con la indicación que había dejado el césar. Además, los muros laterales del presbiterio carecían de preparación para ello. El montaje del sepulcro de don Felipe y D.ª Juana se dejó en suspenso y las piezas se almacenaron en el Hospital Real de Granada.

Probablemente el memorial que redactó Diego Siloe en 1543[30] intentaba dar una solución conjunta, tanto a este problema, cuando afirmaba que «*se podran poner otros dos sepulcros en los dos lados del altar aunque éstos no podrán ser muy grandes enpero seran vastantes en cantidad esos lugares y en calidad muy grandes*», como a la colocación de otros, hasta un total de doce, que se preveía que serían necesarios, dado que se iba confirmando el carácter de panteón real en este recinto sagrado. Todos los monumentos funerarios propuestos por Siloe se configuraban como arcosolios adornados con columnas «*de muy buena gracia*», en un intento de aprovechar al máximo el espacio. Los nichos se abrirían en cada fragmento de muro disponible dentro del recinto delimitado por la reja, incluso por encima de la puerta de la sacristía y de la entrada a las capillas hornacinas que flanquean el presbiterio.

Pocos meses después de la muerte de su esposa, el emperador redactó un codicilo testamentario un tanto confuso, pues ordenaba ser enterrado en la Catedral de Granada.[31] A pesar de lo que conocemos sobre la nueva configuración de la cabecera del templo metropolitano, creemos que tal expresión debe ser entendida como una asociación o una metonimia pues, además de que la capilla mayor catedralicia no estaba aún terminada, el emperador precisaba que su sepultura tenía que localizarse «*enprès*» de su esposa, que había sido depositada, según sus palabras, también «*en l'église cathédrale*».

El último testamento de Carlos V volvió a expresar su deseo de ser enterrado en la Capilla Real, pero ya como único destino, sin otras alternativas.[32] Dejaba a la elección de sus testamentarios la determinación exacta del emplazamiento de sus restos, siempre que fuera de menor categoría que los de sus abuelos y sus padres. Además dispuso que la capilla granadina fuera también el lugar de enterramiento de su hijo, el príncipe Felipe, al que debía colocarse cerca de su abuelo homónimo. Durante algún tiempo Felipe II, que desconocía el templo, mantuvo tal idea, justificada asimismo por yacer junto a su primera esposa, la princesa María de Portugal, como manifestó en el testamento que redactó en Westminster (2 de julio de 1557).[33] Tras el fallecimiento del emperador, a pesar de que en su último codicilo había manifestado su preferencia por Yuste, don Felipe aún siguió pensando que la Capilla Real era el obligado lugar de reunión familiar

---

conbenga a los dichos rreyes catolicos y a su alteza como mejor paresçiere segun la dispusiçion de la capilla real».

[30]   M. GÓMEZ-MORENO, *Las águilas...* (n. 15), p. 206.

[31]   Redactado el 5 de noviembre de 1539, W. EISLER (n. 12), p. 177.

[32]   Bruselas, 6 de junio de 1554. Ed. facsímil en *Testamento de Carlos V*, Madrid 1982.

[33]   AGS, Patronato Real, leg. 29-33.

tras la muerte, aunque fuera de modo provisional. En marzo de 1559 escribía a su hermana D.ª Juana para comunicarle su decisión de conducir allí el cadáver de Carlos V y el de sus tías, María de Hungría y Leonor de Francia, *«por haber de ser alli su enterramiento»* o, al menos, como depósito *«hasta que se viese y aderesçasen los lugares del enterramiento».*[34]

Al recibir la orden, los testamentarios de Carlos V, reunidos en Valladolid en junio, desaconsejaron efectuar el traslado de forma inmediata, dado que el calor que comenzaba no resultaba apropiado para mover unos restos que quizá no se encontraran aún en estado de *«muerte seca».* Por otro lado, advertían al monarca de que la Capilla Real empezaba a tener problemas para seguir albergando adecuadamente nuevos cadáveres reales.[35] En la primavera del año siguiente los albaceas carolinos, que se encontraban en Toledo, estudiaron diversas posibilidades para otorgar digna sepultura al Emperador. Frente a una ampliación de monumentos funerarios en la Capilla Real, o la propuesta que se esperaba que enviara el arzobispo de Granada, sorprendentemente la opción que se presentaba ahora como más adecuada era el templo toledano de S. Juan de los Reyes.[36] No se adoptó ninguna decisión. El Rey Prudente se tomaba su tiempo para reflexionar y terminó dando una solución definitiva al problema, en la forma de un nuevo panteón dinástico, como parte fundamental de un organismo mucho más complejo.

Por su magnitud, el monasterio de S. Lorenzo de El Escorial, comenzado en 1562, podía albergar sin problemas la sepultura de su fundador, la de los dieciséis miembros de su familia nombrados en el testamento filipino, encabezados por el emperador, y las de sus sucesores que quisieran reposar definitivamente allí.[37] A partir de 1573 el nuevo edificio ya se encontraba en disposición de recibir los cadáveres de los egregios familiares a los que el rey había decidido dar acogida.

Fue entonces cuando surgió una nueva oportunidad para la colocación del sepulcro de don Felipe y D.ª Juana. El rey ordenó que los restos de su abuela, que habían sido enterrados provisionalmente en 1555 en el convento de Sta. Clara de Tordesillas, se llevaran a la Capilla Real.[38] Allí se pensaba que la conducción del cadáver de la Reina Loca era

---

[34] M. GACHARD, *Retraite et mort de Charles-Quint au Monastère de Yuste. Lettres inedites*, t. 2, Bruselas 1855, pp. 509–10.

[35] Ibid. pp. 512–13.

[36] Se estudió *«la traça que enbio el capellan mayor de la capilla real de granada de la dicha capilla y dispusicion que en ella havia para poner mas bultos y si havria alli depusicion para poner el de su magestad cesarea y acordose que hasta que viniese la del arzobispo de granada y su parecer no se tomase resolucion... tambien se pratico que el enterramyento de mas auttoridad y conveniente que podria haver era el del monesterio de sanct juan de los reyes desta dicha ciudad de toledo»*, AGS, Patronato Real, leg. 29-22, fol. 232 v°.

[37] *Testamento de Felipe II*, ed. facsímil, Madrid 1982, p. 5.

[38] Carta de Juana de Austria a Carlos V, 13 de abril de 1555, M. FERNÁNDEZ ÁLVAREZ, *Corpus documental de Carlos V (1555–1558)*, t. 4, Madrid 1979, p. 207. También, M. A. ZALAMA (n. 7), pp. 273–81. Su llegada en M. D. PARRA ARCAS y L. MORENO GARZÓN (n. 11), pp. 403–05.

un asunto que «*de derecho se le debía*».[39] Al mismo tiempo, salían hacia el monasterio de El Escorial, en unión de los restos de otros miembros de la familia real que estaban depositados en Granada, los de la emperatriz, Isabel de Portugal, cuyo túmulo se desmontó. Esa mayor disponibilidad de espacio en el crucero, sobre todo si se desarmaba también la *tumba* que conmemoraba a Felipe el Hermoso, permitiría instalar los bultos funerarios almacenados, pues según decía Alonso de Rojas, capellán mayor, a Felipe II, eran «*pieças muy insignes y donde estan no ganan nada*», además de que «*costaron mucho*» y convenía que «*hissiesen el efecto para el que fueron hechos*». En principio proponía colocar los yacentes de don Felipe y D.ª Juana en los lugares que habían quedado libres, a los lados de la cama de los Reyes Católicos.[40] El rey, que no había estado nunca en Granada, desconocía todo ello y pidió que se le enviara un «*rascuño*».[41] Se recordó entonces la orden dada por Carlos V para que los yacentes de don Felipe y D.ª Juana se pusieran a ambos lados de la capilla mayor.[42]

Pero Juan de Maeda, maestro mayor de la Catedral y de la Capilla Real de Granada, redactó un informe sobre el sepulcro, en el que expresaba las dificultades de cumplir con el mandato, dada la configuración del monumento, ya que se trataba de «*un lecho labrado con mucha perfection y traça, es para poner esento y libre de ningun arrimadizo y pared, que quasi pareçe en el tamaño aunque difiere en la orden al de los Reyes catholicos... y por esta causa no se puede poner en la capilla mayor donde se pretende y su magestad manda, por estar labrado por todas quatro partes tanto en una como en otra aunque las historias son differentes...*».[43] Propuso una solución que anticipaba la que se adoptó años después, su colocación en el tramo central del crucero, junto al de los Reyes Católicos. Otra alternativa era su instalación en el brazo izquierdo del transepto, donde había estado el túmulo de la princesa María de Portugal. El completo informe de Maeda proporcionaba también las medidas del monumento y exponía la necesidad de restaurar algunas partes rotas, como «*dedos de manos y puntas de coronas y algunos remates de armas y puntas de alas*».

El arquitecto añadía a todo ello un interesante dato y propuesta : «*que en lo que toca a los huesos y çenizas...se pusiesen en las urnas que estan dentro de las dichas sepulturas...*». Por su experiencia de cuarenta años en el cargo había visto cómo se deterioraba la madera de los féretros que se guardaban en la cripta,[44] de cuya reparación se ocupaba

---

[39]   AGS, Patronato Eclesiástico, leg. 150-48.

[40]   Ibíd., 81, 83 y 84.

[41]   Ibíd., 69.

[42]   Ibíd., 82.

[43]   Ibíd., 88.

[44]   Debido a la humedad de la cripta, en 1574 habían tenido que cambiarse los ataúdes originales –al menos los de Isabel de Portugal, María de Portugal y los infantes don Juan y don Fernando –por otros de madera de moral–. Ibíd., 80.

«*gente de poca qualidad...*», lo que no era apropiado, dada la categoría de los difuntos. Todo ello «*se escusaria con poner los huesos en su propio lugar que es debaxo de donde estan labrados los bultos y figuras de los dichos Reyes, pues el fin de esto es para su sepultura y para que se perpetuen y guarden para siempre...*». Una solución semejante también se apuntó para los restos de los Reyes Católicos, pues se entraba con excesiva frecuencia a la cripta. Consultada tal posibilidad con Maeda, éste respondió que «*en ambos lechos hay buena dispusicion para ello*».[45] Pero la dificultad o lo insólito de la operación impidió que se añadiera tal sentido funcional a una obra de tipo representativo.

Para que Felipe II tuviera un idea más exacta de la disponibilidad espacial existente, Juan de Maeda había dibujado y enviado al rey una planta conjunta de la Catedral y de la Capilla Real en pergamino. Como parecía que se había extraviado, ya que el rey no acababa de comprender la distribución espacial de la capilla, se ofreció a hacer otra, pero no consta si llegó a efectuarlo o no. De haberse conservado tal planta, habría constituido un documento gráfico magnífico para conocer el estado en el que se encontraba por entonces la construcción de la iglesia metropolitana, aunque no estaría muy lejos de lo dado a conocer, no muchos años después, por la planta de Juan de Vega.[46] Otro dibujo del sepulcro de los Reyes Católicos ¿o del de Felipe y Juana?, tampoco llegado hasta nosotros, fue hecho por Juan de Maeda en 1574 y copiado por su hijo, Asensio, «*porque fuese de mejor mano*», para enviar al rey y darle la cumplida información sobre el tema que había pedido.[47] Alonso de Rojas se impacientó porque el rey no terminaba de decidirse, pero lo tuvo que acatar con resignación de súbdito, «*pues vuestra majestad lo dilata todo sera para que mejor se haga*».[48]

A finales de 1591 se volvió a advertir a Felipe II que las piezas del sepulcro, «*obra tan bien labrada y de tanta estima y preçio*», se deterioraban en su almacenamiento. Ambrosio de Vico, maestro mayor de la Catedral granadina, y Juan de Vega, aparejador de la Alambra, redactaron un informe en el que daban cuenta de su estado, medidas y presupuesto de reparación e instalación. Además del interés del juicio artístico que les mereció –«*de admirable imaginería y follaje...tiene...aguda invención*»– el texto vuelve a testimoniar la posibilidad de que el sarcófago bajo los yacentes hubiera funcionado plenamente como tal : «*debajo de las figuras de los vultos reales esta una pieça de la*

---

[45]   Carta de Pedro de Deza a Felipe II, 16 de febrero de 1575, Ibíd., 75.

[46]   A diferencia de la dibujada por Maeda, ésta contenía la planta de la antigua Mezquita Mayor, y sólo el costado izquierdo de la de la Capilla Real. F. MARÍAS, «´Trazas´ ...» (n. 25), pp. 214 y 216.

[47]   Carta de Pedro de Deza a Felipe II, fechada en Granada, a 12 de mayo de 1574 : «*... el desegno y traça de los lechos que estan aqui para los cuerpos de los catolicos reyes don fernando y doña ysabel... lo puso por obra Joan de maeda... y porque fuese de mejor mano lo embio a sevilla para que un hijo suyo que alli esta lo hiziese de la suya...*», AGS, Patronato Eclesiástico, leg. 150-35. Meses antes también un diseño y descripción del sepulcro de don Felipe y doña Juana : Duque de T'SERCLAES, «Traslación de cuerpos reales de Granada a San Lorenzo del Escorial y de Valladolid a Granada. Siete cartas inéditas del rey don Felipe II», en: *Boletín de la Real Academia de la Historia*, 60, 1912, p. 23.

[48]   AGS, Patronato Eclesiástico, leg. 150-91.

largura y anchura de los dichos vultos o cuerpos reales vaciada en vuelta para poner los guesos de los señores reyes».[49]

Tampoco se tomó entonces ninguna decisión. Ni Carlos V ni Felipe II habían conseguido encontrar una solución satisfactoria para la instalación del sepulcro de Felipe el Hermoso y Juana la Loca. Paradójicamente, su bisnieto, Felipe III, que careció de conmemoración funeraria escultórica, después de que se pensara incluso en trasladar el monumento a Valladolid,[50] hizo posible que finalmente se asentara, en 1603, siguiendo la traza dada por Ambrosio de Vico, autorizada por Francisco de Mora.[51]

LA CAPILLA REAL DE GRANADA COMO SEPULTURA TEMPORAL

Según expresó el Emperador en el codicilo de su testamento otorgado en Yuste, poco antes de morir, en el que ya no ordenaba ser enterrado en la Capilla Real granadina, lo único que había acordado con Isabel de Portugal con respecto a su sepultura, era yacer tras su muerte en el mismo lugar, siempre que éste estuviera en España.[52] Tal unión de los esposos tras la muerte estuvo durante algún tiempo amenazada por los continuos viajes del césar y la amplitud de sus dominios. La incertidumbre de lo que podía suceder motivó que en su segundo testamento, redactado cuando don Carlos salía hacia Italia para ser coronado por el papa, la emperatriz renunciara a la elección de su último destino y lo dejaba en manos de su marido, con independencia de que yacieran juntos o no.[53]

Pronto desapareció, pues, la Capilla Real de Granada como única posibilidad de destino final de doña Isabel. Aún así, cuando murió fue llevada allí de inmediato, pero en calidad de depósito. La afirmación hecha por el propio césar de que *«hizo y ordenó lo que en tales casos se acostumbra y es preciso hacer»*[54] se refería a la solemnidad con la que se efectuó el traslado y la recepción del cadáver de doña Isabel en Granada,[55] a la espera de que se tomara alguna decisión al respecto.[56] Mientras tanto, se colocó su

---

[49] 27 de febrero de 1592, Biblioteca Nacional de Madrid, Ms. 18654-42; referencia dada por J. M. GÓMEZ-MORENO CALERA, *El arquitecto granadino Ambrosio de Vico*, Granada 1992, p. 106.

[50] P. de MADRAZO, «Mausoleo de los Reyes Católicos Don Fernando y D.ª Isabel en la Capilla Real de Granada», *Museo Español de Antigüedades*, t. 1, Madrid 1872, p. 445.

[51] M. GÓMEZ-MORENO, «Sobre el Renacimiento...» (n. 1), p. 249.

[52] 9 de septiembre de 1558, «... *el cuerpo de la Emperatriz y el mio esten juntos conforme a lo que ambos acordamos en su vida por cuya cause mande questoviese en el entretanto en deposito y no de otra manera en la dicha Ciudad de Granada...»*, Testamento de Carlos V, ed. facsímil, Madrid 1982, p. 99.

[53] Dictado en Toledo, a 8 de marzo de 1529, *«si el emperador rei mi señor se mandare enterrar en estos reynos sea sepultada donde su majestad se mandare enterrar y sepultar, y donde(sic) no, sea donde su alteza lo ordenare que se aga»*. En el mismo sentido, los testamentos otorgados en Madrid, a 7 de marzo de 1535 y Toledo, a 27 de abril de 1539, AGS, Patronato Real, leg. 30-11, 12 y 14.

[54] «Historia del invencible emperador Carlos Quinto, rey de España...», conocida también como «Memorias del Emperador», en M. FERNÁNDEZ ÁLVAREZ, *Corpus...* (n. 38), t. 4, Madrid, p. 507.

[55] M. D. PARRA ARCAS y L. MORENO GARZÓN (n. 11), pp. 399–400.

[56] M. FERNÁNDEZ ÁLVAREZ, *Corpus...* (n. 38), t. 4, p. 553.

tumba. El cabildo de la Capilla Real veía con satisfacción cómo se reforzaba el sentido funerario de la fundación y llegó a decir que el túmulo de la emperatriz y sus suntuosos adornos, *«da ser a esta capilla que pareçe que tiene otra majestad».*[57] De todos modos, por parte de la Casa Real se procuró una contención en el gasto que tenía su justificación por la provisionalidad del depósito del cadáver de la emperatriz o por los apuros económicos de Carlos V.[58]

Diez años más tarde llegaron a la Capilla Real los cadáveres de la primera esposa del príncipe don Felipe, María de Portugal († 1545) y de los infantes Fernando († 1530) y Juan († 1537).[59] El segundo procedía del convento de S. Jerónimo de Madrid y los otros dos, de Valladolid. Los restos de la joven princesa portuguesa, que había confiado a su marido la decisión sobre su sepultura,[60] habían permanecido hasta entonces en el convento de S. Pablo en Valladolid, mientras que los de don Juan habían estado depositados en la capilla del inmediato colegio de S. Gregorio, *«arriba en la pared donde se hizo un arco junto al altar mayor della a la parte del Evangelio».*[61] Para recordar la presencia de la princesa se colocó otra *tumba*, cerca de la de Isabel de Portugal, un poco apartada de ella, en el brazo del crucero del lado del Evangelio, frente al altar colateral, mientras que de los infantes no se dejó ninguna muestra visible en el recinto ceremonial de la capilla.[62]

En 1573, como consecuencia del fúnebre reagrupamiento familiar que realizaba Felipe II en El Escorial, se preparó la salida de la Capilla Real de los restos de la emperatriz, la princesa y los infantes.[63] La noticia no fue bien recibida en la Capilla Real, que creía sufrir un menoscabo en su importancia, sus funciones y su esplendor.[64]

Se celebraron unas honras fúnebres de despedida, durante el 28 y 29 de diciembre de ese año, para lo que se preparó un túmulo, que seguía una traza proporcionada por Juan de

---

[57] AGS, Casa y Sitios Reales, leg. 67-4, fols. 111.

[58] A modo de ejemplo se puede señalar cómo se quejaba el capellán mayor : *«yo quisiera mucho que esos señores alargaran mas la mano porque si en semejantes tiempos no dan a la capilla nunca lo daran...»*, AGS, Estado, leg. 46, fol. 234.

[59] M. D. PARRA ARCAS y L. MORENO GARZÓN (n. 11), pp. 401–03 y AGS, Patronato Eclesiástico, leg. 150-2.

[60] En su testamento ordenó recibir sepultura *«en la iglesia o monesterio que el príncipe nuestro señor ordenare su enterramiento y si tan presto no estuviere determinado donde ha de ser mando que entretanto sea depositado mi cuerpo en el monasterio o iglesia que a su alteza bien pareciere»*, AGS, Patronato Real, leg. 31-23. Su traslado en Casa y Sitios Reales, leg. 67-1, fol. 19.

[61] AGS, Patronato Real, leg. 31-11.

[62] C. PÉREZ GREDILLA, «Variedades», en: *Revista de Archivos, Bibliotecas y Museos,* 5, n° 21, 1875, p. 352 y AGS, Patronato Eclesiástico, leg. 150, fol. 80.

[63] También duque de T'SERCLAES (n. 47), pp. 5–24.

[64] El 12 de diciembre de 1573 se pedía que al menos quedaran los doseles como testimonio de que estuvieron allí los insignes restos que ahora se llevaban a El Escorial : *«toda la capilla siente un gran desconsuelo y desabrigo de ver sacar de aqui estos cuerpos reales a quien tantos años han servido con sus sacrificios y seria muy mayor que se llevasen los doseles... que con quedar siempre parece que siempre queda memoria de las personas reales»*, AGS, Patronato Eclesiástico, leg. 150-84.

Maeda. Se había ordenado que fuera «*muy alto y muy sumptuoso*»[65] y, efectivamente, se hizo una «*obra digna de ser vista y memoriada*», que superaba los que se habían erigido con motivo de la llegada de los restos mortales de Isabel y de María de Portugal.[66] Alcanzaba más de 55 pies de altura. Las cuatro columnas dóricas colocadas en los ángulos de su planta cuadrada probablemente eran elementos aprovechados de los catafalcos anteriores. A veinticuatro pies de altura, cabalgaba un entablamento, en cuyo friso estaban escritos los nombres de los difuntos, a los lados de unos escudos imperiales que centraban cada frente. La cubierta estaba formada por un elevado chapitel, de veinte pies de altura, en forma de pirámide escalonada, en el que se instalaron un millar de velas grandes. En el interior, quizá abovedado, se pintaron las figuras de la Esperanza, la Caridad, la Justicia y la Fortaleza, todas de tamaño mayor que el natural. Sobre la cúspide se elevaba una gran alegoría de la Fe, de más de tres varas de alto, que sostenía una cruz también de gran tamaño entre sus brazos. La escultura, que sería de madera o de yeso, estaba pintada de blanco, a imitación del mármol. Blandones, banderas imperiales y cartelas con epigramas latinos redactados por Juan Latino, catedrático de la Universidad de Granada, se distribuían por diversos lugares. En el interior se colocaron los ataúdes, envueltos en ricos paños, sobre los que se extendió un suntuoso dosel de brocado, y se colocó una preciosa cruz de plata dorada.[67]

La distribución de los lugares a ocupar por los asistentes a la ceremonia generó un dibujo de la planta del templo (fig. 2). Obra de Juan de Maeda, ha permanecido inédito hasta ahora y es el más antiguo de la Capilla Real que ha llegado hasta nosotros.[68] En él están representados el sepulcro de los Reyes Católicos, en su localización original, ocupando el centro del crucero, y las *tumbas* de Felipe el Hermoso, Isabel de Portugal y María de Portugal, aún sin desmontar, así como la planta del túmulo.Los féretros salieron de Granada con un copioso acompañamiento de nobles y mandatarios, en el marco de un impresionante despliegue de poder y suntuosidad, en el que también se querría contrarrestar el recuerdo de la reciente revuelta de las Alpujarras.[69] Con ello se cerraba más de medio siglo de historia de la Capilla Real de Granada como panteón dinástico, que pasaba el testigo al monasterio de El Escorial.[*]

---

[65]   Duque de T'SERCLAES, «Traslación...» (n. 47), p. 15.

[66]   Sobre ellos, M. A. ALLO MANERO, *Exequias de la Casa de Austria en España, Italia e Hispanoamérica*, Zaragoza 1993, pp. 178–81, 195–99 y 799–800.

[67]   AGS, Patronato Eclesiástico, leg. 150-16.

[68]   Acompañaba a la carta fechada el 28 de octubre de 1573, Ibíd., 62. El 30 de diciembre de 1573 Alonso de Rojas informaba al rey de que «*el maestro de las obras que ha de hazer y tomar las medidas* [del sepulcro de Felipe el Hermoso y Juana la Loca] *ha estado ocupado en los tumulos e ornato dellos*», Ibíd., 86.

[69]   Al obispo de Jaén le acompañaban más de cuatrocientas personas a caballo y al duque de Alcalá, otras seiscientas, véase nota 67. El acta de la salida en M. D. PARRA ARCAS y L. MORENO GARZÓN (n. 11), pp. 406–08.

[*]   Agradezco al Dr. D. Fernando Marías la discusión de este texto.

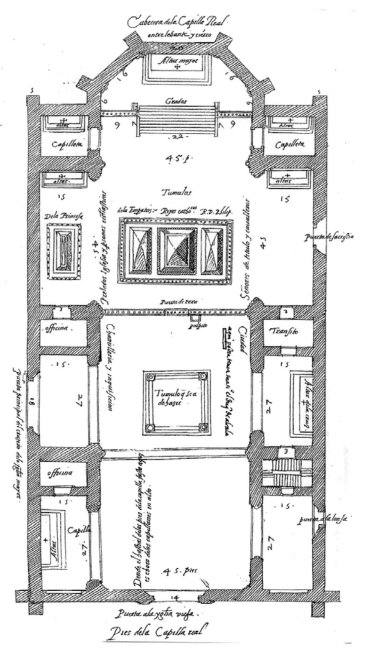

Fig. 2: Juan de Maeda, planta de la Capilla Real de Granada, 1574,
Archivo General de Simancas, Patronato Eclesiástico, leg. 150-52

ENGLISH SUMMARY

The Royal Chapel at Granada as dynastic pantheon during the kingdoms of Charles V and Philip II : problems and indecisions.
New dates about the tomb of Philip the Fair and Joan the Mad

In this contribution the author reviews the sequence of events regarding the Royal Chapel of Granada, interpreted as a dynastic Pantheon during the reigns of Charles V and Philip II. New data are given on the arrival of the tomb of Philip the Fair and Joan the Mad, on the attempts to set it up and the appraisal of some artists. In the Royal Chapel were temporarily buried other members of the Royal Family, whose presence was commemorated by ephemeral *tumuli*. Before these were removed, in order to relocate the corpses in the new Pantheon in the monastery of El Escorial, a plan was designed showing the location, as well as the monumental ephemeral architecture erected for the farewell ceremony. This plan, so far unknown, is the oldest we have of the building.

DER ESCORIAL ALS GRABLEGE
IM KONTEXT DER KONFESSIONALISIERUNG

Michael Scholz-Hänsel

EINLEITUNG

Bis in die 80er Jahre lag der Schwerpunkt touristischer Führungen durch den Escorial im Besuch der Kellergewölbe des Pantheons.[1] Unter einer dieser Rundgänge muss auch der mexikanische Autor Carlos Fuentes (geb. 1928) gelitten haben, wie sein 1975 publizierter Roman «Terra Nostra» belegt. Nach eigener Aussage hat er in diesem Werk versucht, den Escorial literarisch nachzuschöpfen.

Protagonist des Romans ist eine literarische Wiedergeburt Philipps II., der allerdings auch einige Züge Karls II. trägt und hier nur Felipe heißt. Felipe lebt in fast vollkommener Isolation zurückgezogen im Pantheon seiner Vorfahren. Eine der unbestreitbaren Höhepunkte des Buches ist die Beschreibung von der Überführung der königlichen Leichname in den Escorial, die mit den folgenden Worten endet: «*[...] hier sollen sie alle ihre Ruhe finden, in den Grüften aus Granit und Marmor, für immer, Kind, für immer, denn dieser Palast ist Grab und Tempel zugleich und ist gebaut für die Ewigkeit, [...]*»[2]

Die in «Terra nostra» vorgenommene weitgehende Gleichsetzung von Pantheon und Escorial übersieht, dass es sich beim Escorial um einen ursprünglich multifunktional gedachten Bau handelt, der sehr verschiedene Aufgaben unter seinem Dach vereinte, unter denen die Grablege nur eine war. Vor allem aber wird hier geradezu negiert, dass

---

[1]   Grundlegend für ein Verständnis des Escorial ist George KUBLER, *Building the Escorial*, Princeton, University Press, 1982; gute Einführungen in aktuelle Forschungsprobleme finden sich bei Sylvaine HÄNSEL, «Architektur des 16. Jahrhunderts. Das Kloster San Lorenzo de El Escorial», in: Sylvaine HÄNSEL und Henrik KARGE (Hg.): *Spanische Kunstgeschichte. Eine Einführung*, 2 Bde., Berlin 1992, Bd. 2, S. 9–30; Catherine WILKINSON-ZERNER, *Juan de Herrera. Architect to Philip II of Spain*, New Haven, London 1993; und Fernando MARÍAS, «The Escorial», in: *The Dictionary of Art*, London 1996.

[2]   Carlos FUENTES, *Terra Nostra*, Barcelona 1975, S. 258.

neben dem Escorial insgesamt auch die dortige Grablege Ergebnis eines längeren Ent-
stehungsprozesses war, der in diesem Fall noch einen grundlegenden Konzeptionswechsel einschloss.

Schuld an diesem Missverständnis waren natürlich nicht nur die Führungen, sondern
die Konkurrenz zweier zeitgenössischer Baubeschreibungen sowie eine bis heute fehl-
geleitete Rezeptionsgeschichte.

Eine kritische Analyse der Nutzungsidee des Escorial von Philipp II. zu Philipp III.
wird uns nicht nur größere Klarheit über die Geschichte der Grablege liefern, sie evoziert darüber hinaus eine differenziertere historische Kontextualisierung des gesamten
Baus. Während die häufig zu lesende Gleichsetzung des Escorial mit den Zielen der
Gegenreformation kunsthistorisch stets unbefriedigend blieb, eröffnet eine Anwendung
des neuen *Konfessionalisierungs*-Paradigmas ein besseres Verständnis auch der Rolle
der Kenotaphe und des Pantheons.[3]

BAUGESCHICHTE UND ZEITGENÖSSISCHE CHRONISTEN

Grob gesehen lassen sich zwei Phasen in der Entstehungsgeschichte der Grablege im
Escorial unterscheiden: Eine erste Phase, 1561–1600, in der Philipp II. (1556–98) unter
dem Chor der Escorialkirche zunächst eine *capilla redonda* errichten ließ, diese dann
aber noch im Rohbau aufgab (Abb. 1). Stattdessen wurde ab 1576 eine bescheidene
Krypta direkt unter dem Altar der Escorialkirche gebaut, in der Leichname der königlichen Familie 1586 eine feierliche Bestattung erfuhren. Bereits 1573/74 an den Escorial
überführt, waren sie bis dahin in einem ähnlichen Raum der im Klosterteil provisorisch
errichteten Kirche (*iglesia vieja*) zwischengelagert gewesen.

Nach Stornierung der Kapelle lag der Schwerpunkt bei der Planung der Grablege
durch Philipp II. auf der Schaffung zweier Kenotaphe, die im Chor, rechtwinklig zu
beiden Seiten des Hochaltars, sowie oberhalb der königlichen Oratorien mit Ausrichtung auf die Hostie aufgestellt wurden (Abb. 2). Sie zeigen unter Führung von Philipp
II. bzw. Karl V. jeweils fünf Familienmitglieder im Typus der «Ewigen Anbetung».[4]

---

[3]   Zur Gleichsetzung mit der Gegenreformation vgl. vor allem Georg WEISE, «Der Escorial als künstleri-
scher Wesensausdruck der Zeit Philipps II. und der Periode der Gegenreformation», in: *Spanische
Forschungen der Görresgesellschaft. Gesammelte Aufsätze zur Kulturgeschichte Spaniens*, 5, 1935,
S. 337–60 (Neuveröffentlichung in spanischer Sprache: «El Escorial como expresión artística del tiempo
de Felipe II y del periodo de la contrarreforma, in: *El Escorial. Cuarto Centenario de la Fundación del
Monasterio de San Lorenzo El Real de El Escorial 1563–1963*, 2 Bde., Madrid 1963, Bd. 2, S. 273–95),
Cornelia von der OSTEN-SACKEN, *San Lorenzo el Real de El Escorial*, München 1979 und Maria CALÍ,
Da Michelangelo all' Escorial, Turin, Giulio Einaudi, 1980.

[4]   Zu diesem Typus Leo BRUHNS, «Das Motiv der ewigen Anbetung in der römischen Grabplastik des 16.,
17. und 18. Jahrhunderts», in: *Römisches Jahrbuch für Kunstgeschichte* 4, 1940, S. 255–432.

Chronist dieser ersten Phase war der Bibliothekar der Escorialbibliothek, José de Sigüenza (1544–1606). Seinen Text verfasste er unmittelbar nach Abschluss der Arbeiten, doch erschien er erst 1605 als drittes und viertes Buch der «Tercera parte de la Historia de la Orden de San Gerónimo Doctor de la Iglesia».[5]

In der zweiten Phase, 1617–54, wurden die unterbrochenen Arbeiten an der Grablege wiederaufgenommen. Unter Philipp III. (1598–1621) und Philipp IV. (1621–65) entstand als ein besonders repräsentativer Bauteil das Pantheon, das als Bautypus in Spanien bereits über eine längere Tradition verfügte, aber nun durch eine besondere Form neue Maßstäbe setzte (Abb. 3).

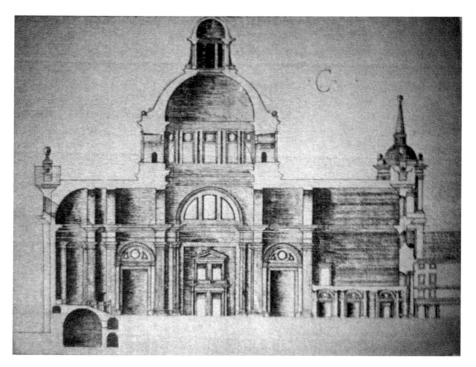

Abb. 1: Juan Bautista de Toledo, Projekt C für die Kirche des Escorial,
Biblioteca del Palacio Real de Madrid, 1567

---

[5] José de SIGÜENZA, *Tercera parte de la Historia de la Orden de San Gerónimo Doctor de la Iglesia*,
Madrid 1605 (Neuveröffentlichung als: Fundación del Monasterio de El Escorial, Madrid 1963).

Abb. 2: Pompeo Leoni, Kenotaph von Philipp II., S. Lorenzo de El Escorial, 1597–1600

Abb. 3: Pedro de Villafranca, Panteón für Francisco de los Santos: *Descripción breve ...*, 1657

Der zeitgenössische Chronist des Erweiterungsbaus war diesmal fray Francisco de los Santos, der 1657 seine «Descripción breve del Monasterio de S. Lorenzo el Real de El Escorial» publizierte.[6] Santos folgte den Vorgaben Sigüenzas und hatte keine Scheu, ganze Passagen aus dessen Werk zu übernehmen. Sein eigener Beitrag besteht vor allem

---

[6] Francisco de los SANTOS, *Descripción breve del Monasterio de S. Lorenzo el Real de El Escorial. Unica Maravilla del Mundo ...*, Madrid 1657 (Neuveröffentlichung: Madrid 1984).

im «Libro Segundo», dessen sieben «discursos» ganz dem Pantheon gewidmet sind, sowie einem Anhang mit dem Titel «Traslación de los cuerpos reales». Vor allem aber fügte er Illustrationen bei, durch die der zweite Chronist die Konkurrenz gegenüber Sigüenza eindeutig zu seinen Gunsten entschied. Deren Autor war der Kupferstecher Pedro de Villa-franca y Malagón (aktiv 1632–78), eine der wenigen herausragenden Gestalten in der sonst eher armen spanischen Illustrationsgeschichte des 17. Jahrhunderts (Abb. 4).

Abb. 4: Pedro de Villafranca,
Titelbild für Francisco de los Santos:
Descripción breve ..., 1657

DIE FORSCHUNGSSITUATION

Die wichtigsten Informationen zur Entstehungsgeschichte der Grablege im Escorial finden sich in zwei neueren Publikationen zusammengefasst. Bereits 1992 veröffentlichte Agustín Bustamante García einen ausführlichen Artikel unter dem Titel «El Panteón del

Escorial. Papeletas para su historia».[7] Im selben Jahr erschien von Rosemary Mulcahy «'A la mayor gloria de Dios y el Rey': La decoración de la Real Basilica del Monasterio de El Escorial», das ein Kapitel enthält mit dem Titel «Los entierros: Los monumentos funerarios y Pompeo Leoni.»[8]

Beide Publikationen enthalten detaillierte Beschreibung der Objekte. Deren zentrale Elemente werden aber, allerdings unter inhaltlichen Gesichtspunkten geordnet, später zur Sprache kommen. Hier beschränke ich mich auf eine kurze Zusammenfassung, die dreierlei umfasst: 1. Die Hauptthesen der genannten zwei Autoren; 2. Die Namen der Auftraggeber, der wichtigsten beteiligten Architekten und Künstler beider Phasen sowie zweier immer wieder genannter Vorbilder für die Kenotaphe und 3. Eine zu meiner Analyse überleitende Kritik beider Ansätze mit einer eigenen These.

Nach Bustamante García verfolgte Philipp II. mit dem Escorial vor allem die Absicht, gemäß dem testamentarisch dokumentierten Wunsche seines Vaters, eine für den Kaiser und seine Frau Isabel angemessene Begräbnisstätte zu schaffen. Die Idee des Pantheons, so der Autor, stamme bereits von den ersten Architekten Juan Bautista de Toledo († 1567) und Juan de Herrera (um 1530–97). Insofern gibt es für Bustamante García auch keine Änderung des Konzeptes, sondern nur eine Bauunterbrechung, mit der der König auf verschiedene ungelöste Probleme reagierte. Philipp III. griff also ab 1617 lediglich auf, was schon sein Vater beabsichtigt hatte. Der Planer Philipps III. war der in Rom vielseitig ausgebildete Italiener Juan Bautista Crescenzi (1577–1660), der mit der zentralen Rotunde, nach Bustamante García bereits ein Pantheon, eine im europäischen Maßstab innovative Leistung Juan Bautista de Toledos, fortentwickelte. Er verwandelte den runden in einen oktogonalen Bau, passte die Proportionen dem römischen Pantheon an und gab eine aufwändige Architekturverkleidung in Marmor, Jaspis und Bronze in Auftrag. Ausgeführt wurde die Anlage dann, so der Autor, durch die Architekten Juan Gómez de Mora (1586–1648) sowie später fray Nicolás de Madrid und Alonso Carbonel († 1660).

Bustamante García erwähnt in seinem Resümee, dass mit dem Pantheon im Escorial in Spanien der Brauch verschwindet, anlässlich der königlichen Totenfeiern Statuen der Verstorbenen aufzustellen, dabei bezieht er die Kenotaphe allerdings nicht in seine Analyse der Grablege ein. Umgekehrt ist dies das alleinige Thema von Rosemary Mulcahy, die ihrerseits die Grabplastiken meint verstehen zu können, ohne den tatsächlichen Begräbnisort behandeln zu müssen. Denn ihr Text umfasst lediglich eine ausführliche Beschreibung der Figuren in ihrem räumlichen Kontext, eine Diskussion der erhaltenen Quellen und eine kunsthistorische Würdigung der Leistung des Bildhauers Pompeo

---

[7] Agustín BUSTAMANTE GARCÍA, «El Panteón del Escorial. Papeletas para su historia», in: *Anuario del Departamento de Historia y Teoría del Arte*, 4, 1992, S. 161–215.

[8] Rosemary MULCAHY, «*A la mayor gloria de Dios y el Rey»: La decoración de la Real Basílica del Monasterio de El Escorial*, Madrid, Patrimonio Nacional, 1992, S. 191–212.

Leoni (um 1533–1608). Nach ihrer Meinung verwarf Philipp II. bei der Planung der Kenotaphe bewusst die ihm nahe gelegte Einbeziehung italienischer Vorbilder und entschied sich stattdessen für solche aus Flandern, da er hier ebenfalls eigenen dynastischen Traditionen folgen konnte (Abb. 5 und Taf. XX).

Abb. 5: Pompeo Leoni, Kenotaph von Karl V., S. Lorenzo de El Escorial, 1597

Bei den zwei von Mulcahy angeführten und im Folgenden diskutierten Hauptvorbildern geht es im ersten Fall um ikonographische Parallelen und im zweiten Fall mehr um technische und stilistische Übereinstimmungen. Zunächst nennt sie ein Glasfenster, das 1537 nach Kartons von Bernaert van Orley (um 1491–1542) ausgeführt worden war. Es ist Teil der Ausstattung einer Sakramentskapelle in der heutigen Kathedrale St. Michael in Brüssel, die in den Jahren 1436–38 zur Glorifizierung eines Hostienwunders errichtet worden war. Dargestellt sind Karl V. (reg. 1516–56) und seine Frau, Isabella von Portugal († 1539), mit allen ihren kaiserlichen Insignien, wie sie hintereinander, jeweils an einem eigenen *reclinatorio* ebenfalls in *Ewiger Anbetung* der Hostie niederknien. Bei Karl V. steht sein Schutzheiliger Karl der Große. Den Rahmen bildet, wie im Escorial, eine antikisierende Architektur, nämlich die zentrale Öffnung eines dreiteiligen Triumphbogens. Oberhalb des Fensters finden sich auch hier kaiserliche und königliche Wappen.

Das zweite von Mulcahy angeführte Vergleichsbeispiel ist das Grabmal Maximilians I. (reg. 1493–1519) in der Hofkirche von Innsbruck, das über einen größeren Zeitraum entstand: die frei stehenden Figuren 1502 bis 1550 und das Hochgrab 1527 bis 1589.[9] Hier erscheint der Verstorbene als kniende Adorantenfigur mit herrschaftlicher Kleidung auf seinem Sarkophag. Zu seinen Seiten sind berühmte Vorfahren aufgereiht. Alle Figuren wurden wie im Escorial in Bronze ausgeführt (Abb. 6).

Abb. 6: Grabmal für Maximilian I. mit den Figuren von Artus von England, Ferdinand von Portugal und Ernst dem Eisernen, Innsbruck, Hofkirche, 16. Jahrhundert

Nach der wichtigsten Sekundärliteratur spricht schon die Tatsache, dass Pantheon und Kenotaphe in unterschiedlichen Publikationen jeweils für sich behandelt werden, für eine klare Trennung der zwei Entstehungsphasen. Doch gibt es hierfür noch weitere Argumente, von denen die folgenden entscheidend sind:

---

[9] Vincenz OBERHAMMER, *Die Bronzestatuen am Grabmal Maximilians I.*, Innsbruck / Wien / München 1955; Artur ROSENAUER, *Geschichte der Bildenden Kunst in Österreich. Bd. 3: Spätmittelalter und Renaissance*, München 2003, Kat. Nr. 160 und 175. – In der anschließenden Diskussion meines Vortrags gab Markus Neuwirth den wichtigen Hinweis, dass die Figur Maximilians I. erst spät in der Hofkirche aufgestellt wurde, und zwar nachdem die Truppen zurückgekehrt waren, mit denen der deutsche Kaiser die Annexion Portugals durch Philipp II. unterstützt hatte. In der Waffenschmiede Innsbruck hatte die Metallverarbeitung zudem eine hohe Qualität erreicht. Beides spricht für eine enge künstlerische Beziehung zwischen den Arbeiten am Escorial und in Innsbruck.

1. Philipp II. wollte, dass seine Nachfahren nicht die Grabkapelle ausbauten, sondern weitere Kenotaphe aufstellten. Genau dies geschah aber nicht.

2. Obwohl Bustamante García auch für die erste Phase, also den Bau von Toledo bzw. Herrera von einem Pantheon spricht, wird dieser Begriff erst 1657 von fray de los Santos in seiner Beschreibung eingeführt.

3. Sigüenza verwendet in seiner Chronik des Escorialbaus noch 1605 das Wort von der *capilla redonda*. Auch kommt er nur in zwei kleineren Absätzen seiner Chronik auf die entsprechenden Planungen zu sprechen. Dagegen beansprucht bei ihm die Behandlung der Kenotaphe, auf denen, wie wir sahen, klar das Augenmerk Philipps II. lag, ein ganzes Kapitel.

4. Die unter Juan Herrera angefertigten Druckgraphiken von Pedro Perret mit Ansichten des Escorial zeigen die geplante Grablege, aber heben sie nicht besonders hervor. Dagegen ist sie das eigentliche Thema der Darstellungen von Pedro de Villafranca für Francisco de los Santos' Baubeschreibung von 1657. Auf dem Titelbild erscheint in der Mitte ein gerahmtes Brustbild Philipps IV., in dessen Regierungszeit die Arbeiten am Pantheon abgeschlossen wurden (Abb. 4). Darunter findet sich eine Gesamtansicht des Escorial und darüber, fast gleichwertig, ein Bild nur des Hauptraumes im Pantheon mit den für die spanischen Habsburger vorgesehenen Sarkophagen.

Diese Beobachtungen veranlassen mich zu der These, dass es bei der Planung der Grablege von Philipp II. zu Philipp III. einen entscheidenden Wechsel gab. Natürlich kann auch Bustamante García die bedeutsamen Veränderungen nicht leugnen, die, wie es Fernando Marías formuliert, dem Raum nach 1617 bereits einen barocken Geschmack verleihen.[10] So gibt Bustamante García zum Beispiel offen zu, nicht zu wissen, welche Ausstattung Philipp II. für die *capilla redonda* vorgesehen hatte, und sieht mit den Rotundenplanungen von Crescenzi wichtige Neuerungen in der spanischen Hofarchitektur vollzogen. Wenn er trotzdem den Akzent deutlich auf die Kontinuität der Planungen legt, dann ist es offensichtlich sein Ziel, bereits Philipp II. eine innovative Leistung bei der Genese des Pantheons zuzuschreiben. Aber dies heißt die widersprüchliche Genese des Escorial unnötig glätten und Kunstgeschichte ohne kulturgeschichtlichen Kontext zu betreiben; ein Ansatz, den wir auch bei Mulcahy finden.

Dagegen möchte ich behaupten, dass es einen wichtigen Wandel, u.a. in der Auffassung des Totenkultes, von Philipp II. zu Philipp III. gab und dass es gerade diese Neuorientierung und nicht die Kontinuität war, die das Pantheon erst möglich machte. In Ermangelung einer noch ausstehenden grundlegenden Studie muss ich mich hier jedoch

---

[10]   MARÍAS 1996 (wie Anm. 1).

auf einige Bemerkungen beschränken, die aber hoffentlich trotzdem meine gegenüber Bustamante García grundsätzlich andere Sicht der Grablege veranschaulichen können.

Hierzu soll mir die Anwendung von vier Parametern dienen, die meiner Ansicht nach besonders geeignet sind, dem *spanischen* Entstehungskontext der Grablege gerecht zu werden: 1. Naturalismus, 2. *decoro*, 3. Materialwahl und 4. das neue historische Paradigma von *Konfessionalisierung* und *Disziplinierung*[11].

DER SPANISCHE KONTEXT

Naturalismus und Achtung des *decoro* sind von vielen Autoren immer wieder als besondere Charakteristika spanischer Kunst hervorgehoben worden. Beide bildeten aber auch zentrale Kriterien für die Auswahl der Künstler, die den Escorial ausstatten durften (z. B. Federico Zuccaro und El Greco). So liegt es nahe, sie anzusprechen, wenn es um eine Zuordnung der Kenotaphe zur ersten Bauphase unter Philipp II. geht. Als überregionales Vergleichsbeispiel bietet sich in beiden Fällen das erwähnte Grabmal Maximilians I. in Innsbruck an.

Anders als in Innsbruck wählte Philipp II. zur Darstellung für die Kenotaphe zwei Familiengruppen, also Personen, die in einem direkten persönlichen Kontakt zu den beiden Herrschern standen. Dabei ist ebenso signifikativ, wer aufgenommen und wer weggelassen wurde. Zum Gefolge von Philipp II. gehört etwa sein Sohn Don Carlos, dagegen fehlt sein Stiefbruder Don Juan de Austria, der Sieger von Lepanto.

Mulcahy hat darauf hingewiesen, dass alle Dargestellten in dem Alter erscheinen, in dem sie verstorben waren, mit Ausnahme der Prinzessin María, die noch bis 1603 lebte. Pompeo Leoni konnte teilweise auf eigene frühere Porträts der Königsfamilie zurückgreifen, doch die Autorin vermutet, dass er sich auch Anregungen bei den berühmten Porträtmalern Philipps II. holte. Tatsächlich findet sich hier, auch was die detailgetreue Bearbeitung der Kleidung angeht, die deutlichste Parallele.

Darstellungen der spanischen Königsfamilie brachten für Künstler einige Probleme, denn die angemessene Gestaltung wurde hier genau kontrolliert. In diesem Fall kam noch erschwerend hinzu, dass deren Statuen zu Seiten des Hochaltars aufgestellt werden sollten, also an einer Stelle, die in besonderer Weise die Beachtung des *decoro* verlangte. Der Bildhauer musste das richtige Maß zwischen naturalistischer und idealistischer Auffassung, oder besser zwischen *imitatio* einerseits und *decorum* andererseits finden.[12]

---

[11] Zur Übertragbarkeit der historischen Begriffe *Konfessionalisierung* und *Disziplinierung* auf die Kunstgeschichte Michael SCHOLZ-HÄNSEL und Sven EXTERNBRINK, «Ribera und die 'Gegenreformation' in Süditalien. Vom Nutzen der neuen historischen Paradigmata Konfessionalisierung und Sozialdisziplinierung für die Kunstgeschichte», in: *kritische berichte,* 24, 1996, H. 3, S. 20–36.

[12] Wie häufig bei der spanischen Kunst des *Siglo de Oro* lässt sich hier einiges aus dem Vergleich mit dem Theater lernen; vgl. deshalb Pierre CIVIL, «Retrato y poder en el teatro de principios del siglo XVII», in:

Herausgekommen ist eine eher idealisierende Darstellung, bedenkt man nur die Berichte über die fortschreitende Krankheit Philipps II. in den letzten Jahren seiner Herrschaft und über die Konflikte mit seinem Sohn Don Carlos.

Wieder im Gegensatz zu Innsbruck fällt auf, dass Philipp II., von der Kleidung abgesehen, auf weitere Symbole seiner Macht verzichtete. Aus einer Vorzeichnung Pompeo Leonis geht hervor, dass der Bildhauer auch im Escorial zunächst Zepter und Krone auf das *reclinatorio* legen wollte. Deshalb dürfen wir vermuten, dass es der König war, der ihm befahl, diese wegzulassen.

Dass Philipps II. Aufgabe der Grabkapelle und seine Entscheidung, seine toten Familienmitglieder und sich selbst in einfachster Weise unter dem Altar bestatten zu lassen einer vergleichbaren Zurückhaltung folgte, legt eine Textstelle Sigüenzas nahe, in der er beschreibt, in welcher Anordnung die königlichen Leichname unter dem Altar der Escorialkirche ihre letzte Ruhe fanden:

> *Púsose el ataúd del Emperardor en medio, debajo de donde el sacerdote que celebra tiene los pies, memoria de harta importancia para todos, donde se ve el fin de los imperios de este mundo, como en aquel que se espera tienen los que aquí fueron los más altos y mayores mayor necesidad de ser socorridos con los sufragios de un pobrecillo sacerdote que los tiene allí a sus pies.* [13]

Ähnlich wird noch der 1679 verstorbene Miguel de Mañara verfahren, der in Sevilla die Kirche des Hospitals de la Caridad, einen zentralen Ort der Armenhilfe, mit einem exquisiten Bildprogramm ausstatten ließ. Darunter sind auch zwei Bilder von Juan de Valdés Leal (1622–90), die die Vergänglichkeit aller weltlichen Macht zum Inhalt haben. Der Stifter selbst ließ sich unter der Schwelle des Eingangs beisetzen und wählte den Grabspruch: «*Hier ruhen die Gebeine und die Asche des schlechtesten Menschen, der jemals war.*»

Ganz anders über den Tod, so scheint es, dachte Philipp III., der seine eigene Macht offensichtlich auch aus dem Totenkult um seine Vorfahren zu legitimieren suchte,[14] und das bringt uns zum dritten Parameter: der Materialwahl.

Es gibt viele Beispiele, die zeigen, dass die Materialwahl bei Bau und Ausstattung des Escorial immer wieder von inhaltlichen Konnotationen bestimmt war, was auch für die Grablege gilt. Einen wichtigen Hinweis liefert Sigüenza in seiner kurzen Charakteri-

---

Maria Grazia PROFETI und Agustín REDONDO, *Représentation, écriture et pouvoir en Espagne à l'époque de Philippe III (1598–1621)*, Florenz, Alinea, 1999, S. 71–86.

[13] Sigüenza 1963 (wie Anm. 5), S. 117.

[14] Gisela Noehles-Doerk machte mich darauf aufmerksam, dass es Philipp III. war, der auch die königliche Grablege in Granada endgültig regelte.

sierung der zwei Treppen, die einerseits vom Kloster und andererseits vom Palast in die von Toledo geplante *capilla redonda* hinabführten: «*una arquitectura de piedra labrada, harto capaz y de mucha grandeza y nobleza para este efecto.*»[15] Der Autor sieht also den Haustein – gemeint ist natürlich der im Escorial allgemein gebrauchte Granit – nicht nur als angemessen, sondern sogar als besonders geeignet für eine königliche Grablege. Einen Eindruck von dieser ersten Planung liefert das Aussehen eines ursprünglichen Einganges, der nach Bau des Pantheons geschlossen und erst in jüngerer Zeit wieder geöffnet wurde. Im Grunde reicht es, diesem die stattdessen von Philipp IV. erbaute Bronzetür mit Marmoreinfassung gegenüberzustellen, um den radikalen Konzeptionswechsel von der ersten zur zweiten Bauphase zu veranschaulichen (Abb. 7).

Abb. 7: Giovanni Battista Crescenzi,
Zugangstür zum Pantheon,
S. Lorenzo de El Escorial, 1654

---

[15] Sigüenza 1963 (wie Anm. 5), S. 117.

Während also Philipp II. bei der eigentlichen Bestattung sparte, betrieb er bei den Kenotaphen besonderen Aufwand. Ganz offensichtlich war zunächst geplant gewesen, sie in Marmor auszuführen, was in Madrid kaum Probleme bereitet hätte. Für die Wahl vergoldeter Bronze dagegen musste sich nicht nur Pompeo Leoni eine Werkstatt im ehemaligen Haus von Jacopo da Trezzo in Madrid einrichten, er brauchte für die Ausführung der Arbeiten auch insgesamt acht Jahre von 1592 bis 1600.

Philipp II. war ganz offensichtlich interessiert, beide Skulpturengruppen noch vor seinem Tode am geplanten Ort zu sehen. Denn als klar wurde, dass dies nur für die Familie Karls V. gelingen würde, ließ er die Figuren seiner eigenen möglichst originalgetreu schon einmal in gefasstem Gips ausführen. Warum aber war er unter diesen Umständen nicht bei dem leichter zu bearbeitenden Marmor geblieben?

Hier hat Mulcahy meiner Ansicht nach zu Recht auf die Konvergenz der Figurengruppen zum Hochaltar hingewiesen. Denn die Angleichung erfolgt nicht nur ikonographisch (*Anbetung der Könige und Hirten*) und kompositionell (klassizistische Rahmenformen), sondern gerade auch über eine ähnliche Materialwahl: in beiden Fällen Bronzefiguren mit einem Rahmenwerk aus Marmor und Jaspis. Dennoch dürfte Philipp II. sehr bedacht gewesen sein, gemäß den Regeln des Tridentinums Profanes und Sakrales sauber getrennt zu halten. Zwar lagen seine eigenen Privaträume direkt neben den heiligsten Orten der Kirche, doch lebte er dabei bekanntermaßen in spartanischem Ambiente, während für den Bau von S. Lorenzo die kostbarsten Materialien Verwendung fanden.

Vor diesem Hintergrund kann man sich nun nur schwer vorstellen, dass es Philipp II. gefallen hätte, wenn sein Sarkophag wie derjenige eines Heiligen inszeniert worden wäre, wie es dann unter der Ägide seines Sohnes im Pantheon geschah. In der Ausstattung dieses späteren Baugliedes finden wir eine Kombination ähnlicher Materialen, wie sie uns schon aus der Kirche vertraut sind; doch in der Formensprache erscheint der *estilo desornamentado* Herreras nunmehr geradezu in sein Gegenteil verkehrt.

Warum aber ließ Philipp III. seinen eigenen Kenotaph nicht neben dem seines Vaters aufstellen und erbaute stattdessen das Pantheon? Hierzu sind nur Vermutungen möglich. Tatsache ist, dass Philipp II. durch die Inschriften über den Grabmälern die Messlatte relativ hoch gelegt hatte. Die Plätze mit größerer Nähe zum Altar, so lesen wir hier, sollen nur solche Nachkommen besetzen können, die größeren Ruhm erlangen als Karl V. Und auch Vicente Carducho formulierte noch 1633 in seinen «Diálogos de la pintura»: « *(...) sólo a los Reyes y Príncipes fue permitido el retratarse, quando huviesen hecho cosas grandes, y governado bien, sirviendo esto de cierto premio honrose a su mucho valor.*»[16]

---

[16]   Vicente CARDUCHO, *Diálogos de la pintura*, Madrid 1633 (Neuveröffentlichung: Madrid, Turner, 1979, hrsg. v. Francisco CALVO SERRALLER), S. 834.

Fehlte es also Philipp III. an Ruhm, um einen Platz neben seinen Vorgängern im Chor der Kirche von S. Lorenzo beanspruchen zu können? Bustamante García spricht von einem «willensschwachen» und «kleinmütigen» König, der 1617 mit dem Weiterbau des Pantheon eine der wenigen Entscheidungen seines Lebens fällte. Und auch Miguel Morán, der sich intensiver mit dem Verhältnis Philipps III. zu den Künsten beschäftigt hat, kann kaum etwas anführen, was die Leerstellen zwischen dem Escorial und Velázquez zu füllen vermöchte.[17]

Was Philipp II. und Philipp III. verbindet ist also nicht, wie Bustamente García meint, das gemeinsame Projekt eines Pantheons. Hier gibt es ganz im Gegenteil einen klaren Konzeptionswechsel. Wenn hingegen etwas den Erbauer des Escorial mit seinen Nachfolgern eint, dann ist es vielmehr eine *konfessionelle* und *disziplinierende* Politik, der die Kunst dienstbar sein muss. Um nur ein Beispiel zu nennen: Schon unter Philipp II. erfahren die Morisken eine brutale Unterdrückung, aber erst unter Philipp III. gibt es eine regelrechte Bildpropaganda gegen sie; 1609 werden sie tatsächlich vertrieben, worin eine graduelle Veränderung zum Ausdruck kommt.[18]

Ernst H. Kantorowicz hat die *zwei Körper* des Königs thematisiert.[19] Die sterbliche Hülle Philipps II. hat im Escorial zunächst eine relativ bescheidene Bestattung an einem Ort erfahren, der nicht für große Feierlichkeiten geeignet war. Die von ihm repräsentierte Königsmacht dagegen fand eine aufwändige Inszenierung in einer Grabplastik Pompeo Leonis, die dem Typus der «Ewigen Anbetung» folgt. Zu ihr gehört ein überraschender Subtext, wenn wir das Projekt aus der Perspektive von *Konfessionalisierung* und *Disziplinierung* lesen. Denn dem Porträt des Königs in «Ewiger Anbetung» entspricht als soziales Pendant der widerständige Ketzer, der auf dem Scheiterhaufen verbrannt und dessen Asche anschließend in alle Winde verteilt wird, damit sich keiner seiner erinnert. Sollte es nicht gelingen, die Angeklagten vor Gericht zu zerren, so wird im *siglo de oro* die *effigie* des Ketzers, für die wir viele Beispiele auf dem berühmten Bild von Francisco Rizi (1614–85) *Auto de fe auf der Plaza Mayor von Madrid von 1680* finden, ebenfalls dem Feuer überantwortet. Liefert Pompeo Leoni ein idealisiertes Bildnis des Königs, so ist die *effigie* des Ketzers von großer Hässlichkeit (Abb. 8), denn das äußere Erscheinungsbild wurde als Entsprechung zur inneren Verderbtheit imaginiert.

Es gehört zur Ironie unseres Themas, dass die Inquisition mit ihrer «Pädagogik der Angst» gerade an dem Bildhauer ein Exempel zu statuieren suchte, der die Kenotaphe

[17] Miguel MORÁN, «Los gustos pictóricos en la corte de Felipe III», in: *Pintores del reinado de Felipe III*. Ausst. Kat. Museo del Prado, Madrid 1993, S. 21–33.

[18] Michael SCHOLZ-HÄNSEL, «Bildpropaganda gegen die Anderen. Spanische Kunst im europäischen Kontext der Toleranzdiskussion des Westfälischen Friedens», in: *1648. Krieg und Frieden in Europa* [Textband 2 der Europaratsausstellung], hg. v. Klaus BUßMANN und Heinz SCHILLING, Münster 1998, S. 131–39.

[19] Ernst H. KANTOROWICZ, *The King's Two Bodies*, Princeton, University Press, 1957.

im Escorial schuf. Anders als sein Vater Leone Leoni kam Pompeo Leoni für den Auftrag nach Spanien, und anders als den Porträtmaler Anthonis Mor (um 1520–76/7) scheint *ihn* der König nicht vor der Inquisition gewarnt zu haben.[20] 1558 wurde Pompeo Leoni vom Inquisitionstribunal wegen «lutherischer Reden» verurteilt und hatte ein halbes Jahr Klosterhaft zu verbüßen. Noch vor den Arbeiten im Escorial dachte er 1577 mit dem Porträt des Großinquisitors Kardinal Diego de Espinosa (Kirche Martín Muñoz de las Posadas, Segovia) sicher auch an seine Rehabilitation.

Abb. 8: Francisco Rizi, *Auto de fe* auf der Plaza Mayor von Madrid 1680 Detail, 1683, Museo del Prado, Madrid

Das Besondere der spanischen *Konfessionalisierung* ist ihr kämpferischer Charakter. So ist es kein Zufall, dass das wichtigste Vorbild für die Gestaltung des Grabmals im Escorial, das Glasfenster Karls V., aus einer Sakramentskapelle in der Kathedrale von Brüssel stammte, die ein antisemitisches Programm enthielt. Denn der Bau sollte daran erinnern, dass 1370 geweihten Hostien, die angeblich aus der Brüsseler Katharinenkirche

---

[20]   Zu den Gefahren für die *Gastarbeiter* im Spanien der Inquisition vgl.: SCHOLZ-HÄNSEL 1996 (wie Anm. 11).

entwendet und von Juden durch Dolchstiche geschändet worden waren, Blut entquoll. Daraufhin waren zahlreiche Juden ermordet beziehungsweise aus Brüssel vertrieben worden. Konfessionelle Gewalt erzeugt Gegengewalt, und so wurde ein später für den gleichen Bau gestiftetes Fenster Philipps II. 1579–85 im Bildersturm zerstört.

Pedro Villafranca schließlich hat nicht nur die Illustrationen zu dem Werk von fray de los Santos über das Pantheon geliefert, er war auch der künstlerische Autor eines der vielleicht ambitioniertesten Versuche der Spanischen Inquisition, Einfluss auf die Künste zu nehmen.[21]

DER GESAMTEUROPÄISCHE KONTEXT

Erwin Panofsky erwähnt die Kenotaphe im Escorial in seinem Werk zur Grabplastik nur als Vergleichsbeispiel. Im Kapitel «*Die Aktivierung der Grabstatue*» führt er die Darstellung in Familiengruppen als Fortführung eines französischen Exempels an.[22] Bereits vierzehn Jahre früher hatte Leo Bruhns eine ganz andere, geradezu euphorische Bewertung des Werkes im Escorial vorgenommen. Sein Thema war allerdings nicht die Grabplastik generell, sondern der besondere Typus der «Ewigen Anbetung»: «*Im ganzen 16. Jahrhundert haben spanische und italienische Bildhauer, besonders in Kastilien, diesen Grabmaltypus weiterentwickelt, bis Pompeo Leoni ihm im Hochchor des Eskorial die höchste Anerkennung verlieh.*»[23]

Mechthild Neumann, die in ihrer Dissertation über Pompeo Leoni ihre Überlegungen zu den Kenotaphen im Escorial wesentlich auf den Ergebnissen von Bruhns früher Studie aufbaute, sprach von der Notwendigkeit, die Auffassung Panofskys, dieser Typus sei zuerst in Frankreich entstanden, zugunsten Spaniens und auch Italiens zu berichtigen.[24] Rosemary Mulcahy ging noch einen Schritt weiter: Für sie wird der Grabmalstypus der «Ewigen Anbetung» nicht nur in Spanien begründet und erfährt im Escorial höchste Aner-

---

[21] Hierzu Michael SCHOLZ-HÄNSEL, «The social meaning of the beatification of Pedro Arbués in the year 1664 and his changing images since his violent death», in: *Religious ceremonials an images: power and social meaning (1400–1750)*, hrsg. v. José Pedro PAIVA, Coimbra, Centro de História da Sociedade e da Cultura, European Science Foundation, 2002, S. 315–22. Eine seiner Druckgraphiken entstand als ein Auftragsbild, das obligate Vorbild für alle Darstellungen von Pedro Arbués sein sollte, einem Märtyrer der Inquisition, dessen Bildnis in vielen Tribunalsitzen zur Aufhängung kam und dessen Heiligsprechung das Ketzergericht betrieb; ein Künstler, der ihm zu folgen hatte, war kein geringerer als Bartolomé Esteban Murillo.

[22] Erwin PANOFSKY, *Grabplastik*, Köln 1964, S. 88, Abb. 355a, b.

[23] Leo BRUHNS, «Das Motiv der ewigen Anbetung in der römischen Grabplastik des 16., 17. und 18. Jahrhunderts», in: *Römisches Jahrbuch für Kunstgeschichte* 4, 1940, S. 255–432.

[24] Mechthild NEUMANN, *Pompeo Leoni um 1530–1608. Ein italienischer Bildhauer am Hofe Philipps II. von Spanien*, Phil. Diss. Magdeburg 1997, S. 140.

kennung, sondern sie sieht die Kenotaphe der Familien Karls V. und Philipps II. generell als die bedeutendsten königlichen Grabmäler in der Geschichte der Grabmalsplastik.[25]

So liegt es schließlich nahe, weder den Planwechsel von Philipp II. zu Philipp III. zu leugnen oder klein zu reden, sondern in ihm geradezu einen Schlüssel für eine historisch korrekte Einordnung des Escorial zu erblicken. Bis in jüngere Zeit gab es Versuche, den Bau, mit dessen Errichtung im letzten Jahr des *Tridentinums* begonnen wurde, als ein besonders signifikantes Beispiel für die Architektur- und Ausstattungspolitik der Gegenreformation zu interpretieren.[26] Doch gilt nicht der Barockstil, dessen Beginn inzwischen in der Sekundärliteratur fast übereinstimmend um 1600, also zwei Jahre nach Fertigstellung des Escorial datiert wird, als Kunst der Gegenreformation?[27]

Hier bringt das neue historische Paradigma der *Konfessionalisierung* mehr Klarheit, das seit einiger Zeit die polare Gegenüberstellung von Reformation und Gegenreformation zu überwinden hilft.[28] Entscheidend ist, dass nun die gesamte Zeitspanne von der Mitte des 16. Jahrhunderts bis zur Mitte des 17. Jahrhunderts als Einheit begriffen wird. Auch die Papstkirche, so die These, nimmt nach dem Konzil von Trient teil an der grundsätzlichen Reform des Christentums. Wird diese zunächst durch eine strenge *Disziplinierung* ermöglicht, so tritt der Katholizismus nach seiner Rekonsolidierung ab 1600 von Rom ausgehend triumphierend auf. Die barocken Bauten sollen nun die *auctoritas ecclesiae* zum Ausdruck bringen und die im Glauben Unsicheren stärken und zum Glauben zurückführen.

Dies hieße, auf den Escorial übertragen, dass die Arbeiten für die Grablege unter Philipp II. in die erste Phase einer stark von der Zensur bestimmten Konsolidierung fallen, während unter Philipp III. ein Konzeptwechsel erfolgte, der sich der wieder errungenen Macht des Papstes verdankt. Dazu passt, dass ein Großteil der Planungen zum Escorial zunächst als ein konkurrierendes Projekt zum Vatikan gedeutet werden kann, den der spanische König gleichsam mit seinem eigenen Reformeifer zu übertreffen sucht. In

---

[25] MULCAHY 1992 (wie Anm. 8), S. 214.

[26] Hierzu besonders WEISE 1935 (wie Anm. 3).

[27] Die Diskussion geht letztlich auf eine Veröffentlichung zurück, die für ihre Zeit ungewöhnlich viele spanische Beispiele aufführte: Werner WEISBACH, *Der Barock als Kunst der Gegenreformation*, Berlin 1921. – Die Schwierigkeit, den Escorial in die Stilgeschichte einzuordnen, dürfte ganz wesentlich dazu beigetragen haben, dass er bis heute in den großen Überblickswerken nicht die ihm gebührende Aufmerksamkeit erhalten hat. Um nur ein Beispiel zu nennen: die vielerorts in Deutschland als grundlegend erachtete *Kunstgeschichte* von Horst. W. Janson meint ganz ohne den Escorial auskommen zu können.

[28] Zu den folgenden Überlegungen Heinz SCHILLING, *Die neue Zeit. Vom Christenheitseuropa zum Europa der Staaten 1250 bis 1750*, Berlin, Siedler, 1999. Auf S. 500 schreibt der Autor, der dem Escorial in seiner Darstellung einen prominenten Platz einräumt: «*Der Barock war die kongeniale Kunstform des konfessionellen Europa, weil er die Kunst resakralisierte, nachdem die Renaissance sie bereits weitgehend säkularisiert hatte.*» – Ein Resümee der Diskussion um den richtigen Begriff, die aber ergänzungsbedürftig ist, liefert neuerdings John W. O'MALLEY, *Trent and All That*, Cambridge (Mass.) / London, Harvard University Press, 2000.

dieser Zeit entstehen die Kenotaphe im Escorial als Hauptwerke der Grabmalsplastik. Doch als um 1600 auf künstlerischem Gebiet Rom wieder die Führung übernimmt, greift man auch für die Grablege auf einen römischen Architekten zurück.

Die Bedeutung des Escorial liegt in seinem die Architektur und Kunst seiner Zeit auf hohem Niveau resümierenden Charakter; dabei wird ein noch humanistisch geprägter enzyklopädischer Anspruch verfolgt, wie er vielleicht am deutlichsten in der Bibliothek zutage tritt.[29] Doch im Vergleich zu Rom lag der Bau letztlich zu peripher und war die Reproduktionsgraphik in Spanien zu schlecht entwickelt, als dass er zur Basis für einen Neuanfang über die Grenzen der Hispanischen Welt hinaus hätte dienen können. So schuf Pompeo Leoni ironischerweise nicht nur die ersten Kenotaphe von außerordentlicher Qualität in Werkstätten auf der Iberischen Halbinsel, sondern zugleich auch die letzten.[30] Das Pantheon Philipps III. dagegen war für die Stilgeschichte einflussreicher als die Kenotaphe Philipps II. – vielleicht hat es deshalb immer besondere Aufmerksamkeit gefunden.[31] Erst wenn wir beide Projekte zusammen betrachten und unter Einbeziehung *spanischer* Parameter die Brüche in der Entstehungsgeschichte betonen, werden wir der Vielschichtigkeit des Escorial-Projektes gerecht.

Sein «Totengräber» war Philipp III. Dieser spanische Habsburger, dessen Regentschaft politisch und wirtschaftlich desaströs verlief, hatte auch in den Künsten keine glückliche Hand. Der Grund dürfte in der verstärkten Verquickung von Sakralem und Profanem zu suchen sein, welche uns im Projekt des Pantheons so deutlich entgegentritt. Zwar darf die Resakralisierung als ein typisches Merkmal der *Konfessionalisierung* gelten, doch zeigte sich der Vertreiber der Morisken intoleranter als viele andere Herrscher seiner Zeit und begründete so entscheidend den spanischen Sonderweg in Europa. In seinem Verlauf wird die einstige europäische Vormacht auch nach 1648 weiter einen Glaubenskrieg führen, während fast alle anderen europäischen Nationen im Frieden von Münster und Osnabrück aus den Erfahrungen des Dreißigjährigen Krieges ihre Lehre ziehen und eine Phase der Entsakralisierung einleiten.

Als Franco im Spanischen Bürgerkrieg, den er noch immer als Kreuzzug verstand, gesiegt hatte, wählte er den Escorial als Vorbild für sein *Valle de los Caídos* (Tal der

---

[29]   Hierzu Michael SCHOLZ-HÄNSEL, *Eine spanische Wissenschaftsutopie am Ende des 16. Jahrhunderts. Die Bibliotheksfresken von Pellegrino Pellegrini (Tibaldi) im Escorial*, Phil. Diss. Hamburg 1984, Münster 1987. Die Arbeit zeigt u.a., dass die Bibliothek des Escorial in klarer Konkurrenz zur Vatikanischen Bibliothek entstand.

[30]   Zur Bedeutung der Leoni für Spanien vgl. neben NEUMANN 1997 (wie Anm. 24) auch *Los Leoni (1509– 1608). Escultores del Renacimiento italiano al servicio de la corte de España*. Ausst. Kat. Museo del Prado, Madrid 1994.

[31]   Vgl. hierzu den Beitrag von Alfonso RODRÍGUEZ G. DE CEBALLOS in diesem Band S. 441–60.

Gefallenen).[32] Damit wollte er eine ehrenvolle Brücke zu Philipp II. schlagen, doch weist die Hauptfunktion als eigene Grablege mehr auf die Neuinterpretation des Baus durch Philipp III. Carlos Fuentes, der seinen Roman «Terra Nostra» 1975 im Todesjahr Francos publizierte und sicher keine Freund des Diktators war, ist noch dem gleichen Stereotyp vom gegenreformatorischen König Philipp II. aufgesessen, der angeblich nur an den Tod dachte und keine Veränderung zulassen wollte. Jetzt gibt uns das Konzept der *Konfessionalisierung* die Möglichkeit, den Planwechsel im Escorial auch historisch einzuordnen, der kunsthistorische Befund war indes schon lange eindeutig.

RESUMEN ESPAÑOL

EL ESCORIAL COMO PANTEÓN DINÁSTICO EN EL CONTEXTO DE LA CONFESIONALIZACIÓN

Una de las tareas de El Escorial debía ser la creación de un lugar destinado al enterramiento de Carlos V y de su esposa la emperatriz Isabel. Felipe II comisionó este trabajo con los planeamientos correspondientes a sus arquitectos Juan Bautista de Toledo y posteriormente a Juan de Herrera. A pesar de esto, el resultado no satisfizo al rey y los espacios creados se quedaron entonces sin utilización.

Fue sólo en el tiempo de Felipe III cuando el proyecto tomó una forma representativa. Su arquitecto Juan Bautista Crescenzi reformó lo ya existente y elaboró la rotonda. Finalmente la construcción fue concluída bajo el reinado de Felipe IV por los arquitectos Juan Gómez de Mora, fray Nicolás de Madrid y Alonso Carbonell.

Con El Escorial desaparece en España la costumbre de erigir estatuas con motivo de los funerales reales, siendo las últimas de este tipo los cenotafios de bronce para la familia de Carlos V y Felipe II en la iglesia de El Escorial. Asimismo Crescenzi introduce a través del decorado de la construcción un estilo ornamental nuevo en la arquitectura barroca española.

La presente contribución intenta dar una mirada breve a la historia del origen del *panteón* e indagar finalmente las posibles razones del desagrado de Felipe II ante esta

---

[32]   Zur Rezeption des Escorial vgl. Michael SCHOLZ-HÄNSEL, «El historiador de arte como mediador en el discurso intercultural: La recepción de El Escorial en Alemania y su influencia en el debate español», in: *Historiografía del arte español en los siglos XIX y XX*. 7. Jornadas de Arte, Madrid, Departamento de Historia del Arte 'Diego Velázquez', Centro de Estudios Históricos, C.S.I.C., 1995, S. 111–22.

construcción. De la misma forma se busca inquirir por el cambio sufrido en el culto a los muertos bajo el reinado de Felipe III.

El argumento es evidente: Felipe II y Felipe III tienen una perspectiva completamente distinta del *panteón* dinástico en cuanto a su función y forma. Visto en el contexto de la *confesionalización* Felipe II no corresponde a su imagen estereotipo como rey de una contrarreforma reaccionaria. El Escorial es un proyecto moderno que tiene varias funciones y busca la competencia con el Vaticano. Los cenotafios de las familias de Felipe II y Carlos V en la iglesia representan un momento culminante en la historia de este tipo escultural.

Al contrario, Felipe III interpreta El Escorial primeramente como panteón dinástico. Después de un gobierno desastroso busca la legitimación en la referencia a sus antepasados. Encarga a un arquitecto romano la realización del panteón y mezcla lo sacro y lo profano de una manera que nunca hubiera encontrado la aprobación de su padre.

CAPILLAS FUNERARIAS ESPAÑOLAS DEL BARROCO : VARIACIONES SOBRE EL MODELO DE EL ESCORIAL

Alfonso Rodríguez G. de Ceballos

El Panteón Real de El Escorial, concluido en 1654, se erigió en modelo de enterramiento de muchas familias nobiliarias y de algunas dignidades eclesiásticas, persistiendo su influjo hasta muy avanzado el siglo XVIII. Al hecho normal de que el lugar y modo de sepultura de los monarcas españoles se convirtiera en prototipo de la nobleza y del alto clero ha de añadirse la difusión de su conocimiento, no sólo entre la clase acaudalada sino también entre los artistas, a través del texto del P. Francisco de los Santos, dedicado a describir y ponderar la obra del recién inaugurado recinto y, sobre todo mediante las magníficas láminas ilustrativas grabadas por Pedro de Villafranca.[1]

El Panteón escurialense se distingue por su situación subterránea y por su forma octogonal muy próxima al círculo (fig. 1 y lám. XXI). Estas dos características se repiten, la primera siempre, la segunda en la mayoría de los casos de las capillas funerarias barrocas que vamos a considerar. Ahora bien la localización bajo tierra se debió concretamente en El Escorial al deseo de Felipe II de imitar las catacumbas de Roma, como lo atestigua el P. José de Sigüenza : «*Tuvo su Majestad al principio de esta fábrica intento de hacer como un cementerio de los antiguos donde estuviesen los cuerpos reales sepultados y donde se hiciesen los oficios y misas y vigilias como en la primitiva Iglesia se solían hacer a los mártires, donde celebraban su memoria y donde también, por miedo a los príncipes paganos, se escondían los cristianos a los oficios y a sus synaxis y ágapes, misas y conventos y colectas santas, y así se hizo aquí debajo de tierra y en los más hondos cimientos una iglesia redonda con su cúpula...*».[2]

---

[1]   *Descripción breve del Monasterio de S. Lorenzo el Real de El Escorial... con la majestuosa obra de la capilla insigne del Panteón y traslación de los cuerpos reales...*, Madrid, Imprenta Real, 1657.

[2]   José de SIGÜENZA, *Fundación del Monasterio de El Escorial*, ed. de Federico SÁINZ DE ROBLES, Madrid, Aguilar, 1963, pp. 116–17.

Fig. 1: Panteón Real, monasterio de El Escorial

Felipe II estuvo muy al corriente de la existencia, excavación y estudio de las catacumbas romanas, bien mediante el padre dominico español Pedro Chacón, estudioso de
sus epitafios, inscripciones y pinturas, bien a través del agustino ermitaño Onofrio Pan-
vinio, al cual se debe el mérito de haber compuesto un breve pero excelente tratado
sobre los cementerios cristianos primitivos, sobre los ritos funerarios de los primeros
cristianos y sobre la traslación de los cuerpos de los mártires. Su opúsculo *De Rebus
Antiquis Memorabilibus* fue enviado a El Escorial en 1565, junto con una carta del
agente español en Roma Juan Bautista Cardona, para que el monarca español lo deposi-
tase en la biblioteca del monasterio.[3] Por otro lado el tema de las catacumbas se puso de
moda desde que en 1578 se descubrieron junto a la Via Salaria nuevos enterramientos
subterráneos de la cristiandad primitiva, dando lugar a la exploración científica y sistemática de todas las catacumbas por obra de Antonio Bosio, amparado en esta tarea por
la Congregación del Oratorio que había fundado S. Felipe Neri. El libro de Bosio, *Roma
subterránea*, publicado póstumamente en 1632 por el P. Severano, estuvo en la biblioteca de El Escorial y también lo poseyó el pintor cortesano Diego Velázquez.[4]

El Panteón Real subterráneo en forma circular fue ya diseñado por los primeros
arquitectos del monasterio, Juan Bautista de Toledo y Juan de Herrera, pero en su configuración actual fue realizado mucho más tarde bajo la dirección de Giovanni Battista
Crescenzi.[5] Pues bien, éste hubo de conocer muy bien por fuerza las catacumbas romanas y la disposición de sus enterramientos en nichos horizontales superpuestos o *loculi*,
tanto por haber nacido en Roma cuanto porque su familia, la de los nobles patricios
Crescenzi, estuvo íntimamente relacionada con el Oratorio de S. Felipe Neri, entusiasta
promotor de la exploración de las catacumbas y de la arqueología cristiana en general.[6]
Por esta razón G. B. Crescenzi acomodó definitivamente la disposición de los sarcófagos reales del Panteón como en las galerías de las catacumbas, es decir en *loculi* superpuestos, bien que la forma concreta de ellos coincidiese conforme a las *casse* o *cassoni
á sepolchro*, es decir los arcones para guardar ropa tan en boga en Italia desde el Renacimiento.[7] Conservó, por otra parte, el espacio centralizado previsto para el Panteón por
Toledo y Herrera, pero en lugar de realizarlo circular lo hizo octogonal de ángulos muy
abiertos. Y ¿por qué octogonal? Evidentemente porque esta forma se correspondía me-

3   Fernando CHECA CREMADES, *Felipe II, mecenas de las Artes*, Madrid, Nerea, 1992, p. 384.

4   Gregorio de ANDRÉS, *Documentos para la Historia del Monasterio de San Lorenzo el Real de El
Escorial*, VII, Madrid, Imprenta Sáez, 1964, p. 57; ÍD., *La Real Biblioteca de El Escorial*, Madrid, Aldus,
1970, p. 57; Pedro RUIZ PÉREZ, *La Biblioteca de Velázquez*, Sevilla, Consejería de Cultura de la Junta de
Andalucía, 1999.

5   Agustín BUSTAMANTE GARCÍA, «El Panteón de El Escorial. Papeletas para su historia», en: *Anuario
del Departamento de Historia y Teoría del Arte*, Madrid, Universidad Autónoma, IV, n° 19, p. 31.

6   Alessandro ZUCCARI, «La politica culturale dell'Oratorio romano nella seconda metà del Cinquecento»,
en: *Storia dell'Arte*, Florencia, 41, 1981, pp. 79–112, especialmente p. 88.

7   René C. TAYLOR, «Juan Bautista Crescencio y la arquitectura cortesana española», en: *Academia. Boletín
de la Real Academia de Bellas Artes de San Fernando*, 48, 1979, pp. 61–126.

jor que cualquier otra con el escaso espacio disponible debajo de la capilla mayor de la basílica, pero también por otra razón. Es sabido que los edificios de planta central cubiertos con cúpulas son frecuentes ya en los primeros siglos del mundo cristiano para consagrar los ritos del tránsito : de la vida terrena a la eterna en los monumentos funerarios, a comenzar por la rotonda de la Anástasis construida en Jerusalén sobre el Santo Sepulcro; y de la muerte espiritual del pecado al renacimiento por el rito del bautismo. En ambos casos, como observa Claudia Conforti, la arquitectura cristiana se mostró deudora de la romana, en el primero de ellos siguiendo la tipología clásica de mausoleo imperial y, en el segundo, la de los ninfeos a los cuales se asimilaban los bautisterios a causa del rito de inmersión en las aguas lustrales.[8]

Subterráneo fue el panteón de la familia Silva Mendoza, mandado construir bajo la capilla mayor de la Colegiata de Pastrana entre 1629 y 1638 por don Pedro González de Mendoza, obispo de Sigüenza, hijo de Ruy Gómez de Silva y Ana de Mendoza y La Cerda, duques de Pastrana, el primer ministro favorito de Felipe II y la segunda conocida por sus intrigas amorosas con el secretario real Antonio Pérez. Pero no es todavía circular como el panteón escurialense, sino con figura rectangular alargada, dividida en tres naves separadas por pilastras. Sin embargo, los sepulcros de los duques y sus descendientes se dispusieron en nichos superpuestos, cubiertos los ataúdes por sencillas losas de mármol con inscripciones. Pese a la relación estrecha de los duques de Pastrana con Felipe II, el modelo de esta cripta no fue la de El Escorial, que estaba entonces en construcción y no había adquirido su configuración definitiva, sino el nobiliario más antiguo y arcaico, del tipo de la capilla funeraria de los duques de Osuna unida a la Colegiata de la ciudad de Osuna.[9]

Por ello el primer panteón que tomó estrictamente como prototipo el de El Escorial, copiándolo de una manera casi exasperante, fue el de los duques del Infantado en el subsuelo de la iglesia de S. Francisco de Guadalajara (fig. 2). En 1653 doña Ana de Mendoza, hija del quinto duque del Infantado y casada con su tío don Rodrigo de Mendoza, hizo construir una pequeña capilla exactamente debajo del altar mayor de la iglesia mencionada, donde sepultó a sus padres, a su marido y a algunos de sus hijos ya difuntos. Al haberse quedado de escaso tamaño, su nieto don Juan de Dios de Mendoza y Silva, décimo duque del Infantado, inició en 1696 la obra de ampliación para hacer un panteón en toda regla que se ubicase debajo del crucero del templo. Esta nueva capilla funeraria no se concluyó íntegramente hasta 1728. El mayordomo del duque y encarga-

---

[8] «Cupole, Chiese à pianta centrale e culto mariano nel Rinascimento italiano», en: *Lo Specchio del cielo. Forme, significati, tecniche e funzioni della cupola dal Pantheon al Novecento*, Milán, Electa, 1977, pp. 67–85, especialmente p. 88.

[9] Sobre el panteón de los duques de Pastrana véase José Miguel MUÑOZ JIMÉNEZ, *La arquitectura del Manierismo en Guadalajara*, Guadalajara, Diputación Provincial, 1987, pp. 364–68; sobre el de los duques de Osuna, construido en 1545 por mandato de don Juan Téllez Girón, véase Manuel RODRÍGUEZ BUZÓN CALLE, *La Colegiata de Osuna*, Sevilla, Diputación Provincial, 1982, pp. 103–12.

do de la obra, don Miguel Gascó, en carta de 28 de agosto de 1700 a su amo, la describía como «*uno de los primores de la arquitectura pues su figura de óvalo mixto es muy difícil de executar con el acierto que ví*». Que el modelo de esta ampliación fuese el Panteón de El Escorial queda patente en la misma carta cuando Gascó añade : «*Y como tengo tan presente el Panteón del Escurial los cotejé en mi idea y hallé que éste lleva ventaja al de Vuestra Excelencia en la igualdad de la piedra, pero el de Vuestra Excelencia la lleva al otro en que se le puede dar toda la luz que se quisiere y en las dos escaleras que le han de adornar mucho*».[10]

Fig. 2: Panteón de los duques del Infantado, iglesia de S. Francisco, Guadalajara

El recinto fúnebre de la iglesia de S. Francisco de Guadalajara parece, pues, que quiso emular al de El Escorial por decisión no tanto del duque del Infantado cuanto de su administrador Pedro Gascó. Éste debió de encargar el proyecto al maestro de obras madrileño Felipe Sánchez, quien a su muerte fue sustituido por el maestro local Felipe de la Peña.[11] Al primero se debió la traza y gran parte de su realización. Él fue seguramente el responsable de cambiar la planta octogonal del Panteón escurialense por otra

[10] Francisco LAYNA SERRANO, *Los conventos antiguos de Guadalajara*, Madrid, Insituto Jerónimo Zurita del C.S.I.C., 1943, pp. 147–67.

[11] Virginia TOVAR MARTÍN, *Arquitectos madrileños de la segunda mitad del siglo XVII*, Madrid, Instituto de Estudios Madrileños, 1975, pp. 358–62.

pseudo-elíptica –en todo caso centralizada–, pues se compone en realidad no de un genuino óvalo sino de un cuadrado terminado en dos de sus lados por semicírculos (el denominado por Gascó «ovalo mixto»), mucho más sencillo de diseñar y construir que una auténtica elipse. Para conseguir mayor semejanza con el arquetipo escurialense Felipe Sánchez añadió una fila más de nichos a las tres inicialmente previstas, con lo que se aumentó el número de sarcófagos hasta treinta y ocho. Esta medida produjo una distorsión que advirtió muy finamente don Pedro Gascó, pues al haberse aumentado la altura de la cripta sin haber previamente profundizado más en los cimientos, la bóveda quedó desproporcionada, apareciendo excesivamente baja en comparación con la del Panteón de El Escorial.

En el eje menor de la elipse, frente a la capilla edificada por doña Ana de Mendoza, se abrió la entrada a la nueva cripta, entrada que comunica con la iglesia mediante una escalera de doble rampa, a diferencia de la única del Panteón escurialense (fig. 3).

Fig. 3: Escalera de descenso al panteón de los duques del Infantado, Guadalajara

Pero en lo demás la capilla funeraria de los duques del Infantado es semejante al Panteón Real, incluidas la combinación de mármoles rosas y verdes que revisten sus muros, nichos y bóveda, la forma de los sarcófagos y los adornos de bronce de los paños de la cúpula. La Casa del Infantado, uno de las más nobles, poderosas y opulentas de España, quiso así competir con el prestigio de la misma corona. Por desgracia los soldados franceses del general Sebastiani, que saquearon la ciudad de Guadalajara durante la Guerra de la Independencia contra Napoleón Bonaparte, profanaron el panteón de los duques del Infantado rompiendo sus sepulturas en busca de joyas y tesoros. Desde 1841 la iglesia quedó en total abandono al ser destinado el convento franciscano al servicio del cuerpo de ingenieros militares, y en este lastimoso estado permanece en la actualidad.

Contemporánea del panteón de Guadalajara es la capilla funeraria del cardenal Pedro Salazar y Gutiérrez de Toledo en la mezquita-catedral de Córdoba (figs. 4 y 5), pero ofrece ya variantes tan profundas que, aun conservando sólo en parte la tipología básica del Panteón escurialense, se aparta decididamente de él por su mayor complejidad y barroquismo. El cardenal Salazar estudió Humanidades y Teología en la Universidad de Salamanca y fue propuesto en 1672 como arzobispo de Palermo, mitra a la que renunció. Fue en cambio nombrado obispo de Salamanca en 1681, concibiendo entonces una gran devoción a Sta. Teresa de Jesús que patentizó costeando con dos mil ducados la construcción del crucero y capilla mayor de la iglesia de Alba de Tormes, donde la santa está sepultada. Recibió el título de cardenal de Sta. Croce en 1686 y ascendió al obispado de Córdoba poco tiempo después. En 1691 acudió a Roma a la elección del papa Inocencio XII y allí debió de quedar admirado de la magnificencia de los mausoleos de los papas en la basílica de S. Pedro. Lo cierto es que, a su retorno, decidió levantar en la catedral cordobesa su mausoleo funerario en 1694, y para que el cabildo le concediese en ella un lugar excepcional, el ocupado por la vieja capilla de S. Martín, entonces en ruinas, al lado del suntuoso Mihrab de la mezquita musulmana, le prometió que edificaría también sobre el mausoleo subterráneo una amplia y decorosa sacristía, de la que carecía la catedral.[12]

Surgió así la idea de erigir un recinto múltiple cuya parte inferior escondiese el panteón y la superior englobase simultáneamente la sacristía, una capilla dedicada a la santa de su especial devoción, Sta. Teresa, y el propio monumento funerario del cardenal. El encargado de trazar y dirigir la obra fue el conocido arquitecto e ingeniero Francisco Hurtado Izquierdo, quien urdió una nueva tipología de panteón, octogonal y subterráneo como el de El Escorial, pero cuyo sector superior se elevase en forma de torre coronada por una cúpula.

---

[12] Miguel Ángel ORTÍ BELMONTE, *La catedral-mezquita y santuarios cordobeses*, Córdoba, Caja de Ahorros Provincial, 1970, pp. 137–53; M. RODRÍGUEZ, «Pedro de Salazar», en: *Diccionario de Historia Eclesiástica de España*, Madrid, Instituto Enrique Flórez del C.S.I.C., 1975, IV, p. 2.145.

Fig. 4: Vista exterior de la sacristía y capilla funeraria del cardenal Salazar,
catedral-mezquita de Córdoba

Fig. 5: Cripta de la capilla funeraria del cardenal Salazar, Córdoba

Esta tipología rompió con la común y habitual en las capillas funerarias de la catedral, consistente en un espacio rectangular adosado al muro perimetral con un retablo al fondo y a derecha e izquierda arcosolios con los sepulcros y estatuas orantes de los en ellas sepultados. Así es, por ejemplo, la suntuosa capilla realizada a base de mármoles, jaspes y bronces, fundada por el obispo don Alonso de Medina Salizanes para su enterramiento en 1679, muy pocos años antes de la del cardenal Salazar.[13] La nueva tipología de capilla funeraria ideada por Hurtado Izquierdo tuvo amplia repercusión y descendencia, como veremos enseguida.

Su construcción se terminó fundamentalmente en 1714 y su fundador el cardenal no la pudo ver acabada en vida, pues falleció en 1707, dejando en su testamento 26.000 ducados para su conclusión. La cripta, de planta octogonal, se excavó en los cimientos del muro sur o de la Kibla de la antigua mezquita, y en sus ocho lados lleva oradados nichos poco profundos donde, con el tiempo, se colocaron altares y pinturas. El altar situado en el eje principal, frente a la puerta de entrada, lo compone un relicario que confiere a todo el recinto el significado de un «martyrium», lo que por añadidura explicaría su forma centralizada. A sus pies, sobre el pavimento, descansan dos sarcófagos conteniendo los restos mortales del cardenal y los de su sobrino Francisco Salazar. El panteón, sombrío y escasamente iluminado, se cubre con una bóveda rebajada de ocho paños recubiertos por una tupida red de yeserías ornamentales, cada una de diferente trama dibujística. Estas yeserías fueron labradas en 1709 por el tallista Teodosio Sánchez Rueda, de quien se valió Hurtado Izquierdo para estos menesteres aquí y en la zona superior de la sacristía.[14]

Contrasta con la tenebrosidad del panteón la luminosidad de la sacristía situada encima, también de forma octogonal, pues le dan luz las ocho grandes ventanas del tambor de la cúpula (fig. 6). A ello coadyuda la blancura del estucado de las paredes y de las abundantes yeserías que recubren la cúpula y el tambor y descienden luego desde arriba para derramarse por las pilastras que dividen las caras del octógono. Todo es irradiante blancura, como si con ella se hubiera querido simbolizar el esplendor luminoso del cielo. Aunque este luminoso espacio se destinase juntamente a sacristía y capilla de Sta. Teresa, no se quiso olvidar totalmente su carácter funerario, pues en él se ubica también el monumento funerario del cardenal Salazar (fig. 7), cual si éste hubiese sido transferido de la oscuridad de la muerte (la cripta) al resplandor de la gloria celeste (la sacristía). El monumento, por otra parte, presenta otra importante novedad, la de romper con la

[13] Jesús RIVAS CARMONA, *Arquitectura y policromía. Los mármoles del Barroco andaluz*, Córdoba, Diputación Provincial, 1990, pp. 73–76. La capilla del obispo Medina de Salizanes, también llamada de la Inmaculada Concepción, fue realizada entre 1679 y 1682 por el arquitecto y marmolista Melchor de Aguirre.

[14] René C. TAYLOR, «Francisco Hurtado Izquierdo and his School», en: *Art Bulletin*, tomo 32, 1, 1950, pp. 25–61; ID., *Arquitectura andaluza. Los hermanos Sánchez Rueda*, Salamanca, Universidad, 1978, pp. 16–22; Miguel SALCEDO HIERRO, *La Mezquita, Catedral de Córdoba*, Córdoba, Cajasur, 2000, pp. 341–49.

monotonía repetitiva de la simple estatua orante que caracteriza a la escultura funeraria española durante todo el siglo XVII, debido quizás a la obsesiva imitación de los mausoleos reales de Carlos V y Felipe II en la basílica de El Escorial. Aquí la figura orante del cardenal, vuelta la mirada hacia el altar de Sta. Teresa, su abogada, se halla cubierta por un dosel y flanqueada por alegorías y ángeles que sostienen los tributos de su dignidad episcopal y cardenalicia, la mitra, el báculo y la birreta. El sepulcro está realizado con un combinación de mármoles blancos y negros y el intento fue sin duda imitar las tumbas pontificias de Bernini que Salazar había observado en el Vaticano, si bien el resultado dejó mucho que desear, pues es torpe y falto de sutileza. Sánchez Rueda, que labró las figuras, era un buen tallista pero no un escultor.

Fig. 6: Cúpula de la capilla funeraria-sacristía
de la catedral mezquita de Córdoba

Fig. 7: Sepulcro y monumento funerario del cardenal Salazar,
Córdoba

El panteón de la iglesia del monasterio de Guadalupe (Cáceres) tiene una historia relativamente parecida al del cardenal Salazar y su construcción se llevó a cabo en fechas
casi simultáneas (fig. 8). Pero en este caso la idea procedió a la inversa : lo que se pretendió primariamente fue hacer un camarín a la milagrosa y venerada imagen de la Virgen
de Guadalupe y luego, aprovechando la estructura del subsuelo, erigir un panteón debajo
del camarín. Este panteón se sitúa por detrás del ábside de la iglesia monástica, no debajo
de su capilla mayor, es de planta octogonal y de muros gruesos y recios para sostener
encima el camarín de la Virgen. El espacio de éste es, en cambio, de forma de cruz griega
con brazos muy cortos, acabados en semicírculo, y está cubierto por una cúpula. El conjunto del panteón y del camarín forman una estructura escalonada y turriforme que ha
permitido al estudioso norteamericano George Kubler denominarlo «camarín-torre».[15]

---

[15]   George KUBLER, «Camarines in the Golden Age», *Studies in Ancient American and European Art*, New
       Haven, Yale University Press, 1985, pp. 136–50.

Fig. 8: Cripta del camarín, de la Virgen de Guadalupe,
monasterio de Nuestra Señora de Guadalupe, Cáceres

Ya en 1676 D.ª María Guadalupe de Lancaster y Cárdenas, duquesa de Arcos, Aveiro, Maqueda y Torres Novas, ofreció 6.000 ducados para comenzar el panteón, pues anhelaba sepultarse en él debajo de la imagen de la Virgen de Guadalupe, de la que era especialmente devota. Pero la construcción no pudo empezarse hasta 1688 y se concluyó en 1696, importando el total de la obra la cantidad de 35.072 ducados.[16] En el Archivo Histórico Nacional de Madrid se conserva una planta del panteón dibujada por fray Pedro de Malagón, monje jerónimo del monasterio, traza que no tiene fecha pero se calcula es de finales del XVII. En ella la cripta presenta forma ochavada y en sus gruesos muros hay excavados nichos rectangulares con inscripciones de estar destinados alternativamente a sepulturas y altares. Frente a la entrada se halla el altar principal y aquélla comunica con el ábside y capilla mayor de la iglesia mediante un pasadizo llamado de S. Gregorio.[17] Sin embargo la documentación más reciente prueba que la traza completa del panteón y del camarín vino de Madrid y fue hecha por Matías Román, a

---

[16] Germán RUBIO, *Historia de Nuestra Señora de Guadalupe*, Barcelona, Gráficas Thomas, 1926, pp. 166-76; I. ACEMEL y G. RUBIO, *Guía ilustrada del Monasterio de Guadalupe*, Barcelona, Gráficas Thomas, 1927, pp. 118-36.

[17] María Teresa JIMÉNEZ PRIEGO, *Documentos para la Historia del Arte en Extremadura*, Madrid, Coen, 1985, pp. 210-21 y 324.

quien se pagaron por ella 2.200 reales.[18] Este maestro madrileño formaba parte de una larga familia de constructores de la Corte, pues era hijo de Luis y sobrino de Tomás Román, los más importantes de todos ellos. La planta de cruz griega se comprende mejor así, pues resultaba insólita en Extremadura, mientras que en Madrid había sido puesta en práctica por Manuel y José del Olmo en 1676 en la iglesia de las Comendadoras de Santiago, así como en la capilla de S. Fausto en la parroquia de Mejorada del Campo.[19] De todas maneras la realización de las trazas corrió a cargo del maestro local Francisco Rodríguez Romero, a quien hasta ahora se habían atribuido.

La construcción tuvo necesariamente que comenzarse por los cimientos del camarín, es decir por el panteón octogonal, muy sobrio de articulación a base de pilastras y entablamento toscanos que separan las caras del octógono y enmarcan los nichos arcados destinados a sepulturas. Sin embargo, en esta cripta, pensada seguramente para enterrar los restos mortales de bienhechores y devotos insignes de la Virgen de Guadalupe, finalmente no llegó a sepultarse nadie de manera que todos sus arcosolios se convirtieron en altares y retablos a partir de 1727. La única excepción fue el entierro en 1715 de la duquesa de Arcos y Aveiro, cuyo mausoleo está ubicado en el pasadizo de comunicación con la iglesia y enfrente de la entrada al panteón (fig. 9). Consiste en un elegante sarcófago cuadrado, rematado por corona ducal, y está labrado, así como la hornacina que lo enmarca, con una incrustación de menudas piezas de mármoles de diferentes colores, obra probablemente portuguesa. El epitafio declara la voluntad de la duquesa de descansar bajo el trono de la Virgen de Guadalupe : «*In hoc nidulo moriar*» (Job 29,18) así comienza la inscripción del sarcófago. Efectivamente la Virgen María interviene y preside los ritos del tránsito entre la muerte temporal y la vida eterna en cuanto mediadora entre el cielo y la tierra, entre muerte y resurrección, entre hombre y Dios. Esta correspondencia explicaría la erección, por encima de la cripta, del camarín de la Virgen, camarín de planta igualmente centralizada, luminoso y fastuoso hasta la exageración por sus estucos, pinturas, esculturas, madera tallada, lámparas y joyas.[20] La dialéctica entre la sobriedad de la cripta y la fastuosidad resplandeciente del camarín atestigua una vez más el simbolismo contrastante entre tierra y cielo.

---

[18] S. GARCÍA RODRÍGUEZ y F. TEJADA VIZUETE, *El Camarín de Guadalupe. Historia y esplendor*, *Monasterio de Nuestra Señora de Guadalupe*, Cáceres 1996, pp. 51–52, documentos pp. 128–31; Patricia ANDRÉS, *Guadalupe, un centro histórico de desarrollo artístico y cultural*, Cáceres, Diputación Provincial, 2001, pp. 181–97.

[19] Virginia TOVAR MARTÍN, *Arquitectos madrileños...*, op. cit. (n. 11), pp. 295–306.

[20] Destacan en el camarín por su valor artístico los nueve lienzos de la vida de la Virgen pintados por Luca Giordano, a quien se pagaron por ello 19.078 reales.

Fig. 9: Sepulcro de la duquesa de Arcos
y Aveiro, cripta del Monasterio de
Guadalupe, Cáceres

La última capilla funeraria del Barroco español que ahora consideramos es la de los condes de Buenavista, don José Guerrero Chiaverino y su esposa D.ª Antonia Coronado Zapata, en la iglesia de Nuestra Señora de la Victoria de Málaga, capilla funeraria con camarín mariano superpuesto, que sería inexplicable sin el precedente anterior de Guadalupe (figs. 10 y 11). La cripta-camarín-torre se construyó entre 1691 y 1700 detrás de la capilla mayor de la iglesia del monasterio de Mínimos de S. Francisco de Paula, donde se veneraba la milagrosa imagen de la Virgen de la Victoria, regalada, según la tradición, por el emperador Maximiliano I al rey Fernando el Católico y a la cual se atribuía la conquista de la ciudad de Málaga, arrebatándola al reino musulmán de Granada el año 1487. La iglesia del monasterio fue reconstruida gracias a la generosidad de los mencionados condes de Buenavista a condición de que les permitieran edificar junto a ella su panteón, poniendo su sepultura bajo la protección de la venerada imagen instalada encima, en el camarín.[21]

---

[21] Juan TEMBOURY ÁLVAREZ, *Informes histórico-artísticos de Málaga*, Málaga, Caja de Ahorros, 1966, II, pp. 85–105; Rosario CAMACHO MARTÍNEZ, *Málaga Barroca*, Málaga, Universidad, 1981, pp. 223–32.

Fig. 10: Vista exterior del camarín-panteón de la Virgen de la Victoria, Málaga

Fig. 11: Panteón de los condes de Buenavista, iglesia de la Virgen de la Victoria, Málaga

Ahora bien don José Guerrero Chiaverino residía habitualmente en Madrid y no sería extraño que hubiera mantenido alguna comunicación con la duquesa de Arcos y Aveiro, quien igualmente vivía en la Corte, la cual le habría dado a conocer el proyecto del panteón-camarín que costeaba en Guadalupe. El maestro que se hizo cargo de la obra de Málaga, Felipe de Unzurrúnzaga, aunque de origen vascongado, parece probable que hubiera trabajado en Madrid antes de trasladarse a Málaga, y en todo caso recibiría las precisas instrucciones que le daba el conde de Buenavista desde la Corte, de suerte que es posible que desde allí le proporcionase la traza.[22] El panteón que mandó construir bajo tierra es de planta cuadrada y mide 8,30 por 8,30 metros de lado, siendo su altura de 3,30 metros. Pero lo que hace más tétrico y pavoroso su recinto no es tanto su escasa altura y pobre iluminación cuanto los relieves de yeso que tapizan sus paredes y bóveda, realizados en blanco color de hueso sobre fondo negro, y que representan toda suerte de símbolos fúnebres (figs. 12 a y b) : esqueletos con guadañas, con relojes de arena, con

---

[22]   Sobre Felipe de Unzurrúnzaga, quien se titulaba «profesor de arquitectura, cantería, albañilería y carpintería», véase Andrés LLORDÉN, *Arquitectos y canteros malagueños*, Ávila, Ediciones del Real Monasterio de El Escorial, 1962, pp. 124–34.

espejos, con tambores entonando la danza macabra, calaveras, cadáveres en putrefacción envueltos en andrajos, cuerpos bicéfalos o desmembrados, etc. Adosados al testero se hallan los sepulcros de los condes con sus respectivas estatuas orantes, vueltas hacia el altar que está entre los dos sarcófagos dispuesto para celebrar las misas y los sufragios por sus almas.

Figs. 12 a y 12 b: Detalles del panteón
de los condes de Buenavista, Málaga

Como en la catedral de Córdoba y en el santuario de Guadalupe, el contraste entre el espacio lúgubre y macabro de la cripta y el esplendoroso camarín de la Virgen de la Victoria no puede ser mayor. Del cuadrado del panteón se pasa a un octógono coronado por una cúpula, alcanzando el camarín-torre la altura total de 23 metros. Está revestido también de yeserías, pero alegres al consistir en hojas vegetales sumamente rizadas y de color blanco marfil sobre fondo azul marino, entre las que se entreveran símbolos marianos tomados del Cantar de los Cantares y de las letanías lauretanas. Dos de estos símbolos, la torre de marfil y la torre de David, con sus correspondientes inscripciones, denotan la morfología turriforme del camarín. Las tupidas yeserías atrapan la luz cenital que se derrama desde las ventanas del tambor de la cúpula, luz que parece titilar en ellas produciendo un efecto de ensueño, el de encontrarnos en una misteriosa cueva sagrada, símbolo del cielo empíreo.[23]

De la cripta hasta el camarín se asciende por una amplia escalera a media luz, después de atravesar una sacristía intermedia. Este dispositivo ha dado pie a recientes interpretaciones iconográficas que en líneas generales resultan creíbles, aunque sean discutibles en pormenores y detalles. Se ha supuesto que el ideólogo del programa fue el fraile Mínimo Alonso de Berlanga, profesor de Teología y Sagrada Escritura en el adjunto monasterio.[24] La presencia entre los relieves del panteón del que representa al Alma Niña cayendo en la red que le ofrece el Mundo y le ha preparado por sorpresa la Muerte, alma a la que libera el Amor Divino, presupone que se utilizó una lámina del poema latino *Pia Desideria emblematis, elegiis et affectibus SS. Patrum illustrata*, que escribió y publicó el jesuita Hugo Hermann, poema ilustrado con grabados de Boetius Adams Bolswert (Amberes 1624, traducción española *Afectos Divinos*, Valladolid 1638).[25] Este pormenor ha provocado una lectura de todo el conjunto arquitectónico probablemente válida : el panteón equivaldría a la vía purgativa, la escalera de ascenso al camarín la vía iluminativa y el camarín mismo la vía unitiva. Y digo lectura válida porque se fundamenta en conceptos muy comunes y divulgados de la literatura ascética y mística desde la más remota antigüedad, a saber por Filón de Alejandría, Orígenes, S. Juan Clímaco, etc., bajo la figura de «*Scala Coeli*» y «*Ascensio Hominis ad Deum*».[26] Los tres grados de la subida o escala en la vida espiritual, desde la purgación de los pecados hasta la

---

[23]   En unas cartelas situadas entre las yeserías del camarín aparecen las firmas de sus autores: F. Unzurrúnzaga, Manuel Gonzalo de Madrid y Francisco Graciano o Toscano, así como las fechas de 1694 y 1695.

[24]   Santiago SEBASTIÁN LÓPEZ, «El *Pia Desideria* de Hugo Hermann y el Santuario de la Virgen de la Victoria: un ensayo de lectura», en: *Boletín de Arte*, Universidad de Málaga, 2, 1981, pp. 9–32; Rosario CAMACHO MARTÍNEZ, *La emblemática y la mística en el Santuario de la Virgen de la Victoria*, Madrid, Cuadernos de Arte de la Fundación Universitaria Española, 1986.

[25]   E. T. REIMBOLD, «Geistlichle Seelenlust. Ein Beitrag zur barocken Bildmeditation: Hugo Hermann Pia Desideria», en: *Symbolon*, 4, 1978, pp. 93–161; «Hermann, Hugo», en: *Diccionario Histórico de la Compañía de Jesús*, Roma-Madrid, Instituto Histórico S.J. y Universidad Pontificia de Comillas, 2000, IV, pp. 1.965–66.

[26]   Christian HECK, *L'Échelle Céleste dans l'art du Moyen Âge*, París, Flammarion, 1997.

unión contemplativa con la Divinidad coincidiría, además, con las semanas en que S. Ignacio de Loyola distribuyó las meditaciones de sus *Ejercicios Espirituales*. Pero ir más allá de esta interpretación general resulta muy arriesgado.

DEUTSCHES RESÜMEE

DIE GRABKAPELLEN DES SPANISCHEN BAROCK: VARIATIONEN ZUM MODELL DES ESCORIAL

Die dynastische Grablege des Escorial (1617–54), beschrieben in dem Buch des Paters Francisco de los Santos und verbreitet durch die Bildtafeln des Pedro Villafranca, wurde zum Prototyp der Grabstätten des spanischen Adels und des hohen Klerus bis weit ins 18. Jahrhundert hinein. Zwei ihrer Kennzeichen wiederholten sich als Konstanten der Grabkapellen des Barock: die unterirdische Lage und die zentralisierende Grundrissstruktur. Das Mausoleum des Escorial wurde auf ausdrücklichen Wunsch Philipps II. unterirdisch angelegt, um damit die römischen Katakomben nachzuahmen, und die Anordnung der königlichen Sarkophage in übereinander angeordneten Reihen von *loculi* geht auf dasselbe Modell zurück. Die zentralisierende Raumform wiederum erschien angemessen für einen Ort, an dem die Riten des Übergangs vom Tod zum ewigen Leben gefeiert wurden, denn die Zentralform war in der Architektur der römischen Antike der Typologie des kaiserlichen Mausoleums gewidmet.

Der erste Fall einer wörtlichen Imitation des königlichen Mausoleums im Escorial findet sich in der Grabkapelle der Duques del Infantado im Untergrund der Kirche S. Francisco in Guadalajara, errichtet von Felipe Sánchez und Felipe de la Peña (1696–1729). Der Bauverwalter Pedro Gascó erklärte, der Wunsch der Herzöge sei es, der königlichen Grablege im Reichtum der Marmorsorten und des Bronzeschmucks, aber auch in der zentralisierenden Bauform nachzueifern, auch wenn hier die Grundrissform einer falschen Ellipse gewählt wurde, also eines Quadrats mit zwei abgerundeten Seiten.

In der Moschee-Kathedrale von Córdoba erbaute der Architekt Francisco Hurtado Izquierdo die Grabkapelle des Kardinals Pedro de Salazar (1696–1714). Über der oktogonalen Krypta erhebt sich eine Art von Kuppelturm, der die neue Sakristei der Kathedrale und das Mausoleum des Prälaten beherbergt. So entstand die neue Typologie eines Mausoleumsturmes, die späterhin großen Erfolg haben sollte. Der düstere Raum der Krypta kontrastiert in effektvoller Weise mit dem lichterfüllten Sakristei- / Mausoleumsraum darüber, dessen Helligkeit noch durch Stuckarbeiten in strahlendem Weiß hervorgehoben wird, wodurch der Übergang vom Tod zur himmlischen Glorie veranschaulicht wird. Das Grabmonument des Kardinals bricht wiederum mit der Monotonie der einfachen Orantenfigur, die die spanische Skulptur des 17. Jahrhunderts kennzeichnet, und wird von Allegorien und Symbolen begleitet – in der Weise der päpstlichen Grabmäler, die der Kardinal im römischen Petersdom bewundert hatte.

Die Verbindung von Mausoleum, Heiligtum (*camarín*) und Turm im Kloster Guadalupe (Cáceres) stellt eine Konsequenz der Weiterentwicklung der genannten Typologie dar. Das Bauwerk wurde von der Duquesa de Arcos y Aveiro finanziert, die ihre eigene Beisetzung unter dem Patrozinium des verehrten Kultbildes der Nuestra Señora de Guadalupe wünschte. Die Krypta ist wieder oktogonal und ihre düstere Strenge kontrastiert mit dem außergewöhnlich luxuriös ausgestalteten Camarín. Dessen Grundrissgestalt erweitert sich zu einem griechischen Kreuz, dessen kurze Arme halbrund enden. Entworfen wurde das komplexe Bauwerk in Madrid durch Matías Román, auch wenn die Realisierung (1687–96) in den Händen des lokalen Baumeisters Francisco Rodríguez Romero lag.

Schließlich stellt die von Pedro de Unzurrúnzaga 1691–1700 errichtete Grabkapelle der Condes de Buenavista in Málaga eine bewusste typologische Weiterführung des Camarín-Mausoleums von Guadalupe dar. Die Wände der Krypta sind überzogen mit Reliefs aus weißem Stuck auf schwarzem Grund, die ausgesprochen makabre Todesattribute darstellen; hier stehen die Sarkophage der Grafenfamilie. Über eine breite Treppe gelangt man in den Camarín-Turm der Virgen de la Victoria hinauf, eines von Kaiser Maximilian I. und König Ferdinand dem Katholischen geschenkten Kultbildes, dem das Verdienst der Eroberung der Stadt aus den Händen der Muslime zugeschrieben wurde. Auch der lichterfüllte Camarín ist mit Stuckarbeiten (mit Mariensymbolen) bedeckt, die jedoch auf blauem Grund fröhlich und strahlend wirken. In der Krypta befindet sich ein Relief, das durch eine Tafel in dem Werk *Pia Desideria* des Hugo Hermann inspiriert worden ist. Hierauf gründet die Deutung des Ensembles im Sinne eines Aufstiegs vom purgativen, sündhaften Leben (Krypta) über das illuminative (Treppe) zum unitiven Leben mit Gott (Camarín), entsprechend den drei Stufen des asketischen und mystischen Lebens der «himmlischen Treppe», einer durch die asketische Literatur verbreiteten Vorstellung.

VI

SEPULKRALKULTUR IN MITTELALTER UND VORMODERNE

BRECHUNGEN DES RÜCKBLICKS

BESCHREIBUNGEN VON GRABDENKMÄLERN IN DER SPÄTMITTELALTERLICHEN LITERATUR SPANIENS

Dietrich Briesemeister

Grabdenkmäler werden gewöhnlich aus festem, beständigem Material hergestellt. Sie sind in Stein gehauen, aus Erz gegossen oder – seltener – aus Holz geschnitzt. Es gibt jedoch auch von Dichtern erfundene Monumente, die nie von Künstlerhand ausgeführt, sondern nur in der Imagination entworfen oder betrachtet und auf Papier «beschrieben» wurden. Allein als Wortkunstwerk haben sie Bestand und nehmen immer erst im Akt des Lesens als Vorstellung wieder Gestalt an. Kein gemäß dem klassischen Prinzip der Mimesis poetisch errichtetes Grabdenkmal entsteht völlig losgelöst von realen Vorbildern (Typen). Ebenso wenig bleibt die Beschreibung von Kunstwerken – eine der Aufgaben und unverzichtbaren Fertigkeiten des Kunstwissenschaftlers – frei von Hinzufügungen (Interpretamenten) aus der Anschauung und Aussagekraft des Betrachters. Seit der Antike gehört die Technik der poetischen Beschreibung[1] durch die Mittel der Sprache – also mit Worten malen – zum Kernbestand der Rhetorik, die als *ars* dafür feste Regeln vorgibt. Der Fachausdruck Ekphrasis ist abgeleitet von *phrazein*: wahrnehmen (lassen), berichten, erzählen, aussprechen. Im Lateinischen stellt die Bezeichnung *descriptio* (entsprechend in den romanischen Sprachen *description, descrivere* usw. und englisch *description*) ebenso wie die deutsche Lehnübersetzung «Beschreibung» die Verbindung zur Verschriftlichung her: in Buchstaben festhalten, niedergeschrieben mitteilen. Eine stehende lateinische Redewendung lautet: «*definire rem verbis et describere*». Hier verbindet sich die mündliche Aussage mit der schriftlichen Fixierung. Ein weiterer lateinischer Fachausdruck der Rhetorik, *pingere*, in der Rede «ausmalen» (englisch *depict*) bedeutet abmalen, mit Worten malen, sich ein Bild schaffen; *effictio* schließlich, etymologisch mit *fingere* verbunden, bezeichnet die Nachbildung,

---

[1] Gottfried BOEHM, Helmut PFOTENHAUER (Hg.): *Beschreibungskunst-Kunstbeschreibung. Ekphrasis von der Antike bis zur Gegenwart*, München, W. Fink, 1995; Wolf-Dietrich LÖHR, «Ekphrasis», in: Ulrich PFISTERER, (Hrsg.), *Lexikon Kunstwissenschaft. Ideen, Methoden, Begriffe*, Darmstadt, Wissenschaftliche Buchgesellschaft, 2003, S. 76–80.

Gestaltung, etwas aus der Phantasie Erdachtes. «*Los poetas fingen*» (die Dichter lügen, erfinden, schaffen täuschende Illusionen) lautet die für das Tun der Dichter seit Plato geläufige, doppeldeutige Formel, die in den Wörtern Fiktion, fiktiv, fiktional anklingt.

Die Ekphrasis ist in der klassischen Rhetorik wiederum der *narratio*, Erzählung, zugeordnet. Eine ihrer drei je nach der Funktion unterschiedenen Gattungen ist das literarische Erzählen, das eigentlich in der *ars poetica* behandelt wird, als Übung im sprachlichen Ausdruck jedoch auch zur praktischen Ausbildung eines Rhetors gehörte. Die *evidentia*, die genaue, fassliche Veranschaulichung oder Augenscheinlichkeit einer Sache durch Aufzählung wirklicher oder hinzugefügter, gedachter, aber sinnenfälliger Einzelheiten steigert die für eine *narratio* tauglichen Kräfte (*virtutes*) der Klarheit (*perspicuitas*) und Wahrscheinlichkeit (*similitudo*). Sie üben auf den Hörer, Betrachter/Leser eine der Sache entsprechende Wirkung aus und beeindrucken den Empfänger. *Evidentia, perspicuitas, verisimilitudo* sind bereits von den Bestandteilen der Wortbildung her auf das Organ des Sehens ausgerichtet. Wenn Quintilian von «*credibilis rerum imago*» und *affectus* spricht, greift er bezeichnenderweise zu einer Malermetapher: «*tota rerum imago quodammodo verbis depingitur*». Das Bild eines abwesenden Dinges wird sozusagen mit Worten nachgemalt und visuell vergegenwärtigt. Der Gegenstand soll dem geistigen Auge so lebendig und anschaulich vorgeführt werden, als stünde er wirklich vor einem («*ut eas cernere oculis ac praesentes habere videamur*»). Beschreibung zielt auf *energeia*, gesteigerte Wirkung, Eindruck. Mit den Kunstmitteln der Sprache soll eine so eindringliche, nachvollziehbare Wiedergabe einer Sache erreicht werden, dass man meint, sie tatsächlich vor sich zu sehen und nicht nur davon hört beziehungsweise liest. Beschreibung als Kunst, mit Worten zu malen und einen Gegenstand nachzugestalten, also das Verfahren mit sprachlichen Mitteln einen bildlichen Eindruck beim Zuhörer, Leser oder Zuschauer (im Theater) zu erzeugen, ist eine ureigene Aufgabe der Dichtung. Damit ist der kunsttheoretisch und -historisch im Rangstreit der Künste bedeutsame Topos von der Malerei (oder der Architektur) als schweigender Dichtung und umgekehrt der Dichtung als sprechender Malerei («*ut pictura poesis*») angesprochen.[2] Heute sind Redewendungen geläufig wie «ein Bild lesen» und nicht nur betrachten. Ein Bild «erzählt» etwas. Man spricht sogar von Denkmalsrhetorik[3], ein Ausdruck, auf den die klassische Formel «*saxa loquuntur*» oder sprichwörtliche Redewendungen (Steine singen, predigen, weinen, schreien) hindeuten. Denkmäler weisen wegen ihrer appellativen Funktion in der Tat an-sprechende, erzählende Bestandteile auf, wie Inschriften (Epitaphien), Personifikationen, Allegorien, Symbole, Embleme, die auch die in der

[2] Ulrich PFISTERER, «Paragone», in: *Historisches Wörterbuch der Rhetorik*, Bd. 6, Tübingen, Max Niemeyer, 2003, Sp. 528–46; Hannah BAADER, «Paragone», in: PFISTERER (wie Anm. 1), S. 261–65; Hubert Locher, «Ut pictura poesis», ebda., S. 364–68.

[3] Peter SPRINGER, «Denkmalsrhetorik», in: *Historisches Wörterbuch der Rhetorik*. Hg. Gerd UEDING, Bd. 2, Sp. 527–36, Tübingen, Niemeyer, 1994.

Folge zu untersuchenden literarischen Beschreibungen von Grabdenkmälern einsetzen. Sie verdeutlichen die Elemente der Sprachlichkeit, die jedem Denkmal eignen.

Die literarische Beschreibung von Grabdenkmälern steht im größeren Zusammenhang mit imaginärer, erdichteter Architektur und ihrer *«lautlosen Sprache»* (Hegel), einer *«Architektur, die nicht gebaut wurde»*, um den Titel eines Buches von Joseph Ponten (1925) aufzugreifen.[4] «Literarische» Baukunst und Plastik ist nicht rein utopisch, sondern greift auf reale Bauelemente und Stilmerkmale zurück. Einige Beispiele sollen das Umfeld der allegorischen Architektur und Bildgestaltung skizzieren, in dem auch die poetischen Grablegen erscheinen.

Die 1484 gedruckte, aber bereits fast fünfzig Jahre zuvor entstandene *Visión deleytable* des Alfonso de la Torre,[5] eine enzyklopädische Darstellung der Sieben Freien Künste, führt Entendimiento in Gestalt eines Kindes im Rahmen einer Traumvision über das Irdische Paradies hinaus immer höher auf den heiligen Berg des Wissens. Entlang des wundersamen Weges zum Gipfel der Erkenntnis bewohnt jede Ars ein eigenes Haus. An den Wänden der prunkvollen Schau-Säle in den Schatzhäusern sind die Eigenschaften, Techniken und berühmtesten Vertreter der einzelnen Artes auf großflächigen Wandgemälden dargestellt. In der Casa de la Geumetria (Geometrie) bestaunt Entendimiento den mit Punkt, Linie und Flächen von Figuren (Drei-, Vier-, Fünf- und Sechsecken) perfekt gestalteten Saal sowie eine *«cámara çerrada»*[6], einen verborgenen Kastenraum zur Demonstration der Perspektive, ein möglicherweise bemerkenswerter Beleg für den Wandel in der malerischen Raumkonzeption, der sich in der zeitgenössischen Kunst der Niederlande und Italiens (Jan van Eyck, Filippo Brunelleschi) abzuzeichnen begann. Im Haus der Rhetorik wird die Redekunst mit einem großen Bildprogramm vorgestellt (t. 1, 124–128): *«con grant gozo allegaron a una villa por maravilloso artifiçio obrada, las casas de la qual más suntuosas eran en el aparato e açidente de las pinturas que non los yntrínsycos fundamentos prínçipales»* t. 1, eine Anspielung auf die *«rhetorici colores»*, auf die mit sprachlichen Mitteln schönfärbende Darstellung der «blumigen» Rede.[7] Die Rede wird mit einem Gemälde und dessen Farbenreichtum verglichen.

Seinem allegorischen Epos *Las Trescientas* oder *El Laberinto de la Fortuna* (1444 vollendet, Erstdruck etwa vierzig Jahre später)[8] fügt Juan de Mena, zusammen mit dem

---

[4]   Gerhard GOEBEL, *Poeta Faber. Erdichtete Architektur in der italienischen, spanischen und französischen Literatur der Renaissance und des Barock*, Heidelberg, Carl Winter, 1971.

[5]   Alfonso de la TORRE, *Visión deleytable*. Ed. crít. y estudio de Jorge GARCÍA LÓPEZ, Salamanca, Universidad, 1991; Luis M. GIRÓN-NEGRÓN, *Alfonso de la Torre's Visión Deleytable. Philosophical Rationalism and the Religious Imagination in 15th Century Spain*, Leiden, Brill, 2000.

[6]   Erw. Ausgabe (wie Anm. 5), t. 1, S. 134

[7]   U. KÜHNE, «Colores rhetorici», in: *Historisches Wörterbuch der Rhetorik*, Bd. 2, Tübingen, Max Niemeyer, 1994, Sp. 282–90.

[8]   Juan de MENA, *El Laberinto de Fortuna*. Ed. John G. CUMMINS, Madrid, Cátedra, 1982.

Marqués de Santillana der bedeutendste kastilische Dichter in der ersten Hälfte des 15.
Jahrhunderts, eine Reihe von *descriptiones* bei. Er schildert die Reise in das Land der
Fortuna auf dem Wagen der Kriegsgöttin Bellona. In Fortunas aus durchsichtigem
Baumaterial errichteten prunkvollen Palast führt Providentia die drei Riesenräder der
Zeit, Vergangenheit, Gegenwart und Zukunft, vor. Aus dem Inneren des gläsernen Pa-
lastes fällt der Blick auf das Weltgebäude, die *fabrica mundi*.

Im Ritterroman finden sich nicht wenige Beispiele für die Beschreibung von Bauwerken. Das berühmteste steht auf der Insula Firme, die Cervantes in seinem *Don Quijote* mit der Episode auf der Insula Barataria parodierte. In dem von Garcí Ordóñez de
Montalvo um 1492 nach einer portugiesischen Vorlage überarbeiteten und 1508 in
erweiterter Fassung gedruckten Amadís-Roman,[9] der weite europäische Verbreitung
erlangte, erobert der Held die Insula Firme, auf der vorzeiten ein griechischer Kaiser-
sohn eine Festung hatte errichten lassen. Als Denkmal für seine vollkommene Liebe zu
Grimanesa hing dort in einer geheimnisvoll gesicherten *«cámara defendida»* ein Bild
des Paares. Den Zugang zur Schlossburg bewachte ein kupfernes mechanisches Ungeheuer. Amadís nimmt später mit Oriana den verzauberten Ort als Wohnsitz. Im vierten
Buch wird Orianas Einzug in den architektonischen Wunderbau der Torre de la Huerta
mit seinen Galerien und Arkaden, herrlichen Fußbodenmosaiken in neun Gemächern
und einem kunstvollen Wasserleitungssystem im Innenhof beschrieben. Gerhard Goebel
sieht in dieser Darstellung bereits *«ein Stück Renaissance in ihrer technischen und räumlichen Konkretheit und in der Verlegung des Interesses auf das ingenio de hombres»*,
dem das Bauwerk zu verdanken ist (erw. Werk, S. 111). Er verweist auf den in Cogollu-
do (Guadalajara) zwischen 1492 und 1495 für den Herzog von Medinaceli von Lorenzo
Vázquez erbauten Wohnpalast, der nicht mehr der Anlage eines Alcázar entspricht, sondern dem Vorbild der frühen italienischen Renaissance folgt (erw. Werk, S. 108).

Schon der erste in Spanien gedruckte Ritterroman *Tirant lo Blanch* (1490) von Joanot
Martorell und Martí Joan de Galba enthält eine ausführliche Beschreibung des Grabmals
für den Weißen Ritter aus Alabaster mit vier Löwen und einem goldenen Epitaph in
griechischen Lettern (Kap. CCCCLXXXV):[10] *«E prengueren la caxa de Tirant e de la
princessa e, ab gran professó de molts capellans, frares e monges, lo portaren a la
sglésia major de la ciutat, e fon posada dins una tomba que quatre grans leons soste-
nien, la qual tomba era obrada de hun molt clar alabaust. E a l'entorn, per los strems
de aquella, de letres gregues buydades de fin or, se legien tals paraules:*

---

[9]   Ausgabe in *Libros de caballerías españolas*. Ed. Felicidad BUENDÍA, Madrid, Aguilar, 1954; Anna
      BOGNOLA, «Il meraviglioso architettonico nel romanzo cavalleresco spagnolo», in: Luisa SECCHI
      TARUGI, (ed.)*: Lettere e arti nel Rinascimento*, Firenze, Cesati, 2000, S. 207–19; Manuel NÚÑEZ
      RODRÍGUEZ, Ermelindo PORTELA SILVA (eds.): *La idea y el sentimiento de la muerte en la historia y
      en el arte de la Edad Media*, Santiago de Compostela, Universidad, 1988.

[10] Joanot MARTORELL, *Tirant lo Blanch*, Ed. Albert G. HAUF, Valencia, Generalitat Valenciana, 1992, t.
      2, S. 924f.

> *Lo cavaller que·n armes fon lo fenix*
> *Y la que fon de totes la pus bella,*
> *Morts són ací, en esta chica tomba,*
> *Dels quals lo món resona viva fama:*
> *Tirant lo Blanch y l'alta Carmesina.*

Eren los leons obrats e, no menys entretallada la tomba de diversos colors: or, adzur e altres esmalts, ab bona art e delicadura. A la part dreta de la tomba se mostraven dos àngels dos e altres dos a la part sinestra, los quals tenien dos grans scuts, lo hu de les armes de Tirant e l'altre de les armes de la princessa. Aquests leons e tomba staven dins una capella de volta, los archs de la qual eren de porfis e recolzaven sobre quatre pilars de jaspis, e la clau del cruer era d'or macís buydada, guarnida de moltes fines pedres e en aquella se veya hun altre àngel qui tenia en les mans la spasa de Tirant, tacada de sanch de tantes batalles.

Lo paiment de aquesta volta era de marbres, e les parets, cubertes de carmesins brocats. Sols la tomba stava descuberta. E·n l'arch de part defora, staven penjats los scuts de diversos cavallers vençuts en camp clos de batalla e, sobre l'arch triümphal, en grans y belles taules, eren pintats alguna part dels maravellosos actes e nobles victòries de Tirant. Mostraven-se allí steses les armes e guarnicions de la sua excel·lent persona, e la garrotera de belles perles, balaxos e safirs circuïda. Moltes banderes e penons en lo més alt de la sglésia penjaven de diverses ciutats e províncies victoriosament guanyades. Mas, entre totes, los penons e estandarts de les invencions triümphantment se desplegaven: Eren les devises de Tirant, flames o lengües d'or sobre carmesí, e flames de foch sobre camper d'or. E·n les flames d'or cremaven tals letres: C.C.C., y en flames de foch se cremaven aquestes: T.T.T., significant por açò que l'or del seu amor cremant se apurava en les flames de Carmesina, e noresmenys, stimava que la princessa ardentment se mesclava en les apurades flames de son voler. E sobre la tomba, ab letres d'or, staven sculpits aquests tres versos:

> *Amor cruel, qui·ls ha units en vida*
> *y ab greu dolor lo viure·ls ha fet perdre,*
> *aprés la mort los tanque·n lo sepulcre.»*

Die Todesthematik[11] spielt in den mittelalterlichen geistlichen und weltlichen Literaturen der Iberischen Halbinsel in kastilischer, katalanischer, lateinischer und galicisch-portugiesischer Sprache eine große Rolle. Im weltlichen Schrifttum sind zwei Ebenen

---

[11] Ariel GUIANCE, *Los discursos sobre la muerte en la Castilla medieval (siglos VII–XV)*, Valladolid, Junta de Castilla y León, 1998; Víctor INFANTES, *Las Danzas de la Muerte. Génesis y desarrollo de un género medieval*, Salamanca, Universidad 1997; Otis H. GREEN, *Spain and the Western Tradition. The Castilian Mind in Literature from El Cid to Calderón*, Madison, University of Wisconsin Press, 1966, vol. 4, S. 77–133; Antonio PRIETO, «El sentimiento de la muerte a través de la literatura española (siglos XIV y XV)», in: *Revista de Literaturas Modernas*, 1960, S. 115–70.

deutlich unterschieden: die moralisierend-lehrhafte Prosa und Dichtung sowie in der höfischen Dichtung vorwiegend des 15. Jahrhunderts die modische Konvention der Liebeskrankheit und des Liebestodes, die sich der Kontrafaktur, der Parodie auf religiöse Vorstellungen und liturgische Handlungen (Liebespassion und -martyrium, -predigt, -klage, -testament, -begräbnis, -hölle) bedient.[12]

Für den Zusammenhang und Vergleich mit der Entwicklung der Grabkunst sind zwei Formen aufschlussreich: die Totenklagen (und ihre plastische Darstellung im Bildprogramm von Grabmälern und Sarkophagen) sowie die Epitaphien (Grabinschriften in Gedichtform). Beide sind Bestandteil des Trauerrituals und Begräbniszeremoniells und bilden eigene poetisch geformte Textgattungen (*planctus*, volkstümliche Klagelieder – *endechas* –, Epitaphien) mit einer umfangreichen Überlieferung.

Der poetische Ausdruck der Totenklage findet seine plastisch darstellende Entsprechung auf Grabdenkmälern, deren narrative Ausschmückung mit dem 13. Jahrhundert immer reicher wird.[13] Wie die Berichte der Chronisten,[14] so halten die Sarkophage auf den Seitenflächen in dramatischer Inszenierung die Verabreichung der Sterbesakramente, den Tod, die Versammlung der Angehörigen, die Trauerbezeugungen der Klageweiber und die Bestattung fest. Beispiele hierfür bieten neben vielen anderen die Grabstätten des Infanten Felipe, eines Sohnes Ferdinands des Heiligen, und seiner Gemahlin Leonora Rodríguez de Castro in der Kirche Sta. María la Blanca in Villalcázar de Sirga bei Frómista (Palencia), das Grab des Ritters Sancho Sáiz de Carrillo im Museo de Arte Románico (Barcelona, spätes 13. Jahrhundert) oder das Grab des Bischofs Gonzalo de Hinojosa († 1327) in der Capilla de S. Gregorio der Kathedrale von Burgos. Den literarischen Darstellungen von Gräbern, die nie existierten oder ausgeführt wurden, stehen Epitaphien in Gedichtform zur Seite, die nicht als Grabinschrift Verwendung fanden. Der *Libro de Buen Amor* des Juan Ruiz, Arcipreste de Hita, enthält in parodistischer Abwandlung einen *planctus* auf die Kupplerin Trotaconventos (coplas 1520–75) sowie *El petafio de la sepultura de Urraca* (coplas 1576–78). Die umfangreichen Gedicht-

---

[12]   Pierre Le GENTIL, *La poésie lyrique espagnole et portugaise à la fin du Moyen Âge*, Rennes 1949–53; Pedro SANTONJA, «El tópico literario «morir de amor» en la literatura española de los siglos XV y XVI. El ciervo de amor herido», in: *Letras de Deusto*, 31, 90, 2001, S. 9–59.

[13]   Allgemeine Überblicke bieten Kurt BAUCH, *Das mittelalterliche Grabbild. Figürliche Grabmäler des 11. bis 15. Jahrhunderts in Europa*. Berlin, de Gruyter, 1975; Hans KÖRNER, *Grabmonumente des Mittelalters*, Darmstadt, Wissenschaftliche Buchgesellschaft, 1997. Für Spanien: Vicente POLERÓ, *Estatuas tumularias de personajes españoles de los siglos XIII al XVII*, Madrid 1903; Ricardo de ORUETA, *La escultura funeraria en España. Provincias de Ciudad Real, Cuenca, Guadalajara*, Madrid 1919; Ricardo del ARCO Y GARAY, *Sepulcros de la Casa Real de Castilla*, Madrid 1954; DERS.: *Sepulcros de la Casa Real de Aragón*, Madrid 1945; Federico MARÉS DEULOVOL, *Las tumbas reales de los monarcos de Cataluña y Aragón del Monasterio de Santa María de Poblet*, Barcelona 1962; Regine ABEGG, *Spanische Grabplastik des Mittelalters. Eine typologisch-ikonographische Untersuchung figürlicher Sarkophage vom 11. bis 14. Jahrhundert*, Lizenziatsarbeit, Kunstgeschichtliches Seminar der Universität Zürich, 1988.

[14]   Ein aufschlussreiches Beispiel ist der Bericht des aragonesischen Hofarchivars Pere Miquel CARBONELL, «De exequiis, sepultura et infirmitate regis Joannis Secundi», in: *Colección de documentos inéditos del Archivo General de la Corona de Aragón*, t. 27, Barcelona 1864, S. 137–333.

sammlungen (Cancioneros) des 15. Jahrhunderts spiegeln die Entwicklung der weltlichen Totenklage, der Elegie und der Lobpreisung des Verstorbenen.[15] Das berühmteste Zeugnis hierfür in der spanischen Lyrik sind Jorge Manriques *Coplas a la muerte de su padre*. Die Einblendung der Totenklage in den Rahmen eines Traumgesichts führt schließlich zur frühhumanistischen theatralischen Apotheose des Verstorbenen mit dem Auftritt allegorischer Gestalten in antikisierender Staffage, etwa Gómez Manriques *Defunzion del noble cauallero Garci Lasso de la Vega*, der 1455 verstarb, sowie der *planctus* auf den Tod des Marqués de Santillana 1458. Der *Triunfo del Marqués* von Diego de Burgos bildet den Höhepunkt der panegyrischen Apotheose in der spanischen Dichtung des 15. Jahrhunderts.[16] In ihrer Funktion sind diese Gedichte mit ihrer Funeralrhetorik literarische Grabdenkmäler, vergleichbar mit der Gattung der *Tombeaux* im Frankreich des 16. Jahrhunderts.[17]

Der Ausdruck gesammelter Ruhe, Würde und Schönheit versinnbildet in zeitloser Gegenwart die Ewigkeit und macht das Grabmal zu einer Apotheose aus Stein, die den Tod sublimiert. Zu den eindrucksvollsten Gestaltungen der verfeinerten spätmittelalterlichen Sepulkralkunst gehören die Tumben der Mendoza in der Kirche S. Ginés zu Guadalajara, des Fernando de Coca in S. Pedro in Ciudad Real und des Doncel Martín Vázquez de Arce. Der junge Ritter ruht entspannt auf der Seite und auf Lorbeerblättern liegend, den Oberkörper aufgerichtet und mit dem rechten Arm abgestützt, und liest konzentriert in einem Buch, das er mit beiden Händen hält, im «*Buch des Lebens*», der Bibel. Das Buch kann aber auch auf die alte Schriftmetapher für «Gedächtnis» verweisen und das «*Buch der Geschichte*» sein, in das sich der im Kampf um die Rückeroberung des maurischen Königreichs Granada gefallene Doncel mit seinen Heldentaten eingetragen hat. «*Die ungewöhnliche Wiedergabe eines Lesenden als Grabfigur, der realistische Porträtcharakter ebenso wie die ausgezeichnete bildhauerische Qualität – auch der Sarkophagreliefs – machen dieses anonyme Werk zu einer herausragenden Leistung der spanischen Grabplastik am Ende des 15. Jahrhunderts*» (Gisela Noehles-Doerk).[18] Chandler Ratford Post bezeichnet auch die Grabmäler König Johannes II. und seiner Gemahlin Isabella von Portugal in der Kartause von Miraflores (Burgos) von Diego de Siloé als «*a sculptured apotheosis*» mit einer langen Reihe von Gestalten des

---

[15]   Einen knappen Überblick gibt Eduardo CAMACHO GIUZADO, *La elegía funeral en la poesía española*, Madrid, Gredos, 1969.

[16]   Raymond FOULCHÉ-DELBOSC (ed.), *Cancionero castellano del siglo XV*, Madrid 1915, t. 2, n° 951, S. 535–59; s.s. S. 66–85 und S. 28–32; ferner Íñigo LÓPEZ DE MENDOZA, Defunsion de don Enrique de Villana, t. 1, Madrid 1912, nr. 268, S. 508–10.

[17]   Dominique MONCOND'HUY (ed.), *Le tombeau poétique en France*, Poitiers 1994.

[18]   Gisela NOEHLES-DOERK, *Madrid und Zentralspanien. Kunstdenkmäler und Museen*, Stuttgart, Reclam, 1986, S. 473, = Reclams Kunstführer, *Spanien*, Bd. 1, vgl. auch das Grabmal von D. Lope de Fonseca in der Capilla de S. Gregorio der Kathedrale von Burgos.

Alten und Neuen Bundes sowie allegorischer Figuren der Tugenden, die den Verstorbenen gleichsam im Triumph- und nicht im Trauerzug begleiten.[19]

Der valencianische Dichter und Magister der Theologie Joan Roiç de Corella († 1497) beschreibt in einem Gedicht die Sepultura de Mossèn Francí d'Aguilar.[20] Am Allerheiligentag des Jahres 1482 spazierte er vor den Mauern von Valencia, als er plötzlich himmlische Chöre vernimmt und in der Hieronymuskapelle eine von sieben Gestalten, den Tugenden, bewachte Tumba mit der Grabstatue eines Ritters erblickt «*en forma no molt alta, d'elegant proporció, la cara venusta ... d'armes d'Espanya tenia la persona coberta; l'espasa en la mà, la major part de la qual estava, de fresca corrent sang, rubricada d'ardent carmesí que les brases enceses en color venia.*» Darüber schwebt ein Adler mit ausgebreiteten Flügeln. Es folgt eine genaue Beschreibung der allegorischen Gestalten des Grabmals, bis Roiç schließlich den Namen des Toten erfährt, Francí Aguilar, der, obwohl er eines natürlichen Todes starb, als Märtyrer verehrt wurde, weil er sich im Kampf gegen die Mauren bei der Belagerung von Loja 1482 eine todbringende Erkrankung zugezogen hatte. Die in dem Sepoltura-Gedicht beschriebene liegende Ritterstatue hat offensichtlich ihre Entsprechung in zahlreichen zeitgenössischen Grabmälern mit allegorischen Darstellungen der Tugenden, etwa an Grabdenkmal für den Bischof von Ávila, Alfonso Madrigal el Tostado von Vasco de la Zarza oder am Grab des Infanten Don Juan († 1497) in der Dominikanerkirche Sto. Tomás in Ávila, das Domenico Fancelli nach dem Vorbild des Sixtus-Grabes von Antonio Pollaiuolo in Rom zwischen 1510 und 1513 schuf.

Mit der gelehrten, moralisierenden und erbaulichen Grabdichtung kontrastiert die Mode höfischer Liebesdichtung, zu deren konventionellem erotisch-allegorischem Ausdrucksregister die Beschreibung von Liebestod, Liebesbegräbnissen und -denkmälern gehören.[21] Die Dichter bedienen sich im Verlauf des 15. Jahrhunderts häufig der Parodie religiöser Texte und Praktiken (Beichte, Martyrium, Testament, Gebete, liturgische Handlungen). Die *Sepoltura de Amor* bildet ein eigenes Motiv neben dem Testament. Hatte Garci Sánchez de Badajoz dem letzten Vermächtnis ein parodisches Totenoffizium mit neun Lesungen angefügt, die Hiobs Klagen im Munde des verzweifelten Liebhabers abwandeln (*Las liciones de Job, apropiadas a sus passiones de amor*), so beschreibt Diego López de Haro als Kodizill zu seinem Testament, wie er sich die Totenkapelle ausgeschmückt wünscht,[22] ähnlich Alonso Enríquez. Liebestestamente enthalten vielfach auch die Epitaphien für den unglücklichen Liebhaber. Grabdenkmäler werden mit ihren allegorischen Elementen beschrieben. Alfonso Enriquez etwa wünscht

---

[19]   Chandler Ratfon POST, *Mediaeval Spanish Allegory*, Cambridge (Mass.) 1915.

[20]   *Obres*, ed. Ramón MIQUEL Y PLANAS, Barcelona 1913, S. 351–64, Erläuterungen LXXII-LXXIV.

[21]   Paolo PINTACUDA, «L'ekphrasis nella poesia castigliana del XV secolo», in: SECCHI TARUGI (wie Anm. 9), S. 261–78.

[22]   *Cancionero castellano del siglo XV* (wie Anm. 16), t. 2, nr. 1161.

sich auf dem Grab ein Bildnis seiner Geliebten. Francisco Moner[23] verfasste vor dem Eintritt in den Franziskanerorden (1491) ein lyrisch-episches Gedicht mit der Fiktion, *«que se sigue ser muerto damor verdadero por lo qual le manda manzilla gentilesa y otras amigas y compañeras dellas hazerle obsequias en vn templo so invocacion de la verdad»*. Nach einer Totenklage baut Manzilla in der Kirche unweit vom Grab der Freundschaft eine prächtige Tumba auf. Unter Glockengeläut schreiten Esperiencia, Costunbre und Manzilla in Priestergewändern zum Altar der Wahrheit und bekennen ihr im *Confiteor* die Freundschaft. Das Liebesrequiem, eine *«triste missa seca»*, parodiert die Exequien. Das Evangelium besteht aus Sprüchen über Liebe und Unglück. Zur Opferung bringt der «Glaube» *firmeza* und *baldón* (Schimpf) dar. Die Predigt ist eine Abhandlung über die Liebe und das Wesen des Menschen. Aus der Leichenpredigt werden dabei Betrachtungen über das Elend in diesem Jammertal auf das Liebesleid übertragen. Nach dem *Absolveat* erfolgt schließlich die eigene Beerdigung auf dem Campo de crueza, die Moner in einem Traumgesicht schaut. Im *Cancionero castellano del siglo XV* finden sich weitere Beispiele für die Vision des eigenen Begräbnisses (Garcí Sánchez de Badajoz, Carlos de Guevara, Juan del Encina) und der «Liebeshölle». Pedro Manuel Jiménez de Urrea inszeniert sein melodramatisches Sterben mit langen Abschiedsreden, Klagen und Verwünschungen.[24]

Die literarische Stilisierung der Liebe findet neben der höfischen Lyrik vor allem in der so genannten *novela sentimental*[25] zwischen Ritter- und frühneuzeitlichem Schäferroman ihren Ausdruck. Der «sentimentale Roman» markiert in Spanien den bedeutsamen Aufbruch zur Erkundung von Seelenzuständen und Innenräumen menschlichen Empfindens. Die Spiegelung und Beobachtung dieser sowohl religiösen als auch erotischen Grenzerfahrungen geschieht in Form von Briefen und in einem fiktivautobiographischen Rahmen.

Mit dem zwischen 1449 und 1453 entstandenen *Siervo libre de amor* des Juan Rodríguez del Padrón (Cámara),[26] der allegorisch eingekleideten autobiographischen Erzählung einer unglücklichen Liebesgeschichte, konstituiert sich die Gattung, die europäische Verbreitung finden sollte. In das als *«tractado»* bezeichnete Werk ist das novellistische Exemplum der *Estoria de dos amadores Ardantier y Liessa* eingeschoben.

---

[23] Francisco de MONER, *Obras*, Barcelona 1528 (Faks. Valencia 1951), f. A IIIr.

[24] Pedro Manuel XIMÉNEZ DE URREA, *Cancionero*, Zaragoza 1878, S. 196–212; ähnlich Garci SÁNCHEZ DE BADAJOZ, *Cancionero castellano del siglo XV*, t. 2, nr. 1047, S. 630–31.

[25] Andrea Baldissera, «La novela sentimental e le arti figurative», in: SECCHI TARUGI (wie Anm. 9), S. 233–46; Patricia E. GREVE, *Desire and Death in the Spanish Sentimental Romance (1440–1550)*, Newark, de la Cuesta, 1987; Regula ROHLAND DE LANGBEHN, *La unidad genérica de la novela sentimental española de los siglos XV y XVI*, London, Queen Mary and Westfield College, 1999; Antonio CORTIJO OCAÑA, *La evolución genérica de la ficción sentimental de los siglos XV y XVI. Ciencia literaria y contexto social*, London, Támesis, 2001.

[26] In Juan RODRÍGUEZ DEL PADRÓN, *Obras completas*. Ed. César HERNÁNDEZ ALONSO, Madrid, Editora Nacional, 1982, S. 151–208.

Ihre Liebe endet tragisch mit dem Selbstmord Ardanliers und dem gewaltsamen Tod der Liessa. Die Beschreibung der beiden «*Rycas Tumbas*» und «*altos sepulchros*», «*en que perseueran oy dia sus muy gloriosos cuerpos*» wie die von Heiligen, nimmt wie eine Zeigehandlung breiten Raum ein und steigert die affektische Wirkung. Das Epitaph erläutert in Anlehnung des Spruchs der Toten an die Lebenden die Bedeutung des Grabmals:

> *Exemplo y Perpetua Membrança,*
> *Con Grand Dolor,*
> *Sea a vos, Amadores,*
> *La Cruel Muerte Delos Muy Leales*
> *Ardanltier y Lyesa,*
> *Falleçidos por Bien Amar*
>
> ....
>
> *Cuyos Cuerpos Enteros en Testimonio Delas Obras*
> *Perseveramos las Dos Rycas Tumbas, Fasta el Pauoroso Dia*
> *Que los Grandes Bramidos Delos Quatro Animales*
> *Despierten del Gran Sueño, e sus muy Purificas Animas*
> *Possean Perdurable Folgança.*

Das Liebesgefängnis (*Cárcel de amor*, 1492 gedruckt) von Diego de San Pedro ist zusammen mit dem *Amadís*-Roman und der Celestina, in mehrere Sprachen übersetzt und häufig aufgelegt, das erfolgreichste Werk der älteren spanischen Literatur, dessen Wirkung sich in Deutschland bis in das 17. Jahrhundert verfolgen lässt. Es diente nicht nur als Liebesbrevier in Briefform für Höflinge, sondern auch als Stilmuster und Führer zum Erlernen der kastilischen Sprache.[27] Das Liebesgefängnis ist ein Musterwerk – ein «*artificio*» voller «*estrañeza*» und «*nouedad*» nennt es der Erzähler (auctor) – phantastischer Architektur. Es wird für den dort von Deseo und Tormento gefangen gehaltenen, von Ansia und Pasión gefolterten Helden zum Grab, nachdem sich seine Geliebte Laureola der Heirat trotz aller glücklich überstandenen Widrigkeiten verweigert. Die Totenklage der Mutter Lerianos am Schluss des «Romans» weist gewisse Ähnlichkeiten auf mit dem *lamento* Pleberios über seine Tochter Melibea in der *Celestina*, die sich, Calixto folgend, vom Turm am elterlichen Haus zu Tode stürzt.

Der Kerkerturm in *Cárcel de amor* (erw. Ausgabe, S. 84–88, anschließend dessen Erklärung bis S. 92) hat die Gestalt eines Prismas. Auf vier Pfeilern gründend, ragt er hoch empor und ist nur über einen finsteren Aufgang zu besteigen. An den Seitenkanten stehen

---

[27]   Ausgabe der *Obras completas* von Keith WHINNOM, t. 2, Madrid, Castalia, 1985; t. 1, 1979 *Arnalte y Lucenda*; B. E. KURTZ, «San Pedro's Cárcel de amor and the Tradition of the Allegorical Edifice», in: *Journal of Hispanic Philology* 8, 1984, S. 123–38; DERS., «The Castle Motif and the Medieval Allegory of Love. San Pedro's Cárcel de amor», in: *Fifteenth Century Studies*, 11, 1985, S. 37–49; Robert FOLGER, *Images in Mind. Lovesickness, Spanish Sentimental Fiction and Don Quijote*, London, University of North Carolina Press, 2003.

drei erzene Figuren. Sie verkörpern Tristeza, Congoxa und Trabajo als Gegenbilder zu den drei theologischen Tugenden Glaube, Hoffnung und Liebe. Die vier Pfeiler stellen symbolisch die Seelenkräfte Entendimiento, Razon Memoria und Voluntad dar. «*El cimiento sobre que estaua fundada era vna piedra tan fuerte de su condición y tan clara de su natural qual nunca iamás auía visto, sobre la qual estauan firmados quatro pilares de vn marmol morado muy hermoso de mirar. Eran en tanta manera altos, que me espantaua como se podían sostener. Estaua enzima labrada vna torre de tres esquinas, la más fuerte que se puede contenplar; tenía en cada equina, en lo alto della, vna imagen de nuestra vmana hechura de metal, pintada cada vna de su color; la vna de leonado y la obra de negro y la obra de pardillo. Tenía cada vna dellas vna cadena en la mano asida con mucha fuerça. Vi más acima de la torre vn chapitel sobrel qual estaua vn águila que tenía el pico y las alas llenas de claridad de vnos rayos de lumbre que por dentro de la torre salían a ella; oya dos velas que nunca vn solo punto dexauan de velar.*»

Im *Tractado de amores de Arnalte y Lucenda* (um 1480 entstanden, 1491 gedruckt) beschreibt Diego de San Pedro, ebenfalls in Briefen, das Leben des liebeskranken Arnalte, der sich in die Wildnis der Verzweiflung zurückzieht und in einem Trauerpalast in mönchischer Entsagung dem Gedenken an seine Geliebte lebt. Zum Trost für sein Leiden betrachtet er die Sieben Schmerzen Mariens (*Las siete angustias de Nuestra Señora*). Das Leitmotiv dieser Liebesmystik ist das paradoxe «*muere porque no muere*», das später die Heilige Theresia von Ávila aufnimmt. Der Dichter (*Cancionero general de Hernando del Castillo*, t. 1 nr. 455) schildert einen in Trauerkleidung in die Einsamkeit fliehenden Ritter, der sich aus «*gelbem Holz der Verzweiflung*» die «*Wände schwarzer Gesänge*» für seine Zelle baut, auf deren Fußboden er die «*dürren Blätter der Hoffnungslosigkeit*» streut.

Eine ähnlich weite Verbreitung wie Diego de San Pedro fand auch sein jüngerer Zeitgenosse Juan de Flores, dessen erfolgreiche Romane, die *Historia de Grisel y Mirabella* und *Breve tractado de Grimalte y Gradissa* (1495)[28] unglückliche Liebesgeschichten darstellen. Boccaccios *Elegia di Madonna Fiammetta* (1343/44)[29] bildet die Vorlage für *Grimalte y Gradissa*, das mit *La sepoltura de Fiameta* schließt. Grimalte ließ ein großes Grabdenkmal für die vornehme Gradissa errichten, um die Erinnerung an ihr schweres Schicksal und tragisches Ende zu bewahren: «*inuente la sepultura del triste cuerpo finado de tal facion y compas. De piedra de gran firmeza y negro color hize hazer vna tumba. encima dela qual staua vna riqua ymagen conforme de su figura y muy fuerte obra. y hecha de muy nueuas y primas laurores. porque su gran gentileza despertasse la*

---

[28]   Juan de FLORES, *Grimalte y Gradissa*, Madrid, Real Academia Española, 1954 (Faksimilausgabe); *La historia de Grisel y Mirabella*, Granada, Don Quijote, 1983 (Faksimilausgabe 1529); Barbara MATULKA, *The Novels of Juan de Flores and Their European Diffusion*, New York, Institute of French Studies, 1931, S. 266–75 für literarische Grabmäler.

[29]   Giovanni BOCCACCIO, *Libro de Fiameta*, Ed. crit. Lia MENDIA VOZZO, Pisa, Giardini, 1983 (erste gedruckte Ausgabe Salamanca 1497).

memoria desta senyora. y puse alli sus senyales... hizo de quatro colores sus quatro partes cobrir», etwa ein Schiffchen ohne Ruder mit gebrochenem Mast und eingeholtem Segel und andere sprechende Sinnbilder (Matulka, S. 415–16). Für das Grab wird ein Platz auf einer Anhöhe ausgewählt, und die zur Bestattung vorgetragenen *planctus* überbieten sich in Zitaten antiker Klagelieder.

Den Kunsthistoriker mag der geringe reale, historische Quellenwert, die Unschärfe der Aussagen der poetischen Gegenstücke zur mittelalterlichen spanischen Grabkunst enttäuschen. Die spätmittelalterliche Dichtung liefert keine dokumentarisch oder ikonographisch verwertbaren Zeugnisse iberischer Sepulkralkunst. Die Ekphrasen von Monumenten werden narrativ funktionalisiert und sie stehen in einer rhetorisch-topischen Traditionslinie. Nicht ein konkretes Kunstwerk wird als Gegenstand wahrgenommen, sondern die literarische Technik konzentriert sich darauf, ein Bild erzählerisch wirksam aufscheinen zu lassen, um so dem poetischen Argument stärkere Intensität zu verleihen. Die Dichter hatten bestimmte Typen von Grablegen – für Heilige, Herrscher, Adelige, hohe Geistliche – allgegenwärtig vor Augen, doch dient ihre rhetorisch-poetische Schaustellung vorwiegend einer zeichenhaft-allegorisierenden Ausdeutung entsprechend den spätmittelalterlichen Liebeskonzeptionen höfischer Lyrik, nicht aber dem Abkonterfeien eines bestimmten Objekts. Als literarische Technik bleibt die Ekphrasis stets in poetische und narrative Texte, deren Struktur und Funktion eingebunden. Direkte Beziehungen zwischen Dichtung und Sepulkralkunst im spanischen Mittelalter im Sinne einer «gegenseitigen Erhellung der Künste» herzustellen, ist nicht möglich, aber Grabplastik und literarische Gestaltung in ihrer Spannungsbreite – frühhumanistische Apotheosen, religiöse Lyrik, säkularisierte Dichtungskonvention des Liebestodes – zusammengenommen vermitteln ein mentalitätsgeschichtlich differenziertes Bild der Todesauffassung in Spanien am Ende des Mittelalters.

RESUMEN ESPAÑOL

DESCRIPCIONES DE MONUMENTOS SEPULCRALES EN LA LITERATURA ESPAÑOLA BAJOMEDIEVAL

La tópica de la muerte de amor ocupa un lugar destacado tanto en la poesía cancioneril como en las novelas sentimentales de la segunda mitad del siglo XV. En este contexto surgen, al lado de testamentos (burlescos), parodias de textos litúrgicos (misa, oficio de difuntos) y escenas funerarias, descripciones detalladas de capillas ardientes y sepulcros. Tal arquitectura sepulcral fantástica, imaginada frecuentemente en visiones y sueños, representa ejemplos del arte retórico de la ekphrasis que, a su vez, permiten sacar conclusiones relativas a la retórica monumental del arte funerario peninsular de la época.

DER TANZ UM DEN TOTEN IM SARG –
ZEUGNISSE FÜR EINEN BEGRÄBNISRITUS IN SPANIEN

Uli Wunderlich

In der Antike standen Mahlzeiten an oder auf den Gräbern mit Musik, Tanz und Gesang im Zentrum der Sepulkralkultur.[1] Am 30. Tag nach dem Eintritt des Todes sowie am Jahrestag des Trauerfalls besuchte man den Bestattungsplatz, der damals noch außerhalb der Stadtmauern lag. Die Verstorbenen – seien sie nun Familienangehörige oder Märtyrer – wurden als anwesende Personen gedacht und von den Hinterbliebenen rituell in ihre Gemeinschaft einbezogen. Den Kirchenvätern[2], die sich grundsätzlich von den heidnischen Sitten distanzieren wollten, war dieses Verhalten ein Dorn im Auge: Sie ergänzten die privaten Zusammenkünfte zunächst um eine eucharistische Feier. Ambrosius von Mailand (339–97) verbot den Christen schließlich, dabei zu speisen und zu tanzen. Basilius von Cäsarea (330–79) und Augustinus (354–430) schlossen sich ihm an. Ersterer sprach im Hinblick auf den Tanz von «*unverantwortlicher Geilheit*» und «*Niederlage der Seele*».[3] Letzterer soll ein Bild geprägt haben, das die Theologen noch lange Zeit aufgriffen: die Vorstellung vom Reigen, in dessen Mitte der Teufel steht.[4]

---

[1] Theodor KLAUSER, «Das altchristliche Totenmahl nach dem heutigen Stande der Forschung», in: Ders., *Gesammelte Arbeiten zur Liturgiegeschichte, Kirchengeschichte und christlichen Archäologie*, Münster 1974 (Jahrbuch für Antike und Christentum, Ergänzungsband 3), S. 114–20; Johannes QUASTEN, *Musik und Gesang in den Kulten der heidnischen Antike und christlichen Frühzeit*, Münster 1930 (Liturgiegeschichtliche Quellen und Forschungen 25), bes. S. 195–247; [Carl Gustav] HOMEYER, *Der Dreissigste*, Gelesen in der Akademie der Wissenschaften am 31. Juli 1862, 10. December 1863 und 4. Juli 1864. Berlin 1865 (Abhandlungen der Königlichen Akademie der Wissenschaften zu Berlin), S. 101–04.

[2] Carl ANDRESEN, Altchristliche Kritik am Tanz – Ein Ausschnitt aus dem Kampf der alten Kirche gegen heidnische Sitten, in: *Zeitschrift für Kirchengeschichte*, 72, 1961, S. 217–62.

[3] Zitiert nach Franz M[agnus] BÖHME, *Geschichte des Tanzes in Deutschland. Beitrag zur deutschen Sitten-, Litteratur- und Musikgeschichte*, Nachdruck der Ausgabe Leipzig 1886, Hildesheim und Wiesbaden 1967, S. 92–93.

[4] Vgl. dazu auch die Beispiele im *Thesaurus proverbiorum medii aevi. Lexikon der Sprichwörter des römisch-germanischen Mittelalters*, begründet von Samuel SINGER. Bd. 11, Berlin und New York 2001, S. 268.

Seither ist die Einstellung der Kirche zu derartigen, freilich nirgends näher beschriebenen Riten eindeutig negativ.

Ein Kupferstich von Matthäus Merian aus Johann Ludwig Gottfrieds *Historischer Chronica*[5] soll diese Haltung verdeutlichen (Abb. 1): Am 23. Dezember 1012 versuchte ein Pfarrer in Kölbigk (Sachsen-Anhalt), auf dem Friedhof tanzenden Männern und Frauen Einhalt zu gebieten. In seiner Verzweiflung rief er den Kirchenpatron Sankt Magnus an, der die Übeltäter dazu verdammte, ein Jahr lang ununterbrochen weiterzumachen. Nach Ablauf der Frist löste der Bischof den Bann, aber keiner der am Reigen beteiligten kehrte unbeschadet in den Alltag zurück. Sie starben plötzlich oder siechten langsam dahin.

Abb. 1: Friedhofstanz in Kölbigk im Jahr 1012, Kupferstich von Matthäus Merian
in Johann Ludwig Gottfrieds *Historischer Chronica*, entstanden 1629

---

[5]   Johann Ludwig GOTTFRIED, *Historische Chronica, Oder Beschreibung der Fürnemsten Geschichten/ so sich von Anfang der Welt/ biß auff das Jahr Christ 1619. zugetragen*, [5. Auflage], Frankfurt 1674, 6. Theil, S. 505–06. Vgl. Ernst Erich METZNER, *Zur frühesten Geschichte der europäischen Balladendichtung. Der Tanz in Kölbigk. Legendarische Nachrichten, gesellschaftlicher Hintergrund, historische Voraussetzungen*, Frankfurt 1972 (Frankfurter Beiträge zur Germanistik 14).

Legenden und Predigten, Synodalakten, Beichtspiegel, Exempelsammlungen sowie seltener auch Heiligenviten und darauf basierende Dramen legen Zeugnis davon ab, dass Tanz und Leichenschmaus auf den Gräbern oder im Anblick des aufgebahrten Leichnams bis ins hohe Mittelalter und darüber hinaus Bestand hatten.[6] In diesem Zusammenhang sind bereits die Konzilsbeschlüsse des 6. Jahrhunderts zu sehen. In Valencia verbot man 546 die heidnischen Riten bei den Totenfeiern. Das 3. Konzil von Toledo präzisierte im Jahr 598 unter ausdrücklicher Bezugnahme darauf das Kapitel *De mortuorum exequiis*:

> *Exterminanda omnio est irreligiosa consuetudo, quam vulgus per sanctorum solennitates agere consuevit; ut populi, qui debent officina divina attendere, saltationibus & turpibus invigilent canticis; non solum sibi nocentes, sed & religiosorum officiis perstrepentes. Hoc enim, ut ab omni Hispania depellatur, sacerdotum & judicium a concilio sancto curae committatur.*[7]

Der Erlass, der sich nunmehr insbesondere gegen Tänze und Gesänge an den Jahres- bzw. Todestagen der Heiligen richtete, war für das ganze westgotische Reich verpflichtend. In der Realität scheint er jedoch folgenlos geblieben zu sein, da die Konzilien von Rom, Avignon und Paris das Verbot wiederholten und verschärften.[8] Im hohen und ausgehenden Mittelalter werden die Zeit- und Ortsangaben genauer: Papst Leo IV., Regierungszeit 847 bis 855, eiferte gegen die «*Carmina diabolica, quae nocturnis horis super mortuos [also auf den Gräbern] vulgus facere solet ...*».[9] Odo von Sully, Bischof von Paris 1197 bis 1208, promulgierte in seinen berühmten Synodalstatuten: «*Prohibeant sacerdotes ne fiant choreae, maximae in tribus locis, in ecclesiis, in coemeteriis, & processionibus.*»[10] Das Volk, und mit ihm lange Zeit auch die niedere Geistlichkeit, hielten jedoch an ihren Traditionen fest. Man sang in den Kirchen, auf den Friedhöfen und bei Prozessionen die althergebrachten Lieder und tanzte dazu, denn jene Riten waren nicht einfach Ausdruck der Lebensfreude oder der Trauer, sondern kultischen Ursprungs.

---

[6] Paul GEIGER, «Leichenwache», in: *Handwörterbuch des deutschen Aberglaubens*, hg. von Hanns BÄCHTHOLD-STÄUBLI unter Mitwirkung von Eduard HOFFMANN-KRAYER, Berlin und New York 1987, Bd. 5, Sp. 1105–13; Peter LÖFFLER, *Studien zum Totenbrauchtum in den Gilden, Bruderschaften und Nachbarschaften Westfalens vom Ende des 15. Jahrhunderts bis zum Ende des 19. Jahrhunderts*, Münster 1975, bes. S. 64–74 und 247–97.

[7] Joannes Dominicus MANSI, *Sacrorum conciliorum nova et amplissima collectio [...]*. Bd. 9, Florenz 1763, Sp. 999, Nr. 23.

[8] Einen knappen Überblick über die Verbote bietet L[ouis] GOUGAUD, «La danse dans les Eglises», in: *Revue d'histoire ecclésiastique* 15, 1914, S. 5–22 und 229–245, bes. S. 11–14. Für den deutschsprachigen Raum vgl. Johann ILG, «Gesänge und mimische Darstellungen nach den deutschen Konzilien des Mittelalters», in: *9. Jahresbericht des bischöflichen Gymnasiums «Kollegium Petrinum» in Urfahr Oberösterreich*, Linz 1906, S. 1–21.

[9] MANSI (wie Anm. 7), Bd. 14, 1769, Sp. 895.

[10] MANSI (wie Anm. 7), Bd. 22, 1778, Sp. 683.

Diese These wird durch die Tatsache gestützt, dass es trotz Androhung drakonischer Strafen unmöglich war, dem Treiben auf den Friedhöfen ein Ende zu setzen.

Nur wenige Quellen bezeugen, dass es im Mittelalter auch von kirchlicher Seite Versuche gab, den Tänzen etwas Positives abzugewinnen: Das katalanische Benediktiner-kloster Sta. Maria de Montserrat – einer der wichtigsten Wallfahrtsorte im Norden Spaniens – besitzt im *Llibre Vermell*[11] ein zwischen 1396 und 1399 niedergeschriebenes Buch, das (neben Texten für den liturgischen Gebrauch, den Listen der Ablässe und den Regeln der Ordensgemeinschaft) unter anderem zehn Tanzlieder in lateinischer Sprache mit Noten enthält (Abb. 2).

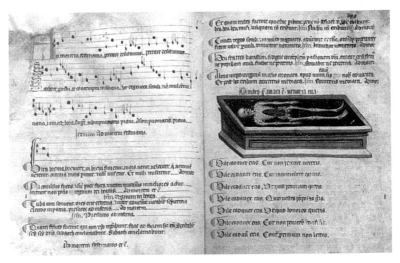

Abb. 2: Das Tanzlied *Ad mortem festinamus* im *Llibre Vermell*
des Klosters Montserrat, 1396/99

Der Verfasser nimmt im Anschluss an den ersten Text in einer Art Vorrede Bezug auf die Wünsche und das Verhalten der Gläubigen:

> *Da es vorkommt, dass die Pilger während der Nachtwache in der Kirche*
> *Beate Marie de Monte Serrato und tagsüber auf dem Kirchhof singen*
> *und tanzen wollen, sie dort aber nur sittliche und andächtige Lieder an-*
> *stimmen dürfen, sind einige hier niedergeschrieben. Sie sollten mit Rück-*
> *sicht und Mäßigung verwendet werden, ohne diejenigen zu stören, die in*
> *ihrer Nachtwache und im frommen Gebet fortfahren.*[12]

---

[11]   Vgl. Das Faksimile von Maria del Carmen GÓMEZ MUNTANÉ (Hg.), *El Llibre Vermell de Montserrat.*
       Cantos y danzas s. XIV, [Barcelona] 1990, (Papeles de ensayo 5), S. 104–05.

[12]   GÓMEZ MUNTANÉ (wie Anm. 11), Folio 22 recto, Übersetzung nach dem lateinischen Zitat auf S. 19:
       «*Quia interdum peregrini quando vigilant in ecclesia Beate Marie de Monte Serrato volunt cantare et tre-*

Weil es im Kloster Montserrat keine Herberge gab, verbrachten die Pilger die Nächte in der Kirche. Man kann sich denken, dass es dabei zu den verschiedensten Zwischenfällen kam. Um Ausschweifungen und Konflikte unter den Besuchern zu vermeiden, stellten die Mönche die Lieder des *Llibre Vermell* zusammen, Gesänge, in denen sich Tanz und Kontemplation vereinen. Es handelt sich dabei ausschließlich um Kontrafakturen, also um geistliche Texte zu weltlichen Melodien.

«*Ad mortem festinamus*», «Zum Tod hin eilen wir», das zehnte und letzte Stück ist – wie ich zeigen möchte – ein Vorläufer der klassischen Totentänze:

> *Scribere proposui de contemptu mundano,*
> *Ut degentes seculi non mulcentur in vano.*
> *Iam est hora surgere a sompno mortis pravo.*
> *Ad mortem festinamus peccare desistamus.*

Ich habe mich entschlossen, vom Verächtlichen der Welt zu schreiben,
Damit diese degenerierten Zeiten nicht vergeblich vergehen.
Nun ist die Stunde, um vom bösen Todesschlaf zu erwachen.
Wir eilen dem Tod entgegen, wir wollen nicht mehr sündigen.

> *Vita brevis breviter in brevi finietur,*
> *Mors venit velociter que neminem veretur,*
> *Omnia mors perimit et nulli miseretur.*
> *Ad mortem festinamus peccare desistamus.*

Kurz ist das Leben und in Kürze endet es,
Der Tod kommt schneller als man glaubt.
Der Tod vernichtet alles und verschont keinen.
Wir eilen dem Tod entgegen, wir wollen nicht mehr sündigen.

> *Ni conversus fueris et sicut puer factus*
> *Et vitam mutaveris in meliores actus,*
> *Intrare non poteris regnum Dei beatus.*
> *Ad mortem festinamus peccare desistamus.*

Wenn du nicht umkehrst und rein wie ein Kind wirst,
Dein Leben durch gute Taten änderst,
Kannst du nicht selig in Gottes Reich eingehen.
Wir eilen dem Tod entgegen, wir wollen nicht mehr sündigen.

---

pudiare, et etiam in platea de die, et ibi non debeant nisi honestas ac devotas cantilenas cantare, idcirco superius et inferius alique sunt scripte. Et de hoc uti debent honeste et parce, ne perturbent perseverantes in orationibus et devotis contemplationibus in quibus omes vigilantes insistere debent pariter et devote vaccare.»

Tuba cum sonuerit, dies erit extrema,
Et iudex advenerit, vocavit sempiterna
Electos in patria, prescitos ad inferna.
Ad mortem festinamus peccare desistamus.

Wenn das Horn für den jüngsten Tag tönt,
Erscheint der Richter und ruft auf ewig die Auserwählten in sein Reich,
Die Verdammten in die Hölle.
Wir eilen dem Tod entgegen, wir wollen nicht mehr sündigen.

Quam felices fuerint, qui cum Christo regnabunt.
Facie ad faciem sic eum adspectabunt,
Sanctus, Sanctus, Dominus Sabaoth conclamabunt.
Ad mortem festinamus peccare desistamus.

Wie glücklich werden jene sein, die mit Christus herrschen,
Ihm ins Angesicht schauend
Werden sie rufen: Heilig Herr Zebaoth.
Wir eilen dem Tod entgegen, wir wollen nicht mehr sündigen.

Et quam tristes fuerint, qui eterne peribunt,
Pene non deficient, nec propter has obibunt,
Heu, heu, heu, miserrimi, numquam inde exibunt.
Ad mortem festinamus peccare desistamus.

Wie traurig werden die auf ewig Verdammten sein,
Sie können sich nicht befreien, werden zugrunde gehen.
Wehe, wehe, rufen die Elenden, nie werden sie von dort entkommen.
Wir eilen dem Tod entgegen, wir wollen nicht mehr sündigen.

Cuncti reges seculi et in mundo magnates
Adventant et clerici omnesque potestates,
Fiant velut parvuli, dimitant vanitates.
Ad mortem festinamus peccare desistamus.

Alle weltlichen Könige, alle Mächtigen dieser Erde,
Alle Kleriker und alle Staatsleute müssen sich verändern;
Sie müssen wie Kinder werden, auf Prahlerei verzichten.
Wir eilen dem Tod entgegen, wir wollen nicht mehr sündigen.

Heu, fratres karissimi [sic], si digne contemplemus
Passionem Domini amare et si flemus,
Ut pupillam occuli servabit, ne peccemus.
Ad mortem festinamus peccare desistamus.

Ach, liebste Brüder, es ist schicklich,
Daß wir die bitteren Qualen Gottes kontemplieren, und weinen,
Nicht mehr zu sündigen geloben.
Wir eilen dem Tod entgegen, wir wollen nicht mehr sündigen.

Alma Virgo Virginum, in celis coronata,
Apud tuum filium sis nobis advocata
Et post hoc exilium ocurrens mediata.
Ad mortem festinamus peccare desistamus. [13]

Gütige Jungfrau unter den Jungfrauen, im Himmel gekrönt,
Sei unsere Fürsprecherin bei deinem Sohn,
Und sei unsere Mittlerin nach diesem Exil.
Wir eilen dem Tod entgegen, wir wollen nicht mehr sündigen. [14]

Aus den Anmerkungen zu den Liedern des *Llibre Vermell* – «*ad trepudium rotundum*» (folio 22r) und «*a bal redon*» (folio 23v) – geht eindeutig hervor, dass es sich um Kreisreigentänze handelt. *Ad mortem festinamus* ist ein *virelai* (von «virer», französisch «sich drehen») und gehört damit zu einer der wichtigsten Refrainformen der Ars nova. [15] Weil dieses Werk weit mehr als nur die volkstümlichen Gesänge aus dem Klosterbereich verdrängen sollte, gingen die Mönche sehr geschickt vor: Sie unterlegten einen geistlichen Text, das Gedicht *Scribere proposui de contemptu mundi* [16], mit einer weltlichen Melodie, weil sich dessen Inhalt im gemeinsamen quasi-rituellen Vollzug weitaus leichter einprägt als etwa bei einer Predigt. Das Lied vermittelte den Pilgern die christliche Heilslehre in rhythmisierter Form. Es bringt zum Ausdruck, dass alle Menschen sterben müssen. Jeder Einzelne soll sich im Hinblick auf das Jüngste Gericht bekehren, das heißt, nicht nach Geld, Ruhm und Ehre streben, sondern sein Denken und Handeln ganz auf Gott ausrichten. Der Refrain lautet folgerichtig «*Peccare desistamus*», «Wir sündigen nicht mehr». In der Gruppe ausgesprochen, wirkt dieser Satz wie ein feierli-

---

[13] Tanzlied aus dem *Llibre Vermell* der Biblioteca de l'Abadia de Montserrat, Ms. 1, folio 26v–27r. Zitiert nach dem Faksimile von GÓMEZ MUNTANÉ (wie Anm. 11), S. 104–05.

Vgl. dazu auch M. GREGORI SUNOL, «Els cants dels Romeus», in: *Analecta Monseratiensia* 1, 1917, S. 100–92; Higinio ANGLÈS, »El ′Llibre Vermell′ de Montserrat y los cantos y la danza sacra de los peregrinos durante el siglo XIV», in: *Anuario Musical*, 10,1955, S. 45–70.

[14] Übersetzung nach dem Booklet zur Aufnahme des Ensembles Saraband: *Llibre Vermell. Das Rote Buch. Spanische Pilgerlieder des Mittelalters*. CD, Jaro, 1993.

[15] Vgl. Verena und Wolfgang BRUNNER, «Geistliches Tanzen nach dem ′Llibre Vermell′ und einem ′Rondellus′. Versuch einer tänzerischen Rekonstruktion spätmittelalterlicher Quellen», in: *Choreae. Zeitschrift für Tanz, Bewegung und Leiblichkeit in Liturgie und Spiritualität*, 2, 1995, H. 1, S. 8–28, hier S. 21.

[16] Das Gedicht «*Scribere proposui de contemptu mundi*», die Vorlage des Tanzlieds *Ad mortem festinamus*, wurde im Jahr 1267 niedergeschrieben. Vgl. Florence WHYTE, *The Dance of Death in Spain and Catalonia*, Baltimore 1931, S. 38–43.

ches Gelöbnis. Die zugehörige Illustration, ein skelettierter Leichnam im offenen Sarg, unterstreicht die Ernsthaftigkeit dieser Aussage.

Die Kombination aus gesungenem *memento mori* und Tanzmusik scheint ihre Wirkung nicht verfehlt zu haben, denn *Ad mortem festinamus* und die zugehörigen Noten tauchen bereits im frühen 15. Jahrhundert in zwei Handschriften wieder auf.[17] In jedem der beiden Codices sind Bilder enthalten, die einen Reigen um das offene Grab darstellen.

Als älteste bekannte Fassung dieses Motivs gilt eine kolorierte Federzeichnung im lateinischen Manuskript Nummer 49 der Wellcome Library for the History and Understanding of Medicine in London.[18] Auf Folio 31r umrunden 13 männliche Figuren einen Verstorbenen (Abb. 3 und Taf. XI).

Abb. 3: Imaginärer Reigen um einen Verstorbenen als Illustration zum Tanzlied *Ad mortem festinamus*, lateinische Handschrift, um 1420

---

[17]   Zu den Handschriften Ms. 1404 der Biblioteca Casanatense in Rom und Ms. 49 der Wellcome Library for the History and Understanding of Medicine in London vgl. Fritz SAXL, «A Spiritual Encyclopaedia of the Later Middle Ages», in: *Journal of the Warburg and Courtauld Institute*, 5, 1942, S. 82–134.

[18]   Vgl. Almuth SEEBOHM, *Apokalypse, Ars moriendi, Medizinische Traktate, Tugend- und Lasterlehren. Die erbaulich-didaktische Sammelhandschrift*, London, Wellcome Institute for the History of Medicine, Ms. 49. Farbmikrofiche-Edition. Introduction to the Manuscript, Descriptive Catalogue of the Latin and German Texts and Illustrations, Index of Incipits. München, Ed. Helga LENGENFELDER, 1995 (Codices illuminati medii aevi 39), bes. Fiche A6 und Beschreibung zu Folio 30v/31r.

Das Ordnungsprinzip ist hier nicht die linear absteigende Folge von Ständevertretern der mittelalterlichen Gesellschaft, wie sie in den meisten nachfolgenden Totentänzen vorkommt, sondern die Aufteilung in hierarchisch gegliederte Gruppen: Rechts vom Papst stehen die Geistlichen, links die weltlichen Würdenträger, ihm gegenüber, also am weitesten entfernt, das einfache Volk. Meiner Meinung nach sind diese Miniaturen nicht nur ein Aufruf zur Abkehr vom weltlichen Leben, sie spiegeln darüber hinaus die eingangs erwähnten Riten wieder. Papst, Kaiser, König, Edelleute, Bürger und Bauer, Mönche unterschiedlicher Ordenszugehörigkeit, Bischof und Kardinal vereinten sich in der Realität zwar niemals in einem einzigen Kreis, aber das Geschehen an und für sich dürfte ihnen allen vertraut gewesen sein.

Die Biblioteca Casanatense in Rom besitzt unter der Signatur Ms. 1404 eine nahe verwandte Handschrift vom Anfang des 15. Jahrhunderts.[19] Auch hier befindet sich das vorgestellte Bild auf einer Doppelseite, auf der einerseits der Reigentanz und anderseits das Lied *Ad mortem festinamus* wiedergegeben ist. Nach 1427, vermutlich aber erst im letzten Viertel des 15. Jahrhunderts, wurde diese Kombination auf die Ostwand des Kapitelsaals im Franziskanerkloster von Morella[20] gemalt (Abb. 4), denn in diesem Raum wurde nicht nur der Abt gewählt, sondern mit größter Wahrscheinlichkeit auch aufgebahrt und bestattet. Vielerorts hatten sogar Bischöfe, Landesherren und Stifter das Begräbnisrecht im Versammlungsraum des Konvents.[21]

Der Reigen um den offenen Sarg hat sich mittlerweile auf zwanzig Personen, darunter erstmals Frauen, erweitert. Die Figuren lassen sich wie in den Handschriften in Gruppen einteilen. In der Mitte steht der Papst, rechts daneben König und Königin, einen Herzog mit Feder besetztem Hut und seine Gattin sowie ein weiteres hochrangiges Paar. Links vom Oberhaupt der Kirche sind ein Kardinal, von dessen Hut die charakteristischen Quasten herabhängen, ein Bischof und mehrere Mönche mit Tonsur dargestellt. Den Kreis schließen im Vordergrund niedere Ordensleute, eine Nonne, ein Handwerker, Mutter und Kind. Die Anordnung ist im Vergleich zu den beiden Miniaturen spiegelverkehrt, denn in der Wandmalerei stehen die Vertreter des kirchlichen Standes zur Linken des Papstes, die weltlichen Personen dagegen rechts.

[19] Ms. 1404 der Biblioteca Casanatense, Folio 4v und 5r, abgebildet in Maria Giulia AURIGEMMA: «Nosce te ipsum. La raffigurazione della morte nei paesi dell'area germanica e nederlandese», in: Alberto TENENTI (Hg.), *Humana fragilitas. I temi della morte in Europa tra Duecento e Settecento*, Clusone (BG) 2000, S. 141–96, hier S. 142–46.

[20] Francesc MASSIP und Lenke KOVÀCS, «Ein Spiegel inmitten eines Kreises. Der Totentanz von Morella (Katalonien)», in: *L'Art Macabre. Jahrbuch der Europäischen Totentanz-Vereinigung Association Danses Macabres d'Europe*, 1, 2000, S. 114–33.

[21] Vgl. Josef ENGEMANN, «Begräbnis, Begräbnissitten», in: *Lexikon des Mittelalters*, Bd. 1, München und Zürich 1980, Sp. 1804–05.

Abb. 4: Wandmalerei im Franziskanerkloster von Morella, nach 1427,
spätestens letztes Viertel 15. Jahrhundert

Dass das Verwandtschaftsverhältnis trotz der erwähnten Abweichungen sehr eng ist, beweisen die Noten des Tanzlieds *Ad mortem festinamus* am unteren Bildrand. Aus dem Pilgergesang ist nunmehr ein monumentaler Totentanz geworden, der zur moralischen Erbauung von Mönchen sowie weltlichen und geistlichen Trauernden diente.

Ob es in Spanien weitere vergleichbare Kunstwerke gab, ist schwer zu sagen, denn der Bestand der erhaltenen Denkmäler ist sehr gering. Zerstört ist der monumentale Totentanz in León, den der um 1470 verstorbene Alfonso Martínez de Toledo als Erzpriester von Talavera in seinem erst posthum unter dem Titel *Corbacho* veröffentlichten Traktat wider die weltliche Liebe erwähnt.[22] Er beschreibt eine vor 1438 entstandene Wandmalerei, auf der Männer und Frauen in hierarchischer Folge vom Papst bis zum Schuster angeordnet tanzten. Der Knochenmann war dabei gleich zweimal zu sehen: im Gespräch und als bewaffneter Angreifer. Weit besser ist die Quellenlage zum Totentanz von Pamplona (der Hauptstadt des Königreichs Navarra), wo es im ausgehenden Mittelalter eine umfangreiche makabre Bilderfolge im Kreuzgang des Klosters der Heiligen

---

[22]   Alfonso MARTÍNEZ DE TOLEDO, *Arcipreste de Talavera o Corbacho*, hrsg. von Michael GERLI, Madrid 1979, S. 271–73.

Eulalia gab.[23] Der Zyklus, der sich dadurch auszeichnete, dass die einzelnen Stände durch mehrere Personen vertreten waren, ging 1521 bei der Zerstörung des Klosters unwiederbringlich verloren. Jede der 17 Gruppen brachte in zwanzig Versen ihr Selbstbewusstsein zum Ausdruck und wurde danach von einer Todesgestalt getadelt.

Erhalten ist lediglich ein Kreisreigen auf einem Kapitell des 15. Jahrhunderts im Innenhof der Casa Estorch in Girona bestehend aus zehn sich an den Händen haltenden Tänzern (Abb. 5).[24] Im Gironesischen Museu d'Art befindet sich eine Kopie. Der Tod, halb verhüllt durch das Leichentuch, das ihm von der rechten Schulter bis zu den Lenden reicht, zeigt sich mit der charakteristischen geöffneten Bauchhöhle, kahlem Schädel und tief liegenden Augen. Ihm folgen Papst, Kaiser und König, schwer identifizierbare geistliche und weltliche Ständevertreter sowie eine Frau im bodenlangen Kleid.

Abb. 5: Tanz mit dem Tod auf einem
Kapitell des 15. Jahrhunderts
im Innenhof der Casa Estorch in Girona

Bevor ich mich den volkskundlichen Zeugnissen zum Tanz im Rahmen spanischer Begräbnisfeiern zuwende, möchte ich – quasi als *missing link* für ausgelassene Jahrhunderte – einige Bildbeispiele aus Mitteleuropa vorstellen. Im deutschsprachigen Raum sind Darstellungen des Reigens um den Sarg aus dem 17. und 18. Jahrhundert erhalten. Das älteste Beispiel ist eine Stickerei, die möglicherweise aus dem anhaltinischen Raum stammt und sich heute im Hessischen Landesmuseum in Kassel befindet.[25] Auf dem

---

[23] Juan ITURRALDE Y SUIT, «La Danza de Animalias y la Danza Macabra del Convento de Santa Eulalia de Pamplona», in: *Boletín de la Comisión de Monumentos Históricos y Artísticos de Navarra*, I2, 1911, S. 83–89. Vgl. außerdem Víctor INFANTES, *Las danzas de la muerte: génesis y desarrollo de un género medieval (siglos XIII – XVII)*, Salamanca 1997, S. 344–47.

[24] Francesc MASSIP und Lenke KOVÀCS, «Der Totentanz unter der katalanisch-aragonesischen Krone: Ikonographie und Inszenierung im Mittelalter und das Fortbestehen einer Tradition», in: *L'Art Macabre. Jahrbuch der Europäischen Totentanz-Vereinigung*, 2, 2001, S. 61–79.

[25] Imke LÜDERS, «Totenreigen – Totentanz. Totentanzillustrationen auf Flugblättern des Barock und Ihre Rezeption», in: *L'Art Macabre. Jahrbuch der Europäischen Totentanz-Vereinigung*, 1, 2000, S. 97–113.

6,5 x 4,5 Meter großen Bahrtuch, das um 1635 im Auftrag von oder für den Kriegsobristen Schierstet geschaffen wurde, sind unter anderem zwei Kreisreigen zu sehen: der Tanz der Männer, getrennt von demjenigen der Frauen auf der gegenüberliegenden Seite. Auf dem weißen Leinen sind Skelette, je 17 Erwachsene und ein Kind dargestellt, die ein Gerippe im Sarg umrunden. Zwei Knochenmänner treten im Kreisinneren als Totengräber auf.

Das Kasseler Totentanztuch ist in vielerlei Hinsicht einzigartig; seine Motive gehen jedoch mit Sicherheit auf graphische Vorlagen zurück: Mehrere der Todessymbole und der Kreisreigen selbst erinnern an ein Flugblatt, das am Anfang des 18. Jahrhunderts im Verlag der Erben Johann Peter Wolffs in Nürnberg neu aufgelegt wurde (Abb. 6): Im Zentrum der Graphik tanzen neun Frauen und neun Skelette auf einem von einer Mauer eingefassten Friedhof um einen Leichnam im offenen Sarg. Für jedes Paar gibt es ein Sterbekreuz.

Umrahmt wird das Mittelfeld von zwölf Medaillons mit Einzeldarstellungen der männlichen Ständevertreter mit dem Tod. Zu lesen ist die Bilderfolge ausgehend von der linken oberen Ecke im Uhrzeigersinn: Papst und Kaiser, König, Kardinal und Bischof, Herzog, Graf und Edelmann, Bürger, Bauer, Kriegsmann und Bettler, Narr und Kind bilden den Schluss. Jede der Figuren ist im Unterschied zu den mittelalterlichen Handschriften beziehungsweise zur Wandmalerei in Morella durch eine Inschrift gekennzeichnet. Die Texte in den Kartuschen am unteren Bildrand legen die Szenen in dem Sinne aus, dass alle Menschen sterben müssen. Theologische Inhalte werden lediglich durch die Verse zwischen Kreuzigung und jüngstem Gericht sowie Sündenfall und Hölle übermittelt.

Das vorgestellte Flugblatt und seine Varianten waren ungeheuer erfolgreich; die meisten Bildbeispiele für den zum Kreis geschlossenen Reigentanz mit dem Tod stammen jedoch aus dem Bereich des einstigen Königreichs Polen, genauer aus Bernhardinerklöstern. Dabei handelt es sich um eine Ordensgemeinschaft von Franziskanerobservanten, die auf Bernhardin von Siena (1380–1444), zurückgeht. Am bedeutendsten ist zweifellos das um 1700 entstandene, 2 x 2,5 Meter große Gemälde im Chor der Kirche des Konvents in Krakau.[26] Sehr wahrscheinlich befand sich ursprünglich auch im Zentrum dieses Bildes ein Sarg, denn zwischen den Tanzenden gibt es eine helle, trapezförmige Fläche, die möglicherweise auf eine Übermalung zurückgeht.

---

[26]   Zum Krakauer Totentanz vgl. Uli WUNDERLICH, *Der Tanz in den Tod. Totentänze vom Mittelalter bis zur Gegenwart*, Freiburg i. Br. 2001, S. 94–96. Der Angaben basieren auf folgenden Artikeln: Adam ORGANISTY: «Taniec śmierci», in: *Przeraźliwe echo trąby żłosnej do wieczności wzywającej. Śmierć w kulturze dawnej polski od średniowiecza do końca XVIII wieku*, Katalog wystawy pod kierunkiem i radakcją przemysława mrozowskiego. 15 grudnia 2000 – 15 marca 2001; *Zamek Królewski w Warszawie*, Warszawie 2000, S. 104–05; *Wawel 1000–2000. The treasures of the Archdiocese of Cracow.* Jubilee Exhibition, Archdiocesan Museum in Cracow, May – September 2000. 3 Bde., Redaktion: Maria PODLODOWSKA-REKLEWSKA. Krakau 2000 [2001!], hier Bd. 2, S. 85–86 und Bd. 3, Abb. 458. Eine Übersicht über die Kopien bietet der Ausstellungskatalog: *Obrazy śmierci w sztuce polskiej XIX I XX wieku. Katalog wystawy w Muzeum Narodowym w Krakowie wrzesień – listopad 2000*. Kraków 2000, bes. S. 52–67.

Abb. 6: Flugblatt aus dem Verlag Johann Peter Wolffs seel. Erben,
Nürnberg Anfang des 18. Jahrhunderts.
Sammlung *Mensch und Tod* der Heinrich-Heine-Universität Düsseldorf

Eine inschriftlich auf das Jahr 1769 datierte Kopie des Krakauer Totentanzes bestätigt
diese Theorie. Das 2,47 x 1,6 Meter große Gemälde hängt heute im Eingangsbereich zur
Wallfahrtskirche Kalwaria Zebrzydowska. Es stellt – genau wie der Nürnberger Kupferstich aus dem Verlag der Erben Johann Peter Wolffs – den Tanz um den Leichnam im
offenen Sarg dar, ein Sujet, das zum ersten Mal in den 1390er Jahren in einer Handschrift des spanischen Klosters Sta. Maria de Montserrat vorkommt und Besuchern von
polnischen Kirchen bis heute begegnet. Man darf also davon ausgehen, dass dieses
Motiv durch die Vermittlung von Franziskanern in Italien und Spanien, im deutschsprachigen Raum und schließlich bis weit nach Osteuropa Verbreitung fand.

Zugegeben, bei allen bisher gezeigten Beispielen handelt es sich um imaginäre Reigentänze und nicht etwa um Zeugnisse für reales Bestattungsbrauchtum. Solche Quellen
sind ausgesprochen rar: In der Antike umrundete man feierlich die Tumulusgräber. Ein
Abglanz davon findet sich noch im angelsächsischen Epos *Beowulf* aus dem 8. Jahrhundert.[27] Der Vita des heiligen Bruno zufolge fand 1082 bei der Bestattung des Pariser
Chorherren Raymond Diocrès in der Kathedrale Notre-Dame eine «Leichtanz» statt.[28]
Als Berchtold von Falkenstein, der Abt des Klosters St. Gallen, im Jahr 1271 starb,
tanzte das Volk angeblich während des Totenamts.[29] Ein Exempel in einer zwischen
1340 und 1350 entstandenen Zisterzienserhandschrift aus dem Aargau berichtet ausführlich über den Tanz, den die Trauergesellschaft um die aufgebahrte Geliebte eines Geistlichen vollführte.[30] Zeitgleich und noch lange darüber hinaus reißt die Flut der Verbote
von Tanz und Schmaus am offenen Sarg nicht ab. Besonders gut untersucht sind die
Akten aus Westfalen, wo das «Leichentreten» 1850 noch üblich war.[31] Junge Männer
führten dieses Ritual aus, indem sie, von einem Bein auf das andere tretend, den aufgebahrten Verstorbenen umrundeten. Dabei soll dem Alkohol ausgiebig zugesprochen
worden sein.

Ein Beleg dafür, dass solche Tänze damals auch in Spanien praktiziert wurden, bietet
ein historischer Reisebericht: Der französische Kunsthistoriker Jean Charles Baron de
Davillier, geboren am 27. Mai 1823 in Rouen, gestorben am 3. März 1883 in Paris, publizierte in der Zeitschrift *Le Tour du Monde* zwischen 1862 und 1873 eine Folge von 38
Artikeln.[32] Sein alter Freund Gustave Doré, so heißt es im ersten Teil, hätte seit langem
gewünscht, dieses Land mit eigenen Augen zu sehen. Eines Tages – vermutlich bereits
im Jahr 1855 – machte man sich auf den Weg: mit dem Zug dritter Klasse über Perpignan nach Barcelona, Valencia, Granada, Sevilla, Toledo, Madrid, Salamanca, León,
Burgos, Navarra und Aragonien und über das Baskenland zurück. Der produktivste
Zeichner seiner Zeit steuerte 324 Skizzen bei, die für die Erstveröffentlichung von verschiedenen Künstlern seiner Werkstatt in Holz gestochen wurden. 1874 erschien unter
dem Titel *L'Espagne* eine Buchausgabe mit 306 Illustrationen in der Pariser Librairie

---

[27]   In der Schlussszene wird der Held Beowulf verbrannt, die Gefährten umrunden singend sein Hügelgrab.

[28]   Uli WUNDERLICH, «Das Begräbnis des Raymond Diocrès», in: *Totentanz aktuell*, 4, 2003, Heft 48,
       S. 10–12. Der Bericht ist allerdings erst 150 Jahre nach dem Tod des Heiligen in der so genannten «vita antiquor» eines namentlich nicht bekannten Verfassers erschienen.

[29]   Gabriel WALSER, *Neue Appenzeller Chronik oder Beschreibung des Kantons Appenzell [...]*, S[t]. Gallen
       1740, S. 162.

[30]   Christoph MÖRGELI und Uli WUNDERLICH, «Tanzende Tote in einer Aargauer Handschrift des 14. Jahrhunderts», in: *L'Art macabre. Jahrbuch der Europäischen Totentanz-Vereinigung*, 3, 2002, S. 144–61, bes.
       S. 148–50.

[31]   Kirchenbuch von Thüle (Landkreis Cloppenburg), Manuskript 185 der Volkskundlichen Kommission des
       Landschaftsverbands Westfalen Lippe, Münster, zitiert nach LÖFFLER (wie Anm. 6), S. 64.

[32]   *Voyage en Espagne*. Par Gustave DORÉ et le Baron [Jean] Ch[arles] DAVILLIER. *Le Tour du Monde
       1862–1873*, Faksimile. Valencia 1974 (Bibliotheca imago mundi 1).

Hachette.[33] Das Werk gilt als Fundgrube für volkskundlich interessierte Leser, denn
Baron de Davillier beschreibt statt berühmter Kunstwerke das Leben auf den Straßen,
Sitten und Gebräuche, kirchliche Feste sowie private Feiern mit Musik und Gesang. In
der 21. Folge geht es auf 17 Seiten um die *Seguidilla*, einen Tanz mit Kastagnetten und
Gitarrenbegleitung (Abb. 7).[34]

Abb. 7: Gustave Doré, Tanz um den Leichnam eines Mädchens in Jijona,
entstanden 1855, veröffentlicht 1866

Der Verfasser vergleicht die Aufführungen in der Mancha mit denjenigen in Valencia
und an seinem momentanen Aufenthaltsort Sevilla. Er präsentiert Noten und Liedtexte,
philosophiert über das Abhängigkeitsverhältnis zur *Jota* und erinnert sich bei dieser Gelegenheit an ein Erlebnis in einer Kleinstadt nördlich von Alicante:

> *Nous fûmes un jour témoins à Jijona d'une cérémonie funèbre dans la-*
> *quelle, à notre grand étonnement, les assistants dansaient la* Jota. *Nous*
> *passions dans une rue déserte, quand nous entendîmes un fronfron de*
> *guitare accompagné du chant aigu de la* bandurria *et d'un cliquetis de*

---

[33] Baron Jean Charles DAVILLIER, *L'Espagne*. Illustré de 306 gravures dessinées sur bois par Gustave
      DORÉ, Paris, Hachette, 1874.
[34] *Voyage en Espagne,* Teil 21, «Séville», in: *Le Tour du Monde*, 16, 1862, S. 305–20.

castagnettes. Nous poussâmes la porte entr'ouverte d'une maison de cultivateurs, croyant tomber au milieu d'une noce : c'était un enterrement. Dans le fond de la pièce nous aperçûmes, étendue sur une table recouverte d'un tapis, une petite fille de cinq à six ans, habillée comme pour un jour de fête; sa tête, ornée d'une couronne de fleurs d'oranger, reposait sur un coussin; et nous crûmes d'abord qu'elle dormait; mais en voyant un vase plein d'eau bénite à côté d'elle, et de grands cierges qui brûlaient aux quatre coins de la table, nous comprimes que la pauvre petite était morte. Une jeune femme, qu'on nous dit être la mère, pleurait à chaudes larmes, assise à côté de son enfant.

Cependant le reste du tableau contrastait singulièrement avec cette scène de deuil; un jeune homme et une jeune fille, portant le costume de fête des labradores *valenciens, dansaient, au milieu de la pièce, une* Jota *des plus animées en s'accompagnant de leurs castagnettes, tandis que les musiciens et les invités formaient le cercle autour d'eux, et les excitaient en chantant et en battant des mains.*

Nous avions de la peine à comprendre ces réjouissances à côté d'un deuil : Está con los angeles, – *elle est avec les anges, nous dit un des parents. En effet, on considère en Espagne les enfants qui meurent comme allant tout droit en paradis : –* Angelitos al cielo, *des petits anges au ciel, dit le proverbe; c'est pourquoi on se réjouit de les voir aller vers Dieu, au lieu de s'en affliger. Aussi, après la danse, entendîmes-nous les cloches* tocar á gloria, *c'est-à-dire sonner comme pour une fête, au lieu de* tocar á muerto, *comme pour les enterrements ordinaires.*

La Navarre et le sud de la Catalogne ont aussi leurs Jotas; *dans la partie orientale de la province de Gérona qui confine à la frontière française, et qu'on appelle l'Ampurdan (les Catalans disent l'*Ampurdá), *nous avons vu dans des fêtes de villages des danses gracieuses et variées; elles se composent de deux pas différents qu'on appelle* lo Contrapas *et la* Sardana, *et dont les figures forment une espèce de quadrille. Les airs qui accompagnent ces danses ont un caractère d'originalité qui nous frappa vivement, et ils nous parurent devoir remonter à une époque fort ancienne.*[35]

---

[35]   *Voyage en Espagne,* Teil 21, «Séville», in: *Le Tour du Monde* 16, 1862, S. 314–315. Vgl. dazu Uli WUNDERLICH, «Kindertod und Tanz – Ein historischer Reisebericht aus Spanien», in: *Totentanz aktuell,* 4, 2002, H. 42, S. 4–5.

Das Geschehen erklärt sich durch den Kommentar der Beteiligen von selbst. Alfred Funke beobachtete dasselbe Verhalten noch in den 1920er Jahren bei Katholiken im brasilianischen Bergland.[36] Statt der *bandurria* und den Kastagnetten erklang dort eine Viola, statt der *Jota* wurde im Sertão (Pernambuco) eine Samba getanzt. Den Hintergrund bildet hier wie dort die Vorstellung, dass früh verstorbene Kinder direkt in den Himmel kommen und dort ein besseres Dasein führen.

Baron de Davillier und Gustave Doré bereisten Spanien, um dort authentisches Volksleben zu finden. Sie beschrieben in Wort und Bild Riten, die so oder ähnlich bis vor kurzem auch in ihrem eigenen Land üblich waren. Denn Charles Edmond Henri de Coussemaker veröffentlichte 1856 in seinem Buch *Chants populaires des Flamands de France* ein Tanzlied, das die Jungfrauen bis 1840 bei Begräbnissen in Bailleul sangen: «In don hemel is eenen dans, daer dansen al de maegdekens.»[37] Wenn in dieser unweit von Lille gelegenen Stadt ein Mädchen starb, wurde die Leiche von seinen Altersgenossinnen zuerst in die Kirche und dann auf den Friedhof getragen. Sobald der Sarg ins Grab gesenkt war, erfassten sie das blaue, mit silbernen Kronen bestickte Bahrtuch und gingen damit tanzend und singend den Weg zurück. Der Autor zeigt sich in seinen Ausführungen beeindruckt vom leidenschaftlichen, rhythmischen Vortrag der Sängerinnen und betont, dass die Zeremonie für die jungen Leute viel Anziehendes habe, mittlerweile allerdings nicht mehr ausgeführt werde. Lediglich das Tuch sei nach wie vor in Gebrauch.

Bilder beweisen, dass der Brauch in ganz Europa verbreitet war. Der Holzstich von Francisco Reinhard, tätig 1855 bis 1864, zeigt eine spanische Trauergesellschaft auf dem Weg zum Friedhof (Abb. 8).[38] An der Spitze des Leichenzugs gehen Mädchen, die Freundinnen der Verstorbenen, mit dem Sarg. Hinter ihnen sind Tänzer und Musikanten, zwei Männer mit Gitarre, ein Flötenspieler und mehrere Personen mit Tamburin zu erkennen. Von Trauer oder von den typisch südländischen Klagegebärden gibt es dagegen keine Spur. Das Blatt vermittelt durchaus den Glauben daran, dass die Jungverstorbenen – wie im erwähnten Lied – im Himmel tanzen und die Lebenden nach dem Begräbnis fröhlich in den Alltag zurückkehren.

---

[36] Alfred FUNKE, *Brasilien im 20. Jahrhundert*, Berlin 1927, S. 59–60: «Der Tod eines Kindes wird wie ein Freudentag gefeiert. Die Viola tönt, die alten Gesänge hallen, der wirbelnde Samba wird getanzt, und zwischen stillen Carnaúbakerzen liegt das 'Englein', schön aufgeputzt, das ja in seiner Unschuld sicher zu den Freuden des Himmels eingeht.»

[37] [Charles] E[dmond Henri] de COUSSEMAKER [Hrsg.], *Chants populaires des Flamands de France recueillis et publiés avec les mélodies originales, une traduction française et des notes*, Gand 1856, Nr. 35, S. 100–01. Vgl. dazu Gerardus van der LEEUW, *«In dem Himmel ist ein Tanz ...». Über die religiöse Bedeutung des Tanzes und des Festzugs*, München 1930 (Der Tempel des Leibes 1).

[38] Der Holzschnitt, dessen Quelle ich nicht exakt ermitteln konnte, befindet sich in der Bildersammlung des Museums für Sepulkralkultur in Kassel, Inv. Nr. GS 1983/84. Vgl. Uli WUNDERLICH, «Gesang und Tanz bei Kinderbegräbnissen», in: *Totentanz aktuell*, 4, 2002, H. 36, S. 10–11. Die biographischen Daten des Künstlers werden erwähnt in Elena PÁEZ RIOS, *Repertorio de grabados españoles en la Biblioteca nacional*, Band 3, R–Z, Madrid 1983, zitiert nach SAUR, *Allgemeines Künstlerlexikon. Bio-bibliographischer Index A–Z*. Bd. 8. München und Leipzig 2000, S. 308.

Abb. 8: Francisco Reinhard, Leichenzug für ein Mädchen mit Musik und Tanz, Spanien um 1860

Neben dem Verhalten der Trauergesellschaft verdient ein weiteres Detail die Aufmerksamkeit des Betrachters: Mädchen tragen die Leiche ihrer Geschlechtsgenossin; Jungen würden dasselbe für einen Spielkameraden tun. Sie transportieren den Sarg weder auf den Schultern noch auf einer Bahre, sondern verwenden zwei Tücher. Das Material dürfte immer dann zum Einsatz gekommen sein, wenn Kinder und Jugendliche einen Leichnam trugen, weil es weniger wog als ein hölzernes Gestell.

Die Sitte fröhlicher Begräbnisse muss sich in der spanischen Provinz noch länger gehalten haben: Aurelio Cápmany schrieb 1931 in *El Baile y la Danza*[39], dass Tänze im Anschluss an die Bestattung in kleineren Orten in Murcia noch üblich seien. Wenn in Perello bei Tortosa ein Kind gestorben und begraben worden war, ging die Trauergesellschaft auf den Marktplatz, um dort zu tanzen. Der Berner Volkskundler Paul Geiger bezeugt dasselbe Verhalten 1927 in Süditalien.[40] Ein 1937 entstandenes Ölgemälde[41]

---

[39] Aurelio CAPMANY, «El baile y la danza», in: Francesc CARRERAS I CANDI, *Folklore y costumbres de España*, 2. Aufl. Bd. 2. Barcelona 1934, hier S. 322.

[40] *Basler Nachrichten* vom 2. November 1927, erwähnt bei GEIGER (wie Anm. 6), Sp. 1110 und Anmerkung 66, Sp. 1112.

[41] Vgl. *Obrazy śmierci w sztuce polskiej XIX I XX wieku*, S. 225. Weitere Beispiele aus England und der Ukraine sind abgebildet in: Christoph MÖRGELI und Uli WUNDERLICH, *«Über dem Grabe geboren». Kindsnöte in Medizin und Kunst*, Katalog zur Ausstellung im Medizinhistorischen Museum der Universität Zürich. Bern 2002, S. 233–34.

des polnischen Künstlers Czeslaw Wdowiszewski im Besitz des Muzeum Okregowemu in Toruń belegt, dass es sich nicht um für die Mittelmeerländer typische, sondern allenfalls um in katholischen Gebieten verbreitete Riten handeln kann.

Man darf davon ausgehen, dass es sich bei Gesang und Tanz während der Leichenwache, im Trauerzug oder am Grab um Überreste archaischer Riten handelt. Skizzieren lässt sich die Entwicklung wie folgt: Das Zeremoniell, das in der heidnischen Antike den Helden vorbehalten war, scheint in der Spätantike trotz heftiger Kritik von Seiten der christlichen Kirchenväter allgemein Verbreitung gefunden zu haben. Nachdem Verbote nichts halfen, versuchte man dem Brauch eine andere Wendung zu geben und ihn in die Liturgie zu integrieren. Geistliche ersannen Tanzlieder, welche die Gläubigen an den Tod erinnern und zu einem moralischen Lebenswandel anregen sollten. Weit häufiger jedoch brachte man Spukgeschichten in Umlauf, in denen Geistererscheinungen als Hilferufe erlösungsbedürftiger Seelen im Fegefeuer oder aber als böse Vorzeichen gedeutet wurden. Die Mönchsorden setzten Totensagen und Totentänze seither in ihren Predigten ein, um die Zuhörer einerseits zum Almosengeben und zu testamentarischen Verfügungen zu überzeugen und andererseits, um sie von Feiern am Grab abzuhalten. Es scheint nahe liegend, dass die gruseligen Bilder der Abschreckung dienten, denn sie zeigten, dass Gerippe Vertreter aller Stände – gegebenenfalls eben auch den Betrachter – mit sich ziehen. Während die Quellen den Tanz um den aufgebahrten Leichnam oder am Grab im Mittelalter nur für Erwachsene, oft sogar für höher gestellte Personen bezeugen, ist in der Neuzeit überwiegend von jungen Leuten die Rede: Man tanzt für verstorbene Kinder, oder aber Burschen und Mädchen beharren auf einem alten Ritual, das von wohlmeinenden Älteren oft genug als Schabernak oder atavistischen Rückfall in eine längst überwundene Entwicklungsstufe dargestellt wird. In diesem Sinne lässt Gottfried Keller den Schulmeister in seinem 1854 veröffentlichen Roman *Der Grüne Heinrich* sagen:

> *So muß es also doch getanzt sein? Ich glaubte, dieser Gebrauch wäre endlich abgeschafft, und gewiß ist dies Dorf das einzige weit und breit, wo er noch manchmal geübt wird! Ich ehre das Alte, aber alles, was so heißt, ist doch nicht ehrwürdig und tauglich! Indessen mögt ihr einmal zusehen, Kinder, damit ihr später noch davon sagen könnt; denn hoffentlich wird das Tanzen auf Leichenbegängnissen endlich doch verschwinden!*[42]

---

[42]   Gottfried KELLER, *Sämtliche Werke und ausgewählte Briefe*, hg. von Clemens HESELHAUS. Bd. 3, München 1958, S. 286.

ENGLISH SUMMARY

THE DANCE AROUND THE CORPSE IN THE COFFIN – TESTIMONIALS FOR A FUNERAL RITE IN SPAIN

It is easy to find pieces of evidence for dancing at graveyards and around corpses lying in state from Antiquity till the ending of the Middle Ages in textual sources such as synodal acts, council decisions and penitential books. In contrast, visual references for this custom are extremely rare. Based on the manuscript of the song «*Ad mortem festi-namus – peccare desistamus*» in the «Llibre Vermell» from the Benedictine monastery S. Maria de Montserrat and the late medieval murals in the Franciscan cloister of Morella the extent of such rites as well as the constitution of the persons involved shall be examined. In the earliest examples the ritual was performed to honour high-ranking deceased, spreading later to all classes of society. In early modern times the dance increasingly fell into disrepute, but at the same time was re-interpreted. Thus in 19th and 20th century Spain it only seems to have occurred during child burials in working-class milieus.

VII

SEPULKRALKULTUR UND POLITISCHER TOTENKULT

IM 19. UND 20. JAHRHUNDERT

BÜRGERLICHE NOBILITIERUNG DURCH SEPULKRALEN ARISTOKRATISMUS: MAUSOLEEN AUF DEM MADRIDER FRIEDHOF SAN ISIDRO

Ingrid Reuter / Norbert Fischer[*]

DIE RENAISSANCE DES MAUSOLEUMS IN DEN METROPOLEN

«Nur eins störte uns. Zu solcher Prachtavenue von Trauerbäumen gehört als Abschluss notwendig ein Mausoleum», heißt es in Theodor Fontanes 1899 erschienenem Alterswerk *«Der Stechlin»*.[1] Mausoleen galten an der Wende vom 19. zum 20. Jahrhundert als fast unverzichtbares Element sepulkraler Landschaften. Sie erlebten damals in den europäischen Metropolen eine bemerkenswerte – und historisch vorläufig letzte – Renaissance. Im Rückgriff auf aristokratische Traditionen demonstrierten die zumeist großbürgerlichen Auftraggeber ihre herausragende gesellschaftliche Position. Die monumentalen Mausoleumsbauten dienten ihnen als Ausdruck sozialer Distinktion im öffentlichen Raum der urbanen Friedhöfe.[2] Damit erweist sich die Renaissance des Mausoleums in den Jahrzehnten um 1900 als aufschlussreiches Beispiel der gesellschaftlich-politischen Funktion von Erinnerungskultur.[3]

Bereits der namensgebende Grabbau des karischen Herrschers Mausolos (reg. 377–53 v. Chr.) lässt sich wie die seinem Schema bis in die christliche Neuzeit folgenden Bauten[4] als künstlerisches wie gesellschaftliches Programm lesen. In der Frühen Neuzeit

---

[*] Der erste Teil des Beitrags stammt von Norbert Fischer, der zweite (Haupt-)Teil von Ingrid Reuter.

[1] Theodor FONTANE, «Der Stechlin», in: DERS., *Romane und Erzählungen in acht Bänden*, hrsg. von Peter GOLDAMMER u.a., Bd. 8, Berlin, Weimar 1973 (2. Aufl.), S. 352.

[2] Edwin HEATHCOTE, *Monument Builders. Modern Architecture and Death*, Chichester 1999, S. 31–35; siehe auch Howard M. COLVIN, *Architecture and the Afterlife*, New Haven u. a. 1991.

[3] Burkhard LIEBSCH und Jörn RÜSEN (Hrsg.), *Trauer und Geschichte*, Köln / Weimar / Wien 2001.

[4] Kristian JEPPESEN, *The Maussolleion at Halikarnassos: reports of the Danish Archaelogical Expedition to Bodrum*, Vol. 4: *The quadrangle: the foundations of the Maussolleion and its sepulchral compartments*, Aarhus 2000; Vol. 5: *The superstructure: a comparative analysis of the architectural, sculptural and literary evidence*, Aarhus 2002; Barbara HAPPE, «Mausoleum», in: *Religion in Geschichte und Gegenwart*.

wurden diese «Totenhäuser» inmitten der städtischen Bebauung an der Kirche bzw. auf dem Kirchhof errichtet, also an den im dezidiert religiösen Kontext stehenden Begräbnisplätzen des Mittelalters. Stellvertretend sei das für Deutschland bedeutsame Beispiel des 1608 bis 1627 errichteten Mausoleums für Graf Ernst von Holstein-Schaumburg in Stadthagen genannt.[5]

Diese signifikante Verortung änderte sich jedoch im Verlauf des 18. Jahrhunderts, als es, ausgehend von England, zu einer regelrechten Blütezeit der Mausoleen kam. Diese wurden nun häufig innerhalb adliger Privatparks errichtet und damit aus dem dezidiert kirchlichen Kontext der Bindung an das Gotteshaus herausgelöst.[6] Als Antikenzitat wurde das Mausoleum zum distinguierten Sepulkralbau der Aristokratie (der auch Eingang in Werke zeitgenössischer Literatur, etwa Goethes «Wahlverwandschaften», fand).[7]

Mit Beginn des bürgerlichen Zeitalters schwand allerdings die gesellschaftliche Symbolkraft des Mausoleums. Schlichtere, dafür mehr emotionsgetönte Grabmäler wurden nach 1800 zum Leitbild der Sepulkralkultur – in Verkörperung des «sanften Todes» immer häufiger geschmückt mit figürlichen und porträthaften Darstellungen, die die bürgerliche (Erfolgs-)Biografie des zumeist männlichen Verstorbenen feierten.[8]

Erst im späten 19. und frühen 20. Jahrhundert erlebte das Mausoleum eine neuerliche Renaissance. Peter Pinnau bezeichnete diese Zeitspanne, die von 1870 bis 1920 währte, als «expansive Phase» des Mausoleumbaus,. Nun bedienten sich zahlreiche großbürgerliche Auftraggeber dieser «Symbole der Eitelkeit» und revitalisierten eine zuvor noch als anachronistisch betrachtete Sepulkraltradition.[9] Oft von einer Kuppel gekrönt, wurde das Mausoleum zum architektonisch aufwändig gestalteten monumentalen Bestattungsbau. Bezeichnenderweise verlagerte sich der Schauplatz ein weiteres Mal – nunmehr auf die meist großzügig angelegten und öffentlich zugänglichen Friedhöfe in europäischen Metropolen, die im Zeitalter der Hochindustrialisierung rasch expandierten.[10]

Handwörterbuch für Theologie und Religionswissenschaft, Tübingen 2002 (4. völlig neu bearb. Aufl.), Bd. 5, Sp. 929f.

[5]   Monika MEINE-SCHAWE, «Neue Forschungen zum Mausoleum in Stadthagen», in: « ... *uns und unseren Nachkommen zu Ruhm und Ehre». Kunstwerke im Weserraum und ihre Auftraggeber*, Marburg 1992, S. 69–132; Marie-Theres SUERMANN, *Das Mausoleum des Fürsten Ernst zu Holstein-Schaumburg in Stadthagen*, Berlin 1984.

[6]   Peter PINNAU, *Gruft, Mausoleum, Grabkapelle. Studien zur Sepulkralarchitektur des 19. und des 20. Jahrhunderts mit besonderer Hinsicht auf Adolf von Hildebrand*, München 1992, S. 3.

[7]   Bernd EVERS, *Mausoleen des 17.–19. Jahrhunderts*, Diss. Tübingen 1983, S. 183; Johann Wolfgang von GOETHE, *Wahlverwandtschaften*, Frankfurt am Main 1972, S. 140f.

[8]   Norbert FISCHER, *Geschichte des Todes in der Neuzeit*, Erfurt 2001, Kap. II.

[9]   PINNAU (wie Anm. 7), S. 8 (Zitat) sowie S. 35–63 (mit zahlreichen Einzelbeispielen).

[10]   Clemens ZIMMERMANN, *Die Zeit der Metropolen. Urbanisierung und Großstadtentwicklung*, Frankfurt am Main 1996.

Diese Verlagerung des Mausoleumsbaus geschah nicht zufällig. Städtische Friedhöfe waren mittlerweile zum Ort der Promenade und zum kommunalen Renommierobjekt geworden. Die Ästhetisierung der europäischen Friedhofslandschaft hatte im späten 18. Jahrhundert begonnen – etwa zeitgleich mit einer Welle von Friedhofsverlegungen vor die Tore der Städte – und fand im Verlauf des 19. Jahrhunderts im sog. Parkfriedhof ihren vorläufigen Höhepunkt. Dessen Naturlandschaft bildete die Kulisse für einen vor allem im späten 19. Jahrhundert immer ausufernderen, sich des stilistischen Arsenals des Historismus bedienenden Grabmalkultes, besonders bei den Mausoleen.[11] Sie wurden in zahlreichen europäischen Metropolen errichtet, vornehmlich in der Zeit vor dem Ersten Weltkrieg. Bisweilen wurden für die Mausoleen besondere Räume des Friedhofs gartenarchitektonisch gestaltet, nicht selten dienten die Totenhäuser als *point de vue* innerhalb der Sepulkrallandschaft.[12]

In den Mausoleen der Jahrhundertwende spiegelte sich der Machtanspruch städtischer Oligarchien. Im historischen Umfeld von Industrialisierung und Urbanisierung zu Reichtum, Macht und Ansehen gelangt, suchte das Großbürgertum nach besonderen Formen symbolischer Repräsentation – und fand sie in der Adelskultur des 18. Jahrhunderts. Im historistischen Zitat und der Verknüpfung unterschiedlicher Stilformen wurde das Mausoleum immer monumentaler als sepulkraler Ausdruck der «*unbegrenzten Selbstherrlichkeit seines Besitzers*».[13]

Sozialhistorisch lässt sich diese Reaktualisierung des Mausoleums als «*invented tradition*»[14] betrachten – als Wiederbelebung einstiger kultureller Traditionen, um gesellschaftliche Machtansprüche zu untermauern. Das Großbürgertum bediente sich einer nicht zufällig gewählten sepulkralen Formensprache, um das eigene, bisweilen erst neu gewonnene Selbstbewusstsein, die eigene politische und nicht zuletzt ökonomische Macht der Öffentlichkeit auf den Friedhöfen zu demonstrieren. Der Rückgriff auf die aristokratische Bestattungskultur des 18. Jahrhunderts – und eben dies war der im kulturellen Gedächtnis verankerte Anknüpfungspunkt – war in sich durchaus kohärent: Auch auf anderen Ebenen symbolischer Repräsentation eiferte das Großbürgertum aristokratischen Vorbildern nach, wenn es nach sozialer Nobilitierung strebte.[15]

---

[11] Norbert FISCHER, *Vom Gottesacker zum Krematorium. Eine Sozialgeschichte der Friedhöfe in Deutschland seit dem späten 18. Jahrhundert*, Köln / Weimar / Wien 1996 (online-Version: www.sub.uni-hamburg.de/disse/37/inhalt.html), S. 60–74.

[12] Jörg KUHN, *Neubarocke Mausoleen auf Berliner Friedhöfen*, Maschinenschriftl. Examensarbeit FU Berlin, Fachbereich Geschichtswissenschaften, 1989, S. 39.

[13] Ernst-Heinz LEMPER, «Historismus als Großstadtarchitektur. Die städtebauliche Legitimierung eines Zeitalters», in: Karl-Heinz KLINGENBURG (Hrsg.): *Historismus – Aspekte zur Kunst im 19. Jahrhundert*, Leipzig 1985, S. 59.

[14] Eric J. HOBSBAWM, «Introduction: Inventing Traditions», in: DERS. und Terence RANGER (Hrsg.): *The Invention of Tradition*, Cambridge 1992, S. 1–14.

[15] Als Fallstudie s. Tobias von ELSNER, *Kaisertage: die Hamburger und das Wilhelminische Deutschland im Spiegel öffentlicher Festkultur*, Frankfurt am Main u.a. 1991.

Diese Funktion des Mausoleums lässt sich in Spanien ebenfalls beobachten. Wie vielerorts in Europa, war es hier im 18. Jahrhundert üblich gewesen, die Toten in den Kirchen selbst bzw. auf den Kirchhöfen zu bestatten, bevor, an der Wende zum 19. Jahrhundert, die ersten Friedhöfe außerhalb der Städte planmäßig angelegt wurden. Das spanische Bürgertum, das sich während der Regierungszeit von Isabella II. gesellschaftlich allmählich entwickelt hatte, schuf sich in der Stabilität der Restauration ab 1874 nicht nur monumentale private und öffentliche Bauten der Selbstvergewisserung in der Hauptstadt Madrid, sondern suchte auch über den Tod hinaus seine neu gewonnene gesellschaftliche Position zu demonstrieren. Friedhöfe wie San Isidro, der 1811 als erster privater Friedhof von einer Bruderschaft im Südwesten von Madrid gegründet wurde, boten hierfür den geeigneten prestigeträchtigen Rahmen.

DER FRIEDHOF SAN ISIDRO UND SEINE MAUSOLEEN – REPRÄSENTATION EINER SELBSTBEWUSSTEN OBERSCHICHT UND SPIEGEL ZEITGENÖSSISCHER ARCHITEKTUR

Mit dem Wandel der Bestattungsformen an der Wende zum 19. Jahrhundert und der planmäßigen Anlage von Friedhöfen außerhalb der Städte entwickelte sich auch in Spanien eine neue Bauaufgabe. War bei der im 18. Jahrhundert häufigen Bestattung in den Kirchen die jeweilige Nähe zum Altar ein Statussymbol, so mussten bei den neu eingerichteten Friedhöfen andere Formen der Hierarchisierung gefunden werden. Neben die Bestattung in den Nischen von Säulenhallen trat deshalb ab Mitte des 19. Jahrhunderts das Familienmausoleum, das zum bevorzugten Mittel (groß-)bürgerlicher und adliger Repräsentation über den Tod hinaus wurde. Die Gestaltung dieser Mausoleen wurde immer aufwändiger, gleichzeitig bildeten sie gleichsam ein «Katalog» der zeitgenössischen Architekturgeschichte.

Geschichte und besondere Bedeutung des Friedhofs San Isidro

Während des 18. Jahrhunderts war es in Spanien üblich, die Toten in den Kirchen selbst oder auf den engen Kirchhöfen zu bestatten. Erst Ende des 18. Jahrhunderts begann man, die ersten Friedhöfe außerhalb der Innenstädte anzulegen, da sich die Situation in den Kirchen allmählich als unter hygienischen Gesichtspunkten unhaltbar erwies. So warnte beispielsweise Ramón de Huesca 1792 in einer Eingabe für die Einrichtung eines Friedhofs in Pamplona vor der Luft in den Kirchen, die von den stinkenden Ausdünstungen der halb verwesten Leichname gesättigt sei.[16]

---

[16]   Ramón de Huesca: «...a poco que reflexionemos sobre la situación actual de nuestras iglesias, conoceremos que respiramos en ellas un aire impregnado de los efluvios fétidos que exhalan los cadáveres expuestos a la vista de todos, antes de enterrarse; [...] los ya sepultados, en su dislocación y corrupción [...]; de los que salen en gran abundancia de las cisternas y sepulcros en los que están los cuerpos medio podridos...al abrirse para sepultar a otros.» (*Nueva instancia a favor de los cementerios contra las preocupaciones del vulgo,*

Nur wenige Jahre zuvor, 1787, hatte König Karl III., der sich als aufklärerischer Reformer verstand, einen Erlass veröffentlicht, der die Beerdigung in Kirchen für die Zukunft verbot.[17] Obschon dieser Erlass zahlreiche Ausnahmen zuließ, war er gegen die religiöse Tradition und den Widerstand der Kirchen, die den Verlust einer wichtigen Einnahmequelle fürchteten, nur schwer durchzusetzen.[18]

Erst um die Wende zum 19. Jahrhundert, in den letzten Regierungsjahren Karls IV. und vor allem während der Herrschaft Joseph Bonapartes, trat ein Wandel der Begräbniskultur ein. 1802 entstand ein kleiner Friedhof für die Arbeiter des Real Sitio de Buen Retiro und ab 1804 im Norden von Madrid der 1809 geweihte Friedhof von Fuencarral nach Plänen von Juan de Villanueva.

Die Anlage des Friedhofs

Der Friedhof San Isidro ist der älteste noch bestehende Friedhof von Madrid. Er wurde im Südwesten der Stadt von der Archicofradía Sacramental de S. Pedro, S. Andrés y S. Isidro angelegt, deren Geschichte ins 15. Jahrhundert zurückreicht. Er erfreut sich bis heute nicht zuletzt deshalb besonderer Beliebtheit, weil die einzelnen Grabstätten, anders als auf den öffentlichen Friedhöfen, auf Dauer belegt werden.[19]

Als Erstes wurde 1811 nahe der 1528 gegründeten Ermíta de S. Isidro del Campo[20] jenseits des Manzanares der Patio S. Pedro angelegt, der wie der fast doppelt so große Patio S. Andrés (1832–38) von José Llorente[21] entworfen wurde. Sein Vorbild war der

---

Pamplona 1792; zit. nach: *Arte y arquitectura funeraria (XIX–XX)*. Hrsg. von Sofía DIÉGUEZ PATAO und Carmen GIMÉNEZ, Madrid 2000, S. 14)

[17] Bereits am 12. März 1763 war in Paris ein ähnlicher, aus dem Geist der Aufklärung geborener Erlass verabschiedet worden, der die Schließung der Kirchenfriedhöfe zugunsten der Anlage von acht Friedhöfen außerhalb der Stadt verfügte. Vgl. Carlos SAGUAR QUER, «La aparición de una nueva tipología arquitectónica: el cementerio», in: *El arte en tiempo de Carlos III. IV Jornadas de Arte*, Madrid 1989, S. 208.

Die Real Academia de Bellas Artes de San Fernando nahm den Erlass von Karl III. zum Anlass, ihre Studenten Entwürfe für Friedhöfe anfertigen zu lassen. 27 dieser Pläne, die zwischen 1787 und 1845 entstanden, sind vorgestellt in: Alicia GONZÁLEZ DÍAZ, «El cementerio español en los siglos XVIII y XIX», in: *Archivo Español de Arte*, Bd. 43, Madrid 1970, S. 289–320.

[18] Mit dieser Problematik beschäftigen sich ausführlich: Federico José PONTE CHAMORRO, «Aportación a la historia social de Madrid. La transformación de los enterramientos en el siglo XIX: la creación de los cementerios municipales y su problemática», in: *Anales del Instituto de Estudios Madrileños*, Madrid, 1985, S. 483–96, hier bes. S. 492ff, und Luis REDONET, «Enterramientos y cementerios», in: *Boletín de la Real Accademía de la Historia*, Bd. 120, Madrid 1947, S. 131–70, hier bes. S. 164ff.

[19] Vgl. «San Isidro», in: *Inventario de cementerios – Area metropolitana*, hg. von der Comunidad de Madrid, Madrid 1980.

[20] Zur Ermita S. Isidro vgl. Ángel FERNÁNDEZ DE LOS RÍOS, *Guía de Madrid. Manual del madrileño y del forastero*, Madrid 1876, S. 323 und S. 620f.

[21] Nach Llorentes Tod 1834 wurden die Arbeiten von Ramón Pardo weitergeführt.

Camposanto von Pisa.[22] 1842 bis 1849 folgte der Patio S. Isidro nach Plänen von José Alejandro Álvarez. Mit dem 1860 geweihten Patio de la Purísima Concepción (Francisco Enríquez y Ferrer) wurde der Friedhof um das mehr als Fünffache seiner Fläche erweitert. Gegen Ende des 19. Jahrhunderts wurde der Friedhof um die offenen Patios Sta. María de la Cabeza (nördlich der Ermíta; José Núñez Cortés) und Santísimo Sacramento (westlich von Purísima Concepción; Francisco Pingarrón, José Urioste, Celestino Aranguren) vergrößert; 1906 entstand südlich der Ermita der Patio de Ntra. Sra. del Carmen (Abb. 1).

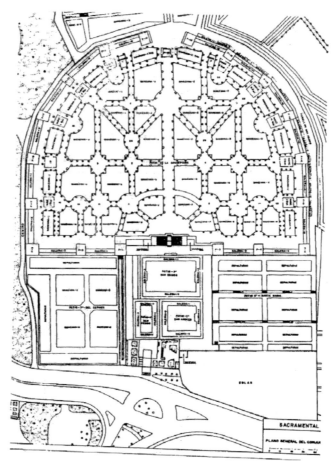

Abb. 1: Madrid, S. Isidro, Anlage des Friedhofs

---

[22]   Der in der Form eines Kreuzgangs angelegte Friedhof von Giovanni di Simone war gerade in den mediterranen Ländern ein Referenzobjekt für Friedhofsanlagen und auch die Entwürfe der Real Academia de Bellas

Die Patios S. Pedro, S. Andrés und S. Isidro

Für die Beisetzung von sterblichen Überresten erhielten die Patios S. Pedro und S. Andrés schlichte Nischen, die durch Arkadengänge geschützt wurden. Neben Einzel- und Familiennischen standen für die Bestattung Galerien und der freie Innenraum zur Verfügung. In den Nischen zeigte sich die Auffassung von der Gleichheit vor dem Tod, obschon der Friedhof seit seiner Gründung der bevorzugte Begräbnisplatz von Adel und hoch gestelltem Bürgertum war. In den einfachen Nischen des Patio S. Andrés finden sich u.a. die Grablegen der Herzogin von Alba, von Goyas Kindern und von berühmten Generälen der Karlistenkriege. Die gedeckten Gänge der von Llorente entworfenen Patios mit rechteckigen Stützen und Gesimsen aus Holz erinnern an die volkstümliche Architektur der *corrales* in Madrid.[23]

Doch bereits der Patio S. Isidro von José Alejandro Álvarez hat einen anderen Charakter. Seine Errichtung war schon vier Jahre nach der ersten Belegung von S. Andrés notwendig geworden, weil es auf Seiten der Madrilener Aristokratie eine große Nachfrage nach einer dortigen Bestattung gab. Um auf demselben Niveau wie die Patios S. Pedro und S. Andrés bauen zu können, waren bei dem ansteigenden Gelände umfangreiche Erdarbeiten notwendig. Bei ähnlichem Grundriss zeigen sich bei S. Isidro die Unterschiede gegenüber den älteren Patios: Sie betreffen sowohl die Verwendung von dauerhafteren Materialien als auch die Wahl einer anderen Architektursprache, die sich hier der klassischen Säulenordnungen bedient. So sind Süd- und Nordseite des Patios jeweils durch einen Portikus mit vier dorischen Säulen betont. Außerdem wurde nun bei den Grablegen Wert darauf gelegt, auch im Tod eine fein abgestufte gesellschaftliche Hierarchie deutlich werden zu lassen.

Die Errichtung des Patio S. Isidro fiel in die Regierungszeit Isabellas II. (1833–68), als sich in Spanien eine bürgerliche Schicht herausbildete. Die Reorganisation des Steuersystems, neue Finanzgesetze (nicht zuletzt die *desamortización*) förderten die Entwicklung eines durch Banken, Eisenbahnen und Immobilien reich gewordenen Geldadels, der neben die alte Aristokratie und die Generalität der Karlistenkriege trat. Das Repräsentationsbedürfnis dieser Oberschicht machte auch vor dem Tod nicht Halt, und so entstand 1856 bis 1859 im Patio S. Isidro die älteste Grabkapelle des Friedhofs, das Mausoleum von María Carmen Polo de la Barrera, der Witwe Aguado (heute im Besitz der Familie Álvarez Mon). Das kleine neoromanische Gebäude mit byzantinischer Kuppel wurde nach Entwürfen von Francisco Enríquez y Ferrer errichtet (Abb. 2 und Taf. XXII).

Artes de San Fernando folgten größtenteils diesem Schema, vgl. GONZÁLEZ DÍAZ (wie Anm. 18).

[23]   Die Verwendung der wenig dauerhaften Materialien machte ständige Reparaturen notwendig. Bei der Restaurierung 1917/18 wurden die baufälligen Holzstützen durch solche aus Beton in derselben Form ersetzt (vgl. Carlos SAGUAR QUER, «El cementerio de la Sacramental de San Isidro. Un eliseo romántico en Madrid», in: *Goya*, Nr. 2020, 1988, S. 224.

Abb. 2: Patio S. Isidro

Patio de la Purísima Concepción

Mit der Anlage des Patio de la Purísima Concepción vollzog sich gegen Ende des 19. Jahrhunderts schließlich der grundsätzliche Wandel vom kreuzgangartigen Camposanto zu einem offenen Friedhof. Die ersten Entwürfe aus den Jahren 1852 bis 1855 stammten von Francisco Enríquez y Ferrer[24], der nach dem Tod von Álvarez 1850 zum Architekten der Archicofradía gewählt worden war. Er fasste das wesentlich höher liegende und leicht ansteigende Gelände durch ein zu den bestehenden Patios hin offenes Halbrund von Säulenhallen ein, die von Pavillons unterbrochen sind. So entstand gleichsam ein Amphitheater mit offenem Ausblick auf die damals noch weitgehend unbebaute Landschaft südlich der Stadt. Die Säulenhallen boten Platz für eine große Anzahl von Nischen, während auf der fast 60.000 m^2 großen Innenfläche Mausoleen und Grabmäler errichtet werden sollten.

---

[24] Von Enríquez y Ferrer stammt einer der von der Real Academia de San Fernando geförderten Friedhofsentwürfe. Sein Plan von 1830 sah allerdings einen rechteckigen Grundriss vor; vgl. GONZÁLEZ DÍAZ (wie Anm. 17), S. 302–04.

Abb. 3: Patio de la Purísima Concepción

Für seine Gebäude wählte Enríquez y Ferrer einen Stil, der an frühchristliche Basiliken in Rom erinnern sollte: eine sog. *arquitectura latina*, die für katholische Friedhöfe besonders angemessen sei, wie es in seiner Beschreibung der Pläne in der Zeitschrift *«La Ilustración»* vom 7. Mai 1853 heißt.[25] Details wie die Eulen an den Kapitellen der Säulenhallen sowie die Fledermäuse an den Pilastern der Pavillons[26] verweisen in ihrer Todes- und Trauersymbolik auf den sepulkralen Kontext (Abb. 3).

Indem er auf die gärtnerische Gestaltung besonderen Wert legte, brach Enríquez y Ferrer mit dem traditionellen Schema der drei älteren geschlossenen Patios: Die Bepflanzung wurde zu einem wichtigen ästhetischen Faktor – darin einer Entwicklung folgend, wie sie auch bei den Friedhöfen im übrigen Europa zu verzeichnen war.[27] Die

---

[25] «Esta arquitectura nacida bajo el hermoso cielo de Italia y en una época del mayor fervor religioso, ha sido clasificada por mas de un sabio como la arquitectura eminentemente cristiana, y la más propia para un cementerio católico, de donde debe alejarse toda forma pagánica. Nuestro siglo rechaza la ogival, propia de paises tétricos y nebulosos.», zit. nach: SAGUAR QUER 1988 (wie Anm. 23), S. 232.

Es kann hier leider nicht näher untersucht werden, inwieweit die Anspielung auf das Frühchristentum, in dem die Toten ebenfalls außerhalb der Städte beerdigt wurden, ebenfalls als Argument in der Auseinandersetzung um die Verlagerung der Begräbnisplätze von den Kirchen auf die Friedhöfe eingesetzt wurde.

[26] Die Entwürfe für die Kapitelle stammen von Francisco Isidori.

[27] Vgl. dazu FISCHER 1996 (wie Anm. 11), S. 37–40.

Verbindung zu den drei tiefer liegenden Patios und der Ermíta stellte Enríquez y Ferrer zum einen durch eine befahrbare Rampe her, zum anderen ist der Patio San Isidro durch eine zweiläufige Treppe erreichbar, die von der Balustrade an der offenen Seite des Halbkreises hinunterführt.

Als Enríquez y Ferrer 1855 seine Arbeit für die Archicofradía beendete, wurde José Núñez Cortés zu seinem Nachfolger als Chefarchitekt gewählt. Er überarbeitete die Wegführung innerhalb des halbkreisförmigen Patios, der schließlich 1860 geweiht wurde. Die Arbeiten an den Säulenhallen zogen sich u. a. wegen ökonomischer Probleme bis zum Jahr 1890 hin. Es war dieser Bereich, in dem nun bevorzugt Familienkapellen oder -mausoleen entstanden, welche dem Wandel des Repräsentationsbedürfnisses der Madrider Oberschicht Rechnung trugen.

Im Anschluss an die kurzen Jahre der Ersten Republik und die Regentschaft von Amadeus von Savoyen begann 1874 mit Alfons XII. eine Zeit der Restauration. Nach dem Ende der Karlistenkriege sorgte der König für ein ausgewogenes Wechselspiel zwischen Liberalen und Konservativen und damit für eine politische Stabilisierung, die bis zum Krieg gegen die USA 1898 währte. In dieser Zeit der bürgerlichen Prosperität wurden in Madrid zahlreiche Palastbauten der alten und neuen Oberschicht errichtet, die damit ihre Macht und ihre historische Legitimität repräsentieren wollte. Auch im Tod sollte dieser soziale Status deutlich werden: Eine Grablege, gar ein Mausoleum auf dem vornehmen Privatfriedhof der «Archicofradía Sacramental de San Pedro, San Andrés y San Isidro» war ein Symbol der Zugehörigkeit zur Oberschicht.

San Isidro als Spiegelbild der Architektur des 19. Jahrhunderts

Die Privatkapellen, die hier ab der zweiten Hälfte des 19. Jahrhunderts entstanden, spiegeln die architektonischen Vorlieben der Zeit wider, die wiederum ein Ausfluss der Diskussion um die Identität und Stellung Spaniens in der Welt waren – wobei hier nicht der Raum ist, diesen Diskurs in allen Einzelheiten zu referieren. In Rückbesinnung auf spanische Tradition findet sich Gotik neben Mudéjar und romanischen Elementen; auf gesamteuropäisches Erbe verweisen dagegen klassizistische Säulenordnungen und Neobarock, aber auch schlichte, blockhafte Formen des frühen 20. Jahrhunderts.

Die enge Verbindung von Repräsentation in der Metropole und Zurschaustellung in der Nekropole zeigt sich auch in den Personen der Architekten. So haben diejenigen Baumeister, die das Stadtbild Madrids prägten, für (groß-)bürgerliche Auftraggeber auch auf San Isidro gearbeitet, so u.a. Eduardo Adaro, Enrique María Repullés y Vargas, José Grasés Riera oder Antonio Palacios y Ramilo.

Gotik / Neogotik

Die nach der Französischen Revolution in der Romantik geführten Debatten über eine nationale Architektur und das damit verbundene Interesse an der Vergangenheit fanden nach dem Ende der napoleonischen Besetzung auch in Spanien ihren Niederschlag.[28] In England, Frankreich und Deutschland führte diese Rückbesinnung auf das Mittelalter, das im Gegensatz zur Gegenwart mit ihren gesellschaftlichen und wirtschaftlichen Verwerfungen verklärt gesehen wurde, zu einer intensiven Auseinandersetzung mit der Gotik. Als genuin christlicher Stil empfunden, erschien gerade sie für Sakralbauten besonders geeignet. Auch auf dem Friedhof San Isidro finden sich Beispiele (neo-) gotischer Grabmäler, u.a. in der Sonderform der isabellinischen Gotik.

Das 25 m hohe Mausoleum der Marqueses de Amboage[29] wurde 1888 im Patio de Purísima Concepción von Arturo Mélida y Alinari (1849–1902) entworfen. Hier verbinden sich gotische Formen mit modernen Konstruktionsprinzipien. So ist die auf einem kreuzförmigen Grundriss auf einer Fläche von 157 m^2 errichtete Kapelle von einer durchbrochenen Fiale aus Eisen bekrönt. Fliesenbilder mit Darstellungen der vier Kardinaltugenden schmücken die Dachgiebel. Auf die Funktion als Mausoleum verweisen die Eulen über den Totenschädeln und Stundengläsern an den Ecken des Hauptgebäudes. Der Portikus mit Korbbogen, Sterngewölbe und umlaufendem Inschriftenfries erinnert an die Vorhalle unter dem Mönchschor in S. Juan de los Reyes in Toledo. An der Restaurierung dieses Meisterwerks isabellinischer Gotik von Juan Guas war Mélida einige Jahre zuvor beteiligt gewesen (Abb. 4).

Überhaupt gehörte Mélida zu den Ersten, die sich auf der Suche nach einem genuin spanischen Stil im 19. Jahrhundert mit der Gotik aus der Zeit der Katholischen Könige beschäftigten. Die Architektur der *reconquista* und *conquista*, der Einheit im Inneren und des Ausgreifens nach Übersee, die Spaniens Weltmacht begründeten, bot sich in der Zeit der Restauration als Vorbild eines nationalen, repräsentativen Baustils geradezu an. Bezeichnenderweise war es Mélida, der 1885 in Zusammenarbeit mit dem Bildhauer Jeronimo Suñol in diesem Stil das Kolumbusmonument auf der Plaza de Colón in Madrid errichtete.

---

[28] Zu der Diskussion zwischen dem Marqués de Monistrol und Pedro de Madrazo vgl. Carlos de SAN ANTONIO GÓMEZ, *El Madrid del 98. Arquitectura para una crisis: 1874–1918*, Madrid 1998, S. 25f.

[29] Eine aus der Zeit vor 1900 stammende Ansicht ist zu finden in: Enrique María REPULLÉS, *Panteones y sepulcros en los cementerios de Madrid*, Ávila: 1991 (Reprint der Ausgabe von 1899).

Abb. 4: *Panteón* de los marqueses de Amboage

Mudéjar / Neomudéjar

Die besondere historische Situation Spaniens, das über sieben Jahrhunderte von drei Kulturen – Islam, Judentum, Christentum – geprägt war, führte hier neben der Wiederaufnahme romanischer und gotischer Formen zu einer Auseinandersetzung mit dem Mudéjar. Diese Synthese zwischen maurischen und christlichen Stilelementen wurde als charakteristisch für die spanische Zivilisation[30] aufgefasst und als deren Beitrag zur universellen Kultur interpretiert. Auf den Weltausstellungen in Wien und Paris 1873 bzw. 1889 waren dementsprechend die spanischen Pavillons in den Formen des Neomudéjar errichtet.

Weil für die Architektur des Neomudéjar u.a. die Verwendung des Backsteins charakteristisch ist, finden sich kaum Mausoleen, die in diesem Stil errichtet wurden: Backstein galt als wenig dauerhafter Werkstoff und widersprach damit der Symbolik einer auf Ewigkeit angelegten Architektur. Für andere Bauaufgaben dagegen, etwa für Konvente, Schulen, Wohnhäuser, aber auch für Klöster und Kirchen, wurde die «Backsteinarchitektur», also Neomudéjar, ab Mitte des 19. Jahrhunderts vor allem in Madrid zu einem bevorzugten Baustil.

Im Zuge der kontrovers geführten Debatten über die Überwindung der gesellschaftlichen Krise Spaniens nach der Niederlage im Spanisch-Amerikanischen Krieg 1898 erlebte Neomudéjar eine erneute Blüte. Denn für viele lag die Zukunft des Landes nach dem Verlust der Kolonien nicht in einer stärkeren Annäherung an Europa, sondern in der Rückbesinnung auf das «wahre und echte Spanien» und auf die eigenen, das heißt kastilischen, Traditionen und Folklorismen.

Das Mausoleum von Bárbara Bustamante, verwitwete Casares, ist ein frühes Werk von Juan Bautista Lázaro de Diego (1849–1919) und wurde um 1880 errichtet. Lázaro kontrastierte hellen Granit mit dem roten Backstein. Die reliefhafte Gliederung der Mauern und die Hufeisenbögen sind typisch für den Mudéjarstil. Die Abstufungen an den Ecken ermöglichen einen originellen Übergang vom quadratischen Grundriss des Mausoleums zur oktogonalen Kuppel (Abb. 5).

Als Architekt der Diözese Toledo zeichnete Lázaro auch in Madrid für eine Reihe von kirchlichen Aufträgen verantwortlich. 1903 bis 1906 errichtete er z.B. in der heutigen c/Eduardo Dato das Colegio de S. Diego y S. Buenaventura. Anders als bei dem Mausoleum von San Isidro vermischte er bei diesem Backsteinensemble, das einen ganzen Block einnimmt, Mudéjarelemente mit gotischen Formen, die vor allem für den Eingangsbau prägend sind.

---

[30] In seinem 1859 in der Academia de San Fernando in Madrid gehaltenen Vortrag «El estilo mudéjar en arquitectura» bezeichnete José Amador de los Ríos Mudéjar als *«estilo propio y característico de la civilización española»*, zit. nach SAN ANTONIO GÓMEZ (wie Anm. 28), S. 31.

Abb. 5: *Panteón* der Bárbara
Bustamante

Eklektizismus

Während um die Mitte des 19. Jahrhunderts die möglichst genaue Wiedergabe des jeweils gewählten Stils im Vordergrund stand, setzte sich im letzten Drittel des 19. Jahrhunderts der Eklektizismus gegen die ausschließliche Rezeption von Klassizismus oder Gotik durch; er suchte das Beste der verschiedensten Architektursprachen mit dem für das zeitgenössische Leben, aber auch für die jeweilige Bauaufgabe Angemessene zu einem neuen Stil zu verbinden. Die aus dieser Auffassung resultierende Vielfalt spiegelt sich in einer großen Anzahl der Mausoleen von San Isidro wider.

Viele der um die Wende zum 20. Jahrhundert errichteten Grablegen sind in einem französisch beeinflussten Eklektizismus entworfen. Dieser monumentale Beaux-Art-Stil ist ebenso prägend für zahlreiche repräsentative Geschäfts- und Wohnbauten, die im Centro und Ensanche von Madrid um die Jahrhundertwende entstanden.

Das Mausoleum der Familie Cuadrado y Arcos wurde 1890 von José Grasés Riera (1850–1919) entworfen. Grasés Riera, ein Kommilitone von Antoni Gaudí, war stark von der französischen Architektur beeinflusst. Auch das Mausoleum in San Isidro ähnelt eher einem französischen Pavillon als einer Grablege. Eine geschwungene Treppe führt zu einer filigran gearbeiteten schmiedeeisernen Tür, durch deren buntes Glas das Innere des Mausoleums licht und heiter wirkt. Bei aller Eleganz ist es Grasés Riera gelungen, trotz der relativen Beschränktheit der Ausmaße einen Eindruck von Monumentalität zu erzeugen (Abb. 6).

Abb. 6: *Panteón* der Familie Cuadrado y Arcos

In die gleiche Schaffensperiode des Architekten gehört der Palacio de la Equitativa, der heutige Banco Español de Crédito, aus den Jahren 1882 bis 1891. Der monumentale Bau erhebt sich repräsentativ auf einem dreieckigen Grundstück an der Ecke c/Alcalá und c/Sevilla. Ein weiteres Wahrzeichen Madrids schuf Grasés Riera 1902/03 mit dem Palacio Longoria[31], einem der seltenen Madrider Beispiele des Modernismo. Das von vegetabilen Formen gleichsam überwachsene Gebäude beherbergt heute die spanische Autorenvereinigung.

Hinwendung zur Moderne

Die Tendenz zu einer Vereinfachung der Formen setzte sich nach der Wende zum 20. Jahrhundert verstärkt fort. Vom Eklektizismus der Jahrhundertwende ausgehend entwickelten Architekten wie Antonio Palacios y Ramilo (1874–1945) in Auseinandersetzung mit der Wiener Sezession und insbesondere der Architektur von Otto Wagner[32] im ersten Viertel des 20. Jahrhunderts eine eigene Formensprache. Palacios wurde durch die Vielzahl seiner öffentlichen Bauten in Madrid stadtbildprägend – in einer umfassenden Ausstellung 2002 im Círculo de Bellas Artes wurde er gar als «*Constructor de Madrid*» gefeiert. Während er bei seinem Frühwerk, dem Palacio de Comunicaciones (1904–17) an der Plaza de la Cibeles, eine Vielzahl von historistischen Stilelementen verarbeitete, reduzierte er diese, ohne die ihm eigene Monumentalität aufzugeben, später zugunsten einer freien klassischen Auffassung, wie sie u.a. für den Círculo de Bellas Artes (1919–26) an der c/Alcalá charakteristisch ist.

Diese Monumentalität wird selbst an einem recht kleinen Gebäude wie dem 1929 gebauten Mausoleum für Glorialdo Fernández Aguilera (heute Familie Fernández de Villota) deutlich.[33] Die massige Grabkapelle ist aus poliertem Granit errichtet, einem von Palacios bevorzugten Material aus seiner Heimat Galicien, das für Dauerhaftigkeit und Schwere steht und der sepulkralen Funktion des Baus entspricht. Der Architekt verwandte bei der Gestaltung einen «*estilo románico modernizado*», wie er selbst sagte.[34] Darauf verweisen die abgerundeten Formen des Mausoleums ebenso wie die Rosette über dem Portal mit dem aufwändig gestalteten Gewände und die Rundbögen in der Apsis (Abb. 7).

---

[31]   In der c/ Fernando VI, 6

[32]   Otto Wagner hatte sich 1904 anlässlich des VI. Internationalen Architektenkongresses in Madrid aufgehalten; das Interesse an der Kunst der Sezession verstärkte sich in Spanien noch infolge des VIII. Kongresses, der 1908 in Wien stattfand. So beschäftigte sich u.a. die in Madrid und Barcelona erscheinende Zeitschrift *Arquitectura y Construcción* in ihrer Mai- und Oktoberausgabe 1908 ausführlich mit der Sezession und dem Architektenkongress in Wien.

[33]   Ansichten und Schnitte in: *Revista Nacional de Arquitectura*, Sondernr. 47/48, Madrid: 1945, S. 398.

[34]   Carlos SAGUAR QUER, «Arquitectura del siglo XX en la Sacramental de San Isidro», in: *Anales de Historia del Arte*, 4, 1993/94, S. 264.

Abb. 7: Antonio Palacios,
Mausoleum, Äußeres

   Die schmiedeeiserne Tür erlaubt einen Blick in das mit Mosaikmustern geschmückte
Innere, das durch filigran gearbeitete Bleiglasfenster mit Engelsfiguren im Art-déco-Stil
belichtet ist. Diese behutsame Aufnahme zeitgenössischer Strömungen in Kunst und
Architektur bei gleichzeitigem Festhalten an traditionellen Formen blieb für Palacios
typisch – ungeachtet dessen, dass mit der sog. *Generation von 1925* in der spanischen
Architektur endgültig die Moderne einzog (Abb. 8).

*

Abb. 8: Antonio Palacios, Mausoleum, Inneres

Schlussbemerkung

Die allmähliche Aufnahme moderner Strömungen war auch in der Sepulkralarchitektur ablesbar, obschon die Zahl der neu errichteten Mausoleen in San Isidro mit dem Beginn des 20. Jahrhunderts abnahm. Die offensichtliche Nutzlosigkeit dieser prunkvollen Funeralbauten schien mit dem Rationalismus und Funktionalismus des neuen Jahrhunderts nicht vereinbar.[35]

Das «bürgerliche Zeitalter» Spaniens endete mit der Ausrufung der Zweiten Republik 1931 bzw. spätestens im Bürgerkrieg 1936 bis 1939; damit wandelten sich auch die Formen von Trauer und Totenkult. Dessen ungeachtet werden auch heute noch neben den unzähligen gleichförmigen Reihengräbern vereinzelt Grabkapellen auf San Isidro errichtet, nahezu ausnahmslos allerdings in einer standardisierten, kubischen Gestalt mit Dreiecksgiebel und einer Verkleidung aus poliertem Stein. Das Mausoleum hat seine Aufgabe als Repräsentationsobjekt und anspruchsvolle Bauaufgabe verloren, und so sind Grabkapellen, die die Architekturgeschichte nach 1950 reflektieren, auf San Isidro die Ausnahme. Gleichzeitig verfällt der älteste Teil des Friedhofs, weil die Restaurierungsarbeiten nur zögerlich vorankommen.

---

[35] Vgl. ebda., S. 263.

RESUMEN ESPAÑOL

**ENNOBLECIMIENTO DE LA BURGUESÍA A TRAVÉS DE SEPULCROS ARISTOCRÁTICOS :
LOS MAUSOLEOS EN EL CEMENTERIO MADRILEÑO DE SAN ISIDRO
(SIGLO XIX Y COMIENZO DEL SIGLO XX)**

Los sepulcros de la burguesía europea desempeñaron un papel importante para la autorrepresentación social de esta clase social en el siglo XIX y a comienzos del siglo XX. Como monumentos conmemorativos erigidos a menudo en las áreas principales del cementerio, que servían de zona de paseo como en un jardín público, éstos manifestaban la conciencia burguesa de sí mismo adquirida por los logros individuales de sus destacados miembros, más aún representaron la glorificación de su propia biografía. El punto culminante de ese culto sepulcral burgués se encuentra en los mausoleos coronados por cúpulas que seguían tradiciones aristocráticas. En la segunda mitad del siglo XIX y a comienzas del siglo XX llegaron a ser construidos para la gran burguesía en una arquitectura impresionante. Con sus mausoleos representativos de formas historicistas la burguesía manifestó su afición a la arquitectura sepulcral aristocrática, aspirando de esta manera a su ennoblecimiento social.

Ese desarrollo general del cementerio de la (gran) burguesía se realizó también en España. Durante el siglo XVIII era habitual enterrar a los muertos en las iglesias o en sus pequeños cementerios. Recién al final del siglo se ubicaron los primeros cementerios fuera del recinto urbano.

La burguesía que había experimentado un paulatino desarrollo social durante el reinado de Isabel II no sólo realizaba, aprovechando la situación estable de la restauración a partir de 1874, los edificios públicos y privados monumentales para su autorrepresentación en la capital de Madrid sino que trataba de representar su posición recién lograda en la sociedad más allá de la muerte. Los cementerios, como el de San Isidro fundado en 1811 como primer cementerio privado por una hermandad al suroeste de Madrid, eran apropiados para demostrar esos anhelos de prestigio.

Las capillas privadas erigidas en la segunda mitad del siglo XIX reflejan la arquitectura preferida de la época que a la vez era expresión de una amplia discusión sobre la identidad y la posición de España en el mundo. Volviendo a las tradiciones hispánicas, encontramos el gótico isabelino junto con el estilo mudéjar y elementos románicos. La organización clasicista de columnas y el neobarroco, pero también las formas sencillas del temprano siglo XX testimonian la herencia europea.

La estrecha correlación de la representación tanto en la metrópoli como en la necrópolis se manifiesta incluso en las personalidades de los arquitectos. Muchos arquitectos madrileños como Eduardo Adaro (Banco de España), Enrique María de Repullés y Vargas (Bolsa de Comercio), José Grasés Riera (Palacio Longoria) o Antonio Palacios y Ramilo (Palacio de Comunicaciones) realizaron sus obras en San Isidro por orden de la clientela de la gran burguesía de la capital.

DAS BÜRGERKRIEGSDENKMAL DES «VALLE DE LOS CAÍDOS» UND DIE ERINNERUNGSPOLITIK DES FRANQUISMUS

Peter K. Klein

In letzter Zeit haben Medienberichte die Erinnerung an den mehr als sechzig Jahre zurückliegenden Spanischen Bürgerkrieg (1936–39) wieder wachgerufen. Dieser begann als Militärputsch gegen die legitime Regierung der Spanischen Republik und endete mit einem Sieg des unter Franco vereinigten Lagers der spanischen Rechten, unter der nicht unwesentlichen Mithilfe Hitlers und Mussolinis. Der Spanische Bürgerkrieg war Vorspiel zum Zweiten Weltkrieg, der mit der vernichtenden Niederlage des europäischen Faschismus – nicht aber Franco-Spaniens – endete, da letzteres nicht direkt in den Krieg eingriff.

Die jüngste, längst überfällige Debatte in Spanien, auf die sich die Medienberichte beziehen, dreht sich um eines der finstersten Kapitel des blutigen und äußerst grausam geführten Bürgerkrieges: die anonymen Massengräber republikanischer Soldaten und Zivilisten. Während man die Toten und Gefallenen des nationalistischen Lagers in Ehren und Würden bestattete, wurden Zehntausende republikanischer Opfer, die man an einsamen Straßenrändern und verlassenen Feldern erschossen hatte, in Massengräbern verscharrt, über deren Existenz sich ein Mantel des Schweigens legte. Das galt auch noch in den Jahren nach Francos Tod (1975), in der Phase der so genannten *transición*, des Übergangs zur Demokratie, als alle Parteien bemüht waren, in einem «pacto del olvido» (Pakt des Vergessens) die Gräueltaten der Vergangenheit zu vergessen und zu verdrängen. Erst in jüngster Zeit beginnt die Generation der Enkel nach dem Verbleib der verschwundenen und erschossenen Opfer zu fragen und hat an einigen Orten die Öffnung der Massengräber und die Exhumierung der dort begrabenen Opfer durchgesetzt, so in Piedrafita in der Provinz León. In derselben Provinz ist an dem Ort eines weiteren Massengrabes, in Cabañas de la Dornilla, ein erstes bescheidenes Denkmal für die gefallenen Republikaner errichtet worden. Bis dahin gab es kein einziges Denkmal für die Toten und Gefallenen der republikanischen Seite, und auf den wenigsten der franquistischen Denkmäler des Bürgerkrieges wurden die Namen von gefallenen Republikanern erwähnt. In die gleiche Richtung geht die Behandlung von Ruinen des Bürgerkrieges: Statt die im Auftrag Francos von der deutschen «Legion Condor» zerbombte Basken-Stadt Guernica zur Mahnung als Ruine stehenzulassen, benutzte man für diese Art von Ruinen-Denkmal das bei der Aragón-Offensive der Republikaner zerstörte Dorf Belchite. Der Franquismus hat also im Gedächtnis- und Totenkult eine massiv einseitige Erinnerungspolitik betrieben.

Demgegenüber ließ sich die literarische und historische Aufarbeitung des Bürgerkrieges – selbst in der Franco-Zeit – kaum in dem Maße kontrollieren und manipulieren wie der Gedächtniskult. Gleichwohl fällt auf, dass in den Jahren des Übergangs der Post-Franco-Ära, nach einem kurzlebigen Boom an historischer Literatur zur Spanischen Republik und zum Bürgerkrieg, das Interesse an diesen Themen bald erlahmte. Auch dies änderte sich erst in den letzten Jahren, als jüngere Historiker die Politik der kollektiven Amnesie zu hinterfragen begannen und als – parallel dazu – in einer Reihe von halbfiktiven historischen Romanen das Thema des Bürgerkrieges und seiner Folgen wieder auflebte. Die große zeitliche Distanz zu ihrem Thema hat viele dieser neueren Romane zu einer Relativierung der historischen Wahrheit und zu einer scheinbar politisch-moralischen Neutralität geführt. Ein gutes Beispiel dieser historischen Romane zur jüngeren spanischen Geschichte sind die «*Soldados de Salamina*» von Javier Cercas (Barcelona 2001). Schon der Titel dieses Romans ist bezeichnend, denn die Ereignisse des Spanischen Bürgerkrieges erscheinen dem Erzähler der Geschichte, einem Journalisten der jüngeren Generation, genauso weit entfernt wie die antike Seeschlacht von Salamis. Bezeichnend ist ebenso, wie der Journalist zu seiner Geschichte findet: Da es ihm zu langweilig erscheint, einen Artikel zum 60. Todestag des berühmten republikanischen Dichters Antonio Machado (1875–1939) zu verfassen, fällt ihm die Geschichte der wundersamen Errettung des Falangisten Rafael Sánchez Mazas (1894–1966) ein, eines drittrangigen Schriftstellers und Ideologen, der die wichtigsten Elemente des falangistischen Rituals erfand. Dieser Sánchez Mazas entkommt in letzter Sekunde einem republikanischen Erschießungskommando, weil ein republikanischer Milizionär ihn laufen lässt. Wie Cercas selbst zugibt, kokettiert diese Themenstellung mit der «unter spanischen Schriftstellern [verbreiteten] Mode, falangistische Autoren zu rehabilitieren, ... nicht nur die guten, sondern auch die mittelmäßigen und sogar die schlechten». Zwar ist letztlich der eigentliche Held des Romans der anonyme republikanischer Milizionär, dem Sánchez Mazas seine Rettung verdankt, gleichwohl vermittelt Cercas Roman ein schiefes Bild von der Erinnerung an den Spanischen Bürgerkrieg. Denn es sieht so aus, als ob wir von den Helden- und Ruhmestaten der Republikaner wie auch den Untaten der Falangisten und Nationalisten bereits übergenug wüssten und interessante Geschichten nur noch im Unerwarteten und Abseitigen zu finden seien. Das mag vielleicht für die Literatur und Literaturgeschichte zutreffen, nicht aber für andere Bereiche, wie den offiziellen Kult der Toten und Gefallenen des Bürgerkrieges.

Wie aber steht es um das Bürgerkriegsdenkmal im Valle de los Caídos, das bei weitem größte und bekannteste seiner Art? Dem Namen nach ist es allen Gefallenen, also beiden Lagern des Krieges, gewidmet, und es liegt gewiss nicht versteckt, sondern erhebt sich unübersehbar auf einem Gipfel der Guadarrama-Berge nördlich von Madrid (Abb. 1 und Taf. XXIII). Dieses Denkmal wurde 1940, kurz nach dem Ende des Bürgerkrieges, begonnen, aber erst 1958 vollendet. Sein erster Architekt war Pedro Muguruza Otaño (1893–1952), der Chefarchitekt und Architekturtheoretiker des frühen Franquismus. Ihm folgte ab 1950 als Bauleiter und Architekt sein Schüler Diego Méndez González (1906–1987).

Abb. 1: Valle de los Caídos, Vorderfront der Gruftkirche und Monumentalkreuz, 1940–58

Die Vorderseite des Monuments besteht aus einem weiten Vorplatz mit Blick auf die kahle Arkadenfront aus mittlerer Exedra und seitlichen Querflügeln. Durch das Portal gelangt man in eine kurze Vorhalle; das anschließende dunkle Atrium und der folgende Zwischenraum öffnen sich in die 272 m lange Gruftkirche, einen riesigen, langen Tunnel (Abb. 2). Die Gruftkirche endet in einer kuppelüberwölbten Vierung, in der sich – vor und hinter dem Hauptaltar – die Gräber des Falange-Gründers José Antonio Primo de Rivera und des Caudillo befinden. Auf der Rückseite des Berges liegt, mit der Gruftkirche durch einen unterirdischen Gang verbunden, ein zweiter großer Komplex: das weite Geviert aus Rückportal der Kirche, Kloster und Internat sowie Herberge und

Studienzentrum (Abb. 3). Sowohl Vorder- wie Rückseite des Denkmals werden be-
herrscht von dem gebieterisch über den Felsen hochragenden Kreuz, das mit seiner
Höhe von 150 m (zusammen mit dem Berg sind es sogar 300 m) andere freistehende
Denkmäler (wie etwa die New Yorker Freiheitsstatue) bei weitem übertrifft.

Abb. 2: Valle de los Caídos, Inneres der Gruftkirche

Obwohl die wichtigsten Daten und Fakten zur Entstehung des Valle de los Caídos
bekannt sind, ist auch hier eine Politik der Verschleierung und des Verdrängens festzustellen – nur ist dies nicht so offensichtlich. Es beginnt mit der spärlichen Literatur zu
dem Bauwerk, immerhin der wichtigsten architektonischen Hinterlassenschaft des Fran-
co-Regimes, zu der es bisher keine einzige wissenschaftliche Monographie gibt! Weiterhin fällt auf, dass in den offiziellen spanischen Führern des Patrimonio Nacional aus
den 1990er Jahren der Name Franco nur bei der Erwähnung seines Grabes in der Kirche
fällt, wobei er als «Staatschef» (Jefe de Estado) bezeichnet wird, seine Rolle als Put-
schistengeneral im Bürgerkrieg und seine langjährige Diktatur also verschwiegen werden. Ebenso verschwiegen wird die Tatsache, dass in den ersten Jahren der Errichtung
des Denkmals die schwerste Arbeit von Tausenden republikanischer Kriegsgefangener
und politischer Gefangener geleistet wurde, die unter KZ-ähnlichen Bedingungen lebten
und von denen Dutzende bei Arbeitsunfällen ums Leben kamen. Verschwiegen wird
weiterhin die Tatsache, dass die wenigsten der ungefähr 70.000 bis 85.000 Bürger-
kriegsgefallenen, die in den seitlichen Gebeinkammern der Vierung bestattet wurden,

von der republikanischen Seite stammen, da man den Gefallenen des nationalistischen Lagers nicht zumuten wollte, an der Seite der «Roten» ihre letzte Ruhe zu finden. So ließ man in aller Eile auf den Friedhöfen des ganzen Landes die Gebeine von Gefallenen der Franco-Truppen zwangsweise exhumieren, um sie dann anonym in den Gebeinkammern der Gruftkirche des Valle zu deponieren. Statt, wie sonst bei Krieger-Denkmälern üblich, die Namen der bestatteten Gefallenen einzeln zu nennen, steht über den verschlossenen Eingängen zu den Gebeinkammern nur lapidar «Caídos por Dios y España. 1936–1939. RIP [Requiescant in pace]». Damit ist zwar unmissverständlich klargestellt, welche Seite des Bürgerkrieges hier bestattet ist, um welche Toten es sich jedoch im einzelnen handelt, wird schlicht übergangen. Franco ging es neben der ideologischen Herkunft der Gefallenen offenbar nur um deren Quantität, so wie das Denkmal auch in anderer Hinsicht megalomane Ausmaße erreicht (die längste Gruftkirche, das höchste Denkmal …).

Abb. 3: Valle de los Caídos, Klostertrakt und Galerie auf der Rückseite der Gruftkirche

Wie vieles andere im Valle de los Caídos war dieses eine persönliche Entscheidung Francos. Damit kommen wir zu einem weiteren Punkt, der heute verdrängt und verschleiert wird, nämlich der Anteil Francos an der Planung, Ausführung und ideologischen Intention des Valle de los Caídos. Wenn in den heutigen Führern der Name Francos kaum erwähnt wird, so widerspricht das in eklatanter Weise den historischen

Tatsachen wie den Darstellungen der Medien zu Lebzeiten Francos. Ähnlich wie Hitler fühlte sich Franco als verhinderter Architekt, wenn auch nicht im gleichen Maße. Schon während des Bürgerkrieges hatte Franco die feste Idee gefasst, im Falle seines Sieges ein gewaltiges Denkmal zu errichten. Ort, Funktion und Anlage dieses Monuments standen ihm bereits damals klar vor Augen: Es sollte hoch oben in den Guadarrama-Bergen nördlich von Madrid, im geographischen Zentrum Spaniens liegen. Einen geeigneten Berggipfel erkundete er selbst, zusammen mit Generälen und dem ersten Architekten, Muguruza. Er wählte den Risco de la Nava, den heutigen Ort des Denkmals. Vom Gipfel dieses Berges sollte ein weithin sichtbares Kreuz in den Himmel ragen, darunter in die Felsen eine Gruftkirche geschlagen und außerdem in der Nähe ein Kloster errichtet werden. Idee und Konzeption des Denkmals stammen also im Kern von Franco selbst. Darüber hinaus nahm Franco auch auf die Ausführung und Detailplanung maßgeblichen Einfluss. Während der Erbauungszeit besuchte er häufig den Valle de los Caídos und verbrachte Stunden auf der Baustelle: Mal monierte er die zu geringe Breite der aus den Felsen gesprengten Gruftkirche, mal machte er Vorschläge zum Schmuck der Seitenwände der Kirche. Diese Einflussnahme Francos ist in den damaligen Medien derart hervorgehoben und übertrieben worden, dass man in gewisser Hinsicht von einer Art «Führerbau» sprechen kann, auch wenn dies am Bauwerk nicht so unmittelbar abzulesen ist wie an den Führer-Balkonen einiger Nazi-Bauten (z.B. am Führerbau und NSDAP-Verwaltungsbau in München oder am Portal des geplanten Berliner Führerpalastes von Albert Speer).

Ansonsten erscheint beim Denkmal des Valle de los Caídos vieles in traditionell-hispanischem Gewand. Unübersehbar ist vor allem das Vorbild des nahegelegenen Escorial Philipps II. (Abb. 4), des architektonischen Hauptwerkes des spanischen Manierismus, das – insbesondere bei dem rückwärtigen Komplex des Denkmals – bis in die Details kopiert wird: von den verwendeten Materialen, grauer Granit und blaugrauer Schiefer, bis zu den Formen der Fensterfassungen, Lisenen und Dachgauben (vgl. Abbn. 3 und 4). Auch die lang hingezogenen Arkaden des rückseitigen Traktes finden im Escorial ihre Parallelen. Selbst das Innere der Gruftkirche weist manieristische Züge auf, so vor allem in der scheinbar endlosen Streckung des Schiffes (Abb. 2), vergleichbar den lang hingezogenen Fassaden des Escorial. Darüber hinaus war die funktionelle Verbindung von Staatsmausoleum, Kloster und Internat ebenfalls im Escorial vorgeprägt. Ferner hatten die Hieronymiten bzw. später die Augustiner im Escorial für das Seelenheil der dort begrabenen spanischen Könige zu sorgen, ähnlich wie die Benediktiner des Valle de los Caídos per Staatsdekret für das Seelenheil Francos, José Antonios und der Gefallenen des Bürgerkrieges zu beten haben; sie haben ebenso an bestimmten Festtagen, etwa den Jahrestagen des Bürgerkrieges, feierliche Messen zu lesen.

Abb. 4: El Escorial, Südseite mit Klostertrakt

Die Vorbildfunktion des Escorial, die bereits anlässlich der Gründung des Valle de los Caídos von Franco und der offiziellen Presse hervorgehoben wurde und auch sonst vielfach bei Bauten des frühen Franquismus zu beobachten ist, war primär nicht kunst-historisch, sondern politisch motiviert: Die Epoche Philipps II. war nicht nur die Zeit der größten imperialen Macht Spaniens, sondern auch die der engsten Verbindung von Staat und Kirche sowie die Zeit der militanten Gegenreformation. Mit ähnlich religiös geprägter Militanz ist auch der Spanische Bürgerkrieg vom Franquismus ausgefochten worden; er wollte unter anderem die enge Verbindung von Staat und Kirche wiederher-stellen, die zuvor von den Regierungen der Republik aufgehoben worden war.

Soweit die traditionalistische, nationalkatholische Seite des Valle de los Caídos, die auch große Teile der bildlichen Ausstattung bestimmt. Neben dieser nationalkatholi-schen gab es aber noch eine andere Seite, die in den offiziellen Publikationen des Patri-monio Nacional und den sonstigen Führern übersehen oder verschwiegen und in der Spezialliteratur zur Franco-Architektur nur unzureichend erörtert wird, nämlich die unverkennbaren Parallelen zur Nazi-Architektur, welche in den ersten Jahren des Fran-co-Regimes in Spanien detailliert und viel gelobt veröffentlicht wurde. Letzteres ver-wundert kaum, war doch das Regime politisch, wirtschaftlich und militärisch eng mit den faschistischen Achsenmächten verbunden. Ferner entsprach die Staatspartei der Falange in ihrer Ausrichtung und ihren Zielen in vielem den faschistischen Staatsparteien

Deutschlands und Italiens und besaß in den ersten Jahren des Franco-Regimes noch ein stärkeres Gewicht. So dürfte es kaum überraschen, dass wir bei der Grundsteinlegung des Valle de los Caídos im Jahr 1940 dem Protagonisten des Romans von Javier Cercas, dem Falange-Ideologen Sánchez Mazas, wiederbegegnen: Dieser war in der so genannten Regierung des Sieges Minister geworden und stand nun bei der Zeremonie der Grundsteinlegung an prominenter Stelle, direkt neben Franco (Abb. 5)!

Abb. 5: Franco und,Sánchez Mazas bei der Grundsteinlegung des Valle de los Caídos, 1940

Ebenso wenig überrascht, dass der ursprüngliche Entwurf von Muguruza aus dem Jahr 1941 (Abb. 6) in manchem der Nazi-Architektur näher kommt als die ausgeführte Fassung von Diego Méndez (Abb. 1). So war der Eingang zur Gruftkirche nicht als rundes Portal – wie in der Endfassung –, sondern als Pfeilerhalle geplant. Letzteres erinnert an zahlreiche Bauten des «Dritten Reiches», so an die Eingangsfront von Albert Speers Neuer Reichskanzlei in Berlin. Ferner erschien die Exedra (Abb. 7) als geschlossene Wand mit vorgesetzten Pfeilern, auf denen trauernde Soldaten standen; zwischen den Pfeilern waren Lorbeerkränze zu sehen, und auf den Ecken der Brüstung waren Feuerschalen angebracht. Ähnlich heidnisch-profane Sepulkralformen kehren auch bei vielen NS-Denkmälern wieder. Man vergleiche etwa die Feuerschalen und die Löwen auf Wandpfeilern bei dem geplanten Russland-Ehrenmal von Wilhelm Kreis (1943) oder die zahlreichen Feuerschalen bei dem Entwurf desselben Architekten für ein geplantes Ehrenmal für die gefallenen Panzersoldaten in Afrika von 1943 (Abb. 8). Bei dem Muguruza-Entwurf waren ferner am Fuße der Freitreppe zwei Paar mächtiger

Obelisken vorgesehen, wie sie in kleinerer Form an ähnlicher Stelle bei dem NS-Panzerdenkmal in Afrika geplant waren und bei anderen Nazi-Bauten in noch prominenterer Form wiederkehrten (z.B. bei Zufahrten zur Reichsautobahn oder vor dem Eingang des Berliner Olympiastadions).

Abb. 6: Pedro Muguruza Otaño,
Entwurf für die Vorderfront des Valle de los Caídos, Modell, 1941

Abb. 7: Detail des Modellentwurfs von
Muguruza: Exedra der Vorderfront

Aber auch die endgültige Fassung des Valle de los Caídos nach den abgeänderten Plänen von Diego Méndez aus dem Jahr 1950 bietet noch genug an Übereinstimmungen mit der Staatsarchitektur des «Dritten Reiches». Das gilt zunächst für die monströsen Ausmaße der Gesamtanlage und den übersteigerten Monumentalismus vieler Einzelteile, wie z.B. der gigantischen Skulpturen am Sockel des Monumentalkreuzes, bei denen als brutalisierender Effekt die Mauerfugen sichtbar gelassen sind (Abb. 9). Alle diese formalen Aspekte sind als Ausdruck der unbezwingbaren Macht und Stärke des Staates wie der Hilflosigkeit und Schwäche des Einzelnen intendiert – in der Staatsarchitektur des «Dritten Reiches» wie bei dem Franco-Monument.

Ein weiterer Zug, den der Valle de los Caídos mit der Nazi-Architektur gemein hat, ist die Verkleidung moderner Stahlbetonkonstruktionen durch handwerklich bearbeitete Materialien, insbesondere Granit, zur Signalisierung martialischer Härte und ewiger Dauer, zur Aussonderung des Bauwerks aus dem alltäglichen Bereich in eine sakrale, irrationale Sphäre wie auch zur Betonung eines handwerklich-ständischen Denkens im Produktionssektor. So wurden sowohl das Monumentalkreuz wie das Innere der Gruftkirche in einer modernen Stahlbetonkonstruktion errichtet, dann aber mit roh behauenen Granitsteinen verkleidet. Auch zu den kalt abweisenden, kantigen Formen der Fassade des Monuments drängen sich Vergleiche mit Bauten des «Dritten Reiches» auf, etwa zur Rückfront des Tribünenbaues des Nürnberger Zeppelinfeldes von Albert Speer (1934), wo allerdings die Einzelformen anders aussehen. Deutlicher sind die Übereinstimmungen bei dem Umriss der festungsartigen, pylonenhaften Portalarchitektur der Rückfront des Franco-Monuments, die an das rückwärtige Portal der Nürnberger Zeppelinfeld-Tribüne erinnert. Ähnliche Parallelen kehren auch bei einem der Portale der geplanten Soldatenhalle von Wilhelm Kreis in Berlin wieder, bei dem vor allem die pylonenhaften Eckrisalite und das kantige, schwere Gebälk an das Portal an der Rückseite des franquistischen Denkmals gemahnen; allerdings sind die Proportionen bei dem Portal der Berliner Soldatenhalle steiler. Übereinstimmungen lassen sich vor allem beim Inneren dieses geplanten Nazi-Baus feststellen (Abb. 10), das gleich der Gruftkirche des Valle de los Caídos als ein einschiffiger, tonnengewölbter Raum geplant war, mit deutlicher Akzentuierung der vielen Gurtbögen, die auch hier mit einer Steinverkleidung versehen waren (vgl. Abbn. 2 und 10).

Abb. 8: Wilhelm Kreis, Entwurf für
ein Krieger-Denkmal in Afrika,
Zeichnung, 1943

Jedoch, die allgemeine Wirkung auf den Betrachter ist bei dem Denkmal des Valle de los Caídos in mancher Hinsicht anders als bei den Großbauten des «Dritten Reiches»: Der Besucher mag sich auf den weiten Plätzen des Bürgerkriegs-Monuments allein und hilflos vorkommen, er mag von der Größe der Anlage, der drohenden Wucht und Höhe des Kreuzes (Abb. 9) eingeschüchtert und erdrückt sein, nie wird er jedoch so unerbittlich auf eine zentrale Achse ausgerichtet wie bei den Massenbauten der Nazis (vgl. z.B. die zeitgenössischen Aufnahmen von Massenaufmärschen auf dem Nürnberger Reichsparteitags-Gelände). Die Photos von Massenversammlungen im Valle de los Caídos zeigen demgegenüber die Menschen locker verstreut oder dicht gedrängt, aber nie streng geordnet nach Reih' und Glied. Die Ausrichtung von streng geordneten Massenaufmärschen auf die Monumentalarchitektur war also vom Franquismus, im Unterschied zum deutschen und italienischen Faschismus, nicht beabsichtigt.

Abb. 9: Valle de los Caidos, Untersicht
des Monumentalkreuzes mit Skulptur
des Evangelisten Johannes

Diese und andere Unterschiede zum «Dritten Reich» und dem faschistischen Italien sind mit den abweichenden historischen Voraussetzungen und anderen politischen Tendenzen des Franquismus zu erklären. Dieser war bekanntlich nicht durch die politischen Erfolge und Aktivitäten einer Massenpartei, sondern durch den militärischen Sieg im Bürgerkrieg an die Macht gelangt. Er war weit weniger von genuin faschistischen Ideen und Zielen bestimmt, da die Falange 1937 mit verschiedenen Gruppen des spanischen Nationalkatholizismus zwangsvereinigt wurde und zunehmend an Einfluss verlor, besonders nach dem Zusammenbruch der faschistischen Achsenmächte. So behauptete Franco schon 1945, nach dem Ende des Zweiten Weltkrieges und der Niederlage des europäischen Faschismus: «Spanien ist nie faschistisch oder nazistisch gewesen.»

Abb. 10: Wilhelm Kreis, Inneres der
geplanten Soldatenhalle in Berlin,
Zeichnung

Vor diesem Hintergrund erhebt sich abschließend die Frage, welche ideologische Botschaft und welche Sicht des Bürgerkrieges das Denkmal des Valle de los Caídos vermitteln soll, also die Frage nach der franquistischen Erinnerungspolitik. Der Franquismus hat den Bürgerkrieg mit religiöser Militanz ausgefochten, nicht als zugespitzten Klassenkampf, was er objektiv war, sondern als einen Kreuzzug des Guten gegen das schlechthin Böse, verkörpert durch Kommunismus, Anarchismus, Liberalismus, Judentum und Freimaurertum. Die Idee des Kreuzzugs bestimmt auch einen Teil der bildlichen Ausstattung des Bürgerkriegsmonuments, wobei die ursprüngliche Planung an manchen Stellen hier noch militanter war. So war ursprünglich geplant, an den Seitenwänden der Gruftkirche die lebensgroßen Reliefs von «Helden und Märtyrern» des Bürgerkrieges anzubringen. Auf die Kritik des damaligen Madrider Bischofs Leopoldo de Eijo y Garay, eines ansonsten getreuen Gefolgsmannes des Franquismus, diese Reliefs verkörperten «zu sehr den Hass», und man solle «in einer Kirche nicht den Krieg darstellen, schon gar nicht den unter Brüdern», ließ man von diesem Vorhaben ab und schmückte statt dessen die Gruftkirche mit einer bereits vorhandenen Serie flämischer Apokalypse-Teppiche (vgl. Abb. 2) aus dem nahe gelegenen Schloss La Granja, eine Verlegenheitslösung des Architekten Méndez. Diese Teppiche waren denn auch die einzigen Ausstattungsstücke, die nicht eigens für die Gruftkirche hergestellt wurden; sie sind inzwischen aus konservatorischen Gründen durch Kopien ersetzt.

Ein wesentlicher Bestandteil des ursprünglichen Bildprogramms ist das neobyzantini-
sche Kuppelmosaik, auf das der Blick beim Betreten der Vierung sogleich fällt. Es
bietet eine höchst eigenwillige Form des «Jüngsten Gerichts». Das wird vor allem auf
der dem Schiff zugewandten Seite des Mosaiks deutlich, wo, ähnlich den Seligen in
Michelangelos *Jüngstem Gericht*, die Opfer des Spanischen Bürgerkrieges, angeführt
von der Madonna, zum Himmel emporsteigen. Welche Seite der beiden Bürgerkriegs-
parteien hier zu Gott emporsteigt, unterstreichen die Priester unter den umgekommenen
Gefangenen und vor allem die Fahnen der Franco-Truppen bei den gefallenen Soldaten,
deren Kanone drohend auf den Betrachter gerichtet ist (Abb. 11). In dieser Darstellung –
im Grunde ein *Jüngstes Gericht* nur mit Seligen – wäre sinngemäß den Republikanern
der Platz der Verdammten zugekommen. Soweit wollte man aber offenbar zur Zeit der
Entstehung des Mosaiks, Mitte der 1950er Jahre, nicht mehr gehen. Gleichwohl lässt der
Sinn des Mosaiks der Kuppel, direkt über den Gräbern José Antonios und Francos, an
Unmissverständlichkeit kaum zu wünschen übrig.

Abb. 11: Valle de los Caídos, «Jüngstes Gericht» des Kuppelmosaiks,
Detail mit Soldaten der Franco-Truppen

Unmissverständlich ist auch der Gebrauch eines anderen Motivs, das des Kreuzes. Wie auf einem franquistischen Bürgerkriegs-Plakat die Worte «Una cruzada» (ein Kreuzzug) in Form eines riesigen Kreuzes ihren Schatten auf den Umriss der iberischen Halbinsel werfen, so steht auch das Bürgerkriegsdenkmal – schon sein voller Name Sta. Cruz del Valle de los Caídos deutet es an – im Schatten des alles überragenden Kreuzes. Das Kreuz dient auch als Leitmotiv der anderen Teile des Denkmals: So zeichnen sich auf den weiten Plätzen der Vorder- und Rückseite weiße Kreuzmuster ab, auf den Altären der Vierung und der Querarme stehen Kreuze, die Wandteppiche sind mit zepterartigen Kreuzen verziert, und selbst die Wandleuchter der Gruftkirche sind kreuzförmig gestaltet.

Bei Tag und Nacht, bei jedweder Witterung, das alles beherrschende Kreuz steht dem Betrachter immer vor Augen. Es ist dies Kreuz, das die eigentliche Funktion und Bedeutung des Denkmals zum Ausdruck bringt: Es ist weniger Kriegerdenkmal und Staatsmausoleum als vielmehr Sieges- und Mahnmal, ebenso Herrschaftssymbol des im Bürgerkrieg triumphierenden Klerikalfaschismus. Wie es Franco bei seiner Einweihungsrede, am 1. April 1959, auch unmissverständlich zum Ausdruck brachte: «Unser Krieg war selbstverständlich kein Bürgerkrieg, sondern ein wirklicher Kreuzzug ... Jedoch, der Kampf des Guten gegen das Böse endet nicht, so groß der Sieg auch sein mag. ... Das Anti-Spanien wurde besiegt und geschlagen, aber tot ist es nicht.» Der Valle de los Caídos war demnach nicht nur als Siegesmal, sondern auch als eine gigantische Drohkulisse gegen das unterlegene «andere Spanien» gedacht. Hinzu kommt ein Aspekt, der vor allem in den Massenmedien und offiziellen Broschüren der Franco-Ära zum Ausdruck kam: Der Valle de los Caídos sollte auch das Andenken an seinen Schöpfer und Erbauer wach halten, also als grandioses Denkmal Francos dienen, obwohl schon damals Spötter von der «tumba de un enano» (dem Grab eines Zwergen) sprachen. Durch die heutige ahistorische Präsentation des Valle, die kaum über Franco und den Bürgerkrieg ein Wort verliert, stehen wir vor der paradoxen Situation, dass einerseits die Erinnerungspolitik des Franquismus nicht mehr wirkt, also ins Leere läuft, andererseits aber der Valle de los Caídos fälschlicherweise als ein politisch neutrales Denkmal für alle Gefallenen des Bürgerkrieges erscheint. Das ist ein Skandal und sollte unbedingt geändert werden, nicht etwa dadurch, dass man das Denkmal in die Luft sprengt oder zur Tiefgarage zweckentfremdet, wie es ein ehemaliger Zwangsarbeiter des Valle, Nicolás Sánchez-Albornoz, polemisch verlangt hat, sondern es sollte vielmehr durch eine kritische Information und Präsentation in seinen historischen Kontext zurückversetzt werden.[*]

* Dieser Beitrag greift auf einen Aufsatz des Verfassers zurück, der vor mehr als zwanzig Jahren in einem Sammelband über Kunst und Architektur des europäischen Faschismus erschien («Das Bürgerkriegsdenkmal 'Santa Cruz del Valle de los Caídos' bei Madrid», in: B. HINZ u.a. (Hrsg.), *Die Dekoration der Gewalt. Kunst und Medien im Faschismus*, Gießen 1979, S. 213–29).

Zur Geschichte des Bürgerkriegsdenkmals vgl. ansonsten D. SUEIRO, *La verdadera historia del Valle de los Caídos*, Madrid 1977; D. MÉNDEZ, *El Valle de los Caídos. Idea, proyecto y construcción*, Madrid 1982. – Erste Versuche einer architekturhistorischen Einordnung des Bürgerkriegsdenkmals bei: J. MORENO, «En el Valle del nacional-catolicismo», in: *Triunfo*, 31, 1976, Nr. 721, S. 38–41; A. CIRICI, *La estética del franquismo*, Barcelona 1977, S. 112–19; S. MARCHÁN FIZ, «El Valle de los Caídos como monumento del nacional-catolicismo», in: *Guadalimar*, 2, 1977, n° 19, S. 70–74; A. BONET CORREA, «Espacios arquitectónicos para un nuevo orden», in: A. BONET CORREA (Hg.), *Arte del franquismo*, Madrid 1981, S. 11–46. – Zur Architektur des Franquismus vgl. außerdem B. GINER DE LOS RÍOS, *Cincuenta años de arquitectura española (1900-1950)*, México 1950, S. 101–20; *Arquitectura*, n° 199 (März / April 1986): *Arquitectura, ideología y poder*. [Sonderheft mit Beiträgen zur Architektur des frühen Franquismus]; *Arquitectura para después de una guerra. 1939-1949*. Catálogo de la exposición organizada por el Colegio de Arquitectos de Catalunya y Baleares, Barcelona 1977; S. DIÉGUEZ PATAO, «Aproximación a la posible influencia de los modelos alemán e italiano en la arquitectura española de posguerra», in: *Simposio de urbanismo e historia urbana*. Universidad Complutense, Madrid 1980, S. 461– 72; C. SAMBRICIO, «Die faschistische Alternative. Spanische Architektur 1936–1945», in: H. FRANK (Hrsg.), *Faschistische Architekturen. Planen und Bauen in Europa, 1930 bis 1945*, Hamburg 1985, S. 185– 90; Ders., «Die Architektur der nationalen Erhebung zu Beginn der Ära Franco», in: *Die Axt hat geblüht .... Europäische Konflikte der 30er Jahre in Erinnerung an die frühe Avantgarde* (Ausst.-Kat.), Städtische Kunsthalle, Düsseldorf 1987, S. 279–85; M. SCHOLZ-HÄNSEL, «Paul Bonatz, Albert Speer und Pedro Bigador: deutsch-spanische Dialoge über Architektur und Städtebau», in: *Kritische Berichte*, 22, 1994, S. 66–72; A. LLORENTE, *Arte e ideología en el franquismo*, Madrid 1995 (Apéndice: «Los monumentos a los caídos como manifestación de la política artística franquista»).

Zu Franco und dem Franquismus siehe u.a. M. GALLO, *Histoire de l'Espagne franquiste*, 2 Bde., Verviers 1975; R. TAMAMES, *La República – La era de Franco*, 6. erw. Aufl., Madrid 1977; D. SUEIRO / B. DÍAZ NOSTY, *Historia del franquismo*, 2 Bde., Barcelona 1985; S. G. PAYNE, *The Franco Regime 1936–1975*, Madison 1987; P. PRESTON, *The Politics of Revenge: Fascism and the Military in the 20th Century Spain*, London 1990; DERS., *Franco. A Biography*, London 1993.

Zur Debatte der Aufarbeitung der Vergangenheit von Bürgerkrieg u. Franquismus in Spanien vgl. P. AGUILAR FERNÁNDEZ, *Memoria y olvido de la Guerra Civil española*, Madrid 1996; N. SARTORIUS / J. ALFAYA, *La memoria insumida. Sobre la dictadura de Franco*, Madrid 1999; J. RAMON RESINA (Hg.), *Disremembering the Dictatorship: The Politics of Memory in the Spanish Transition to Democracy*, Amsterdam / Atlanta 2000.

Zu den Massengräbern der erschossenen Republikaner: E. SILVA und S. MACÍAS, *Las fosas de Franco*, Madrid 2002.

RESUMEN ESPAÑOL

EL MONUMENTO A LA GUERRA CIVIL :
EL VALLE DE LOS CAÍDOS Y LA POLÍTICA CONMEMORATIVA DEL FRANQUISMO

El recuerdo de la Guerra Civil española (1936–39) se revive intensamente en España de forma tanto disímil como controversial. Por un lado, se ha publicado una serie de novelas semificticias donde son narrados sucesos de la Guerra Civil con un distanciamiento frío y casi arqueológico, así mismo son tratados allí en un mismo plano moral y político los dos bandos que se enfrentaron durante la guerra (ver por ejemplo el bestséller de Javier Cercas, *Soldados de Salamina*, Barcelona 2001). De otro lado, historiadores más recientes analizan la política de la amnesia colectiva y de la represión tanto a lo largo del régimen de Franco como también durante los años de la transición a la democracia (comparar entre otros con: P. Aguilar Fernández, *Memoria y olvido de la Guerra Civil española*, Madrid 1996; J. Ramón Resina ed., *Disremembering the Dictatorship. The Politics of Memory in the Spanish Transition to Democracy*, Amsterdam / Atlanta 2000). Esto ocurre principalmente ahora cuando los parientes de soldados y políticos republicanos que fueron ajusticiados por el régimen de Franco y enterrados en fosas comunes anónimas, reclaman con vehemencia la exhumación de los cadáveres y la identificación de las víctimas, petición que ya se ha llevado a cabo parcialmente. Con relación a un hecho semejante, en el otoño del año 2002 -66 años después del final de la Guerra Civil- fue erigido en un pueblo en la provincia de León un primer modesto monumento en conmemoración a los republicanos asesinados.

En la era del régimen de Franco (1939–75) existieron evidentemente sólo monumentos para los caídos de las tropas franquistas, los Nacionales. El recuerdo a los muertos de la legítima República española fue, por el contrario, sistemáticamente reprimido. Esto es válido también para el monumento de la Guerra Civil que fue erigido durante el periodo comprendido entre 1940 y 1958 en las montañas de Guadarrama al norte de Madrid en el Valle de los Caídos. Si bien es cierto que este monumento está consagrado a todos los caídos, de los cuales se encuentran allí 70.000 soldados enterrados, sólo poquísimos de ellos pertenecieron a las filas republicanas. Mientras tanto el coro de la iglesia subterránea se ha transformado en un mausoleo oficial del franquismo ya que allí se encuentran las tumbas de Franco y del fundador de la Falange, José Antonio Primo de Rivera. Esta actitud se manifiesta también en la obra arquitectónica misma, que se presenta tanto en su estética retumbante y ecléctica así como en su iconografía como una imponente victoria y un monumento conmemorativo del fascismo clerical español. En ningún lugar de este megalómano monumento –una combinación de iglesia subterránea gigantesca, cruz de piedra sobredimensional y retrógrado conjunto conventual – son evocados los cientos de miles de caídos republicanos, ni mucho menos son mencionados los miles de prisioneros que erigieron el monumento por medio de severos trabajos forzados. Así mismo la historia del arte español ha tomado apenas nota de hasta que punto el Valle de los Caídos ofrece tanto en su totalidad como en sus particularidades, sorprendentes paralelos con la arquitectura de Estado del nacionalsocialismo. Por el contrario, las conocidas relaciones tanto arquitectónicas como ideológicas con El Escorial de Felipe II fueron nombradas y proclamadas tempranamente en la prensa oficial del régimen de Franco.

(Traducción: Olga Isabel Acosta Luna)

«*AOS MORTOS DA GUERRA COLONIAL*». OS MONUMENTOS PORTUGUESES AOS COMBATENTES DO ULTRAMAR

*Francisco José da Cruz de Jesus**

O assunto desta comunicação passa pelo estudo dos monumentos portugueses erguidos em homenagem aos combatentes, em particular aos que morreram na Guerra do Ultramar, ou seja, na guerra colonial travada na fase final do império português em Angola, em Moçambique e na Guiné.

A construção do império colonial português começou no século XV com os Descobrimentos Marítimos e desenvolveu-se nos três séculos seguintes com a exploração da costa africana e a colonização dos territórios de Goa, Damão e Diu, sitos no sub-continente indiano, do Brasil, na América do Sul e de outras pequenas possessões longínquas, como Macau, no sul da China, e Timor, na Insulíndia.

No primeiro quartel do século XIX, o Brasil tornou-se um Estado independente e as atenções colonialistas das elites políticas portuguesas voltaram-se para as velhas possessões africanas, até aí praticamente esquecidas, a partir das quais vai ser construído o último império português, que abrangia ainda os domínios orientais. A ideia da construção de «um novo sistema colonial» que continuava a permitir «a preservação da herança histórica e a garantia da existência da nação», marcou todo o pensamento nacionalista dos séculos XIX e XX.[1]

Os sucessivos governos, da Monarquia Constitucional à Primeira República, procuraram então, pelos meios possíveis, assegurar a soberania de Portugal sobre esses territórios distantes, designadamente face às tensões internas e ao perigo mais ameaçador das grandes potências europeias, sempre decididas a ocupar aqueles domínios. Assim aconteceu, por exemplo, com o acordo anglo-alemão de 1898, (secreto, mas desde logo pressen-

---

*   Doutorando em História da Arte na Faculdade de Letras da Universidade de Coimbra, Bolseiro da Fundação para a Ciência e a Tecnologia.

[1]   Valentim ALEXANDRE, «O Império Colonial», em: António Costa PINTO (coord.), *Portugal Contemporâneo*, Madrid, Sequitur, 2000, p. 38.

tido e conhecido como nos diz Valentim Alexandre)[2], que previa a partilha dos territórios de Angola, de Moçambique e de Timor entre os dois países signatários. A própria participação portuguesa na Primeira Grande Guerra «teve como um dos seus principais fins a protecção do império».[3]

Mas foi sobretudo com os governos da Ditadura Militar (1926–32) e do Estado Novo surgido após a ascensão de Salazar ao poder, que se intensificou a política colonial, visando manter a todo o custo e a partir de determinada altura de forma anacrónica e contrária à evolução seguida no seio da Sociedade das Nações,[4] a soberania portuguesa sobre os territórios ultramarinos. Em 1961, Salazar chegou mesmo a referir-se à «campanha anticolonialista contra Portugal», que estava a ser desencadeada nas Nações Unidas.[5]

No mencionado ano de 1961, a União Indiana, que desde começos dos anos 50 havia entrado em ruptura com Portugal e com o governo de António de Oliveira Salazar, pois reclamava para si a soberania dos territórios de Goa, Damão e Diu, invadiu esses domínios, incorporando-os e marcando o início do fim do império português. Pela primeira vez Salazar via-se directamente confrontado com o problema da descolonização,[6] a guerra havia já deflagrado em Angola (ao longo desse ano), e estendeu-se, depois, à Guiné (1963) e a Moçambique (1964).

Logo após os primeiros confrontos em Angola, os aliados de Portugal na NATO, em especial os Estados Unidos, começaram a exercer pressões para que Portugal mudasse de estratégia em relação às suas colónias. Foi, inclusivamente, tentado um golpe militar, aliás fracassado, contra Salazar e que gozava, ao que parece, do apoio americano. A diplomacia do presidente Kennedy procurou dois anos depois, em 1963, chegar a um acordo com o chefe do governo português, no sentido de evoluir para uma solução política do conflito, tendo como horizonte a autodeterminação dos povos africanos colonizados, caminho que o governante português acabou, também, por recusar.[7]

---

[2]   Ibid., p. 43.

[3]   Ibid., p. 43.

[4]   Desde a criação da Sociedade das Nações, no rescaldo da Primeira Guerra Mundial, que crescia «a ideia de que a acção colonial deveria ser obrigatoriamente exercida com o duplo propósito de beneficiar os povos ´indígenas´ e de desenvolver os territórios em prol da comunidade internacional no seu todo», como nos diz Valentim ALEXANDRE, op. cit. (n. 1), p. 44. No final da Segunda Guerra Mundial a geopolítica internacional apresentava-se substancialmente diferente, designadamente em resultado da ocupação japonesa de metade do continente asiático e da independência dos territórios coloniais ingleses e holandeses, o que tornava praticamente irreversível o processo da descolonização; cf. César OLIVEIRA, *Salazar e o seu tempo*, Lisboa, O Jornal, 1991, p. 90. Nessa altura, também, foi revisto o *Acto Colonial* (1951), diploma que estatuía os territórios ultramarinos, passando, estrategicamente, segundo essa revisão, as colónias portuguesas à nova condição de «províncias ultramarinas».

[5]   César OLIVEIRA, *ibid.*, p. 94.

[6]   Nuno Severiano TEIXEIRA, «A política externa portuguesa, 1890–1986», em António Costa PINTO (cord.), op. cit. (n.1), p. 87.

[7]   Nuno Severiano TEIXEIRA, op. cit. (n. 6), p. 87

Em 1968 Marcelo Caetano sucedeu a Salazar, incapacitado por doença de continuar a chefiar o governo. Porém, em matéria de descolonização como em tantas outras, tudo continuou como dantes, sem qualquer mudança de orientação política. Sintoma disso são, por exemplo, as contestações internacionais contra a guerra, organizadas em Londres, antes e durante a visita do Presidente do Conselho português àquela cidade em Julho de 1973,[8] ou os panfletos que por essa altura circulavam também contra a guerra.[9] Tudo isto ao mesmo tempo que milhares de soldados continuavam a embarcar regularmente para África.

Neste contexto, o processo de descolonização só pôde ter início depois do golpe militar de 25 de Abril de 1974, que derrubou uma ditadura de quase cinquenta anos e pôs, enfim, termo à Guerra Colonial. Nesse ano e no seguinte foi concedida a independência aos territórios da África negra que são hoje os Países Africanos de Língua Oficial Portuguesa: Angola, Moçambique, Guiné, Cabo Verde e São Tomé e Príncipe. Infelizmente, entre 1961 e 1974, durante os treze anos que durou a guerra, milhares de soldados portugueses morreram nas campanhas de África, submetidos à sua sorte e lutando por uma causa com a qual muitos não se identificavam, como nos diz um dos soldados que por lá passaram.[10] Morreram mais de nove mil soldados portugueses e cerca de quarenta mil padecem ainda hoje de *stress* de guerra,[11] e isto sem ter em conta os numerosos combatentes que ficaram fisicamente debilitados.

Tal como sucedera no seguimento da Primeira Guerra Mundial –pois na Segunda Portugal não participou–, foram erguidos nas cidades, vilas e lugares portugueses de onde saíram jovens para a Guerra Colonial monumentos de homenagem aos que por lá combateram e, sobretudo, aos que ali perderam a vida.

Esta segunda série de monumentos aos soldados portugueses mortos em combate começou a ser erguida ainda nos anos 60, nos dias quentes da guerra, prolongando-se até à actualidade, tanto no território continental como nos Açores.[12] Eram então chamados «Monumentos aos Heróis do Ultramar», tendo alguns sido rebaptizados depois de Abril de 1974 e da tomada de consciência de que aquela fora uma guerra perdida, por

---

[8] Ver Aniceto AFONSO e Carlos de Matos GOMES, *Guerra Colonial. Angola, Guiné, Moçambique*, Lisboa, *Diário de Notícias*, s. d., p. 279; António Simões RODRIGUES (coord.), *História de Portugal em datas*, Lisboa, Temas e Debates, 1996, p. 380.

[9] Aniceto AFONSO e Carlos de Matos GOMES, ibid., p. 531.

[10] António REIS, *A minha jornada em África*, Vila Nova de Gaia, Ausência, 1999, p. 16.

[11] *Expresso*, 1423, Lisboa, 5 de Fevereiro de 2000.

[12] Não conhecemos a existência de qualquer monumento deste tipo na ilha da Madeira, embora sejam célebres alguns Monumentos aos Mortos da Grande Guerra erguidos naquela ilha. Ver José de Sainz TRUEVA e Nelson VERÍSSIMO, *Esculturas da Região Autónoma da Madeira – Inventário*, Funchal, Secretaria Regional do Turismo e Cultura, Direcção Regional dos Assuntos Culturais, 1996. Já depois da apresentação pública desta comunicação, foi inaugurado, em 26 de Abril de 2003, pelo actual Ministro de Estado e da Defesa Nacional, Paulo Portas, um monumento aos combatentes madeirenses.

«Monumentos aos Mártires do Colonialismo». Hoje são geralmente designados «Monumentos aos Combatentes do Ultramar».

Pelo levantamento realizado –só possível devido à colaboração prestada pela Liga dos Combatentes, a quem queríamos aqui agradecer publicamente na pessoa do seu Presidente, o General Júlio Oliveira–, contam-se aproximadamente meia centena de obras (Quadro I), entre figurativas e abstractas, mais ou menos tradicionais ou inovadoras, realizadas em materiais nobres como a pedra e o bronze ou em novas matérias-primas, que são desde já um desafio ao tempo, enquanto lugar de perpetuação da memória de um período de morte colectiva. Neste sentido, podemos dividir a sua evolução, ao longo destes quarenta anos, em duas fases distintas profundamente relacionadas com a história política portuguesa: a primeira, correspondente aos últimos anos da ditadura salazarista, prosseguida, depois de 1968, por Marcelo Caetano, altura em que foram erguidos em largos, praças, jardins e quartéis cerca de uma dezena de monumentos, entre os quais dois obeliscos;[13] a segunda, desenvolvida já no período democrático, portanto, depois do fim da guerra, caracteriza-se pela quantidade das homenagens, pois, em termos qualitativos, não existe correspondência.

Os monumentos aos mortos da Guerra do Ultramar, num primeiro momento erguidos nos espaços centrais das nossas cidades, vilas ou pequenas localidades, estendem-se agora também a espaços periféricos, como sejam as já costumeiras rotundas, em nada propícias ao acesso de familiares e amigos, que têm muitas vezes nesses monumentos o único lugar onde podem recordar os entes desaparecidos (Castelo de Paiva, 2000; Viseu, 2001; Tondela, 2002; etc.).

Interessa ainda salientar que em alguns casos, se verificou uma apropriação dos monumentos aos mortos da Grande Guerra, apondo-lhe, por exemplo, uma simples lápide evocativa dos novos desaparecidos em combate (Tondela, Estremoz, Penela, etc.). Noutros casos, como procurarei mostrar, foram os próprios monumentos novos a serem aproveitados durante o Estado Novo, para, através deles, se tentar passar, ainda nos anos 60 e 70, a ideologia colonialista, reavivar o tradicional nacionalismo das elites portuguesas, incentivar no povo a perpetuação «de uma mentalidade imperial»[14] e afirmar a soberania nacional sobre os territórios colonizados, que Salazar via como «complemento natural da Europa»[15] recusando-se sempre a reconhecer o direito à autodeterminação e à libertação dos povos autóctones –ideias e valores que pareciam fundamentais para se continuar a ter uma população motivada para a necessidade da continuação da guerra.

---

[13]   Elemento que aparece na Europa, a partir da Revolução Francesa, ligado aos monumentos comemorativos. Simboliza, por um lado, um raio de sol, princípio eterno da vida e, por outro, uma paz duradoira. Apresenta-se, portanto, como símbolo de eternidade, motivo pelo qual é muito utilizado nas construções fúnebres e nos monumentos aos mortos; cf. Gilbert GARDES, *Le monument public français*, Paris, PUF, «Que sais-je?», 1994, p. 57.

[14]   Expressão de Valentim ALEXANDRE, op. cit. (n. 1), p. 49.

[15]   Palavras do próprio Salazar citadas em César OLIVEIRA, op. cit. (n. 4), p. 93.

Isso é bem evidente, por exemplo, na inauguração do Monumento aos Heróis do Ultramar de Coimbra (1971), mas encontram-se outros sinais das tentativas de difusão da «mística' do império»[16], por parte das instituições centrais e das instituições locais, nas palavras e nas representações figurativas que acompanham a realização dos monumentos da Marinha Grande (1965) e de Santo Tirso (1972).

Por outro lado, verifica-se também que estes Monumentos aos Heróis do Ultramar, a par dos restantes inaugurados em Portugal antes do 25 de Abril de 1974, representam apenas homenagens locais: Salazar, sem ser avesso à propaganda, «não favoreceu o culto da personalidade segundo o modo cénico e propagandístico dos fascismos então em moda»[17], não mandando, por exemplo, erguer um monumento à escala nacional, como o fizera, alguns anos antes, o General Franco na vizinha Espanha, com a construção do colossal monumento do Vale dos Caídos; Marcelo Caetano, que em 1968 lhe sucedeu no governo do país, manteve, neste domínio, o mesmo tipo de política, apesar duma tentativa de acção propagandística mais incisiva nos ser revelada pelas instâncias oficiais na cerimónia de inauguração do monumento conimbricense, que coincidia com a passagem de dez anos sobre o início da guerra.

Já no período democrático, para além da construção de vários monumentos de carácter municipal, como o de Mortágua e o de Oliveira de Azeméis, entre outros (Quadro I), foi erguido aquele que é, sem dúvida, o mais significativo monumento deste tipo e que pode ser considerado, neste contexto, um verdadeiro «monumento nacional», pois é a materialização de uma homenagem a todos os portugueses que combateram no Ultramar. Trata-se do memorial levantado em Lisboa, junto ao Forte do Bom Sucesso, muito próximo da Torre de Belém, «À MEMÓRIA DE TODOS OS SOLDADOS QUE MORRERAM AO SERVIÇO DE PORTUGAL, 1958–1975».

O Monumento da Marinha Grande (fig. 1), como todos os outros que por então se inauguravam, foi denominado «Monumento aos Heróis do Ultramar». Hoje chamam-lhe «Mártires do Colonialismo».[18] Foi concebido por Joaquim Correia (n. 1920) sob encomenda do Município local e inaugurado em 5 de Junho de 1965. Tinha a Guerra deflagrado há quatro anos. É um monumento sóbrio, de linhas simples, realizado em pedra. Na frente apresenta esculpido, em baixo-relevo de tipo egípcio, a figura de um soldado dormindo o sono eterno e em cima tinha gravada a legenda «O CONCELHO DA MARINHA GRANDE HONRA OS SEUS HERÓIS» que, entretanto, desapareceu levada pelo tempo. Hoje, provavelmente, mereceria uma nova legenda com outros dizeres mais apropriados à perpetuação da memória dos soldados mortos em combate e à intenção do autor do monumento, pois, de acordo com o que me transmitiu nas várias conversas que temos tido, na sua mente sempre estiveram presentes os homens que

---

[16] Designação utilizada por Valentim ALEXANDRE, op. cit. (n. 1), p. 49.

[17] Cf. João MEDINA, *Salazar, Hitler e Franco*, Lisboa, Livros Horizonte, 2000, pp. 236–37.

[18] João Rosa AZAMBUJO, *Cidade da Marinha Grande*, Marinha Grande, Câmara Municipal, 1998, p. 76.

tombaram naquela guerra e que a figuração do monumento sugere. A recuperação podia até ser efectuada pelo próprio escultor, que certamente nisso teria muito gosto, e o memorial integrado na remodelação actual do parque. À frente do monumento, numa lápide avançada, podia observar-se uma outra inscrição, hoje praticamente ilegível, alusiva ao baixo-relevo e citando o grande poeta português, Fernando Pessoa:

«NÃO DORMES SOB OS CIPRESTES, POIS NÃO HÁ SONO NO MUNDO».

Fig. 1: Monumento aos Heróis do
Ultramar, Marinha Grande, 1965,
Escultor Joaquim Correia

Na inauguração, coincidente com a do Parque, significativamente também chamado «Heróis do Ultramar», estiveram presentes altos representantes do governo da época, designadamente o Ministro do Interior que presidiu, o sub-secretário de Estado da Presidência e altas individualidades locais e regionais, devendo salientar-se destas, o presidente e vice-presidente da Câmara Municipal, representantes das Forças Armadas, o Governador Civil de Leiria, etc.

O *Jornal da Marinha Grande* de 12 de Junho desse ano, que publica uma fotografia do monumento, destaca o discurso patriótico proferido pelo vice-governador militar de Lisboa, o Brigadeiro marinhense Couceiro Neto, e refere ainda a multidão que emoldurou a recepção governamental, bem como as cerimónias inaugurais.

Mais interessante do ponto de vista político é a carta dirigida aos Marinhenses pelo presidente da Câmara local, publicada no *Jornal da Marinha Grande* de 9 de Janeiro desse ano de 1965, destinada a divulgar a ideia de construção do monumento que, nas suas palavras, «simbolizará e perpetuará o esforço heróico dos soldados do [seu] Concelho que caíram em defesa do solo sagrado da Pátria» e na qual apela a todos os munícipes para acarinharem a iniciativa e lhe darem o seu apoio.[19] Dias mais tarde, na sua mensagem aos soldados marinhenses em serviço no Ultramar o edil afirmava: «Havemos de vencer e consolidar de uma vez para sempre a integridade da Pátria».[20]

Joaquim Correia concebeu, no ano seguinte e para Leiria, outro monumento homenageando os mortos do Ultramar (fig. 2), agora a pedido da Comissão de Turismo daquela cidade e implantado no Largo 5 de Outubro. Trata-se de um pequeno padrão que tem esculpido, na frente, um soldado lutando com duas cobras. Do ponto de vista iconográfico é uma peça interessante, pois simboliza a luta do homem contra o inimigo, neste caso representado pelos dois répteis que se preparam para sacrificar o soldado. O escultor encontrava assim um meio de se expressar sem obrigatoriamente ter de tomar partido sobre uma guerra com a qual não concordava,[21] nem abdicar da sua arte de esculpir e do papel social que o artista pode desempenhar. Seis anos antes, a polícia política do regime tinha assassinado a tiro o jovem escultor José Dias Coelho, facto que deixou marcas entre os amigos.

Fig. 2 : Padrão aos Heróis do Ultramar, Leiria, 1966, Escultor Joaquim Correia

---

[19]   *Jornal da Marinha Grande*, 86, Marinha Grande, 9 de Janeiro de 1965.
[20]   *Jornal da Marinha Grande*, 91, Marinha Grande, 13 de Fevereiro de 1965.
[21]   Informação dada em conversa informal, não gravada (13 de Fevereiro de 2003).

Em 10 de Junho de 1971, Dia de Portugal, Coimbra inaugurou o seu Monumento aos Heróis do Ultramar (fig. 3). Estamos perante uma estátua em bronze, da autoria do escultor conimbricense Cabral Antunes (1916–86): sobre um alto pedestal de pedra onde se podem ver engastadas as armas da cidade, representa-se um soldado português que transporta aos ombros uma criança africana. Trata-se de uma escultura de grande realismo, na qual aparece, bem vincada e num tamanho superior ao natural, a humanidade do soldado português que, de passo firme e ligeiro, com um olhar vago e distante, parece sentir como seu o sofrimento das populações indígenas,[22] num momento em que decorriam dez anos sobre o início da guerra. Não será de todo errado comparar esta imagem com a representação tradicional de São Cristóvão, padroeiro dos viajantes, sempre pronto a defendê-los em caso de tempestade e ele próprio mártir da incompreensão.

Fig. 3: Monumento aos Heróis do Ultramar, Coimbra, 1971, Escultor Cabral Antunes

---

[22]   António REIS, em várias passagens do seu livro, acima citado, dá-nos vários exemplos do carinho com que os soldados portugueses tratavam a população africana: «Se alguém viu decepar orelhas às criancinhas eu não vi. Eu vi tratá-las e acarinhá-las.»; op. cit. (n. 10), p. 39; «No mato era olho por olho, dente por dente. Fora do cenário de guerra havia respeito e carinho pelas populações. [...]. Nós éramos amigos deles.»; *Ibid.*, p. 59.

O Governo aproveitou a ocasião para fazer do acto inaugural uma «manifestação nacional» de «consagração dos Heróis do Ultramar» e ao mesmo tempo de propaganda ideológica. Bem elucidativo desse propósito é a descrição das cerimónias aparecida no *Diário de Coimbra* do dia seguinte, onde se transcreve, inclusivamente, uma alocução que foi lida através dos altifalantes espalhados pela Praça Heróis do Ultramar, local que acolhera a escultura e albergara os milhares de pessoas presentes na inauguração. O discurso era idêntico ao que foi transmitido em Lisboa, no Porto, em Castelo Branco e em Estremoz, cidades onde, segundo o mesmo jornal, «se desenvolveram idênticas cerimónias de consagração».

É um texto longo, dirigido aos soldados, mas que, em geral, se pretendia tornar extensivo a toda a população; nele é feita, de maneira soberba, a apologia dos valores patrióticos e transmitida a ideia de Pátria que Salazar cultivara e que abrangia as colónias ultramarinas da África, da Ásia e da Oceânia, locais onde várias «raças» conviviam fraternalmente. O inimigo a combater concentrava-se nos interesses estrangeiros, considerados como o que devia motivar o desejo de os portugueses se defenderem. A alocução termina com a citação de versos do hino nacional, não sem antes saudar todos aqueles «que estão prontos a cumprir esse dever» à sombra da bandeira portuguesa.[23]

O próprio periódico de Coimbra fornece-nos outras informações de importância capital à compreensão do significado deste momento no âmbito do regime «marcelista», que então dava os seus primeiros passos. Nas cerimónias promovidas pela Região Militar de Coimbra e pela Câmara Municipal, o Governo esteve representado ao seu mais alto nível pelo Ministro da Marinha, que condecorou perto de quatro dezenas de militares, alguns postumamente; o periódico regista mesmo fotograficamente o momento em que um pai recebe a medalha atribuída ao seu filho já desaparecido. O presidente da Câmara Municipal de Coimbra também não se eximiu a evocar a figura de Salazar, recentemente falecido, nos seguintes termos: «Naquela figura austera, esculpida no bronze, quero também recordar Salazar, o primeiro entre os maiores defensores da integridade nacional».[24]

No ano seguinte foi erguido em Santo Tirso um outro Monumento aos Heróis do Ultramar (fig. 4), da autoria de um dos escultores mais operosos da época, António Duarte (1912–98). A obra passou a ocupar um lugar central no Largo Coronel Baptista Coelho, espaço movimentado desta cidade do Norte de Portugal. Deveu-se a sua encomenda ao Ministro do Ultramar, Prof. Doutor Joaquim Moreira da Silva Cunha, homem nascido na cidade e que presidiu pessoalmente à inauguração oficial, realizada no dia 11 de Junho de 1972, «no Largo embandeirado e com colgaduras às janelas»;[25] Segundo uma descrição da época, estiveram presentes na cerimónia «uma força militar de Infantaria,

---

[23] *Diário de Coimbra*, 14036, Coimbra, 11 de Junho de 1971.

[24] Ibid.

[25] *Jornal de Santo Thirso*, Ano 91, 5, 16 de Junho de 1972.

grupos folclóricos, representações das duas corporações de bombeiros locais, delegados das freguesias, da Legião Portuguesa, das agremiações tirsenses e muito povo».[26] António Duarte concebeu uma obra que exprime bem a dor daqueles que perderam no Ultramar os seus entes queridos, capaz de trazer à memória dos locais «a saudade irreprimível do Avé beneditino»[27] e de demonstrar a «visão apocalíptica de tantos jovens imolados ao dever à Pátria estremecida», como escrevia dois dias antes da inauguração o articulista do *Jornal de Santo Thirso*.[28] Trata-se de uma escultura pétrea, com base circular de onde se ergue um anjo heráldico protector de Portugal, com o escudo nacional esculpido no peito e a segurar, no regaço, o corpo morto de um soldado nu que já largara a espada; esta repousa num bloco iconografado com a esfera armilar, a simbolizar as viagens dos navegadores portugueses pelo Mundo, nos séculos XV e XVI. O soldado nu pode considerar-se uma representação rara nos monumentos aos mortos, como nos diz Gilbert Gardes.[29] O escultor, ao utilizar esta composição, retoma claramente o tema da *Pietà*, caro à arte religiosa ocidental desde o século XIV alemão e que se tornou célebre com Miguel Ângelo, tomando-o como símbolo da aceitação do sacrifício pela Pátria: ou seja, o monumento assume, desta forma, uma função didascálica. Em termos formais, a composição de António Duarte parece retomar ainda a tradição da escultura portuguesa de finais da Idade Média e do Renascimento, pois o soldado, na posição de Cristo morto sobre o regaço da Virgem, aparece de cabeça rígida, sem apoio, com o corpo estendido sobre a perna direita da mãe e o braço direito caído. A escolha do tema da *Pietà* parece extremamente adequada à função deste monumento, onde se recordam os mortos da guerra. Mas a imagem de Nossa Senhora da Piedade está profundamente relacionada com a história de Santo Tirso, sendo célebre a Senhora da Piedade da Igreja do antigo Mosteiro de São Bento,[30] motivo que certamente influenciou a escolha de António Duarte.

Por oposição à grandiosidade de alguns dos monumentos aos mortos na guerra civil inaugurados na Espanha de Franco, como o já referido do Vale dos Caídos, perto do Escorial (1941),[31] os monumentos aos combatentes erigidos durante o período do Estado Novo na Marinha Grande, em Leiria, em Coimbra, em Santo Tirso e noutras locali-

---

[26]   Ibid.

[27]   Santo Tirso é berço dos beneditinos em Portugal.

[28]   *Jornal de Santo Thirso*, Ano 91, 4, 9 de Junho de 1972.

[29]   Op. cit. (n. 13), p. 80.

[30]   Reproduzida na notável história da escultura portuguesa de Reynaldo dos SANTOS, *A escultura em Portugal*, 2.º vol., Lisboa, 1950, Est. CVI.

[31]   Ver Francisco PORTELA SANDOVAL, «Escultura», em: *Historia del Arte Hispánico – VI. El Siglo XX*, Madrid 1989, p. 183; Antonio BONET CORREA (coord.), *Arte del franquismo*, Madrid, Cátedra, 1981, pp. 326–27. Cf. também a contribução de Peter KLEIN neste volume p. 517–34. Deve-se salvaguardar, porém, a ideia de que há outros tipos de monumentos espanhóis dedicados aos caídos na guerra civil que não têm o colossalismo do Vale dos Caídos, e de que a segunda destas obras nos mostra alguns exemplos (p. 96).

dades portuguesas, apresentam-se profundamente introspectivos, intimistas, e levam-nos a pensar dolorosamente nos jovens que morreram ingloriamente na Guerra do Ultramar. E isto porque aqueles mortos, como nos diz António Reis, «não eram uns mortos quaisquer, eram moços com vinte anos, com direito à vida».[32]

Fig. 4: Monumento aos Heróis do Ultramar, Santo Tirso, 1971, Escultor António Duarte

   Todos os monumentos aos combatentes portugueses da Guerra Colonial estudados até agora são monumentos figurativos. Ao longo dos anos 80 e 90 acentuou-se a tendência para a construção de obras não figurativas. Um problema, segundo Jean-Luc Daval, que relembra que um monumento não pode deixar de ter significado e a criação não pode ser reduzida apenas a uma presença decorativa.[33] Por isso, alguns escultores, embora trabalhando de uma forma não imitativa, procuram um maior significado para os seus monumentos. No caso desta tipologia, verificamos, por exemplo, na

[32]   António REIS, op. cit. (n. 10), p. 20.
[33]   *L'Art et la ville*, Genève, Skira / Secrétariat Général des Villes Nouvelles, 1990, p. 22.

«HOMENAGEM AOS MORTOS DO CONCELHO DE MORTÁGUA EM DEFESA DO ULTRAMAR» (fig. 5), concebida por Teresa Vasconcelos (n. 1941) em 1989, o recurso à simbologia mística da cruz latina, num belíssimo efeito plástico resultante da combinação do mármore cinzento da base, da pedra e do ferro pintado de negro. O trabalho de João Antero (n. 1949), no caso do Monumento aos Combatentes do Ultramar naturais de Oliveira de Azeméis (fig. 6), inaugurado em 21 de Outubro de 2001 naquela cidade, vai buscar o seu sentido à história portuguesa antiga e recente, mas, em qualquer dos casos, relacionada com as descobertas ultramarinas e com os combatentes da guerra de que temos vindo a falar. Com efeito, a ideia da sua concepção parte do fragmento de uma caravela quinhentista encalhada com três hastes coroadas a erguerem-se para o céu, representando os três ramos das Forças Armadas: Marinha, Exército e Força Aérea, como explica o próprio escultor.[34] Na quilha ligada ao solo foram inscritos, em primeiro plano, os nomes dos 30 soldados oliveirenses que morreram em Angola, Guiné e Moçambique.[35]

Fig. 5: Monumento de Homenagem aos Mortos do Concelho de Mortágua na Guerra do Ultramar, Mortágua, 1989, Escultora Teresa Vasconcelos

---

[34] *Monumento aos Combatentes do Ultramar. Homenagem da Câmara Municipal e Liga dos Combatentes aos Combatentes do Ultramar. Inauguração no dia 21 de Outubro de 2001*, Oliveira de Azeméis, 2001 (convite para a inauguração).

[35] *Jornal de Notícias*, Porto, 6 de Novembro de 2001.

Fig. 6: Monumento aos Combatentes do Ultramar, Oliveira de Azeméis, 2001,
Escultor João Antero

Para além destas homenagens parciais encontramos no território nacional aquela que
é a homenagem «a todos os soldados que morreram ao serviço de Portugal», entre 1958
e 1975, em África e no Oriente (Índia e Timor), isto é, aquela que recorda todos os
combatentes do Exército português, incluindo os soldados originários das ex-colónias,
que morreram nessas terras longínquas desde os primeiros conflitos pontuais, ainda
antes do início da Guerra e em sítios onde esta não chegou a acontecer, como é o caso
da Índia, até ao regresso do último soldado a Portugal. Trata-se do monumento erguido
junto ao Forte (setecentista) do Bom Sucesso, em Lisboa (fig. 7 e lâm. XXIV), obra
conjunta de uma equipa liderada pelo arquitecto Guedes de Carvalho, com a colaboração do escultor João Antero (projecto de 1991, 1.º prémio em concurso público).[36]

Estamos perante um memorial composto por um pórtico triangular de grandes dimen-
sões com a secção inferior em pedra calcária e o remate superior em cobre electrolítico;
levanta-se sobre um espelho de água, que procura traduzir a união entre todos os povos
envolvidos na Guerra do Ultramar «sem constrangimentos nem ressentimentos», conforme está enunciado no *Memorando* elaborado no âmbito da Comissão promotora do

---

[36] *João Antero. Três actos orgânicos*, Cat. exp., Caldas da Rainha, Câmara Municipal das Caldas da Rainha –
Cultura, Setembro de 1999, p. 4.

projecto, presidida pela Liga dos Combatentes.[37] No centro destaca-se a «chama da Pátria», símbolo da «perenidade de Portugal e da sua continuidade através dos séculos».[38] A parede do Forte envolvente encontra-se revestida com lápides nominativas de homenagem aos mais de nove mil soldados mortos em combate ao serviço de Portugal, «elaboradas segundo as listas oficiais por anos e por ordem alfabética».[39] Este procedimento faz lembrar muito o *Vietnam Veterans Memorial*, projectado por Maya Lin, em Washington (1981), pese embora a disposição diferente dos nomes, que, no caso americano, surgem inscritos no próprio monumento.[40]

Fig. 7: Monumento aos Combatentes do Ultramar, Lisboa, Forte do Bom Sucesso,
Arquitecto Francisco Guedes de Carvalho, Arquitecta Helena Albuquerque,
Escultor João Antero, 1991–2000

---

[37]   *Monumento aos Combatentes do Ultramar: 1958–1975*, Lisboa, Janeiro de 2000 (folheto).

[38]   Ibid.

[39]   Ibid.

[40]   Ver Charles L. GRISWOLD, «The Vietnam Veterans Memorial and the Washington Mall: Philosophical Thoughts on Political Iconography», em: Harriet F. SENIE e Sally WEBSTER (eds.), *Critical Issues in Public Art. Content, Context and Controversy*, Nova Iorque, Icon Editions, 1992, pp. 72 e 88. Embora as inscrições nominativas sejam posteriores e não estivessem contempladas no projecto original, elas vêm aproximar ainda mais os dois memoriais, pois em conversa recente (informal e não gravada) com o escultor João Antero, sabemos que o espírito da obra de Maya Lin influenciou bastante os projectistas portugueses. Aliás, as duas guerras são contemporâneas e as duas foram perdidas, tanto a de África do ponto de vista português como a do Vietnam pelos Americanos, apesar das diferenças existentes entre ambas.

As últimas lâminas resultam de uma actualização, pois registam os nomes de soldados mortos e que não constavam nas referidas listas, mas que entretanto foram sendo conhecidos. O conjunto é fechado em cada flanco por outras duas lápides que, para além do escudo nacional, ostentam inscrições alusivas à função do monumento: «À MEMÓRIA DE TODOS OS SOLDADOS QUE MORRERAM AO SERVIÇO DE PORTUGAL, 1958–1975» (à esquerda, do lado da Torre de Belém), (fig. 8), e «HOMENAGEM DE PORTUGAL» (no lado oposto).

Fig. 8: Monumento aos Combatentes do Ultramar, Lisboa, Lápide

Começado a construir em 1993, o Memorial, no seu conjunto, foi inaugurado em duas fases, sempre com a presença do Presidente da República: a primeira, que se pode considerar a da inauguração do monumento propriamente dito, aconteceu a 15 de Janeiro de 1994, na presidência de Mário Soares;[41] a segunda, ocorrida seis anos mais tarde, em 5 de Fevereiro de 2000, sendo já Presidente da República Jorge Sampaio, consistiu na consagração das lápides.

[41] *Público*, 1411, Lisboa, 16 de Janeiro de 1994.

Esta segunda intervenção tornou-se indispensável, pois, segundo as palavras do tenente-general Morais Barroco, veio conferir ao Monumento «a humanização que faltava».[42] Palavras que nos remetem para o problema já apontado por Jean-Luc Daval, a que acima fizemos referência, da dificuldade da arte não figurativa em afirmar-se no gosto público quando se trata de cumprir uma missão comemorativa ou, como neste caso dos monumentos aos mortos duma guerra, de homenagear as vítimas. O que, naturalmente, não lhe retira valor artístico, pois este não se confunde com o valor social. A boa escultura pública não conhece diferenças figurativas ou abstractas. A este respeito, parece-me importante citar um grande estudioso espanhol da escultura do século XX, Francisco Portela Sandoval, com que termino:

> «*La escultura de hoy es, antes que nada, un objeto tridimensional que representa algo que existe o no en la naturaleza; de ahí que no hemos de contemplarla, como ha de hacerse también con la pintura, bajo el prisma tradicional que atendía al mayor o menor parecido entre la creación del artista y la forma natural. Hoy, a la vista de la preeminencia del volumen sobre la forma, lo que debe importar es la ordenación de esos volúmenes que estructuran el espacio y la interpenetración entre espacio envolvente y envuelto, así como la armonía de los elementos y la calidad de ejecución*».[43]

---

[42]   *Expresso*, 1423, Lisboa, 5 de Fevereiro de 2000.
[43]   Francisco PORTELA SANDOVAL, op. cit. (n. 31), p. 127.

ENGLISH SUMMARY

THE PORTUGUESE COLONIAL WAR MEMORIALS

The Maritime Discoveries process, initiated during the 15th century by the Portuguese people, set them on the road to exploring and colonizing the African coast. In 1961, after around five hundred years of Portuguese domination, a war for liberation emerged in Angola, in Mozambique as well as in the small territory of Guinea. This war ended only after decolonization, made possible after the Revolution of 25th April 1974 which put an end to the dictatorial regime that had ruled Portugal for almost half a century. During the thirteen years of the war, more than 9.000 Portuguese soldiers died, and today more than 140,000 ex-soldiers still suffer from war stress. As happened after the World War I (but not after the WWII as Portugal did not participate), memorials to preserve the names of those who fought, and especially of those who lost their lives in combat, were erected.

Those war memorials began to be built during the 1960's, before the war had ended, and still exist today. There are approximately fifty monuments, ranging from the figurative and to the abstract, made from valuable materials like stone and bronze, but also from new materials.

The aim of this paper is to study the evolution and the development of these public monuments and to understand them in relation to recent Portuguese history. By way of selected examples, it wil be examined which role these memorials play in a society more receptive to figurative artistic values than to so-called «abstract» or «non-figurative» ones, which motivations were at its origin, and how their social function interferes with their final appearance.

QUADRO I

CRONOLOGIA DOS MONUMENTOS AOS COMBATENTES DA GUERRA DO ULTRAMAR

A cronologia apresentada, elaborada com base na *Relação dos Monumentos aos Combatentes da Guerra do Ultramar*, gentilmente cedida pela Liga dos Combatentes (Novembro de 2002), não se pode considerar definitiva e contém lacunas que, de momento, não são passíveis de colmatar.

INAUGURAÇÃO	LOCALIDADE	LOCAL	AUTOR	OBSERVAÇÕES
1965, 5 de Junho	Marinha Grande	Campo dos Mártires do Ultramar	Escultor Joaquim Correia	
1966, 10 de Junho	Évora	Obelisco junto ao Quartel General da Região Militar Sul		
1966	Leiria		Escultor Joaquim Correia	
1970, Junho	Figueira da Foz	Escola Prática do Serviço de Transportes do Exército		
1971, 10 de Junho	Coimbra	Praça Heróis do Ultramar	Escultor Cabral Antunes	
1971, 24 de Novembro	Fânzeres, Gondomar		Ferreira da Costa	
1971, 26 de Dezembro	Trafaria	Largo da República		«AOS TRAFARIENSES QUE CAÍRAM NO ULTRAMAR EM DEFESA DA PÁTRIA»
1972, 18 de Julho	Cascais			Obelisco
1972, Junho	Figueira da Foz	Centro de Condução Auto N.º 2		
1972, 11 de Junho	Santo Tirso		Escultor António Duarte	

INAUGURAÇÃO	LOCALIDADE	LOCAL	AUTOR	OBSERVAÇÕES
1972, 10 de Junho	Vila Real	Av. Carvalho Araújo	Manuel Negrão	Deslocado para o Regimento de Infantaria N.º 13. Deixou de ter a inscrição «AOS HERÓIS DO ULTRAMAR» e passou a ter «AO SOLDADO DE PORTUGAL», em 1 de Dezembro de 2000
1973, 18 de Novembro	Azambuja	Praça de Palmela	Clotildo Leal	
1977, 17 de Agosto	Ourém			
1978, 29 de Junho	Amadora	Regimento de Comandos	Escultor Soares Branco	
1979, 30 de Julho	Abrantes			
1979, 30 de Julho	Vale do Zebro	Escola de Fuzileiros	Proj. Cap.-de-Fragata Hernâni Vidal Henriques, Estatuária dos Esc. Carlos Amado e Lagoa Henriques	
1980, 12 de Maio	Vila Nova de Gaia	RASP	Escultora Irene Vilar	Ampliação e remodelação
1984, 12 de Maio	Vila Nova de Gaia	RASP	Escultor Manuel Teixeira Lopes	«AO ATIRADOR DE ARTILHARIA E SEU ESPÍRITO DE BEM SERVIR»
1986, 27 de Setembro	Queluz	Regimento de Infantaria	Maria de Carvalho	
1987, 3 de Junho	Caldas da Rainha	Escola de Sargentos do Exército		
1987, 9 de Abril	Lisboa	Regimento de Artilharia Ligeira de Lisboa	Arquitecto Fernando Chamusco	

INAUGURAÇÃO	LOCALIDADE	LOCAL	AUTOR	OBSERVAÇÕES
1987, 8 de Novembro	Lisboa	Regimento de Lanceiros	Pedro Ramos	
1987	Pombal			
1988, 24 de Abril	Burrinhosa, Pataias	Junto à Igreja		
1989	Mortágua	Junto à Câmara Municipal	Esc. Teresa Vasconcelos	«HOMENAGEM AOS MORTOS DO CONCELHO DE MORTÁGUA EM DEFESA DO ULTRAMAR»
1991, 16 de Novembro	Ourém	Praça da República		
1992, 23 de Agosto	A-dos-Cunhados			
1993, 7 de Novembro	Lagoa, Portimão	Jardim em frente ao Largo da Igreja	Armando Canelhas	
1994, 15 de Janeiro	Lisboa	Forte do Bom Sucesso	Arq.º Guedes de Carvalho, Arq.ª Helena Albuquerque, Esc. João Antero	Inauguração das lápides nominativas na parede do Forte, em 5 de Fevereiro de 2000
1994, 10 de Junho	Vila Franca do Campo, São Miguel, Açores			
1995, 28 de Maio	Cartaxo	Em frente ao Paço do Concelho		Lápide junto ao Monumento aos Mortos da Grande Guerra
1997, 11 de Agosto	Praia da Vitória, Ilha Terceira, Açores			
1997, 21 de Junho	Oeiras	Praça do Ultramar	Maria Morais	
1999, 23 de Outubro	Covilhã			
2000, 9 de Abril	Angra do Heroísmo, Ilha Terceira, Açores			
2000, 14 de Maio	Castelo de Paiva	Rotunda da Fonte		

INAUGURAÇÃO	LOCALIDADE	LOCAL	AUTOR	OBSERVAÇÕES
2000, 28 de Julho	Mondim de Bastos	Barrio	Humberto Mesquita	
2001, 6 de Maio	Alcobaça	Rua Luis de Camões	Rui Manuel Trincheira Ganhão	
2001	Ponta Delgada, Açores		José Almeida	
2001 30 de Junho	Barroselas, Viana do Castelo			
2001, 21 de Outubro	Oliveira de Azeméis	Praceta Pública da Rua da Imprensa Oliveirense	Escultor João Antero	
2001, 28 de Outubro	Viseu	Rotunda do Politécnico, E. N. n.º 2		
2002, 6 de Abril	Tortosendo, Covilhã			
2002, 8 de Junho	Torres Vedras			
2002, 30 de Junho	Tondela		Luz Correia	
2002, 14 de Setembro	Aveiras de Cima			
	Martingança, Alcobaça			Em execução (Novembro de 2002)
	Algés**			Só símbolo de homenagem
	Mafra**	Entrada da Vila, junto ao torreão Sul do Convento	Escultor Soares Branco	
	Penela**			Lápide junto ao Monumento aos Mortos da Grande Guerra
	Tancos**	Escola Prática de Engenharia		
	Tancos**	Base-Escola de Tropas Paraquedistas	Arquitecto M. Terra da Mota e José Terra da Mota	

** Data de inauguração não apurada.

BILDNACHWEIS

Farbtafeln:
I: Institut für Kunst- und Musikwissenschaft, TU Dresden
II: Katalog Las Edades del Hombre 1997, S. 129
III: Institut für Kunst- und Musikwissenschaft, TU Dresden
IV: Ángela Franco Mata
V, XIV, XV: Achim Bednorz
VI: Inmaculada Gigirey, Patrimonio Nacional
VII: Archiv Bruno Klein
VIII: Luís Afonso
IX: José Pessoa IPM/DDF
X: Marisa Melero Moneo
XI: Archiv Uli Wunderlich
XII: Félix Lorrio
XIII: Escudo de Oro Navarra, Pamplona
XVI–XVIII: Archiv Gisela Noehles-Doerk
XIX: Maria João Baptista Neto
XX, XXI: Archiv Michael Scholz-Hänsel
XXII: Ingrid Reuter
XXIII: Archiv Peter K. Klein
XXIV: Francisco José da Cruz de Jesus

Textabbildungen:
Sofern nicht anders angegeben, entstammen die Aufnahmen den Archiven des jeweiligen
Verfassers. Verlag und Autoren haben sich intensiv bemüht, die weiteren Inhaber von
Abbildungsrechten ausfindig zu machen. Personen und Institutionen, die möglichweise nicht
erreicht wurden und Rechte beanspruchen, werden gebeten, sich nachträglich mit dem
Verlag in Verbindung zu setzen.

Fernandes, *Fama y Memoria ...*
Figs. 1, 3–6, 8: José Pessoa IPM/DDF

Grandmontagne, «*Fassungslose Figuren*» ...
Abbn. 1–3: Félix Lorrio aus: Carmen García-Frías Checa, *Guide du monastère royal de
Sta. Clara de Tordesillas*, Madrid 1992.
Abb. 4: Escudo de Oro Navarra, Pamplona, o.J.

Hegener, «*Muerto por los moros*» ...
Abb. 1: Santiago – Camino de Europa 1993, S. 303
Abb. 2: Worcester Art Museum, Worcester
Abb. 3: Gilman Proske 1959, S. 33
Abbn. 4, 6–8: Gilman 1932, S. 132, 145, 134,154,
Abb. 5: Trusted 1996, S. 24, Kat. Nr. 4
Abb. 9: Gilman Proske 1951, S. 173
Abbn. 10–13: Martínez Gómez-Gordo 1997, S. 36, 35, 64, 49
Abb. 14: Azcárate 1974, S. 25, Taf. VIII
Abb. 15: Barbara Herrenkind

Klein, B., *Der König und die Kunst* ...
Abbn. 1–3: Archiv des Autors
Abb. 4: Nach Español Bertran 1998/1999
Abb. 5: Nach Riu-Barrera 2002
Abb. 6: Nach Bracons i Clapés 1989
Abb. 7: Achim Bednorz

Krüger, *Fürstengrablegen in Nordspanien* ...
Abb. 1: Nach García de Castro Valdés
Abb. 2–3: Nach Williams
Abb. 5–7: Senra 1997
Abb. 8: Aragon roman
Abb. 9: Direcció General del Patrimoni Cultural [Faltblatt]
Abb. 10: Catalunya romànica, XX
Abb. 11: Wessel, Justi-Mitteilungen 2002

Kunz, *Aneignung* ...
Abb. 1: Foto Hirmer
Abb. 2: Represa Rodríguez 1972
Abb. 4: Enríquez de Salamanca 1998
Abb. 8: Pita Andrade

Noehles-Doerk, *Grabmalsplanungen* ...
Abb. 1: Madrid, Archivo Histórico Nacional

Redondo Cantera, *Capilla Real de Granada* ...
Fig. 1: Archivo General de Simancas, Patronato Eclesiático, leg. 150-52

Reuter / Fischer, *Bürgerliche Nobilitierung* ...
Abb. 1: Arte y arquitectura funeraria XIX–XX, Hg. von Diéguez Patao,
Sofía und Carmen Giménez

Sánchez Ameijeiras, *La memoria de un rey victorioso* ...
Figs. 1, 3, 5–9 : Foto: Inmaculada Gigirey; derechos reservados: Patrimonio Nacional
Fig. 2: Foto: Herrero Carretero, Museo de Telas Medievales; derechos reservados:
Patrimonio Nacional
Fig. 4. Foto: Archivo Mas

Wirth Calvo, *Pedro de Osma* ...
Abb. 1: Vallejo, Martínez Frías u.a. 1995, S. 264/65 und 271
Abb. 2: Autorin mit Erlaubnis der BN Madrid
Abb. 3: Las Edades del Hombre 1997, S. 129
Abbn. 4–6: Trébol, Madrid